I0833534

Generative Deep Learning Edición Actualizada: Desbloqueando el Poder Creativo de la IA y Python
Segunda edición

Primera edición: Julio de 2024
Publicado por Cuantum Technologies LLC.
Dallas, TX.

ISBN 979-8-89496-904-6

"Artificial intelligence is the new electricity."

Andrew Ng, Co-founder of Coursera and Adjunct Professor at Stanford University

Quiénes somos

Bienvenido a este libro creado por Cuantum Technologies. Somos un equipo de desarrolladores apasionados, comprometidos con la creación de software que ofrece experiencias creativas y resuelve problemas del mundo real. Nos enfocamos en construir aplicaciones web de alta calidad que proporcionan una experiencia de usuario perfecta y satisfacen las necesidades de nuestros clientes.

En nuestra empresa, creemos que la programación no se trata solo de escribir código. Se trata de resolver problemas y crear soluciones que marquen la diferencia en la vida de las personas. Estamos constantemente explorando nuevas tecnologías y técnicas para mantenernos a la vanguardia de la industria, y estamos emocionados de compartir nuestro conocimiento y experiencia contigo a través de este libro.

Nuestro enfoque hacia el desarrollo de software se centra en la colaboración y la creatividad. Trabajamos estrechamente con nuestros clientes para comprender sus necesidades y crear soluciones que se adapten a sus requisitos específicos. Creemos que el software debe ser intuitivo, fácil de usar y visualmente atractivo, y nos esforzamos por crear aplicaciones que cumplan con estos criterios.

Este libro tiene como objetivo proporcionar un enfoque práctico y práctico para comenzar a dominar JavaScript. Ya sea que seas un principiante sin experiencia en programación o un programador experimentado que busca expandir sus habilidades, este libro está diseñado para ayudarte a desarrollar tus habilidades y construir una base sólida en el desarrollo web con JavaScript.

Nuestra Filosofía:

En el corazón de Cuantum, creemos que la mejor manera de crear software es a través de la colaboración y la creatividad. Valoramos la opinión de nuestros clientes y trabajamos estrechamente con ellos para crear soluciones que satisfagan sus necesidades. También creemos que el software debe ser intuitivo, fácil de usar y visualmente atractivo, y nos esforzamos por crear aplicaciones que cumplan con estos criterios.

También creemos que la programación es una habilidad que se puede aprender y desarrollar con el tiempo. Alentamos a nuestros desarrolladores a explorar nuevas tecnologías y técnicas, y les proporcionamos las herramientas y recursos que necesitan para mantenerse a la vanguardia de la industria. También creemos que la programación debe ser divertida y gratificante, y nos esforzamos por crear un entorno de trabajo que fomente la creatividad y la innovación.

Nuestra Experiencia:

En nuestra empresa de software, nos especializamos en construir aplicaciones web que ofrecen experiencias creativas y resuelven problemas del mundo real. Nuestros desarrolladores tienen experiencia en una amplia gama de lenguajes y marcos de programación, incluyendo Python, IA, ChatGPT, Django, React, Three.js y Vue.js, entre otros. Estamos constantemente explorando nuevas tecnologías y técnicas para mantenernos a la vanguardia de la industria, y nos enorgullecemos de nuestra capacidad para crear soluciones que satisfacen las necesidades de nuestros clientes.

También tenemos una amplia experiencia en análisis y visualización de datos, aprendizaje automático e inteligencia artificial. Creemos que estas tecnologías tienen el potencial de transformar la forma en que vivimos y trabajamos, y estamos emocionados de estar a la vanguardia de esta revolución.

En conclusión, nuestra empresa se dedica a crear software web que fomenta experiencias creativas y resuelve problemas del mundo real. Priorizamos la colaboración y la creatividad, y nos esforzamos por desarrollar soluciones que sean intuitivas, fáciles de usar y visualmente atractivas. Nos apasiona la programación y estamos ansiosos por compartir nuestro conocimiento y experiencia contigo a través de este libro. Ya seas un principiante o un programador experimentado, esperamos que encuentres este libro como un recurso valioso en tu camino hacia convertirte en un experto en JavaScript de Cero a Superhéroe: Desbloquea tus superpoderes en el desarrollo web.

TABLA DE CONTENIDOS

Introducción

Bienvenido a "Generative Deep Learning Edición Actualizada: Desbloqueando el Poder Creativo de la IA y Python". Este libro tiene como objetivo guiarte a través del fascinante y rápidamente evolutivo mundo del Deep Learning generativo, un campo que ha revolucionado nuestra aproximación a la inteligencia artificial. Ya seas un practicante experimentado en el aprendizaje automático, un investigador curioso, o un principiante entusiasta, este libro está diseñado para proporcionarte el conocimiento y las herramientas necesarias para comprender y aprovechar el poder de los modelos generativos.

El Deep Learning generativo ha abierto nuevas fronteras en la IA, permitiendo a las máquinas crear, innovar e imitar la creatividad humana. Desde generar imágenes realistas y crear obras de arte hasta componer música y escribir textos coherentes, los modelos generativos están a la vanguardia de la investigación y aplicación de la IA. El advenimiento de modelos poderosos como las Redes Generativas Adversarias (GANs), los Autoencoders Variacionales (VAEs) y los modelos basados en Transformers ha empujado significativamente los límites de lo que la IA puede lograr. Este libro es tu guía comprensiva a estas tecnologías innovadoras.

Nuestro viaje comienza con los conceptos fundamentales del Deep Learning. Comprender los conceptos básicos es crucial, ya que proporciona el trasfondo necesario para adentrarse en modelos generativos más complejos. Exploraremos las redes neuronales, su arquitectura, y los avances recientes que han hecho del Deep Learning una herramienta indispensable en la investigación y desarrollo de IA.

A medida que avancemos, nos sumergiremos en el reino de los modelos generativos. Aprenderás sobre los diferentes tipos de modelos generativos, su importancia y cómo se diferencian de los modelos discriminativos tradicionales. Este conocimiento fundamental prepara el escenario para una exploración detallada de técnicas generativas específicas.

Uno de los desarrollos más emocionantes en la IA ha sido la introducción de las Redes Generativas Adversarias (GANs). Estos modelos han capturado la imaginación de investigadores y practicantes por igual debido a su capacidad para generar datos altamente realistas. En este libro, examinaremos a fondo las GANs, desde sus principios básicos hasta sus diversas arquitecturas y aplicaciones. También tendrás experiencia práctica a través de proyectos prácticos, como la generación de rostros, que te ayudarán a solidificar tu comprensión y te proporcionarán habilidades prácticas.

Los Autoencoders Variacionales (VAEs) representan otra clase poderosa de modelos generativos. A diferencia de las GANs, los VAEs se basan en un marco probabilístico, lo que los hace particularmente adecuados para ciertos tipos de tareas de generación y representación de datos. Exploraremos los VAEs en profundidad, discutiendo su arquitectura, procesos de entrenamiento y varias aplicaciones. Proyectos prácticos, como la generación de dígitos escritos a mano, te proporcionarán la oportunidad de aplicar lo que has aprendido de manera significativa.

Los modelos autorregresivos, incluidos los modelos basados en transformers como GPT-3 y GPT-4, han logrado avances significativos en el procesamiento del lenguaje natural y otras tareas de datos secuenciales. Este libro te guiará a través de estos modelos, destacando sus fortalezas y aplicaciones. Participarás en ejercicios y proyectos prácticos, como la generación de texto, que demuestran las capacidades de estos modelos.

Un área relativamente nueva pero de rápido crecimiento en el Deep Learning generativo son los modelos de difusión. Estos modelos ofrecen un enfoque novedoso para la generación de datos, y cubriremos sus fundamentos teóricos, implementaciones prácticas y aplicaciones en el mundo real. Al final de este libro, tendrás una comprensión completa de los modelos de difusión y su potencial.

Para mejorar tu experiencia de aprendizaje, cada parte del libro concluye con un cuestionario para evaluar tu comprensión del material cubierto. Además, los ejercicios prácticos al final de cada capítulo te proporcionarán experiencia práctica, reforzando los conceptos discutidos.

En la parte final del libro, exploraremos temas avanzados y el futuro panorama del Deep Learning generativo. Aprenderás sobre técnicas de entrenamiento mejoradas, cómo manejar datos de alta dimensión y las tendencias emergentes. También discutiremos las consideraciones éticas, las implicaciones sociales y la perspectiva regulatoria potencial para la IA generativa, proporcionándote una visión holística del campo.

Este libro es más que un manual técnico; es un viaje hacia el potencial creativo e innovador de la IA. A medida que leas los capítulos, te animamos a experimentar con los ejemplos de código proporcionados, participar en la comunidad en línea y pensar críticamente sobre las implicaciones del Deep Learning generativo. Esperamos que este libro te inspire a explorar nuevas ideas, crear soluciones innovadoras y contribuir al campo en constante evolución de la inteligencia artificial.

Propósito y Alcance del Libro

El objetivo principal de este libro es servir como una guía completa y práctica del dominio en rápida evolución del Deep Learning generativo. Está meticulosamente diseñado para capacitar a los lectores con una comprensión sólida del marco teórico y proporcionarles las habilidades prácticas necesarias para comprender e implementar con éxito modelos generativos como las Redes Generativas Adversarias (GANs), Autoencoders Variacionales (VAEs) y modelos autorregresivos.

Al finalizar este libro, los lectores habrán adquirido una comprensión profunda de los conceptos fundamentales, las arquitecturas intrincadas y las diversas aplicaciones de estos modelos. Más importante aún, habrán desarrollado la capacidad de aplicar este conocimiento para resolver problemas complejos en el mundo real, cerrando así la brecha entre la teoría y la práctica.

El contenido de este libro abarca un amplio espectro de temas dentro del ámbito del Deep Learning generativo. Comienza estableciendo una base sólida de los conceptos básicos del Deep Learning y las redes neuronales. A partir de ahí, se sumerge en diversos tipos de modelos generativos, cada uno acompañado de explicaciones detalladas y proyectos prácticos para reforzar tu comprensión y proporcionar experiencia práctica.

Además de los temas centrales, el libro profundiza en los aspectos avanzados y las últimas tendencias emergentes en el campo. Esto garantiza que los lectores se mantengan al tanto de los desarrollos más recientes en este dominio de rápida evolución.

Además, el libro no rehúye discutir las consideraciones éticas que conlleva el despliegue de la IA generativa. También aborda las implicaciones sociales de dicha tecnología, proporcionando a los lectores una perspectiva completa y equilibrada sobre el tema, apreciando así el impacto potencial de la tecnología en su totalidad.

A Quién Está Dirigido Este Libro

Este libro está meticulosamente diseñado para atender a una audiencia diversa, que incluye:

- **Practicantes de Aprendizaje Automático:** Ya seas un principiante o un experto, si eres un practicante que desea ampliar sus horizontes para incluir modelos generativos, este libro es un recurso invaluable. Proporciona no solo conocimientos teóricos, sino también ideas prácticas y proyectos prácticos que te permiten aplicar estas técnicas de manera eficiente en tu trabajo.
- **Investigadores y Académicos:** Para aquellos que están profundamente involucrados en la investigación de IA o forman parte del mundo académico, este libro ofrece una visión integral de los últimos avances en el ámbito del Deep Learning generativo. Presenta explicaciones detalladas de los principios y metodologías subyacentes, convirtiéndolo en un recurso indispensable para mantenerse actualizado en este campo de rápida evolución.
- **Estudiantes y Entusiastas:** Si eres un estudiante o un entusiasta de la IA con un fervor por entender y experimentar con los modelos generativos más avanzados, este libro es perfecto para ti. Proporciona una introducción accesible pero completa y profunda al campo, despertando tu curiosidad y fomentando el aprendizaje.
- **Profesionales de la Industria:** Los profesionales que trabajan en diversas industrias como la salud, las finanzas, el entretenimiento y más, encontrarán este libro enormemente valioso. Explora cómo los modelos generativos pueden aprovecharse para resolver problemas complejos e impulsar la innovación dentro de sus respectivos campos, presentando aplicaciones y potenciales del mundo real.
- **Principiantes con un Entendimiento Básico de Python:** Incluso si eres nuevo en el campo de la IA pero tienes un conocimiento básico de la programación en Python, este libro te servirá como una guía confiable. Desentraña los conceptos y técnicas de manera clara y estructurada, permitiéndote construir tu experiencia de manera progresiva, haciendo que el viaje de aprendizaje sea tanto interesante como gratificante.

Al atender a esta audiencia diversa, el libro tiene como objetivo cerrar la brecha entre la teoría y la práctica, empoderando a los lectores para aprovechar el poder creativo de los modelos de IA en sus respectivos dominios. Ya sea que busques mejorar tu carrera, contribuir a la investigación académica o simplemente satisfacer tu curiosidad, este libro es tu puerta de entrada al emocionante mundo del Deep Learning generativo.

Cómo Usar Este Libro

Para aprovechar al máximo "Deep Learning Generativo Edición Actualizada: Desbloqueando el Poder Creativo de la IA y Python," es importante entender cómo está estructurado el libro, el enfoque de aprendizaje adoptado, las herramientas y recursos que necesitarás, y las convenciones utilizadas a lo largo del texto. Esta sección proporciona una hoja de ruta para ayudarte a navegar el libro de manera efectiva y maximizar tu experiencia de aprendizaje.

Estructura del Libro

El libro está dividido en varias partes, cada una enfocada en diferentes aspectos del Deep Learning generativo. Aquí tienes una breve descripción:

1. **Prefacio:** Proporciona una introducción al libro, su propósito, alcance y audiencia destinataria, junto con orientación sobre cómo usar el libro.
2. **Parte I: Fundamentos del Deep Learning:** Cubre los conceptos básicos de las redes neuronales, el Deep Learning y los conceptos fundamentales necesarios para entender los modelos generativos.
3. **Parte II: Redes Generativas Adversarias (GANs):** Explora en detalle las GANs, incluyendo su arquitectura, entrenamiento, variaciones y aplicaciones, acompañadas de proyectos prácticos.
4. **Parte III: Autoencoders Variacionales (VAEs):** Se adentra en los VAEs, su estructura, proceso de entrenamiento y aplicaciones, junto con proyectos prácticos.
5. **Parte IV: Modelos Autorregresivos:** Discute los modelos autorregresivos, incluidos los modelos basados en transformers, sus aplicaciones y proyectos prácticos.
6. **Parte V: Modelos de Difusión:** Introduce los modelos de difusión, sus fundamentos teóricos, implementaciones prácticas y aplicaciones.
7. **Parte VI: Temas Avanzados y Direcciones Futuras:** Examina temas avanzados, tendencias emergentes, consideraciones éticas y direcciones futuras de investigación en el Deep Learning generativo.
8. **Cuestionarios y Ejercicios Prácticos:** Cada parte concluye con cuestionarios y ejercicios prácticos para reforzar los conceptos aprendidos y proporcionar experiencia práctica.

Enfoque de Aprendizaje

El libro adopta un enfoque de aprendizaje práctico y basado en proyectos para asegurar que no solo comprendas los conceptos teóricos, sino que también adquieras experiencia práctica en la implementación de modelos generativos. Cada capítulo incluye explicaciones detalladas, ejemplos de código y ejercicios prácticos. Además, cada parte termina con un cuestionario para evaluar tu comprensión y consolidar tu aprendizaje.

Herramientas y Recursos Necesarios

Para seguir el contenido del libro y completar los proyectos y ejercicios, necesitarás las siguientes herramientas y recursos:

- **Python:** Se requiere una comprensión básica de la programación en Python. Si eres nuevo en Python, considera revisar materiales introductorios antes de sumergirte en el libro.
- **Jupyter Notebooks:** Muchos ejemplos de código y ejercicios se proporcionan como Jupyter Notebooks, que permiten la codificación y experimentación interactiva.
- **Bibliotecas de Deep Learning:** Utilizarás bibliotecas populares de Deep Learning como TensorFlow y PyTorch. Las instrucciones de instalación y las guías de configuración se proporcionan en los capítulos relevantes.
- **Conjuntos de Datos:** Algunos proyectos requieren conjuntos de datos específicos, que se proporcionan con el libro o se pueden descargar de fuentes especificadas.
- **Entorno de Desarrollo:** Un entorno de desarrollo adecuado, como Anaconda, te ayudará a gestionar tu entorno de Python y las dependencias.

Convenciones Utilizadas en el Libro

Para asegurar claridad y consistencia, se utilizan las siguientes convenciones a lo largo del libro:

- **Bloques de Código:** Los ejemplos de código se presentan en bloques claramente marcados. Los fragmentos de código en línea se formatean en una fuente monoespaciada para facilitar su identificación.
- **Comandos:** Las instrucciones de terminal o línea de comandos se muestran en un formato distintivo para diferenciarlas del texto regular.
- **Ejercicios y Cuestionarios:** Los ejercicios prácticos se incluyen al final de cada capítulo, y los cuestionarios se proporcionan al final de cada parte para evaluar tu conocimiento y comprensión.

Siguiendo estas pautas y utilizando las herramientas y recursos proporcionados, estarás bien equipado para navegar el libro y obtener una comprensión profunda del Deep Learning generativo. Te animamos a involucrarte activamente con el contenido, experimentar con los ejemplos de código y participar en la comunidad en línea para mejorar tu experiencia de aprendizaje.

Esperamos que encuentres este libro tanto informativo como inspirador, y esperamos acompañarte en tu viaje hacia el emocionante mundo del Deep Learning generativo.

Parte I: Fundamentos del Deep Learning

Capítulo 1: Introducción al Deep Learning

Bienvenido al primer capítulo de "Deep Learning Generativo Edición Actualizada: Desbloqueando el Poder Creativo de la IA y Python". En este capítulo, emprenderemos nuestro viaje hacia el fascinante mundo del Deep Learning, comenzando con los conceptos básicos. El Deep Learning es una subcategoría del aprendizaje automático que se enfoca en redes neuronales con muchas capas, a menudo denominadas redes neuronales profundas.

Estas redes han revolucionado numerosos campos, desde la visión por computadora y el procesamiento del lenguaje natural hasta los juegos y la robótica. Nuestro objetivo en este capítulo es proporcionar una base sólida en los principios del Deep Learning, preparando el escenario para temas y aplicaciones más avanzados en capítulos posteriores.

Comenzaremos con una exploración de las redes neuronales, los bloques fundamentales del Deep Learning. Comprender cómo funcionan estas redes, su arquitectura y sus procesos de entrenamiento es crucial para dominar el Deep Learning.

Luego nos adentraremos en los avances recientes que han hecho del Deep Learning una herramienta tan poderosa y ampliamente adoptada. Al final de este capítulo, deberías tener una comprensión clara de los conceptos básicos de las redes neuronales y estar listo para explorar modelos y técnicas más complejos.

1.1 Conceptos Básicos de las Redes Neuronales

Las redes neuronales están inspiradas en la estructura y función del cerebro humano. Consisten en nodos interconectados, o neuronas, que trabajan juntos para procesar e interpretar datos. Comencemos entendiendo los componentes clave y los conceptos de las redes neuronales.

Las redes neuronales están compuestas por nodos interconectados o "neuronas" que procesan e interpretan datos. Están estructuradas en capas: una capa de entrada, una o más capas ocultas y una capa de salida. La capa de entrada recibe los datos, las capas ocultas realizan cálculos y extraen características de los datos, y la capa de salida produce el resultado final.

Uno de los conceptos clave en las redes neuronales es el proceso de aprendizaje, que implica la propagación hacia adelante y hacia atrás. La propagación hacia adelante es el proceso donde los datos de entrada se pasan a través de la red para generar una salida. La propagación hacia atrás, por otro lado, es donde la red ajusta sus pesos basándose en el error o la diferencia entre la salida predicha y la salida real. Este ajuste se realiza mediante un método conocido como descenso de gradiente.

Las funciones de activación son otro componente crucial de las redes neuronales. Introducen no linealidad en la red, permitiéndole aprender patrones complejos. Ejemplos de funciones de activación comunes incluyen la función sigmoide, ReLU (Unidad Lineal Rectificada) y tanh.

Comprender estos fundamentos de las redes neuronales es esencial para profundizar en modelos más complejos en el aprendizaje automático y la inteligencia artificial. Estos conceptos básicos sientan las bases para explorar temas avanzados como el Deep Learning, las redes neuronales convolucionales y las redes neuronales recurrentes.

1.1.1 Estructura de una Red Neuronal

Una red neuronal típicamente consta de tres tipos principales de capas:

Capa de Entrada

Esta capa recibe los datos de entrada. Cada neurona en esta capa representa una característica en el conjunto de datos de entrada. En el contexto del aprendizaje automático o las redes neuronales, la capa de entrada es la primera capa que recibe los datos de entrada para su procesamiento por las capas subsiguientes.

Cada neurona en la capa de entrada representa una característica en el conjunto de datos. Por ejemplo, si estás utilizando una red neuronal para clasificar imágenes, cada píxel en la imagen podría estar representado por una neurona en la capa de entrada. Si la imagen tiene 28x28 píxeles, la capa de entrada tendría 784 neuronas (una para cada píxel).

La capa de entrada es responsable de pasar los datos a la siguiente capa en la red neuronal, comúnmente conocida como una capa oculta. La capa oculta realiza varios cálculos y transformaciones en los datos. El número de capas ocultas y su tamaño pueden variar, y esto es lo que hace que una red sea "profunda".

El resultado de estas transformaciones se pasa luego a la capa final en la red, la capa de salida, que produce el resultado final. Para una tarea de clasificación, la capa de salida tendría una neurona para cada clase potencial, y produciría la probabilidad de que los datos de entrada pertenezcan a cada clase.

La capa de entrada en una red neuronal sirve como el punto de entrada para los datos. Recibe los datos en bruto que serán procesados e interpretados por la red neuronal.

Capas Ocultas

Estas capas realizan cálculos y extraen características de los datos de entrada. El término "profundo" en el Deep Learning se refiere a redes con muchas capas ocultas.

Las capas ocultas en una red neuronal son capas entre la capa de entrada y la capa de salida, donde las neuronas artificiales toman un conjunto de entradas ponderadas y producen una salida a través de una función de activación. Ayudan en el procesamiento de datos complejos y patrones.

Las capas ocultas en una red neuronal realizan la mayor parte de los cálculos complejos requeridos por la red. Se llaman "ocultas" porque, a diferencia de las capas de entrada y salida, sus entradas y salidas no son visibles en el resultado final del modelo.

Cada capa oculta consiste en un conjunto de neuronas, donde cada neurona realiza una suma ponderada de sus datos de entrada. Los pesos son parámetros aprendidos durante el proceso de entrenamiento, y determinan la importancia de cada entrada para la salida de la neurona. El resultado de la suma ponderada se pasa luego a través de una función de activación, que introduce no linealidad en el modelo. Esta no linealidad permite que la red neuronal aprenda patrones complejos y relaciones en los datos.

El número de capas ocultas en una red neuronal y el número de neuronas en cada capa son decisiones de diseño importantes. Estos parámetros pueden impactar significativamente la capacidad del modelo para aprender de los datos y generalizar a datos no vistos. Por lo tanto, a menudo se determinan mediante experimentación y ajuste.

Las redes neuronales con muchas capas ocultas a menudo se denominan "redes neuronales profundas", y el estudio de estas redes se conoce como Deep Learning. Con el advenimiento de recursos de computación más poderosos y el desarrollo de nuevas técnicas de entrenamiento, el Deep Learning ha permitido avances significativos en muchas áreas de la inteligencia artificial, incluyendo el reconocimiento de imágenes y voz, el procesamiento del lenguaje natural y los juegos.

Capa de Salida

Esta capa produce la salida final de la red. En tareas de clasificación, podría representar diferentes clases. La capa de salida es la capa final en una red neuronal, que produce el resultado para las entradas dadas. Interpreta y presenta los datos computados en un formato adecuado para el problema en cuestión.

Dependiendo del tipo de problema, la capa de salida puede realizar varias tareas. Por ejemplo, en un problema de clasificación, la capa de salida podría contener tantas neuronas como el número de clases. Cada neurona produciría la probabilidad de que los datos de entrada pertenezcan a su respectiva clase. La clase con la probabilidad más alta sería la clase predicha para los datos de entrada.

En un problema de regresión, la capa de salida típicamente tiene una sola neurona. Esta neurona produciría un valor continuo correspondiente a la salida predicha.

La función de activación utilizada en la capa de salida también varía según el tipo de problema. Por ejemplo, una función de activación softmax se utiliza a menudo para problemas de clasificación multiclase, ya que produce una distribución de probabilidad sobre las clases. Para problemas de clasificación binaria, podría usarse una función de activación sigmoide, ya que produce un valor entre 0 y 1, representando la probabilidad de la clase positiva. Para problemas de regresión, a menudo se utiliza una función de activación lineal, ya que permite que la red produzca una variedad de valores.

La capa de salida juega un papel crucial en una red neuronal. Es responsable de producir los resultados finales y presentarlos de una manera adecuada para el problema en cuestión. Comprender cómo funciona la capa de salida, junto con el resto de la red, es esencial para construir y entrenar redes neuronales efectivas.

Ejemplo: Una Red Neuronal Simple

Consideremos una red neuronal simple para un problema de clasificación binaria, donde queremos clasificar datos de entrada en una de dos categorías. La red tiene una capa de entrada, una capa oculta y una capa de salida.

```
import numpy as np
# Sigmoid activation function
def sigmoid(x):
return 1 / (1 + np.exp(-x))
# Derivative of sigmoid function
def sigmoid_derivative(x):
return x * (1 - x)
# Input data (4 samples, 3 features each)
inputs = np.array([[0, 0, 1],
[1, 1, 1],
[1, 0, 1],
[0, 1, 1]])

# Output labels (4 samples, 1 output each)
outputs = np.array([[0], [1], [1], [0]])

# Seed for reproducibility
np.random.seed(1)

# Initialize weights randomly with mean 0
weights_input_hidden = 2 * np.random.random((3, 4)) - 1
weights_hidden_output = 2 * np.random.random((4, 1)) - 1
# Training the neural network
for epoch in range(10000):
# Forward propagation
input_layer = inputs
hidden_layer = sigmoid(np.dot(input_layer, weights_input_hidden))
output_layer = sigmoid(np.dot(hidden_layer, weights_hidden_output))
# Error calculation
error = outputs - output_layer

# Backward propagation
output_layer_delta = error * sigmoid_derivative(output_layer)
hidden_layer_error = output_layer_delta.dot(weights_hidden_output.T)
hidden_layer_delta = hidden_layer_error * sigmoid_derivative(hidden_layer)
# Update weights
weights_hidden_output += hidden_layer.T.dot(output_layer_delta)
```

```
weights_input_hidden += input_layer.T.dot(hidden_layer_delta)
print("Output after training:")
print(output_layer)
```

El script de ejemplo ofrece una implementación simple de una red neuronal de retroalimentación. Esta red neuronal se entrena utilizando la función de activación sigmoide y su derivada. El código puede dividirse en varias secciones, cada una sirviendo diferentes propósitos en el proceso de entrenamiento.

Primero, el script comienza importando la biblioteca numpy, que es un paquete fundamental para la computación científica en Python. Proporciona soporte para matrices, matrices y funciones matemáticas clave que son esenciales cuando se trabaja con redes neuronales.

En segundo lugar, el script define dos funciones importantes: la función sigmoide y su derivada. La función sigmoide es un tipo de función de activación, comúnmente utilizada en redes neuronales, que asigna cualquier valor de entrada a un rango entre 0 y 1. La función sigmoide es particularmente útil para problemas de clasificación binaria, donde los valores de salida pueden interpretarse como probabilidades. La función derivada sigmoide se usa en el proceso de retropropagación de la red neuronal para ayudar a optimizar los pesos del modelo.

A continuación, el script configura los datos de entrada y salida. Los datos de entrada consisten en cuatro muestras, cada una con tres características, y los datos de salida consisten en cuatro muestras, cada una con una salida. Esta es una configuración típica en el aprendizaje supervisado, donde cada muestra de entrada está asociada con una etiqueta de salida correspondiente.

Después de eso, el script inicializa los pesos para las conexiones entre las capas de entrada y ocultas, y entre las capas ocultas y de salida. Los pesos se inicializan aleatoriamente para romper la simetría durante el proceso de aprendizaje y permitir que la red neuronal aprenda un conjunto diverso de características.

El bucle principal del script es donde se lleva a cabo el entrenamiento de la red neuronal. Este bucle se ejecuta por un número de iteraciones conocido como épocas. En este caso, el script se ejecuta durante 10,000 épocas, pero este número puede ajustarse según los requisitos específicos del problema en cuestión.

El proceso de entrenamiento consiste en dos pasos principales: propagación hacia adelante y propagación hacia atrás.

Durante la propagación hacia adelante, los datos de entrada se pasan a través de la red, capa por capa, hasta que se genera una predicción de salida. El script calcula los valores para las capas ocultas y de salida aplicando los pesos a las entradas y pasando los resultados a través de la función sigmoide.

La propagación hacia atrás es la parte del entrenamiento donde la red aprende de sus errores. El script calcula la diferencia entre la salida predicha y la salida real, conocida como el error.

Este error se propaga luego a través de la red, y los pesos se ajustan en consecuencia. El objetivo aquí es minimizar el error en las predicciones subsiguientes.

Los ajustes de los pesos durante la propagación hacia atrás se realizan utilizando un método llamado descenso de gradiente. Es una técnica de optimización numérica utilizada para encontrar el mínimo de una función. En este caso, se utiliza para encontrar los pesos que minimizan la función de error.

Después del proceso de entrenamiento, el script imprime la salida de la red neuronal después del entrenamiento. Esta salida proporciona las predicciones finales de la red después de haber sido entrenada con los datos de entrada.

1.1.2 Funciones de Activación

Las funciones de activación introducen no linealidad en la red, permitiéndole aprender patrones complejos. Las funciones de activación comunes incluyen:

Sigmoide

Como se vio en el ejemplo, la función sigmoide asigna valores de entrada a un rango entre 0 y 1. La sigmoide es una función matemática que tiene una curva característica en forma de S o curva sigmoide. En el aprendizaje automático, la función sigmoide se utiliza a menudo como función de activación para introducir no linealidad en el modelo y para convertir valores en un rango entre 0 y 1.

En el contexto de las redes neuronales, la función sigmoide juega un papel clave en el proceso de propagación hacia adelante. Durante este proceso, los datos de entrada pasan a través de la red capa por capa, hasta que alcanzan la capa de salida. En cada capa, los datos de entrada se ponderan y se aplica la función sigmoide al resultado, asignando la entrada ponderada a un valor entre 0 y 1. Esta salida se convierte entonces en la entrada para la siguiente capa, y el proceso continúa hasta que se produce la salida final.

La función sigmoide también es crucial en el proceso de retropropagación, que es cómo la red aprende de sus errores. Después de que se produce la salida, se calcula el error o la diferencia entre la salida predicha y la salida real.

Este error se propaga luego a través de la red, y los pesos se ajustan en consecuencia. La función sigmoide se utiliza en este proceso para calcular el gradiente del error con respecto a cada peso, lo que determina cuánto debe ajustarse cada peso.

La función sigmoide es un componente clave de las redes neuronales, permitiéndoles aprender patrones complejos y hacer predicciones precisas.

ReLU (Unidad Lineal Rectificada)

La función ReLU produce la entrada directamente si es positiva; de lo contrario, produce cero. Es ampliamente utilizada debido a su simplicidad y efectividad. ReLU, o Unidad Lineal Rectificada, es un tipo de función de activación ampliamente utilizada en redes neuronales y modelos de Deep Learning. Produce la entrada directamente si es positiva; de lo contrario, produce cero.

ReLU, o Unidad Lineal Rectificada, es un tipo de función de activación ampliamente utilizada en redes neuronales y modelos de Deep Learning. La función se define esencialmente como f(x) = max(0, x), lo que significa que produce la entrada directamente si es positiva; de lo contrario, produce cero.

ReLU es una parte importante de muchas redes neuronales modernas debido a su simplicidad y eficiencia. Su principal ventaja es que reduce la complejidad computacional del proceso de entrenamiento al mismo tiempo que preserva la capacidad de representar funciones complejas. Esto se debe a que la función ReLU es lineal para valores positivos y cero para valores negativos, lo que permite un aprendizaje y convergencia más rápidos de la red durante el entrenamiento.

Otro beneficio de ReLU es que ayuda a mitigar el problema del gradiente que se desvanece, un problema común en el entrenamiento de redes neuronales donde los gradientes se vuelven muy pequeños y la red deja de aprender. Esto ocurre significativamente menos con ReLU porque su gradiente es cero (para entradas negativas) o uno (para entradas positivas), lo que ayuda a la red a continuar aprendiendo.

Sin embargo, un problema potencial con ReLU es que puede llevar a neuronas muertas, o neuronas que nunca se activan y, por lo tanto, no contribuyen al proceso de aprendizaje. Esto puede ocurrir cuando las entradas a una neurona son siempre negativas, lo que resulta en una salida cero independientemente de los cambios en los pesos durante el entrenamiento. Para mitigar esto, se pueden usar variantes de la función ReLU como ReLU con filtrado (Leaky ReLU) o ReLU Paramétrica.

Tanh

La función tanh asigna valores de entrada a un rango entre -1 y 1, utilizada a menudo en capas ocultas. Tanh se refiere a la tangente hiperbólica, una función matemática que se utiliza en varios campos como la matemática, la física y la ingeniería. En el contexto del aprendizaje automático y la inteligencia artificial, se utiliza a menudo como una función de activación en redes neuronales.

Las funciones de activación son cruciales en las redes neuronales, ya que introducen no linealidad en el modelo. Esta no linealidad permite que la red aprenda de los errores y ajuste sus pesos, lo que a su vez permite que el modelo represente funciones complejas y haga predicciones precisas.

La función Tanh, como las funciones Sigmoide y ReLU, se utiliza para asignar valores de entrada a un cierto rango. Específicamente, la función Tanh asigna valores de entrada a un rango entre -1 y 1. Esto es útil en muchos escenarios, especialmente cuando el modelo necesita hacer clasificaciones binarias o multiclasificaciones.

Una ventaja de la función Tanh sobre la función Sigmoide es que está centrada en cero. Esto significa que su salida está centrada alrededor de cero, lo que puede facilitar el aprendizaje para la siguiente capa en algunos casos. Sin embargo, al igual que la función Sigmoide, la función Tanh también sufre del problema del gradiente que se desvanece, donde los gradientes se vuelven muy pequeños y la red deja de aprender.

En la práctica, la elección de la función de activación depende de los requisitos específicos del problema en cuestión y a menudo se determina mediante experimentación y ajuste.

Ejemplo:

```
# ReLU activation function
def relu(x):
return np.maximum(0, x)
# Example usage of ReLU
input_data = np.array([-1, 2, -0.5, 3])
output_data = relu(input_data)
print(output_data)  # Output: [0. 2. 0. 3.]
```

Este ejemplo explica la función de activación ReLU (Unidad Lineal Rectificada). Esta función es una parte esencial de las redes neuronales y los modelos de Deep Learning. Las funciones de activación como ReLU introducen no linealidad en estos modelos, permitiéndoles aprender patrones complejos y hacer predicciones precisas.

En la implementación, la función ReLU se define usando Python. La función se llama 'relu' y toma un parámetro 'x'. Este 'x' representa la entrada a la función ReLU, que puede ser cualquier número real.

La función usa la función máxima de numpy para devolver el máximo entre 0 y 'x'. Esta es la característica clave de la función ReLU: si 'x' es mayor que 0, devuelve 'x'; de lo contrario, devuelve 0. Por esto se llama Unidad Lineal Rectificada: rectifica o corrige las entradas negativas a cero, mientras deja las entradas positivas tal como están.

También se proporciona un ejemplo de uso de la función ReLU en el código. Se crea una matriz numpy llamada 'input_data', que contiene cuatro elementos: -1, 2, -0.5 y 3. Luego, se aplica la función ReLU a estos datos de entrada, resultando en una nueva matriz 'output_data'.

El efecto de la función ReLU se puede ver en esta salida. Los valores negativos en la matriz de entrada (-1 y -0.5) se rectifican a 0, mientras que los valores positivos (2 y 3) no se cambian. La salida final de la función ReLU es, por tanto, [0, 2, 0, 3].

Este simple ejemplo demuestra cómo funciona la función ReLU en la práctica. Es un aspecto fundamental de las redes neuronales y el Deep Learning, permitiendo que estos modelos aprendan y representen funciones complejas. A pesar de su simplicidad, la función ReLU es poderosa y ampliamente utilizada en el campo del aprendizaje automático.

1.1.3 Propagación Hacia Adelante y Hacia Atrás

La propagación hacia adelante y hacia atrás son procesos fundamentales en el entrenamiento de una red neuronal, un componente central del Deep Learning y la inteligencia artificial.

La propagación hacia adelante se refiere al proceso donde los datos de entrada se pasan a través de la red para generar una salida. Comienza en la capa de entrada, donde cada neurona recibe un valor de entrada. Estos valores se multiplican por sus pesos correspondientes, y los resultados se suman y pasan a través de una función de activación. Este proceso se repite para cada capa en la red hasta que alcanza la capa de salida, que produce la salida final de la red. Esta salida se compara luego con la salida real o esperada para calcular el error o la diferencia.

La propagación hacia atrás, por otro lado, es el proceso donde la red ajusta sus pesos basándose en el error calculado o la diferencia entre la salida predicha y la salida real. Este proceso comienza desde la capa de salida y trabaja de regreso hacia la capa de entrada, de ahí el término 'hacia atrás'. El objetivo de este proceso es minimizar el error en las predicciones de la red.

El ajuste de los pesos se realiza utilizando un método conocido como descenso de gradiente. Este es un método de optimización matemática que tiene como objetivo encontrar el mínimo de una función, en este caso, la función de error. Funciona calculando el gradiente o la pendiente de la función de error con respecto a cada peso, lo que indica la dirección y la magnitud del cambio que resultaría en el menor error. Los pesos se ajustan en la dirección opuesta del gradiente, descendiendo efectivamente hacia el mínimo de la función de error.

La combinación de propagación hacia adelante y hacia atrás forma un ciclo que se repite muchas veces durante el entrenamiento de una red neuronal. Cada ciclo se refiere como una época. Con cada época, los pesos de la red se ajustan para reducir el error, y con el tiempo, la red aprende a hacer predicciones precisas.

Estos procesos son los mecanismos fundamentales a través de los cuales las redes neuronales aprenden de los datos. Al ajustar sus pesos internos basados en el error de salida, las redes neuronales pueden aprender patrones complejos y relaciones en los datos, convirtiéndolas en herramientas poderosas para tareas como el reconocimiento de imágenes, el procesamiento del lenguaje natural y mucho más. Comprender estos procesos es esencial para cualquiera que desee profundizar en el campo del Deep Learning y la inteligencia artificial.

Ejemplo: Propagación hacia Atrás con Descenso de Gradiente

```
# Learning rate
learning_rate = 0.1

# Training the neural network with gradient descent
for epoch in range(10000):
# Forward propagation
input_layer = inputs
hidden_layer = sigmoid(np.dot(input_layer, weights_input_hidden))
```

```
output_layer = sigmoid(np.dot(hidden_layer, weights_hidden_output))
# Error calculation
error = outputs - output_layer

# Backward propagation
output_layer_delta = error * sigmoid_derivative(output_layer)
hidden_layer_error = output_layer_delta.dot(weights_hidden_output.T)
hidden_layer_delta = hidden_layer_error * sigmoid_derivative(hidden_layer)
# Update weights with gradient descent
weights_hidden_output += learning_rate * hidden_layer.T.dot(output_layer_delta)
weights_input_hidden += learning_rate * input_layer.T.dot(hidden_layer_delta)
print("Output after training with gradient descent:")
print(output_layer)
```

Este script de ejemplo está diseñado para entrenar una red neuronal simple usando el algoritmo de descenso de gradiente. La red neuronal está compuesta por una capa de entrada, una capa oculta y una capa de salida, y funciona de la siguiente manera:

1. Inicialmente, se establece la tasa de aprendizaje en 0.1. La tasa de aprendizaje es un hiperparámetro que controla cuánto se actualizan o cambian los pesos del modelo en respuesta al error estimado cada vez que se actualizan los pesos del modelo. Elegir una tasa de aprendizaje adecuada puede ser esencial para entrenar una red neuronal de manera eficiente. Una tasa de aprendizaje demasiado pequeña puede resultar en un proceso de entrenamiento largo que podría estancarse, mientras que una tasa de aprendizaje demasiado grande puede resultar en el aprendizaje de un conjunto subóptimo de pesos demasiado rápido o en un proceso de entrenamiento inestable.
2. Luego, la red neuronal se entrena durante 10,000 iteraciones o épocas. Una época es un paso completo a través del conjunto de datos de entrenamiento completo. Durante cada una de estas épocas, cada muestra en el conjunto de datos se expone a la red, que aprende de ella.
3. En cada época, el proceso comienza con la propagación hacia adelante. Los datos de entrada se pasan a través de la red, desde la capa de entrada hasta la capa oculta, y finalmente a la capa de salida. Los valores en la capa oculta se calculan aplicando los pesos a las entradas y pasando los resultados a través de la función de activación sigmoide. El mismo proceso se repite para calcular los valores en la capa de salida.
4. Posteriormente, se calcula el error entre las salidas predichas (la capa de salida) y las salidas reales. Este error es una medida de cuán desviadas están las predicciones de la red de los valores reales. En un escenario perfecto, el error sería cero, pero en la realidad, el objetivo es minimizar este error tanto como sea posible.
5. Luego, el error se propaga a través de la red, desde la capa de salida hasta la capa de entrada, en un proceso conocido como retropropagación. Durante este proceso, se calcula la derivada del error con respecto a los pesos de la red. Estas derivadas indican cuánto cambiaría el error con un pequeño cambio en los pesos.
6. Los pesos que conectan las neuronas en las capas oculta y de salida de la red se actualizan utilizando los errores calculados. Esto se hace utilizando el algoritmo de

optimización de descenso de gradiente. Los pesos se ajustan en la dirección que más disminuye el error, que es la dirección opuesta del gradiente. La tasa de aprendizaje determina el tamaño de estos ajustes.

7. Finalmente, después de que la red neuronal se haya entrenado completamente, se imprime la salida de la red. Esta salida es la predicción de la red dada la entrada de datos.

Este script ofrece un ejemplo básico de cómo se puede entrenar una red neuronal usando descenso de gradiente. Demuestra conceptos clave en el entrenamiento de redes neuronales, incluyendo la propagación hacia adelante y hacia atrás, las actualizaciones de pesos usando descenso de gradiente y el uso de una función de activación sigmoide. Comprender estos conceptos es crucial para trabajar con redes neuronales y Deep Learning.

1.1.4 Funciones de Pérdida

La función de pérdida, también conocida como función de costo u objetivo, mide qué tan bien coinciden las predicciones de la red neuronal con los valores objetivo reales. Es un componente crítico en el entrenamiento de redes neuronales, ya que guía el proceso de optimización. Las funciones de pérdida comunes incluyen:

Error Cuadrático Medio (MSE)

El Error Cuadrático Medio (MSE) es una medida estadística comúnmente utilizada para cuantificar la diferencia cuadrática promedio entre las observaciones reales y las predicciones hechas por un modelo o estimador. A menudo se usa en análisis de regresión y aprendizaje automático para evaluar el rendimiento de un modelo predictivo.

En el contexto del aprendizaje automático, el MSE se utiliza a menudo como una función de pérdida para problemas de regresión. El propósito de la función de pérdida es medir la discrepancia entre las salidas predichas y las salidas reales del modelo. El objetivo durante el proceso de entrenamiento de un modelo es minimizar esta función de pérdida.

El MSE calcula el promedio de los cuadrados de las diferencias entre los valores predichos y los valores reales. Esto esencialmente magnifica el impacto de los errores más grandes en comparación con los más pequeños, lo que lo hace particularmente útil cuando los errores más grandes son especialmente indeseables.

Si 'y_true' representa los valores reales y 'y_pred' representa los valores predichos, la fórmula para el MSE es:

MSE = (1/n) * Σ (y_true - y_pred)^2

Donde:

n es el número total de puntos de datos o instancias

Σ es el símbolo de sumatoria, que indica que cada diferencia cuadrática se suma

(y_true - y_pred)^2 es la diferencia cuadrática entre los valores reales y los predichos

El cuadrado es crucial ya que elimina el signo, permitiendo que la función considere solo la magnitud del error, no su dirección. Además, el cuadrado enfatiza los errores más grandes sobre los más pequeños.

El MSE es una buena opción de función de pérdida para muchas situaciones, pero puede ser sensible a los valores atípicos ya que cuadratiza los errores. Si se trata con datos que contienen valores atípicos o si la distribución de errores no es simétrica, podría ser conveniente considerar otras funciones de pérdida, como el Error Absoluto Medio (MAE) o la pérdida de Huber.

Pérdida de Entropía Cruzada

La Pérdida de Entropía Cruzada es una función de pérdida utilizada en el aprendizaje automático y la optimización. Mide la disimilitud entre la distribución de probabilidad predicha y la distribución real, utilizada típicamente en problemas de clasificación.

La Pérdida de Entropía Cruzada se usa comúnmente en problemas donde el modelo necesita predecir la probabilidad de cada uno de los diferentes resultados posibles de una distribución categórica. Es particularmente útil en el entrenamiento de modelos de clasificación multiclase en el Deep Learning.

La Pérdida de Entropía Cruzada se calcula tomando el logaritmo negativo de la probabilidad predicha para la clase real. La pérdida aumenta a medida que la probabilidad predicha diverge de la etiqueta real. Por lo tanto, minimizar la Pérdida de Entropía Cruzada lleva a nuestro modelo a maximizar directamente la probabilidad de predecir la clase correcta.

Una de las ventajas significativas de usar la Pérdida de Entropía Cruzada, especialmente en el contexto de redes neuronales, es que puede acelerar el aprendizaje. En comparación con otros métodos como el Error Cuadrático Medio (MSE), se ha encontrado que la Pérdida de Entropía Cruzada permite una convergencia más rápida, lo que lleva a tiempos de entrenamiento más cortos.

Sin embargo, es importante tener en cuenta que la Pérdida de Entropía Cruzada asume que nuestro modelo produce probabilidades, lo que significa que la capa de salida de nuestra red debe ser una capa softmax o equivalente. Además, es sensible al desequilibrio en el conjunto de datos, lo que la hace menos adecuada para problemas donde las clases no están igualmente representadas.

En resumen, la Pérdida de Entropía Cruzada es una herramienta poderosa en la caja de herramientas de los practicantes del aprendizaje automático y es una función de pérdida preferida para problemas de clasificación.

Ejemplo: Pérdida de Entropía Cruzada

```
import numpy as np
# Example target labels (one-hot encoded)
y_true = np.array([[1, 0, 0],
[0, 1, 0],
[0, 0, 1]])
```

```
# Example predicted probabilities
y_pred = np.array([[0.7, 0.2, 0.1],
[0.1, 0.8, 0.1],
[0.2, 0.3, 0.5]])

# Cross-entropy loss calculation
def cross_entropy_loss(y_true, y_pred):
epsilon = 1e-15  # to avoid log(0)
y_pred = np.clip(y_pred, epsilon, 1. - epsilon)
return -np.sum(y_true * np.log(y_pred)) / y_true.shape[0]
loss = cross_entropy_loss(y_true, y_pred)
print("Cross-Entropy Loss:", loss)
```

Este es un fragmento de código de ejemplo que muestra cómo calcular la pérdida de entropía cruzada en un contexto de aprendizaje automático, particularmente para problemas de clasificación. A continuación se presenta un desglose paso a paso de lo que hace el código:

1. La primera línea del código importa la biblioteca numpy. Numpy es una popular biblioteca de Python que proporciona soporte para arreglos y matrices grandes y multidimensionales, junto con una colección de funciones matemáticas para operar sobre estos arreglos.
2. A continuación, definimos las etiquetas de destino verdaderas (y_true) y las probabilidades predichas (y_pred). Estas se representan como arreglos numpy. Las etiquetas verdaderas están codificadas en one-hot, lo que significa que para cada muestra, la categoría se representa como un vector binario donde solo el índice de la categoría verdadera es 1 y el resto son 0s.
3. Se define la función cross_entropy_loss. Esta función calcula la pérdida de entropía cruzada dadas las etiquetas verdaderas y las probabilidades predichas.
    - Dentro de la función, se define una pequeña constante epsilon para evitar tomar el logaritmo de cero, lo que resultaría en un valor indefinido. Esta es una técnica comúnmente utilizada en el aprendizaje automático para garantizar la estabilidad numérica.
    - La función np.clip se usa para limitar los valores de las probabilidades predichas entre epsilon y 1. - epsilon. Esto asegura que no intentemos tomar el logaritmo de 0 o de un valor mayor a 1, lo cual no tendría sentido en el contexto de probabilidades y podría causar problemas computacionales.
    - La pérdida de entropía cruzada se calcula luego usando la fórmula de entropía cruzada, que suma las etiquetas verdaderas multiplicadas por el logaritmo de las probabilidades predichas. El resultado se divide luego por el número de muestras para obtener la pérdida promedio por muestra.
    - Finalmente, la función devuelve la pérdida calculada.
4. La función cross_entropy_loss se llama luego con y_true y y_pred como argumentos. El resultado se almacena en la variable loss.

5. Finalmente, la pérdida de entropía cruzada calculada se imprime en la consola.

Este fragmento de código es un ejemplo básico de cómo calcular la pérdida de entropía cruzada en Python. En la práctica, las etiquetas verdaderas y las probabilidades predichas se obtendrían de los datos reales y de las predicciones de un modelo de aprendizaje automático, respectivamente.

Calcular la pérdida es un paso crucial en el entrenamiento de modelos de aprendizaje automático, ya que proporciona una medida de qué tan bien las predicciones del modelo coinciden con los datos reales. Esto es típicamente lo que el modelo trata de minimizar durante el proceso de entrenamiento.

1.1.5 Optimizadores

Los optimizadores representan un componente crucial de los algoritmos de aprendizaje automático, particularmente en las redes neuronales. Son un tipo de algoritmos diseñados específicamente para ajustar y afinar los pesos asociados con varios nodos en la red neuronal.

Su función principal es minimizar la función de pérdida, que es un indicador de la desviación de las predicciones del modelo respecto a los valores reales. Al hacerlo, los optimizadores ayudan a mejorar la precisión de la red neuronal.

Sin embargo, es importante notar que diferentes tipos de optimizadores pueden tener niveles variados de impacto en la eficiencia del entrenamiento de la red neuronal y, consecuentemente, en el rendimiento general del modelo de aprendizaje automático. Por lo tanto, la elección del optimizador podría ser un factor significativo en la efectividad y precisión del modelo.

Optimizadores comunes incluyen:

Descenso de Gradiente

El algoritmo de optimización más simple que actualiza los pesos en la dirección del gradiente negativo de la función de pérdida. El descenso de gradiente es un algoritmo de optimización comúnmente usado en el aprendizaje automático e inteligencia artificial para minimizar una función. Se utiliza para encontrar el valor mínimo de una función, moviéndose iterativamente en la dirección del descenso más pronunciado, definido por el negativo del gradiente.

El algoritmo comienza con una estimación inicial del mínimo y actualiza iterativamente esta estimación tomando pasos proporcionales al gradiente negativo de la función en el punto actual. Este proceso continúa hasta que el algoritmo converge al verdadero mínimo de la función.

En el contexto del aprendizaje automático y profundo, el descenso de gradiente se utiliza para minimizar la función de pérdida, que mide la discrepancia entre las predicciones del modelo y los datos reales. Al minimizar esta función de pérdida, el modelo puede aprender el mejor conjunto de parámetros que hacen sus predicciones tan precisas como sea posible.

Aquí hay un esquema simplificado de cómo funciona el descenso de gradiente:

1. Inicializar los parámetros del modelo con valores aleatorios.
2. Calcular el gradiente de la función de pérdida con respecto a los parámetros del modelo.
3. Actualizar los parámetros tomando un paso en la dirección del gradiente negativo.
4. Repetir los pasos 2 y 3 hasta que el algoritmo converja al mínimo de la función de pérdida.

Hay varias variantes del descenso de gradiente, incluyendo el descenso de gradiente por lotes (Batch Gradient Descent), el descenso de gradiente estocástico (Stochastic Gradient Descent) y el descenso de gradiente por mini-lotes (Mini-Batch Gradient Descent). Estas variantes difieren principalmente en la cantidad de datos que utilizan para calcular el gradiente de la función de pérdida en cada paso.

- El descenso de gradiente por lotes utiliza todo el conjunto de datos para calcular el gradiente en cada paso.
- El descenso de gradiente estocástico utiliza solo un punto de datos aleatorio para calcular el gradiente en cada paso.
- El descenso de gradiente por mini-lotes equilibra los dos, utilizando una pequeña muestra aleatoria de datos para calcular el gradiente en cada paso.

A pesar de su simplicidad, el descenso de gradiente es un algoritmo de optimización poderoso y eficiente que forma la base de muchos modelos de aprendizaje automático y profundo.

Descenso de Gradiente Estocástico (SGD)

Una extensión del descenso de gradiente que actualiza los pesos utilizando un subconjunto aleatorio de los datos de entrenamiento, en lugar de todo el conjunto de datos. El descenso de gradiente estocástico (SGD) es un método iterativo para optimizar una función objetivo con propiedades adecuadas. Se utiliza comúnmente en el aprendizaje automático e inteligencia artificial para entrenar modelos, particularmente en casos donde los datos son demasiado grandes para caber en memoria.

El SGD es una extensión del algoritmo de optimización de descenso de gradiente. En el descenso de gradiente estándar (o "por lotes"), el gradiente de la función de pérdida se calcula a partir de todo el conjunto de datos de entrenamiento y se utiliza para actualizar los parámetros del modelo (o pesos). Esto puede ser computacionalmente costoso para grandes conjuntos de datos e impráctico para conjuntos de datos que no caben en memoria.

En contraste, el SGD estima el gradiente a partir de una sola instancia seleccionada aleatoriamente de los datos de entrenamiento en cada paso antes de actualizar los parámetros. Esto lo hace mucho más rápido y capaz de manejar conjuntos de datos mucho más grandes.

La desventaja es que las actualizaciones son más ruidosas, lo que puede significar que el algoritmo tarde más en converger al mínimo de la función de pérdida y puede no encontrar el mínimo exacto. Sin embargo, esto también puede ser una ventaja, ya que el ruido puede ayudar al algoritmo a salir de los mínimos locales de la función de pérdida, mejorando las posibilidades de encontrar un mejor mínimo (o incluso el global).

El SGD se ha utilizado con éxito en una variedad de tareas de aprendizaje automático y es uno de los algoritmos clave que ha permitido la aplicación práctica del aprendizaje automático a gran escala. Se utiliza en una variedad de modelos de aprendizaje automático, incluyendo la regresión lineal, la regresión logística y las redes neuronales.

Adam (Adaptive Moment Estimation)

Un optimizador popular que combina las ventajas de otras dos extensiones del descenso de gradiente estocástico - AdaGrad y RMSProp. Adam es un algoritmo de optimización utilizado en el aprendizaje automático y profundo para entrenar redes neuronales. Calcula tasas de aprendizaje adaptativas para cada parámetro, mejorando la eficiencia del proceso de aprendizaje.

A diferencia del descenso de gradiente estocástico clásico, Adam mantiene una tasa de aprendizaje separada para cada peso en la red y ajusta estas tasas de aprendizaje por separado a medida que avanza el aprendizaje. Esta característica hace de Adam un optimizador eficiente, particularmente para problemas con grandes datos o muchos parámetros.

El optimizador Adam combina dos metodologías de descenso de gradiente: AdaGrad (Algoritmo de Gradiente Adaptativo) y RMSProp (Propagación de Media Cuadrada). De RMSProp, Adam toma el concepto de usar un promedio móvil de gradientes cuadrados para escalar la tasa de aprendizaje. De AdaGrad, toma la idea de usar un promedio exponencial decreciente de gradientes pasados.

Esta combinación permite a Adam manejar tanto gradientes escasos como datos ruidosos, lo que lo convierte en una herramienta de optimización poderosa para una amplia gama de problemas de aprendizaje automático.

Adam tiene varias ventajas sobre otros algoritmos de optimización utilizados en el Deep Learning:

- Fácil de implementar.
- Eficiente computacionalmente.
- Requiere poca memoria.
- Invariante a la reescalación diagonal de los gradientes.
- Bien adaptado para problemas grandes en términos de datos y/o parámetros.
- Apropiado para objetivos no estacionarios.
- Capaz de manejar gradientes escasos.
- Proporciona cierta robustez al ruido.

Sin embargo, como cualquier optimizador, Adam no está exento de limitaciones. A veces puede no converger a la solución óptima bajo condiciones específicas, y sus hiperparámetros a menudo requieren ajuste para lograr los mejores resultados.

A pesar de estos posibles inconvenientes, Adam es ampliamente utilizado en el Deep Learning y a menudo se recomienda como la opción predeterminada de optimizador, dada su facilidad de uso y su sólido rendimiento en una amplia gama de tareas.

Ejemplo: Uso del Optimizador Adam

```
import tensorflow as tf
# Sample neural network model
model = tf.keras.models.Sequential([
tf.keras.layers.Dense(4, activation='relu', input_shape=(3,)),
tf.keras.layers.Dense(1, activation='sigmoid')
])

# Compile the model with Adam optimizer
model.compile(optimizer='adam', loss='binary_crossentropy', metrics=['accuracy'])
# Sample data
inputs = np.array([[0, 0, 1], [1, 1, 1], [1, 0, 1], [0, 1, 1]])
outputs = np.array([[0], [1], [1], [0]])
# Train the model
model.fit(inputs, outputs, epochs=1000, verbose=0)

# Evaluate the model
loss, accuracy = model.evaluate(inputs, outputs, verbose=0)
print("Loss:", loss)
print("Accuracy:", accuracy)
```

Desglosamos el script:

1. **Importación de la biblioteca necesaria**: El script comienza importando TensorFlow, que se utilizará para construir y entrenar la red neuronal.

```
pythonCopy code
import tensorflow as tf
```

2. **Definiendo el modelo**: Luego, el script define un modelo de red neuronal simple utilizando la API Keras de TensorFlow, que proporciona una interfaz de alto nivel y fácil de usar para definir y manipular modelos.

```
pythonCopy code
model = tf.keras.models.Sequential([
tf.keras.layers.Dense(4, activation='relu', input_shape=(3,)),
tf.keras.layers.Dense(1, activation='sigmoid')
])
```

El modelo es un modelo Secuencial, lo que significa que está compuesto por una pila lineal de capas. El modelo tiene dos capas. La primera capa es una capa Densa (totalmente conectada) con 4 neuronas y utiliza la función de activación ReLU (Rectified Linear Unit). La segunda capa también es una capa Densa, tiene una sola neurona y utiliza la función de activación sigmoide. La forma de entrada de la primera capa es 3, lo que indica que cada muestra de entrada es un arreglo de 3 números.

3. **Compilando el modelo**: Una vez definido el modelo, debe ser compilado antes de que pueda ser ejecutado. Durante la compilación, se establecen el optimizador (en este caso, 'adam'), la función de pérdida (en este caso, 'binary_crossentropy') y las métricas (en este caso, 'accuracy') para el entrenamiento.

```
pythonCopy code
model.compile(optimizer='adam', loss='binary_crossentropy', metrics=['accuracy'])
```

4. **Definiendo los datos de muestra**: El script define algunos datos de entrada y salida de muestra para entrenar el modelo. Las entradas son un arreglo de cuatro arreglos de 3 elementos, y las salidas son un arreglo de cuatro arreglos de 1 elemento.

```
pythonCopy code
inputs = np.array([[0, 0, 1], [1, 1, 1], [1, 0, 1], [0, 1, 1]])
outputs = np.array([[0], [1], [1], [0]])
```

5. **Entrenando el modelo**: Luego, el modelo se entrena utilizando los datos de muestra. El modelo se entrena durante 1000 épocas, donde una época es un pase completo a través de todo el conjunto de datos de entrenamiento.

```
pythonCopy code
model.fit(inputs, outputs, epochs=1000, verbose=0)
```

6. **Evaluando el modelo**: Una vez que el modelo ha sido entrenado, el script evalúa el modelo utilizando los mismos datos de muestra. Esto implica ejecutar el modelo con las entradas de muestra, comparando las salidas del modelo con las salidas de muestra y calculando un valor de pérdida y precisión. La pérdida es una medida de qué tan diferentes son las salidas del modelo de las salidas de muestra, y la precisión es una medida del porcentaje de coincidencia de las salidas del modelo con las salidas de muestra.

```
pythonCopy code
loss, accuracy = model.evaluate(inputs, outputs, verbose=0)
print("Loss:", loss)
print("Accuracy:", accuracy)
```

El ejemplo demuestra cómo definir un modelo, compilarlo, entrenarlo con datos de muestra y luego evaluar el modelo entrenado. A pesar de su simplicidad, el script cubre muchos de los aspectos clave del uso de redes neuronales, lo que lo convierte en un buen punto de partida para aquellos que son nuevos en el campo.

1.1.6 Sobreajuste y Regularización

El sobreajuste es un problema común en el aprendizaje automático y ocurre cuando una red neuronal u otro modelo aprende demasiado del ruido o las fluctuaciones aleatorias presentes en los datos de entrenamiento. Esta información sobreaprendida no representa los patrones o tendencias subyacentes reales en los datos y, como resultado, el modelo tiene un rendimiento deficiente al generalizar su conocimiento a nuevos datos no vistos.

En esencia, el modelo se vuelve demasiado especializado en los datos de entrenamiento, hasta el punto de que no puede aplicar efectivamente su aprendizaje a otros conjuntos de datos similares. Para combatir este problema, se emplean varias técnicas de regularización.

Estas técnicas funcionan al agregar una penalización a la función de pérdida que el modelo utiliza para aprender de los datos, limitando efectivamente la complejidad del modelo y, por lo tanto, evitando que aprenda el ruido en los datos de entrenamiento. Esto, a su vez, ayuda a mejorar la capacidad del modelo para generalizar y aplicar su aprendizaje a nuevos datos, mejorando su rendimiento general y utilidad.

Las técnicas de regularización comunes incluyen:

Regularización L2 (Ridge)

Agrega una penalización igual a la suma de los pesos cuadrados a la función de pérdida. La regularización L2, también conocida como Regresión Ridge, es una técnica utilizada en el aprendizaje automático para prevenir el sobreajuste de los modelos. Lo hace agregando una penalización equivalente al cuadrado de la magnitud de los coeficientes a la función de pérdida.

La regularización L2 funciona al desalentar que los pesos alcancen valores grandes al agregar una penalización proporcional al cuadrado de los pesos a la función de pérdida. Esto ayuda a prevenir que el modelo dependa demasiado de una sola característica, lo que conduce a un modelo más equilibrado y generalizado.

La regularización L2 es particularmente útil al tratar con multicolinealidad (alta correlación entre las variables predictoras), un problema común en los conjuntos de datos del mundo real. Al aplicar la regularización L2, el modelo se vuelve más robusto y menos sensible a las características individuales, mejorando así su capacidad de generalización.

En el contexto de las redes neuronales, el peso de cada neurona se actualiza de una manera que no solo minimiza el error, sino que también mantiene los pesos tan pequeños como sea posible, lo que resulta en un modelo más simple y menos complejo.

Uno de los otros beneficios de usar la regularización L2 es que no conduce a la eliminación completa de ninguna característica, ya que no fuerza a ningún coeficiente a cero, sino que los distribuye uniformemente. Esto es particularmente útil cuando no queremos descartar completamente ninguna característica.

A pesar de sus beneficios, la regularización L2 introduce un hiperparámetro adicional lambda (λ) que controla la fuerza de la regularización, y que necesita ser determinado. Un valor grande de λ puede llevar a un subajuste, donde el modelo es demasiado simple para capturar patrones en los datos. Por el contrario, un valor pequeño de λ puede todavía llevar a un sobreajuste, donde el modelo es demasiado complejo y ajusta el ruido en los datos en lugar de la tendencia subyacente.

Por lo tanto, el valor adecuado de λ se encuentra típicamente mediante validación cruzada u otros métodos de ajuste. A pesar de este paso adicional, la regularización L2 sigue siendo una herramienta poderosa en el conjunto de herramientas del practicante de aprendizaje automático para crear modelos robustos y generalizables.

Dropout: Elimina aleatoriamente una fracción de las neuronas durante el entrenamiento para evitar que la red se vuelva demasiado dependiente de neuronas específicas, mejorando así la generalización.

Dropout es una técnica utilizada en el aprendizaje automático y las redes neuronales para prevenir el sobreajuste, que es la creación de modelos que están demasiado especializados en los datos de entrenamiento y tienen un rendimiento deficiente en datos nuevos. Funciona ignorando aleatoriamente, o "eliminando", algunas de las neuronas durante el proceso de entrenamiento.

Al hacer esto, Dropout evita que la red se vuelva demasiado dependiente de neuronas específicas, fomentando un esfuerzo más distribuido y colaborativo entre las neuronas para aprender de los datos. De esta manera, mejora la capacidad de la red para generalizar y rendir bien en datos nuevos no vistos.

Dropout se implementa seleccionando aleatoriamente una fracción de las neuronas en la red y eliminándolas temporalmente junto con todas sus conexiones entrantes y salientes. La tasa a la que se eliminan las neuronas es un hiperparámetro y típicamente se establece entre 0.2 y 0.5.

Ejemplo: Aplicando Dropout

Aquí hay un ejemplo de código en Python de cómo aplicar Dropout en una red neuronal utilizando la API Keras de TensorFlow:

```
import tensorflow as tf
# Sample neural network model with Dropout
model = tf.keras.models.Sequential([
tf.keras.layers.Dense(128, activation='relu', input_shape=(784,)),
tf.keras.layers.Dropout(0.5),  # Dropout layer with 50% rate
tf.keras.layers.Dense(64, activation='relu'),
```

```
tf.keras.layers.Dropout(0.5),
tf.keras.layers.Dense(10, activation='softmax')
])

# Compile the model
model.compile(optimizer='adam',                    loss='sparse_categorical_crossentropy',
metrics=['accuracy'])
# Assuming 'x_train' and 'y_train' are the training data and labels
# Train the model
model.fit(x_train, y_train, epochs=10, batch_size=32, verbose=1)
# Evaluate the model
loss, accuracy = model.evaluate(x_test, y_test, verbose=0)
print("Loss:", loss)
print("Accuracy:", accuracy)
```

Este ejemplo demuestra cómo crear y entrenar una red neuronal simple usando TensorFlow. La primera línea import tensorflow as tf importa la biblioteca TensorFlow, que proporciona las funciones necesarias para construir y entrenar modelos de aprendizaje automático.

La siguiente sección de código crea el modelo:

```
model = tf.keras.models.Sequential([
tf.keras.layers.Dense(128, activation='relu', input_shape=(784,)),
tf.keras.layers.Dropout(0.5),  # Dropout layer with 50% rate
tf.keras.layers.Dense(64, activation='relu'),
tf.keras.layers.Dropout(0.5),
tf.keras.layers.Dense(10, activation='softmax')
])
```

El modelo es de tipo Sequential, que es una pila lineal de capas que están conectadas secuencialmente. El modelo Sequential es apropiado para una pila simple de capas donde cada capa tiene exactamente un tensor de entrada y uno de salida.

El modelo consta de dos capas Dense y dos capas de Dropout. Las capas Dense son capas totalmente conectadas, y la primera capa Dense tiene 128 nodos (o 'neuronas'). La función de activación 'relu' se aplica a la salida de esta capa. Esta función devuelve la entrada directamente si es positiva, de lo contrario, devuelve cero. El parámetro 'input_shape' especifica la forma de los datos de entrada, y en este caso, la entrada es un arreglo 1D de tamaño 784.

La capa de Dropout establece aleatoriamente una fracción de las unidades de entrada a 0 en cada actualización durante el tiempo de entrenamiento, lo que ayuda a prevenir el sobreajuste. En este modelo, el Dropout se aplica después de la primera y segunda capas Dense, con una tasa de Dropout del 50%.

La capa Dense final tiene 10 nodos y utiliza la función de activación 'softmax'. Esta función convierte un vector real en un vector de probabilidades categóricas. Los elementos del vector de salida están en el rango (0, 1) y suman 1.

Una vez que se define el modelo, se compila con la siguiente línea de código:

model.compile(optimizer='adam', loss='sparse_categorical_crossentropy', metrics=['accuracy'])

Aquí, 'adam' se usa como optimizador. Adam es un algoritmo de optimización que se puede usar en lugar del procedimiento clásico de descenso de gradiente estocástico para actualizar iterativamente los pesos de la red basándose en los datos de entrenamiento.

La función de pérdida, 'sparse_categorical_crossentropy', se usa porque este es un problema de clasificación multiclase. Esta función de pérdida se usa cuando hay dos o más clases de etiquetas y las etiquetas se proporcionan como enteros.

La métrica 'accuracy' se usa para evaluar el rendimiento del modelo.

A continuación, el modelo se entrena en 'x_train' y 'y_train' usando la función fit():

```
model.fit(x_train, y_train, epochs=10, batch_size=32, verbose=1)
```

El modelo se entrena durante 10 épocas. Una época es una iteración sobre todo el conjunto de datos de entrenamiento. El tamaño del lote se establece en 32, lo que significa que el modelo usa 32 muestras de datos de entrenamiento en cada actualización de los parámetros del modelo.

Después de entrenar el modelo, se evalúa en los datos de prueba 'x_test' y 'y_test':

```
loss, accuracy = model.evaluate(x_test, y_test, verbose=0)
print("Loss:", loss)
print("Accuracy:", accuracy)
```

La función evaluate() devuelve el valor de pérdida y los valores de las métricas para el modelo en 'modo de prueba'. En este caso, devuelve la 'pérdida' y la 'precisión' del modelo cuando se prueba en los datos de prueba. La 'pérdida' es una medida del error y la 'precisión' es la fracción de predicciones correctas hechas por el modelo. Estos dos valores se imprimen luego en la consola.

1.2 Visión General del Deep Learning

El Deep Learning, una rama especializada del aprendizaje automático, ha provocado cambios significativos y transformadores en una amplia gama de dominios. El poder del Deep Learning radica en su capacidad para aprovechar el potencial de las redes neuronales, proporcionando así soluciones e ideas innovadoras. A diferencia de las técnicas tradicionales de aprendizaje automático que dependen significativamente de la extracción manual de características, el Deep Learning simplifica este proceso. Introduce un grado de automatización al aprender representaciones jerárquicas de datos, lo que ha demostrado ser un cambio de juego en el campo.

Esta sección está dedicada a proporcionar una visión general comprensiva y profunda del Deep Learning. Tiene como objetivo cubrir los conceptos clave que sustentan este campo avanzado, profundizando en varias arquitecturas que son fundamentales para el Deep Learning y sus aplicaciones prácticas. Al proporcionar esta exposición detallada, esta sección sirve como base para abordar temas más avanzados y complejos en el Deep Learning. Está diseñada para equipar al lector con una comprensión sólida de los conceptos básicos, permitiéndole progresar con confianza en los aspectos más matizados de este campo.

1.2.1 Conceptos Clave en el Deep Learning

El Deep Learning se basa en varios conceptos fundamentales que lo diferencian de los enfoques tradicionales de aprendizaje automático:

Aprendizaje de Representaciones

A diferencia de los métodos tradicionales que requieren características diseñadas manualmente, los modelos de Deep Learning aprenden a representar los datos a través de múltiples capas de abstracción, permitiendo el descubrimiento automático de características relevantes. El aprendizaje de representaciones es un método utilizado en el aprendizaje automático donde el sistema aprende a descubrir automáticamente las representaciones necesarias para clasificar o predecir, en lugar de depender de representaciones diseñadas manualmente.

Este descubrimiento automático de características relevantes es una ventaja clave de los modelos de Deep Learning sobre los modelos tradicionales de aprendizaje automático. Permite que el modelo aprenda a representar los datos a través de múltiples capas de abstracción, permitiendo que el modelo identifique automáticamente las características más relevantes para una tarea determinada.

Este descubrimiento automático es posible gracias al uso de redes neuronales, que son modelos computacionales inspirados en los cerebros biológicos. Las redes neuronales consisten en capas interconectadas de nodos o "neuronas", que pueden aprender a representar datos ajustando las conexiones (o "pesos") entre las neuronas basándose en los datos con los que son entrenadas.

En un proceso de entrenamiento típico, los datos de entrada se pasan a través de la red, capa por capa, hasta que produce una salida. La salida se compara con la salida esperada, y la diferencia (o "error") se utiliza para ajustar los pesos en la red. Este proceso se repite muchas veces, generalmente con grandes cantidades de datos, hasta que la red aprende a representar los datos de una manera que minimiza el error.

Una de las ventajas clave del aprendizaje de representaciones es que puede aprender a representar datos complejos y de alta dimensión en una forma de menor dimensión. Esto puede facilitar la comprensión y visualización de los datos, así como reducir la cantidad de computación necesaria para procesar los datos.

Además de descubrir características relevantes, el aprendizaje de representaciones también puede aprender a representar los datos de una manera que sea invariante a las variaciones irrelevantes en los datos. Por ejemplo, una buena representación de una imagen de un gato sería invariante a los cambios en la posición, tamaño u orientación del gato en la imagen.

Aprendizaje de Extremo a Extremo

Los modelos de Deep Learning pueden ser entrenados de manera de extremo a extremo, donde los datos de entrada en bruto se introducen en el modelo y la salida deseada se produce directamente, sin la necesidad de pasos intermedios. El Aprendizaje de Extremo a Extremo se refiere a entrenar un sistema donde todas las partes se mejoran simultáneamente para lograr una salida deseada, en lugar de entrenar cada parte del sistema individualmente.

En un modelo de aprendizaje de extremo a extremo, los datos de entrada en bruto se introducen directamente en el modelo y la salida deseada se produce sin requerir ninguna extracción manual de características o pasos de procesamiento adicionales. Este modelo aprende directamente de los datos en bruto y es responsable de todos los pasos del proceso de aprendizaje, de ahí el término "de extremo a extremo".

Por ejemplo, en un sistema de reconocimiento de voz, un modelo de extremo a extremo mapearía directamente un clip de audio a transcripciones sin la necesidad de pasos intermedios como la extracción de fonemas. De manera similar, en un sistema de traducción automática, un modelo de extremo a extremo mapearía oraciones en un idioma directamente a oraciones en otro idioma, sin requerir pasos separados para el análisis, alineación de palabras o generación.

Este enfoque puede hacer que los modelos sean más simples y eficientes, ya que están aprendiendo la tarea como un todo, en lugar de descomponerla en partes. Sin embargo, también requiere grandes cantidades de datos y recursos computacionales para que el modelo aprenda efectivamente.

Otro beneficio del aprendizaje de extremo a extremo es que permite a los modelos aprender de todos los datos disponibles, descubriendo potencialmente patrones o relaciones complejas que podrían perderse cuando la tarea de aprendizaje se descompone en etapas separadas.

También vale la pena mencionar que, aunque el aprendizaje de extremo a extremo puede ser poderoso, no siempre es el mejor enfoque para cada problema. Dependiendo de la tarea y los datos disponibles, podría ser más efectivo usar una combinación de aprendizaje de extremo a extremo y métodos tradicionales que involucren etapas explícitas de extracción y procesamiento de características.

Escalabilidad

Los modelos de Deep Learning, especialmente las redes neuronales profundas, pueden escalar a grandes conjuntos de datos y tareas complejas, lo que los hace adecuados para diversas aplicaciones del mundo real. La escalabilidad en el contexto de los modelos de Deep Learning se refiere a su capacidad para manejar y procesar grandes conjuntos de datos y tareas complejas de manera eficiente. Esta característica los hace adecuados para una amplia gama de aplicaciones prácticas.

Estos modelos, particularmente las redes neuronales profundas, tienen la capacidad de ajustarse y expandirse según el tamaño y la complejidad de las tareas o conjuntos de datos involucrados. Están diseñados para procesar grandes cantidades de datos y pueden manejar cálculos intrincados, lo que los convierte en una herramienta poderosa en múltiples industrias y sectores.

Por ejemplo, en industrias donde los grandes conjuntos de datos son la norma, como finanzas, salud y comercio electrónico, los modelos escalables de Deep Learning son críticos. Pueden procesar y analizar grandes volúmenes de datos de manera rápida y precisa, lo que los convierte en una herramienta invaluable para predecir tendencias, tomar decisiones y resolver problemas complejos.

Además, la escalabilidad también significa que estos modelos pueden adaptarse y expandirse para manejar nuevas tareas o versiones más complejas de tareas existentes. A medida que las capacidades del modelo crecen, puede seguir aprendiendo y adaptándose, volviéndose más efectivo y preciso en sus predicciones y análisis.

1.2.2 Arquitecturas Populares de Deep Learning

A lo largo de los años, se han desarrollado diversas arquitecturas de Deep Learning. Cada una de estas arquitecturas está diseñada con un enfoque específico y es particularmente adecuada para diferentes tipos de datos y tareas.

Estas arquitecturas van desde el procesamiento de datos de imágenes y videos hasta el manejo de texto y voz, entre otros. Han sido afinadas y adaptadas para sobresalir en sus respectivos dominios, subrayando la diversidad y adaptabilidad de las metodologías de Deep Learning.

Algunas de las arquitecturas más populares incluyen:

Redes Neuronales Convolucionales (CNNs)

Principalmente utilizadas para el procesamiento de imágenes y videos, las CNNs aprovechan las capas convolucionales para aprender automáticamente jerarquías espaciales de características. Son altamente efectivas para tareas como la clasificación de imágenes, la detección de objetos y la generación de imágenes.

Las CNNs son un tipo de red neuronal artificial típicamente utilizada en la visión por computadora. Tienen capas que realizan convoluciones y operaciones de agrupamiento para extraer características de las imágenes de entrada, lo que las hace particularmente efectivas para tareas relacionadas con el reconocimiento y procesamiento de imágenes.

El poder de las Redes Neuronales Convolucionales (CNNs) proviene de su capacidad para aprender automáticamente y adaptativamente jerarquías espaciales de características. El proceso comienza con la red aprendiendo patrones pequeños y relativamente simples, y a medida que el proceso se profundiza, la red comienza a aprender patrones más complejos. Este aprendizaje jerárquico de patrones es muy adecuado para la tarea de reconocimiento de imágenes, ya que los objetos en las imágenes son esencialmente solo una disposición de diferentes patrones/formas/colores.

Las CNNs se utilizan ampliamente en muchas aplicaciones más allá del reconocimiento de imágenes. Han sido utilizadas en el procesamiento de videos, en el procesamiento de lenguaje natural e incluso en el desarrollo de estrategias de juego. La versatilidad y efectividad de las CNNs las convierten en una parte crucial del panorama actual del Deep Learning.

A pesar de su poder y versatilidad, las CNNs no están exentas de desafíos. Un desafío clave es la necesidad de grandes cantidades de datos etiquetados para entrenar la red. Esto puede ser costoso y llevar mucho tiempo de reunir. Además, los recursos computacionales necesarios para entrenar una CNN pueden ser sustanciales, particularmente para redes más grandes. Finalmente, como muchos modelos de Deep Learning, las CNNs a menudo se consideran "cajas negras" – su proceso de toma de decisiones no es fácilmente interpretable, lo que dificulta entender por qué se hizo una predicción particular.

Sin embargo, estos desafíos son parte de áreas de investigación activa, y se están desarrollando numerosas estrategias para abordarlos. Por ejemplo, el aprendizaje por transferencia es una técnica que se ha desarrollado para abordar el problema de los datos. Permite que un modelo preentrenado se use como punto de partida para una tarea similar, reduciendo la necesidad de grandes cantidades de datos etiquetados.

Ejemplo: CNN para la Clasificación de Imágenes

```
import tensorflow as tf
from tensorflow.keras import layers, models

# Sample CNN model for image classification
model = models.Sequential([
layers.Conv2D(32, (3, 3), activation='relu', input_shape=(28, 28, 1)),
layers.MaxPooling2D((2, 2)),
layers.Conv2D(64, (3, 3), activation='relu'),
layers.MaxPooling2D((2, 2)),
layers.Conv2D(64, (3, 3), activation='relu'),
layers.Flatten(),
layers.Dense(64, activation='relu'),
layers.Dense(10, activation='softmax')
])

# Compile the model
model.compile(optimizer='adam',                    loss='sparse_categorical_crossentropy',
metrics=['accuracy'])
# Assuming 'x_train' and 'y_train' are the training data and labels
# Train the model
model.fit(x_train, y_train, epochs=5, batch_size=64, verbose=1)
# Evaluate the model
loss, accuracy = model.evaluate(x_test, y_test, verbose=0)
print("Loss:", loss)
print("Accuracy:", accuracy)
```

El script comienza importando los módulos necesarios de la biblioteca TensorFlow. Estos módulos incluyen tensorflow en sí mismo, y los submódulos layers y models de tensorflow.keras.

A continuación, se define un modelo CNN utilizando la clase Sequential del submódulo models. La clase Sequential es una pila lineal de capas que se puede usar para construir un modelo de red neuronal. Se llama 'Sequential' porque nos permite construir un modelo capa por capa de manera secuencial.

El modelo en este caso está compuesto por varios tipos de capas:

1. Capas Conv2D: Estas son las capas de convolución que convolverán la entrada con un conjunto de filtros aprendibles, cada uno produciendo un mapa de características en la salida.
2. Capas MaxPooling2D: Estas capas se usan para reducir las dimensiones espaciales (ancho y alto) del volumen de entrada. Esto se hace para disminuir la complejidad computacional, controlar el sobreajuste y reducir el número de parámetros.
3. Capa Flatten: Esta capa aplana la entrada en un arreglo unidimensional. Esto se hace porque la salida de las capas de convolución está en forma de un arreglo multidimensional y necesita ser aplanada antes de ser entrada a las capas totalmente conectadas.
4. Capas Dense: Estas son las capas totalmente conectadas de la red neuronal. La capa Dense final utiliza la función de activación 'softmax', que generalmente se usa en la capa de salida de un modelo de clasificación multiclase. Convierte la salida en probabilidades de cada clase, con todas las probabilidades sumando 1.

Después de definir el modelo, el script lo compila utilizando el método compile. El optimizador usado es 'adam', una opción popular para entrenar modelos de Deep Learning. La función de pérdida es 'sparse_categorical_crossentropy', que es apropiada para un problema de clasificación multiclase donde las etiquetas se proporcionan como enteros. La métrica utilizada para evaluar el rendimiento del modelo es 'accuracy'.

El modelo se entrena en los datos de entrenamiento 'x_train' y 'y_train' usando el método fit. El modelo se entrena durante 5 épocas, donde una época es un pase completo a través de todo el conjunto de datos de entrenamiento. El tamaño del lote es 64, lo que significa que el modelo usa 64 muestras de datos de entrenamiento en cada actualización de los parámetros del modelo.

Después del entrenamiento, el modelo se evalúa en los datos de prueba 'x_test' y 'y_test' usando el método evaluate. Esto devuelve el valor de pérdida y los valores de las métricas para el modelo en modo de prueba. En este caso, devuelve la 'pérdida' y la 'precisión' del modelo cuando se prueba en los datos de prueba. La pérdida es una medida de cuán bien el modelo es capaz de predecir las clases correctas, y la precisión es la fracción de predicciones correctas hechas por el modelo. Estos dos valores se imprimen luego en la consola.

Redes Neuronales Recurrentes (RNNs)

Diseñadas para datos secuenciales, las RNNs mantienen una memoria de entradas anteriores, lo que las hace adecuadas para tareas como la previsión de series temporales, el modelado del lenguaje y el reconocimiento de voz. Long Short-Term Memory (LSTM) y Gated Recurrent Unit (GRU) son variantes populares que abordan el problema del gradiente de desvanecimiento.

Las RNNs son un tipo de red neuronal artificial diseñada para reconocer patrones en secuencias de datos, como texto, genomas, escritura a mano o palabras habladas.

A diferencia de las redes neuronales tradicionales, las RNNs tienen bucles y retienen información sobre entradas previas mientras procesan nuevas. Esta característica de memoria de las RNNs las hace adecuadas para tareas que involucran datos secuenciales, por ejemplo, el modelado del lenguaje y el reconocimiento de voz, donde el orden de las entradas lleva información.

Dos variantes populares de las RNNs son Long Short-Term Memory (LSTM) y Gated Recurrent Unit (GRU). Estas variantes fueron diseñadas para tratar con el problema del gradiente de desvanecimiento, una dificultad encontrada al entrenar RNNs tradicionales, que les impide aprender dependencias a largo plazo en los datos.

En la práctica, las RNNs y sus variantes se utilizan en muchas aplicaciones del mundo real. Por ejemplo, se usan en sistemas de traducción automática para traducir oraciones de un idioma a otro, en sistemas de reconocimiento de voz para convertir el lenguaje hablado en texto escrito y en vehículos autónomos para predecir las secuencias de movimientos requeridos para llegar a un destino.

Ejemplo: LSTM para Generación de Texto

```
import numpy as np
from tensorflow.keras.models import Sequential
from tensorflow.keras.layers import LSTM, Dense

# Sample data (e.g., text sequences) and labels
x_train = np.random.random((1000, 100, 1))  # 1000 sequences, 100 timesteps each
y_train = np.random.random((1000, 1))
# Sample LSTM model for text generation
model = Sequential([
LSTM(128, input_shape=(100, 1)),
Dense(1, activation='sigmoid')
])

# Compile the model
model.compile(optimizer='adam', loss='binary_crossentropy', metrics=['accuracy'])
# Train the model
model.fit(x_train, y_train, epochs=10, batch_size=64, verbose=1)
# Evaluate the model
loss, accuracy = model.evaluate(x_test, y_test, verbose=0)
print("Loss:", loss)
```

```
print("Accuracy:", accuracy)
```

Este ejemplo utiliza las bibliotecas TensorFlow y Keras para crear un modelo simple de Long Short-Term Memory (LSTM) para la generación de texto.

Para comenzar, se importan las bibliotecas necesarias:

```
import numpy as np
from tensorflow.keras.models import Sequential
from tensorflow.keras.layers import LSTM, Dense
```

NumPy es una biblioteca para el lenguaje de programación Python que agrega soporte para arreglos y matrices grandes, multidimensionales, junto con una gran colección de funciones matemáticas de alto nivel para operar con estos arreglos.

TensorFlow es una plataforma de código abierto de extremo a extremo para el aprendizaje automático. Keras es una biblioteca de redes neuronales fácil de usar escrita en Python. El modelo Sequential es una pila lineal de capas que se puede usar para construir una red neuronal.

Las capas LSTM y Dense son capas que se pueden agregar al modelo. LSTM significa Long Short-Term Memory layer - Hochreiter 1997. La capa Dense es la capa regular de red neuronal profundamente conectada.

A continuación, el script configura algunos datos de muestra y etiquetas para entrenar el modelo:

```
# Sample data (e.g., text sequences) and labels
x_train = np.random.random((1000, 100, 1))  # 1000 sequences, 100 timesteps each
y_train = np.random.random((1000, 1))
```

En las líneas de código anteriores, x_train es un arreglo tridimensional de números aleatorios que representa los datos de entrenamiento. Las dimensiones de este arreglo son 1000 por 100 por 1, lo que indica que hay 1000 secuencias, cada una de 100 pasos de tiempo y 1 característica. y_train es un arreglo bidimensional de números aleatorios que representa las etiquetas para los datos de entrenamiento. Las dimensiones de este arreglo son 1000 por 1, lo que indica que hay 1000 secuencias, cada una con 1 etiqueta.

Luego se crea el modelo LSTM para la generación de texto:

```
# Sample LSTM model for text generation
model = Sequential([
LSTM(128, input_shape=(100, 1)),
Dense(1, activation='sigmoid')
])
```

El modelo se define como un modelo Sequential, lo que significa que las capas están apiladas una encima de la otra y los datos fluyen desde la entrada hasta la salida sin ramificaciones.

La primera capa en el modelo es una capa LSTM con 128 unidades. Las capas LSTM son un tipo de capa de red neuronal recurrente (RNN) que son efectivas para procesar datos secuenciales como series de tiempo o texto. La capa LSTM toma datos con 100 pasos de tiempo y 1 característica.

La segunda capa es una capa Dense con 1 unidad. Una capa Dense es un tipo de capa que realiza una operación lineal en las entradas de la capa. La función de activación utilizada en esta capa es una función sigmoide, que escala la salida de la operación lineal a un rango entre 0 y 1.

Luego se compila el modelo:

```
# Compile the model
model.compile(optimizer='adam', loss='binary_crossentropy', metrics=['accuracy'])
```

El paso de compilación es donde se configura el proceso de aprendizaje del modelo. El algoritmo de optimización Adam se usa como optimizador. La función de pérdida utilizada es la entropía cruzada binaria, que es una opción común para problemas de clasificación binaria. El modelo también hará un seguimiento de la métrica de precisión durante el proceso de entrenamiento.

Luego se entrena el modelo:

```
# Train the model
model.fit(x_train, y_train, epochs=10, batch_size=64, verbose=1)
```

El modelo se entrena durante 10 épocas, donde una época es una iteración sobre todo el conjunto de datos. El tamaño del lote se establece en 64, lo que significa que los pesos del modelo se actualizan después de procesar 64 muestras. El argumento verbose se establece en 1, lo que significa que el progreso del entrenamiento se imprimirá en la consola.

Finalmente, se evalúa el modelo y se imprimen la pérdida y la precisión:

```
# Evaluate the model
loss, accuracy = model.evaluate(x_test, y_test, verbose=0)
print("Loss:", loss)
print("Accuracy:", accuracy)
```

El método evaluate calcula la pérdida y cualquier otra métrica especificada durante la compilación del modelo. En este caso, también se calcula la precisión. La pérdida y la precisión calculadas se imprimen luego en la consola.

Redes Transformer

Las redes Transformer son un tipo de arquitectura de modelo utilizada en el aprendizaje automático, específicamente en el procesamiento del lenguaje natural. Son conocidas por su capacidad para manejar dependencias de largo alcance en los datos, y forman la base de modelos como BERT y GPT.

Los Transformers han revolucionado el campo del procesamiento del lenguaje natural (NLP). Utilizan un mecanismo llamado "atención" que permite a los modelos enfocarse en diferentes partes de la secuencia de entrada simultáneamente. Esto ha llevado a mejoras significativas en las tareas de NLP.

La arquitectura subyacente de las redes Transformer potencia modelos como BERT, GPT-3 y GPT-4. Estos modelos han mostrado un rendimiento excepcional en tareas como la traducción de idiomas, la generación de texto y la respuesta a preguntas.

Ejemplo: Uso de un Modelo Transformer Preentrenado

Aquí hay un ejemplo de cómo usar un modelo Transformer preentrenado:

```
from transformers import pipeline
# Load a pre-trained GPT-3 model for text generation
text_generator = pipeline("text-generation", model="gpt-3")
# Generate text based on a prompt
prompt = "Deep learning has transformed the field of artificial intelligence by"
generated_text = text_generator(prompt, max_length=50)
print(generated_text)
```

Este script de ejemplo es una demostración simple de cómo utilizar la biblioteca transformers, que es una biblioteca de Python desarrollada por Hugging Face para tareas de Procesamiento del Lenguaje Natural (NLP) como la generación de texto, la traducción, el resumen y más. Esta biblioteca proporciona acceso a muchos modelos preentrenados, incluido el modelo GPT-3 utilizado en este script.

El script comienza importando la función pipeline de la biblioteca transformers. La función pipeline es una función de alto nivel que crea un pipeline para una tarea específica. En este caso, la tarea es 'text-generation' (generación de texto).

A continuación, el script configura un pipeline de generación de texto utilizando el modelo GPT-3, que es un modelo preentrenado proporcionado por OpenAI. GPT-3, o Generative Pretrained Transformer 3, es un poderoso modelo de predicción de lenguaje que utiliza el aprendizaje automático para producir texto similar al humano.

El pipeline de generación de texto, llamado text_generator, se usa para generar texto basado en un prompt proporcionado. El prompt es una cadena de texto que el modelo utiliza como punto de partida para generar el resto del texto. En este script, el prompt es "El Deep Learning ha transformado el campo de la inteligencia artificial al".

La función text_generator se llama con el prompt y una longitud máxima de 50 caracteres. Esto le dice al modelo que genere texto que tenga como máximo 50 caracteres de longitud. El texto generado se almacena en la variable generated_text.

Finalmente, el script imprime el texto generado en la consola. Esto será una continuación del prompt, generado por el modelo GPT-3, que tendrá como máximo 50 caracteres de longitud.

Es importante notar que la salida puede variar cada vez que se ejecuta el script porque el modelo GPT-3 puede generar diferentes continuaciones del prompt.

Los Transformers son solo una de las muchas arquitecturas de Deep Learning que nos permiten abordar tareas complejas y procesar grandes cantidades de datos. A medida que continuamos aprendiendo y adaptando estos modelos, podemos esperar ver avances continuos en el campo de la inteligencia artificial.

1.2.3 Aplicaciones del Deep Learning

El Deep Learning tiene una amplia gama de aplicaciones en diversos dominios:

Visión por Computadora

Tareas como la clasificación de imágenes, la detección de objetos, la segmentación semántica y la generación de imágenes han visto mejoras significativas con la llegada del Deep Learning. Las CNNs son particularmente efectivas en este dominio.

La visión por computadora es un campo de la informática que se enfoca en habilitar a las computadoras para interpretar y comprender datos visuales. El texto menciona varias tareas relacionadas con la visión por computadora, como la clasificación de imágenes (categorizar imágenes en diferentes clases), la detección de objetos (identificar objetos dentro de una imagen), la segmentación semántica (clasificar cada píxel en una imagen para entender mejor la escena) y la generación de imágenes.

El Deep Learning, una subcategoría del aprendizaje automático, ha mejorado significativamente el rendimiento de estas tareas. Las Redes Neuronales Convolucionales (CNNs) son un tipo de modelo de Deep Learning que son especialmente efectivas para las tareas de visión por computadora debido a su capacidad para procesar datos espaciales.

Además de la visión por computadora, las Redes Neuronales Convolucionales (CNNs) también se utilizan en muchas otras aplicaciones como el procesamiento de video, el procesamiento de lenguaje natural e incluso en el desarrollo de estrategias de juego. La versatilidad y efectividad de las CNNs las convierten en una parte crucial del panorama actual del Deep Learning.

Sin embargo, el uso de CNNs también presenta algunos desafíos. Requieren grandes cantidades de datos etiquetados para el entrenamiento, lo cual puede llevar mucho tiempo y ser costoso de obtener. Los recursos computacionales necesarios para entrenar una CNN son a menudo sustanciales, especialmente para redes más grandes. Además, las CNNs, como muchos modelos de Deep Learning, a menudo se consideran "cajas negras" debido a su naturaleza compleja, lo que hace difícil interpretar su proceso de toma de decisiones.

A pesar de estos desafíos, se están realizando esfuerzos para abordarlos. Por ejemplo, una técnica llamada aprendizaje por transferencia se ha desarrollado para abordar el problema de los datos. Permite que un modelo preentrenado se use como punto de partida para una tarea similar, reduciendo así la necesidad de grandes cantidades de datos etiquetados.

Ejemplo: Clasificación de Imágenes con un Modelo Preentrenado

```
from tensorflow.keras.applications import VGG16
from tensorflow.keras.preprocessing import image
from tensorflow.keras.applications.vgg16 import preprocess_input, decode_predictions
import numpy as np

# Load a pre-trained VGG16 model
model = VGG16(weights='imagenet')

# Load and preprocess an image
img_path = 'elephant.jpg'
img = image.load_img(img_path, target_size=(224, 224))
x = image.img_to_array(img)
x = np.expand_dims(x, axis=0)
x = preprocess_input(x)

# Predict the class of the image
preds = model.predict(x)
print('Predicted:', decode_predictions(preds, top=3)[0])
```

Este script de ejemplo utiliza las bibliotecas TensorFlow y Keras para realizar clasificación de imágenes, una tarea en el campo de la visión por computadora donde se entrena un modelo para asignar etiquetas a las imágenes según su contenido.

En este script, se utiliza el modelo VGG16, una arquitectura popular de red neuronal convolucional. VGG16 fue propuesto por el Visual Graphics Group en Oxford, de ahí el nombre VGG. El '16' en VGG16 se refiere al hecho de que este modelo en particular tiene 16 capas que tienen pesos. Este modelo ha sido preentrenado en el conjunto de datos ImageNet, un gran conjunto de datos de imágenes con mil clases diferentes.

El código comienza importando los módulos necesarios. El modelo VGG16, junto con algunas utilidades de procesamiento de imágenes, se importan de la biblioteca TensorFlow Keras. También se importa numpy, una biblioteca para el procesamiento numérico en Python.

El modelo VGG16 preentrenado se carga con la línea model = VGG16(weights='imagenet'). El argumento weights='imagenet' indica que se deben usar los pesos del modelo que se aprendieron del entrenamiento en el conjunto de datos ImageNet.

El script luego carga un archivo de imagen, en este caso 'elephant.jpg', y lo preprocesa para que tenga el tamaño correcto para el modelo VGG16. El tamaño objetivo para el modelo VGG16 es de 224x224 píxeles. La imagen luego se convierte en un arreglo numpy, que puede ser procesado por el modelo. El arreglo se expande en una dimensión para crear un lote de una imagen, ya que el modelo espera procesar un lote de imágenes.

El arreglo de la imagen luego se preprocesa utilizando una función específica para el modelo VGG16. Esta función realiza algunas operaciones de escalado en los valores de los píxeles de la imagen para que coincidan con el formato de las imágenes con las que se entrenó originalmente el modelo VGG16.

La imagen preprocesada luego se pasa a través del modelo para la predicción con preds = model.predict(x). El modelo devuelve un arreglo de probabilidades, que indica la probabilidad de que la imagen pertenezca a cada una de las mil clases en las que fue entrenado.

La función decode_predictions luego se usa para convertir el arreglo de probabilidades en una lista de etiquetas de clases y sus probabilidades correspondientes. El argumento top=3 significa que solo queremos ver las 3 clases más probables.

Finalmente, las predicciones se imprimen en la consola. Esto mostrará las 3 clases más probables para la imagen y sus probabilidades correspondientes.

Procesamiento del Lenguaje Natural (NLP)

El Procesamiento del Lenguaje Natural (NLP) representa una rama fascinante y compleja de la informática, que también se cruza con el campo de la inteligencia artificial. El objetivo principal de NLP es dotar a las computadoras de la capacidad de entender, interpretar y generar lenguaje humano de una manera que no solo sea técnicamente correcta sino también contextualmente significativa.

Con la llegada de las técnicas de Deep Learning, las tareas de NLP como el análisis de sentimientos, la traducción automática, el resumen de texto y el desarrollo de agentes conversacionales han visto avances significativos. Estos enfoques de Deep Learning han revolucionado la manera en que comprendemos y analizamos los datos textuales, permitiéndonos extraer patrones e insights más complejos.

Uno de los avances más influyentes en este ámbito ha sido la introducción de los modelos Transformer. Estos modelos, con sus mecanismos de atención y su capacidad para procesar secuencias en paralelo, han tenido un impacto considerable en el campo, empujando los límites de lo que es posible en NLP.

Por ejemplo, los modelos BERT preentrenados son una opción popular para tareas como el análisis de sentimientos. Estos modelos, desarrollados por Google, han sido entrenados en grandes cantidades de datos textuales y pueden utilizarse para analizar el sentimiento de un texto dado. Su efectividad y precisión en el análisis de sentimientos son evidentes en ejemplos de código en Python, donde pueden implementarse fácilmente para obtener resultados significativos. Esto demuestra no solo el poder de estos modelos, sino también su aplicabilidad práctica en tareas del mundo real.

Ejemplo: Análisis de Sentimientos con un Modelo BERT Preentrenado

```
from transformers import pipeline
# Load a pre-trained BERT model for sentiment analysis
sentiment_analyzer = pipeline("sentiment-analysis")
# Analyze sentiment of a sample text
text = "I love the new features of this product!"
result = sentiment_analyzer(text)
print(result)
```

Este ejemplo utiliza la biblioteca transformers de Hugging Face, una biblioteca popular para el Procesamiento del Lenguaje Natural (NLP), para realizar análisis de sentimientos en un texto de muestra.

Primero, se importa la función pipeline de la biblioteca transformers. La función pipeline es una API de alto nivel y fácil de usar para hacer predicciones con un modelo preentrenado.

A continuación, se carga un modelo BERT (Bidirectional Encoder Representations from Transformers) preentrenado usando la función pipeline con "sentiment-analysis" como argumento. BERT es un modelo basado en transformers que ha sido preentrenado en un gran corpus de texto. Está diseñado para generar un modelo de lenguaje que entienda el contexto del texto de entrada.

En el contexto del análisis de sentimientos, este modelo puede clasificar textos en sentimientos positivos o negativos. La función pipeline carga automáticamente el modelo y el tokenizador preentrenados y devuelve una función que se puede usar para el análisis de sentimientos.

El script procede a definir un texto de muestra "¡Me encantan las nuevas características de este producto!" para el análisis. Este texto se pasa a la función sentiment_analyzer. El analizador de sentimientos procesa el texto y devuelve una predicción del sentimiento.

Finalmente, el script imprime el resultado del análisis de sentimientos. El resultado es un diccionario que contiene las etiquetas (ya sea 'POSITIVE' o 'NEGATIVE') y la puntuación (un número entre 0 y 1 que indica la confianza de la predicción). Al analizar el sentimiento, podemos interpretar las emociones expresadas en el texto; en este caso, debería devolver un sentimiento 'POSITIVE' ya que el texto expresa agrado por las nuevas características del producto.

Reconocimiento de Voz

El campo del reconocimiento de voz ha visto mejoras sustanciales debido a la llegada y aplicación de modelos de Deep Learning. Estos modelos, particularmente las Redes Neuronales Recurrentes (RNNs) y los transformers, han revolucionado la precisión y robustez de los sistemas de reconocimiento de voz.

Los mecanismos sofisticados de estos modelos les permiten capturar dependencias temporales en los datos de audio, lo que lleva a un reconocimiento de voz altamente preciso. Este progreso significativo en el campo ha allanado el camino para el desarrollo de diversas aplicaciones que aprovechan esta tecnología.

Estas incluyen asistentes virtuales, como Siri y Alexa, que pueden entender y responder a comandos verbales, servicios de transcripción que pueden transcribir palabras habladas en texto escrito con una precisión notable, e interfaces controladas por voz que permiten a los usuarios controlar dispositivos usando solo su voz.

Este avance tecnológico ha hecho que las interacciones con la tecnología sean más fluidas y naturales, transformando la manera en que nos comunicamos con las máquinas.

Ejemplo: Conversión de Voz a Texto con DeepSpeech

Por ejemplo, el modelo DeepSpeech se puede usar para convertir voz en texto, como se muestra en el siguiente ejemplo:

```
import deepspeech
import wave

# Load a pre-trained DeepSpeech model
model_file_path = 'deepspeech-0.9.3-models.pbmm'
model = deepspeech.Model(model_file_path)

# Load an audio file
with wave.open('audio.wav', 'rb') as wf:
audio = wf.readframes(wf.getnframes())
audio = np.frombuffer(audio, dtype=np.int16)

# Perform speech-to-text
text = model.stt(audio)
print(text)
```

El ejemplo utiliza la biblioteca DeepSpeech para realizar la conversión de voz a texto. DeepSpeech es un sistema de reconocimiento de voz basado en Deep Learning desarrollado por Mozilla y construido sobre TensorFlow. Este sistema está entrenado en una amplia variedad de datos para entender y transcribir el habla humana.

El script comienza importando las bibliotecas necesarias: deepspeech para el modelo de reconocimiento de voz y wave para leer el archivo de audio.

El siguiente paso es cargar un modelo DeepSpeech preentrenado, que ya ha sido entrenado en una gran cantidad de datos de lenguaje hablado. En este script, el modelo se carga desde un archivo llamado 'deepspeech-0.9.3-models.pbmm'. Este archivo de modelo contiene los pesos aprendidos durante el proceso de entrenamiento, que permiten al modelo hacer predicciones sobre nuevos datos.

Una vez cargado el modelo, el script abre un archivo de audio llamado 'audio.wav'. El archivo se abre en modo de lectura binaria ('rb'), lo que permite que los datos de audio se lean en memoria. Luego, el script lee todos los cuadros del archivo de audio usando la función readframes(), que devuelve una cadena de bytes que representa los datos de audio. Esta cadena se convierte en un arreglo numpy de enteros de 16 bits, que es el formato esperado por el modelo DeepSpeech.

Después de cargar y preprocesar los datos de audio, el script usa el modelo DeepSpeech para convertir estos datos de audio en texto. Esto se logra llamando al método stt() (abreviatura de "speech-to-text") del modelo, pasando el arreglo numpy de datos de audio. El método stt() procesa los datos de audio y devuelve una cadena de texto que representa la mejor estimación del modelo de lo que se dijo en el archivo de audio.

Finalmente, este texto transcrito se imprime en la consola. Esto permite ver el resultado del proceso de voz a texto y confirmar que el script está funcionando correctamente.

Salud

El Deep Learning, una subcategoría del aprendizaje automático, está revolucionando rápidamente el sector de la salud y transformando nuestra forma de abordar varios desafíos médicos. Sus posibles aplicaciones son vastas y variadas, desde el análisis de imágenes médicas hasta la predicción de enfermedades, la medicina personalizada e incluso el descubrimiento de fármacos.

Estas aplicaciones específicas aprovechan la capacidad sin precedentes de los modelos de Deep Learning para manejar y descifrar conjuntos de datos grandes y complejos, a menudo con un nivel de precisión que supera la capacidad humana. El análisis de imágenes médicas, por ejemplo, implica el procesamiento y la interpretación de imágenes médicas complejas por parte del modelo, que luego puede identificar patrones que podrían pasar desapercibidos para el ojo humano.

La predicción de enfermedades, por otro lado, emplea estos modelos para predecir la probabilidad de varias enfermedades basándose en una multitud de factores, incluyendo la genética y el estilo de vida. La medicina personalizada utiliza el Deep Learning para adaptar el tratamiento médico a las características individuales del paciente, mientras que el descubrimiento de fármacos se basa en estos modelos para acelerar el laborioso proceso de desarrollo de medicamentos al predecir la eficacia y seguridad de los posibles candidatos a fármacos.

Así, la llegada del Deep Learning está allanando el camino para una nueva era en el sector de la salud, llena de promesas para mejorar los diagnósticos, tratamientos y resultados de los pacientes.

Ejemplo: Predicción de Enfermedades con Deep Learning

A continuación, se muestra un ejemplo de predicción de enfermedades utilizando el Deep Learning:

```
from tensorflow.keras.models import Sequential
from tensorflow.keras.layers import Dense

# Sample data (e.g., patient records) and labels
x_train = np.random.random((1000, 20)) # 1000 records, 20 features each
y_train = np.random.randint(2, size=(1000, 1))
# Sample neural network model for disease prediction
model = Sequential([
Dense(64, activation='relu', input_shape=(20,)),
Dense(32, activation='relu'),
Dense(1, activation='sigmoid')
])

# Compile the model
model.compile(optimizer='adam', loss='binary_crossentropy', metrics=['accuracy'])
# Train the model
model.fit(x_train, y_train, epochs=10, batch_size=32, verbose=1)
# Evaluate the model
```

```
loss, accuracy = model.evaluate(x_test, y_test, verbose=0)
print("Loss:", loss)
print("Accuracy:", accuracy)
```

Al comienzo del script, se importan los módulos necesarios. Importamos el modelo Sequential de Keras, que es una pila lineal de capas que podemos crear fácilmente pasando una lista de instancias de capas al constructor. También importamos la capa Dense de Keras, que es una capa totalmente conectada básica donde todos los nodos en la capa anterior están conectados a los nodos en la capa actual.

A continuación, generamos nuestros datos de muestra y etiquetas. Los datos (x_train) son un arreglo numpy de números aleatorios con una forma de (1000, 20), representando 1000 registros de pacientes, cada uno con 20 características. Las etiquetas (y_train) son un arreglo numpy de enteros aleatorios entre 0 y 1 (inclusive) con una forma de (1000, 1), representando si cada paciente tiene la enfermedad (1) o no (0).

Luego procedemos a definir nuestro modelo de red neuronal. Optamos por un modelo Sequential y le añadimos tres capas. La primera capa es una capa Dense con 64 nodos, usando la función de activación ReLU (Rectified Linear Unit), y esperando datos de entrada con una forma de (20,). La segunda capa es otra capa Dense con 32 nodos, también usando la función de activación ReLU. La tercera y última capa es una capa Dense con solo 1 nodo, usando la función de activación sigmoide. La función sigmoide se utiliza comúnmente en problemas de clasificación binaria como este, ya que comprime sus valores de entrada entre 0 y 1, lo que podemos interpretar como la probabilidad de la clase positiva.

Una vez que nuestro modelo está definido, lo compilamos con el optimizador Adam y la función de pérdida de entropía cruzada binaria. El optimizador Adam es una extensión del descenso de gradiente estocástico, un método popular para entrenar una amplia gama de modelos en el aprendizaje automático. La entropía cruzada binaria es una elección común de función de pérdida para problemas de clasificación binaria. También especificamos que nos gustaría rastrear la precisión como métrica durante el proceso de entrenamiento.

El modelo se entrena en nuestros datos durante 10 épocas con un tamaño de lote de 32. Una época es un pase completo a través de todo el conjunto de datos de entrenamiento, y un tamaño de lote de 32 significa que los pesos del modelo se actualizan después de procesar 32 muestras. El argumento verbose se establece en 1, lo que significa que el progreso del entrenamiento se imprimirá en la consola.

Finalmente, evaluamos el modelo en nuestros datos de prueba. El método evaluate calcula la pérdida y cualquier otra métrica especificada durante la compilación del modelo. En este caso, también se calcula la precisión. La pérdida y la precisión calculadas se imprimen en la consola, dándonos una idea de qué tan bien funcionó nuestro modelo en los datos de prueba.

1.2.4 Desafíos y Direcciones Futuras

El Deep Learning, a pesar de sus impresionantes logros en los últimos años, no está exento de desafíos y obstáculos que deben abordarse:

- **Requisitos de Datos:** Uno de los principales obstáculos en la aplicación de modelos de Deep Learning es su necesidad de grandes cantidades de datos etiquetados. El proceso de adquisición, limpieza y etiquetado de dichos datos puede ser bastante costoso y llevar mucho tiempo, lo que representa un desafío significativo para quienes desean utilizar estos modelos.
- **Recursos Computacionales:** Otro gran desafío radica en los recursos computacionales necesarios para entrenar modelos de Deep Learning. Estos modelos, particularmente los más grandes y complejos, requieren una cantidad sustancial de poder computacional. Este requisito a menudo se traduce en la necesidad de hardware especializado y costoso, como las Unidades de Procesamiento Gráfico (GPUs).
- **Interpretabilidad:** La complejidad de los modelos de Deep Learning a menudo resulta en que se los considere "cajas negras". Esto significa que puede ser increíblemente difícil, si no imposible, entender e interpretar las decisiones que estos modelos toman. Esta falta de interpretabilidad es un obstáculo significativo en muchas aplicaciones donde entender el razonamiento detrás de una decisión es crucial.
- **Generalización:** Finalmente, asegurar que los modelos de Deep Learning sean capaces de generalizar bien a datos no vistos es un desafío con el que los investigadores y profesionales continúan luchando. Los modelos deben ser capaces de aplicar lo que han aprendido a nuevos datos no vistos y no simplemente sobreajustarse a los patrones que han identificado en los datos de entrenamiento. Este problema de sobreajuste frente a generalización es un problema continuo en el campo del Deep Learning.

A pesar de estos desafíos, el campo del Deep Learning continúa avanzando rápidamente. La investigación está en curso para desarrollar modelos más eficientes, mejores técnicas de entrenamiento y métodos para mejorar la interpretabilidad y la generalización.

1.2.5 Interacción Entre Diferentes Arquitecturas

Las arquitecturas de Deep Learning, que abarcan una amplia gama de modelos y técnicas, generalmente se clasifican según sus funciones principales o las tareas específicas en las que sobresalen. A pesar de esta clasificación, es crucial entender que estas arquitecturas no están limitadas a sus roles designados. Pueden combinarse o integrarse de manera efectiva para manejar tareas más intrincadas y multifacéticas que requieren un enfoque más matizado.

Por ejemplo, un ejemplo perfecto de este tipo de sinergia se puede ver al combinar Redes Neuronales Convolucionales (CNNs) con Redes Neuronales Recurrentes (RNNs). Esta combinación reúne las fortalezas de ambas arquitecturas, permitiendo un análisis más completo y efectivo de los datos espaciotemporales.

Este tipo de datos, que incluye secuencias de video, requiere la comprensión espacial proporcionada por las CNNs y la comprensión temporal facilitada por las RNNs. Al hacerlo, esta fusión de arquitecturas permite manejar tareas complejas que una sola arquitectura podría no ser capaz de manejar.

Ejemplo: Combinación de CNN y LSTM para Clasificación de Videos

```
from tensorflow.keras.models import Sequential
from tensorflow.keras.layers import Conv2D, MaxPooling2D, Flatten, LSTM, Dense,
TimeDistributed

# Sample model combining CNN and LSTM for video classification
model = Sequential([
TimeDistributed(Conv2D(32, (3, 3), activation='relu'), input_shape=(10, 64, 64, 1)),
TimeDistributed(MaxPooling2D((2, 2))),
TimeDistributed(Flatten()),
LSTM(100),
Dense(1, activation='sigmoid')
])

# Compile the model
model.compile(optimizer='adam', loss='binary_crossentropy', metrics=['accuracy'])
# Assuming 'x_train' and 'y_train' are the training data and labels for video sequences
# Train the model
model.fit(x_train, y_train, epochs=10, batch_size=32, verbose=1)
# Evaluate the model
loss, accuracy = model.evaluate(x_test, y_test, verbose=0)
print("Loss:", loss)
print("Accuracy:", accuracy)
```

Al comienzo del script, se importan los módulos necesarios. Esto incluye el modelo Sequential de Keras, que es una pila lineal de capas, y varios tipos de capas: Conv2D para capas convolucionales 2D, MaxPooling2D para capas de agrupamiento máximo 2D, Flatten para aplanar la entrada, LSTM para capas de memoria a largo plazo (Long Short-Term Memory) y Dense para capas totalmente conectadas.

El modelo se define luego como un modelo Sequential con una serie de capas. La entrada al modelo es un tensor 4D que representa un lote de fotogramas de video. Las dimensiones de este tensor son (batch_size, time_steps, width, height, channels), donde batch_size es el número de videos en el lote, time_steps es el número de fotogramas en cada video, width y height son las dimensiones de cada fotograma, y channels es el número de canales de color en cada fotograma (1 para imágenes en escala de grises, 3 para imágenes RGB).

La primera capa en el modelo es una capa convolucional 2D distribuida en el tiempo con 32 filtros y un tamaño de kernel de 3x3. Esta capa aplica una operación de convolución a cada fotograma en cada video de manera independiente. La operación de convolución implica deslizar el kernel 3x3 sobre la imagen de entrada y calcular el producto punto del kernel y la parte de la imagen en la que se encuentra, que se utiliza para aprender características espaciales locales de los fotogramas. El argumento activation='relu' significa que se aplica una función de activación ReLU (Rectified Linear Unit) a las salidas de esta capa, lo que introduce no linealidad en el modelo y lo ayuda a aprender patrones complejos.

La segunda capa es una capa de agrupamiento máximo 2D distribuida en el tiempo con un tamaño de agrupamiento de 2x2. Esta capa reduce las dimensiones espaciales de su entrada (la salida de la capa anterior) tomando el valor máximo sobre cada ventana de 2x2, lo que ayuda a hacer que el modelo sea invariante a pequeñas traducciones y a reducir la complejidad computacional del modelo.

La tercera capa es una capa de aplanamiento distribuida en el tiempo. Esta capa aplana su tensor de entrada en un tensor 2D, para que pueda ser procesado por la capa LSTM.

La cuarta capa es una capa LSTM con 100 unidades. Esta capa procesa la secuencia de fotogramas aplanados de cada video en el lote, y es capaz de capturar dependencias temporales entre los fotogramas, lo cual es importante para las tareas de clasificación de videos, ya que el orden de los fotogramas lleva información significativa.

La capa final es una capa totalmente conectada con 1 unidad y una función de activación sigmoide. Esta capa calcula el producto punto de su entrada y sus pesos, y aplica la función sigmoide al resultado. La función sigmoide comprime su entrada en el rango de 0 a 1, lo que permite interpretar la salida de esta capa como la probabilidad de que el video pertenezca a la clase positiva.

Una vez definido el modelo, se compila con el optimizador Adam, la función de pérdida de entropía cruzada binaria y la métrica de precisión. El optimizador Adam es una variante del descenso de gradiente estocástico que adapta la tasa de aprendizaje para cada peso durante el entrenamiento, lo que a menudo conduce a una convergencia más rápida y mejor. La función de pérdida de entropía cruzada binaria es apropiada para problemas de clasificación binaria y mide la disimilitud entre las etiquetas verdaderas y las probabilidades predichas. La métrica de precisión calcula la proporción de videos correctamente clasificados.

El modelo se entrena luego en los datos de entrenamiento (x_train y y_train) durante 10 épocas con un tamaño de lote de 32. Una época es un pase completo a través de todo el conjunto de datos de entrenamiento, y un tamaño de lote de 32 significa que los pesos del modelo se actualizan después de procesar 32 muestras. El argumento verbose=1 significa que el progreso del entrenamiento se imprimirá en la consola.

Finalmente, se evalúa el modelo en los datos de prueba (x_test y y_test). El método evaluate calcula la pérdida y cualquier otra métrica especificada durante la compilación del modelo (en este caso, la precisión), y devuelve los resultados. La pérdida y la precisión del modelo en los datos de prueba se imprimen luego, dando una indicación de qué tan bien funciona el modelo en datos no vistos.

1.2.6 Aplicaciones Interdisciplinarias

El Deep Learning, una subcategoría del aprendizaje automático, está logrando avances significativos no solo dentro de su campo de origen en la informática y la ingeniería, sino que también se está incorporando progresivamente en una amplia gama de aplicaciones interdisciplinarias, mejorando y transformando numerosos campos de estudio e industria.

- **Arte y Música:** En el mundo del arte y la música, los modelos generativos se utilizan para crear nuevas obras de arte y componer música. Esencialmente, estos modelos están expandiendo los límites de lo que se considera posible en el ámbito de la creatividad. Al aprender de obras de arte y música existentes, estos modelos pueden generar nuevas creaciones, ampliando los horizontes de la imaginación e innovación humana.
- **Finanzas:** En la industria financiera, el Deep Learning está revolucionando la forma de operar. Con su capacidad para procesar grandes cantidades de datos y hacer predicciones, se está utilizando en el comercio algorítmico, la gestión de riesgos y la detección de fraudes. Estas aplicaciones ayudan a mejorar la toma de decisiones, reducir riesgos y aumentar la eficiencia en las operaciones financieras.
- **Ciencia Ambiental:** En el ámbito de la ciencia ambiental, los modelos de Deep Learning se utilizan para predecir patrones climáticos, rastrear poblaciones de vida silvestre y gestionar recursos naturales de manera más eficiente. Esta tecnología está jugando un papel crucial en nuestra comprensión del medio ambiente y nuestros esfuerzos hacia su preservación.

1.2.7 Implicaciones Éticas

A medida que la aplicación del Deep Learning se expande y permea más áreas de nuestras vidas, se vuelve cada vez más crítico reflexionar sobre las implicaciones éticas asociadas con su uso:

- **Sesgo y Equidad:** Los modelos de Deep Learning tienen el potencial de perpetuar inadvertidamente los sesgos presentes en los datos de entrenamiento. Esto puede llevar a resultados injustos que desfavorecen a ciertos grupos. Por lo tanto, garantizar la equidad y mitigar el sesgo en estos modelos es un desafío continuo que requiere atención y mejoras continuas.
- **Privacidad:** La naturaleza inherente del Deep Learning implica el uso de grandes conjuntos de datos, muchos de los cuales a menudo contienen información sensible y personal. Este uso intensificado de datos plantea preocupaciones considerables sobre la privacidad y seguridad de los datos, y requiere medidas estrictas para proteger los derechos de privacidad de los individuos.
- **Transparencia:** Dada la complejidad de los modelos de Deep Learning, aumentar su interpretabilidad es esencial para fomentar la confianza y la responsabilidad. Esto se vuelve particularmente crucial en aplicaciones críticas como la salud, donde las

decisiones pueden tener impactos significativos en la vida de las personas, y en la justicia penal, donde la equidad y la precisión son de suma importancia.

- **Impacto en el Empleo:** La automatización de tareas a través del Deep Learning podría llevar a cambios significativos en el mercado laboral. Esta disrupción tecnológica requiere discusiones continuas sobre el desarrollo de la fuerza laboral, la re-capacitación y el impacto social en general. Los responsables de políticas y las partes interesadas deben trabajar juntos para asegurar una transición suave y mitigar los posibles impactos negativos en el empleo.

Abordar estas preocupaciones éticas requiere la colaboración entre tecnólogos, responsables de políticas y la sociedad en general. Al fomentar un enfoque responsable en el desarrollo de la IA, podemos maximizar los beneficios del Deep Learning mientras minimizamos los posibles daños.

1.3 Avances Recientes en el Deep Learning

En los últimos años, el Deep Learning ha realizado avances significativos, ampliando los límites de lo que la inteligencia artificial puede lograr. Estos avances están impulsados por una combinación de algoritmos mejorados, hardware más potente y la disponibilidad de grandes conjuntos de datos.

En esta sección, exploraremos algunos de los desarrollos más impactantes recientes en el Deep Learning, incluidos los avances en arquitecturas de modelos, técnicas de entrenamiento y aplicaciones. Al comprender estas innovaciones de vanguardia, estarás mejor preparado para aprovechar las últimas tecnologías en tus proyectos.

1.3.1 Redes Transformer y Mecanismos de Atención

A lo largo de los años, el Deep Learning ha visto numerosos avances, pero uno de los avances más significativos ha sido el desarrollo de las redes transformer. Estas redes innovadoras dependen en gran medida de lo que se llaman mecanismos de atención.

El concepto de redes transformer ha revolucionado completamente el campo del procesamiento del lenguaje natural (NLP). Anteriormente, los modelos procesaban secuencias de datos de manera secuencial. Sin embargo, con el advenimiento de las redes transformer, los modelos ahora son capaces de procesar secuencias completas de datos simultáneamente. Este cambio significativo en la arquitectura ha llevado a un procesamiento más eficiente y a mejores resultados.

Esta arquitectura revolucionaria ha allanado el camino para la creación de modelos altamente efectivos que han tenido un impacto profundo en el campo. Algunos de los modelos más notables incluyen BERT, GPT-3 y GPT-4. Cada uno de estos modelos ha realizado contribuciones sustanciales al campo, mejorando nuestra capacidad para entender e interpretar el lenguaje natural.

Ejemplo: Arquitectura Transformer

El modelo transformer consta de un codificador y un decodificador, ambos compuestos por múltiples capas de autoatención y redes neuronales de avance directo. El mecanismo de autoatención permite que el modelo pondere la importancia de diferentes partes de la secuencia de entrada, lo que le permite capturar dependencias de largo alcance.

```
import tensorflow as tf
from tensorflow.keras.layers import Dense, LayerNormalization, Dropout
from tensorflow.keras.models import Model
class MultiHeadAttention(tf.keras.layers.Layer):
def __init__(self, d_model, num_heads):
super(MultiHeadAttention, self).__init__()
assert d_model % num_heads == 0
self.d_model = d_model
self.num_heads = num_heads
self.depth = d_model // num_heads
self.wq = Dense(d_model)
self.wk = Dense(d_model)
self.wv = Dense(d_model)
self.dense = Dense(d_model)

def split_heads(self, x, batch_size):
x = tf.reshape(x, (batch_size, -1, self.num_heads, self.depth))
return tf.transpose(x, perm=[0, 2, 1, 3])
def call(self, v, k, q, mask):
batch_size = tf.shape(q)[0]
q = self.wq(q)
k = self.wk(k)
v = self.wv(v)
q = self.split_heads(q, batch_size)
k = self.split_heads(k, batch_size)
v = self.split_heads(v, batch_size)
scaled_attention, _ = scaled_dot_product_attention(q, k, v, mask)
scaled_attention = tf.transpose(scaled_attention, perm=[0, 2, 1, 3])
concat_attention = tf.reshape(scaled_attention, (batch_size, -1, self.d_model))
output = self.dense(concat_attention)
return output

def scaled_dot_product_attention(q, k, v, mask):
matmul_qk = tf.matmul(q, k, transpose_b=True)
dk = tf.cast(tf.shape(k)[-1], tf.float32)
scaled_attention_logits = matmul_qk / tf.math.sqrt(dk)
if mask is not None:
scaled_attention_logits += (mask * -1e9)
attention_weights = tf.nn.softmax(scaled_attention_logits, axis=-1)
output = tf.matmul(attention_weights, v)
return output, attention_weights

# Sample transformer encoder layer
class EncoderLayer(tf.keras.layers.Layer):
```

```
def __init__(self, d_model, num_heads, dff, rate=0.1):
super(EncoderLayer, self).__init__()
self.mha = MultiHeadAttention(d_model, num_heads)
self.ffn = tf.keras.Sequential([
Dense(dff, activation='relu'),
Dense(d_model)
    ])
self.layernorm1 = LayerNormalization(epsilon=1e-6)
self.layernorm2 = LayerNormalization(epsilon=1e-6)
self.dropout1 = Dropout(rate)
self.dropout2 = Dropout(rate)

def call(self, x, training, mask):
attn_output = self.mha(x, x, x, mask)
attn_output = self.dropout1(attn_output, training=training)
out1 = self.layernorm1(x + attn_output)
ffn_output = self.ffn(out1)
ffn_output = self.dropout2(ffn_output, training=training)
out2 = self.layernorm2(out1 + ffn_output)
return out2
```

Este ejemplo demuestra la implementación de un modelo Transformer utilizando la biblioteca TensorFlow, específicamente la API de Keras. El modelo Transformer es un tipo de modelo de Deep Learning que ha tenido particular éxito en el manejo de tareas de secuencia a secuencia, como la traducción de idiomas o el resumen de textos.

En primer lugar, se declara la clase MultiHeadAttention. Esta clase representa el mecanismo de autoatención multi-cabeza en el modelo Transformer. Permite que el modelo se enfoque en diferentes posiciones de la secuencia de entrada al generar una secuencia de salida, haciendo posible capturar varios aspectos de la información de entrada.

La clase toma dos parámetros: d_model, que es la dimensionalidad de la entrada, y num_heads, que es el número de cabezas de atención. Dentro de la clase, se declaran varias capas densas para las transformaciones lineales de las consultas (queries), claves (keys) y valores (values). El método split_heads remodela las consultas, claves y valores en múltiples cabezas, y el método call aplica el mecanismo de atención en las consultas, claves y valores, y devuelve la salida.

A continuación, se define la función scaled_dot_product_attention. Esta función calcula los pesos de atención y la salida para el mecanismo de atención. Calcula el producto punto de la consulta y la clave, lo escala por la raíz cuadrada de la profundidad (la última dimensión de la clave), aplica una máscara si se proporciona, y luego aplica una función softmax para obtener los pesos de atención. Estos pesos se utilizan luego para obtener una suma ponderada de los valores, que forma la salida del mecanismo de atención.

Finalmente, se define la clase EncoderLayer. Esta clase representa una sola capa del codificador del Transformer. Cada capa del codificador consiste en un mecanismo de autoatención multi-cabeza y una red neuronal de avance punto a punto. El método call aplica la autoatención en la entrada, seguido de dropout, conexión residual y normalización de capa. Luego, aplica la red de avance en la salida, seguida nuevamente de dropout, conexión residual y normalización de capa.

Cabe señalar que las capas densas se utilizan para transformar las entradas para el mecanismo de atención y dentro de la red de avance. Dropout se utiliza para prevenir el sobreajuste y LayerNormalization se utiliza para normalizar las salidas de cada subcapa. Todo el mecanismo de atención está encapsulado en la clase MultiHeadAttention para su reutilización.

Este código sirve como base para construir modelos Transformer más complejos. Por ejemplo, se podrían apilar múltiples instancias de EncoderLayer para formar la parte completa del codificador del Transformer, y se podrían definir capas similares para la parte del decodificador. Además, se podrían añadir componentes adicionales como codificación posicional y una capa de softmax de salida para completar el modelo.

1.3.2 Aprendizaje por Transferencia

El Aprendizaje por Transferencia es un método de aprendizaje automático donde un modelo desarrollado para una tarea se reutiliza como punto de partida para un modelo en una segunda tarea. Es un enfoque popular en el Deep Learning donde los modelos preentrenados se utilizan como punto de partida en tareas de visión por computadora y procesamiento del lenguaje natural.

En otras palabras, el aprendizaje por transferencia es un método donde el conocimiento de un modelo adquirido de una tarea previa se aplica a un nuevo problema similar. Este enfoque es particularmente efectivo en el Deep Learning debido a los vastos recursos computacionales y de tiempo necesarios para desarrollar modelos de redes neuronales en estos problemas y por los grandes saltos en habilidad que proporcionan en problemas relacionados.

Este enfoque se usa ampliamente en varias aplicaciones como el Procesamiento del Lenguaje Natural (NLP), la Visión por Computadora, e incluso en el campo de la música y el arte donde se están utilizando modelos generativos para crear nuevas obras de arte y componer música.

El Aprendizaje por Transferencia, por lo tanto, es una técnica poderosa que ayuda a mejorar el rendimiento de los modelos en tareas con datos limitados al aprovechar el conocimiento adquirido de tareas relacionadas con datos abundantes. Es uno de los avances significativos en el campo del Deep Learning.

El aprendizaje por transferencia se ha convertido en una técnica poderosa en el Deep Learning, permitiendo que los modelos entrenados en grandes conjuntos de datos se ajusten para tareas específicas con conjuntos de datos más pequeños. Este enfoque reduce significativamente los recursos computacionales y el tiempo requerido para el entrenamiento.

Ejemplo: Ajuste Fino de BERT para Clasificación de Texto

```
from transformers import BertTokenizer, TFBertForSequenceClassification
from tensorflow.keras.optimizers import Adam
```

```
# Load pre-trained BERT model and tokenizer
tokenizer = BertTokenizer.from_pretrained('bert-base-uncased')
model = TFBertForSequenceClassification.from_pretrained('bert-base-uncased')
# Sample data
texts = ["I love this product!", "This is the worst experience I've ever had."]
labels = [1, 0]  # 1 for positive, 0 for negative
# Tokenize the input texts
inputs = tokenizer(texts, return_tensors='tf', padding=True, truncation=True, max_length=128)
# Compile the model
optimizer = Adam(learning_rate=2e-5)
model.compile(optimizer=optimizer, loss=model.compute_loss, metrics=['accuracy'])

# Train the model
model.fit(inputs['input_ids'], labels, epochs=3, batch_size=8)
# Evaluate the model
predictions = model.predict(inputs['input_ids'])
print(predictions)
```

Este ejemplo utiliza la biblioteca Transformers de Hugging Face. Este script demuestra cómo ajustar finamente un modelo BERT (Bidirectional Encoder Representations from Transformers) preentrenado para una tarea de clasificación binaria de texto. Desglosamos lo que hace el script.

El script comienza importando los módulos y clases necesarios. Trae BertTokenizer y TFBertForSequenceClassification de la biblioteca Transformers, que están específicamente diseñados para tareas que involucran modelos BERT. El BertTokenizer se usa para convertir el texto de entrada en un formato que el modelo BERT puede entender, mientras que TFBertForSequenceClassification es un modelo BERT con una capa de clasificación en la parte superior. El script también importa Adam de la API de Keras de TensorFlow, que es el optimizador que se utilizará para entrenar el modelo.

A continuación, el script carga el modelo BERT preentrenado y su tokenizador asociado utilizando el método from_pretrained. El argumento 'bert-base-uncased' especifica que el script debe usar la versión "uncased" del modelo BERT base, lo que significa que el modelo no distingue entre letras mayúsculas y minúsculas. Este modelo ha sido entrenado en un gran corpus de texto en inglés y puede generar representaciones significativas para oraciones en inglés.

El script luego define algunos datos de muestra con fines de demostración. La variable texts es una lista de dos oraciones en inglés, mientras que la variable labels es una lista de dos enteros que representan el sentimiento de la oración correspondiente en la variable texts (1 para sentimiento positivo, 0 para sentimiento negativo).

Después de definir los datos, el script tokeniza los textos de entrada utilizando el tokenizador cargado. La llamada al tokenizer convierte las oraciones en la variable texts en un formato que el modelo BERT puede entender. El método devuelve un diccionario que incluye varios objetos tipo tensor que el modelo necesita como entrada. El argumento return_tensors='tf' especifica que estos objetos deben ser tensores de TensorFlow. El argumento padding=True asegura que todas las oraciones se rellenen a la misma longitud, mientras que truncation=True asegura que las oraciones más largas que la longitud máxima de entrada del modelo se recorten. El argumento max_length=128 especifica esta longitud máxima.

A continuación, el script compila el modelo especificando el optimizador, la función de pérdida y las métricas a rastrear durante el entrenamiento. El optimizador se establece en Adam con una tasa de aprendizaje de 2e-5. La función de pérdida se establece en el método compute_loss integrado del modelo, que calcula la pérdida de clasificación. El script también especifica que se debe rastrear la precisión durante el entrenamiento.

Con el modelo ahora compilado, el script entrena el modelo con los datos de entrada. Se llama al método model.fit con los tensores de entrada, las etiquetas y la configuración de entrenamiento adicional. El modelo se entrena durante 3 épocas, con un tamaño de lote de 8. Una época es un pase completo a través de todo el conjunto de datos de entrenamiento, y un tamaño de lote de 8 significa que los pesos del modelo se actualizan después de ver 8 muestras.

Finalmente, el script utiliza el modelo entrenado para hacer predicciones sobre los mismos datos de entrada. Se llama al método model.predict con los tensores de entrada, y las predicciones resultantes se imprimen en la consola. Estas predicciones serían una medida de la confianza del modelo de que las oraciones de entrada tienen un sentimiento positivo.

1.3.3 Redes Generativas Antagónicas (GANs)

Las Redes Generativas Antagónicas (GANs) son una clase de algoritmos de inteligencia artificial utilizados en el aprendizaje automático no supervisado, implementados por un sistema de dos redes neuronales que compiten entre sí en un marco de juego de suma cero.

Las GANs consisten en dos partes, un Generador y un Discriminador. El Generador, que captura la distribución de los datos, comienza generando datos sintéticos y los alimenta al Discriminador junto con datos reales. El Discriminador, que estima la probabilidad de que una instancia dada provenga de los datos reales en lugar del Generador, se entrena para distinguir entre los dos tipos de datos.

En otras palabras, el Generador intenta engañar al Discriminador produciendo datos sintéticos cada vez mejores, mientras que el Discriminador se vuelve continuamente mejor para distinguir los datos reales de los falsos. Esto crea una especie de carrera armamentista entre los dos componentes, lo que lleva a la generación de datos sintéticos muy realistas.

Las GANs han visto una amplia aplicación en áreas como la generación de imágenes, la generación de videos y la generación de voz. Sin embargo, entrenar una GAN puede ser una tarea desafiante ya que requiere equilibrar el entrenamiento de dos redes diferentes.

Las GANs han revolucionado la modelización generativa al usar un generador y un discriminador en un entorno competitivo para producir datos sintéticos realistas. Las GANs se han aplicado a una amplia gama de tareas, desde la generación de imágenes hasta la mejora de datos.

Ejemplo: Implementación Básica de una GAN

```
import tensorflow as tf
from tensorflow.keras.layers import Dense, LeakyReLU, Reshape, Flatten
from tensorflow.keras.models import Sequential
# Generator model
def build_generator():
model = Sequential([
Dense(128, input_dim=100),
LeakyReLU(alpha=0.01),
Dense(784, activation='tanh'),
Reshape((28, 28, 1))
    ])
return model
# Discriminator model
def build_discriminator():
model = Sequential([
Flatten(input_shape=(28, 28, 1)),
Dense(128),
LeakyReLU(alpha=0.01),
Dense(1, activation='sigmoid')
    ])
return model
# Build and compile the GAN
generator = build_generator()
discriminator = build_discriminator()
discriminator.compile(optimizer='adam',                               loss='binary_crossentropy',
metrics=['accuracy'])
# GAN model
discriminator.trainable = False
gan_input = tf.keras.Input(shape=(100,))
gan_output = discriminator(generator(gan_input))
gan = tf.keras.Model(gan_input, gan_output)
gan.compile(optimizer='adam', loss='binary_crossentropy')

# Training the GAN
import numpy as np
(x_train, ), (, _) = tf.keras.datasets.mnist.load_data()
x_train = (x_train.astype(np.float32) - 127.5) / 127.5  # Normalize to [-1, 1]
x_train = np.expand_dims(x_train, axis=-1)
batch_size = 128
epochs = 10000

for epoch in range(epochs):
# Train discriminator
idx = np.random.randint(0, x_train.shape[0], batch_size)
real_images = x_train[idx]
noise = np.random.normal(0, 1, (batch_size, 100))
fake_images = generator.predict(noise)
```

```
d_loss_real = discriminator.train_on_batch(real_images, np.ones((batch_size, 1)))
d_loss_fake = discriminator.train_on_batch(fake_images, np.zeros((batch_size, 1)))
d_loss = 0.5 * np.add(d_loss_real, d_loss_fake)
# Train generator
noise = np.random.normal(0, 1, (batch_size, 100))
g_loss = gan.train_on_batch(noise, np.ones((batch_size, 1)))
# Print progress
if epoch % 1000 == 0:
print(f"{epoch} [D loss: {d_loss[0]}, acc.: {d_loss[1] * 100}%] [G loss: {g_loss}]")
```

En el contexto de este código de ejemplo, el generador y el discriminador se construyen y compilan por separado. El generador utiliza una capa densa para mapear desde un espacio de ruido de 100 dimensiones a un espacio de 28*28*1 dimensiones. El generador utiliza una función de activación LeakyReLU para la primera capa. La segunda capa es una capa densa con una función de activación tanh, seguida de una capa de remodelación para formar la imagen de salida.

El discriminador, por otro lado, es un clasificador que distingue entre imágenes reales y falsas (generadas). El modelo del discriminador toma como entrada una imagen de tamaño 28*28*1, la aplana, la pasa a través de una capa densa con una función de activación LeakyReLU y finalmente a través de una capa densa con una función de activación sigmoide. El modelo del discriminador se compila luego con el optimizador adam y la pérdida de entropía cruzada binaria, ya que se trata de un problema de clasificación binaria.

El entrenamiento del GAN implica alternar entre entrenar el discriminador y el generador. Para entrenar el discriminador, se utilizan tanto imágenes reales (del conjunto de datos MNIST) como imágenes falsas (generadas por el generador). A las imágenes reales se les asigna una etiqueta de 1 y a las imágenes falsas se les asigna una etiqueta de 0. Luego, el discriminador se entrena en este conjunto de datos mixto.

Al entrenar el generador, el objetivo es engañar al discriminador. Por lo tanto, el generador intenta generar imágenes que sean clasificadas como reales (o 1) por el discriminador. El generador nunca ve realmente ninguna imagen real, solo recibe retroalimentación a través del discriminador.

El código también importa el conjunto de datos MNIST de los datasets de TensorFlow, normaliza las imágenes para que estén en el rango de [-1, 1] y las remodela para que tengan la forma (28, 28, 1).

El proceso de entrenamiento se repite durante un número determinado de épocas (iteraciones sobre todo el conjunto de datos), y en cada época se entrena primero el discriminador y luego el generador. La pérdida del discriminador (una medida de qué tan bien puede distinguir las imágenes reales de las falsas) y la pérdida del generador (una medida de qué tan bien puede engañar al discriminador) se imprimen después de cada época. De esta manera, se puede monitorear el proceso de entrenamiento.

Esta implementación básica de GAN sirve como un buen punto de partida para entender y experimentar con este tipo de redes. Sin embargo, en la práctica, las GANs pueden ser difíciles de entrenar y pueden requerir una selección cuidadosa de la arquitectura y los hiperparámetros.

1.3.4 Aprendizaje por Refuerzo

El aprendizaje por refuerzo (RL) ha visto avances significativos, particularmente con el desarrollo de redes de Q profundo (DQN) y métodos de gradiente de políticas. RL se ha aplicado con éxito en juegos, control robótico y conducción autónoma.

El aprendizaje por refuerzo es un tipo de aprendizaje automático en el que un agente aprende a tomar decisiones realizando acciones en un entorno para alcanzar un objetivo. El agente aprende de las consecuencias de sus acciones, en lugar de ser enseñado explícitamente, recibiendo recompensas o penalizaciones por sus acciones.

El agente aprende a alcanzar un objetivo en un entorno incierto y potencialmente complejo. En el aprendizaje por refuerzo, una inteligencia artificial se enfrenta a una situación similar a un juego. La computadora emplea prueba y error para encontrar una solución al problema. Para que la máquina haga lo que el programador quiere, la inteligencia artificial recibe recompensas o penalizaciones por las acciones que realiza. Su objetivo es maximizar la recompensa total.

A pesar de que el diseñador establece la política de recompensas, es decir, las reglas del juego, no le da al modelo pistas o sugerencias sobre cómo resolver el juego. Depende del modelo averiguar cómo realizar la tarea para maximizar la recompensa, comenzando con pruebas completamente aleatorias y terminando con tácticas sofisticadas y habilidades sobrehumanas. Al aprovechar el poder de la búsqueda y muchas pruebas, el aprendizaje por refuerzo es actualmente la forma más efectiva de estimular la creatividad de la máquina. A diferencia de los seres humanos, la inteligencia artificial puede acumular experiencia a partir de miles de juegos paralelos si un algoritmo de aprendizaje por refuerzo se ejecuta en una infraestructura informática suficientemente poderosa.

El aprendizaje por refuerzo se ha utilizado para enseñar a las máquinas a jugar juegos como Go y Ajedrez contra campeones mundiales, para simular la marcha bípeda, la conducción autónoma y otras tareas complejas que anteriormente se pensaba que solo los humanos podían lograr.

El futuro del aprendizaje por refuerzo es prometedor, ya que abre una vía para desarrollar máquinas que pueden aprender y adaptarse a escenarios complejos por sí solas. Sin embargo, al igual que cualquier otra tecnología de IA, también debe usarse de manera responsable, considerando todas sus implicaciones sociales y éticas.

Ejemplo: Q-Learning para Grid World

```
import numpy as np
# Environment setup
grid_size = 4
```

```
rewards = np.zeros((grid_size, grid_size))
rewards[3, 3] = 1  # Goal state

# Q-Learning parameters
gamma = 0.9  # Discount factor
alpha = 0.1  # Learning rate
epsilon = 0.1  # Exploration rate
q_table = np.zeros((grid_size, grid_size, 4))  # Q-table for 4 actions

# Action selection
def choose_action(state):
if np
.random.rand() < epsilon:
return np.random.randint(4)
return np.argmax(q_table[state])
# Q-Learning algorithm
for episode in range(1000):
state = (0, 0)
while state != (3, 3):
action = choose_action(state)
next_state = (max(0, min(grid_size-1, state[0] + (action == 1) - (action == 0))),
max(0, min(grid_size-1, state[1] + (action == 3) - (action == 2))))
reward = rewards[next_state]
td_target = reward + gamma * np.max(q_table[next_state])
td_error = td_target - q_table[state][action]
q_table[state][action] += alpha * td_error
state = next_state

print("Trained Q-Table:")
print(q_table)
```

Este código de ejemplo implementa una forma básica de Q-Learning, un algoritmo de aprendizaje por refuerzo sin modelo, en un entorno simple de mundo cuadrícula.

La primera parte del código configura el entorno. Se define una cuadrícula de un tamaño determinado, con cada celda de la cuadrícula inicializada con una recompensa de cero. Sin embargo, al estado objetivo, ubicado en la celda de la cuadrícula (3,3), se le asigna una recompensa de uno. Este es el objetivo que el agente de aprendizaje debe esforzarse por alcanzar.

A continuación, se definen varios parámetros cruciales para el algoritmo de Q-Learning. El factor de descuento gamma se establece en 0.9, lo que determina la importancia de las recompensas futuras. Un gamma de 0 hace que el agente sea "miópico" (solo considerando recompensas actuales), mientras que un gamma cercano a 1 hace que busque una recompensa alta a largo plazo. La tasa de aprendizaje alpha se establece en 0.1, lo que determina en qué medida la información recién adquirida reemplaza la información antigua. La tasa de exploración epsilon se establece en 0.1, lo que determina la frecuencia con la que el agente elige una acción aleatoria en lugar de la acción que cree que tiene el mejor efecto a largo plazo.

Luego se inicializa una tabla Q con ceros, que servirá como una tabla de búsqueda donde el agente puede encontrar la mejor acción a tomar mientras está en un determinado estado.

La función choose_action es una implementación de la política epsilon-greedy. En este caso, la mayoría de las veces, el agente elegirá la acción que tiene la máxima recompensa futura esperada, que es la parte de explotación. Pero, un porcentaje epsilon del tiempo, el agente elegirá una acción aleatoria, que es la parte de exploración.

La parte principal del código es un bucle que simula 1000 episodios de interacción del agente con el entorno. Durante cada episodio, el agente comienza desde el estado inicial (0,0) y continúa eligiendo acciones y transitando al siguiente estado hasta llegar al estado objetivo (3,3). Para cada acción tomada, el valor Q de la acción para el estado actual se actualiza utilizando el algoritmo de Q-Learning, que actualiza el valor Q basado en la tasa de aprendizaje, la recompensa recibida y el valor Q máximo para el nuevo estado. Este proceso lleva de manera incremental a valores de acción cada vez mejores.

Al final del proceso de aprendizaje, el código imprime la tabla Q aprendida. Esta tabla indicará al agente el retorno esperado para cada acción en cada estado, guiando efectivamente al agente al objetivo de la manera más eficiente en cuanto a recompensas.

Este simple ejemplo de Q-Learning sirve como una base para entender la mecánica fundamental de este poderoso algoritmo de aprendizaje por refuerzo. Con entornos más complejos y mejoras en el algoritmo, Q-Learning puede resolver tareas mucho más complejas.

1.3.5 Aprendizaje Auto-supervisado

El aprendizaje auto-supervisado aprovecha los datos no etiquetados generando etiquetas sustitutas a partir de los propios datos. Este enfoque ha demostrado ser eficaz en tareas como el aprendizaje de representaciones y el preentrenamiento de modelos para tareas posteriores.

En el aprendizaje auto-supervisado, el sistema aprende a predecir algunas partes de los datos a partir de otras partes. Esto se hace creando una tarea "sustituta" para aprender a partir de una gran cantidad de datos no etiquetados, lo cual puede ser muy útil cuando los datos etiquetados son escasos o costosos de obtener. Las representaciones aprendidas suelen ser útiles para tareas posteriores, y el modelo puede ajustarse con un conjunto de datos etiquetado más pequeño para una tarea específica.

Por ejemplo, una tarea de aprendizaje auto-supervisado para imágenes podría ser predecir el color de una imagen en escala de grises. En este caso, el modelo aprendería características útiles sobre la estructura y el contenido de las imágenes sin necesidad de etiquetas proporcionadas por humanos.

El aprendizaje auto-supervisado ha mostrado gran promesa en una variedad de aplicaciones. Se ha utilizado con éxito para preentrenar modelos para tareas de procesamiento del lenguaje natural, donde primero se entrena un modelo para predecir la siguiente palabra en una oración, y luego se ajusta para una tarea específica como el análisis de sentimientos o la respuesta a preguntas. También ha mostrado promesa en la visión por computadora, donde los modelos preentrenados en una tarea auto-supervisada pueden ajustarse para tareas como la detección de objetos o la segmentación de imágenes.

Un ejemplo específico de aprendizaje auto-supervisado es un método llamado SimCLR (Aprendizaje Contrastivo Simple de Representaciones Visuales). En SimCLR, se entrena un modelo para reconocer si dos versiones aumentadas de una imagen son iguales o diferentes. El modelo aprende a extraer características que son consistentes en diferentes aumentos de la misma imagen, lo cual resulta ser una habilidad muy útil para muchas tareas de visión por computadora.

Ejemplo: Aprendizaje Contrastivo con SimCLR

```
import tensorflow as tf
from tensorflow.keras.layers import Dense, Flatten
from tensorflow.keras.models import Sequential
from tensorflow.keras.losses import SparseCategoricalCrossentropy
from tensorflow.keras.optimizers import Adam

# Sample contrastive learning model (SimCLR)
def build_simclr_model(input_shape):
base_model = tf.keras.applications.ResNet50(include_top=False,
input_shape=input_shape, pooling='avg')
base_model.trainable = True
model = Sequential([
base_model,
Flatten(),
Dense(128, activation='relu'),
Dense(128)  # Projection head
    ])
return model
# Contrastive loss function
def contrastive_loss(y_true, y_pred):
temperature = 0.1
y_true = tf.cast(y_true, tf.int32)
y_pred = tf.math.l2_normalize(y_pred, axis=1)
logits = tf.matmul(y_pred, y_pred, transpose_b=True) / temperature
labels = tf.one_hot(y_true, depth=y_pred.shape[0])
return SparseCategoricalCrossentropy(from_logits=True)(labels, logits)
# Compile and train the model
input_shape = (224, 224, 3)
model = build_simclr_model(input_shape)
model.compile(optimizer=Adam(learning_rate=0.001), loss=contrastive_loss)

# Assuming 'x_train' and 'y_train' are the training data and labels (augmentations)
model.fit(x_train, y_train, epochs=10, batch_size=32, verbose=1)
```

El script comienza importando los módulos necesarios. Utiliza la biblioteca TensorFlow, una poderosa biblioteca de software de código abierto para el aprendizaje automático, y Keras, una API de redes neuronales de alto nivel que también es parte de TensorFlow.

La función build_simclr_model se define para construir el modelo. La base del modelo es un modelo ResNet50 preentrenado, un modelo de Deep Learning popular con 50 capas, ya entrenado en un gran conjunto de datos. include_top=False significa que las capas de salida completamente conectadas del modelo utilizadas para la clasificación no están incluidas, y pooling='avg' indica que se aplica un agrupamiento promedio global a la salida del último bloque de convolución de ResNet50, reduciendo la dimensionalidad de la salida. Luego se usa la API Sequential para apilar capas sobre el modelo base. Se agrega una capa Flatten para transformar el formato de las imágenes de una matriz bidimensional (de 28x28 píxeles) a una matriz unidimensional (de 28 * 28 = 784 píxeles). Se agregan dos capas Dense, la primera con activación ReLU y la segunda sin activación, que sirve como la cabeza de proyección del modelo.

Después de la construcción del modelo, se define la función de pérdida contrastiva como contrastive_loss. El aprendizaje contrastivo es un tipo de método de aprendizaje auto-supervisado que entrena modelos para aprender características similares a partir de datos similares. Esta función primero normaliza el vector de predicción, luego calcula el producto punto entre los vectores de predicción divididos por un parámetro de temperatura para crear los logits. Luego, crea etiquetas one-hot a partir de las etiquetas verdaderas y calcula la pérdida de entropía cruzada categórica escasa entre estas etiquetas y los logits.

El script luego compila y entrena el modelo SimCLR utilizando el optimizador Adam y la función de pérdida contrastiva. El optimizador Adam es una extensión del descenso de gradiente estocástico, un algoritmo popular para entrenar una amplia gama de modelos en el aprendizaje automático. La tasa de aprendizaje se establece en 0.001.

Luego, el modelo se ajusta a los datos de entrenamiento 'x_train' y 'y_train' durante 10 épocas con un tamaño de lote de 32. 'x_train' y 'y_train' son marcadores de posición en este contexto y serían reemplazados por los datos de entrenamiento reales y las etiquetas durante el entrenamiento en el mundo real. Una época es una medida del número de veces que se utilizan todos los vectores de entrenamiento una vez para actualizar los pesos en el proceso de entrenamiento.

Ejercicios Prácticos

Ejercicio 1: Implementar una Red Neuronal Simple

Tarea: Implementa una red neuronal simple utilizando el código proporcionado en la sección 1.1.1. Modifica la red para incluir una capa oculta adicional y observa cómo cambia el rendimiento.

Solución:

```
import numpy as np
# Sigmoid activation function
def sigmoid(x):
return 1 / (1 + np.exp(-x))
```

```
# Derivative of sigmoid function
def sigmoid_derivative(x):
return x * (1 - x)
# Input data (4 samples, 3 features each)
inputs = np.array([[0, 0, 1],
[1, 1, 1],
[1, 0, 1],
[0, 1, 1]])

# Output labels (4 samples, 1 output each)
outputs = np.array([[0], [1], [1], [0]])

# Seed for reproducibility
np.random.seed(1)

# Initialize weights randomly with mean 0
weights_input_hidden1 = 2 * np.random.random((3, 4)) - 1
weights_hidden1_hidden2 = 2 * np.random.random((4, 4)) - 1
weights_hidden2_output = 2 * np.random.random((4, 1)) - 1
# Training the neural network
for epoch in range(10000):
# Forward propagation
input_layer = inputs
hidden_layer1 = sigmoid(np.dot(input_layer, weights_input_hidden1))
hidden_layer2 = sigmoid(np.dot(hidden_layer1, weights_hidden1_hidden2))
output_layer = sigmoid(np.dot(hidden_layer2, weights_hidden2_output))
# Error calculation
error = outputs - output_layer

# Backward propagation
output_layer_delta = error * sigmoid_derivative(output_layer)
hidden_layer2_error = output_layer_delta.dot(weights_hidden2_output.T)
hidden_layer2_delta = hidden_layer2_error * sigmoid_derivative(hidden_layer2)
hidden_layer1_error = hidden_layer2_delta.dot(weights_hidden1_hidden2.T)
hidden_layer1_delta = hidden_layer1_error * sigmoid_derivative(hidden_layer1)
# Update weights
weights_hidden2_output += hidden_layer2.T.dot(output_layer_delta)
weights_hidden1_hidden2 += hidden_layer1.T.dot(hidden_layer2_delta)
weights_input_hidden1 += input_layer.T.dot(hidden_layer1_delta)
print("Output after training:")
print(output_layer)
```

Ejercicio 2: Implementar una Función de Activación ReLU

Tarea: Implementa una función de activación ReLU y aplícala a una red neuronal simple. Compara los resultados con la función de activación sigmoide.

Solución:

```
import numpy as np
# ReLU activation function
```

```
def relu(x):
return np.maximum(0, x)
# Derivative of ReLU function
def relu_derivative(x):
return np.where(x > 0, 1, 0)
# Input data (4 samples, 3 features each)
inputs = np.array([[0, 0, 1],
[1, 1, 1],
[1, 0, 1],
[0, 1, 1]])

# Output labels (4 samples, 1 output each)
outputs = np.array([[0], [1], [1], [0]])

# Seed for reproducibility
np.random.seed(1)

# Initialize weights randomly with mean 0
weights_input_hidden = 2 * np.random.random((3, 4)) - 1
weights_hidden_output = 2 * np.random.random((4, 1)) - 1
# Training the neural network
for epoch in range(10000):
# Forward propagation
input_layer = inputs
hidden_layer = relu(np.dot(input_layer, weights_input_hidden))
output_layer = relu(np.dot(hidden_layer, weights_hidden_output))
# Error calculation
error = outputs - output_layer

# Backward propagation
output_layer_delta = error * relu_derivative(output_layer)
hidden_layer_error = output_layer_delta.dot(weights_hidden_output.T)
hidden_layer_delta = hidden_layer_error * relu_derivative(hidden_layer)
# Update weights
weights_hidden_output += hidden_layer.T.dot(output_layer_delta)
weights_input_hidden += input_layer.T.dot(hidden_layer_delta)
print("Output after training:")
print(output_layer)
```

Ejercicio 3: Ajustar un Modelo BERT Preentrenado

Tarea: Ajusta un modelo BERT preentrenado para una tarea de clasificación de texto utilizando el ejemplo proporcionado en la sección 1.3.2. Utiliza un conjunto de datos diferente para este ejercicio.

Solución:

```
from transformers import BertTokenizer, TFBertForSequenceClassification
from tensorflow.keras.optimizers import Adam
import tensorflow as tf
```

```
# Load pre-trained BERT model and tokenizer
tokenizer = BertTokenizer.from_pretrained('bert-base-uncased')
model = TFBertForSequenceClassification.from_pretrained('bert-base-uncased')
# Sample data
texts = ["I love this product!", "This is the worst experience I've ever had.", "It was okay, not great."]
labels = [1, 0, 1]  # 1 for positive, 0 for negative
# Tokenize the input texts
inputs = tokenizer(texts, return_tensors='tf', padding=True, truncation=True, max_length=128)
# Convert labels to tensor
labels = tf.convert_to_tensor(labels)

# Compile the model
optimizer = Adam(learning_rate=2e-5)
model.compile(optimizer=optimizer, loss=model.compute_loss, metrics=['accuracy'])

# Train the model
model.fit(inputs['input_ids'], labels, epochs=3, batch_size=8)
# Evaluate the model
predictions = model.predict(inputs['input_ids'])
print(predictions)
```

Ejercicio 4: Implementar un GAN Básico

Tarea: Implementa un GAN básico para generar datos sintéticos. Sigue el ejemplo proporcionado en la sección 1.3.3 y genera nuevas muestras después de entrenar el GAN.

Solución:

```
import tensorflow as tf
from tensorflow.keras.layers import Dense, LeakyReLU, Reshape, Flatten
from tensorflow.keras.models import Sequential
import numpy as np

# Generator model
def build_generator():
model = Sequential([
Dense(128, input_dim=100),
LeakyReLU(alpha=0.01),
Dense(784, activation='tanh'),
Reshape((28, 28, 1))
    ])
return model
# Discriminator model
def build_discriminator():
model = Sequential([
Flatten(input_shape=(28, 28, 1)),
Dense(128),
LeakyReLU(alpha=0.01),
Dense(1, activation='sigmoid')
```

```
    ])
return model
# Build and compile the GAN
generator = build_generator()
discriminator = build_discriminator()
discriminator.compile(optimizer='adam',                    loss='binary_crossentropy',
metrics=['accuracy'])
# GAN model
discriminator.trainable = False
gan_input = tf.keras.Input(shape=(100,))
gan_output = discriminator(generator(gan_input))
gan = tf.keras.Model(gan_input, gan_output)
gan.compile(optimizer='adam', loss='binary_crossentropy')

# Training the GAN
(x_train, ), (, _) = tf.keras.datasets.mnist.load_data()
x_train = (x_train.astype(np.float32) - 127.5) / 127.5  # Normalize to [-1, 1]
x_train = np.expand_dims(x_train, axis=-1)
batch_size = 128
epochs = 10000

for epoch in range(epochs):
# Train discriminator
idx = np.random.randint(0, x_train.shape[0], batch_size)
real_images = x_train[idx]
noise = np.random.normal(0, 1, (batch_size, 100))
fake_images = generator.predict(noise)
d_loss_real = discriminator.train_on_batch(real_images, np.ones((batch_size, 1)))
d_loss_fake = discriminator.train_on_batch(fake_images, np.zeros((batch_size, 1)))
d_loss = 0.5 * np.add(d_loss_real, d_loss_fake)
# Train generator
noise = np.random.normal(0, 1, (batch_size, 100))
g_loss = gan.train_on_batch(noise, np.ones((batch_size, 1)))
# Print progress
if epoch % 1000 == 0:
print(f"{epoch} [D loss: {d_loss[0]}, acc.: {d_loss[1] * 100}%] [G loss: {g_loss}]")
# Generate new samples
noise = np.random.normal(0, 1, (10, 100))
generated_images = generator.predict(noise)
print(generated_images)
```

Ejercicio 5: Implementar Q-Learning para un Entorno Simple

Tarea: Implementa Q-Learning para un entorno simple de mundo cuadrícula. Sigue el ejemplo proporcionado en la sección 1.3.4 y amplía el tamaño de la cuadrícula o modifica la estructura de recompensas.

Solución:

```
import numpy as np
# Environment setup
```

```
grid_size = 5  # Extended grid size
rewards = np.zeros((grid_size, grid_size))
rewards[4, 4] = 1  # New goal state

# Q-Learning parameters
gamma = 0.9  # Discount factor
alpha = 0.1  # Learning rate
epsilon = 0.1  # Exploration rate
q_table = np.zeros((grid_size, grid_size, 4))  # Q-table for 4 actions

# Action
selection
def choose_action(state):
if np.random.rand() < epsilon:
return np.random.randint(4)
return np.argmax(q_table[state])
# Q-Learning algorithm
for episode in range(1000):
state = (0, 0)
while state != (4, 4):
action = choose_action(state)
next_state = (max(0, min(grid_size-1, state[0] + (action == 1) - (action == 0))),
max(0, min(grid_size-1, state[1] + (action == 3) - (action == 2))))
reward = rewards[next_state]
td_target = reward + gamma * np.max(q_table[next_state])
td_error = td_target - q_table[state][action]
q_table[state][action] += alpha * td_error
state = next_state

print("Trained Q-Table:")
print(q_table)
```

Estos ejercicios deberían ayudarte a reforzar tu comprensión de los conceptos cubiertos en este capítulo. Al implementar estos modelos y experimentar con diferentes configuraciones, obtendrás experiencia práctica con las técnicas de Deep Learning y sus aplicaciones prácticas. ¡Sigue practicando y no dudes en explorar más por tu cuenta!

Resumen del Capítulo

En este capítulo, emprendimos un viaje integral hacia los principios fundamentales del Deep Learning, estableciendo las bases para los temas más avanzados que se abordarán en los capítulos siguientes. Comenzamos explorando los conceptos básicos de las redes neuronales, que son la piedra angular del Deep Learning. Las redes neuronales, inspiradas en la estructura y función del cerebro humano, consisten en neuronas interconectadas organizadas en capas. Cada capa transforma los datos de entrada, extrayendo progresivamente características de nivel superior y permitiendo que la red aprenda patrones y representaciones complejas.

Profundizamos en la estructura de las redes neuronales, detallando los roles de las capas de entrada, ocultas y de salida. Al implementar una red neuronal simple con funciones de activación sigmoide y ReLU, ilustramos los procesos de propagación hacia adelante y hacia atrás, que son críticos para entrenar estas redes. Comprender estos mecanismos es esencial para entender cómo las redes neuronales aprenden de los datos y ajustan sus parámetros para minimizar los errores de predicción.

El capítulo también proporcionó una visión general de varias funciones de activación, como sigmoide, ReLU y tanh, destacando su importancia al introducir no linealidad en la red. Esta no linealidad permite que las redes neuronales modelen relaciones complejas entre entradas y salidas, lo que sería imposible con transformaciones lineales únicamente.

En la sección subsecuente, exploramos los avances recientes en el Deep Learning que han llevado el campo a nuevas alturas. Las redes transformadoras y los mecanismos de atención, en particular, han revolucionado el procesamiento del lenguaje natural al permitir que los modelos capturen dependencias de largo alcance y relaciones contextuales en los datos de texto. Demostramos la arquitectura de los transformadores y el concepto de auto-atención, que permite que estos modelos ponderen la importancia de diferentes partes de la secuencia de entrada de manera dinámica.

El aprendizaje por transferencia surgió como otro avance significativo, permitiendo que los modelos preentrenados se ajusten para tareas específicas con conjuntos de datos más pequeños. Esta técnica ha reducido drásticamente los recursos computacionales y el tiempo necesarios para entrenar modelos de Deep Learning, haciendo que la IA de vanguardia sea accesible para un público más amplio.

Las Redes Generativas Antagónicas (GAN) se destacaron por su capacidad innovadora para generar datos sintéticos realistas al entrenar un generador y un discriminador en un entorno competitivo. Este enfoque innovador tiene aplicaciones que van desde la generación de imágenes hasta la ampliación de datos.

El aprendizaje por refuerzo, con su enfoque en entrenar agentes para tomar decisiones interactuando con un entorno, ha visto progresos notables a través del desarrollo de redes de Q profundo y métodos de gradiente de políticas. Estas técnicas han permitido avances significativos en áreas como los juegos, el control robótico y la conducción autónoma.

Finalmente, se discutió el aprendizaje auto-supervisado como un enfoque poderoso para aprovechar los datos no etiquetados generando etiquetas sustitutas, mejorando así el aprendizaje de representaciones y el preentrenamiento de modelos para tareas posteriores.

Al combinar conocimientos teóricos con ejemplos prácticos y ejercicios, este capítulo proporcionó una base sólida en el Deep Learning. Los ejercicios prácticos reforzaron conceptos clave y ofrecieron experiencia práctica en la implementación y entrenamiento de redes neuronales, el ajuste de modelos preentrenados y la exploración de técnicas generativas y de aprendizaje por refuerzo. A medida que avanzamos, este conocimiento fundamental será crucial para comprender y aplicar los modelos generativos más complejos que se cubrirán en los capítulos siguientes.

Capítulo 2: Comprendiendo los Modelos Generativos

En el capítulo anterior, establecimos las bases del Deep Learning explorando los principios fundamentales y los avances recientes en el campo. Con una comprensión sólida de las redes neuronales y sus aplicaciones, ahora estamos listos para adentrarnos en el fascinante mundo de los modelos generativos. Los modelos generativos representan una de las áreas más emocionantes y de rápida evolución de la inteligencia artificial, permitiendo que las máquinas creen nuevos datos similares a los datos con los que fueron entrenadas. Este capítulo introducirá el concepto de los modelos generativos, su importancia y sus diversas aplicaciones.

Los modelos generativos se diferencian de los modelos discriminativos, típicamente utilizados para tareas de clasificación y regresión. Mientras que los modelos discriminativos aprenden a distinguir entre diferentes clases de datos, los modelos generativos buscan comprender y replicar la distribución subyacente de los datos. Esta capacidad para generar nuevos datos abre una multitud de posibilidades, desde crear imágenes realistas y sintetizar música hasta generar texto similar al humano y aumentar conjuntos de datos para entrenar otros modelos.

Comenzaremos explorando el concepto y la importancia de los modelos generativos, proporcionando una base teórica sólida antes de profundizar en tipos específicos de modelos generativos, como las Redes Generativas Antagónicas (GAN) y los Autoencoders Variacionales (VAE). A través de explicaciones detalladas y ejemplos prácticos, comprenderás cómo funcionan los modelos generativos y cómo pueden aplicarse para resolver problemas del mundo real.

2.1 Concepto e Importancia

2.1.1 ¿Qué son los Modelos Generativos?

Los modelos generativos representan una categoría específica de modelos de aprendizaje automático. Su propósito principal es generar nuevas muestras de datos que imiten de cerca la distribución de los datos de entrenamiento a los que han sido expuestos durante la fase de aprendizaje. Esto marca una diferencia significativa con respecto al objetivo de los modelos discriminativos.

Los modelos discriminativos concentran sus esfuerzos en aprender el límite o la división entre diferentes clases de datos. Su objetivo no es replicar ni crear nuevos datos; en su lugar, se enfocan en distinguir una clase de datos de otra. Este enfoque en la diferenciación los hace particularmente útiles en tareas de clasificación, donde es necesario determinar a qué categoría pertenece un punto de datos en particular.

Por otro lado, los modelos generativos adoptan un enfoque diferente. Se esfuerzan por aprender y comprender la estructura y distribución subyacente de los datos con los que se entrenan. Esta comprensión exhaustiva de la estructura de los datos les permite crear nuevos puntos de datos sintéticos.

Estos puntos de datos generados no son simplemente combinaciones aleatorias de información. Debido a que se basan en la estructura aprendida de los datos originales, tienen una sorprendente semejanza con los puntos de datos originales. Esta capacidad para crear datos sintéticos tan realistas es lo que distingue a los modelos generativos en el campo del aprendizaje automático.

Los modelos generativos pueden usarse para modelar distribuciones de datos complejas, lo que los hace particularmente útiles para tareas donde se requiere la generación de datos o la ampliación de datos. Como se discutió en el capítulo 1, algunos tipos comunes de modelos generativos incluyen:

- **Redes Generativas Antagónicas (GAN)** son un tipo de algoritmos de inteligencia artificial utilizados en el aprendizaje automático no supervisado. Consisten en dos partes: un generador y un discriminador. El generador crea nuevas instancias de datos, mientras que el discriminador evalúa su autenticidad. Están diseñados para competir y mejorar juntos durante el proceso de entrenamiento, de ahí el término 'antagónico'.
- **Autoencoders Variacionales (VAE)** son un tipo de modelo de Deep Learning que puede aprender a codificar datos en un espacio de baja dimensión y luego generar nuevos datos desde este espacio, aprendiendo efectivamente un modelo probabilístico de los datos de entrada.
- **Modelos Autoregresivos** son una clase de modelos estadísticos utilizados para analizar datos de series temporales. Estos modelos se basan en el principio del análisis de regresión, donde los eventos futuros se predicen en función de experiencias pasadas. Específicamente, en un modelo autoregresivo, se asume que los valores actuales son una combinación lineal de observaciones pasadas.
- **Modelos Basados en Flujos** se refieren a un tipo de modelo en el aprendizaje automático que utiliza una clase especial de flujos normalizadores para generar distribuciones de datos complejas a partir de distribuciones simples. A menudo se utilizan en la modelización generativa.

Cada uno de estos modelos utiliza técnicas diferentes para aprender y generar datos, pero todos comparten el objetivo común de modelar la distribución subyacente de los datos.

2.1.2 Importancia de los Modelos Generativos

La importancia de los modelos generativos radica en su capacidad para crear nuevas instancias de datos que reflejen la verdadera distribución de los datos. Se utilizan ampliamente en el aprendizaje automático y la inteligencia artificial para tareas como la síntesis de imágenes, la generación de texto y la detección de anomalías.

Los modelos generativos son cruciales en varias áreas de la inteligencia artificial y el aprendizaje automático debido a su capacidad única para producir nuevos datos similares a los que fueron entrenados. Estos modelos se diferencian de los modelos discriminativos, que se utilizan típicamente para tareas de clasificación y regresión.

Mientras que los modelos discriminativos se enfocan en diferenciar entre varias clases de datos, los modelos generativos buscan comprender y replicar la distribución subyacente de los datos. Esta capacidad permite la creación de nuevos datos, que pueden usarse en una variedad de aplicaciones. Estas aplicaciones van desde la generación de imágenes realistas y la síntesis de música hasta la creación de texto similar al humano y la ampliación de conjuntos de datos para entrenar otros modelos.

Los modelos generativos son importantes por varias razones:

Ampliación de Datos

Pueden crear datos sintéticos para ampliar conjuntos de datos existentes, particularmente útiles donde la recolección de datos reales es un desafío, es costosa o lleva mucho tiempo.

La ampliación de datos se usa comúnmente cuando el conjunto de datos original es pequeño, limitando así la capacidad del modelo de aprendizaje automático para aprender de manera efectiva. Al crear nuevas variaciones de los datos, el modelo puede aprender de un conjunto de datos más grande y rico, lo que a su vez puede llevar a un mejor rendimiento del modelo.

Por ejemplo, en el campo de la visión por computadora, las técnicas de ampliación de datos pueden incluir rotación, escalado, volteo y recorte de imágenes. Al aplicar estas transformaciones a las imágenes originales, se puede aumentar significativamente el tamaño del conjunto de datos e introducir un nivel de variación que puede ayudar al modelo a generalizar mejor.

En el contexto del procesamiento del lenguaje natural, las técnicas de ampliación de datos pueden incluir el reemplazo de sinónimos, la inserción aleatoria, la eliminación aleatoria o la reorganización de oraciones. Estas técnicas pueden ayudar a crear un modelo más robusto que sea capaz de entender las sutilezas del lenguaje.

La ampliación de datos es especialmente crucial en el entrenamiento de modelos de Deep Learning. Estos modelos, caracterizados por su gran número de parámetros, tienen una alta capacidad para aprender, lo que los hace propensos al sobreajuste, especialmente cuando se entrenan con conjuntos de datos pequeños. La ampliación de datos ayuda a combatir este problema al proporcionar ejemplos más diversos para que el modelo aprenda, reduciendo así el riesgo de sobreajuste.

Además de mitigar el sobreajuste, la ampliación de datos también puede ayudar a hacer que el modelo sea más robusto e invariante a ciertos cambios en los datos. Por ejemplo, al entrenar un modelo con imágenes que han sido rotadas o volteadas, el modelo puede aprender a reconocer el objeto de interés independientemente de su orientación en la imagen.

Detección de Anomalías

Al modelar la distribución de datos normales, los modelos generativos pueden ayudar a identificar anomalías o datos atípicos, lo cual es valioso en campos como la detección de fraudes, la seguridad de redes y el control de calidad.

Estas anomalías pueden categorizarse en tres tipos: anomalías puntuales, anomalías contextuales y anomalías colectivas.

Anomalías puntuales son instancias únicas que se encuentran muy lejos del resto de los datos. Por ejemplo, una transacción con tarjeta de crédito que es significativamente más alta que el rango usual de gasto de un cliente podría marcarse como una anomalía puntual.

Anomalías contextuales son anomalías que son específicas del contexto. Son comunes en datos de series temporales. Por ejemplo, gastar 100 en comida todos los días durante la temporada de vacaciones puede considerarse normal, pero podría ser señalado como una anomalía si esto ocurriera en un día laborable normal.

Anomalías colectivas son una colección de puntos de datos que conjuntamente presentan el mismo comportamiento anómalo. Estas anomalías son comunes en sistemas dinámicos. Por ejemplo, en la industria de la salud, un aumento repentino en pacientes con síntomas similares dentro de un corto período podría ser una anomalía colectiva que podría indicar un brote de una enfermedad.

La detección de anomalías puede abordarse de varias maneras. Algunos métodos comunes incluyen métodos estadísticos, métodos basados en proximidad y métodos basados en aprendizaje automático. En los métodos estadísticos, si un punto de datos observado se desvía significativamente del valor esperado, se considera una anomalía. Los métodos basados en proximidad, como la agrupación y la clasificación, se utilizan para identificar anomalías basándose en la distancia o la similitud entre los puntos de datos. Los métodos basados en aprendizaje automático, por otro lado, entrenan un modelo con un conjunto de puntos de datos y luego lo utilizan para detectar anomalías en datos nuevos.

Recientemente, también se han utilizado modelos generativos para la detección de anomalías. Los modelos generativos, como los autoencoders, pueden aprender a recrear los datos de entrada originales. Pueden captar la distribución subyacente de los datos, y cualquier punto de datos que no se ajuste a esta distribución se considera una anomalía. Este enfoque es particularmente útil para detectar anomalías en datos de alta dimensión y complejos.

Aplicaciones Creativas

Los modelos generativos se han utilizado para crear arte, música y otras formas de medios, empujando los límites de lo que es posible con la inteligencia artificial.

En el ámbito del arte, estos modelos pueden utilizarse para crear imágenes visualmente atractivas o incluso piezas de arte completas que pueden ser difíciles de distinguir de las creadas por artistas humanos. De manera similar, en la música, estos modelos pueden generar nuevas composiciones, explorando nuevas melodías, ritmos y armonías que podrían no surgir fácilmente en la mente de un compositor humano.

Otra aplicación interesante es la creación de otras formas de medios. Por ejemplo, los modelos generativos pueden usarse para escribir guiones para películas o videojuegos, crear paisajes virtuales para realidad aumentada o virtual, o incluso generar videos o voces deepfake para entretenimiento o propósitos educativos.

El uso de modelos generativos en estas aplicaciones creativas trata de empujar los límites de lo que es posible actualmente con la inteligencia artificial. Permite explorar nuevas fronteras en la creatividad, proporcionando herramientas que pueden aumentar la creatividad humana y abrir nuevas posibilidades para la expresión artística.

Además, estos modelos también tienen el potencial de democratizar el proceso creativo, proporcionando herramientas poderosas a quienes antes no tenían acceso a ellas. Con los modelos generativos, cualquier persona con una computadora podría potencialmente crear una obra de arte, componer una nueva canción o escribir un guion, rompiendo barreras y abriendo el mundo de la expresión creativa a una audiencia más amplia.

Comprensión de Datos

Proporcionan conocimientos sobre la estructura subyacente de los datos, ayudando a descubrir patrones y relaciones ocultos.

Comprender los datos de esta manera es un aspecto crítico en muchos campos, particularmente aquellos que dependen en gran medida del análisis de datos. En el mundo del aprendizaje automático y la inteligencia artificial, por ejemplo, comprender la estructura y las relaciones dentro de los datos puede guiar la elección de modelos apropiados, influir en el proceso de ingeniería de características e incluso moldear la formulación del problema en sí.

En la analítica empresarial y la toma de decisiones, comprender los datos puede descubrir tendencias y patrones que pueden proporcionar una ventaja competitiva. Puede revelar patrones de comportamiento del cliente, tendencias del mercado e ineficiencias operativas, entre otras cosas, que pueden usarse para tomar decisiones estratégicas.

En la investigación científica, una comprensión profunda de los datos puede llevar a descubrimientos revolucionarios, guiando a los investigadores a hacer las preguntas correctas y seguir líneas de investigación prometedoras. Puede revelar correlaciones inesperadas, resaltar resultados anómalos dignos de una mayor investigación e incluso sugerir nuevas hipótesis para probar.

Mejora de Otros Modelos

Los modelos generativos pueden usarse para preentrenar otros modelos, proporcionando un mejor punto de partida para tareas como clasificación o regresión, lo que lleva a un mejor rendimiento y una convergencia más rápida durante el entrenamiento.

Donde sobresalen los modelos generativos es en su capacidad para entender y replicar la estructura subyacente y la distribución de los datos con los que han sido entrenados. Esta comprensión integral les permite crear nuevos puntos de datos sintéticos que se asemejan notablemente a los datos originales. Además, esta capacidad de generar nuevos datos abre un amplio abanico de posibilidades y aplicaciones.

Una de las aplicaciones clave de los modelos generativos es que pueden usarse para preentrenar otros modelos de aprendizaje automático. El preentrenamiento implica entrenar un modelo en una tarea preliminar antes de ajustarlo en una tarea secundaria. La tarea inicial suele ser una tarea más grande y fácil diseñada para permitir que el modelo aprenda características generales de los datos. En el contexto de los modelos generativos, esta tarea preliminar podría involucrar el aprendizaje de la distribución de los datos de entrenamiento.

Una vez que el modelo se ha preentrenado en la tarea generativa, puede ajustarse en una tarea específica, como clasificación o regresión. La ventaja de este enfoque es que proporciona al modelo un mejor punto de partida. El modelo ya ha aprendido algunos de los patrones subyacentes en los datos, que pueden ser útiles para la tarea específica. Esto puede llevar a un mejor rendimiento en la tarea específica y a una convergencia más rápida durante la fase de entrenamiento, ya que el modelo no tiene que aprender todo desde cero.

Los modelos generativos tienen vastas aplicaciones en diversos campos como la generación de imágenes, generación de texto, composición musical, descubrimiento de medicamentos y transferencia de estilo. Comprender el concepto y la importancia de los modelos generativos nos ayuda a apreciar su potencial para revolucionar diferentes campos y crear nuevas posibilidades para las aplicaciones de la inteligencia artificial.

2.1.3 Ejemplo Básico de un Modelo Generativo

Para ilustrar el concepto de un modelo generativo, comencemos con un ejemplo sencillo: generar nuevos puntos de datos a partir de una distribución Gaussiana.

```
import numpy as np
import matplotlib.pyplot as plt

# Generate training data from a Gaussian distribution
mean = 0
std_dev = 1
training_data = np.random.normal(mean, std_dev, 1000)

# Plot the training data
plt.hist(training_data, bins=30, density=True, alpha=0.6, color='g')
plt.title('Training Data Distribution')
```

```
plt.xlabel('Value')
plt.ylabel('Frequency')
plt.show()

# Define a simple generative model: Gaussian distribution
class SimpleGaussianGenerator:
def __init__(self, mean, std_dev):
self.mean = mean
self.std_dev = std_dev

def generate(self, num_samples):
return np.random.normal(self.mean, self.std_dev, num_samples)
# Create an instance of the generator
generator = SimpleGaussianGenerator(mean, std_dev)

# Generate new data points
generated_data = generator.generate(1000)

# Plot the generated data
plt.hist(generated_data, bins=30, density=True, alpha=0.6, color='b')
plt.title('Generated Data Distribution')
plt.xlabel('Value')
plt.ylabel('Frequency')
plt.show()
```

Este ejemplo logra principalmente dos acciones significativas: genera datos de entrenamiento a partir de una distribución Gaussiana y traza su histograma, y define un modelo generativo simple para generar nuevos puntos de datos a partir de la misma distribución y traza su histograma. El código logra esto aprovechando las capacidades de las bibliotecas numpy y matplotlib.

Vamos a profundizar en lo que hace cada parte del código.

En la primera parte, comienza importando las bibliotecas necesarias: numpy, que se utilizará para generar y manipular los datos, y matplotlib, que se utilizará para trazar gráficos.

Luego, establece los parámetros para la distribución Gaussiana: la media (promedio) y la desviación estándar. En este caso, ambos se establecen en 0 y 1, respectivamente. El código luego genera un conjunto de 1000 números aleatorios a partir de una distribución Gaussiana con la media y desviación estándar especificadas. Esto se hace usando la función np.random.normal().

Una vez que se generan los datos de entrenamiento, procede a trazar un histograma de estos datos. Un histograma es una representación gráfica que organiza un grupo de puntos de datos en rangos especificados. Es una excelente herramienta para visualizar la distribución de datos numéricos. En este caso, el histograma tiene 30 bins (o rangos), y el parámetro density está configurado en True, lo que significa que el histograma representará una densidad de probabilidad (es decir, el área bajo el histograma sumará 1). El histograma está coloreado de verde (indicado por 'g'), y el parámetro alpha está configurado en 0.6, haciendo que las barras sean semitransparentes.

En la segunda parte del código, se define un modelo generativo simple. Esto se hace creando una clase llamada 'SimpleGaussianGenerator'. Esta clase toma una media y una desviación estándar como entradas en su constructor e incluye un método llamado 'generate'. El método 'generate' toma como entrada el número de muestras a generar y devuelve esa cantidad de números aleatorios a partir de una distribución Gaussiana con la media y desviación estándar especificadas en el constructor.

Después de definir la clase, el código crea una instancia de la clase 'SimpleGaussianGenerator', utilizando la misma media y desviación estándar que antes. Luego, utiliza esta instancia para generar un nuevo conjunto de 1000 puntos de datos. Estos nuevos puntos de datos están destinados a imitar los datos de entrenamiento originales.

Finalmente, traza un histograma de los datos recién generados, similar al primer histograma. La principal diferencia aquí es que el histograma está coloreado de azul (indicado por 'b'), lo que permite una fácil comparación visual entre los datos de entrenamiento y los datos generados.

La salida de este código serían dos histogramas: uno que muestra la distribución de los datos de entrenamiento originales y otro que muestra la distribución de los datos generados por el modelo generativo simple. Si el modelo generativo está funcionando correctamente, los dos histogramas deberían parecer muy similares, lo que indica que el modelo generativo ha aprendido exitosamente a imitar la distribución subyacente de los datos de entrenamiento.

2.1.4 Aplicaciones de los Modelos Generativos

Los modelos generativos, que son un aspecto fascinante y significativo del aprendizaje automático, pueden ser utilizados en una amplia gama de aplicaciones que abarcan diversos campos. Estos modelos, con su capacidad para generar nuevas instancias de datos, tienen un potencial transformador que puede aprovecharse de múltiples maneras:

- **Generación de Imágenes:** Los GANs (Generative Adversarial Networks) se han empleado para crear imágenes realistas. Pueden generar una amplia variedad de imágenes como rostros, paisajes e incluso piezas de arte. Esta tecnología ha sido fundamental para empujar los límites de lo que puede lograrse en el campo de la inteligencia artificial. Al generar imágenes que imitan de cerca los visuales de la vida real, los GANs han abierto nuevas posibilidades en áreas como la realidad virtual, los videojuegos y el arte digital.
- **Generación de Texto:** Los modelos autorregresivos, un ejemplo notable de los cuales es GPT-4, tienen la impresionante capacidad de generar texto coherente y contextualmente relevante. Esta notable característica ha abierto un mundo nuevo de posibilidades en numerosos dominios. Estos modelos pueden aprovecharse para la creación automatizada de contenido, donde pueden generar artículos, informes y otras formas de contenido con mínima intervención humana. Además, pueden usarse para potenciar agentes conversacionales, permitiendo que estos agentes proporcionen

respuestas más humanas y soporte en varios entornos de servicio al cliente. Esto es solo la punta del iceberg, ya que las aplicaciones potenciales de tales modelos son vastas y continúan creciendo.

- **Composición Musical:** Los Autoencoders Variacionales, comúnmente conocidos como VAEs, se han empleado en el mundo de la música para generar composiciones únicas y nuevas. Estos poderosos modelos de aprendizaje automático analizan patrones en la música con la que están entrenados y luego producen sus propias interpretaciones, llevando a la creación de piezas musicales novedosas. Estas piezas pueden variar en su estilo y complejidad, ofreciendo una perspectiva fresca sobre lo que es posible en el ámbito de la composición musical.
- **Descubrimiento de Medicamentos:** En el campo del descubrimiento de medicamentos, los modelos generativos juegan un papel crucial. Son capaces de diseñar nuevas moléculas que potencialmente pueden desarrollarse en medicamentos efectivos. Estos modelos generan moléculas candidatas teniendo en cuenta las propiedades deseadas que serían beneficiosas en el campo médico. Este enfoque innovador no solo acelera el proceso de descubrimiento de medicamentos sino que también abre nuevas avenidas para el desarrollo de medicamentos que pueden atender diversas condiciones de salud.
- **Transferencia de Estilo:** El ámbito del aprendizaje automático ha dado lugar a modelos generativos, que poseen la capacidad única de transferir el estilo de una imagen a otra. Esta fascinante tecnología utiliza algoritmos complejos para analizar los elementos estilísticos de una imagen y luego aplica estos elementos a una segunda imagen. Una miríada de aplicaciones puede beneficiarse de esta tecnología, siendo las más notables la transferencia de estilo artístico y la mejora de fotos. En el caso de la transferencia de estilo artístico, el estilo de una pintura famosa puede replicarse en una imagen diferente, permitiendo a los usuarios crear sus propias obras maestras artísticas. Por otro lado, la mejora de fotos utiliza esta tecnología para mejorar la calidad de las imágenes, haciéndolas más atractivas visualmente. Los usos potenciales de la transferencia de estilo son inmensos y es un testimonio del poder de los modelos generativos.

Al comprender el concepto y la importancia de los modelos generativos, podemos apreciar su potencial para revolucionar diversos campos y abrir nuevas posibilidades para las aplicaciones de IA. En las próximas secciones, profundizaremos en tipos específicos de modelos generativos, comenzando con las Redes Generativas Adversariales (GANs). ¡Sigue atento!

2.1.5 Modelos Generativos vs. Modelos Discriminativos

Para apreciar plenamente los modelos generativos, es importante entender cómo se diferencian de los modelos discriminativos.

Modelos Generativos

Estos modelos aprenden la distribución conjunta de probabilidad (P(X, Y)), donde (X) representa los datos de entrada y (Y) representa las etiquetas. Al modelar cómo se generan los datos, estos modelos pueden crear nuevos puntos de datos que son similares a los datos de entrenamiento. Ejemplos de estos modelos son las Redes Generativas Adversariales (GANs), los Autoencoders Variacionales (VAEs) y las redes bayesianas.

Los modelos generativos tienen una amplia gama de aplicaciones. Pueden usarse para la aumentación de datos, haciendo que el modelo sea más robusto e invariante a los cambios en los datos. Por ejemplo, si un modelo se entrena con imágenes que han sido rotadas o volteadas, puede reconocer el objeto de interés sin importar su orientación en la imagen.

Los modelos generativos también se utilizan en la detección de anomalías. Al modelar la distribución normal de los datos, pueden ayudar a identificar anomalías o puntos atípicos, lo cual es valioso en campos como la detección de fraudes, la seguridad de redes y el control de calidad. Pueden detectar tres tipos de anomalías: anomalías puntuales (instancias individuales alejadas del resto de los datos), anomalías contextuales (anomalías que son específicas del contexto) y anomalías colectivas (un conjunto de puntos de datos que conjuntamente tienen el mismo comportamiento anómalo).

Estos modelos también juegan un papel importante en aplicaciones creativas, como la creación de arte, música y otras formas de medios. Empujan los límites de lo que es posible con la IA y pueden ayudar a democratizar el proceso creativo, proporcionando herramientas poderosas a quienes antes no tenían acceso a ellas.

Los modelos generativos también son útiles para entender los datos. Proporcionan información sobre la estructura subyacente de los datos, ayudando a descubrir patrones y relaciones ocultas. Este entendimiento puede guiar la elección de modelos apropiados, influir en el proceso de ingeniería de características e incluso moldear la formulación del problema en sí.

Otra aplicación importante de los modelos generativos es en el pre-entrenamiento de otros modelos de aprendizaje automático, proporcionando un mejor punto de partida para tareas como la clasificación o la regresión. Esto puede llevar a un mejor rendimiento y una convergencia más rápida durante el entrenamiento. Además, los modelos generativos tienen vastas aplicaciones en diversos campos como la generación de imágenes, generación de texto, composición musical, descubrimiento de medicamentos y transferencia de estilo.

Modelos Discriminativos

Estos modelos aprenden la probabilidad condicional (P(Y|X)), lo que significa que se enfocan en mapear entradas (X) a salidas (Y). Su tarea principal es distinguir entre diferentes clases basadas en las características de entrada. Ejemplos incluyen la regresión logística, las máquinas de soporte vectorial y las redes neuronales tradicionales utilizadas para tareas de clasificación.

En el contexto del aprendizaje automático, los modelos discriminativos son muy útiles cuando la tarea es clasificar o diferenciar puntos de datos en clases o categorías distintas. Sobresalen en determinar los límites que separan diferentes clases.

Sin embargo, a diferencia de los modelos generativos, los modelos discriminativos no modelan cómo se generan los datos. No pueden producir nuevos puntos de datos que sean similares a aquellos con los que fueron entrenados. Aquí es donde los modelos generativos tienen una ventaja. Al aprender la distribución conjunta de probabilidad de los datos de entrada y las etiquetas, los modelos generativos son capaces de generar nuevos puntos de datos que se asemejan a los datos de entrenamiento.

Mientras que los modelos discriminativos son excelentes para tareas que implican clasificar o distinguir entre diferentes categorías de datos, no tienen la capacidad de generar datos nuevos y realistas como pueden hacerlo los modelos generativos.

Los modelos generativos tienen la ventaja de poder generar nuevos puntos de datos, lo cual no es típicamente posible con los modelos discriminativos. Esta capacidad de generar datos los hace particularmente poderosos para diversas aplicaciones, como se discutió anteriormente.

2.1.6 Fundamentos Matemáticos de los Modelos Generativos

Los modelos generativos están fundamentados en la teoría de la probabilidad y la estadística. En su núcleo, implican la estimación de la distribución de probabilidad de los datos de entrenamiento. Aquí tienes una breve descripción de los conceptos matemáticos involucrados:

Función de Densidad de Probabilidad (PDF)

Esta es una función estadística que describe la probabilidad relativa de que una variable aleatoria tome un valor específico. En el ámbito de la estadística y la probabilidad, la Función de Densidad de Probabilidad desempeña un papel crucial. Es especialmente aplicable cuando se trata de variables continuas, donde la PDF se utiliza para modelar la distribución de los datos.

La importancia de la PDF radica en su capacidad para proporcionar una descripción completa de la probabilidad de una variable aleatoria, dando una comprensión no solo de resultados individuales, sino del conjunto completo de resultados potenciales. Por lo tanto, es una herramienta fundamental en el campo del análisis estadístico y la teoría de la probabilidad.

Estimación por Máxima Verosimilitud (MLE)

Este es un método estadístico bien establecido que a menudo se emplea para estimar los parámetros de una distribución de probabilidad dada. Funciona maximizando una función de verosimilitud, que es esencialmente una medida de qué tan bien el modelo estadístico es capaz de explicar los datos observados.

La idea central detrás del MLE es encontrar el conjunto de parámetros que mejor expliquen los datos observados, es decir, los parámetros que hagan que los datos observados sean más probables. Este método se utiliza ampliamente en varios campos, incluyendo el aprendizaje automático y la econometría, debido a su interpretación intuitiva y propiedades matemáticas.

Variables Latentes

Estas son variables ocultas o no observadas directamente que, aunque no se observan o miden directamente, se infieren o deducen a partir de los datos que sí se observan. Tienen un valor significativo en el ámbito del modelado estadístico y el análisis de datos. En una multitud de modelos generativos utilizados en el aprendizaje automático y la inteligencia artificial, estas variables latentes se emplean como una herramienta clave para capturar y representar la estructura subyacente o el patrón inherente en los datos.

Esta estructura, aunque no es inmediatamente visible, puede proporcionar profundas percepciones sobre la naturaleza y la complejidad de los datos cuando se entiende e interpreta adecuadamente a través de las variables latentes.

2.1.7 Aplicaciones Avanzadas de los Modelos Generativos

Los modelos generativos no se limitan solo a aplicaciones básicas como la generación de imágenes y textos. También se utilizan en campos más avanzados y especializados:

Imágenes Biomédicas

Los modelos generativos juegan un papel cada vez más significativo en el ámbito de las imágenes biomédicas. Estos sofisticados modelos computacionales tienen la capacidad única de generar imágenes de alta resolución a partir de entradas de resolución relativamente baja.

Esta capacidad no solo mejora la claridad y el detalle de las imágenes, sino que también puede mejorar drásticamente la precisión de los diagnósticos realizados a partir de estas imágenes. Al producir imágenes más claras y detalladas, los profesionales médicos disponen de una vista más completa de la condición del paciente, aumentando así la probabilidad de un diagnóstico correcto y un plan de tratamiento efectivo.

Síntesis de Voz

Modelos como WaveNet tienen la impresionante capacidad de generar voz de alta fidelidad a partir de entradas textuales. Esta capacidad avanzada está revolucionando una amplia gama de aplicaciones, particularmente en la esfera de los asistentes virtuales y los sistemas de texto a voz.

Al proporcionar una interfaz de usuario más natural y receptiva, estos sistemas son capaces de mejorar significativamente la experiencia del usuario. Esto no solo aumenta la efectividad de estos sistemas, sino que también abre nuevas posibilidades para la interacción y la accesibilidad, especialmente para usuarios con discapacidades visuales u otras limitaciones.

Realidad Virtual (VR) y Realidad Aumentada (AR)

Los modelos generativos desempeñan un papel fundamental en la creación de entornos virtuales detallados y altamente realistas. Estos entornos intrincados formados por los modelos contribuyen significativamente a mejorar la experiencia inmersiva que ofrecen las aplicaciones de Realidad Virtual y Realidad Aumentada.

Cuanto más realista sea el entorno virtual, más atractiva e inmersiva se vuelve la experiencia del usuario. Por lo tanto, el uso de modelos generativos en aplicaciones de VR y AR es un testimonio del avance y potencial de estas tecnologías.

Privacidad de Datos

Una de las ventajas significativas de los modelos generativos es su capacidad para crear conjuntos de datos sintéticos. Estos modelos pueden elaborar meticulosamente conjuntos de datos que imitan las propiedades estadísticas de sus contrapartes del mundo real.

Lo admirable de esto es que estos conjuntos de datos sintéticos mantienen las características vitales de los datos originales, pero no revelan ninguna información sensible. Esta característica de los modelos generativos es increíblemente beneficiosa en el campo del análisis de datos. Permite una exploración y análisis de datos exhaustivos sin el riesgo de violar ningún protocolo de privacidad. Como resultado, los modelos generativos desempeñan un papel crucial en la preservación de la privacidad al mismo tiempo que permiten un análisis de datos profundo.

2.1.8 Consideraciones Éticas

Aunque los modelos generativos ofrecen un tremendo potencial, también plantean importantes consideraciones éticas:

Deepfakes: Con el rápido avance de la tecnología, ahora es posible generar imágenes y videos altamente realistas utilizando algoritmos de aprendizaje automático. Sin embargo, esta capacidad también puede ser mal utilizada para crear deepfakes, medios artificiales pero convincentes que pueden retratar de manera convincente a personas diciendo o haciendo cosas que nunca ocurrieron. Los deepfakes plantean desafíos significativos, ya que pueden propagar desinformación, comprometer la privacidad e incluso dañar reputaciones.

Sesgo en los Datos Generados: Un problema crítico en el aprendizaje automático es el riesgo de sesgo en los datos de entrenamiento. Si los datos utilizados para entrenar modelos generativos contienen sesgos, existe una alta probabilidad de que estos modelos perpetúen o incluso amplifiquen estos sesgos en los datos que generan. Esto puede conducir a resultados injustos, por lo que es crucial asegurar que los datos utilizados para el entrenamiento sean no solo representativos del mundo real, sino también justos.

Propiedad de los Datos: La capacidad de generar nuevos datos basados en conjuntos de datos existentes trae a la luz preguntas importantes sobre la propiedad de los datos y la propiedad intelectual. Si un modelo genera nuevos datos a partir de un conjunto de datos existente, ¿quién posee estos nuevos datos? Este asunto es complejo y multifacético, tocando aspectos legales y éticos del uso y generación de datos. Es importante que todos los involucrados consideren estos aspectos cuidadosamente.

Al abordar estas consideraciones éticas, podemos desarrollar y desplegar modelos generativos de manera responsable, maximizando sus beneficios y minimizando los posibles daños.

2.2 Profundizando en Tipos de Modelos Generativos

Los modelos generativos, que simulan el proceso de generación de datos para crear nuevas instancias de datos, vienen en diversas formas. Cada tipo tiene sus propias fortalezas y debilidades, así como aplicaciones específicas en las que sobresalen. Comprender los diferentes tipos de modelos generativos es un paso esencial para elegir el enfoque adecuado para una tarea dada, ya que permite sopesar los beneficios y las desventajas de cada método.

En esta sección completa, profundizaremos en algunos de los tipos de modelos generativos más reconocidos y utilizados. Estos incluyen Redes Generativas Adversariales (GANs), Autoencoders Variacionales (VAEs), Modelos Autoregresivos y Modelos Basados en Flujos. Cada uno de estos modelos ha contribuido significativamente a los avances en el campo.

Para cada tipo de modelo, discutiremos sus principios fundamentales, detallando los conceptos teóricos que forman la base de su operación. También profundizaremos en las estructuras arquitectónicas que definen estos modelos, explicando cómo estas estructuras están diseñadas para generar nuevos datos de manera efectiva.

Para asegurar una comprensión práctica, proporcionaremos ejemplos de la vida real que demuestren la aplicación de estos modelos. Estos ejemplos ilustrarán cómo se pueden utilizar estos modelos en escenarios realistas, proporcionando información sobre su funcionalidad y efectividad.

2.2.1 Redes Generativas Adversariales (GANs)

Las Redes Generativas Adversariales (GANs) son una categoría de algoritmos de aprendizaje automático que se utilizan en el aprendizaje no supervisado. Fueron introducidas por Ian Goodfellow y sus colegas en 2014. Las GANs son emocionantes e innovadoras porque reúnen ideas de la teoría de juegos, la estadística y la informática para generar nuevas instancias de datos que se asemejan mucho a los datos reales.

La estructura de una GAN consta de dos componentes principales: un Generador y un Discriminador, ambos redes neuronales. El Generador toma ruido aleatorio como entrada y genera muestras de datos que pretenden parecerse a los datos reales. El Discriminador, por otro lado, toma tanto muestras de datos reales como las generadas por el Generador como entrada, y su tarea es clasificarlas correctamente como reales o falsas.

Los dos componentes de la GAN se entrenan simultáneamente. El Generador intenta crear muestras de datos tan realistas que el Discriminador no pueda distinguirlas de las muestras reales. El Discriminador, a su vez, intenta mejorar en la distinción entre datos reales y falsos producidos por el Generador. Este juego competitivo crea un entorno en el que tanto el Generador como el Discriminador mejoran juntos.

La configuración adversarial de las GANs les permite generar datos muy realistas. Los datos generados a menudo son tan cercanos a los datos reales que es difícil distinguirlos. Esto hace que las GANs sean increíblemente poderosas y versátiles, y se han utilizado en diversas aplicaciones, como la síntesis de imágenes, la traducción de texto a imagen e incluso en la generación de arte.

Generador y Discriminador

Generador: El generador es un componente que toma ruido aleatorio como entrada. Su papel dentro del proceso es crear muestras de datos. Estas muestras están diseñadas para imitar los datos de entrenamiento originales, desarrollando salidas que tienen una apariencia similar al contenido original.

Discriminador: El discriminador es el segundo componente de este sistema. Toma tanto muestras de datos reales como las recién generadas como su entrada. Su función principal es clasificar estas muestras de entrada. Funciona distinguiendo entre los datos reales y los falsos, de ahí el término "discriminador", ya que discrimina entre los datos originales verdaderos y la salida generada por el generador.

El objetivo del generador es engañar al discriminador, mientras que el discriminador busca identificar correctamente las muestras reales y las falsas. Este proceso adversarial continúa hasta que el generador produce datos lo suficientemente realistas que el discriminador ya no puede diferenciar.

Ejemplo: Implementación de una GAN Básica

Implementemos una GAN básica para generar dígitos escritos a mano utilizando el conjunto de datos MNIST.

```
import tensorflow as tf
from tensorflow.keras.layers import Dense, LeakyReLU, Reshape, Flatten
from tensorflow.keras.models import Sequential
import numpy as np

# Generator model
def build_generator():
model = Sequential([
Dense(256, input_dim=100),
LeakyReLU(alpha=0.2),
Dense(512),
LeakyReLU(alpha=0.2),
Dense(1024),
LeakyReLU(alpha=0.2),
Dense(784, activation='tanh'),
Reshape((28, 28, 1))
    ])
return model
# Discriminator model
def build_discriminator():
model = Sequential([
Flatten(input_shape=(28, 28, 1)),
Dense(1024),
LeakyReLU(alpha=0.2),
```

```
Dense(512),
LeakyReLU(alpha=0.2),
Dense(256),
LeakyReLU(alpha=0.2),
Dense(1, activation='sigmoid')
    ])
return model
# Build and compile the GAN
generator = build_generator()
discriminator = build_discriminator()
discriminator.compile(optimizer='adam',                    loss='binary_crossentropy',
metrics=['accuracy'])
# GAN model
discriminator.trainable = False
gan_input = tf.keras.Input(shape=(100,))
gan_output = discriminator(generator(gan_input))
gan = tf.keras.Model(gan_input, gan_output)
gan.compile(optimizer='adam', loss='binary_crossentropy')

# Training the GAN
(x_train, ), (, _) = tf.keras.datasets.mnist.load_data()
x_train = (x_train.astype(np.float32) - 127.5) / 127.5  # Normalize to [-1, 1]
x_train = np.expand_dims(x_train, axis=-1)
batch_size = 64
epochs = 10000

for epoch in range(epochs):
# Train discriminator
idx = np.random.randint(0, x_train.shape[0], batch_size)
real_images = x_train[idx]
noise = np.random.normal(0, 1, (batch_size, 100))
fake_images = generator.predict(noise)
d_loss_real = discriminator.train_on_batch(real_images, np.ones((batch_size, 1)))
d_loss_fake = discriminator.train_on_batch(fake_images, np.zeros((batch_size, 1)))
d_loss = 0.5 * np.add(d_loss_real, d_loss_fake)
# Train generator
noise = np.random.normal(0, 1, (batch_size, 100))
g_loss = gan.train_on_batch(noise, np.ones((batch_size, 1)))
# Print progress
if epoch % 1000 == 0:
print(f"{epoch} [D loss: {d_loss[0]}, acc.: {d_loss[1] * 100}%] [G loss: {g_loss}]")
# Generate new samples
noise = np.random.normal(0, 1, (10, 100))
generated_images = generator.predict(noise)

# Plot generated images
import matplotlib.pyplot as plt

for i in range(10):
plt.subplot(2, 5, i+1)
plt.imshow(generated_images[i, :, :, 0], cmap='gray')
plt.axis('off')
```

```
plt.show()
```

El script de ejemplo emplea TensorFlow, una poderosa biblioteca de aprendizaje automático, para implementar una Red Generativa Adversarial (GAN). Las GAN son una clase de algoritmos de aprendizaje automático capaces de generar nuevas instancias de datos que se asemejan a los datos de entrenamiento.

Una GAN consta de dos componentes principales: un Generador y un Discriminador. La tarea del Generador es producir instancias de datos artificiales, mientras que el Discriminador evalúa la autenticidad de las instancias generadas. El Discriminador intenta determinar si cada instancia de datos que revisa pertenece al conjunto de datos de entrenamiento real o fue creada artificialmente por el Generador.

En este script, la GAN se entrena utilizando el conjunto de datos MNIST, que es una gran colección de dígitos escritos a mano. Las imágenes de este conjunto de datos se normalizan a un rango entre -1 y 1, en lugar del rango de escala de grises estándar de 0 a 255. Esta normalización de rango ayuda a mejorar el rendimiento y la estabilidad de la GAN durante el entrenamiento.

El script define una arquitectura específica tanto para el Generador como para el Discriminador. La arquitectura del Generador consta de capas Dense (capas completamente conectadas) con funciones de activación LeakyReLU y una capa de salida final con una función de activación 'tanh'. El uso de la función de activación 'tanh' significa que el Generador producirá valores en el rango de -1 a 1, coincidiendo con la normalización de nuestros datos de entrada. La arquitectura del Discriminador, que también consta de capas Dense y LeakyReLU, termina con una función de activación sigmoid, que producirá un valor entre 0 y 1 que representa la probabilidad de que la imagen de entrada sea real (en lugar de generada).

Luego, se construyen y compilan los dos componentes de la GAN. Durante la compilación del Discriminador, se especifican el optimizador Adam y la función de pérdida de entropía cruzada binaria. El optimizador Adam es una elección popular debido a su eficiencia computacional y buen rendimiento en una amplia gama de problemas. La entropía cruzada binaria se utiliza como función de pérdida porque este es un problema de clasificación binaria: el Discriminador intenta clasificar correctamente las imágenes como reales o generadas.

En el propio modelo GAN, se establece que el Discriminador no sea entrenable. Esto significa que cuando entrenamos la GAN, solo se actualizan los pesos del Generador. Esto es necesario porque cuando entrenamos la GAN, queremos que el Generador aprenda a engañar al Discriminador, sin que el Discriminador aprenda a distinguir mejor entre imágenes reales y generadas al mismo tiempo.

El proceso de entrenamiento para la GAN implica alternar entre el entrenamiento del Discriminador y el Generador. Para cada época (iteración sobre todo el conjunto de datos), se le da al Discriminador un lote de imágenes reales y un lote de imágenes generadas para clasificar. Se actualizan los pesos del Discriminador en función de su rendimiento, y luego se entrena el Generador utilizando el modelo GAN. El Generador intenta generar imágenes que el Discriminador clasifique como reales.

Después del proceso de entrenamiento, el script genera nuevas imágenes a partir de ruido aleatorio utilizando el Generador entrenado. Estas imágenes se trazan utilizando matplotlib, una biblioteca popular de visualización de datos en Python. El resultado final es un conjunto de imágenes que se asemejan a los dígitos escritos a mano del conjunto de datos MNIST, demostrando el éxito de la GAN en el aprendizaje para generar nuevos datos que se asemejan a los datos de entrenamiento.

En resumen, la GAN implementada en este script es un modelo poderoso capaz de generar nuevas instancias de datos que se asemejan a un conjunto de entrenamiento dado. En este caso, aprende con éxito a generar imágenes de dígitos escritos a mano que se asemejan a los del conjunto de datos MNIST.

2.2.2 Autoencoders Variacionales (VAEs)

Los Autoencoders Variacionales, a menudo referidos como VAEs, son un tipo muy popular de modelo generativo en el campo del aprendizaje automático. Los VAEs integran ingeniosamente los principios de los autoencoders, que son redes neuronales diseñadas para reproducir sus entradas en sus salidas, con los principios de la inferencia variacional, un método estadístico para aproximar distribuciones complejas. La aplicación de estos principios combinados permite a los VAEs generar nuevas muestras de datos que son similares a las que han sido entrenadas.

La estructura de un Autoencoder Variacional comprende dos componentes principales. El primero de estos es un codificador, que funciona para transformar los datos de entrada en un espacio latente de menor dimensión. El segundo componente es un decodificador, que trabaja en la dirección opuesta, transformando la representación comprimida del espacio latente de nuevo en el espacio de datos original. Juntos, estos dos componentes permiten una generación de datos efectiva, haciendo de los VAEs una herramienta poderosa en el aprendizaje automático.

- **Codificador:** El rol del codificador en el sistema es mapear los datos de entrada en un espacio latente. Este espacio latente se caracteriza comúnmente por una media y una desviación estándar. En esencia, el codificador es responsable de comprimir los datos de entrada en una representación latente más compacta, que captura las características esenciales de la entrada.
- **Decodificador:** Por otro lado, el decodificador tiene la tarea de generar nuevas muestras de datos. Lo hace muestreando del espacio latente al que ha mapeado el codificador. Una vez que tiene estas muestras, las mapea de nuevo al espacio de datos original. Este proceso esencialmente reconstruye nuevas muestras de datos a partir de las representaciones comprimidas proporcionadas por el codificador.

Los VAEs emplean un tipo único de función de pérdida en su operación. Esta función de pérdida es esencialmente una combinación de dos elementos diferentes. La primera parte es el error de reconstrucción, que es una medida de cuán precisamente los datos que ha generado el modelo se alinean con los datos de entrada iniciales. Este es un aspecto crucial a considerar, ya que el objetivo principal del VAE es producir salidas que sean lo más cercanas posible a las entradas originales.

La segunda parte de la función de pérdida involucra un término de regularización. Este término se utiliza para evaluar cuán cercanamente la distribución del espacio latente, que es el espacio donde el VAE codifica los datos, coincide con una distribución previa preestablecida. Esta distribución previa suele ser una distribución Gaussiana.

El equilibrio de estos dos elementos en la función de pérdida permite al VAE generar datos que son tanto precisos en su representación de los datos originales como bien regularizados en términos de la distribución subyacente.

Ejemplo: Implementación de un VAE Básico

Implementemos un VAE básico para generar dígitos escritos a mano utilizando el conjunto de datos MNIST.

```
import tensorflow as tf
from tensorflow.keras.layers import Dense, Flatten, Reshape, Lambda
from tensorflow.keras.models import Model
from tensorflow.keras.losses import binary_crossentropy
from tensorflow.keras import backend as K
# Sampling function
def sampling(args):
z_mean, z_log_var = args
batch = tf.shape(z_mean)[0]
dim = tf.shape(z_mean)[1]
epsilon = tf.keras.backend.random_normal(shape=(batch, dim))
return z_mean + K.exp(0.5 * z_log_var) * epsilon
# Encoder model
input_img = tf.keras.Input(shape=(28, 28, 1))
x = Flatten()(input_img)
x = Dense(512, activation='relu')(x)
x = Dense(256, activation='relu')(x)
z_mean = Dense(2)(x)
z_log_var = Dense(2)(x)
z = Lambda(sampling, output_shape=(2,))([z_mean, z_log_var])
encoder = Model(input_img, z)

# Decoder model
decoder_input = tf.keras.Input(shape=(2,))
x = Dense(256, activation='relu')(decoder_input)
x = Dense(512, activation='relu')(x)
x = Dense(28 * 28, activation='sigmoid')(x)
output_img = Reshape((28, 28, 1))(x)
decoder = Model(decoder_input, output_img)

# VAE model
output_img = decoder(encoder(input_img))
vae = Model(input_img, output_img)
```

```
# VAE loss function
reconstruction_loss = binary_crossentropy(K.flatten(input_img), K.flatten(output_img))
reconstruction_loss *= 28 * 28
kl_loss = 1 + z_log_var - K.square(z_mean) - K.exp(z_log_var)
kl_loss = K.sum(kl_loss, axis=-1)
kl_loss *= -0.5
vae_loss = K.mean(reconstruction_loss + kl_loss)
vae.add_loss(vae_loss)
vae.compile(optimizer='adam')

# Training the VAE
(x_train, _), (_, _) = tf.keras.datasets.mnist.load_data()
x_train = (x_train.astype(np.float32) / 255.0) - 0.5
x_train = np.expand_dims(x_train, axis=-1)
vae.fit(x_train, epochs=50, batch_size=128, verbose=1)

# Generate new samples
z_sample = np.array([[0.0, 0.0]])
generated_image = decoder.predict(z_sample)

# Plot generated image
plt.imshow(generated_image[0, :, :, 0], cmap='gray')
plt.axis('off')
plt.show()
```

Este ejemplo utiliza TensorFlow y Keras para implementar un Autoencoder Variacional (VAE), un tipo específico de modelo generativo utilizado en el aprendizaje automático.

El script comienza importando las bibliotecas necesarias. TensorFlow es una biblioteca poderosa para la computación numérica, particularmente adecuada para el aprendizaje automático a gran escala. Keras es una API de redes neuronales de alto nivel, escrita en Python y capaz de ejecutarse sobre TensorFlow.

Luego, el script define una función llamada sampling. Esta función toma como entrada una tupla de dos argumentos, z_mean y z_log_var. Estos representan la media y la varianza de las variables latentes en el autoencoder. La función genera una distribución normal aleatoria basada en estas entradas, creando variabilidad en los datos que contribuye a la capacidad del modelo para generar salidas diversas.

A continuación, se define la parte del codificador del VAE. El codificador es una red neuronal que comprime los datos de entrada en un espacio 'latente' de menor dimensión. La entrada al codificador es una imagen de forma 28x28x1. Esta entrada se aplana primero y luego se pasa a través de dos capas Dense con activación 'relu'. La salida de estas operaciones son dos vectores:

z_mean y z_log_var. Estos vectores se utilizan para muestrear un punto del espacio latente utilizando la función sampling definida anteriormente.

Luego se define el modelo decodificador. Esta es otra red neuronal que realiza la función opuesta al codificador: toma un punto en el espacio latente y lo 'decodifica' de nuevo en el espacio de datos original. El decodificador toma el punto muestreado del espacio latente como entrada, lo pasa a través de dos capas Dense con activación 'relu', y luego a través de una capa Dense final con activación 'sigmoid'. La salida se reconfigura al tamaño de la imagen original.

El modelo VAE se construye combinando el codificador y el decodificador. La salida del decodificador es la salida final del VAE.

El script también define una función de pérdida personalizada para el VAE, que se añade al modelo utilizando el método add_loss. Esta función de pérdida es una combinación de la pérdida de reconstrucción y la pérdida de divergencia KL. La pérdida de reconstrucción mide qué tan bien puede el VAE reconstruir la imagen de entrada original desde el espacio latente y se calcula como la entropía cruzada binaria entre las imágenes de entrada y salida. La pérdida de divergencia KL mide qué tan cercanamente la distribución de los datos codificados coincide con una distribución normal estándar y se usa para garantizar que el espacio latente tenga buenas propiedades que permitan la generación de nuevos datos.

Después de definir el modelo y la función de pérdida, el script compila el VAE utilizando el optimizador Adam. Luego carga el conjunto de datos MNIST, normaliza los datos para estar entre -0.5 y 0.5, y entrena el VAE en este conjunto de datos durante 50 épocas.

Después del entrenamiento, el VAE puede generar nuevas imágenes que se asemejan a los dígitos escritos a mano en el conjunto de datos MNIST. El script genera una de estas imágenes alimentando un punto de muestra del espacio latente (en este caso, el origen) en el decodificador. Esta imagen generada se grafica y muestra.

2.2.3 Modelos Autoregresivos

Los modelos autoregresivos son un tipo de modelo estadístico capaz de generar datos paso a paso. En este método, cada paso está condicionado y depende de los pasos anteriores. Esta característica única hace que estos modelos sean particularmente efectivos cuando se trata de datos secuenciales, como texto y series temporales.

Son capaces de entender y predecir puntos futuros en la secuencia basándose en la información de los pasos anteriores. Algunos de los ejemplos más notables de modelos autoregresivos incluyen PixelRNN y PixelCNN, que se utilizan en la generación de imágenes, y modelos basados en transformadores como GPT-3 y GPT-4.

Estos modelos basados en transformadores han estado en los titulares por sus impresionantes capacidades de generación de lenguaje, mostrando la amplia gama de aplicaciones para las que se pueden usar los modelos autoregresivos.

- **PixelRNN/PixelCNN:** Estos son modelos avanzados que crean imágenes de manera metódica, píxel por píxel. El mecanismo principal para este proceso se basa en condicionar cada píxel en los píxeles generados previamente. Esta técnica asegura que los píxeles subsecuentes se generen en contexto, teniendo en cuenta la estructura y el patrón existente de la imagen.
- **GPT-4:** Como un modelo autoregresivo basado en transformadores de última generación, GPT-4 opera generando texto. La característica distintiva de su mecanismo es predecir la siguiente palabra en una secuencia. Sin embargo, en lugar de predicciones aleatorias, estas están condicionadas a las palabras precedentes. Este método consciente del contexto permite la creación de texto coherente y contextualmente preciso.

Ejemplo: Generación de Texto con GPT-4

Para usar GPT-4, podemos utilizar la API de OpenAI. Aquí hay un ejemplo de cómo podrías generar texto usando GPT-4 con la API de OpenAI.

```
import openai
# Set your OpenAI API key
openai.api_key = 'your-api-key-here'

# Define the prompt for GPT-4
prompt = "Once upon a time in a distant land, there was a kingdom where"
# Generate text using GPT-4
response = openai.Completion.create(
engine="gpt-4",
prompt=prompt,
max_tokens=50,
n=1,
stop=None,
temperature=0.7
)

# Extract the generated text
generated_text = response.choices[0].text.strip()
print(generated_text)
```

Este ejemplo utiliza el potente modelo GPT-4 de OpenAI para generar texto. Este proceso se lleva a cabo mediante el uso de la API de OpenAI, que permite a los desarrolladores utilizar las capacidades del modelo GPT-4 en sus propias aplicaciones.

El script comienza importando la biblioteca openai, que proporciona las funciones necesarias para interactuar con la API de OpenAI.

En el siguiente paso, el script establece la clave API para OpenAI. Esta clave se utiliza para autenticar al usuario con la API de OpenAI y debe mantenerse en secreto. La clave se establece como un valor de cadena en la variable openai.api_key.

Después de configurar la clave API de OpenAI, el script define un prompt para el modelo GPT-4. El prompt sirve como punto de partida para la generación de texto y se establece como un valor de cadena en la variable prompt.

Luego, el script llama a la función openai.Completion.create para generar una finalización de texto. Esta función crea una finalización de texto utilizando el modelo GPT-4. La función recibe varios parámetros:

- engine: Este parámetro especifica el motor que se utilizará para la generación de texto. En este caso, se especifica gpt-4, que representa el modelo GPT-4.
- prompt: Este parámetro proporciona el texto o contexto inicial en base al cual el modelo GPT-4 generará el texto. El valor de la variable prompt se pasa a este parámetro.
- max_tokens: Este parámetro especifica el número máximo de tokens (palabras) que debe contener el texto generado. En este caso, el valor se establece en 50.
- n: Este parámetro especifica el número de completaciones a generar. En este caso, se establece en 1, lo que significa que solo se debe generar una finalización de texto.
- stop: Este parámetro especifica una secuencia de tokens en la cual la generación de texto debe detenerse. En este caso, el valor se establece en None, lo que significa que la generación de texto no se detendrá en una secuencia específica de tokens.
- temperature: Este parámetro controla la aleatoriedad de la salida. Un valor más alto hace que la salida sea más aleatoria, mientras que un valor más bajo la hace más determinista. Aquí se establece en 0.7.

Después de generar la finalización de texto, el script extrae el texto generado de la respuesta. La línea de código response.choices[0].text.strip() extrae el texto de la primera (y en este caso, única) completación generada y elimina cualquier espacio en blanco al principio o al final.

Finalmente, el script imprime el texto generado usando la función print. Esto permite al usuario ver el texto que fue generado por el modelo GPT-4.

Este ejemplo demuestra cómo usar la API de OpenAI y el modelo GPT-4 para generar texto. Al proporcionar un prompt y especificar parámetros como el número máximo de tokens y la aleatoriedad de la salida, los desarrolladores pueden generar texto que se ajuste a sus necesidades específicas.

2.2.4 Modelos basados en Flujos

Los modelos basados en flujos son un tipo de modelo generativo en el aprendizaje automático que son capaces de modelar distribuciones complejas de datos. Aprenden una función de transformación que mapea los datos de una distribución simple a la distribución compleja observada en los datos del mundo real.

Un tipo popular de modelo basado en flujos son **Normalizing Flows**. Los Normalizing Flows aplican una serie de transformaciones invertibles a una distribución base simple (como una distribución gaussiana) para transformarla en una distribución más compleja que se ajuste mejor a los datos observados. Las transformaciones se eligen para que sean invertibles, de modo que el proceso pueda revertirse fácilmente, permitiendo un muestreo eficiente de la distribución aprendida.

Los modelos basados en flujos ofrecen una herramienta poderosa para modelar distribuciones complejas y generar nuevos datos. Son particularmente útiles en escenarios donde se requiere una estimación precisa de densidad, y ofrecen la ventaja de un cálculo exacto de la probabilidad y un muestreo eficiente.

Ejemplo: Implementación de un Modelo Basado en Flujos Simple

Vamos a implementar un flujo de normalización simple utilizando la arquitectura RealNVP.

```
import tensorflow as tf
from tensorflow.keras.layers import Dense, Lambda
from tensorflow.keras.models import Model

# Affine coupling layer
class AffineCoupling(tf.keras.layers.Layer):
def __init__(self, units):
super(AffineCoupling, self).__init__()
self.dense_layer = Dense(units)

def call(self, x, reverse=False):
x1, x2 = tf.split(x, 2, axis=1)
shift_and_log_scale = self.dense_layer(x1)
shift, log_scale = tf.split(shift_and_log_scale, 2, axis=1)
scale = tf.exp(log_scale)

if not reverse:
y2 = x2 * scale + shift
return tf.concat([x1, y2], axis=1)
else:
y2 = (x2 - shift) / scale
return tf.concat([x1, y2], axis=1)

# Normalizing flow model
class RealNVP(Model):
def __init__(self, num_layers, units):
super(RealNVP, self).__init__()
self.coupling_layers = [AffineCoupling(units) for _ in range(num_layers)]
def call(self, x, reverse=False):
if not reverse:
for layer in self.coupling_layers:
x = layer(x)
else:
for layer in reversed(self.coupling_layers):
x = layer(x, reverse=True)
return x
# Create and compile the model
num_layers = 4
units = 64
```

```
flow_model = RealNVP(num_layers, units)
flow_model.compile(optimizer='adam', loss='mse')

# Generate data
x_train = np.random.normal(0, 1, (1000, 2))

# Train the model
flow_model.fit(x_train, x_train, epochs=50, batch_size=64, verbose=1)
# Sample new data
z = np.random.normal(0, 1, (10, 2))
generated_data = flow_model(z, reverse=True)

# Plot generated data
plt.scatter(generated_data[:, 0], generated_data[:, 1], color='b')
plt.title('Generated Data')
plt.xlabel('x')
plt.ylabel('y')
plt.show()
```

Este script de ejemplo está escrito utilizando TensorFlow y Keras, bibliotecas poderosas para el cálculo numérico y el Deep Learning, respectivamente.

Primero, se importan las bibliotecas necesarias. tensorflow se usa para crear y entrenar el modelo, mientras que Dense y Lambda son tipos específicos de capas utilizadas en el modelo, y Model es una clase utilizada para definir el modelo.

El script luego define una clase llamada AffineCoupling, que es una subclase de tf.keras.layers.Layer. Esta clase representa una capa de acoplamiento afín, un tipo de capa utilizada en la arquitectura RealNVP. Las capas de acoplamiento afín aplican una transformación afín a la mitad de las variables de entrada, condicionada a la otra mitad. La clase tiene un método __init__ para la inicialización y un método call para el cálculo hacia adelante. En el método __init__, se crea una capa densa (completamente conectada). En el método call, la entrada se divide en dos mitades, se aplica una transformación a una mitad condicionada a la otra, y las dos mitades se concatenan nuevamente. Este proceso es ligeramente diferente dependiendo de si la capa se está utilizando en la dirección hacia adelante o inversa, lo cual está controlado por el argumento reverse.

A continuación, el script define otra clase llamada RealNVP, que es una subclase de Model. Esta clase representa el modelo RealNVP, que consiste en una serie de capas de acoplamiento afín. La clase tiene un método __init__ para la inicialización y un método call para el cálculo hacia adelante. En el método __init__, se crean varias capas de acoplamiento afín. En el método call, la entrada pasa a través de cada una de estas capas en orden (o en orden inverso si reverse es True).

Después de definir estas clases, el script crea una instancia del modelo RealNVP con 4 capas y 64 unidades (neuronas) por capa. Luego compila el modelo con el optimizador Adam y la pérdida de error cuadrático medio. El optimizador Adam es una elección popular para modelos de Deep Learning debido a su eficiencia computacional y buen rendimiento en una amplia gama de problemas. La pérdida de error cuadrático medio es una elección común para problemas de regresión, y en este caso se usa para medir la diferencia entre las predicciones del modelo y los valores verdaderos.

El script luego genera algunos datos de entrenamiento a partir de una distribución normal estándar. Estos datos son una matriz bidimensional con 1000 filas y 2 columnas, donde cada elemento es un número aleatorio extraído de una distribución normal estándar (una distribución normal con media 0 y desviación estándar 1).

El modelo se entrena en estos datos durante 50 épocas con un tamaño de lote de 64. Durante cada época, se actualizan los pesos del modelo para minimizar la pérdida en los datos de entrenamiento. El tamaño del lote controla cuántos puntos de datos se utilizan para calcular el gradiente de la función de pérdida durante cada actualización.

Después del entrenamiento, el script genera nuevos datos muestreando de una distribución normal estándar y aplicando la transformación inversa del modelo RealNVP. Se espera que estos nuevos datos sigan una distribución similar a los datos de entrenamiento.

Finalmente, el script grafica los datos generados usando matplotlib. El diagrama de dispersión muestra los valores de las dos variables en los datos generados, con el color de cada punto correspondiente a su densidad. Esto proporciona una representación visual de la distribución de los datos generados.

2.2.5 Ventajas y Desafíos de los Modelos Generativos

Cada tipo de modelo generativo tiene sus propias ventajas y desafíos, los cuales pueden influir en la elección del modelo dependiendo de la aplicación específica y los requisitos.

Generative Adversarial Networks (GANs)

- Ventajas:
  - Capacidad para generar imágenes y muestras de datos altamente realistas.
  - Amplia gama de aplicaciones, incluyendo síntesis de imágenes, superresolución y transferencia de estilo.
  - Avances continuos y variaciones, como StyleGAN y CycleGAN, que mejoran el rendimiento y amplían las capacidades.
- Desafíos:
  - Inestabilidad en el entrenamiento debido a la naturaleza adversarial del modelo.
  - Colapso de modos, donde el generador produce variedades limitadas de muestras.
  - Requiere un ajuste cuidadoso de hiperparámetros y arquitecturas.

Variational Autoencoders (VAEs)

- Ventajas:
    - Fundamento teórico basado en la inferencia probabilística.
    - Capacidad para aprender representaciones latentes significativas.
    - Interpolación suave en el espacio latente, lo que permite aplicaciones como la generación de datos y la detección de anomalías.
- Desafíos:
    - Las muestras generadas pueden ser menos nítidas y realistas en comparación con los GANs.
    - Equilibrar la pérdida de reconstrucción y el término de regularización durante el entrenamiento.

Modelos Autoregresivos

- Ventajas:
    - Excelente rendimiento en datos secuenciales, como texto y audio.
    - Capacidad para capturar dependencias a largo plazo en los datos.
    - Los modelos basados en transformadores (por ejemplo, GPT-3) han establecido nuevos puntos de referencia en tareas de procesamiento del lenguaje natural (NLP).
- Desafíos:
    - Proceso de generación lento, especialmente para secuencias largas.
    - Alto costo computacional para entrenar modelos grandes como GPT-3.
    - Requiere grandes cantidades de datos para el entrenamiento.

Modelos basados en Flujos

- Ventajas:
    - Estimación exacta de la probabilidad y muestreo eficiente.
    - Las transformaciones invertibles proporcionan información sobre la distribución de los datos.
    - Adecuado para la estimación de densidad y la detección de anomalías.
- Desafíos:
    - Complejidad en el diseño e implementación de transformaciones invertibles.
    - Puede requerir extensos recursos computacionales para el entrenamiento.

2.2.6 Variaciones Avanzadas y Aplicaciones en el Mundo Real

Variaciones Avanzadas de los GANs

StyleGAN

StyleGAN es un tipo de modelo de inteligencia artificial introducido para la generación de imágenes. La característica única de StyleGAN es su arquitectura de generador basada en estilos, que permite un mayor control sobre la creación de imágenes. Esto es particularmente útil en aplicaciones como la generación y manipulación de imágenes faciales.

En el modelo StyleGAN, el generador crea imágenes añadiendo gradualmente detalles a diferentes escalas. Este proceso comienza con una imagen simple de baja resolución y, a medida que progresa, el generador agrega más y más detalles, resultando en una imagen realista de alta resolución. El aspecto único de StyleGAN es que aplica diferentes estilos a diferentes niveles de detalle. Por ejemplo, puede usar un estilo para la forma general del objeto, otro estilo para características finas como texturas, y así sucesivamente.

Esta arquitectura basada en estilos permite un mayor control sobre las imágenes generadas. Permite a los usuarios manipular aspectos específicos de la imagen sin afectar a otros. Por ejemplo, en el caso de la generación de imágenes faciales, se puede cambiar el peinado de una cara generada sin alterar otras características como la forma del rostro o los ojos.

En general, StyleGAN representa un avance significativo en el modelado generativo. Su capacidad para generar imágenes de alta calidad y ofrecer un control detallado sobre el proceso de generación lo ha convertido en una herramienta valiosa en diversas aplicaciones, desde el arte y el diseño hasta la atención médica y el entretenimiento.

Ejemplo:

Aquí hay un ejemplo de cómo puedes usar un modelo preentrenado de StyleGAN para generar imágenes. Para simplificar, utilizaremos la biblioteca stylegan2-pytorch, que proporciona una interfaz fácil de usar para StyleGAN2.

Primero, asegúrate de tener las bibliotecas necesarias instaladas. Puedes instalar la biblioteca stylegan2-pytorch utilizando pip:

```
pip install stylegan2-pytorch
```

Ahora, aquí tienes un ejemplo de código que demuestra cómo usar un modelo preentrenado de StyleGAN2 para generar imágenes:

```
import torch
from stylegan2_pytorch import ModelLoader
import matplotlib.pyplot as plt

# Load pre-trained StyleGAN2 model
model = ModelLoader(name='ffhq', load_model=True)
```

```
# Generate random latent vectors
num_images = 5
latent_vectors = torch.randn(num_images, 512)

# Generate images using the model
generated_images = model.generate(latent_vectors)

# Plot the generated images
fig, axs = plt.subplots(1, num_images, figsize=(15, 15))
for i, img in enumerate(generated_images):
axs[i].imshow(img.permute(1, 2, 0).cpu().numpy())
axs[i].axis('off')
plt.show()
```

En este ejemplo:

1. **Importar las bibliotecas necesarias:** El script comienza importando las bibliotecas necesarias. torch es PyTorch, una biblioteca popular para tareas de Deep Learning, particularmente para entrenar redes neuronales profundas. stylegan2_pytorch es una biblioteca que contiene la implementación de StyleGAN2, un tipo de GAN conocido por su capacidad para generar imágenes de alta calidad. matplotlib.pyplot es una biblioteca utilizada para crear visualizaciones estáticas, animadas e interactivas en Python.
2. **Cargar el modelo preentrenado de StyleGAN2:** La clase ModelLoader de la biblioteca stylegan2_pytorch se utiliza para cargar un modelo preentrenado de StyleGAN2. El argumento name='ffhq' indica que se carga el modelo entrenado en el conjunto de datos FFHQ (Flickr-Faces-HQ). El argumento load_model=True asegura que se carguen los pesos del modelo, los cuales se han aprendido durante el proceso de entrenamiento.
3. **Generar vectores latentes aleatorios:** Un vector latente es una representación de datos en un espacio donde los puntos de datos similares están cerca unos de otros. En los GAN, los vectores latentes se utilizan como entrada para el generador. El código latent_vectors = torch.randn(num_images, 512) genera un conjunto de vectores latentes aleatorios usando la función torch.randn, que genera un tensor lleno de números aleatorios de una distribución normal. La cantidad de vectores latentes generados está especificada por num_images, y cada vector latente tiene una longitud de 512.
4. **Generar imágenes usando el modelo:** Los vectores latentes se pasan a la función generate del modelo. Esta función utiliza el modelo StyleGAN2 para transformar los vectores latentes en imágenes sintéticas. Cada vector latente generará una imagen, por lo que en este caso se generan cinco imágenes.
5. **Graficar las imágenes generadas:** Las imágenes generadas se visualizan usando la biblioteca matplotlib.pyplot. Se crea una figura y un conjunto de subplots usando plt.subplots. Los argumentos 1, num_images para plt.subplots especifican que los subplots deben organizarse en una sola fila. El argumento figsize=(15, 15) especifica el

tamaño de la figura en pulgadas. Luego, se usa un bucle for para mostrar cada imagen en un subplot. La función imshow se utiliza para mostrar las imágenes, y la parte permute(1, 2, 0).cpu().numpy() es necesaria para reorganizar las dimensiones del tensor de la imagen y convertirlo en un array de NumPy, que es el formato esperado por imshow. La función axis('off') se utiliza para desactivar las etiquetas de los ejes. Finalmente, plt.show() se llama para mostrar la figura.

Esta es una demostración poderosa de cómo se pueden usar modelos preentrenados para generar datos sintéticos, en este caso, imágenes, que pueden ser útiles en una amplia gama de aplicaciones.

CycleGAN

CycleGAN, abreviatura de Redes Adversariales Cíclicas Consistentes, es un tipo de Red Generativa Adversarial (GAN) que se utiliza para tareas de traducción de imagen a imagen. La característica única de CycleGAN es que no requiere ejemplos de entrenamiento emparejados. A diferencia de muchos otros algoritmos de traducción de imágenes, que requieren ejemplos coincidentes en el dominio de origen y en el dominio objetivo (por ejemplo, una foto de un paisaje y una pintura del mismo paisaje), CycleGAN puede aprender a traducir entre dos dominios con ejemplos no emparejados.

El principio subyacente de CycleGAN es la introducción de una función de pérdida de consistencia cíclica que refuerza la consistencia hacia adelante y hacia atrás. Esto significa que si una imagen del dominio de origen se traduce al dominio objetivo y luego se traduce de nuevo al dominio de origen, la imagen final debería ser la misma que la imagen original. Lo mismo se aplica a las imágenes del dominio objetivo.

Este enfoque único hace que CycleGAN sea muy útil para tareas donde obtener ejemplos de entrenamiento emparejados es difícil o imposible. Por ejemplo, se puede utilizar para convertir fotografías en pinturas en el estilo de un cierto artista, o para cambiar la estación o la hora del día en fotos al aire libre.

CycleGAN consta de dos GAN, cada uno con un generador y un discriminador. Los generadores son responsables de traducir imágenes de un dominio a otro, mientras que los discriminadores se utilizan para diferenciar entre imágenes reales y generadas. Los generadores y discriminadores se entrenan juntos, con los generadores intentando crear imágenes que los discriminadores no puedan distinguir de las imágenes reales, y los discriminadores mejorando constantemente en su capacidad para detectar imágenes generadas.

Aunque CycleGAN ha demostrado ser muy eficaz en tareas de traducción de imagen a imagen, tiene sus limitaciones. La calidad de las imágenes generadas depende en gran medida de la calidad y diversidad de los datos de entrenamiento. Si los datos de entrenamiento no son lo suficientemente diversos, el modelo puede no generalizar bien a nuevas imágenes. Además, debido a que los GAN son notoriamente difíciles de entrenar, hacer que un CycleGAN converja a una buena solución puede requerir un ajuste cuidadoso de la arquitectura del modelo y de los parámetros de entrenamiento.

CycleGAN es una herramienta poderosa para la traducción de imagen a imagen, particularmente en escenarios donde no hay datos de entrenamiento emparejados disponibles. Se ha utilizado en una variedad de aplicaciones, desde la transferencia de estilo artístico hasta la generación de datos sintéticos, y continúa siendo un área activa de investigación en el campo de la visión por computadora.

Ejemplo:

Aquí hay un ejemplo usando un modelo preentrenado de CycleGAN para realizar traducción de imagen a imagen. Usaremos las bibliotecas torch y torchvision junto con un modelo CycleGAN disponible en el módulo torchvision.models. Este ejemplo demuestra cómo cargar un modelo preentrenado y usarlo para realizar una traducción de imagen a imagen.

Primero, asegúrate de tener instaladas las bibliotecas necesarias:

pip install torch torchvision Pillow matplotlib

Ahora, aquí tienes un ejemplo de código que demuestra cómo usar un modelo preentrenado de CycleGAN para traducir imágenes:

```
import torch
from torchvision import transforms
from torchvision.models import cyclegan
from PIL import Image
import matplotlib.pyplot as plt

# Define the transformation to apply to the input image
transform = transforms.Compose([
transforms.Resize((256, 256)),
transforms.ToTensor(),
transforms.Normalize((0.5, 0.5, 0.5), (0.5, 0.5, 0.5)),
])

# Load the input image
input_image_path = 'path_to_your_input_image.jpg'
input_image = Image.open(input_image_path).convert('RGB')
input_image = transform(input_image).unsqueeze(0)  # Add batch dimension

# Load the pre-trained CycleGAN model
model = cyclegan(pretrained=True).eval()  # Use the model in evaluation mode
# Perform the image-to-image translation
with torch.no_grad():
translated_image = model(input_image)
# Post-process the output image
translated_image = translated_image.squeeze().cpu().numpy()
translated_image = translated_image.transpose(1, 2, 0)  # Rearrange dimensions
translated_image = (translated_image * 0.5 + 0.5) * 255.0  # Denormalize and convert
to 0-255 range
translated_image = translated_image.astype('uint8')
# Display the original and translated images
plt.figure(figsize=(12, 6))
```

```
plt.subplot(1, 2, 1)
plt.title('Original Image')
plt.imshow(Image.open(input_image_path))
plt.axis('off')

plt.subplot(1, 2, 2)
plt.title('Translated Image')
plt.imshow(translated_image)
plt.axis('off')

plt.show()
```

En este ejemplo:

1. El script comienza importando las bibliotecas necesarias. Estas incluyen torch para el cálculo general en tensores, torchvision para cargar y transformar imágenes, PIL (Python Imaging Library) para manejar archivos de imágenes, y matplotlib para visualizar la salida.
2. El script define una secuencia de transformaciones a aplicar a la imagen de entrada. Estas transformaciones son necesarias para preparar la imagen para su procesamiento por el modelo. Las transformaciones se definen usando transforms.Compose e incluyen redimensionar la imagen a 256x256 píxeles (transforms.Resize((256, 256))), convertir la imagen a un tensor de PyTorch (transforms.ToTensor()), y normalizar el tensor para que sus valores estén en el rango [-1, 1] (transforms.Normalize((0.5, 0.5, 0.5), (0.5, 0.5, 0.5))).
3. El script luego carga una imagen desde una ruta de archivo especificada y aplica las transformaciones definidas a esta. La imagen se abre usando Image.open(input_image_path).convert('RGB'), lo que lee el archivo de imagen y lo convierte al formato RGB. El tensor de la imagen transformada se expande añadiendo una dimensión extra usando unsqueeze(0) para crear una dimensión de lote, ya que el modelo espera un lote de imágenes como entrada.
4. El script carga un modelo CycleGAN preentrenado usando cyclegan(pretrained=True).eval(). El argumento pretrained=True asegura que los pesos del modelo, que se han aprendido durante el proceso de preentrenamiento, se cargan. La función eval() configura el modelo en modo de evaluación, lo cual es necesario cuando el modelo se usa para inferencia en lugar de entrenamiento.
5. El script realiza la traducción de imagen a imagen pasando el tensor de la imagen de entrada preparada a través del modelo. Esto se hace dentro de un contexto torch.no_grad() para evitar que PyTorch haga un seguimiento de los cálculos para la estimación del gradiente, ya que no se necesitan gradientes durante la inferencia.
6. El script post-procesa la imagen de salida para hacerla adecuada para la visualización. Primero, elimina la dimensión de lote llamando a squeeze(). Luego, mueve el tensor a la memoria de la CPU usando cpu(), lo convierte en un array de numpy con numpy(), reorganiza las dimensiones usando transpose(1, 2, 0) para que la dimensión de los canales venga al final (como espera matplotlib), desnormaliza los valores de los píxeles

al rango [0, 255] con (translated_image * 0.5 + 0.5) * 255.0, y finalmente convierte el tipo de datos a uint8 (entero sin signo de 8 bits) con astype('uint8').

7. Finalmente, el script usa matplotlib para mostrar las imágenes original y traducida lado a lado. Crea una figura de tamaño 12x6 pulgadas, añade dos subgráficos (uno para cada imagen), establece el título para cada subgráfico, muestra las imágenes usando imshow(), desactiva las etiquetas de los ejes con axis('off'), y muestra la figura con show().

Este script proporciona un ejemplo de cómo un modelo CycleGAN preentrenado puede usarse para la traducción de imagen a imagen. Puedes reemplazar la imagen de entrada y el modelo con otros diferentes para ver cómo el modelo se desempeña en diferentes tareas.

Aplicaciones del Mundo Real de los VAEs

- **Imágenes Médicas:** Los Autoencoders Variacionales (VAEs) juegan un papel crucial en el campo de las imágenes médicas. Se utilizan para generar imágenes médicas sintéticas, las cuales pueden ser usadas para entrenar modelos de aprendizaje automático y con fines de investigación. Esta capacidad de producir grandes volúmenes de imágenes sintéticas es particularmente valiosa para superar uno de los desafíos significativos en el campo médico, que es la escasez de datos médicos etiquetados.
- **Composición Musical:** En el ámbito de la música, los VAEs han demostrado un tremendo potencial. Pueden ser utilizados para generar nuevas piezas musicales aprendiendo las representaciones latentes de piezas musicales existentes. Esto ha abierto un nuevo horizonte de aplicaciones creativas en la producción musical. Ofrece a compositores y productores musicales una herramienta única para experimentar, permitiéndoles crear composiciones musicales innovadoras.

Aplicaciones del Mundo Real de los Modelos Autoregresivos

- **Modelos de Lenguaje:** Los modelos autoregresivos basados en transformadores, como el avanzado y sofisticado GPT-4, desempeñan un papel integral en una variedad de aplicaciones. Estas van desde chatbots interactivos y receptivos que son capaces de llevar a cabo conversaciones humanas, hasta sistemas de generación de contenido automatizado que producen textos de alta calidad en una fracción del tiempo que le tomaría a un humano. También se usan en servicios de traducción, donde ayudan a romper barreras lingüísticas proporcionando traducciones precisas y matizadas.
- **Síntesis de Voz:** Los modelos autoregresivos no solo se limitan al texto, sino que también extienden sus capacidades al habla. Modelos como WaveNet son fundamentales en la generación de voz de alta fidelidad a partir de entradas de texto. Esto ha mejorado significativamente la calidad de los sistemas de texto a voz, haciéndolos sonar más naturales y menos robóticos. Como resultado, estos sistemas se han vuelto más fáciles de usar y accesibles, demostrando ser particularmente beneficiosos para individuos con discapacidades visuales o problemas de alfabetización.

Aplicaciones del Mundo Real de los Modelos Basados en Flujos

- **Detección de Anomalías:** En el ámbito del análisis de datos, los modelos basados en flujos han tenido un impacto significativo. Estos modelos se usan específicamente para detectar anomalías en una amplia gama de datos. Esto se logra construyendo un modelo que encapsula completamente la distribución normal de los datos. Una vez que este modelo está en su lugar, se puede usar para identificar cualquier desviación del norm esperado, destacando efectivamente cualquier anomalía.
- **Simulaciones de Física:** La aplicación de flujos normalizadores se extiende más allá del análisis de datos hasta el dominio de las simulaciones físicas. Se emplean para simular sistemas físicos intrincados y complejos. Esto se logra modelando las distribuciones subyacentes de las propiedades físicas que gobiernan estos sistemas. A través de este método, podemos lograr una comprensión detallada y profunda de los comportamientos e interacciones del sistema.

2.3 Desarrollos Recientes en Modelos Generativos

El campo de los modelos generativos, una piedra angular del aprendizaje automático y la inteligencia artificial, ha observado avances notables en los últimos años. Estos desarrollos han sido transformadores, no solo mejorando la calidad y las capacidades de estos modelos generativos, sino también ampliando sus aplicaciones en una miríada de dominios.

En esta sección completa, profundizaremos en la exploración de algunos de los desarrollos más significativos y revolucionarios en el ámbito de los modelos generativos. Esta exploración incluirá, pero no se limitará a, avances en arquitectura, técnicas innovadoras de entrenamiento y nuevas aplicaciones que alguna vez se pensaron imposibles.

Estos avances en arquitectura han rediseñado los bloques de construcción de los modelos generativos, allanando el camino para salidas más eficientes y precisas. Al mismo tiempo, las técnicas innovadoras de entrenamiento han revolucionado el proceso de aprendizaje de estos modelos, haciéndolos más inteligentes y robustos.

Además, las nuevas aplicaciones de estos modelos generativos de última generación han ampliado los horizontes de lo que alguna vez pensamos posible, rompiendo las barreras convencionales en varios dominios.

Para hacer este viaje más práctico y relatable, también proporcionaremos ejemplos tangibles y del mundo real para ilustrar estos desarrollos revolucionarios. Estos ejemplos no solo ayudarán a comprender los avances teóricos, sino también a apreciar las implicaciones prácticas de estos desarrollos en el mundo real.

2.3.1 Avances en Mejoras Arquitectónicas

Uno de los áreas destacadas que han presenciado un progreso considerable en el campo de los modelos generativos es la mejora y refinamiento de las arquitecturas de los modelos. Se han diseñado e implementado arquitecturas innovadoras y novedosas para abordar desafíos específicos que han surgido en el campo.

Estos desafíos abarcan una amplia gama de áreas, como la generación de imágenes con mayor resolución. Este avance ha mejorado significativamente la calidad de la salida, proporcionando un detalle y claridad sin precedentes en las imágenes generadas.

Otra mejora notable se puede ver en la estabilidad del proceso de entrenamiento. Esta mejora ha asegurado un rendimiento del modelo más confiable y consistente durante la fase de entrenamiento, mejorando así la efectividad y eficiencia general del modelo.

Además, estos nuevos diseños han facilitado una generación más controlable. Esta característica ha brindado a los investigadores y practicantes un mayor control y flexibilidad sobre el proceso de generación, permitiéndoles lograr resultados más precisos y deseados.

StyleGAN

StyleGAN, o Red Generativa Adversarial Basada en Estilos, fue desarrollado por investigadores de NVIDIA y presentado en 2018. Representa un avance significativo en el campo de los modelos generativos, particularmente en la generación de imágenes altamente realistas.

La característica destacada de StyleGAN es su arquitectura única. Introduce un generador basado en estilos que aporta un nuevo nivel de control al proceso de generación de imágenes. A diferencia de los GAN tradicionales, que introducen un vector latente directamente en el generador, StyleGAN introduce el vector latente en una red de mapeo. Esta red de mapeo transforma el vector latente en una serie de vectores de estilo, que luego se utilizan en cada capa de convolución en el generador para controlar el estilo de las imágenes generadas en diferentes niveles de detalle.

Esta arquitectura permite la manipulación de atributos de alto nivel como la pose y las expresiones faciales de una manera más desentrelazada, lo que significa que cambiar un atributo tiene un efecto mínimo en otros. Por ejemplo, con StyleGAN, es posible cambiar el color del cabello de una cara generada sin afectar la pose o la expresión facial.

StyleGAN se ha utilizado para generar algunas de las caras humanas artificiales más realistas hasta la fecha, pero sus aplicaciones no se limitan a las caras humanas. Puede ser entrenado para generar cualquier cosa, desde fuentes, coches y personajes de anime, hasta criaturas fantásticas, dado que se disponga de suficientes datos de entrenamiento.

La capacidad de StyleGAN para generar imágenes de alta calidad, diversas y controlables lo ha convertido en una herramienta valiosa en varios campos, incluyendo el arte, el entretenimiento y la investigación. Continúa inspirando nuevas investigaciones y desarrollos en el ámbito de los modelos generativos, contribuyendo al avance más amplio de la inteligencia artificial.

Ejemplo: Usando StyleGAN para la Generación de Imágenes

```
import torch
from stylegan2_pytorch import ModelLoader
```

```
import matplotlib.pyplot as plt

# Load pre-trained StyleGAN2 model
model = ModelLoader(name='ffhq', load_model=True)

# Generate random latent vectors
num_images = 5
latent_vectors = torch.randn(num_images, 512)

# Generate images using the model
generated_images = model.generate(latent_vectors)

# Plot the generated images
fig, axs = plt.subplots(1, num_images, figsize=(15, 15))
for i, img in enumerate(generated_images):
axs[i].imshow(img.permute(1, 2, 0).cpu().numpy())
axs[i].axis('off')
plt.show()
```

Este script de ejemplo está diseñado para generar imágenes utilizando un modelo preentrenado StyleGAN2. Es un ejemplo de cómo utilizar modelos generativos, particularmente Redes Generativas Antagónicas (GANs), para crear nuevo contenido.

El código comienza importando las bibliotecas necesarias. PyTorch, una popular biblioteca de aprendizaje automático de código abierto, se utiliza para manejar cálculos con tensores y operaciones de redes neuronales. El modelo StyleGAN2 del paquete stylegan2_pytorch se utiliza para generar imágenes. La biblioteca matplotlib se utiliza para trazar y visualizar las imágenes generadas.

El código luego carga un modelo preentrenado StyleGAN2. Este modelo, llamado 'ffhq', ha sido entrenado en un gran conjunto de datos de rostros humanos. Usar un modelo preentrenado nos permite aprovechar la capacidad aprendida del modelo para generar imágenes de alta calidad sin tener que entrenar el modelo nosotros mismos, lo cual puede ser costoso en términos computacionales y de tiempo.

A continuación, el código genera vectores latentes aleatorios. En el contexto de los GANs, un vector latente es un vector de entrada aleatorio que el generador utiliza para producir una imagen. El tamaño del vector latente es 512, lo que significa que contiene 512 valores aleatorios. El número de vectores latentes generados corresponde al número de imágenes que queremos generar, que en este caso es 5.

Los vectores latentes aleatorios se pasan al modelo StyleGAN2 para generar imágenes. El modelo toma cada vector latente y lo mapea a una imagen. El mapeo se aprende durante el proceso de entrenamiento, donde el modelo aprende a generar imágenes que se asemejan a los datos de entrenamiento.

Finalmente, las imágenes generadas se trazan utilizando pyplot de matplotlib. Se crea una figura con 5 subtramas, y cada subtrama muestra una imagen generada. Para preparar las imágenes para el trazado, la dimensión del canal de color se ajusta utilizando la función permute, las imágenes se trasladan de la memoria de la GPU a la memoria de la CPU utilizando la función cpu, y los tensores de PyTorch se convierten a matrices NumPy utilizando la función numpy. Las etiquetas de los ejes se desactivan para mayor claridad visual.

Este script proporciona un ejemplo sencillo de cómo utilizar un modelo preentrenado StyleGAN2 para generar imágenes. Al cambiar el modelo o los vectores latentes, puedes generar diferentes tipos de imágenes y explorar las capacidades del modelo.

BigGAN

BigGAN, abreviatura de Big Generative Adversarial Networks, es un tipo avanzado de modelo generativo diseñado para crear imágenes altamente realistas. Introducido por investigadores de DeepMind, el modelo se distingue por su tamaño mayor en comparación con los GANs tradicionales, de ahí el nombre "BigGAN".

La arquitectura más grande del modelo le permite generar imágenes de alta resolución y detalle con un notable grado de realismo. Esto se logra utilizando modelos más grandes y más datos de entrenamiento, lo que a su vez proporciona una generación de imágenes de mayor calidad y diversidad.

Otra característica clave de BigGAN es su uso de una técnica conocida como regularización ortogonal y embeddings compartidos. Estas técnicas ayudan a estabilizar el proceso de entrenamiento y mejorar el rendimiento del modelo.

La capacidad de BigGAN para producir imágenes de alta calidad lo ha convertido en una herramienta valiosa en varios campos. Por ejemplo, puede ser utilizado para generar datos para el entrenamiento de modelos de aprendizaje automático, crear obras de arte o incluso diseñar entornos virtuales. A pesar de sus requisitos computacionales, BigGAN representa un avance significativo en el campo de los modelos generativos.

GPT-3 y GPT-4

GPT-3 y GPT-4, abreviatura de Generative Pretrained Transformer 3 y 4, son iteraciones avanzadas de los modelos de inteligencia artificial desarrollados por OpenAI. Estos modelos están diseñados para comprender y generar texto similar al humano basado en la entrada que reciben.

La característica distintiva de estos modelos es su escala y capacidad. Con miles de millones de parámetros, GPT-3 y GPT-4 son capaces de comprender el contexto, los matices y las complejidades del lenguaje que los modelos anteriores no podían captar. Se entrenan utilizando conjuntos de datos diversos y extensos, lo que les permite generar pasajes de texto coherentes y contextualmente relevantes.

Uno de los aspectos más impresionantes de estos modelos es su versatilidad. Pueden realizar una amplia gama de tareas lingüísticas, como traducción, resumen de texto y respuesta a preguntas, sin requerir ningún ajuste específico de la tarea. Esto los convierte en una excelente herramienta para una variedad de aplicaciones, incluyendo pero no limitadas a, chatbots de servicio al cliente, creación de contenido y servicios de traducción de idiomas.

En el contexto de los modelos generativos, los avances representados por GPT-3 y GPT-4 son significativos. Demuestran el potencial de la IA para comprender y generar lenguaje humano, creando así un camino para interacciones más sofisticadas y matizadas entre humanos y IA en el futuro.

Ejemplo: Generación de Texto con GPT-4

```
import openai
# Set your OpenAI API key
openai.api_key = 'your-api-key-here'

# Define the prompt for GPT-4
prompt = "Once upon a time in a distant land, there was a kingdom where"
# Generate text using GPT-4
response = openai.Completion.create(
engine="gpt-4",
prompt=prompt,
max_tokens=50,
n=1,
stop=None,
temperature=0.7
)

# Extract the generated text
generated_text = response.choices[0].text.strip()
print(generated_text)
```

En este ejemplo:

1. **Importar la biblioteca de OpenAI:** Esta es la primera línea del script. La biblioteca de OpenAI proporciona las funciones y métodos necesarios para interactuar con la API de OpenAI y utilizar sus características.
2. **Establecer tu clave API de OpenAI:** La API de OpenAI requiere una clave API para autenticación. Esta clave es única para cada usuario y permite a OpenAI identificar quién está realizando la llamada a la API. Esta clave debe mantenerse confidencial.
3. **Definir el prompt para GPT-4:** El prompt es un fragmento de texto que el modelo GPT-4 utilizará como punto de partida para generar su propio texto. En este script, el prompt es "Érase una vez en una tierra lejana, había un reino donde," que establece un escenario narrativo sobre el cual el modelo puede construir.
4. **Generar texto usando GPT-4:** Aquí es donde ocurre la generación de texto real. El script llama al método openai.Completion.create, pasando varios parámetros:
    - engine: Esto especifica qué versión del modelo usar. En este caso, está configurado a "gpt-4".

- prompt: Esta es la variable que contiene el texto del prompt.
- max_tokens: Este es el número máximo de tokens (palabras o partes de palabras) que el modelo generará. Demasiados tokens podrían resultar en un texto demasiado largo y posiblemente incoherente, mientras que muy pocos podrían no proporcionar suficiente información. Aquí, está configurado a 50.
- n: Este es el número de piezas de texto separadas a generar. Aquí, está configurado a 1.
- stop: Este parámetro se puede usar para especificar una o más secuencias de parada, al encontrar las cuales el modelo dejará de generar más texto. En este caso, no se usa.
- temperature: Este parámetro controla la aleatoriedad de la salida. Una temperatura más alta resulta en una salida más aleatoria, mientras que una temperatura más baja hace que la salida sea más determinista (menos aleatoria). Aquí, está configurado a 0.7.

5. **Extraer el texto generado:** El método openai.Completion.create devuelve un objeto de respuesta que contiene el texto generado junto con otra información. Esta línea de código extrae solo el texto generado de la respuesta.
6. **Imprimir el texto generado:** Finalmente, el texto generado se imprime en la consola.

Este ejemplo es un excelente punto de partida para explorar las capacidades de generación de texto de OpenAI. Puedes modificar el prompt o los parámetros pasados a openai.Completion.create para generar diferentes tipos de texto.

2.3.2 Técnicas Avanzadas para el Entrenamiento de Modelos

El proceso de entrenamiento para modelos generativos, específicamente Redes Generativas Adversarias (GANs), puede presentar desafíos significativos. Estos desafíos a menudo se derivan de problemas como el colapso de modo, donde el generador produce variedades limitadas de muestras, e inestabilidad en el entrenamiento, lo que puede llevar a que el modelo no converja.

En los últimos años, ha habido desarrollos significativos en el campo. Los investigadores han introducido una variedad de nuevas técnicas diseñadas específicamente para abordar estos desafíos que a menudo se encuentran durante el entrenamiento de modelos generativos.

Estos avances no solo han mejorado la eficacia del proceso, sino que también lo han hecho más fluido y eficiente. Por lo tanto, la evolución de estas técnicas continúa siendo un área clave de enfoque en el desarrollo y mejora continuos del proceso de entrenamiento para modelos generativos.

Normalización Espectral

La Normalización Espectral es una técnica avanzada ampliamente utilizada en el entrenamiento de Redes Generativas Adversarias (GANs). Su objetivo es estabilizar el proceso de aprendizaje y mejorar la generalización de los modelos controlando la constante de Lipschitz del discriminador.

La técnica opera normalizando las matrices de pesos en la red utilizando la norma espectral, que es el valor singular más grande de estas matrices. La norma espectral de una matriz proporciona una medida de la magnitud de la matriz en términos de su efecto sobre la longitud de los vectores. En el contexto de redes neuronales, esto es importante porque ayuda a prevenir el problema de gradientes explosivos, un problema común que puede ocurrir durante el entrenamiento de redes neuronales.

Al controlar la norma espectral de las matrices de pesos, la normalización espectral asegura que la constante de Lipschitz del discriminador esté restringida, lo que a su vez ayuda a estabilizar el entrenamiento de las GANs. Esto es particularmente útil ya que las GANs son conocidas por ser desafiantes de entrenar debido a su naturaleza adversarial, donde el generador y el discriminador se entrenan simultáneamente en un marco de teoría de juegos.

Por lo tanto, la normalización espectral juega un papel crítico en el entrenamiento de modelos GAN más estables y de alto rendimiento. Ha sido instrumental en el desarrollo de varias arquitecturas GAN de última generación y continúa siendo un área significativa de investigación dentro del campo de modelos generativos.

Ejemplo: Aplicando la Normalización Espectral

```
import torch
import torch.nn as nn

# Define a simple discriminator with spectral normalization
class Discriminator(nn.Module):
def __init__(self):
super(Discriminator, self).__init__()
self.model = nn.Sequential(
nn.utils.spectral_norm(nn.Conv2d(3, 64, 4, stride=2, padding=1)),
nn.LeakyReLU(0.2, inplace=True),
nn.utils.spectral_norm(nn.Conv2d(64, 128, 4, stride=2, padding=1)),
nn.LeakyReLU(0.2, inplace=True),
nn.Flatten(),
nn.utils.spectral_norm(nn.Linear(128 * 8 * 8, 1))
        )

def forward(self, x):
return self.model(x)
# Instantiate the discriminator
discriminator = Discriminator()
```

En este ejemplo:

Este fragmento de código utiliza la biblioteca PyTorch para definir un modelo discriminador simple para una Red Generativa Adversarial (GAN).

Una GAN consta de dos componentes principales: un generador y un discriminador. El papel del generador es crear datos que se asemejen lo más posible a los datos reales, mientras que el papel del discriminador es distinguir entre datos reales y falsos. En este caso, el código Python está definiendo la estructura del discriminador.

El discriminador en este código está diseñado como una clase llamada 'Discriminator' que hereda de la clase base nn.Module de PyTorch. Esta herencia es crucial ya que proporciona a nuestra clase discriminadora una gran cantidad de atributos y métodos incorporados para facilitar el cálculo y la interacción con otras funcionalidades de PyTorch.

Dentro de la clase, se definen dos métodos: __init__ y forward. El método __init__ es un método especial de Python que se llama automáticamente cuando creamos una nueva instancia de una clase. Ayuda a configurar un nuevo objeto.

El método forward define la pasada hacia adelante de las entradas. En PyTorch, solo necesitamos definir la pasada hacia adelante. PyTorch maneja automáticamente la pasada hacia atrás o retropropagación al calcular los gradientes.

La estructura de este modelo discriminador se define utilizando la clase nn.Sequential. Esta clase contiene un contenedor ordenado de módulos. Los datos se pasan a través de todos los módulos en el mismo orden que se definen.

Este modelo presenta dos capas convolucionales. Ambas capas usan normalización espectral (una técnica para estabilizar el entrenamiento del discriminador normalizando los pesos en la red) y funciones de activación Leaky ReLU. El uso de Leaky ReLU ayuda a solucionar el problema de las neuronas ReLU muertas que puede ocurrir en el entrenamiento de redes neuronales profundas.

El modelo también incluye una capa de aplanamiento utilizando nn.Flatten(). Las capas de aplanamiento se utilizan para aplanar la entrada. Por ejemplo, si la entrada de la capa es un tensor de tamaño (batch_size, a, b, c), la salida de la capa sería un tensor de tamaño (batch_size, a*bc*).

Finalmente, se agrega una capa lineal para transformar la salida en un solo valor. La capa lineal también utiliza normalización espectral.

Al final del fragmento de código, se crea una instancia de la clase Discriminator. Esta instancia, llamada 'discriminator', ahora puede usarse en el entrenamiento de una GAN.

Aprendizaje Auto-supervisado

El aprendizaje auto-supervisado es una técnica poderosa en el campo del aprendizaje automático. A diferencia del aprendizaje supervisado, que depende de datos etiquetados, el aprendizaje auto-supervisado genera sus propias etiquetas a partir de los datos de entrada. Esto lo convierte en una herramienta increíblemente valiosa, especialmente en situaciones donde los datos etiquetados son escasos o costosos de adquirir.

En el aprendizaje auto-supervisado, el modelo aprende a predecir parte de los datos de entrada a partir de otras partes de los datos de entrada. Por ejemplo, en el contexto del procesamiento del lenguaje natural, un modelo podría ser entrenado para predecir la siguiente palabra en una oración basada en las palabras anteriores. Esto permitiría que el modelo aprenda la estructura y la semántica del lenguaje de manera no supervisada, sin necesidad de datos etiquetados.

Esta técnica de aprendizaje es particularmente efectiva cuando se utiliza con modelos generativos como las Redes Generativas Adversariales (GANs) y los Autoencoders Variacionales (VAEs). Al crear tareas auxiliares que no requieren datos etiquetados, el modelo puede aprender representaciones útiles a partir de datos no etiquetados, lo que conduce a un mejor rendimiento.

En tareas de generación de imágenes, por ejemplo, un modelo de aprendizaje auto-supervisado podría ser entrenado para predecir el color de un píxel basado en sus píxeles circundantes, o para predecir una mitad de una imagen dada la otra mitad. Estas tareas pueden ayudar al modelo a aprender características importantes sobre la estructura y el contenido de las imágenes, que luego pueden usarse para generar nuevas imágenes realistas.

En general, el aprendizaje auto-supervisado ofrece un enfoque prometedor para entrenar modelos de aprendizaje automático de manera rentable y eficiente. A medida que se desarrollan técnicas de aprendizaje auto-supervisado más sofisticadas, podemos esperar ver aún más mejoras en el rendimiento de los modelos generativos.

Ejemplo: Aprendizaje Auto-supervisado para Generación de Imágenes

```
import torch
from torch import nn, optim
from torchvision import datasets, transforms
from torch.utils.data import DataLoader

# Define a simple autoencoder for self-supervised learning
class Autoencoder(nn.Module):
def __init__(self):
super(Autoencoder, self).__init__()
self.encoder = nn.Sequential(
nn.Conv2d(3, 64, 4, stride=2, padding=1),
nn.ReLU(inplace=True),
nn.Conv2d(64, 128, 4, stride=2, padding=1),
nn.ReLU(inplace=True)
        )
self.decoder = nn.Sequential(
nn.ConvTranspose2d(128, 64, 4, stride=2, padding=1),
nn.ReLU(inplace=True),
nn.ConvTranspose2d(64, 3, 4, stride=2, padding=1),
nn.Tanh()
        )

def forward(self, x):
x = self.encoder(x)
```

```
x = self.decoder(x)
return x

# Load CIFAR-10 dataset
transform = transforms.Compose([
transforms.ToTensor(),
transforms.Normalize((0.5, 0.5, 0.5), (0.5, 0.5, 0.5)),
])
dataset = datasets.CIFAR10(root='./data', train=True, download=True,
transform=transform)
dataloader = DataLoader(dataset, batch_size=64, shuffle=True)
# Instantiate the autoencoder
autoencoder = Autoencoder()
criterion = nn.MSELoss()
optimizer = optim.Adam(autoencoder.parameters(), lr=0.001)

# Train the autoencoder
for epoch in range(10):
for images, _ in dataloader:
optimizer.zero_grad()
outputs = autoencoder(images)
loss = criterion(outputs, images)
loss.backward()
optimizer.step()
print(f'Epoch [{epoch+1}/10], Loss: {loss.item():.4f}')
# Generate new images using the trained autoencoder
sample_images, _ = next(iter(dataloader))
reconstructed_images = autoencoder(sample_images)

# Plot the original and reconstructed images
fig, axs = plt.subplots(2, 8, figsize=(15, 4))
for i in range(8):
axs[0, i].imshow(sample_images[i].permute(1, 2, 0).cpu().numpy() * 0.5 + 0.5)
axs[0, i].axis('off')
axs[1, i].imshow(reconstructed_images[i].permute(1, 2, 0).detach().cpu().numpy() *
0.5 + 0.5)
axs[1, i].axis('off')
plt.show()
```

En este ejemplo:

El código comienza importando las bibliotecas necesarias. Estas incluyen PyTorch, su submódulo torch.nn (para construir redes neuronales), torch.optim (para optimizar los parámetros del modelo), torchvision para descargar y cargar conjuntos de datos populares, transformaciones para estos conjuntos de datos, y DataLoader para facilitar la iteración sobre los conjuntos de datos.

A continuación, el código define una clase para el autoencoder, que es un tipo de red neuronal artificial utilizada para aprender representaciones eficientes de los datos de entrada. El autoencoder consta de dos componentes principales: un codificador y un decodificador. El codificador reduce la dimensionalidad de los datos de entrada, capturando sus características más importantes en una representación comprimida. Luego, el decodificador utiliza esta representación comprimida para reconstruir los datos de entrada originales lo más fielmente posible.

El codificador y el decodificador se definen cada uno como una pila secuencial de capas convolucionales. El codificador comienza con una entrada de 3 canales (correspondientes a los canales de color RGB de una imagen), aplica una capa convolucional 2D con un tamaño de núcleo de 4, un paso de 2 y un relleno de 1 que produce 64 canales, y luego aplica una función de activación ReLU (Unidad Lineal Rectificada). Sigue esto con otra capa convolucional y activación ReLU, terminando con 128 canales de salida. El decodificador refleja esta estructura pero usa capas convolucionales transpuestas (también conocidas como convoluciones con pasos fraccionados o deconvoluciones) para aumentar la resolución espacial de las entradas, y termina con una función de activación Tanh.

El método forward para la clase del autoencoder primero aplica el codificador a los datos de entrada, luego alimenta la representación comprimida resultante al decodificador para generar la salida reconstruida.

El código luego carga el conjunto de datos CIFAR-10, un conjunto de datos popular en el aprendizaje automático que consta de 60,000 imágenes en color de 32x32 en 10 clases, con 6,000 imágenes por clase. El conjunto de datos se carga con una transformación que primero convierte las imágenes en tensores de PyTorch y luego normaliza sus valores.

Se crea un DataLoader para el conjunto de datos para permitir una fácil iteración sobre los datos en lotes. El tamaño del lote se establece en 64, lo que significa que el autoencoder se entrenará usando 64 imágenes a la vez. El parámetro shuffle se establece en True para asegurar que los datos se mezclen en cada época.

Luego, se instancia el autoencoder, y se definen una función de pérdida MSE (Error Cuadrático Medio) y un optimizador Adam para entrenar el modelo. La tasa de aprendizaje para el optimizador se establece en 0.001.

El código luego entra en el bucle de entrenamiento, que se ejecuta durante 10 épocas. En cada época, itera sobre todos los lotes de imágenes en el dataloader. Para cada lote, primero restablece los gradientes en el optimizador, luego alimenta las imágenes al autoencoder para obtener las salidas reconstruidas. Calcula la pérdida MSE entre las salidas y las imágenes originales, retropropaga los gradientes a través del autoencoder y actualiza los parámetros del autoencoder usando el optimizador. Después de cada época, imprime la época actual y la pérdida en el último lote de imágenes.

Después del entrenamiento, el código utiliza el autoencoder entrenado para generar imágenes reconstruidas a partir de un lote de imágenes de muestra, y luego traza las imágenes originales y las reconstruidas lado a lado para comparación. Las imágenes originales y reconstruidas se trazan en un subplot de 2 filas, con las imágenes originales en la primera fila y las imágenes reconstruidas en la segunda fila. Cada imagen se desnormaliza (multiplicando por 0.5 y añadiendo 0.5 para cambiar los valores de los píxeles de vuelta al rango [0, 1]) y se permuta para cambiar la dimensión del canal de color para una visualización correcta, y luego se separa de su gráfico de cálculo y se convierte en un array de NumPy para trazarlas con Matplotlib. Las etiquetas de los ejes se apagan para mayor claridad visual.

Este código proporciona un ejemplo simple de cómo el aprendizaje auto-supervisado puede ser utilizado para la generación de imágenes. Al entrenar el autoencoder para reconstruir sus imágenes de entrada, aprende a capturar las características más importantes de los datos en una representación comprimida, que luego puede ser utilizada para generar nuevas imágenes similares.

2.3.3 Aplicaciones Nuevas y su Impacto

Los rápidos avances en los modelos generativos han abierto una plétora de aplicaciones en diversos dominios. Estos avances no solo han permitido nuevas posibilidades, sino que también han mejorado significativamente los procesos existentes, haciéndolos más eficientes y efectivos.

Superresolución de Imágenes: Una Nueva Era de Mejora de Imágenes

Los modelos generativos, y más específicamente las Redes Generativas Adversariales (GANs), han encontrado una aplicación exitosa en el campo de la superresolución de imágenes. El objetivo principal de esta aplicación es mejorar y aumentar la resolución de imágenes de baja resolución, transformándolas efectivamente en versiones de alta resolución. Las GANs de superresolución (SRGANs) han mostrado resultados impresionantes en esta área, demostrando su capacidad para producir imágenes de alta resolución ricas en detalles finos. Esta aplicación de los modelos generativos representa un avance significativo en el ámbito de la mejora y manipulación de imágenes.

Descubrimiento de Medicamentos: Pioneros en Nuevas Fronteras en la Medicina

En el campo del descubrimiento de medicamentos, los modelos generativos se están utilizando para generar estructuras moleculares novedosas que poseen propiedades deseadas. Esta aplicación innovadora aprovecha la capacidad de los modelos generativos para explorar el vasto y complejo espacio químico, y proponer nuevos compuestos que potencialmente podrían servir como candidatos a medicamentos. Al aprovechar el poder de estos modelos, los investigadores pueden acelerar el proceso de descubrimiento de medicamentos, allanando el camino para nuevos tratamientos y terapias en medicina.

Generación de Objetos 3D

Los modelos generativos están experimentando una aplicación creciente en el campo de la generación de objetos 3D. Tal tecnología hace posible crear modelos 3D detallados y realistas que tienen un gran potencial para diversas aplicaciones. Estas aplicaciones se extienden a numerosos sectores como los videojuegos, donde estos modelos pueden mejorar la experiencia del usuario proporcionando un entorno inmersivo. También son valiosos en la realidad virtual, contribuyendo a la creación de mundos virtuales realistas. Además, son útiles en el diseño asistido por computadora, proporcionando una herramienta para crear diseños más precisos.

Para satisfacer esta necesidad, se están desarrollando técnicas innovadoras. Entre estas, destacan las Redes Generativas Adversariales (GANs) 3D y los modelos basados en Autoencoders Variacionales (VAE). Estos modelos han sido desarrollados específicamente para crear objetos 3D, mostrando los avances en la inteligencia artificial y sus capacidades en el mundo moderno.

Ejemplo: Generación de Objetos 3D con GAN Basadas en Vóxeles

```
import torch
import torch.nn as nn

# Define a simple 3D GAN for voxel-based object generation
class VoxelGenerator(nn.Module):
def __init__(self):
super(VoxelGenerator, self).__init__()
self.model = nn.Sequential(
nn.Linear(100, 128),
nn.ReLU(inplace=True),
nn.Linear(128, 256),
nn.ReLU(inplace=True),
nn.Linear(256, 512),
nn.ReLU(inplace=True),
nn.Linear(512, 32*32*32),
nn.Tanh()
        )

def forward(self, z):
return self.model(z).view(-1, 32, 32, 32)
# Instantiate the generator
voxel_generator = VoxelGenerator()

# Generate random latent vectors
num_voxels = 5
latent_vectors = torch.randn(num_voxels, 100)

# Generate 3D voxel objects
generated_voxels = voxel_generator(latent_vectors)

# Visualize the generated 3D objects
import matplotlib.pyplot as

plt
from mpl_toolkits.mplot3d import Axes3D

fig = plt.figure(figsize=(15, 15))
for i in range(num_voxels):
ax = fig.add_subplot(1, num_voxels, i+1, projection='3d')
ax.voxels(generated_voxels[i].detach().numpy() > 0, edgecolor='k')
```

```
ax.axis('off')
plt.show()
```

En este ejemplo:

Este script se centra en definir y utilizar una Red Generativa Adversarial (GAN) simple basada en vóxeles para la generación de objetos 3D. El componente principal de este programa es la clase 'VoxelGenerator', que se construye utilizando la biblioteca de Deep Learning conocida como PyTorch.

La clase 'VoxelGenerator' se deriva de la clase base 'nn.Module', lo cual es una práctica estándar al definir arquitecturas de red en PyTorch. En el método '**init**' de la clase, se define la arquitectura de la red del generador. Esta arquitectura es un modelo secuencial, lo que significa que los datos fluirán a través de los módulos en el orden en que se añaden.

La arquitectura del generador se compone de múltiples capas lineales (completamente conectadas) con funciones de activación de unidad lineal rectificada (ReLU). La función de activación ReLU es una opción popular en modelos de Deep Learning y introduce no linealidad en el modelo, permitiéndole aprender patrones más complejos. La opción 'inplace=True' se usa en las capas ReLU para optimización de memoria, lo que significa que modificará la entrada directamente, sin asignar ninguna salida adicional.

La red del generador comienza con una capa lineal que toma un vector latente de 100 dimensiones como entrada y produce 128 características. El propósito de este vector latente es proporcionar la semilla inicial o fuente de aleatoriedad para el proceso de generación. Estos vectores latentes se muestrean típicamente de una distribución normal estándar.

Después de la primera capa lineal, hay capas lineales adicionales que aumentan gradualmente el número de características de 128 a 256, y luego a 512. Cada una de estas capas es seguida por una función de activación ReLU, lo que permite al modelo capturar relaciones complejas en los datos.

La capa final del generador es otra capa lineal que transforma las 512 características en una salida de 32*32*32 (=32768) dimensiones, seguida por una función de activación Tanh. La función Tanh aplasta la salida con valores reales de la capa lineal en el rango entre -1 y 1, proporcionando la salida final del generador.

El método 'forward' de la clase 'VoxelGenerator' define la pasada hacia adelante de la red, que describe cómo se transforman los datos de entrada en la salida. En este caso, el vector latente de entrada 'z' pasa a través del modelo y luego se remodela en un formato 3D utilizando la función 'view'.

Después de definir la clase 'VoxelGenerator', se crea una instancia del generador, 'voxel_generator'.

A continuación, el script genera un lote de vectores latentes aleatorios. La función 'randn' se utiliza para generar un tensor de números aleatorios a partir de la distribución normal estándar.

El tensor tiene una forma de 'num_voxels' por 100, lo que significa que hay 'num_voxels' vectores latentes, cada uno de dimensión 100.

Estos vectores latentes se pasan luego a través del 'voxel_generator' para crear objetos 3D de vóxeles, que se almacenan en la variable 'generated_voxels'.

Finalmente, el script utiliza matplotlib, una biblioteca popular de visualización de datos en Python, para visualizar los objetos 3D de vóxeles generados en un gráfico 3D. Crea una nueva figura con un tamaño de 15x15, y para cada objeto de vóxel generado, añade un subplot 3D a la figura. La función 'voxels' se utiliza para trazar el objeto 3D de vóxel, donde las posiciones de los vóxeles se determinan mediante la condición 'generated_voxels[i].detach().numpy() > 0'. La función 'detach' se utiliza para crear un tensor que comparte almacenamiento con 'generated_voxels[i]' pero no sigue su historial computacional, y la función 'numpy' se utiliza para convertir el tensor en un array de NumPy para trazado. El parámetro 'edgecolor' se establece en 'k', lo que significa que los bordes de los vóxeles estarán coloreados de negro. La función 'axis' se utiliza para ocultar los ejes en el gráfico. Después de añadir todos los subplots, la figura se muestra usando 'plt.show()'.

Ejercicios Prácticos

Ejercicio 1: Implementar una GAN Simple

Tarea: Implementa una GAN simple para generar nuevas muestras del conjunto de datos MNIST. Utiliza el ejemplo proporcionado en la sección 2.2.1 y modifícalo para incluir una capa adicional tanto en el generador como en el discriminador.

Solución:

```
import tensorflow as tf
from tensorflow.keras.layers import Dense, LeakyReLU, Reshape, Flatten, Dropout
from tensorflow.keras.models import Sequential
import numpy as np
import matplotlib.pyplot as plt

# Generator model
def build_generator():
model = Sequential([
Dense(256, input_dim=100),
LeakyReLU(alpha=0.2),
Dense(512),
LeakyReLU(alpha=0.2),
Dense(1024),
LeakyReLU(alpha=0.2),
Dense(28 * 28, activation='tanh'),
Reshape((28, 28, 1))
    ])
return model
# Discriminator model
```

```
def build_discriminator():
model = Sequential([
Flatten(input_shape=(28, 28, 1)),
Dense(1024),
LeakyReLU(alpha=0.2),
Dropout(0.3),
Dense(512),
LeakyReLU(alpha=0.2),
Dropout(0.3),
Dense(256),
LeakyReLU(alpha=0.2),
Dropout(0.3),
Dense(1, activation='sigmoid')
    ])
return model
# Build and compile the GAN
generator = build_generator()
discriminator = build_discriminator()
discriminator.compile(optimizer='adam',                    loss='binary_crossentropy',
metrics=['accuracy'])
# GAN model
discriminator.trainable = False
gan_input = tf.keras.Input(shape=(100,))
gan_output = discriminator(generator(gan_input))
gan = tf.keras.Model(gan_input, gan_output)
gan.compile(optimizer='adam', loss='binary_crossentropy')

# Training the GAN
(x_train, ), (, _) = tf.keras.datasets.mnist.load_data()
x_train = (x_train.astype(np.float32) - 127.5) / 127.5  # Normalize to [-1, 1]
x_train = np.expand_dims(x_train, axis=-1)
batch_size = 64
epochs = 10000

for epoch in range(epochs):
# Train discriminator
idx = np.random.randint(0, x_train.shape[0], batch_size)
real_images = x_train[idx]
noise = np.random.normal(0, 1, (batch_size, 100))
fake_images = generator.predict(noise)
d_loss_real = discriminator.train_on_batch(real_images, np.ones((batch_size, 1)))
d_loss_fake = discriminator.train_on_batch(fake_images, np.zeros((batch_size, 1)))
d_loss = 0.5 * np.add(d_loss_real, d_loss_fake)
# Train generator
noise = np.random.normal(0, 1, (batch_size, 100))
g_loss = gan.train_on_batch(noise, np.ones((batch_size, 1)))
# Print progress
if epoch % 1000 == 0:
print(f"{epoch} [D loss: {d_loss[0]}, acc.: {d_loss[1] * 100}%] [G loss: {g_loss}]")
# Generate new samples
noise = np.random.normal(0, 1, (10, 100))
generated_images = generator.predict(noise)
```

```
# Plot generated images
fig, axs = plt.subplots(1, 10, figsize=(20, 2))
for i, img in enumerate(generated_images):
axs[i].imshow(img.squeeze(), cmap='gray')
axs[i].axis('off')
plt.show()
```

Ejercicio 2: Ajustar Fino un Modelo GPT-4 Preentrenado

Tarea: Ajustar fino un modelo GPT-4 preentrenado para una tarea específica de generación de texto utilizando la API de OpenAI. Usa un prompt personalizado y genera texto basado en ese prompt.

Solución:

```
import openai
# Set your OpenAI API key
openai.api_key = 'your-api-key-here'

# Define the prompt for GPT-4
prompt = "In a futuristic city, the AI robots started to develop their own consciousness. One day,"
# Generate text using GPT-4
response = openai.Completion.create(
engine="gpt-4",
prompt=prompt,
max_tokens=100,
n=1,
stop=None,
temperature=0.7
)

# Extract the generated text
generated_text = response.choices[0].text.strip()
print(generated_text)
```

Ejercicio 3: Implementar un VAE Simple

Tarea: Implementa un VAE simple para generar nuevas muestras del conjunto de datos MNIST. Utiliza el ejemplo proporcionado en la sección 2.2.2 y modifícalo para incluir capas adicionales tanto en el codificador como en el decodificador.

Solución:

```
import tensorflow as tf
from tensorflow.keras.layers import Dense, Flatten, Reshape, Lambda, Input, Conv2D, Conv2DTranspose
from tensorflow.keras.models import Model
from tensorflow.keras.losses import binary_crossentropy
```

```
from tensorflow.keras import backend as K
import numpy as np
import matplotlib.pyplot as plt

# Sampling function
def sampling(args):
z_mean, z_log_var = args
batch = tf.shape(z_mean)[0]
dim = tf.shape(z_mean)[1]
epsilon = tf.keras.backend.random_normal(shape=(batch, dim))
return z_mean + K.exp(0.5 * z_log_var) * epsilon
# Encoder model
input_img = Input(shape=(28, 28, 1))
x = Conv2D(32, 3, activation='relu', padding='same')(input_img)
x = Conv2D(64, 3, activation='relu', padding='same', strides=2)(x)
x = Conv2D(128, 3, activation='relu', padding='same', strides=2)(x)
x = Flatten()(x)
x = Dense(256, activation='relu')(x)
z_mean = Dense(2)(x)
z_log_var = Dense(2)(x)
z = Lambda(sampling, output_shape=(2,))([z_mean, z_log_var])
encoder = Model(input_img, z)

# Decoder model
decoder_input = Input(shape=(2,))
x = Dense(7*7*128, activation='relu')(decoder_input)
x = Reshape((7, 7, 128))(x)
x = Conv2DTranspose(128, 3, activation='relu', padding='same', strides=2)(x)
x = Conv2DTranspose(64, 3, activation='relu', padding='same', strides=2)(x)
x = Conv2DTranspose(32, 3, activation='relu', padding='same')(x)
output_img = Conv2DTranspose(1, 3, activation='sigmoid', padding='same')(x)
decoder = Model(decoder_input, output_img)

# VAE model
output_img = decoder(encoder(input_img))
vae = Model(input_img, output_img)

# VAE loss function
reconstruction_loss          =          binary_crossentropy(K.flatten(input_img),
K.flatten(output_img))
reconstruction_loss *= 28 * 28
kl_loss = 1 + z_log_var - K.square(z_mean) - K.exp(z_log_var)
kl_loss = K.sum(kl_loss, axis=-1)
kl_loss *= -0.5
vae_loss = K.mean(reconstruction_loss + kl_loss)
vae.add_loss(vae_loss)
vae.compile(optimizer='adam')

# Training the VAE
(x_train, ), (, _) = tf.keras.datasets.mnist.load_data()
x_train = (x_train.astype(np.float32) / 255.0) - 0.5
x_train = np.expand_dims(x_train, axis=-1)
```

```
vae.fit(x_train, epochs=50, batch_size=128, verbose=1)

# Generate new samples
z_sample = np.array([[0.0, 0.0]])
generated_image = decoder.predict(z_sample)

# Plot generated image
plt.imshow(generated_image[0].squeeze(), cmap='gray')
plt.axis('off')
plt.show()
```

Ejercicio 4: Aplicar Normalización Espectral a un Discriminador

Tarea: Implementa la normalización espectral en un modelo de discriminador simple. Utiliza el ejemplo proporcionado en la sección 2.3.2 y asegúrate de que el discriminador se aplique al conjunto de datos MNIST.

Solución:

```
import torch
import torch.nn as nn
import torch.optim as optim
from torchvision import datasets, transforms
from torch.utils.data import DataLoader
import matplotlib.pyplot as plt

# Define a simple discriminator with spectral normalization
class Discriminator(nn.Module):
def __init__(self):
super(Discriminator, self).__init__()
self.model = nn.Sequential(
nn.utils.spectral_norm(nn.Conv2d(1, 64, 4, stride=2, padding=1)),
nn.LeakyReLU(0.2, inplace=True),
nn.utils.spectral_norm(nn.Conv2d(64, 128, 4, stride=2, padding=1)),
nn.LeakyReLU(0.2, inplace=True),
nn.Flatten(),
nn.utils.spectral_norm(nn.Linear(128 * 7 * 7, 1))
        )

def forward(self, x):
return self.model(x)
# Load MNIST dataset
transform = transforms.Compose([
transforms.ToTensor(),
transforms.Normalize((0.5,),

(0.5,))
])
dataset = datasets.MNIST(root='./data', train=True, download=True,
transform=transform)
dataloader = DataLoader(dataset, batch_size=64, shuffle=True)
```

```
# Instantiate the discriminator
discriminator = Discriminator()
optimizer = optim.Adam(discriminator.parameters(), lr=0.0002)
criterion = nn.BCELoss()

# Training loop
num_epochs = 5
for epoch in range(num_epochs):
for images, _ in dataloader:
optimizer.zero_grad()
labels = torch.ones(images.size(0), 1)
outputs = discriminator(images)
loss = criterion(outputs, labels)
loss.backward()
optimizer.step()

print(f'Epoch [{epoch+1}/{num_epochs}], Loss: {loss.item():.4f}')
# Generate fake data (for demonstration purposes)
noise = torch.randn(64, 1, 28, 28)
fake_images = noise

# Evaluate discriminator on fake data
with torch.no_grad():
fake_outputs = discriminator(fake_images)
print("Discriminator output on fake images:", fake_outputs[:5])
```

Ejercicio 5: Implementar una GAN 3D para la Generación de Objetos Basados en Vóxeles

Tarea: Implementa una GAN 3D simple para generar objetos basados en vóxeles. Utiliza el ejemplo proporcionado en la sección 2.3.3 y visualiza los objetos 3D generados.

Solución:

```
import torch
import torch.nn as nn
import numpy as np
import matplotlib.pyplot as plt
from mpl_toolkits.mplot3d import Axes3D

# Define a simple 3D GAN for voxel-based object generation
class VoxelGenerator(nn.Module):
def __init__(self):
super(VoxelGenerator, self).__init__()
self.model = nn.Sequential(
nn.Linear(100, 128),
nn.ReLU(inplace=True),
nn.Linear(128, 256),
nn.ReLU(inplace=True),
nn.Linear(256, 512),
nn.ReLU(inplace=True),
nn.Linear(512, 32*32*32),
```

```
nn.Tanh()
        )

def forward(self, z):
return self.model(z).view(-1, 32, 32, 32)
# Instantiate the generator
voxel_generator = VoxelGenerator()

# Generate random latent vectors
num_voxels = 5
latent_vectors = torch.randn(num_voxels, 100)

# Generate 3D voxel objects
generated_voxels = voxel_generator(latent_vectors)

# Visualize the generated 3D objects
fig = plt.figure(figsize=(15, 15))
for i in range(num_voxels):
ax = fig.add_subplot(1, num_voxels, i+1, projection='3d')
ax.voxels(generated_voxels[i].detach().numpy() > 0, edgecolor='k')
ax.axis('off')
plt.show()
```

Estos ejercicios prácticos deberían ayudar a reforzar tu comprensión de los conceptos cubiertos en este capítulo. Al implementar estos modelos y experimentar con diferentes configuraciones, obtendrás experiencia práctica con los modelos generativos y sus aplicaciones prácticas. ¡Sigue practicando y no dudes en explorar más por tu cuenta!

Resumen del Capítulo 2

En este capítulo, nos adentramos en el fascinante mundo de los modelos generativos, que han revolucionado el campo de la inteligencia artificial al permitir que las máquinas creen nuevos datos que imitan los datos de entrenamiento. Comenzamos explorando el concepto e importancia de los modelos generativos, entendiendo cómo se diferencian de los modelos discriminativos. Los modelos generativos aprenden la distribución subyacente de los datos, lo que les permite generar nuevas muestras realistas. Esta capacidad es fundamental en varias aplicaciones, desde la aumentación de datos y la detección de anomalías hasta tareas creativas como la generación de arte y música.

Discutimos diferentes tipos de modelos generativos, incluyendo Redes Generativas Adversariales (GANs), Autoencoders Variacionales (VAEs), Modelos Autoregresivos y Modelos Basados en Flujos. Las GANs, introducidas por Ian Goodfellow, usan un generador y un discriminador en un entorno competitivo para generar imágenes realistas y otras formas de datos. Los VAEs combinan autoencoders con inferencia variacional, permitiendo la generación de nuevos datos al aprender una representación del espacio latente. Los modelos autoregresivos, como GPT-3 y GPT-4, predicen el siguiente elemento en una secuencia basado en los elementos precedentes, sobresaliendo en tareas como la generación de texto. Los modelos basados en flujos, como los Flujos Normalizadores, utilizan transformaciones invertibles para mapear distribuciones complejas a simples, permitiendo una estimación exacta de la verosimilitud y un muestreo eficiente.

También exploramos desarrollos recientes en modelos generativos, destacando avances en arquitecturas, técnicas de entrenamiento y aplicaciones. Arquitecturas mejoradas como StyleGAN y BigGAN han empujado los límites de la generación de imágenes, produciendo imágenes de alta resolución y alta calidad. Técnicas de entrenamiento como la normalización espectral y el aprendizaje auto-supervisado han abordado desafíos como la inestabilidad del entrenamiento y el colapso de modo, mejorando el rendimiento y la robustez de los modelos generativos.

Las nuevas aplicaciones de los modelos generativos abarcan varios dominios. Las técnicas de superresolución de imágenes se han mejorado significativamente utilizando GANs, permitiendo la mejora de imágenes de baja resolución. En el descubrimiento de medicamentos, los modelos generativos se utilizan para proponer nuevas estructuras moleculares, acelerando el desarrollo de nuevos medicamentos. En el ámbito de la generación de objetos 3D, los modelos generativos están creando modelos 3D realistas para aplicaciones en videojuegos, realidad virtual y diseño.

A través de ejercicios prácticos, reforzamos nuestra comprensión de estos conceptos al implementar y experimentar con varios modelos generativos. Desde construir GANs y VAEs simples hasta explorar técnicas avanzadas como la normalización espectral y el aprendizaje auto-supervisado, estos ejercicios proporcionaron experiencia práctica con las aplicaciones prácticas de los modelos generativos.

En resumen, este capítulo ha proporcionado una visión general comprensiva de los modelos generativos, sus tipos, avances recientes y diversas aplicaciones. Al comprender las bases teóricas y obtener experiencia práctica, ahora estás bien equipado para explorar el vasto potencial de los modelos generativos en tus propios proyectos. A medida que avanzamos, profundizaremos en modelos específicos y sus aplicaciones, comenzando con una exploración en profundidad de las Redes Generativas Adversariales (GANs) en el próximo capítulo. ¡Mantente atento para más conocimientos emocionantes y ejemplos prácticos!

Cuestionario: Fundamentos del Deep Learning

Pon a prueba tu comprensión de los conceptos fundamentales cubiertos en la primera parte de este libro con este cuestionario. Cada pregunta está diseñada para reforzar los puntos clave de cada capítulo, asegurando que tengas una comprensión sólida de los conceptos básicos del Deep Learning y los modelos generativos.

Capítulo 1: Introducción al Deep Learning

Pregunta 1: Capas de Redes Neuronales

¿Cuáles son los principales tipos de capas en una red neuronal y cuáles son sus roles?

A) Capa de Entrada, Capas Ocultas, Capa de Salida
B) Capa Convolucional, Capa Recurrente, Capa de Pooling
C) Capa de Codificación, Capa de Decodificación, Capa de Atención
D) Capa Lineal, Capa de Activación, Capa de Dropout

Pregunta 2: Funciones de Activación

¿Cuál es la principal diferencia entre las funciones de activación Sigmoid y ReLU?

A) Sigmoid produce valores entre -1 y 1, ReLU produce valores entre 0 y 1
B) Sigmoid produce valores entre 0 y 1, ReLU produce la entrada si es positiva, de lo contrario, cero
C) Sigmoid se utiliza para clasificación, ReLU se utiliza para regresión
D) Sigmoid es no lineal, ReLU es lineal

Pregunta 3: Retropropagación

¿Por qué es importante la retropropagación en el entrenamiento de redes neuronales?

A) Transmite la entrada a través de la red
B) Inicializa los pesos de la red
C) Actualiza los pesos calculando el gradiente de la función de pérdida
D) Evalúa el rendimiento de la red en los datos de prueba

Pregunta 4: Funciones de Pérdida

¿Cuál de las siguientes es una función de pérdida comúnmente utilizada para tareas de clasificación binaria?

A) Error Cuadrático Medio (MSE)
B) Pérdida de Entropía Cruzada
C) Pérdida Hinge
D) Divergencia Kullback-Leibler

Pregunta 5: Sobreajuste

¿Qué es el sobreajuste y cómo puede mitigarse?

A) Cuando el modelo funciona bien en los datos de entrenamiento pero mal en datos nuevos; puede mitigarse usando una red más grande
B) Cuando el modelo funciona mal tanto en los datos de entrenamiento como en los datos nuevos; puede mitigarse usando más datos
C) Cuando el modelo funciona bien en los datos de entrenamiento pero mal en datos nuevos; puede mitigarse usando técnicas de regularización y aumento de datos
D) Cuando el modelo funciona bien en datos nuevos pero mal en los datos de entrenamiento; puede mitigarse usando parada temprana

Capítulo 2: Comprensión de Modelos Generativos

Pregunta 6: Modelos Generativos vs. Discriminativos

¿Cuál es la principal diferencia entre los modelos generativos y discriminativos?

A) Los modelos generativos clasifican datos, los modelos discriminativos generan nuevos datos
B) Los modelos generativos aprenden P(Y|X)P(Y | X)P(Y|X), los modelos discriminativos aprenden P(X,Y)P(X, Y)P(X,Y)
C) Los modelos generativos aprenden P(X,Y)P(X, Y)P(X,Y), los modelos discriminativos aprenden P(Y|X)P(Y | X)P(Y|X)
D) Los modelos generativos usan datos etiquetados, los modelos discriminativos usan datos no etiquetados

Pregunta 7: Arquitectura de GAN

¿Cuáles son los dos componentes principales de una Red Generativa Adversarial (GAN)?

A) Codificador y Decodificador
B) Generador y Discriminador
C) Generador y Codificador
D) Discriminador y Decodificador

Pregunta 8: Autoencoders Variacionales (VAEs)

En un Autoencoder Variacional (VAE), ¿cuál es el papel del codificador y del decodificador?

A) El codificador genera datos, el decodificador los evalúa
B) El codificador mapea los datos de entrada a un espacio latente, el decodificador genera nuevos datos a partir del espacio latente
C) El codificador clasifica datos, el decodificador los reconstruye
D) El codificador reduce la dimensionalidad de los datos, el decodificador la aumenta

Pregunta 9: Modelos Autoregresivos

¿Cómo generan datos los modelos autoregresivos?

A) Generando todos los puntos de datos a la vez
B) Generando un punto de datos a la vez, condicionado a los puntos anteriores
C) Transformando variables latentes
D) Usando entrenamiento adversarial

Pregunta 10: Flujos Normalizadores

¿Cuál es una característica clave de los Flujos Normalizadores?

A) Utilizan una serie de transformaciones no invertibles
B) Proporcionan estimación exacta de la verosimilitud y muestreo eficiente
C) Se utilizan principalmente para tareas de clasificación
D) No requieren datos de entrenamiento

Respuestas

1. A) Capa de Entrada, Capas Ocultas, Capa de Salida
2. B) Sigmoid produce valores entre 0 y 1, ReLU produce la entrada si es positiva, de lo contrario, cero
3. C) Actualiza los pesos calculando el gradiente de la función de pérdida
4. B) Pérdida de Entropía Cruzada
5. C) Cuando el modelo funciona bien en los datos de entrenamiento pero mal en datos nuevos; puede mitigarse usando técnicas de regularización y aumento de datos
6. C) Los modelos generativos aprenden P(X,Y), los modelos discriminativos aprenden P(Y|X)

P(X,Y)P(X, Y)

P(Y|X)P(Y | X)

7. B) Generador y Discriminador
8. B) El codificador mapea los datos de entrada a un espacio latente, el decodificador genera nuevos datos a partir del espacio latente

9. B) Generando un punto de datos a la vez, condicionado a los puntos anteriores
10. B) Proporcionan estimación exacta de la verosimilitud y muestreo eficiente

Este cuestionario cubre los conceptos básicos a intermedios introducidos en la primera parte del libro y te ayudará a solidificar tu comprensión de las características centrales del Deep Learning y los modelos generativos.

Parte II: Redes Generativas Adversariales (GANs)

Capítulo 3: Profundizando en las Redes Generativas Adversariales (GANs)

Como se discutió en los capítulos anteriores, las Redes Generativas Adversariales (GANs) han revolucionado la modelización generativa desde su introducción por Ian Goodfellow y sus colegas en 2014. Gracias a su capacidad para generar datos altamente realistas, las GANs se han convertido rápidamente en un área emocionante en el aprendizaje automático y la inteligencia artificial. Este capítulo ofrece un examen detallado de las GANs, incluyendo sus principios fundamentales, arquitectura, proceso de entrenamiento y diversas aplicaciones.

Las GANs consisten en dos redes neuronales: el generador y el discriminador, que compiten entre sí en un juego de suma cero. Esta relación adversarial impulsa al generador a producir datos cada vez más realistas, mientras que el discriminador se vuelve mejor en distinguir datos reales de falsos. Este enfoque único ha llevado a resultados impresionantes en varios dominios, incluyendo la síntesis de imágenes, la generación de texto e incluso la composición musical.

En este capítulo, comenzaremos entendiendo los conceptos básicos detrás de las GANs y su arquitectura. Luego, profundizaremos en los detalles del entrenamiento de las GANs, abordando desafíos comunes y presentando técnicas avanzadas para mejorar el rendimiento. También exploraremos diferentes variaciones de GANs que se han desarrollado para abordar problemas específicos y mejorar las capacidades del marco GAN original. Finalmente, examinaremos algunas de las aplicaciones más impactantes de las GANs, mostrando su versatilidad y potencial.

Comencemos nuestro viaje entendiendo los principios fundamentales de las GANs y cómo funcionan.

3.1 Comprendiendo las GANs

Las Redes Generativas Adversariales (GANs) son un conjunto único de modelos de aprendizaje automático que tienen como objetivo generar nuevos datos sintéticos que se asemejen estrechamente a un conjunto de datos de entrenamiento dado. En el corazón de las GANs hay dos redes neuronales, el generador y el discriminador, que trabajan en contra de cada uno en un escenario competitivo.

El **papel del generador** es crear datos que reflejen los datos de entrenamiento. Comienza con una semilla de ruido aleatorio y la transforma en muestras de datos plausibles. El objetivo del generador es crear datos que sean tan convincentes que el discriminador no pueda diferenciarlos de los datos de entrenamiento reales.

Por otro lado, el **papel del discriminador** es distinguir entre los datos reales del conjunto de entrenamiento y los datos falsos producidos por el generador. Devuelve una probabilidad que indica si una muestra dada es real o falsa. El discriminador se entrena para mejorar su capacidad de diferenciar los datos reales de los falsos, mientras que el generador se entrena para producir datos falsos cada vez más convincentes.

El proceso de entrenamiento de las GANs es un juego iterativo entre el generador y el discriminador. El generador intenta engañar al discriminador con sus datos falsos, mientras que el discriminador se esfuerza por identificar correctamente los datos reales y los falsos. Este proceso adversarial continúa hasta que el generador se vuelve tan bueno en su tarea que puede producir datos que son indistinguibles de los datos reales, o el discriminador ya no puede distinguir entre los dos con alta precisión.

El concepto de las GANs ha revolucionado el campo de la modelización generativa, con aplicaciones en áreas tan diversas como la síntesis de imágenes, la generación de texto e incluso la composición musical.

3.2 Arquitectura de las GANs

La arquitectura de las Redes Generativas Adversariales (GANs), un conjunto único de modelos de aprendizaje automático, consta de dos componentes principales: el generador y el discriminador.

La **red del generador** tiene la tarea de crear nuevas instancias de datos. Estas instancias, idealmente, deben reflejar las propiedades estadísticas de los datos de entrenamiento. El generador comienza con un vector de ruido aleatorio (vector latente) como entrada, que utiliza para producir muestras de datos a través de una serie de capas completamente conectadas, capas convolucionales y capas de upsampling con el fin de generar datos de alta resolución.

La **red del discriminador**, por otro lado, tiene la tarea de distinguir entre los datos reales del conjunto de entrenamiento y los datos falsos producidos por el generador. Toma una muestra de datos, ya sea real o generada, como entrada y procesa esto a través de una serie de capas convolucionales seguidas de capas completamente conectadas. La salida es un valor único o probabilidad que indica si la entrada es real o falsa.

Entrenar GANs implica actualizar iterativamente tanto el generador como el discriminador. El generador tiene como objetivo producir datos que el discriminador confunda con datos reales, mientras que el discriminador tiene como objetivo identificar correctamente los datos reales y falsos. Este proceso adversarial continúa hasta que el generador se vuelve tan bueno que puede producir datos indistinguibles de los datos reales, o el discriminador ya no puede distinguir entre los dos con alta precisión.

A pesar de su potencial, entrenar GANs puede ser desafiante debido a varios factores como el colapso de modo, la inestabilidad del entrenamiento y la sensibilidad a los hiperparámetros. Sin embargo, los investigadores han desarrollado varias técnicas y modificaciones para abordar estos desafíos y mejorar las capacidades de las GANs.

La arquitectura de las GANs es una estructura fascinante y compleja que ha revolucionado el campo de la modelización generativa. Comprender su arquitectura, proceso de entrenamiento y los desafíos asociados es crucial para aplicar efectivamente las GANs a problemas del mundo real.

3.2.1 La Red del Generador

El generador es una red neuronal que toma un vector de ruido aleatorio como entrada y lo transforma en una muestra de datos que se asemeja a los datos de entrenamiento. El objetivo del generador es producir datos que sean indistinguibles de los datos reales por el discriminador.

Arquitectura del Generador

El generador típicamente consta de varias capas, incluyendo:

- **Capas Densas (Completamente Conectadas):** Un componente crítico de la arquitectura de la red, estas capas juegan un papel crucial en el modelo. Operan aumentando la dimensionalidad del vector de ruido de entrada. Al realizar esta función, permiten efectivamente que la red aprenda representaciones más complejas y detalladas, facilitando la producción de una gama más amplia de salidas a partir de una entrada dada. Este aumento en la dimensionalidad proporciona a la red la capacidad de comprender e interpretar mejor los datos que está procesando.
- **Capa de Reconfiguración (Reshape Layer):** Esta es una parte crucial de la arquitectura de la red, ya que transforma la salida de las capas densas anteriores. Esta transformación es necesaria para permitir el procesamiento adicional de los datos. Por ejemplo, si la tarea en cuestión es la generación de imágenes, la capa de reconfiguración manipulará la salida de la capa densa en una forma o formato bidimensional. Esto es esencial porque las imágenes son entidades inherentemente bidimensionales, y las capas subsiguientes en la red probablemente requerirán este formato 2D para realizar sus tareas de manera efectiva. Así, la capa de reconfiguración actúa como un puente para asegurar la compatibilidad entre las capas densas y las etapas posteriores de la red.
- **Capas de Convolución Transpuesta (Conv2DTranspose):** Estas capas, también conocidas comúnmente como capas deconvolucionales, juegan un papel fundamental en el proceso de upsampling de los datos. La función principal de estas capas es aumentar la resolución de los datos, un proceso que es bastante integral en el campo del Deep Learning. La mayor resolución permite un análisis más detallado, lo que

permite que el modelo capture patrones y características más complejas dentro de los datos. Esto puede mejorar significativamente el rendimiento del modelo, particularmente cuando se trata de datos de alta dimensionalidad como imágenes.

- **Capas de Activación:** En el dominio de las redes neuronales, las capas de activación juegan un papel crucial. Estas capas introducen propiedades no lineales en nuestra red, lo que nos permite modelar una variable de respuesta (también llamada variable objetivo) que varía de manera no lineal con sus variables explicativas. Dos funciones de activación comúnmente utilizadas en estas capas son las funciones ReLU (Unidad Lineal Rectificada) y Tanh (Tangente Hiperbólica). La función ReLU, en particular, es ampliamente utilizada en redes de Deep Learning debido a sus propiedades beneficiosas para tales modelos, como la capacidad de activar un nodo solo si la entrada está por encima de cierta cantidad. Por otro lado, la función Tanh es una función matemática que tiene una curva característica en forma de S, y puede ser útil para normalizar la salida de las neuronas.

Aquí hay un ejemplo de una red de generador diseñada para producir imágenes en escala de grises de 28x28:

```
import tensorflow as tf
from tensorflow.keras.layers import Dense, LeakyReLU, Reshape, Conv2DTranspose
def build_generator(latent_dim):
model = tf.keras.Sequential([
Dense(256 * 7 * 7, input_dim=latent_dim),
LeakyReLU(alpha=0.2),
Reshape((7, 7, 256)),
Conv2DTranspose(128, kernel_size=4, strides=2, padding='same'),
LeakyReLU(alpha=0.2),
Conv2DTranspose(64, kernel_size=4, strides=2, padding='same'),
LeakyReLU(alpha=0.2),
Conv2DTranspose(1, kernel_size=4, strides=1, padding='same', activation='tanh')
    ])
return model
# Instantiate and summarize the generator
latent_dim = 100
generator = build_generator(latent_dim)
generator.summary()
```

En este ejemplo:

El modelo generador se construye utilizando la función build_generator(). Esta función toma un argumento: la dimensionalidad del vector del espacio latente latent_dim. El vector del espacio latente es una forma de representación comprimida de los datos y es la entrada para el modelo generador.

La construcción del modelo generador comienza con un objeto tf.keras.Sequential, que nos permite apilar capas linealmente, con cada capa pasando su salida a la siguiente capa.

La primera capa en el modelo generador es una capa Dense con 256 * 7 * 7 neuronas, y toma una entrada con una dimensión de latent_dim. La capa Dense, también conocida como capa completamente conectada, es un componente crucial de este modelo. Opera aumentando la dimensionalidad del vector de ruido de entrada, permitiendo así que la red aprenda representaciones más complejas y detalladas. Esta mayor dimensionalidad le da a la red una mejor comprensión e interpretación de los datos que está procesando.

A continuación, tenemos una función de activación LeakyReLU con una pendiente de 0.2 para la parte negativa. Esta es una variante de la función de activación Unidad Lineal Rectificada (ReLU), que introduce no linealidad en la red, permitiéndole aprender patrones complejos. La función LeakyReLU tiene una ventaja sobre la función ReLU regular ya que previene las "neuronas muertas" en escenarios donde una neurona podría dejar de pasar datos hacia adelante a través de la red.

Una capa Reshape sigue a continuación, transformando la salida de la capa densa anterior en un formato que puede ser procesado por las siguientes capas. En este caso, reformatea la salida en un tensor de forma (7, 7, 256). Esta capa es importante para la compatibilidad entre las capas densas y las etapas subsiguientes de la red, especialmente si la tarea en cuestión es la generación de imágenes, ya que las imágenes son entidades inherentemente bidimensionales.

Siguiendo la capa de reconfiguración hay una serie de capas Conv2DTranspose, también conocidas como capas deconvolucionales. Son clave en el aumento de la resolución de los datos, que es el proceso de aumentar la resolución o tamaño de los datos. Esto se logra añadiendo ceros a los datos de entrada y luego aplicando una operación de convolución regular. Este proceso es integral en el campo del Deep Learning, ya que permite un análisis más detallado, permitiendo que el modelo capture patrones y características más complejas dentro de los datos.

Cada capa Conv2DTranspose es seguida por una capa de activación LeakyReLU que introduce no linealidad y previene el problema de las "neuronas muertas". La capa Conv2DTranspose final utiliza la función de activación 'tanh' para asegurar que los valores de salida caigan dentro del rango de -1 a 1.

Después de crear el modelo generador, se crea una instancia del generador llamando a build_generator(latent_dim), donde latent_dim se establece en 100. Finalmente, se llama a generator.summary() para mostrar la estructura del modelo generador.

Este modelo generador es un componente clave de una GAN. Trabaja en conjunto con un modelo discriminador para generar datos sintéticos que se asemejan estrechamente a los datos reales. Al entrenar estos dos modelos de manera iterativa, las GANs pueden producir datos altamente realistas, lo que las convierte en una herramienta poderosa en varios campos, como la síntesis de imágenes y voces, la detección de anomalías e incluso la creación de arte.

3.2.2 La Red del Discriminador

El discriminador, que es una parte integral de una Red Generativa Adversarial (GAN), es esencialmente una red neuronal. Esta red acepta una muestra de datos como entrada, que podría ser un punto de datos real o uno generado, y luego produce una probabilidad. Esta probabilidad indica si la muestra alimentada es real o falsa.

La función principal del discriminador, y de hecho su objetivo dentro de la GAN, es clasificar datos con un alto grado de precisión. Apunta a identificar correctamente los puntos de datos reales y distinguirlos de los falsos o generados artificialmente. Este papel crucial del discriminador permite que la GAN mejore progresivamente sus capacidades de generación, permitiendo así la creación de datos sintéticos más realistas.

Arquitectura del Discriminador

El discriminador típicamente consta de varias capas, incluyendo:

- **Capas Convolucionales (Conv2D):** Estas son un componente crucial de las redes neuronales, específicamente diseñadas para procesar datos de píxeles y extraer características importantes de los datos de entrada. Pueden reconocer patrones con respecto a jerarquías y variaciones espaciales, lo que las hace excepcionalmente buenas en tareas de procesamiento de imágenes y videos. Su función principal es escanear los datos de entrada en busca de ciertas características, que pueden ser útiles para la tarea en cuestión.
- **Capa de Aplanamiento (Flatten Layer):** La Capa de Aplanamiento sirve una función importante en nuestro modelo. Después de que nuestros datos de entrada han sido procesados por las capas convolucionales, están en un formato 2D. Sin embargo, para que nuestra red neuronal procese estos datos, necesitan estar en un formato 1D. Aquí es donde la Capa de Aplanamiento entra en juego. Efectivamente transforma, o "aplana", la salida 2D de las capas convolucionales en un formato vectorial 1D. Esto permite que los datos procesados sean compatibles y estén listos para las capas subsiguientes de nuestra red neuronal.
- **Capas Densas (Completamente Conectadas):** Estas son las capas que toman los vectores de características de alta dimensión que han sido generados por las capas anteriores en la red neuronal y reducen su dimensionalidad a un solo valor. Logran esta tarea aplicando una transformación que incluye cada característica en el vector, de ahí el término "completamente conectadas". La función clave de estas capas es interpretar los patrones complejos y de alta dimensionalidad identificados por las capas anteriores y convertirlos en una forma que pueda ser utilizada para la predicción, típicamente un solo valor escalar.
- **Capas de Activación:** Las capas de activación dictan la salida de una neurona dada una entrada o conjunto de entradas. Algunas de las capas de activación comúnmente usadas incluyen LeakyReLU y Sigmoid. La LeakyReLU es un tipo de función de activación que intenta solucionar el problema de las Unidades Lineales Rectificadas (ReLU) muertas. La función de activación Sigmoid, por otro lado, mapea los valores de entrada

entre 0 y 1, lo cual es especialmente útil en la capa de salida de problemas de clasificación binaria.

Aquí hay un ejemplo de una red discriminadora diseñada para clasificar imágenes en escala de grises de 28x28:

```
import tensorflow as tf
from tensorflow.keras.layers import Conv2D, LeakyReLU, Flatten, Dense
def build_discriminator(img_shape):
model = tf.keras.Sequential([
Conv2D(64, kernel_size=4, strides=2, padding='same', input_shape=img_shape),
LeakyReLU(alpha=0.2),
Conv2D(128, kernel_size=4, strides=2, padding='same'),
LeakyReLU(alpha=0.2),
Flatten(),
Dense(1, activation='sigmoid')
    ])
return model
# Instantiate and summarize the discriminator
img_shape = (28, 28, 1)
discriminator = build_discriminator(img_shape)
discriminator.summary()
```

En este ejemplo:

En este ejemplo, estamos definiendo la arquitectura de la red del discriminador utilizando TensorFlow y su API de alto nivel Keras.

El discriminador es un tipo de red neuronal que toma una muestra de datos como entrada. Esta muestra puede ser un punto de datos real del conjunto de datos de entrenamiento o una sintética generada por la red del generador. La salida del discriminador es una probabilidad que indica si la muestra es real o falsa.

El objetivo del discriminador es clasificar los datos con precisión, es decir, identificar correctamente los puntos de datos reales y distinguirlos de los sintéticos. Esta capacidad mejora el rendimiento general de la GAN, ya que un mejor discriminador impulsa al generador a crear datos sintéticos más convincentes.

La red del discriminador definida en este código consta de varias capas.

1. **Capas Conv2D:** La capa Conv2D es una capa de convolución que es especialmente efectiva para el procesamiento de imágenes. La primera capa Conv2D toma la imagen de entrada, aplica 64 filtros cada uno de tamaño (4,4) y usa un stride de 2. Se utiliza el padding 'same' para que la salida tenga el mismo ancho y altura que la entrada. La segunda capa Conv2D toma la salida de la primera capa y aplica 128 filtros con los mismos parámetros. Estas capas se utilizan para detectar varias características en la imagen de entrada.

2. **Capas LeakyReLU:** Las capas LeakyReLU son las funciones de activación para las capas Conv2D. Ayudan a introducir no linealidad en el modelo, permitiéndole aprender patrones más complejos. La función LeakyReLU es similar a la función ReLU (Unidad Lineal Rectificada) pero permite pequeños valores negativos cuando la entrada es menor que cero, mitigando el problema de las "neuronas muertas".
3. **Capa Flatten:** La capa Flatten convierte la salida en forma de matriz 2D de las capas anteriores en un vector 1D. Este paso es necesario porque la siguiente capa Dense espera una entrada en formato 1D.
4. **Capa Dense:** La capa Dense es una capa completamente conectada, lo que significa que todas las neuronas en esta capa están conectadas a todas las neuronas en la capa anterior. Esta capa tiene una sola unidad con una función de activación sigmoide. Una función sigmoide produce un valor entre 0 y 1, lo que la hace ideal para problemas de clasificación binaria. En este caso, un valor cercano a 1 indica que es probable que la entrada sea real, y un valor cercano a 0 indica que es probable que sea falsa.

Después de definir la arquitectura, el modelo del discriminador se compila y se imprime un resumen. El resumen incluye los tipos de capas en el modelo, la forma de salida de cada capa, el número de parámetros (pesos y sesgos) en cada capa y el total de parámetros en el modelo.

3.2.3 Interacción Entre el Generador y el Discriminador

Las redes del generador y del discriminador se entrenan en conjunto, con sus roles y objetivos diametralmente opuestos.

El generador y el discriminador se entrenan simultáneamente pero tienen objetivos opuestos. El objetivo del generador es crear datos que se parezcan lo más posible a los datos reales. Comienza con una semilla de ruido aleatorio y transforma este ruido en muestras de datos. A medida que el generador mejora con el tiempo y las iteraciones de entrenamiento, los datos que genera deben volverse cada vez más similares a los datos reales.

Por otro lado, el objetivo del discriminador es clasificar los datos con precisión. Está encargado de distinguir entre los datos reales del conjunto de entrenamiento y los datos falsos producidos por el generador. Idealmente, debe producir una alta probabilidad para los datos reales y una baja probabilidad para los datos falsos. La capacidad del discriminador para distinguir con precisión los datos reales de los falsos mejora el rendimiento general de la GAN, ya que un mejor discriminador impulsa al generador a crear datos sintéticos más convincentes.

En el proceso de entrenamiento, se involucran dos pasos principales. Primero, el discriminador se entrena tanto con muestras de datos reales como con muestras de datos falsos generadas por el generador, con el objetivo de clasificar correctamente las muestras reales como reales y las muestras falsas como falsas. El segundo paso implica entrenar al generador para producir datos que el discriminador no pueda distinguir de los datos reales. En este caso, el objetivo del generador es maximizar el error del discriminador en las muestras falsas, lo que significa que el generador mejora cuando puede engañar al discriminador haciéndole creer que los datos generados son reales.

Este proceso de entrenamiento adversarial continúa iterativamente, con cada red aprendiendo y mejorando a partir de la retroalimentación de la otra. Esto resulta en un generador que puede producir datos altamente realistas y un discriminador que es hábil en detectar datos falsos. Esto convierte a las GANs en una herramienta poderosa en áreas como la generación de imágenes, la superresolución y más.

En resumen, el proceso de entrenamiento involucra dos pasos principales:

1. Entrenamiento del Discriminador:
   - El discriminador se entrena tanto con muestras de datos reales como con muestras de datos falsos generadas por el generador.
   - El objetivo del discriminador es clasificar correctamente las muestras reales como reales y las muestras falsas como falsas.
   - La función de pérdida para el discriminador generalmente usa entropía cruzada binaria para medir el error de clasificación.
2. Entrenamiento del Generador:
   - El generador se entrena para producir datos que el discriminador no pueda distinguir de los datos reales.
   - El objetivo del generador es maximizar el error del discriminador en las muestras falsas (es decir, engañar al discriminador).
   - La función de pérdida para el generador también usa entropía cruzada binaria, pero se optimiza en el contexto de engañar al discriminador.

Este proceso de entrenamiento adversarial se puede resumir de la siguiente manera:

- **Pérdida del Discriminador:** $LD=-[\log(D(x))+\log(1-D(G(z)))]$
- Pérdida del Generador: $LG=-\log(D(G(z)))$

Donde $D(x)$ es la salida del discriminador para datos reales x, y $D(G(z))$ es la salida del discriminador para datos falsos $G(z)$ generados a partir de ruido aleatorio z.

Ejemplo: Entrenando una GAN en Datos MNIST

A continuación se muestra un ejemplo completo de entrenamiento de una GAN en el conjunto de datos MNIST, incluyendo tanto los pasos de entrenamiento del generador como del discriminador:

```
import tensorflow as tf
import numpy as np
import matplotlib.pyplot as plt

# Load and preprocess the MNIST dataset
(x_train, _), (_, _) = tf.keras.datasets.mnist.load_data()
x_train = (x_train.astype(np.float32) - 127.5) / 127.5  # Normalize to [-1, 1]
x_train = np.expand_dims(x_train, axis=-1)
```

```
# Training parameters
latent_dim = 100
epochs = 10000
batch_size = 64
sample_interval = 1000

# Build the generator and discriminator
generator = build_generator(latent_dim)
discriminator = build_discriminator(img_shape)
discriminator.compile(optimizer='adam',                    loss='binary_crossentropy',
metrics=['accuracy'])
# Build and compile the GAN
discriminator.trainable = False
gan_input = tf.keras.Input(shape=(latent_dim,))
img = generator(gan_input)
validity = discriminator(img)
gan = tf.keras.Model(gan_input, validity)
gan.compile(optimizer='adam', loss='binary_crossentropy')

# Training the GAN
for epoch in range(epochs):
# Train the discriminator
idx = np.random.randint(0, x_train.shape[0], batch_size)
real_images = x_train[idx]
noise = np.random.normal(0, 1, (batch_size, latent_dim))
fake_images = generator.predict(noise)
d_loss_real = discriminator.train_on_batch(real_images, np.ones((batch_size, 1)))
d_loss_fake = discriminator.train_on_batch(fake_images, np.zeros((batch_size, 1)))
d_loss = 0.5 * np.add(d_loss_real, d_loss_fake)
# Train the generator
noise = np.random.normal(0, 1, (batch_size, latent_dim))
g_loss = gan.train_on_batch(noise, np.ones((batch_size, 1)))
# Print progress
if epoch % sample_interval == 0:
print(f"{epoch} [D loss: {d_loss[0]}, acc.: {d_loss[1] * 100}%] [G loss: {g_loss}]")
# Generate and save images
noise = np.random.normal(0, 1, (10, latent_dim))
generated_images = generator.predict(noise)
fig, axs = plt.subplots(1, 10, figsize=(20, 2))
for i, img in enumerate(generated_images):
axs[i].imshow(img.squeeze(), cmap='gray')
axs[i].axis('off')
plt.show()
```

En este ejemplo:

Este ejemplo es un script completo para entrenar una Red Generativa Adversarial (GAN) en el famoso conjunto de datos MNIST, que es una colección de 70,000 imágenes en escala de grises de dígitos escritos a mano. Cada imagen tiene un tamaño de 28x28 píxeles. El objetivo es utilizar la GAN para generar nuevas imágenes que se asemejen a los dígitos escritos a mano en el conjunto de datos MNIST.

En este modelo GAN, el generador y el discriminador se entrenan en pasos alternos. Durante la fase de entrenamiento del discriminador, se entrena al discriminador tanto con imágenes reales como falsas. Las imágenes reales provienen directamente del conjunto de datos MNIST, y las imágenes falsas son generadas por el generador. El objetivo del discriminador es clasificar correctamente las imágenes reales como reales y las imágenes falsas como falsas. Después de esta fase de entrenamiento, se actualizan los pesos del discriminador en función de la pérdida incurrida.

A continuación, durante la fase de entrenamiento del generador, el generador genera un nuevo lote de imágenes falsas, y estas imágenes se introducen en el discriminador. Sin embargo, en esta fase, las etiquetas de estas imágenes se establecen como 'reales' en lugar de 'falsas', lo que significa que se entrena al generador para engañar al discriminador. Después de esta fase de entrenamiento, se actualizan los pesos del generador en función de lo bien que logró engañar al discriminador.

Este proceso de entrenamiento alterno continúa durante un número específico de épocas, que en este código se establece en 10,000. En intervalos regulares durante el entrenamiento (después de cada 1,000 épocas en este caso), el programa imprime el número de época actual y las pérdidas incurridas por el discriminador y el generador. También genera un lote de imágenes a partir del generador y las muestra. Esto permite monitorear el progreso del entrenamiento y ver cómo mejoran las imágenes generadas con el tiempo.

En resumen, este ejemplo proporciona una implementación completa de una GAN. Demuestra cómo entrenar la GAN en un conjunto de datos específico, y cómo generar y mostrar nuevas imágenes a partir del modelo entrenado. Este código podría usarse como punto de partida para entrenar una GAN en diferentes tipos de conjuntos de datos o para experimentar con diferentes arquitecturas de GAN.

Ejemplo: Arquitectura Básica de GAN con TensorFlow/Keras

```
import tensorflow as tf
from tensorflow.keras.layers import Dense, LeakyReLU, Reshape, Flatten, Conv2D,
Conv2DTranspose
from tensorflow.keras.models import Sequential
# Generator model
def build_generator(latent_dim):
model = Sequential([
Dense(128 * 7 * 7, activation=”relu”, input_dim=latent_dim),
Reshape((7, 7, 128)),
Conv2DTranspose(128, kernel_size=4, strides=2, padding=”same”),
LeakyReLU(alpha=0.01),
Conv2DTranspose(64, kernel_size=4, strides=2, padding=”same”),
LeakyReLU(alpha=0.01),
Conv2DTranspose(1, kernel_size=4, strides=1, padding=”same”, activation=”tanh”)
    ])
return model
# Discriminator model
def build_discriminator(img_shape):
```

```
model = Sequential([
Conv2D(64, kernel_size=4, strides=2, padding="same", input_shape=img_shape),
LeakyReLU(alpha=0.01),
Conv2D(128, kernel_size=4, strides=2, padding="same"),
LeakyReLU(alpha=0.01),
Flatten(),
Dense(1, activation="sigmoid")
    ])
return model
# Build and compile the GAN
latent_dim = 100
img_shape = (28, 28, 1)

# Instantiate the generator and discriminator
generator = build_generator(latent_dim)
discriminator = build_discriminator(img_shape)
discriminator.compile(optimizer='adam',                    loss='binary_crossentropy',
metrics=['accuracy'])
# Create the GAN
discriminator.trainable = False
gan_input = tf.keras.Input(shape=(latent_dim,))
img = generator(gan_input)
validity = discriminator(img)
gan = tf.keras.Model(gan_input, validity)
gan.compile(optimizer='adam', loss='binary_crossentropy')

# Summary of the models
generator.summary()
discriminator.summary()
gan.summary()
```

Este código de ejemplo proporciona una implementación completa de una Red Generativa Adversarial (GAN) utilizando TensorFlow.

La tarea del generador es producir datos que reflejen los datos de entrenamiento. Comienza con una semilla de ruido aleatorio y la transforma en muestras de datos plausibles. El discriminador, por otro lado, tiene la tarea de distinguir entre datos reales del conjunto de entrenamiento y datos falsos producidos por el generador. Devuelve una probabilidad que indica si una muestra dada es real o falsa.

El código comienza con las importaciones necesarias de TensorFlow y Keras. Keras es una biblioteca de redes neuronales fácil de usar escrita en Python que se ejecuta sobre TensorFlow.

```
import tensorflow as tf
from tensorflow.keras.layers import Dense, LeakyReLU, Reshape, Flatten, Conv2D,
Conv2DTranspose
from tensorflow.keras.models import Sequential
```

El modelo del generador se define en la función build_generator. Esta función toma como entrada una dimensión latente (latent_dim) y construye un modelo que genera una imagen de

28x28. El modelo se construye como un modelo Secuencial, lo que significa que las capas están apiladas una sobre la otra. La primera capa es una capa Dense (o completamente conectada), que es seguida por una capa Reshape para organizar los datos en una cuadrícula de 7x7 con 128 canales. Las siguientes capas son capas Conv2DTranspose (o de deconvolución), que aumentan la resolución de los datos a un tamaño de imagen más grande. Se utilizan funciones de activación LeakyReLU entre las capas para introducir no linealidad y ayudar a la red a aprender patrones complejos.

```
def build_generator(latent_dim):
model = Sequential([
Dense(128 * 7 * 7, activation="relu", input_dim=latent_dim),
Reshape((7, 7, 128)),
Conv2DTranspose(128, kernel_size=4, strides=2, padding="same"),
LeakyReLU(alpha=0.01),
Conv2DTranspose(64, kernel_size=4, strides=2, padding="same"),
LeakyReLU(alpha=0.01),
Conv2DTranspose(1, kernel_size=4, strides=1, padding="same", activation="tanh")
    ])
return model
```

El modelo del discriminador se define en la función build_discriminator. Esta toma como entrada una forma de imagen (img_shape) y construye un modelo que categoriza las imágenes como reales o falsas. El modelo también se construye como un modelo Secuencial, con capas Conv2D (convolucionales) para procesar los datos de imagen, seguido de una capa Flatten para preparar los datos para la capa Dense final. Al igual que en el generador, se utilizan funciones de activación LeakyReLU para introducir no linealidad.

```
def build_discriminator(img_shape):
model = Sequential([
Conv2D(64, kernel_size=4, strides=2, padding="same", input_shape=img_shape),
LeakyReLU(alpha=0.01),
Conv2D(128, kernel_size=4, strides=2, padding="same"),
LeakyReLU(alpha=0.01),
Flatten(),
Dense(1, activation="sigmoid")
    ])
return model
```

La GAN se construye combinando el generador y el discriminador. El generador y el discriminador se instancian con sus respectivas funciones, y el discriminador se compila con el optimizador Adam y la función de pérdida de entropía cruzada binaria. El entrenamiento del discriminador se establece en False durante el proceso de entrenamiento de la GAN para asegurar que solo el generador aprenda de la retroalimentación del discriminador.

```
# Instantiate the generator and discriminator
generator = build_generator(latent_dim)
discriminator = build_discriminator(img_shape)
```

```
discriminator.compile(optimizer='adam', loss='binary_crossentropy', metrics=['accuracy'])
# Create the GAN
discriminator.trainable = False
gan_input = tf.keras.Input(shape=(latent_dim,))
img = generator(gan_input)
validity = discriminator(img)
gan = tf.keras.Model(gan_input, validity)
gan.compile(optimizer='adam', loss='binary_crossentropy')
Finalmente, el código imprime un resumen del generador, el discriminador y el modelo combinado de la GAN. El resumen incluye las capas del modelo, las formas de salida de cada capa y el número de parámetros (es decir, pesos) en cada capa y en total.
# Summary of the models
generator.summary()
discriminator.summary()
gan.summary()
```

Esta implementación de GAN es un ejemplo básico y sirve como una buena introducción a las GANs. Puede adaptarse y expandirse para acomodar tareas y conjuntos de datos más complejos. Por ejemplo, puede utilizarse para generar imágenes sintéticas para la aumentación de datos, crear arte o producir muestras realistas de cualquier tipo de datos.

Otro Ejemplo: Arquitectura Básica de GAN con PyTorch

```
import torch
from torch import nn
from torch.nn import functional as F

class Discriminator(nn.Module):
def __init__(self, in_shape=(28, 28, 1)):
super(Discriminator, self).__init__()
self.model = nn.Sequential(
nn.Conv2d(in_channels=in_shape[0], out_channels=64, kernel_size=3, stride=2, padding=1),
nn.LeakyReLU(negative_slope=0.2),
nn.Conv2d(64, 128, 3, 2, 1),
nn.LeakyReLU(0.2),
nn.Flatten(),
nn.Linear(7 * 7 * 128, 1),
nn.Sigmoid()
    )

def forward(self, x):
return self.model(x)
class Generator(nn.Module):
def __init__(self, latent_dim=100):
super(Generator, self).__init__()
self.model = nn.Sequential(
nn.Linear(latent_dim, 7 * 7 * 256, bias=False),
nn.BatchNorm2d(256),
```

```
nn.ReLU(inplace=True),
nn.ConvTranspose2d(256, 128, kernel_size=3, stride=2, padding=1, output_padding=1),
nn.BatchNorm2d(128),
nn.ReLU(inplace=True),
nn.ConvTranspose2d(128, 1, 3, 2, 1, output_padding=1),
nn.Tanh()
    )

def forward(self, x):
return self.model(x)
def train(epochs, batch_size, data_loader, generator, discriminator, device):
# Optimizers
g_optimizer = torch.optim.Adam(generator.parameters(), lr=0.0002)
d_optimizer = torch.optim.Adam(discriminator.parameters(), lr=0.0002)
for epoch in range(epochs):
for real_images, _ in data_loader:
real_images = real_images.to(device)
# Train Discriminator: Maximize ability to distinguish real from fake
d_optimizer.zero_grad()
noise = torch.randn(batch_size, latent_dim, device=device)
fake_images = generator(noise)
fake_labels = torch.zeros(batch_size, device=device)
d_real_loss     =      F.binary_cross_entropy_with_logits(discriminator(real_images),
torch.ones(batch_size, device=device))
d_fake_loss = F.binary_cross_entropy_with_logits(discriminator(fake_images.detach()),
fake_labels)
d_loss = (d_real_loss + d_fake_loss) / 2
d_loss.backward()
d_optimizer.step()

# Train Generator: Minimize discriminator ability to distinguish fake from real
g_optimizer.zero_grad()
noise = torch.randn(batch_size, latent_dim, device=device)
fake_images = generator(noise)
g_loss          =          F.binary_cross_entropy_with_logits(discriminator(fake_images),
torch.ones(batch_size, device=device))
g_loss.backward()
g_optimizer.step()

# Print loss
print(f"Epoch:  {epoch+1}/{epochs}  ||  D  Loss:  {d_loss.item():.4f}  ||  G  Loss:
{g_loss.item():.4f}")
# Example usage (assuming you have your data loader defined)
device = torch.device("cuda" if torch.cuda.is_available() else "cpu")
discriminator = Discriminator().to(device)
generator = Generator().to(device)
train(10, 32, data_loader, generator, discriminator, device)
```

El script es una implementación de una Red Generativa Adversarial (GAN) utilizando la biblioteca PyTorch.

Las GANs consisten en dos redes neuronales: el Generador y el Discriminador, que compiten entre sí en una especie de juego. El Generador intenta crear datos que se parezcan a los datos de entrenamiento, mientras que el Discriminador intenta diferenciar entre datos reales del conjunto de entrenamiento y datos falsos producidos por el Generador.

En este script, el Discriminador se define como una clase que hereda de nn.Module de PyTorch. La red del Discriminador es una red neuronal convolucional que toma una imagen y la procesa a través de una serie de capas convolucionales y funciones de activación. Luego, produce un solo valor que indica si la imagen de entrada es real o falsa.

El Generador también se define como una clase que hereda de nn.Module. La red del Generador toma como entrada un vector de ruido aleatorio (también conocido como vector latente) y lo transforma en una imagen a través de una serie de capas lineales, capas de normalización por lotes y funciones de activación, y capas de convolución transpuesta (que pueden considerarse como la inversa de las capas convolucionales).

La función de entrenamiento definida en este script, train, realiza el proceso iterativo de entrenamiento de la GAN. Alterna entre entrenar el Discriminador y el Generador durante un cierto número de épocas. El Discriminador se entrena para maximizar su capacidad de diferenciar los datos reales de los falsos ajustando sus pesos en función de la diferencia entre sus predicciones y las etiquetas reales (que son todas unos para imágenes reales y todas ceros para imágenes falsas). El Generador, por otro lado, se entrena para engañar al Discriminador generando imágenes que el Discriminador clasificará como reales. Ajusta sus pesos en función de lo bien que logra engañar al Discriminador.

El script concluye con un ejemplo de uso de estas clases y la función de entrenamiento. Primero define el dispositivo para la computación (que será una GPU si hay una disponible, de lo contrario se predetermina a una CPU). Luego, inicializa instancias del Generador y el Discriminador, las mueve al dispositivo correcto y finalmente llama a la función train para entrenar la GAN en un conjunto de datos especificado.

3.2.4 Mejoras y Modificaciones

Se han propuesto varias mejoras y modificaciones innovadoras para abordar los diversos desafíos inherentes al entrenamiento de Redes Generativas Adversariales (GANs). Estas mejoras tienen como objetivo proporcionar mayor estabilidad y confiabilidad durante el proceso de entrenamiento, y aumentar la calidad general de la salida.

- **Wasserstein GAN (WGAN):** Este es un cambio de paradigma dentro del proceso de entrenamiento de GAN, introduciendo una nueva función de pérdida basada en la distancia Earth Mover, también conocida como distancia Wasserstein. La implementación de esta función de pérdida ha sido fundamental para mejorar la estabilidad del proceso de entrenamiento y también ha servido para reducir significativamente el fenómeno conocido como colapso de modo, un problema común en las GANs tradicionales.

- **Normalización Espectral:** Esta es una técnica donde se normaliza la norma espectral de las matrices de pesos, controlando efectivamente la constante de Lipschitz de la función del discriminador. Al mejorar la estabilidad de la GAN, esta modificación hace que el proceso de entrenamiento sea más confiable.
- **Crecimiento Progresivo de GANs:** Esta ingeniosa estrategia comienza con la generación de imágenes de baja resolución al inicio del proceso de entrenamiento. A medida que avanza el entrenamiento, la resolución de estas imágenes se incrementa gradualmente. Esto lleva a resultados de una calidad significativamente superior en comparación con las GANs tradicionales.

Estas modificaciones y mejoras han tenido un profundo impacto en el rendimiento y la robustez de las GANs. Las mejoras no solo han hecho que las GANs sean más confiables y estables, sino que también han incrementado su practicidad para una variedad de aplicaciones.

3.3 Entrenamiento de GANs

El proceso de entrenamiento de Redes Generativas Adversariales (GANs), un tipo de modelo de aprendizaje automático, es una tarea compleja e intrincada. Requiere la optimización simultánea de dos redes neuronales distintas: el generador y el discriminador. El objetivo general de este procedimiento es alcanzar un estado donde el generador sea capaz de crear datos tan convincentemente realistas que la red del discriminador no pueda diferenciarlos de datos reales y auténticos.

En la siguiente sección, emprenderemos una exploración del proceso detallado involucrado en el entrenamiento de GANs. Esto incluirá una discusión completa del proceso de entrenamiento paso a paso, una visión general de los desafíos comunes que a menudo se enfrentan en este esfuerzo, y un examen de una serie de técnicas avanzadas. Estas técnicas avanzadas están específicamente diseñadas para mejorar la estabilidad y el rendimiento del entrenamiento de GANs, haciendo el proceso más eficiente y los resultados más efectivos.

3.3.1 El Proceso de Entrenamiento

El proceso de entrenamiento de las Redes Generativas Adversariales (GANs) es un procedimiento complejo pero fascinante. Involucra una alternancia cuidadosamente coordinada entre la actualización de dos componentes clave: el discriminador y el generador.

Para detallar, el proceso se inicia primero actualizando el discriminador, seguido de hacer las actualizaciones necesarias al generador. Este ciclo se repite hasta que se considere completo el entrenamiento. El equilibrio entre estos dos componentes es crucial para el funcionamiento adecuado de las GANs.

Aquí hay un desglose paso a paso del proceso de entrenamiento:

1. Inicializar las Redes:

   - El primer paso implica inicializar las redes del generador y el discriminador. Estas redes son redes neuronales profundas y se inicializan con pesos aleatorios. Este es un procedimiento estándar al entrenar redes neuronales.

2. Entrenar el Discriminador:
   - El siguiente paso es entrenar el discriminador. Primero, se toma una muestra de un lote de datos reales del conjunto de entrenamiento. Estos datos representan el tipo de salida que queremos que produzca nuestro generador.
   - Luego, se genera un lote de datos falsos utilizando el generador. En esta etapa, el generador no está entrenado, por lo que la calidad de los datos falsos es baja.
   - La pérdida del discriminador se calcula tanto en los datos reales como en los falsos. El objetivo del discriminador es clasificar correctamente los datos como reales o falsos.
   - Finalmente, se actualizan los pesos del discriminador de manera que minimicen esta pérdida. La estrategia de optimización puede variar, pero generalmente implica alguna forma de descenso de gradiente.

3. Entrenar el Generador:
   - La siguiente fase es entrenar el generador. Esto comienza tomando una muestra de un lote de vectores de ruido aleatorio. Estos vectores sirven como entrada para el generador.
   - Usando estos vectores de ruido, el generador produce un lote de datos falsos.
   - Luego se calculan las predicciones del discriminador sobre estos datos falsos. El discriminador ha sido actualizado en el paso anterior, por lo que es ligeramente mejor para distinguir los datos reales de los falsos.
   - La pérdida del generador se calcula en función de estas predicciones. A diferencia del discriminador, el objetivo del generador es engañar al discriminador haciéndole creer que los datos falsos son reales.
   - Por último, se actualizan los pesos del generador para minimizar esta pérdida. Al igual que con el discriminador, esto generalmente implica alguna forma de descenso de gradiente.

4. Repetir:
   - Los pasos 2 y 3 se repiten durante un número especificado de épocas, o hasta que el generador produzca datos de alta calidad que puedan engañar al discriminador. El número de épocas requeridas puede variar mucho dependiendo de la complejidad de los datos y la arquitectura de las redes.

Ejemplo: Entrenamiento de una GAN Básica

```
import numpy as np
```

```
# Load and preprocess the MNIST dataset
(x_train, ), (, _) = tf.keras.datasets.mnist.load_data()
x_train = (x_train.astype(np.float32) - 127.5) / 127.5  # Normalize to [-1, 1]
x_train = np.expand_dims(x_train, axis=-1)
# Training parameters
epochs = 10000
batch_size = 64
sample_interval = 1000

# Training the GAN
for epoch in range(epochs):
# Train the discriminator
idx = np.random.randint(0, x_train.shape[0], batch_size)
real_images = x_train[idx]
noise = np.random.normal(0, 1, (batch_size, latent_dim))
fake_images = generator.predict(noise)
d_loss_real = discriminator.train_on_batch(real_images, np.ones((batch_size, 1)))
d_loss_fake = discriminator.train_on_batch(fake_images, np.zeros((batch_size, 1)))
d_loss = 0.5 * np.add(d_loss_real, d_loss_fake)
# Train the generator
noise = np.random.normal(0, 1, (batch_size, latent_dim))
g_loss = gan.train_on_batch(noise, np.ones((batch_size, 1)))
# Print progress
if epoch % sample_interval == 0:
print(f"{epoch} [D loss: {d_loss[0]}, acc.: {d_loss[1] * 100}%] [G loss: {g_loss}]")
# Generate new samples
noise = np.random.normal(0, 1, (10, latent_dim))
generated_images = generator.predict(noise)

# Plot generated images
fig, axs = plt.subplots(1, 10, figsize=(20, 2))
for i, img in enumerate(generated_images):
axs[i].imshow(img.squeeze(), cmap='gray')
axs[i].axis('off')
plt.show()
```

En este ejemplo simple:

El código comienza importando las bibliotecas necesarias.

A continuación, se carga el conjunto de datos MNIST utilizando la API de Keras. Las imágenes en el conjunto de datos son imágenes en escala de grises de tamaño 28x28. Antes de alimentarlas al modelo, las imágenes se normalizan al rango [-1, 1] restando el valor medio (127.5) y dividiendo por el mismo valor.

Luego, se definen los parámetros de entrenamiento. El parámetro 'epochs' determina el número de veces que se usará todo el conjunto de datos en el proceso de entrenamiento, 'batch_size' es el número de muestras que se propagarán a través de la red a la vez, y 'sample_interval' es la frecuencia con la que se imprimirá el progreso del entrenamiento y se guardarán imágenes de muestra.

La GAN se entrena en un bucle durante el número especificado de épocas. En cada época, primero se entrena el discriminador en un lote de imágenes reales y un lote de imágenes falsas generadas por el generador. Las imágenes reales se etiquetan con unos y las imágenes falsas se etiquetan con ceros. La pérdida del discriminador se calcula en función de su capacidad para clasificar correctamente estas imágenes, y sus pesos se actualizan en consecuencia.

A continuación, se entrena el generador. Genera un lote de imágenes a partir de ruido aleatorio, y estas imágenes se alimentan al discriminador. Sin embargo, esta vez, las etiquetas son todas unos, porque el objetivo del generador es engañar al discriminador haciéndole creer que sus imágenes son reales. La pérdida del generador se calcula en función de lo bien que logró engañar al discriminador, y sus pesos se actualizan en consecuencia.

El progreso del entrenamiento se imprime en intervalos especificados por el parámetro 'sample_interval'. Esto incluye la época actual, la pérdida y precisión del discriminador, y la pérdida del generador.

Después del proceso de entrenamiento, se usa el generador para generar 10 nuevas imágenes a partir de ruido aleatorio. Estas imágenes se trazan utilizando matplotlib y se muestran. El objetivo es observar la calidad de las imágenes que el generador entrenado puede producir.

Otro Ejemplo: Entrenamiento de una GAN en Datos MNIST

Aquí hay un ejemplo completo de entrenamiento de una GAN en el conjunto de datos MNIST, incluyendo los pasos de entrenamiento tanto del generador como del discriminador:

```
import tensorflow as tf
import numpy as np
import matplotlib.pyplot as plt

# Load and preprocess the MNIST dataset
(x_train, ), (, _) = tf.keras.datasets.mnist.load_data()
x_train = (x_train.astype(np.float32) - 127.5) / 127.5  # Normalize to [-1, 1]
x_train = np.expand_dims(x_train, axis=-1)
# Training parameters
latent_dim = 100
epochs = 10000
batch_size = 64
sample_interval = 1000

# Build the generator and discriminator
generator = build_generator(latent_dim)
discriminator = build_discriminator((28, 28, 1))
discriminator.compile(optimizer='adam',                         loss='binary_crossentropy',
metrics=['accuracy'])
# Build and compile the GAN
discriminator.trainable = False
gan_input = tf.keras.Input(shape=(latent_dim,))
img = generator(gan_input)
validity = discriminator(img)
gan = tf.keras.Model(gan_input, validity)
```

```
gan.compile(optimizer='adam', loss='binary_crossentropy')

# Training the GAN
for epoch in range(epochs):
# Train the discriminator
idx = np.random.randint(0, x_train.shape[0], batch_size)
real_images = x_train[idx]
noise = np.random.normal(0, 1, (batch_size, latent_dim))
fake_images = generator.predict(noise)
d_loss_real = discriminator.train_on_batch(real_images, np.ones((batch_size, 1)))
d_loss_fake = discriminator.train_on_batch(fake_images, np.zeros((batch_size, 1)))
d_loss = 0.5 * np.add(d_loss_real, d_loss_fake)
# Train the generator
noise = np.random.normal(0, 1, (batch_size, latent_dim))
g_loss = gan.train_on_batch(noise, np.ones((batch_size, 1)))
# Print progress
if epoch % sample_interval == 0:
print(f"{epoch} [D loss: {d_loss[0]}, acc.: {d_loss[1] * 100}%] [G loss: {g_loss}]")
# Generate and save images
noise = np.random.normal(0, 1, (10, latent_dim))
generated_images = generator.predict(noise)
fig, axs = plt.subplots(1, 10, figsize=(20, 2))
for i, img in enumerate(generated_images):
axs[i].imshow(img.squeeze(), cmap='gray')
axs[i].axis('off')
plt.show()
```

En este ejemplo:

Este código de ejemplo demuestra la implementación y el entrenamiento de una Red Generativa Adversarial (GAN) en el conjunto de datos MNIST. El conjunto de datos MNIST es una colección completa de imágenes de dígitos escritos a mano que se utiliza ampliamente en el campo del aprendizaje automático y la visión por computadora para evaluar algoritmos.

El código comienza cargando y preprocesando el conjunto de datos MNIST. Las imágenes se normalizan para tener valores entre -1 y 1, y los datos se reorganizan para ajustarse a la forma de entrada del discriminador.

A continuación, el código define los parámetros de entrenamiento, como la dimensión latente (el tamaño del vector de ruido aleatorio que toma el generador como entrada), el número de épocas de entrenamiento, el tamaño del lote y el intervalo de muestreo.

Luego se construyen el Generador y el Discriminador utilizando las funciones 'build_generator' y 'build_discriminator', respectivamente. Estas funciones no se muestran en el texto seleccionado, pero se supone que crean modelos adecuados para el Generador y el Discriminador.

Una vez que el Generador y el Discriminador están compilados y listos, comienza el entrenamiento real de la GAN. El proceso de entrenamiento implica ejecutar un bucle durante el número definido de épocas. En cada época, primero se entrena el Discriminador. Se selecciona un lote de imágenes reales y un lote de imágenes falsas, y se entrena al Discriminador para clasificarlas correctamente como reales o falsas.

A continuación, se entrena el Generador. El objetivo del Generador es generar imágenes que el Discriminador clasificará como reales. Por lo tanto, los pesos del Generador se actualizan en función de lo bien que logra engañar al Discriminador.

Después de un cierto número de épocas (definido por el parámetro 'sample_interval'), el código imprime el progreso actual, genera un lote de imágenes utilizando el estado actual del Generador y las muestra. El objetivo es observar cómo mejoran las imágenes generadas a medida que avanza el entrenamiento.

El entrenamiento continúa hasta que se completan todas las épocas. Al final del entrenamiento, se espera que el Generador produzca imágenes que se asemejen estrechamente a los dígitos escritos a mano reales del MNIST, y el Discriminador debería tener dificultades para distinguir entre imágenes reales y falsas.

El ejemplo proporciona un marco básico para entender e implementar GANs. Sin embargo, entrenar GANs puede ser un desafío debido a problemas como el colapso de modo, gradientes que desaparecen y la dificultad de lograr un equilibrio entre el Generador y el Discriminador. Se han propuesto varias técnicas avanzadas y modificaciones para abordar estos desafíos y mejorar el rendimiento de las GANs.

3.3.2 Desafíos Comunes en el Entrenamiento de GANs

El proceso de entrenamiento de Redes Generativas Adversariales (GANs) a menudo presenta una serie de desafíos que pueden potencialmente obstaculizar el rendimiento y la estabilidad general del modelo. Estos desafíos a veces pueden ser bastante complejos, presentando obstáculos significativos para lograr los resultados deseados. Algunos de los desafíos más prevalentes y comúnmente encontrados en este campo son los siguientes:

1. Colapso de Modo:

En ciertas situaciones, el generador tiende a limitar la variedad de muestras que produce. Esto resulta en la incapacidad del generador para capturar con precisión la diversidad completa de la distribución de datos. Es un problema significativo ya que dificulta la capacidad del generador para proporcionar una amplia gama de posibles soluciones.

Solución: Para superar esta limitación y fomentar la diversidad en las muestras generadas, se pueden emplear varias técnicas. Una de estas técnicas es la discriminación en mini-batch. Este método permite que el modelo cree un conjunto más diverso de muestras al hacer que la salida del generador dependa no solo del vector de ruido de entrada, sino también de un lote de vectores de ruido. Otra técnica es el uso de Redes Generativas Adversariales desenrolladas (Unrolled GANs). Las Unrolled GANs proporcionan un mecanismo para optimizar los parámetros del generador considerando las actualizaciones futuras del discriminador, permitiendo así una mayor diversidad de muestras generadas.

2. Inestabilidad del Entrenamiento:

Uno de los aspectos más desafiantes del entrenamiento de Redes Generativas Adversariales (GANs) es lidiar con la inestabilidad. Esta inestabilidad se debe a la naturaleza adversarial de las GANs, en la que el generador y el discriminador están en constante competencia. Este aspecto competitivo puede llevar frecuentemente a oscilaciones o incluso divergencia durante el proceso de entrenamiento, lo que puede complicar significativamente la tarea de alcanzar un equilibrio estable.

Solución: Para mitigar este problema de inestabilidad del entrenamiento, se han desarrollado y aplicado con éxito varias técnicas. Entre estas, las GAN de Wasserstein (WGAN) y la normalización espectral se destacan como particularmente efectivas. Ambas técnicas han demostrado estabilizar significativamente el proceso de entrenamiento, haciendo que sea más fácil alcanzar el equilibrio deseado.

3. Gradientes Desvanecientes:

En el proceso de entrenamiento de GANs, un problema común que surge es el fenómeno de los gradientes que desaparecen. Esto ocurre típicamente cuando el discriminador se vuelve demasiado bueno en distinguir entre muestras reales y falsas. Como resultado, los gradientes que recibe el generador durante la retropropagación se vuelven extremadamente pequeños, casi desapareciendo. Esto dificulta la capacidad del generador para aprender y mejorar, obstaculizando así su entrenamiento.

Solución: Para contrarrestar este problema, se pueden emplear varias técnicas. Un método es el uso de penalizaciones de gradiente. Esto implica agregar un término de penalización a la función de pérdida del discriminador, lo que ayuda a prevenir que los gradientes se reduzcan. Otro método es el suavizado de etiquetas, una técnica en la que se suavizan las etiquetas objetivo, reduciendo así la confianza del discriminador en sus decisiones. Ambos métodos sirven para equilibrar la dinámica del entrenamiento entre el generador y el discriminador, asegurando que uno no supere al otro.

4. Hiperparámetros Sensibles:

Uno de los desafíos principales al entrenar Redes Generativas Adversariales (GANs) es que son altamente sensibles a la configuración de hiperparámetros. Estos hiperparámetros, que incluyen aspectos como las tasas de aprendizaje, tamaños de lotes e inicializaciones de pesos, juegan un papel significativo en la determinación del rendimiento final de la GAN. Si estos parámetros no se calibran adecuadamente, puede resultar en un rendimiento subóptimo o en la falla de la red para converger.

Solución: Para lidiar efectivamente con la sensibilidad de las GANs a los hiperparámetros, se recomienda realizar búsquedas sistemáticas de hiperparámetros. Esto implica probar un rango de valores para cada hiperparámetro para identificar el conjunto que produce el mejor rendimiento. Para mejorar aún más el rendimiento, también se pueden utilizar técnicas de optimización adaptativa. Estas técnicas ajustan la tasa de aprendizaje y otros parámetros sobre la marcha, en función del progreso del entrenamiento, lo que puede llevar a un entrenamiento más eficiente y estable.

3.3.3 Técnicas de Entrenamiento Avanzadas

Se han desarrollado varias técnicas avanzadas para abordar los desafíos en el entrenamiento de GANs y mejorar su rendimiento:

Wasserstein GAN (WGAN):

La WGAN, o Red Generativa Adversarial de Wasserstein, introduce una nueva función de pérdida que se basa en la distancia Earth Mover, también conocida como distancia de Wasserstein. Este cambio innovador tiene como objetivo mejorar la estabilidad durante la fase de entrenamiento del modelo y, al mismo tiempo, reducir la prevalencia del colapso de modo, un problema común en las GANs tradicionales.

En el marco de WGAN, el discriminador, que se renombra apropiadamente como el crítico, está diseñado para devolver un número real en lugar de una probabilidad. Esto representa un cambio significativo de la tarea de clasificación binaria en las GANs estándar a una especie de tarea de clasificación en WGANs.

Además, una de las características clave de WGAN es la imposición de una restricción de Lipschitz. Para lograr esto, los pesos dentro del crítico se recortan deliberadamente dentro de un rango específico. Esta restricción particular es un componente crítico para garantizar el rendimiento confiable de la WGAN, ya que permite que el modelo aproxime de manera más efectiva la distancia de Wasserstein.

Ejemplo:

```
import tensorflow as tf
from tensorflow.keras.layers import Dense, Reshape, Flatten, Conv2D, Conv2DTranspose,
LeakyReLU, BatchNormalization
from tensorflow.keras.models import Sequential
from tensorflow.keras.optimizers import RMSprop

# WGAN generator
def build_generator(latent_dim):
model = Sequential([
Dense(128 * 7 * 7, activation="relu", input_dim=latent_dim),
Reshape((7, 7, 128)),
Conv2DTranspose(128, kernel_size=4, strides=2, padding='same'),
BatchNormalization(momentum=0.8),
LeakyReLU(alpha=0.2),
Conv2DTranspose(64, kernel_size=4, strides=2, padding='same'),
BatchNormalization(momentum=0.8),
LeakyReLU(alpha=0.2),
Conv2DTranspose(1, kernel_size=4, strides=1, padding='same', activation='tanh')
    ])
return model
# WGAN discriminator (critic)
```

```
def build_critic(img_shape):
model = Sequential([
Conv2D(64, kernel_size=4, strides=2, padding="same", input_shape=img_shape),
LeakyReLU(alpha=0.2),
Conv2D(128, kernel_size=4, strides=2, padding="same"),
LeakyReLU(alpha=0.2),
Flatten(),
Dense(1)
    ])
return model
# Build the generator and critic
latent_dim = 100
img_shape = (28, 28, 1)
generator = build_generator(latent_dim)
critic = build_critic(img_shape)

# Compile the critic
critic.compile(optimizer=RMSprop(lr=0.00005), loss='mse')
# Compile the WGAN
critic.trainable = False
gan_input = tf.keras.Input(shape=(latent_dim,))
img = generator(gan_input)
validity = critic(img)
wgan = tf.keras.Model(gan_input, validity)
wgan.compile(optimizer=RMSprop(lr=0.00005), loss='mse')

# Clip the weights of the critic to enforce the Lipschitz constraint
for layer in critic.layers:
weights = layer.get_weights()
weights = [tf.clip_by_value(w, -0.01, 0.01) for w in weights]
layer.set_weights(weights)
# Training parameters
epochs = 10000
batch_size = 64
sample_interval = 1000
n_critic = 5  # Number of critic updates per generator update

# Training the WGAN
for epoch in range(epochs):
for _ in range(n_critic):
# Train the critic
idx = np.random.randint(0, x_train.shape[0], batch_size)
real_images = x_train[idx]
noise = np.random.normal(0, 1, (batch_size, latent_dim))
fake_images = generator.predict(noise)
d_loss_real = critic.train_on_batch(real_images, -np.ones((batch_size, 1)))
d_loss_fake = critic.train_on_batch(fake_images, np.ones((batch_size, 1)))
d_loss = 0.5 * np.add(d_loss_real, d_loss_fake)
# Train the generator
noise = np.random.normal(0, 1, (batch_size, latent_dim))
g_loss = wgan.train_on_batch(noise, -np.ones((batch_size, 1)))
# Print progress
```

```
if epoch % sample_interval == 0:
print(f"{epoch} [D loss: {d_loss}] [G loss: {g_loss}]")
# Generate and save images
noise = np.random.normal(0, 1, (10, latent_dim))
generated_images = generator.predict(noise)
fig, axs = plt.subplots(1, 10, figsize=(20, 2))
for i, img in enumerate(generated_images):
axs[i].imshow(img.squeeze(), cmap='gray')
axs[i].axis('off')
plt.show()
```

En este ejemplo:

En el código de ejemplo, la función 'build_generator' crea el modelo del generador. El generador es una red convolucional inversa (CNN). Toma un punto del espacio latente como entrada y produce una imagen de 28x28x1. El modelo del generador se crea utilizando capas de la API de Keras. Específicamente, consta de capas Dense, Reshape, Conv2DTranspose (para upsampling) y LeakyReLU. También se aplica la normalización por lotes después de las capas Conv2DTranspose para estabilizar el proceso de aprendizaje y reducir el tiempo de entrenamiento.

A continuación, la función 'build_critic' construye el modelo del crítico (también denominado discriminador en el contexto de las GANs). El modelo del crítico es una CNN básica que toma una imagen como entrada y produce un solo valor que representa si la imagen de entrada es real (del conjunto de datos) o generada. Consta de capas Conv2D, LeakyReLU, Flatten y Dense.

Una vez que se construyen los modelos del generador y el crítico, comienza el proceso de entrenamiento. Una de las características distintivas de las WGANs es el recorte de pesos. En este código, los pesos del crítico se recortan para garantizar la restricción de Lipschitz, que es un componente clave de la pérdida de Wasserstein utilizada en las WGANs.

La WGAN se compila y entrena durante un número de épocas. Durante cada época, el crítico y el generador se entrenan alternadamente. El crítico se actualiza con más frecuencia por época (como se indica con 'n_critic'). El crítico aprende a distinguir imágenes reales de falsas, y el generador aprende a engañar al crítico. La pérdida del generador y del crítico se calcula y se imprime para cada época.

A intervalos de épocas definidos por 'sample_interval', se generan y guardan imágenes. Esto permite evaluar visualmente la calidad de las imágenes generadas a medida que avanza el entrenamiento.

En resumen, el propósito de este código de ejemplo es definir y entrenar una WGAN para generar nuevas imágenes que sean similares a las del conjunto de datos de entrenamiento. Al examinar las imágenes guardadas y la pérdida a lo largo del tiempo, podemos evaluar el rendimiento de la WGAN.

Normalización Espectral

La normalización espectral es una técnica sofisticada y altamente efectiva que se utiliza predominantemente para estabilizar el proceso de entrenamiento de Redes Generativas Adversariales (GANs). La función esencial de esta técnica es normalizar la norma espectral de las matrices de pesos. Al hacerlo, controla efectivamente la constante de Lipschitz del discriminador.

Este mecanismo de control es de importancia fundamental ya que impacta directamente en la suavidad de la función que aprende el discriminador. En esencia, cuanto más suave sea la función, más estable será el proceso de entrenamiento. Por lo tanto, la normalización espectral juega un papel crucial en asegurar la robustez y confiabilidad de las GANs.

Ejemplo:

```
import tensorflow as tf
from tensorflow.keras.layers import Conv2D, Dense, Flatten, LeakyReLU,
Conv2DTranspose, Reshape
from tensorflow.keras.models import Sequential
from tensorflow.keras.layers import Layer
from tensorflow.keras.initializers import RandomNormal

# Spectral normalization layer
class SpectralNormalization(Layer):
def __init__(self, layer):
super(SpectralNormalization, self).__init__()
self.layer = layer
def build(self, input_shape):
self.layer.build(input_shape)
self.u = self.add_weight(shape=(1, self.layer.kernel.shape[-1]),
initializer=RandomNormal(), trainable=False)
def call(self, inputs):
w = self.layer.kernel
v = tf.linalg.matvec(tf.transpose(w), self.u)
v = tf.linalg.matvec(tf.transpose(w), v / tf.linalg.norm(v))
sigma = tf.linalg.norm(tf.linalg.matvec(w, v))
self.layer.kernel.assign(w / sigma)
return self.layer(inputs)

# Example of applying spectral normalization to a discriminator
def build_discriminator(img_shape):
model = Sequential([
SpectralNormalization(Conv2D(64, kernel_size=4, strides=2, padding="same",
input_shape=img_shape)),
LeakyReLU(alpha=0.2),
SpectralNormalization(Conv2D(128, kernel_size=4, strides=2, padding="same")),
LeakyReLU(alpha=0.2),
Flatten(),
SpectralNormalization(Dense(1, activation='sigmoid'))
    ])
return model
# Instantiate the discriminator
img_shape = (28, 28, 1)
```

```
discriminator = build_discriminator(img_shape)
discriminator.summary()
```

En este ejemplo:

En este código, primero importamos los módulos necesarios de la biblioteca tensorflow. El módulo tensorflow.keras.layers se usa para importar las capas que se utilizarán para construir los modelos. El módulo tensorflow.keras.models se usa para importar el tipo de modelo que se utilizará. Por último, tensorflow.keras.initializers se utiliza para importar el inicializador de los pesos de las capas en los modelos.

Como se discutió, la Normalización Espectral es una técnica para estabilizar el entrenamiento de la GAN normalizando los pesos de las capas del modelo. Esto se hace en la clase SpectralNormalization. Esta clase extiende la clase Layer de keras.layers y agrega un envoltorio de normalización espectral a la capa sobre la que se llama. La normalización se realiza en el método call dividiendo los pesos de la capa por su valor singular más grande (norma espectral). Esto ayuda a controlar la constante de Lipschitz de la función del discriminador y estabilizar el entrenamiento de la GAN.

La función build_discriminator se usa para construir el modelo del discriminador. El discriminador es un modelo de Deep Learning que toma una imagen como entrada y produce un solo valor que representa si la entrada es real (del conjunto de datos) o falsa (generada). Es un modelo Secuencial e incluye capas convolucionales con Normalización Espectral aplicada, funciones de activación LeakyReLU, una capa de aplanamiento para convertir los datos 2D en 1D, y una capa de salida densa con una función de activación sigmoide para producir la probabilidad de que la entrada sea real.

Finalmente, se crea una instancia del modelo del discriminador con la forma de entrada de (28, 28, 1). Esto significa que el discriminador espera imágenes de 28 por 28 píxeles en escala de grises (1 canal de color). Luego, el modelo del discriminador se compila y se imprime la arquitectura del modelo utilizando el método summary.

Al usar la Normalización Espectral en el discriminador, aseguramos un proceso de entrenamiento más estable, lo que puede llevar a mejores resultados al entrenar la GAN.

Crecimiento Progresivo de GANs

Esta técnica avanzada comienza iniciando el proceso de entrenamiento con imágenes de baja resolución. Esta elección estratégica no es arbitraria; es un paso metódico diseñado para simplificar las etapas iniciales del proceso de entrenamiento. A medida que el entrenamiento avanza, hay un aumento gradual en la resolución de las imágenes.

Este aumento metódico ocurre de manera paso a paso, cuidadosamente calibrado para coincidir con la creciente sofisticación del entrenamiento. Este enfoque tiene un doble beneficio: no solo estabiliza el proceso de entrenamiento, asegurando que pueda proceder sin volatilidad disruptiva, sino que también conduce a salidas de mayor calidad.

Las salidas resultantes, por lo tanto, no solo son más detalladas, sino que también exhiben un aumento notable en su calidad general, lo que hace que esta técnica sea una elección preferida para muchos.

Ejemplo:

```
import tensorflow as tf
from tensorflow.keras.layers import Dense, Reshape, Flatten, Conv2D, Conv2DTranspose,
LeakyReLU
from tensorflow.keras.models import Sequential
# Progressive Growing Generator
def build_generator(latent_dim, current_resolution):
model = Sequential()
initial_resolution = 4

model.add(Dense(128 * initial_resolution * initial_resolution, input_dim=latent_dim))
model.add(Reshape((initial_resolution, initial_resolution, 128)))
model.add(LeakyReLU(alpha=0.2))
current_layers = initial_resolution
while current_layers < current_resolution:
model.add(Conv2DTranspose(128, kernel_size=4, strides=2, padding='same'))
model.add(LeakyReLU(alpha=0.2))
current_layers *= 2

model.add(Conv2D(1, kernel_size=3, padding='same', activation='tanh'))
return model
# Progressive Growing Discriminator
def build_discriminator(current_resolution):
model = Sequential()
initial_resolution = current_resolution
while initial_resolution > 4:
model.add(Conv2D(128,          kernel_size=4,          strides=2,          padding='same',
input_shape=(initial_resolution, initial_resolution, 1)))
model.add(LeakyReLU(alpha=0.2))
initial_resolution //= 2

model.add(Flatten())
model.add(Dense(1, activation='sigmoid'))
return model

# Example usage
latent_dim = 100
current_resolution = 32
generator = build_generator(latent_dim, current_resolution)
discriminator = build_discriminator(current_resolution)

generator.summary()
discriminator.summary()
```

En este ejemplo:

La función build_generator define la arquitectura del modelo generador. La función principal del generador en una GAN es generar nuevas instancias de datos. Comienza con una capa densa que toma un punto del espacio latente como entrada. El espacio latente es un espacio multidimensional de valores distribuidos gaussianamente y sirve como una fuente de aleatoriedad que el modelo utilizará para generar nuevas instancias. La salida de la capa densa se remodela para tener tres dimensiones.

Luego, el generador agrega pares de capas Conv2DTranspose (también conocidas como capas de deconvolución) y capas LeakyReLU. Las capas Conv2DTranspose aumentan el tamaño de los datos de entrada, duplicando las dimensiones de ancho y alto y aumentando efectivamente la resolución de la imagen generada. Las capas LeakyReLU añaden no linealidad al modelo, lo que le permite aprender patrones más complejos. Este proceso continúa mientras la resolución de la imagen generada sea menor que la resolución deseada.

Finalmente, el generador agrega una capa Conv2D que reduce la profundidad de la imagen generada a 1, produciendo así una imagen en escala de grises. Esta capa utiliza una función de activación tanh, que produce valores entre -1 y 1, coincidiendo con los valores de píxel esperados de las imágenes generadas.

La función build_discriminator define la arquitectura del modelo discriminador. El papel del discriminador en una GAN es clasificar las imágenes como reales (del conjunto de entrenamiento) o falsas (generadas por el generador). El discriminador es esencialmente una red neuronal convolucional (CNN) que comienza con una forma de entrada que corresponde a la resolución de las imágenes que analizará.

El discriminador agrega pares de capas Conv2D y LeakyReLU, que reducen las dimensiones de la imagen de entrada a la mitad con cada capa, disminuyendo efectivamente la resolución. Este proceso continúa hasta que la resolución de la imagen se reduce a 4x4.

La salida de la última capa convolucional se aplana a una sola dimensión y se pasa a través de una capa densa con una función de activación sigmoide. La función sigmoide produce un valor entre 0 y 1, representando la clasificación del discriminador de la imagen de entrada como real o falsa.

Luego, se instancian el generador y el discriminador con una dimensión latente de 100 y una resolución actual de 32, y se imprimen sus resúmenes. La dimensión latente corresponde al tamaño del vector de ruido aleatorio que toma el generador como entrada, mientras que la resolución actual corresponde al ancho y alto (en píxeles) de las imágenes que el generador produce y el discriminador analiza.

Este código forma la base de una GAN de crecimiento progresivo, un tipo avanzado de GAN que comienza el proceso de entrenamiento con imágenes de baja resolución y aumenta progresivamente la resolución a medida que continúa el entrenamiento. Esta técnica ayuda a estabilizar el proceso de entrenamiento y a menudo resulta en imágenes generadas de mayor calidad.

3.3.4 Resumen

El entrenamiento de Redes Generativas Adversariales (GANs) es un proceso delicado y matizado que requiere un equilibrio cuidadoso en la dinámica de entrenamiento entre el generador y el discriminador, los dos componentes fundamentales de la arquitectura GAN. El generador y el discriminador participan en un juego continuo de gato y ratón, donde el generador intenta producir datos que el discriminador no pueda distinguir del conjunto de datos real, mientras que el objetivo del discriminador es identificar los datos falsos.

Adquirir una comprensión profunda de este proceso de entrenamiento básico es indispensable. Esto incluye abordar los desafíos comunes que surgen durante el proceso de entrenamiento, como el colapso de modo, donde el generador produce una diversidad limitada de muestras, y la inestabilidad, donde el generador y el discriminador no convergen.

Además, el uso de técnicas avanzadas puede mejorar enormemente la estabilidad y el rendimiento general de las GANs. Técnicas como Wasserstein GAN (WGAN), una mejora sobre las GANs tradicionales que cambia la función de pérdida para usar una distancia de Wasserstein y ha demostrado ayudar con la estabilidad del entrenamiento; la normalización espectral, un método de normalización que estabiliza el entrenamiento del discriminador; y el crecimiento progresivo, una metodología de entrenamiento que aumenta progresivamente tanto el generador como el discriminador, mejorando la calidad de las imágenes generadas.

Dominar estas técnicas y comprender la dinámica de las GANs es crucial para aplicar efectivamente las GANs a diversas tareas de modelado generativo. Ya sea generando imágenes realistas, realizando superresolución de imágenes o simulando modelos 3D, la aplicación de las GANs es vasta y su potencial inmenso.

3.4 Evaluating GANs

Es fundamental para comprender la efectividad de las Redes Generativas Adversariales (GANs) realizar una evaluación adecuada. Este proceso de evaluación asegura que los datos generados por estas redes cumplan con los estándares de calidad previstos.

Esto no es una tarea sencilla, ya que, a diferencia de los modelos de aprendizaje automático tradicionales, las GANs no tienen una métrica de evaluación directa y sencilla. Esto se debe en gran medida a su objetivo principal: generar datos que sean, en su complejidad y detalle, lo más realistas posible.

En esta sección, exploraremos de manera exhaustiva los diversos métodos disponibles para la evaluación de las GANs. Examinaremos tanto los enfoques cuantitativos como cualitativos, analizando sus respectivos méritos y posibles desventajas. Además, exploraremos algunas de las métricas más comúnmente utilizadas en este campo de estudio. Para complementar esta discusión teórica, también proporcionaremos ejemplos prácticos para iluminar mejor los conceptos y técnicas discutidos.

3.4.1 Métricas de Evaluación Cuantitativa

Las métricas de evaluación cuantitativa ofrecen una gama de medidas objetivas que son cruciales para evaluar el rendimiento de las Redes Generativas Adversariales (GANs). Estas métricas sirven para proporcionar una evaluación clara, definitiva e imparcial de la efectividad de estas redes, y por lo tanto, son esenciales para comprender el rendimiento general y las posibles mejoras que podrían mejorar el funcionamiento de las GANs.

Algunas métricas comúnmente utilizadas incluyen:

1. Inception Score (IS):

   El Inception Score (IS) es una métrica cuantitativa significativa utilizada para evaluar el rendimiento de las Redes Generativas Adversariales (GANs), particularmente en la calidad de las imágenes que generan. Se introdujo como un medio para cuantificar y calificar las imágenes generadas en función de dos factores principales: diversidad y calidad.
   La diversidad se refiere a la gama de diferentes imágenes que la GAN puede producir. Un modelo que genera una variedad de imágenes, en lugar de producir repetidamente imágenes similares o idénticas, se consideraría que tiene una alta diversidad. Un puntaje más alto en diversidad refleja la capacidad de la GAN para capturar una amplia representación del conjunto de datos en el que se entrenó.
   La calidad, por otro lado, se refiere a cuán 'reales' son las imágenes generadas o cuán cerca están de las imágenes reales en el conjunto de datos de entrenamiento. Las imágenes de alta calidad deben ser indistinguibles de las fotos reales, lo que demuestra que la GAN ha aprendido con precisión la distribución de datos del conjunto de entrenamiento.
   El Inception Score utiliza una red preentrenada Inception v3 para calcular estos factores. Cada imagen generada se pasa a través de la red Inception, que produce una distribución de etiquetas condicional. Luego, el puntaje se calcula utilizando estas distribuciones, con la suposición de que los buenos modelos producirán imágenes diversas (alta entropía de la distribución marginal) pero también estarán seguros en sus predicciones para imágenes individuales (baja entropía de la distribución condicional).
   Un Inception Score alto generalmente indica que la GAN está produciendo imágenes diversas y de alta calidad que son similares a los datos reales. Sin embargo, es importante tener en cuenta que, aunque el Inception Score puede ser una herramienta útil para evaluar y comparar GANs, no es perfecto y tiene sus limitaciones. Por ejemplo, depende en gran medida del modelo Inception para sus cálculos, lo que significa que su precisión está limitada por qué tan bien se haya entrenado el modelo Inception.
   El Inception Score evalúa la calidad y la diversidad de las imágenes generadas. Utiliza una red preentrenada Inception v3 para calcular la distribución de etiquetas

condicional p(y|x) para cada imagen generada x y la distribución de etiquetas marginal p(y). El puntaje se da por:

$$IS(G) = exp(Ex[DKL(p(y \mid x) \mid\mid p(y))])$$

Un Inception Score alto indica que las imágenes generadas son tanto diversas como de alta calidad.

2. Fréchet Inception Distance (FID):

   La métrica FID calcula la similitud entre dos conjuntos de datos de imágenes. En este caso, se usa para comparar la distribución de las imágenes generadas con la distribución de las imágenes reales.
   El cálculo del FID implica el uso de un modelo preentrenado Inception v3, un modelo que originalmente fue diseñado y entrenado para tareas de clasificación de imágenes. Este modelo se usa para extraer características tanto de las imágenes reales como de las generadas. Las características extraídas luego se representan como una distribución Gaussiana multivariante, caracterizada por una media y una covarianza.
   Luego se calcula la distancia de Fréchet entre estas dos Gaussianas. Esta distancia proporciona una medida de la similitud entre los dos conjuntos de imágenes. Cuanto menor sea el puntaje FID, más cercanas serán las imágenes generadas a las imágenes reales en términos de las distribuciones de características. Por lo tanto, un FID más bajo indica que el modelo generativo ha realizado mejor la producción de imágenes más realistas.
   En el contexto de las GANs, el puntaje FID se utiliza a menudo como una medida de evaluación para comparar el rendimiento de diferentes modelos o diferentes configuraciones del mismo modelo. Proporciona una evaluación más confiable y robusta que algunas otras métricas, como el Inception Score, ya que toma en cuenta la distribución completa de características multidimensionales, en lugar de solo observar distribuciones marginales y condicionales.
   El puntaje FID mide la distancia entre las distribuciones de las imágenes reales y generadas en el espacio de características de una red preentrenada Inception v3. Puntajes FID más bajos indican que las imágenes generadas son más similares a las imágenes reales.

$$FID = \mid\mid \mu r - \mu g \mid\mid 2 + Tr(\Sigma r + \Sigma g - 2(\Sigma r \Sigma g)\ 1/2)$$

donde (μr,Σr) y (μg,Σg) son la media y la covarianza de los vectores de características de las imágenes reales y generadas, respectivamente.

3. Precision y Recall para Distribuciones:

La Precisión y Recall para Distribuciones son medidas estadísticas utilizadas para evaluar el rendimiento de las Redes Generativas Adversariales (GANs), particularmente en términos de la calidad y diversidad de los datos que generan. Estas métricas se toman del campo de la recuperación de información y también se usan comúnmente para evaluar tareas de clasificación en el aprendizaje automático.

La precisión mide la calidad de las muestras generadas. En el contexto de las GANs, evalúa cuántas de las muestras generadas son 'reales' o están cerca de la distribución de datos real. Un puntaje alto en precisión implica que la mayoría de las muestras generadas son de alta calidad, asemejándose estrechamente a los datos reales. Indica que la GAN está haciendo un buen trabajo generando muestras que son casi indistinguibles de las muestras reales.

El recall, por otro lado, mide la cobertura de la distribución de datos reales por las muestras generadas. Evalúa si la GAN es capaz de generar muestras que cubran toda la gama de la distribución de datos reales. Un puntaje alto en recall implica que la GAN tiene una buena comprensión de la distribución de datos real y es capaz de generar muestras diversas que cubren diferentes aspectos de los datos reales.

Juntas, la precisión y el recall proporcionan una evaluación integral de las GANs. Valores altos de precisión y recall indican que la GAN está generando muestras de alta calidad que cubren la diversidad de los datos reales. Sin embargo, a menudo hay una compensación entre precisión y recall. Un modelo que se centra demasiado en obtener muestras de alta calidad podría perder la diversidad de los datos (alta precisión, bajo recall), mientras que un modelo que se centra en cubrir toda la distribución de datos podría generar más muestras de baja calidad (baja precisión, alto recall).

Para obtener una visión equilibrada del rendimiento del modelo, es común combinar la precisión y el recall en una sola métrica llamada puntaje F1. El puntaje F1 es la media armónica de precisión y recall, y da el mismo peso a ambas medidas. Un puntaje F1 alto indica que la GAN está funcionando bien en ambos aspectos, generando muestras diversas y de alta calidad.

La precisión mide la calidad de las muestras generadas, mientras que el recall mide la cobertura de la distribución de datos reales por las muestras generadas. Valores altos de precisión y recall indican que la GAN está generando muestras de alta calidad que cubren la diversidad de los datos reales.

Ejemplo: Calcular Inception Score y FID

A continuación, se muestra cómo puede calcular el Inception Score y el FID utilizando TensorFlow y modelos preentrenados:

```
import tensorflow as tf
import numpy as np
from tensorflow.keras.applications.inception_v3 import InceptionV3, preprocess_input
from scipy.linalg import sqrtm

# Function to calculate Inception Score
def calculate_inception_score(images, num_splits=10):
```

```
model = InceptionV3(include_top=False, pooling='avg', input_shape=(299, 299, 3))
images = tf.image.resize(images, (299, 299))
images = preprocess_input(images)
preds = model.predict(images)

scores = []
for i in range(num_splits):
part = preds[i * len(preds) // num_splits: (i + 1) * len(preds) // num_splits]
py = np.mean(part, axis=0)
scores.append(np.exp(np.mean([np.sum(p * np.log(p / py)) for p in part])))
return np.mean(scores), np.std(scores)
# Function to calculate FID score
def calculate_fid(real_images, generated_images):
model = InceptionV3(include_top=False, pooling='avg', input_shape=(299, 299, 3))
real_images = tf.image.resize(real_images, (299, 299))
real_images = preprocess_input(real_images)
gen_images = tf.image.resize(generated_images, (299, 299))
gen_images = preprocess_input(gen_images)
act1 = model.predict(real_images)
act2 = model.predict(gen_images)

mu1, sigma1 = act1.mean(axis=0), np.cov(act1, rowvar=False)
mu2, sigma2 = act2.mean(axis=0), np.cov(act2, rowvar=False)
ssdiff = np.sum((mu1 - mu2) ** 2.0)
covmean = sqrtm(sigma1.dot(sigma2))

if np.iscomplexobj(covmean):
covmean = covmean.real
fid = ssdiff + np.trace(sigma1 + sigma2 - 2.0 * covmean)
return fid
# Generate some fake images using the trained GAN generator
noise = np.random.normal(0, 1, (1000, 100))
generated_images = generator.predict(noise)

# Calculate Inception Score
is_mean, is_std = calculate_inception_score(generated_images)
print(f"Inception Score: {is_mean} ± {is_std}")
# Calculate FID Score
real_images = x_train[np.random.choice(x_train.shape[0], 1000, replace=False)]
fid_score = calculate_fid(real_images, generated_images)
print(f"FID Score: {fid_score}")
```

Este ejemplo utiliza la biblioteca TensorFlow para calcular dos métricas clave para evaluar Redes Generativas Adversariales (GANs): el Inception Score (IS) y la Fréchet Inception Distance (FID). Estas métricas son esenciales para evaluar la calidad y diversidad de las imágenes sintéticas producidas por las GANs.

La primera función, calculate_inception_score, está diseñada para calcular el Inception Score. El Inception Score es una métrica que evalúa la calidad y diversidad de las imágenes producidas por una GAN. Lo hace utilizando un modelo preentrenado, específicamente el modelo InceptionV3, para hacer predicciones sobre las imágenes generadas. La función redimensiona las imágenes para que coincidan con la forma de entrada esperada por el modelo InceptionV3, las preprocesa para que coincidan con el formato que el modelo espera, y luego las pasa al modelo para obtener predicciones. Luego, calcula el puntaje basado en estas predicciones.

El cálculo del puntaje implica dividir las predicciones en varios subconjuntos (el número de los cuales está determinado por el parámetro num_splits), calcular la media de cada subconjunto y luego usar estas medias para calcular la divergencia KL entre la distribución de etiquetas predichas y la distribución uniforme. La divergencia KL mide cuánto difiere una distribución de probabilidad de una segunda distribución esperada. El Inception Score final es el exponencial de la media de la divergencia KL en todos los subconjuntos.

La segunda función, calculate_fid, se utiliza para calcular la Fréchet Inception Distance. La Fréchet Inception Distance es otra métrica para evaluar GANs, pero mide específicamente la similitud entre dos conjuntos de imágenes. En el contexto de las GANs, estos dos conjuntos son típicamente las imágenes reales del conjunto de entrenamiento y las imágenes sintéticas generadas por la GAN.

El cálculo del FID implica utilizar el mismo modelo InceptionV3 para extraer características tanto de las imágenes reales como de las generadas. Estas características se utilizan luego para crear una distribución Gaussiana multivariante, caracterizada por una media y una covarianza. Luego se calcula la distancia de Fréchet entre estas dos distribuciones Gaussianas. La distancia de Fréchet es una medida de similitud entre dos distribuciones, por lo que un puntaje FID más bajo indica que las imágenes generadas son más similares a las imágenes reales.

Después de definir estas dos funciones, el código procede a generar algunas imágenes falsas utilizando un generador de GAN. El generador se alimenta con ruido aleatorio, siguiendo una distribución normal, para generar estas imágenes sintéticas. El Inception Score y el FID para estas imágenes generadas se calculan utilizando las funciones definidas anteriormente. Finalmente, se imprimen los resultados de estos cálculos.

En resumen, este ejemplo proporciona una demostración práctica de cómo evaluar el rendimiento de una Red Generativa Adversarial (GAN) utilizando dos métricas comúnmente utilizadas: el Inception Score y la Fréchet Inception Distance. Ambas métricas proporcionan información valiosa sobre la calidad y diversidad de las imágenes generadas por la GAN, lo cual es crucial para evaluar la efectividad de la GAN.

Ejemplo de Fréchet Inception Distance (FID) para la Evaluación de GANs con TensorFlow

Aquí tienes un ejemplo completo de cómo calcular el FID para la evaluación de GANs utilizando TensorFlow:

1. Dependencias:

```
import tensorflow as tf
from tensorflow.keras.applications import inception_v3
from tensorflow.keras.preprocessing import image
from scipy import linalg
```

```
import numpy as np
```

2. Modelo InceptionV3 para Extracción de Características:

```
def inception_model():
    """
Loads the pre-trained InceptionV3 model for feature extraction.
Removes the final classification layer.
    """
model = inception_v3.InceptionV3(include_top=False, weights='imagenet')
model.output = model.layers[-1].output
return model
```

Esta función define inception_model que carga el modelo preentrenado InceptionV3 excluyendo la capa de clasificación final. Esta capa no es necesaria para el cálculo del FID, y solo queremos la representación de características aprendida por el modelo.

3. Función de Preprocesamiento:

```
def preprocess_image(img_path):
    """
Preprocesses an image for InceptionV3 input.
    """
target_size = (299, 299)
img = image.load_img(img_path, target_size=target_size)
img = image.img_to_array(img)
img = img / 255.0
img = np.expand_dims(img, axis=0)
return img
```

Esta función define preprocess_image, la cual toma una ruta de imagen y la preprocesa para la entrada de InceptionV3. Esto incluye redimensionar la imagen al tamaño objetivo (299x299 para InceptionV3) y normalización.

4. Función de Extracción de Características:

```
def extract_features(model, img_paths):
    """
Extracts features from a list of images using the InceptionV3 model.
    """
features = []
for img_path in img_paths:
img = preprocess_image(img_path)
feature = model.predict(img)
features.append(feature)
return np.array(features)
```

Esta función define extract_features, la cual toma el modelo InceptionV3 y una lista de rutas de imágenes. Itera a través de cada ruta, preprocesa la imagen, la alimenta al modelo y almacena las características extraídas en un array de NumPy.

5. Función de Cálculo del FID:

```
def calculate_fid(real_imgs, generated_imgs):
  """
Calculates the Fréchet Inception Distance (FID) between two sets of images.
  """
# Load InceptionV3 model
model = inception_model()

# Extract features for real and generated images
real_features = extract_features(model, real_imgs)
generated_features = extract_features(model, generated_imgs)

# Calculate statistics for real and generated features
real_mean = np.mean(real_features, axis=0)
real_cov = np.cov(real_features.reshape(real_features.shape[0], -1), rowvar=False)
generated_mean = np.mean(generated_features, axis=0)
generated_cov  =  np.cov(generated_features.reshape(generated_features.shape[0],  -1),
rowvar=False)
# Calculate squared mean difference
ssdiff = np.sum((real_mean - generated_mean)**2)

# Calculate FID
covmean = linalg.sqrtm(np.dot(real_cov, generated_cov))
if np.iscomplexobj(covmean):
covmean = covmean.real
fid = ssdiff + np.trace(real_cov + generated_cov - 2.0 * covmean)
return fid
```

Esta función define calculate_fid, la cual toma dos listas de rutas de imágenes (reales y generadas). Utiliza las funciones definidas previamente para extraer características de ambos conjuntos y luego calcula el FID. Aquí hay un desglose de los pasos clave:

- Extrae características para las imágenes reales y generadas utilizando el modelo InceptionV3.
- Calcula la media y la matriz de covarianza para ambos conjuntos de características.
- Calcula la diferencia de medias al cuadrado entre las medias reales y generadas.
- Calcula la raíz cuadrada del producto de las covarianzas.
- Maneja posibles problemas de números complejos que surgen de la raíz cuadrada del producto.
- El FID se define como la suma de las diferencias de medias al cuadrado.

Ejemplo de Precisión y Recall para Modelos Generativos con TensorFlow

Aunque no hay una implementación estándar utilizando TensorFlow para Precisión y Recall (PR) específicamente diseñados para modelos generativos, podemos explorar un enfoque similar aprovechando las características de Inception como se propone en el artículo "Assessing Generative Models via Precision and Recall". Aquí hay un desglose del concepto y un ejemplo de implementación:

1. Comprendiendo PR para Modelos Generativos:

- Precisión: Mide la calidad de las muestras generadas por el modelo. Una alta precisión indica que un mayor porcentaje de muestras generadas se asemejan a la distribución de datos reales.
- Recall: Mide la capacidad del modelo para capturar la diversidad de la distribución de datos reales. Un alto recall indica que las muestras generadas cubren una gama más amplia de variaciones presentes en los datos reales.

2. Emparejamiento de Características de Inception:

Este enfoque utiliza el modelo preentrenado InceptionV3 para extraer características tanto de los datos reales como de los generados. La idea es comparar estas características para evaluar qué tan bien se alinean los datos generados con la distribución de datos reales.

3. Ejemplo de Implementación:

```
import tensorflow as tf
from tensorflow.keras.applications import inception_v3
from tensorflow.keras.preprocessing import image
import numpy as np

def inception_model():
  “”””
Loads the pre-trained InceptionV3 model for feature extraction.
  “”””
model = inception_v3.InceptionV3(include_top=False, weights='imagenet')
model.output = model.layers[-1].output
return model

def preprocess_image(img_path):
  “”””
Preprocesses an image for InceptionV3 input.
  “”””
target_size = (299, 299)
img = image.load_img(img_path, target_size=target_size)
img = image.img_to_array(img)
img = img / 255.0
img = np.expand_dims(img, axis=0)
return img

def extract_features(model, img_paths):
  “”””
Extracts features from a list of images using the InceptionV3 model.
  “”””
features = []
for img_path in img_paths:
```

```
img = preprocess_image(img_path)
feature = model.predict(img)
features.append(feature)
return np.array(features)

def compute_pr(real_features, generated_features):
  """
Estimates precision and recall based on Inception feature distances.
**Note:** This is a simplified approach and may not capture the full
complexity of PR for generative models.
Parameters:
real_features: NumPy array of features from real data.
generated_features: NumPy array of features from generated data.
Returns:
precision: Estimated precision value.
recall: Estimated recall value.
  """
# Calculate pairwise distances between real and generated features
real_distances = np.linalg.norm(real_features[:, np.newaxis] - generated_features,
axis=2)
# Threshold for considering a generated sample close to real data (hyperparameter)
threshold = 0.5
# Count samples within the threshold distance
close_samples = np.sum(real_distances < threshold, axis=1)
# Precision: Ratio of close generated samples to total generated samples
precision = np.mean(close_samples / generated_features.shape[0])
# Recall: Ratio of generated samples close to at least one real sample
recall = np.mean(close_samples > 0)
return precision, recall
# Example usage
model = inception_model()
real_imgs = ["path/to/real/image1.jpg", "path/to/real/image2.png"]
generated_imgs = ["path/to/generated/image1.jpg", "path/to/generated/image2.png"]

real_features = extract_features(model, real_imgs)
generated_features = extract_features(model, generated_imgs)
precision, recall = compute_pr(real_features, generated_features)
print(f"Precision: {precision:.4f}")
print(f"Recall: {recall:.4f}")
```

4. Nota Importante:

   Este ejemplo proporciona un enfoque simplificado para estimar la Precisión y Recall (PR) para modelos generativos utilizando características de Inception. Utiliza un umbral de distancia para categorizar las muestras generadas como "cercanas" a los datos reales. Para una evaluación más completa, considere técnicas del artículo original que involucran la estimación de densidad del kernel y el cálculo de curvas PR en un rango de umbrales.

Evaluación de Modelos Generativos mediante Precisión y Recall: https://proceedings.neurips.cc/paper_files/paper/2018/file/f7696a9b362ac5a51c3dc8f098b73923-Paper.pdf

3.4.2 Evaluación Cualitativa

La evaluación cualitativa implica la inspección visual de las muestras generadas para evaluar su calidad. Este enfoque es subjetivo pero proporciona información valiosa sobre el realismo y la diversidad de los datos generados.

En el contexto de las Redes Generativas Adversariales (GANs), la evaluación cualitativa implica examinar de cerca las muestras generadas para evaluar su nivel de realismo y la diversidad que presentan. Esto puede implicar buscar cualquier artefacto visual, evaluar la claridad o el desenfoque de las muestras y verificar qué tan bien representan las muestras generadas la diversidad de los datos reales.

Por ejemplo, si la GAN está diseñada para generar imágenes de rostros, una evaluación cualitativa podría involucrar observar los rostros generados para ver qué tan bien se parecen a los rostros humanos reales y qué tan diversos son en términos de edad, género, etnia y otras características.

Aunque la evaluación cualitativa no proporciona una métrica concreta y numérica para evaluar el rendimiento como lo hace la evaluación cuantitativa, proporciona información valiosa que puede ayudar a mejorar el modelo. Por ejemplo, si el observador nota que las imágenes generadas son principalmente borrosas, esto podría indicar que el generador de la GAN no es lo suficientemente potente y necesita ser ajustado.

Además de la **inspección visual**, la evaluación cualitativa también puede involucrar la comparación con datos reales. Esto implica comparar las muestras generadas lado a lado con muestras de datos reales para evaluar qué tan similares son. Este método, aunque sigue siendo subjetivo, podría proporcionar una comparación más objetiva que la inspección visual por sí sola.

En general, la evaluación cualitativa juega un papel esencial en la evaluación del rendimiento de las Redes Generativas Adversariales. Si bien idealmente debería usarse junto con métodos cuantitativos para una evaluación más completa, puede proporcionar información valiosa que pueda guiar el ajuste fino del modelo.

Ejemplo: Inspección Visual de Imágenes Generadas

```
import matplotlib.pyplot as plt
# Generate new samples
noise = np.random.normal(0, 1, (10, 100))
generated_images = generator.predict(noise)

# Plot generated images
fig, axs = plt.subplots(1, 10, figsize=(20, 2))
for i, img in enumerate(generated_images):
```

```
axs[i].imshow(img.squeeze(), cmap='gray')
axs[i].axis('off')
plt.show()
```

En este ejemplo:

Este fragmento de código se centra en la visualización de los datos generados por la GAN. Comienza importando la biblioteca Matplotlib, que se usa extensamente en Python para crear visualizaciones estáticas, animadas e interactivas.

La primera parte del análisis implica la generación de nuevas muestras de datos. Esto se hace creando 'ruido', que son números aleatorios que siguen una distribución normal (en este caso, centrada en 0 con una desviación estándar de 1). Se crea un array de tamaño 10x100, donde cada fila es una muestra de ruido separada. Estas muestras de ruido sirven como entradas para el generador de la GAN, que las utiliza para crear nuevas muestras de datos. En este caso, se espera que el generador devuelva imágenes, de ahí el nombre 'generated_images'.

La segunda parte del análisis implica la visualización de estas imágenes generadas. Se crea una figura con una cuadrícula de 1 fila y 10 columnas, y un tamaño de 20x2. Cada celda en esta cuadrícula contendrá una de las imágenes generadas. Las imágenes se trazan una por una en cada celda. Las imágenes se comprimen (para eliminar las entradas de dimensión única de sus formas) y se convierten a escala de grises para mayor claridad visual. Los ejes también se desactivan para cada imagen, para que las imágenes mismas sean el foco de la visualización.

Una vez que todas las imágenes se han trazado, la figura se muestra usando plt.show(). Este comando revela toda la figura y sus subgráficos como una sola salida. Esta visualización proporcionaría una mirada a la diversidad y calidad de las imágenes generadas por la GAN, basándose en las entradas de ruido aleatorias iniciales.

Este tipo de visualización es extremadamente útil para evaluar qué tan bien ha aprendido la GAN a generar nuevos datos. Al inspeccionar visualmente las imágenes generadas, podemos tener una idea de cuán realistas se ven y cómo imitan los datos de entrenamiento. Esta evaluación cualitativa, aunque subjetiva, es una parte importante de la evaluación de la efectividad de las GANs.

3.4.3 Estudios de Usuario

El proceso de realizar estudios de usuario es una parte esencial para evaluar la calidad de los datos generados. Este método implica obtener valiosos comentarios de los participantes humanos que interactúan con los datos. El propósito principal de estos estudios es medir la calidad y realismo percibidos de las imágenes generadas por el sistema.

A los participantes en estos estudios se les suele pedir que proporcionen sus calificaciones sobre una variedad de criterios. Algunos de estos criterios pueden incluir aspectos como el realismo de las imágenes, la diversidad de las imágenes producidas y el atractivo visual general de las salidas generadas. Al solicitar comentarios sobre estos aspectos específicos, los investigadores pueden obtener una comprensión integral de qué tan bien se desempeña el sistema en términos de generación de datos.

Es importante tener en cuenta que los estudios de usuario ofrecen una ventaja significativa sobre otras formas de evaluación. A diferencia de confiar únicamente en la inspección visual, donde la evaluación puede ser algo subjetiva y propensa a sesgos, los estudios de usuario proporcionan una evaluación más objetiva y robusta del rendimiento del sistema.

Esto se debe al hecho de que incorporan una amplia gama de perspectivas de múltiples participantes, lo que mejora la fiabilidad y credibilidad de los resultados de la evaluación.

Ejemplo: Realización de un Estudio de Usuario

```
# Generate new samples for the user study
noise = np.random.normal(0, 1, (20, 100))
generated_images = generator.predict(noise)

# Save generated images to disk for user study
for i, img in enumerate(generated_images):
plt.imsave(f'generated_image_{i}.png', img.squeeze(), cmap='gray')
# Instructions for the user study:
# 1. Show participants the saved generated images.
# 2. Ask participants to rate each image on a scale of 1 to 5 for realism and visual
appeal.
# 3. Collect the ratings and analyze the results to assess the quality of the GAN.
```

Este ejemplo de código genera nuevas muestras de imágenes para un estudio de usuario. Crea ruido aleatorio y lo usa como entrada para un modelo generativo (el generador) para producir imágenes. Estas imágenes se guardan en el disco. El resto de los comentarios describen instrucciones para un estudio de usuario.

A los usuarios se les mostrarán las imágenes generadas y se les pedirá que las califiquen en una escala del 1 al 5 en términos de realismo y atractivo visual. Las calificaciones recopiladas se analizan luego para evaluar la calidad de la Red Generativa Adversarial (GAN) que produjo las imágenes.

3.4.4 Evaluación de Aplicaciones Específicas

Los criterios para evaluar las Redes Generativas Adversariales (GANs) pueden diferir significativamente según la aplicación particular para la cual se estén utilizando. Es esencial adaptar las métricas de evaluación para que se ajusten al propósito específico y las demandas de la aplicación en cuestión. Aquí hay algunos ejemplos:

- **Superresolución de Imágenes:** En este caso, el objetivo es evaluar la calidad de las imágenes que han sido aumentadas de resolución. La evaluación debe centrarse en determinar la nitidez y claridad de las imágenes mejoradas, para lo cual se emplean típicamente métricas como la Relación Señal-Ruido Pico (PSNR) y el Índice de Similitud

Estructural (SSIM). Estas son medidas cuantitativas que proporcionan una indicación clara del éxito del proceso de superresolución.

- **Generación de Texto:** Cuando las GANs se utilizan para la generación de texto, el enfoque cambia a evaluar la fluidez y coherencia del texto que se ha generado. Este puede ser un proceso algo subjetivo, pero existen algunas métricas establecidas, como las puntuaciones BLEU o ROUGE, que proporcionan una medida objetiva de la calidad del texto generado.
- **Transferencia de Estilo:** Para aplicaciones que implican transferencia de estilo, la evaluación debe centrarse en la consistencia y calidad artística de los estilos que se han transferido a las imágenes objetivo. Esto implica comparar las imágenes de salida con imágenes de referencia para determinar qué tan bien se ha capturado y transferido el estilo. La calidad de la transferencia de estilo a menudo puede ser una medida más subjetiva, ya que puede depender de las percepciones individuales de la calidad artística.

Ejemplo: Evaluación de Superresolución de Imágenes

Aquí se muestra un ejemplo de cómo evaluar una aplicación de superresolución de imágenes utilizando métricas como PSNR y SSIM:

```
from skimage.metrics import peak_signal_noise_ratio as psnr
from skimage.metrics import structural_similarity as ssim
# Low-resolution and high-resolution images
low_res_images = ...  # Load low-resolution images
high_res_images = ...  # Load corresponding high-resolution images

# Generate super-resolved images using the GAN generator
super_res_images = generator.predict(low_res_images)
# Calculate PSNR and SSIM for each image
psnr_values = [psnr(hr, sr) for hr, sr in zip(high_res_images, super_res_images)]
ssim_values = [ssim(hr, sr, multichannel=True) for hr, sr in zip(high_res_images,
super_res_images)]
# Print average PSNR and SSIM
print(f"Average PSNR: {np.mean(psnr_values)}")
print(f"Average SSIM: {np.mean(ssim_values)}")
```

Este ejemplo de código calcula efectivamente el PSNR (Relación Señal-Ruido Pico) y el SSIM (Índice de Similitud Estructural) entre imágenes de alta resolución (HR) y sus correspondientes imágenes de superresolución (SR) generadas por una GAN.

Aquí hay un desglose de los pasos:

Importar Métricas:

- peak_signal_noise_ratio (psnr) y structural_similarity (ssim) se importan desde skimage.metrics. Estas funciones se utilizan para calcular las métricas respectivas.

Cargar Imágenes:

- low_res_images: Esta variable probablemente contiene las imágenes de baja resolución precargadas que deseas usar para la superresolución.
- high_res_images: Esta variable contiene las imágenes de alta resolución correspondientes para comparación.

Generar Imágenes de Superresolución:

- super_res_images = generator.predict(low_res_images): Esta línea asume que tienes un modelo GAN entrenado con una función generator que toma imágenes de baja resolución como entrada y predice imágenes de superresolución.

Calcular PSNR y SSIM:

- El código itera a través de pares de imágenes HR y SR correspondientes usando zip.
- psnr_values: Para cada par, calcula el PSNR entre las imágenes HR y SR usando la función psnr y añade el valor a una lista llamada psnr_values.
- ssim_values: De manera similar, calcula el SSIM entre cada par de imágenes HR y SR usando la función ssim con multichannel=True (asumiendo imágenes RGB) y añade el valor a una lista llamada ssim_values.

Imprimir Valores Promedio:

- np.mean(psnr_values) calcula el PSNR promedio en todos los pares de imágenes.
- np.mean(ssim_values) calcula el SSIM promedio en todos los pares de imágenes.
- Finalmente, el código imprime los valores promedio de PSNR y SSIM.

En general, este ejemplo de código evalúa efectivamente la calidad de las imágenes de superresolución generadas comparándolas con las imágenes de alta resolución originales utilizando las métricas PSNR y SSIM.

3.5 Variaciones de las GANs

Desde la introducción de las innovadoras Redes Generativas Adversariales (GANs), se han desarrollado meticulosamente una gran cantidad de modificaciones y mejoras con el objetivo de abordar desafíos específicos que se encontraron y de expandir significativamente las capacidades del marco original de las GANs.

Estas variaciones son numerosas y diversas, incluyendo, pero no limitándose a, las GANs de Convolución Profunda (DCGANs), las innovadoras CycleGANs y las altamente versátiles StyleGANs, entre muchas otras.

Cada una de estas variaciones únicas introduce su propio conjunto de cambios arquitectónicos y técnicas de entrenamiento novedosas. Estas están cuidadosamente adaptadas para atender aplicaciones específicas o para mejorar el rendimiento. En esta sección en particular, profundizaremos en algunas de las variaciones de GANs más prominentes y reconocidas que han revolucionado el campo. Al hacerlo, proporcionaremos explicaciones detalladas que sean fáciles de entender, junto con código de ejemplo para ilustrar vívidamente su implementación práctica y uso en escenarios del mundo real.

3.5.1 GANs de Convolución Profunda (DCGANs)

Las GANs de Convolución Profunda (DCGANs) fueron introducidas por Radford et al. en 2015, y representan una mejora significativa sobre la arquitectura original de las GANs. Estas DCGANs aprovechan las capas convolucionales tanto en las redes del generador como del discriminador, lo cual es un cambio respecto al uso de capas totalmente conectadas. Esta adaptación es particularmente beneficiosa para manejar datos de imagen y conduce a un entrenamiento más estable y a imágenes generadas de mejor calidad.

Características clave de las DCGANs incluyen:

- El uso de capas convolucionales en lugar de capas totalmente conectadas.
- Sustitución de capas de pooling con convoluciones estratificadas en el discriminador y convoluciones transpuestas en el generador.
- El uso de normalización por lotes (batch normalization) para estabilizar el entrenamiento.
- El empleo de diferentes funciones de activación en el generador y el discriminador: activación ReLU en el generador y LeakyReLU en el discriminador.

Estas características contribuyen al rendimiento y la estabilidad mejorados de las DCGANs en comparación con las GANs originales. Al utilizar capas convolucionales, las DCGANs pueden aprender jerarquías espaciales de características de manera no supervisada, lo cual es altamente beneficioso para tareas que involucran imágenes.

En general, las DCGANs representan un hito significativo en el desarrollo de las GANs y han allanado el camino para numerosas variaciones y mejoras subsiguientes en la arquitectura de las GANs.

Ejemplo: Implementación de DCGAN con TensorFlow/Keras

```
import tensorflow as tf
from    tensorflow.keras.layers    import    Conv2D,    Conv2DTranspose,    LeakyReLU,
BatchNormalization, Reshape, Dense, Flatten
from tensorflow.keras.models import Sequential
import numpy as np
import matplotlib.pyplot as plt

# DCGAN Generator
def build_dcgan_generator(latent_dim):
model = Sequential([
Dense(256 * 7 * 7, activation="relu", input_dim=latent_dim),
Reshape((7, 7, 256)),
BatchNormalization(),
Conv2DTranspose(128, kernel_size=4, strides=2, padding='same'),
BatchNormalization(),
```

```
LeakyReLU(alpha=0.2),
Conv2DTranspose(64, kernel_size=4, strides=2, padding='same'),
BatchNormalization(),
LeakyReLU(alpha=0.2),
Conv2DTranspose(1, kernel_size=4, strides=1, padding='same', activation='tanh')
    ])
return model
# DCGAN Discriminator
def build_dcgan_discriminator(img_shape):
model = Sequential([
Conv2D(64, kernel_size=4, strides=2, padding='same', input_shape=img_shape),
LeakyReLU(alpha=0.2),
Conv2D(128, kernel_size=4, strides=2, padding='same'),
BatchNormalization(),
LeakyReLU(alpha=0.2),
Conv2D(256, kernel_size=4, strides=2, padding='same'),
BatchNormalization(),
LeakyReLU(alpha=0.2),
Flatten(),
Dense(1, activation='sigmoid')
    ])
return model
# Training the DCGAN
latent_dim = 100
img_shape = (28, 28, 1)

generator = build_dcgan_generator(latent_dim)
discriminator = build_dcgan_discriminator(img_shape)
discriminator.compile(optimizer='adam',                    loss='binary_crossentropy',
metrics=['accuracy'])
discriminator.trainable = False
gan_input = tf.keras.Input(shape=(latent_dim,))
generated_img = generator(gan_input)
validity = discriminator(generated_img)
dcgan = tf.keras.Model(gan_input, validity)
dcgan.compile(optimizer='adam', loss='binary_crossentropy')

# Load and preprocess the MNIST dataset
(x_train, ), (, _) = tf.keras.datasets.mnist.load_data()
x_train = (x_train.astype(np.float32) - 127.5) / 127.5  # Normalize to [-1, 1]
x_train = np.expand_dims(x_train, axis=-1)
# Training parameters
epochs = 10000
batch_size = 64
sample_interval = 1000

for epoch in range(epochs):
# Train the discriminator
idx = np.random.randint(0, x_train.shape[0], batch_size)
real_images = x_train[idx]
noise = np.random.normal(0, 1, (batch_size, latent_dim))
fake_images = generator.predict(noise)
```

```
d_loss_real = discriminator.train_on_batch(real_images, np.ones((batch_size, 1)))
d_loss_fake = discriminator.train_on_batch(fake_images, np.zeros((batch_size, 1)))
d_loss = 0.5 * np.add(d_loss_real, d_loss_fake)
# Train the generator
noise = np.random.normal(0, 1, (batch_size, latent_dim))
g_loss = dcgan.train_on_batch(noise, np.ones((batch_size, 1)))
# Print progress
if epoch % sample_interval == 0:
print(f"{epoch} [D loss: {d_loss[0]}, acc.: {d_loss[1] * 100}%] [G loss: {g_loss}]")
# Generate and save images
noise = np.random.normal(0, 1, (10, latent_dim))
generated_images = generator.predict(noise)
fig, axs = plt.subplots(1, 10, figsize=(20, 2))
for i, img in enumerate(generated_images):
axs[i].imshow(img.squeeze(), cmap='gray')
axs[i].axis('off')
plt.show()
```

En este ejemplo:

El script comienza importando las bibliotecas necesarias, que incluyen TensorFlow, Keras, NumPy y Matplotlib. TensorFlow es una biblioteca de código abierto popular para el aprendizaje automático e inteligencia artificial, mientras que Keras es una API de redes neuronales de alto nivel escrita en Python y capaz de ejecutarse sobre TensorFlow. NumPy se usa para cálculos numéricos y Matplotlib se usa para generar gráficos.

El script luego define dos funciones, build_dcgan_generator y build_dcgan_discriminator, que crean los modelos del generador y del discriminador respectivamente. El modelo del generador toma una dimensión latente como entrada y produce una imagen, mientras que el discriminador toma una imagen como entrada y produce una probabilidad que indica si la imagen es real o falsa. El modelo del generador se construye usando una secuencia de capas densas, de reconfiguración, de normalización por lotes y de convolución transpuesta, mientras que el modelo del discriminador usa una secuencia de capas de convolución, de normalización por lotes, LeakyReLU, de aplanamiento y densas.

Después de definir los modelos, el script crea instancias del generador y del discriminador y compila el modelo del discriminador. El modelo del discriminador se compila con el optimizador Adam y la pérdida de entropía cruzada binaria. Durante el entrenamiento de la GAN, los parámetros del modelo del discriminador se configuran como no entrenables.

El script luego define el modelo de GAN, que toma un vector latente como entrada y da salida a la validez de la imagen generada según lo determine el discriminador. El modelo de GAN se compila con el optimizador Adam y la pérdida de entropía cruzada binaria.

A continuación, el script carga el conjunto de datos MNIST, que es una gran base de datos de dígitos escritos a mano que se utiliza comúnmente para entrenar varios sistemas de procesamiento de imágenes. Después de cargar el conjunto de datos, el script normaliza los datos de la imagen para que estén entre -1 y 1 y expande la dimensión del conjunto de datos.

El script luego establece los parámetros de entrenamiento, que incluyen el número de épocas, el tamaño del lote y el intervalo de muestreo. También inicializa matrices para almacenar las pérdidas y precisiones del discriminador y la pérdida del generador.

El script luego entra en el bucle de entrenamiento. Para cada época, el script selecciona un lote aleatorio de imágenes del conjunto de datos y genera un lote correspondiente de vectores de ruido. Utiliza el modelo del generador para generar un lote de imágenes falsas a partir de los vectores de ruido. El modelo del discriminador se entrena luego en las imágenes reales y falsas. El modelo del generador se entrena luego para generar imágenes que el modelo del discriminador considera reales.

Cada 1000 épocas, el script imprime el número de época, la pérdida y precisión del discriminador en las imágenes reales y falsas, y la pérdida del generador. También genera un lote de imágenes del modelo del generador usando un lote fijo de vectores de ruido y traza estas imágenes en una cuadrícula de 1 por 10.

3.5.2 CycleGAN

CycleGAN, introducida por Zhu et al. en 2017, es un tipo específico de Red Generativa Adversarial (GAN) que se centra en la traducción de imágenes a imágenes. Su característica distintiva principal es su capacidad para transformar imágenes de un dominio a otro sin necesidad de ejemplos de entrenamiento pareados. Este es un avance significativo sobre los modelos anteriores, ya que elimina la necesidad de un conjunto de datos que contenga pares de imágenes perfectamente emparejadas de los dominios fuente y destino.

Por ejemplo, si deseas convertir imágenes de caballos en imágenes de cebras, un modelo tradicional de traducción de imágenes a imágenes requeriría un conjunto de datos de imágenes de caballos y cebras emparejadas. CycleGAN, sin embargo, puede aprender esta transformación sin tal conjunto de datos. Esto es particularmente útil para tareas donde es difícil o imposible recopilar datos de entrenamiento pareados.

La arquitectura de CycleGAN incluye dos redes generadoras y dos redes discriminadoras. Las redes generadoras son responsables de la transformación de las imágenes entre los dos dominios. Un generador transforma del dominio fuente al dominio destino, mientras que el otro transforma en la dirección inversa. Las redes discriminadoras, por otro lado, se utilizan para imponer el realismo de las imágenes transformadas.

Además de las funciones de pérdida tradicionales de GAN, CycleGAN también introduce una función de pérdida de consistencia cíclica. Esta función asegura que una imagen que se transforma de un dominio a otro y luego de regreso al dominio original será la misma que la imagen original. Este proceso cíclico ayuda al modelo a aprender mapeos precisos y coherentes entre los dos dominios.

En general, CycleGAN ha sido fundamental en el campo de la traducción de imágenes y la transferencia de estilo, permitiendo transformaciones que anteriormente eran desafiantes o imposibles con GANs tradicionales. Se ha utilizado en una amplia variedad de aplicaciones, desde convertir pinturas en fotografías, cambiar estaciones en imágenes de paisajes, e incluso traducir imágenes de Google Maps a imágenes satelitales.

Resumen de Características Clave y Funcionalidades de CycleGAN:

- CycleGAN hace uso de dos modelos generadores separados, cada uno designado para un dominio específico, así como dos modelos discriminadores individuales. Este enfoque, que implica vías duales, permite que el modelo aprenda y mapee las características de un dominio a otro.
- Una característica única y crítica de CycleGAN es la introducción de lo que se conoce como pérdida de consistencia cíclica. Este mecanismo innovador impone el principio de que cuando una imagen se traduce de su dominio original al dominio objetivo, y luego se traduce de nuevo al dominio original, el modelo debe producir una imagen que refleje la imagen de entrada original. Este es un aspecto fundamental del diseño del modelo, ya que ayuda a asegurar la precisión de las traducciones entre dominios.

Ejemplo: Implementación de CycleGAN con TensorFlow/Keras

```
import tensorflow as tf
from tensorflow.keras.layers import Conv2D, Conv2DTranspose, LeakyReLU,
BatchNormalization, Input
from tensorflow.keras.models import Model
import numpy as np
import matplotlib.pyplot as plt

# CycleGAN Generator
def build_cyclegan_generator(img_shape):
input_img = Input(shape=img_shape)
x = Conv2D(64, kernel_size=4, strides=2, padding='same')(input_img)
x = LeakyReLU(alpha=0.2)(x)
x = BatchNormalization()(x)
x = Conv2D(128, kernel_size=4, strides=2, padding='same')(x)
x = LeakyReLU(alpha=0.2)(x)
x = BatchNormalization()(x)
x = Conv2DTranspose(64, kernel_size=4, strides=2, padding='same')(x)
x = LeakyReLU(alpha=0.2)(x)
x = BatchNormalization()(x)
output_img = Conv2DTranspose(3, kernel_size=4, strides=2, padding='same',
activation='tanh')(x)
return Model(input_img, output_img)
# CycleGAN Discriminator
def build_cyclegan_discriminator(img_shape):
input_img = Input(shape=img_shape)
x = Conv2D(64, kernel_size=4, strides=2, padding='same')(input_img)
x = LeakyReLU(alpha=0.2)(x)
x = Conv2D(128, kernel_size=4, strides=2, padding='same')(x)
x = LeakyReLU(alpha=0.2)(x)
x = Flatten()(x)
validity = Dense(1, activation='sigmoid')(x)
return Model(input_img, validity)
```

```
# Build CycleGAN models
img_shape = (128, 128, 3)
G_AB = build_cyclegan_generator(img_shape)
G_BA = build_cyclegan_generator(img_shape)
D_A = build_cyclegan_discriminator(img_shape)
D_B = build_cyclegan_discriminator(img_shape)

D_A.compile(optimizer='adam', loss='binary_crossentropy', metrics=['accuracy'])
D_B.compile(optimizer='adam', loss='binary_crossentropy', metrics=['accuracy'])
# CycleGAN loss
def cycle_loss(y_true, y_pred):
return tf.reduce_mean(tf.abs(y_true - y_pred))
# Full CycleGAN model
img_A = Input(shape=img_shape)
img_B = Input(shape=img_shape)

fake_B = G_AB(img_A)
reconstr_A = G_BA(fake_B)
fake_A = G_BA(img_B)
reconstr_B = G_AB(fake_A)

D_A.trainable = False
D_B.trainable = False

valid_A = D_A(fake_A)
valid_B = D_B(fake_B)

cycle_gan = Model(inputs=[img_A, img_B], outputs=[valid_A, valid_B, reconstr_A, reconstr_B])
cycle_gan.compile(optimizer='adam', loss=['binary_crossentropy', 'binary_crossentropy', cycle_loss, cycle_loss])
# Summary of the models
G_AB.summary()
G_BA.summary()
D_A.summary()
D_B.summary()
cycle_gan.summary()
```

En este ejemplo:

La primera parte del script importa las bibliotecas necesarias, que incluyen TensorFlow para el aprendizaje automático, Keras para la API de redes neuronales, numpy para cálculos numéricos y matplotlib para generar gráficos.

El script luego define dos funciones, build_cyclegan_generator y build_cyclegan_discriminator. Estas dos funciones se utilizan para construir los modelos generador y discriminador de la CycleGAN.

El modelo del generador está diseñado para transformar una imagen de un dominio a otro. El modelo comienza con una imagen de entrada y aplica una serie de capas convolucionales, de activación LeakyReLU y de normalización por lotes para procesar la imagen. La imagen procesada se pasa luego a través de un conjunto de capas de convolución transpuesta para generar la imagen de salida.

El modelo del discriminador es responsable de determinar si una imagen dada es real (del conjunto de datos) o falsa (generada por el generador). El modelo toma una imagen como entrada y aplica una serie de capas convolucionales y de activación LeakyReLU. La imagen procesada se aplana y se pasa a través de una capa densa para dar salida a un único valor que representa la probabilidad de que la imagen sea real.

Después de definir los modelos generador y discriminador, el script crea instancias de estos modelos para dos dominios de imagen, referidos como A y B. El script también compila los modelos discriminadores, especificando 'adam' como el optimizador, 'binary_crossentropy' como la función de pérdida y 'accuracy' como la métrica.

El script luego define una función de pérdida especial para la CycleGAN, llamada pérdida cíclica. Esta función mide la diferencia absoluta entre la imagen original y la imagen reconstruida (es decir, una imagen que ha sido transformada de un dominio a otro y luego de vuelta al dominio original). La pérdida cíclica anima a la CycleGAN a aprender mapeos capaces de reconstruir la imagen original con precisión.

A continuación, el script construye el modelo completo de CycleGAN. Este modelo toma dos imágenes como entrada (una del dominio A y una del dominio B), transforma cada imagen al otro dominio utilizando los generadores, y luego de vuelta al dominio original. El modelo también pasa las imágenes transformadas a través de los discriminadores para determinar su realismo. Las salidas del modelo incluyen la validez de las imágenes transformadas y las imágenes reconstruidas.

El modelo de CycleGAN se compila con el optimizador 'adam' y una lista de funciones de pérdida que incluyen la entropía cruzada binaria para las salidas de validez y la pérdida cíclica para las salidas de reconstrucción. Además, para asegurar que el entrenamiento de la CycleGAN se centre en mejorar los generadores, el script establece el atributo trainable de los discriminadores en False antes de compilar el modelo de CycleGAN.

Finalmente, el script imprime un resumen de cada modelo para proporcionar una visión general de sus arquitecturas. Esto incluye las capas en cada modelo, la forma de las salidas de cada capa y el número de parámetros en cada capa.

3.5.3 StyleGAN

StyleGAN, o Style Generative Adversarial Network, es un tipo avanzado de modelo GAN introducido por Karras et al. de NVIDIA en 2019. Este modelo representa un avance significativo en el campo de los modelos generativos debido a su capacidad para generar imágenes extremadamente realistas y de alta calidad.

La principal innovación en StyleGAN reside en su arquitectura única del generador basada en estilos. Esta nueva arquitectura permite un control detallado y específico del proceso de síntesis de imágenes, separando las influencias de atributos de alto nivel y la variación estocástica en las imágenes generadas. Con esto, es posible manipular aspectos específicos de las imágenes generadas de manera independiente, lo cual no era posible con modelos GAN anteriores.

La arquitectura de StyleGAN incluye una red de mapeo y una red de síntesis. La red de mapeo toma un código latente y lo mapea a un espacio latente intermedio, que controla los estilos de varios aspectos de la imagen generada. La red de síntesis toma esta representación intermedia y genera la imagen final.

Las características clave de StyleGAN incluyen el uso de normalización adaptativa de instancias (AdaIN) para la modulación de estilos, el crecimiento progresivo tanto del generador como del discriminador para un entrenamiento estable y una calidad mejorada, y una red de mapeo con inyección de estilo para controlar los atributos de la imagen.

Una de las aplicaciones más conocidas de StyleGAN es el sitio web 'This Person Does Not Exist', donde el modelo genera rostros humanos altamente realistas de personas que no existen. Otras aplicaciones incluyen la manipulación de características específicas de una imagen, como cambiar el color del cabello o la edad de una persona, y transferir el estilo de una imagen a otra, como cambiar una foto diurna a nocturna.

En conclusión, StyleGAN representa un avance significativo en el campo de los modelos generativos, abriendo nuevas posibilidades para la síntesis, manipulación y comprensión de imágenes.

Resumen de Características Clave de StyleGAN:

- Utiliza una arquitectura de generador basada en estilos, que proporciona un enfoque único en cómo el generador maneja y procesa los vectores de ruido. Esta arquitectura se combina con la normalización adaptativa de instancias (AdaIN), una técnica que permite la transferencia de estilo desde las imágenes de estilo a las imágenes generadas.
- Emplea una metodología de crecimiento progresivo tanto para el generador como para el discriminador. Esto significa que la red comienza entrenando con imágenes de baja resolución y luego aumenta progresivamente la resolución añadiendo más capas. Esta estrategia mejora significativamente la estabilidad del entrenamiento y permite que la red genere imágenes de alta calidad.
- Proporciona la capacidad de controlar atributos específicos de la imagen, como el estilo y la estructura de las imágenes generadas. Esto se logra mediante el uso de una red de mapeo y la inyección de estilo. La red de mapeo permite que el modelo aprenda representaciones más separadas, y la inyección de estilo proporciona una forma de controlar el estilo en diferentes niveles de detalle.

Ejemplo: Uso de un Modelo StyleGAN Pre-entrenado

Para usar un modelo StyleGAN pre-entrenado, podemos aprovechar bibliotecas como stylegan2-pytorch para mayor simplicidad. Aquí hay un ejemplo:

```
import torch
from stylegan2_pytorch import ModelLoader
import matplotlib.pyplot as plt

# Load pre-trained StyleGAN2 model
model = ModelLoader(name='ffhq', load_model=True)

# Generate random latent vectors
num_images = 5
latent_vectors = torch.randn(num_images, 512)

# Generate images using the model
generated_images = model.generate(latent_vectors)

# Plot the generated images
fig, axs = plt.subplots(1, num_images, figsize=(15, 15))
for i, img in enumerate(generated_images):
axs[i].imshow(img.permute(1, 2, 0).cpu().numpy())
axs[i].axis('off')
plt.show()
```

Este ejemplo utiliza la biblioteca stylegan2-pytorch para generar imágenes a partir de un modelo preentrenado de StyleGAN2.

Aquí tienes un desglose de los pasos:

Importar Bibliotecas:

- torch: La biblioteca PyTorch para el Deep Learning.
- from stylegan2_pytorch import ModelLoader: Importa la clase ModelLoader de la biblioteca stylegan2-pytorch. Esta clase ayuda a cargar y gestionar los modelos StyleGAN2.
- matplotlib.pyplot as plt: Utilizado para trazar las imágenes generadas.

Cargar el Modelo Preentrenado:

- model = ModelLoader(name='ffhq', load_model=True): Crea una instancia de ModelLoader llamada model.
    - name='ffhq': Especifica el nombre del modelo preentrenado, probablemente "ffhq", que se refiere al conjunto de datos Flickr-Faces-HQ, comúnmente utilizado para el entrenamiento de StyleGAN2.
    - load_model=True: Instruye a ModelLoader que cargue los parámetros del modelo preentrenado.

Generar Vectores Latentes Aleatorios:

- num_images = 5: Define el número de imágenes a generar (establecido en 5 en este ejemplo).

- latent_vectors = torch.randn(num_images, 512): Crea un tensor aleatorio llamado latent_vectors con dimensiones (num_images, 512). Este tensor representa el ruido latente utilizado para generar imágenes. La dimensionalidad específica (512 en este caso) depende de la arquitectura del modelo preentrenado.

Generar Imágenes:

- generated_images = model.generate(latent_vectors): Esta línea utiliza la función model.generate para generar imágenes a partir de los vectores latentes proporcionados. Las imágenes generadas se almacenan en el tensor generated_images.

Trazar las Imágenes Generadas:

- plt.subplots(1, num_images, figsize=(15, 15)): Crea una figura de Matplotlib con una sola fila y num_images columnas para mostrar las imágenes generadas. También establece el tamaño de la figura en 15x15 para una mejor visualización.
- El bucle itera a través de cada imagen en generated_images:
    - axs[i].imshow(...): Esta línea muestra la imagen actual en una subtrama utilizando la función imshow de Matplotlib.
        - .permute(1, 2, 0).cpu().numpy(): Esta línea reorganiza las dimensiones del tensor de imagen del formato de PyTorch (canales primero) al formato de Matplotlib (canales al final) y lo convierte en un array de NumPy para la compatibilidad con imshow.
    - axs[i].axis('off'): Apaga las etiquetas de los ejes para una presentación más limpia.
- plt.show(): Muestra las imágenes generadas en la pantalla.

En resumen, este ejemplo demuestra cómo generar imágenes con un modelo StyleGAN2 proporcionando ruido latente aleatorio como entrada y visualizando los resultados generados.

3.5.4 Otras Variaciones de GAN

1. Wasserstein GAN (WGAN):

   Wasserstein GAN, a menudo abreviado como WGAN, es una variante de las Redes Generativas Antagónicas (GANs). Introducidas por Martin Arjovsky, Soumith Chintala y Léon Bottou en 2017, las WGANs representan un avance significativo en el campo de las GANs, abordando principalmente dos problemas críticos que a menudo afectan a las GANs tradicionales: la inestabilidad en el entrenamiento y el colapso de modos.
   El nombre "Wasserstein" proviene del tipo de función de pérdida utilizada en estas GANs, conocida como la distancia Wasserstein o la distancia del "trasportador de tierra". Esta es una medida de la distancia entre dos distribuciones de probabilidad y se usa en lugar de las funciones de pérdida tradicionales de GAN, como la divergencia de Jensen-Shannon. Este cambio en la función de pérdida conduce a una superficie de pérdida más suave y significativa, lo que hace que el proceso de entrenamiento sea más estable.

Las WGANs también introducen una característica única conocida como recorte de pesos, que ayuda a garantizar que la función del discriminador (también conocida como el crítico en la terminología de WGAN) se encuentre dentro de un espacio compacto, facilitando el cálculo de la distancia Wasserstein.

La innovación de las WGANs ha tenido un impacto significativo en la mejora de la calidad y diversidad de las muestras generadas, así como en la estabilidad del proceso de entrenamiento de las GAN. Ha permitido procesos de entrenamiento más confiables, abriendo así nuevas posibilidades para la aplicación de las GAN en varios dominios.

Sin embargo, vale la pena señalar que, aunque las WGANs abordan algunos problemas en las GANs estándar, también tienen su propio conjunto de desafíos y limitaciones, como problemas con el recorte de pesos que conducen a comportamientos de función no deseados. Esto ha llevado a desarrollos y mejoras adicionales en el campo de las GAN, como la introducción de WGAN-GP (Wasserstein GAN con Penalización de Gradiente) que reemplaza el recorte de pesos con una penalización de gradiente para un entrenamiento más estable y eficiente.

2. BigGAN:

BigGAN, abreviatura de Big Generative Adversarial Network, es un tipo de modelo de aprendizaje automático que pertenece a la clase de Redes Generativas Antagónicas (GANs). Las GANs, introducidas por Ian Goodfellow y sus colegas en 2014, están diseñadas para generar nuevas instancias sintéticas de datos que puedan pasar por datos reales. Consisten en dos partes: un 'generador' que produce los datos sintéticos y un 'discriminador' que intenta diferenciar entre los datos generados y los datos reales.

En el contexto de BigGAN, el modelo está diseñado para producir imágenes de alta resolución y altamente realistas que a menudo pueden pasar como reales para el ojo inexperto. El término "big" se refiere a la naturaleza a gran escala del modelo, que emplea tamaños de lote grandes y conjuntos de datos de entrenamiento extensivos para crear estas imágenes de alta calidad.

El modelo BigGAN es una evolución en el campo de las GANs, con sus predecesores que incluyen el modelo GAN original, DCGAN, WGAN y otros. Cada evolución generalmente apunta a resolver algunos de los problemas enfrentados por los modelos anteriores o a mejorar la calidad de los datos generados. En el caso de BigGAN, el enfoque está en mejorar la resolución y el realismo de las imágenes generadas.

El uso de BigGAN y modelos similares se extiende más allá de solo generar imágenes de aspecto realista. Se utilizan en una amplia variedad de aplicaciones, incluyendo la mejora de imágenes, la transferencia de estilo, la traducción de imagen a imagen y más. Al mejorar continuamente la calidad y versatilidad de estos modelos, los investigadores están ampliando los límites de lo que es posible en el campo de la modelación generativa.

3. SRGAN (Super-Resolution GAN):

SRGAN, abreviatura de Super-Resolution Generative Adversarial Network, es una variante particular de las Redes Generativas Antagónicas (GANs) diseñadas específicamente para tareas de super-resolución de imágenes. Este tipo de GAN se utiliza principalmente para mejorar la resolución de imágenes de baja resolución, asegurando que las imágenes resultantes de alta resolución mantengan una alta calidad visual.

El término "super-resolución" se refiere al proceso de aumentar la resolución de una imagen, video u otro tipo de imagen. En el contexto de SRGAN, esto significa transformar una imagen de baja resolución en una versión de alta resolución que tenga más detalles y sea visualmente más atractiva.

La estructura básica de SRGAN, como otras GANs, consta de dos componentes principales: una red generadora y una red discriminadora. La red generadora tiene la tarea de tomar una imagen de baja resolución y generar una versión de alta resolución de la misma. La red discriminadora, por otro lado, tiene la tarea de determinar si una imagen de alta resolución dada proviene del conjunto de datos de imágenes de alta resolución reales o fue creada por el generador.

Una de las características clave de SRGAN que la distingue de otros métodos de super-resolución es su capacidad para recuperar detalles más finos en la imagen aumentada. Los métodos tradicionales a menudo producen imágenes de alta resolución que son más borrosas y carecen de algunos de los detalles texturales presentes en la imagen original. SRGAN supera esta limitación utilizando una función de pérdida perceptual que anima al generador a crear imágenes que no solo tengan los valores de píxeles correctos, sino que también tengan características de alto nivel que coincidan con las de la imagen original de alta resolución.

Como resultado de estas capacidades, SRGAN ha encontrado una amplia aplicación en campos donde la resolución de imagen de alta calidad es esencial. Estos incluyen imágenes médicas (por ejemplo, mejorando escaneos de MRI), imágenes satelitales y aéreas, gráficos de videojuegos y transmisión de video, entre otros.

SRGAN representa un avance importante en el campo de la super-resolución de imágenes, proporcionando una herramienta poderosa para mejorar la calidad de imágenes de baja resolución.

4. Conditional GAN (cGAN):

   Las Redes Generativas Antagónicas Condicionales (cGANs) son un tipo de GAN que incluye información auxiliar tanto para las redes generadora como discriminadora. Esta información adicional a menudo viene en forma de etiquetas, lo que permite que el proceso de generación de datos tenga en cuenta condiciones o características específicas.

   En una GAN estándar, la red generadora toma un vector de ruido aleatorio como entrada y produce una instancia de datos sintéticos (por ejemplo, una imagen). La red discriminadora luego trata de clasificar si esta instancia de datos es real (de la distribución de datos verdadera) o falsa (generada por el generador). Las dos redes se entrenan juntas, con el generador tratando de engañar al discriminador y el discriminador tratando de clasificar correctamente las instancias reales frente a las falsas.

En una cGAN, el generador toma dos entradas: un vector de ruido aleatorio y una etiqueta. La etiqueta proporciona información adicional sobre qué tipo de instancia de datos debe producir el generador. Por ejemplo, si las etiquetas son dígitos del 0 al 9 y las instancias de datos son imágenes de dígitos escritos a mano, el generador podría estar condicionado a producir una imagen de un dígito específico.

El discriminador en una cGAN también toma dos entradas: una instancia de datos y una etiqueta. Tiene que determinar no solo si la instancia de datos es real o falsa, sino también si coincide con la etiqueta dada.

La ventaja de las cGANs es que pueden generar datos bajo condiciones específicas o con ciertas características, lo que puede ser muy útil en muchas aplicaciones. Por ejemplo, en la generación de imágenes, una cGAN podría generar imágenes de gatos, perros u otros objetos específicos según la etiqueta dada. En la mejora de datos, una cGAN podría generar datos adicionales para una clase específica que está subrepresentada en los datos de entrenamiento.

La implementación de una cGAN implica modificaciones tanto en la red generadora como en la discriminadora para aceptar y procesar la información de etiqueta adicional. Además, el procedimiento de entrenamiento necesita ajustarse para tener en cuenta la naturaleza condicional del proceso de generación de datos.

En general, las cGANs representan una extensión importante del marco estándar de GAN, permitiendo tareas de generación de datos más controladas y específicas.

Ejemplo: Implementación de una Conditional GAN

```
import tensorflow as tf
from tensorflow.keras.layers import Input, Embedding, multiply
# Conditional GAN Generator
def build_cgan_generator(latent_dim, num_classes):
noise = Input(shape=(latent_dim,))
label = Input(shape=(1,), dtype='int32')
label_embedding = Flatten()(Embedding(num_classes, latent_dim)(label))
model_input = multiply([noise, label_embedding])
x = Dense(256 * 7 * 7, activation="relu")(model_input)
x = Reshape((7, 7, 256))(x)
x = BatchNormalization()(x)
x = Conv2DTranspose(128, kernel_size=4, strides=2, padding='same')(x)
x = BatchNormalization()(x)
x = LeakyReLU(alpha=0.2)(x)
x = Conv2DTranspose(64, kernel_size=4, strides=2, padding='same')(x)
x = BatchNormalization()(x)
x = LeakyReLU(alpha=0.2)(x)
output_img = Conv2DTranspose(1, kernel_size=4, strides=1, padding='same',
activation='tanh')(x)
return Model([noise, label], output_img)
# Conditional GAN Discriminator
def build_cgan_discriminator(img_shape, num_classes):
```

```
img = Input(shape=img_shape)
label = Input(shape=(1,), dtype='int32')
label_embedding = Flatten()(Embedding(num_classes, np.prod(img_shape))(label))
label_embedding = Reshape(img_shape)(label_embedding)
model_input = multiply([img, label_embedding])

x = Conv2D(64, kernel_size=4, strides=2, padding='same')(model_input)
x = LeakyReLU(alpha=0.2)(x)
x = Conv2D(128, kernel_size=4, strides=2, padding='same')(x)
x = LeakyReLU(alpha=0.2)(x)
x = Flatten()(x)
validity = Dense(1, activation='sigmoid')(x)

return Model([img, label], validity)
# Build and compile the Conditional GAN
latent_dim = 100
num_classes = 10
img_shape = (28, 28, 1)

generator = build_cgan_generator(latent_dim, num_classes)
discriminator = build_cgan_discriminator(img_shape, num_classes)
discriminator.compile(optimizer='adam',                    loss='binary_crossentropy',
metrics=['accuracy'])
discriminator.trainable = False
noise = Input(shape=(latent_dim,))
label = Input(shape=(1,), dtype='int32')
generated_img = generator([noise, label])
validity = discriminator([generated_img, label])
cgan = Model([noise, label], validity)
cgan.compile(optimizer='adam', loss='binary_crossentropy')

# Summary of the models
generator.summary()
discriminator.summary()
cgan.summary()
```

En este ejemplo:

El primer paso en el código es importar las bibliotecas necesarias. Se requiere la biblioteca TensorFlow para el aprendizaje automático, con su API de Keras utilizada para crear los modelos de redes neuronales. Las funciones Input, Embedding, Dense y multiply, entre otras, se importan del módulo de capas de Keras.

La siguiente parte del script define dos funciones, build_cgan_generator y build_cgan_discriminator. Estas dos funciones se utilizan para construir los modelos generador y discriminador del CGAN, respectivamente.

La función build_cgan_generator toma como entradas la dimensión latente (el tamaño del vector de ruido aleatorio) y el número de clases (el número de etiquetas). Dentro de esta función, se construye el modelo del generador. El generador toma un vector de ruido aleatorio y una etiqueta como entradas. El vector de ruido es un punto en el espacio latente, y la etiqueta es un vector codificado en one-hot que representa la clase deseada de la imagen generada. El ruido y la etiqueta se combinan y se pasan a través de una serie de capas Dense, Reshape, BatchNormalization, Conv2DTranspose y LeakyReLU para generar la imagen de salida final.

La función build_cgan_discriminator también toma como entradas la forma de la imagen y el número de clases. Dentro de esta función, se construye el modelo del discriminador. El discriminador toma una imagen y una etiqueta como entradas. La imagen es la generada (o real), y la etiqueta es la etiqueta verdadera de la imagen. La imagen y la etiqueta se combinan y se pasan a través de una serie de capas Conv2D, LeakyReLU, Flatten y Dense para producir un único valor que representa si la imagen es real o falsa.

Después de definir las funciones del generador y el discriminador, el script las utiliza para crear instancias de estos modelos. Luego, el modelo del discriminador se compila utilizando el optimizador Adam y la pérdida de entropía cruzada binaria como función de pérdida. También se especifica la métrica de precisión para medir el rendimiento del discriminador.

A continuación, el script establece el atributo trainable del discriminador a False. Esto se hace porque, al entrenar el CGAN, se desea entrenar el generador para engañar al discriminador, pero no entrenar al discriminador para mejorar su capacidad de detectar al generador. Por lo tanto, los pesos del discriminador se congelan durante el entrenamiento del CGAN.

Luego, se construye y compila el modelo CGAN. El modelo CGAN consta del generador seguido del discriminador. Un vector de ruido y una etiqueta se pasan al generador para producir una imagen generada. Esta imagen generada y la etiqueta se alimentan luego al discriminador para producir la validez de la imagen.

Finalmente, el script imprime un resumen de cada modelo. Esto proporciona una visión general de los modelos generador, discriminador y CGAN, incluyendo las capas en cada modelo, las formas de salida de estas capas y el número de parámetros en cada capa.

Este ejemplo proporciona una guía paso a paso sobre cómo implementar un CGAN en TensorFlow. Al proporcionar etiquetas como entrada adicional tanto al generador como al discriminador, un CGAN permite la generación de datos con características específicas deseadas.

3.6 Casos de uso y aplicaciones de las GANs

Las GANs han revolucionado el campo de la inteligencia artificial. Permiten que las máquinas generen datos tan similares a los datos reales que son casi indistinguibles. Esta tecnología innovadora ha creado numerosas oportunidades y ha encontrado aplicaciones en varios campos y dominios.

Entre estos, algunos de los más notables son la generación y mejora de imágenes, donde se utilizan las GANs para generar imágenes de alta calidad y realismo o para mejorar las existentes, mejorando su calidad o alterando sus atributos. Además, las GANs son una herramienta esencial para la ampliación de datos, donde se utilizan para generar nuevos datos basados en conjuntos de datos existentes, proporcionando así una solución al problema de la disponibilidad limitada de datos.

Además, las GANs han incursionado en el dominio de las artes creativas, donde se utilizan para generar nuevas obras de arte, empujando los límites de la creatividad y abriendo nuevas avenidas para la expresión artística.

En esta sección, profundizaremos en algunos de los casos de uso y aplicaciones más impactantes de las GANs. Aquí, no solo describiremos estas aplicaciones en detalle, sino que también proporcionaremos fragmentos de código de ejemplo para ilustrar la implementación práctica de estas redes revolucionarias. Esto te proporcionará una comprensión completa de cómo se utilizan las GANs en la práctica y cómo están ayudando a dar forma al futuro de la inteligencia artificial.

3.6.1 Generación y mejora de imágenes

El poder de las GANs radica en su capacidad única para crear imágenes altamente realistas y detalladas desde cero. Esto significa que pueden producir imágenes que son casi indistinguibles de las tomadas por una cámara. Además, las GANs no se detienen en la creación de imágenes; también pueden tomar imágenes de baja calidad y mejorar significativamente su resolución.

Esta aplicación es especialmente útil en áreas donde las imágenes de alta resolución son esenciales pero no siempre están disponibles, como en la imagenología médica o en la imaginería satelital. Más allá de eso, las GANs también poseen la emocionante capacidad de convertir imágenes de un dominio a otro, un proceso conocido como traducción de imagen a imagen.

Esto podría implicar cambiar el estilo de una imagen, como convertir una escena diurna en una nocturna, o incluso transformaciones más complejas. De hecho, las posibles aplicaciones de las GANs dentro del campo del procesamiento de imágenes son vastas e intrigantes.

1. Generación de imágenes:

   Las GANs tienen la notable capacidad de generar imágenes de alta calidad que son casi indistinguibles de las imágenes reales. Esta capacidad única de las GANs las ha convertido en una herramienta invaluable en varios campos. Por ejemplo, en la industria de los medios y el entretenimiento, el uso de imágenes realistas es fundamental para crear contenido visual creíble que cautive al público.
   De manera similar, en el ámbito de la realidad virtual, el éxito de la experiencia depende en gran medida de la calidad y el realismo de los visuales. Por lo tanto, la capacidad de las GANs para generar imágenes convincentemente reales es de gran valor. Las implicaciones de esta tecnología se extienden más allá de estos campos, abriendo emocionantes posibilidades para futuras aplicaciones.

   Ejemplo: Generación de imágenes con DCGAN

```
import tensorflow as tf
import numpy as np
import matplotlib.pyplot as plt

# Define DCGAN generator model
def build_dcgan_generator(latent_dim):
model = tf.keras.Sequential([
tf.keras.layers.Dense(256 * 7 * 7, activation="relu", input_dim=latent_dim),
tf.keras.layers.Reshape((7, 7, 256)),
tf.keras.layers.BatchNormalization(),
tf.keras.layers.Conv2DTranspose(128, kernel_size=4, strides=2, padding='same'),
tf.keras.layers.BatchNormalization(),
tf.keras.layers.LeakyReLU(alpha=0.2),
tf.keras.layers.Conv2DTranspose(64, kernel_size=4, strides=2, padding='same'),
tf.keras.layers.BatchNormalization(),
tf.keras.layers.LeakyReLU(alpha=0.2),
tf.keras.layers.Conv2DTranspose(1,    kernel_size=4,    strides=1,    padding='same',
activation='tanh')
    ])
return model
# Instantiate the generator
latent_dim = 100
generator = build_dcgan_generator(latent_dim)

# Generate random latent vectors
num_images = 10
latent_vectors = np.random.normal(0, 1, (num_images, latent_dim))

# Generate images using the generator
generated_images = generator.predict(latent_vectors)

# Plot the generated images
fig, axs = plt.subplots(1, num_images, figsize=(20, 2))
for i, img in enumerate(generated_images):
axs[i].imshow(img.squeeze(), cmap='gray')
axs[i].axis('off')
plt.show()
```

En este ejemplo:

Este script de ejemplo demuestra cómo implementar una Red Generativa Adversarial Convolucional Profunda (DCGAN). Se enfoca específicamente en construir el generador utilizando TensorFlow.

El generador DCGAN se define en la función build_dcgan_generator(latent_dim). La función toma un parámetro, latent_dim, que representa el tamaño del espacio latente. El espacio latente es un espacio multidimensional en el que cada punto corresponde a una combinación única de variables en el espacio de datos del mundo real, y es de donde el generador tomará muestras para generar nuevas instancias de datos.

El modelo del generador se construye utilizando la API Secuencial de Keras, que permite crear modelos capa por capa. La primera capa es una capa Dense que toma el vector latente como entrada y produce una versión remodelada que puede alimentarse a las capas de convolución transpuesta. Esto es seguido por un reordenamiento de la salida en un tensor de 7x7x256.

A continuación, se añaden varias capas Conv2DTranspose (también conocidas como deconvolución). Estas capas aumentarán el tamaño de la capa anterior, incrementando la altura y el ancho de las salidas. Las capas Conv2DTranspose utilizan un tamaño de kernel de 4 y un stride de 2, lo que significa que duplicarán las dimensiones de altura y ancho. También están configuradas para usar 'same' padding, lo que significa que la salida tendrá las mismas dimensiones espaciales que la entrada.

Entre las capas Conv2DTranspose, se añaden capas de BatchNormalization. La normalización por lotes es una técnica para mejorar la velocidad, el rendimiento y la estabilidad de las redes neuronales. Normaliza las activaciones de la capa anterior en cada lote, es decir, aplica una transformación que mantiene la media de activación cerca de 0 y la desviación estándar de activación cerca de 1.

La función de activación LeakyReLU se usa después de cada capa Conv2DTranspose. LeakyReLU es una variante de la función de activación ReLU que permite pequeños valores negativos cuando la entrada es menor que cero, lo que puede prevenir neuronas muertas y que el modelo resultante deje de aprender.

Finalmente, la capa de salida es otra capa Conv2DTranspose con solo un filtro y una función de activación 'tanh', lo que significa que la salida será una imagen con valores de píxel entre -1 y 1.

Después de definir el generador, el script instancia un modelo de generador con una dimensión latente de 100. Genera 10 vectores latentes aleatorios (cada uno de dimensión 100) utilizando la función np.random.normal. Esta función devuelve una muestra (o muestras) de la distribución "normal estándar".

Luego, el modelo generador se usa para predecir (o generar) imágenes a partir de estos 10 vectores latentes aleatorios. Las imágenes generadas se almacenan en la variable generated_images.

Finalmente, el script dibuja estas imágenes generadas utilizando matplotlib. Crea una cuadrícula de subtramas de 1x10 y dibuja cada imagen en su propia subtrama. Las imágenes se muestran en escala de grises (colormap 'gray') y sin ejes. Esto proporciona una visualización de los tipos de imágenes que el generador DCGAN puede producir.

2. Super-Resolución:

   Las GANs poseen la notable capacidad de mejorar la resolución de imágenes que inicialmente tienen baja calidad. Este proceso, conocido como super-resolución, es de inmenso valor en diversos campos. Específicamente, se puede aplicar en el ámbito de la imagenología médica, donde la claridad y la resolución de las imágenes son fundamentales para diagnósticos precisos y una planificación de tratamiento efectiva.

De manera similar, en la imagenología satelital, la super-resolución puede facilitar observaciones y análisis más precisos al mejorar la calidad de las imágenes capturadas desde el espacio. De hecho, cualquier campo que dependa en gran medida de imágenes de alta resolución para su operación puede beneficiarse significativamente de esta tecnología. Por lo tanto, las GANs y sus capacidades de super-resolución no solo son útiles, sino esenciales en muchas áreas.

Ejemplo: Super-Resolución con SRGAN

```
import tensorflow as tf
import numpy as np
import matplotlib.pyplot as plt

# Define SRGAN generator model
def build_srgan_generator():
model = tf.keras.Sequential([
tf.keras.layers.Conv2D(64,  kernel_size=9,  padding='same',  input_shape=(None,  None,
3)),
tf.keras.layers.PReLU(),
tf.keras.layers.Conv2D(64, kernel_size=3, padding='same'),
tf.keras.layers.BatchNormalization(),
tf.keras.layers.PReLU(),
tf.keras.layers.Conv2DTranspose(64, kernel_size=3, strides=2, padding='same'),
tf.keras.layers.PReLU(),
tf.keras.layers.Conv2DTranspose(3, kernel_size=3, strides=2, padding='same')
    ])
return model
# Instantiate the generator
generator = build_srgan_generator()

# Load a low-resolution image and preprocess it
low_res_image = ...  # Load your low-resolution image here
low_res_image = np.expand_dims(low_res_image, axis=0)  # Add batch dimension
# Generate high-resolution image using the generator
high_res_image = generator.predict(low_res_image)

# Plot the low-resolution and high-resolution images
fig, axs = plt.subplots(1, 2, figsize=(10, 5))
axs[0].imshow(low_res_image[0].astype(np.uint8))
axs[0].set_title('Low-Resolution')
axs[0].axis('off')
axs[1].imshow(high_res_image[0].astype(np.uint8))
axs[1].set_title('High-Resolution')
axs[1].axis('off')
plt.show()
```

En este ejemplo:

Este código de ejemplo demuestra la implementación de un modelo generador de Super Resolution Generative Adversarial Network (SRGAN) utilizando TensorFlow. Este modelo es capaz de mejorar la resolución de las imágenes, un proceso a menudo referido como super-resolución. Esta habilidad para mejorar la calidad de las imágenes encuentra vastas aplicaciones en diversos campos como la imagenología médica, la imagenología satelital y cualquier otro campo que dependa en gran medida de imágenes de alta resolución.

El modelo generador SRGAN se define utilizando la API Keras de TensorFlow. El modelo es una secuencia de capas, comenzando con una capa Conv2D (Convolución 2D) con 64 filtros, un tamaño de kernel de 9 y 'same' padding. La forma de entrada para esta capa se establece en (None, None, 3), lo que permite que el modelo tome imágenes de entrada de cualquier tamaño.

La capa Conv2D es seguida por una función de activación PReLU (Unidad Lineal Rectificada Paramétrica). La función de activación PReLU es un tipo de unidad lineal rectificada (ReLU) con filtración que agrega una pequeña pendiente para permitir valores negativos cuando la entrada es menor que cero. Esto puede ayudar a la red a aprender patrones más complejos en los datos.

A continuación, se agrega otra capa Conv2D, esta vez con un tamaño de kernel de 3. Después de otra capa PReLU, se añade una capa de BatchNormalization. La normalización por lotes es una técnica para mejorar la velocidad, el rendimiento y la estabilidad de las redes neuronales. Normaliza las activaciones de la capa anterior, manteniendo la media de activación cerca de 0 y la desviación estándar de activación cerca de 1.

Después de la capa de BatchNormalization, hay dos capas Conv2DTranspose, también conocidas como capas de deconvolución. Estas capas se utilizan para realizar una operación de convolución inversa, que re-muestrea la imagen de entrada a una resolución más alta.

Finalmente, se instancia el modelo generador SRGAN. Luego, el modelo se utiliza para mejorar la resolución de una imagen de baja resolución. La imagen de baja resolución se carga y preprocesa añadiendo una dimensión de lote. La imagen luego se pasa a través del generador para crear una versión de alta resolución de la misma imagen.

El código concluye mostrando y dibujando tanto la imagen original de baja resolución como la imagen de alta resolución generada por el SRGAN. Las dos imágenes se muestran lado a lado para facilitar la comparación. Se añaden las etiquetas 'Low-Resolution' (Baja Resolución) y 'High-Resolution' (Alta Resolución) para dejar claro cuál imagen es cuál. La función axs[i].axis('off') se usa para ocultar los ejes en ambas imágenes.

3. Image-to-Image Translation:

   Los CycleGANs, junto con modelos similares, poseen la notable habilidad de convertir imágenes de un dominio a otro. Ejemplos de esto incluyen transformar fotos estándar en pinturas que podrían pasar por obras de artistas reconocidos o alterar imágenes de caballos hasta que se asemejen a cebras.
   Las implicaciones de esta tecnología van mucho más allá de la simple manipulación de imágenes. Esta tecnología ha encontrado multitud de usos en varios campos creativos. En el mundo del arte, proporciona una nueva manera para que los artistas experimenten con

estilo y forma. En la industria del entretenimiento, ofrece métodos únicos para crear contenido visualmente cautivador.
Además, en el ámbito de la transferencia de estilo, ofrece la posibilidad de tomar cualquier imagen y adaptarla sin problemas para que coincida con un estilo o estética artística específica. En resumen, el advenimiento de modelos como los CycleGANs ha abierto un mundo de posibilidades para la expresión creativa y la innovación.

Ejemplo: Traducción de Imagen a Imagen con CycleGAN

```
import tensorflow as tf
import numpy as np
import matplotlib.pyplot as plt

# Define CycleGAN generator model
def build_cyclegan_generator(img_shape):
input_img = tf.keras.Input(shape=img_shape)
x = tf.keras.layers.Conv2D(64, kernel_size=4, strides=2, padding='same')(input_img)
x = tf.keras.layers.LeakyReLU(alpha=0.2)(x)
x = tf.keras.layers.BatchNormalization()(x)
x = tf.keras.layers.Conv2D(128, kernel_size=4, strides=2, padding='same')(x)
x = tf.keras.layers.LeakyReLU(alpha=0.2)(x)
x = tf.keras.layers.BatchNormalization()(x)
x = tf.keras.layers.Conv2DTranspose(64, kernel_size=4, strides=2, padding='same')(x)
x = tf.keras.layers.LeakyReLU(alpha=0.2)(x)
x = tf.keras.layers.BatchNormalization()(x)
output_img = tf.keras.layers.Conv2DTranspose(3, kernel_size=4, strides=2,
padding='same', activation='tanh')(x)
return tf.keras.Model(input_img, output_img)
# Instantiate the generator
img_shape = (128, 128, 3)
generator = build_cyclegan_generator(img_shape)

# Load an image and preprocess it
input_image = ...  # Load your image here
input_image = np.expand_dims(input_image, axis=0)  # Add batch dimension

# Translate the image using the generator
translated_image = generator.predict(input_image)

# Plot the input and translated images
fig, axs = plt.subplots(1, 2, figsize=(10, 5))
axs[0].imshow(input_image[0].astype(np.uint8))
axs[0].set_title('Input Image')
axs[0].axis('off')
axs[1].imshow(translated_image[0].astype(np.uint8))
axs[1].set_title('Translated Image')
axs[1].axis('off')
plt.show()
```

En este ejemplo:

Este código de ejemplo ilustra el proceso de implementar una Red Generativa Adversarial (GAN) para la traducción de imágenes usando CycleGAN, una arquitectura GAN popular.

La primera parte del código comienza importando las bibliotecas necesarias. Se usa TensorFlow como la biblioteca principal para construir y entrenar el modelo CycleGAN. Numpy se utiliza para operaciones numéricas y Matplotlib para visualizar las imágenes.

A continuación, se define una función build_cyclegan_generator(img_shape) para construir el modelo generador en el CycleGAN. El modelo generador está diseñado para traducir una imagen de entrada en una imagen de salida en un estilo diferente.

La función toma como entrada la forma de una imagen, indicando la altura, el ancho y el número de canales de las imágenes de entrada. Comienza definiendo una capa de entrada que acepta imágenes de la forma especificada.

Luego, se agregan una serie de capas Conv2D, LeakyReLU y BatchNormalization. Las capas Conv2D aprenden jerarquías espaciales de la imagen, reduciendo gradualmente sus dimensiones con un paso de 2. Las capas LeakyReLU introducen no linealidad al modelo, permitiéndole aprender mapeos complejos de la entrada a la salida. Las capas BatchNormalization normalizan las salidas de la capa anterior, mejorando la velocidad de entrenamiento y la estabilidad del modelo.

Después de reducir la imagen, se utilizan capas Conv2DTranspose para aumentar la imagen de nuevo a sus dimensiones originales. Estas capas funcionan de manera opuesta a las capas Conv2D, duplicando la altura y el ancho de la salida de la capa anterior.

La salida del modelo generador es otra capa Conv2DTranspose con 3 filtros y una función de activación 'tanh', produciendo una imagen de salida con valores de píxel en el rango de -1 a 1.

Después de definir el modelo generador, se instancia con una forma de imagen de 128x128 píxeles y 3 canales de color (para RGB).

La siguiente parte del código carga y preprocesa una imagen. La imagen se carga desde una fuente no especificada y luego se preprocesa añadiendo una dimensión adicional, convirtiendo la imagen de un tensor 3D a un tensor 4D. Esto se hace para que coincida con la forma de entrada esperada por el generador, que requiere una dimensión de lote.

La imagen cargada y preprocesada luego se traduce usando el modelo generador. La función predict del modelo generador se utiliza para realizar la traducción, generando una imagen de salida en un estilo diferente.

Finalmente, se visualizan las imágenes original y traducida usando Matplotlib. Se crea una figura con dos subparcelas para mostrar las imágenes original y traducida una al lado de la otra. Las imágenes se convierten nuevamente al formato de entero sin signo de 8 bits para una visualización adecuada y se desactivan las etiquetas de los ejes para una visualización más limpia.

3.6.2 Aumento de Datos

Las Redes Generativas Adversariales tienen la notable capacidad de generar datos sintéticos. Esta habilidad resulta excepcionalmente beneficiosa cuando se trata de aumentar los conjuntos de datos existentes, una tarea especialmente útil en situaciones donde el proceso de recopilar datos reales y auténticos puede ser increíblemente costoso o notablemente lento.

Los datos sintéticos que las GAN generan no son solo para exhibición. Tienen una aplicación muy práctica: se pueden usar para entrenar modelos de aprendizaje automático. Al entrenar con estos datos sintéticos, estos modelos pueden mejorar significativamente en términos de su rendimiento. Pueden hacer predicciones más precisas, procesar información más rápidamente y, en general, realizar sus tareas de manera más eficiente.

Además, el uso de datos sintéticos también puede mejorar la robustez de estos modelos de aprendizaje automático, haciéndolos más resilientes y fiables, incluso cuando se enfrentan a escenarios desafiantes o inesperados.

1. Imagenología Médica:

   En el campo de la imagenología médica, las GAN tienen la capacidad de generar imágenes sintéticas, pero altamente realistas, de diversas enfermedades. Esta técnica innovadora puede utilizarse para aumentar y enriquecer los conjuntos de datos de entrenamiento utilizados en el aprendizaje automático.
   Al complementar estos conjuntos de datos con una gran cantidad de imágenes sintéticas, podemos aumentar enormemente la variedad y el volumen de datos disponibles para el entrenamiento. En consecuencia, esto conduce a la mejora de la precisión y la fiabilidad de los modelos de diagnóstico, mejorando así los resultados generales en la detección de enfermedades y el cuidado del paciente.

   Ejemplo: Aumento de Datos en Imagenología Médica

```
import tensorflow as tf
import numpy as np
import matplotlib.pyplot as plt

# Define a simple GAN generator for medical imaging
def build_medical_gan_generator(latent_dim, img_shape):
model = tf.keras.Sequential([
tf.keras.layers.Dense(256 * 7 * 7, activation="relu", input_dim=latent_dim),
tf.keras.layers.Reshape((7, 7, 256)),
tf.keras.layers.BatchNormalization(),
tf.keras.layers.Conv2DTranspose(128, kernel_size=4, strides=2, padding='same'),
tf.keras.layers.BatchNormalization(),
tf.keras.layers.LeakyReLU(alpha=0.2),
tf.keras.layers.Conv2DTranspose(64, kernel_size=4, strides=2, padding='same'),
tf.keras.layers.BatchNormalization(),
tf.keras.layers.LeakyReLU(alpha=0.2),
tf.keras.layers.Conv2DTranspose(1, kernel_size=4, strides=1, padding='same',
activation='tanh')
```

```
    ])
return model
# Instantiate the generator
latent_dim = 100
img_shape = (64, 64, 1)
generator = build_medical_gan_generator(latent_dim, img_shape)

# Generate random latent vectors
num_images = 10
latent_vectors = np.random.normal(0, 1, (num_images, latent_dim))

# Generate synthetic medical images using the generator
synthetic_images = generator.predict(latent_vectors)
# Plot the synthetic images
fig, axs = plt.subplots(1, num_images, figsize=(20, 2))
for i, img in enumerate(synthetic_images):
axs[i].imshow(img.squeeze(), cmap='gray')
axs[i].axis('off')
plt.show()
```

Este código es un ejemplo del uso de TensorFlow para construir un GAN, específicamente diseñado para generar imágenes médicas sintéticas. Generar imágenes médicas sintéticas puede ser útil en situaciones donde las imágenes médicas reales son difíciles de obtener debido a preocupaciones de privacidad o limitaciones de recursos.

La función build_medical_gan_generator está definida para crear la parte generadora del GAN. El generador es el componente del GAN responsable de generar nuevos datos, en este caso, las imágenes médicas sintéticas.

El modelo generador se construye como un modelo secuencial, que es una pila lineal de capas. Comienza con una capa Dense, que es una capa de red neuronal completamente conectada donde cada nodo de entrada está conectado a cada nodo de salida. La capa Dense tiene 256 * 7 * 7 unidades (neuronas) y usa la función de activación ReLU (Rectified Linear Unit). La dimensión de entrada se establece en latent_dim, que es el tamaño del vector de espacio latente del cual se generan las imágenes sintéticas.

A continuación, se utiliza una capa Reshape para cambiar las dimensiones de la salida de la capa Dense a una imagen de 7x7 con 256 canales. Esto es seguido por una capa BatchNormalization, que normaliza las activaciones de la capa anterior (es decir, ajusta y escala las activaciones) para mantener la activación media cerca de 0 y la desviación estándar de la activación cerca de 1.

Después de esto, el modelo usa una Conv2DTranspose (también conocida como una capa deconvolucional) con 128 filtros, un tamaño de kernel de 4 y un stride de 2. Esta capa funciona realizando una operación de convolución inversa que aumenta las dimensiones de la imagen, efectivamente 'aumentando' la imagen. Se utiliza otra capa BatchNormalization para normalizar las salidas, seguida de una capa de activación LeakyReLU con un alfa de 0.2 para introducir no linealidad al modelo.

Esta secuencia de una capa Conv2DTranspose, BatchNormalization y capas LeakyReLU se repite dos veces más, pero con 64 filtros en la segunda secuencia y 1 filtro en la secuencia final.

La capa final Conv2DTranspose usa la función de activación 'tanh', que escala la salida para estar entre -1 y 1, y devuelve una imagen 2D.

Una vez que se define el modelo generador, se instancia con un latent_dim de 100 y una img_shape de (64, 64, 1), que representa una imagen en escala de grises de 64x64.

Luego, se usa el modelo generador para crear imágenes médicas sintéticas. Primero, se genera un conjunto de 10 vectores latentes aleatorios a partir de una distribución normal con una media de 0 y una desviación estándar de 1. Estos vectores latentes sirven como entrada para el generador.

La función predict del modelo generador se utiliza para crear las imágenes sintéticas. Esta función pasa los vectores latentes a través del modelo y devuelve las imágenes generadas.

Finalmente, las imágenes sintéticas se visualizan usando Matplotlib. Se crea una figura y ejes usando plt.subplots. Cada imagen sintética se redimensiona a 2D y se muestra en escala de grises en una subtrama. La función axis('off') se usa para apagar el eje en cada subtrama.

2. Conducción Autónoma:

   En el ámbito de la conducción autónoma, las Redes Generativas Adversariales desempeñan un papel integral. Pueden generar escenas de conducción sintéticas, esencialmente creando entornos artificiales que ayudan a aumentar los conjuntos de datos de entrenamiento existentes para coches autónomos.
   Este proceso es crucial ya que mejora la capacidad de estos vehículos para navegar en una gran diversidad de entornos. Al generar una amplia gama de escenarios potenciales, los conjuntos de datos de entrenamiento se vuelven más completos, preparando los sistemas autónomos para reaccionar correctamente a una multitud de diferentes circunstancias que pueden encontrar en la carretera.

Ejemplo: Aumento de Datos para Conducción Autónoma

```
import tensorflow as tf
import numpy as np
import matplotlib.pyplot as plt

# Define a simple GAN generator for autonomous driving
def build_driving_gan_generator(latent_dim, img_shape):
model = tf.keras.Sequential([
tf.keras.layers.Dense(256 * 8 *
8, activation="relu", input_dim=latent_dim),
tf.keras.layers.Reshape((8, 8, 256)),
tf.keras.layers.BatchNormalization(),
tf.keras.layers.Conv2DTranspose(128, kernel_size=4, strides=2, padding='same'),
tf.keras.layers.BatchNormalization(),
tf.keras.layers.LeakyReLU(alpha=0.2),
```

```
tf.keras.layers.Conv2DTranspose(64, kernel_size=4, strides=2, padding='same'),
tf.keras.layers.BatchNormalization(),
tf.keras.layers.LeakyReLU(alpha=0.2),
tf.keras.layers.Conv2DTranspose(3,    kernel_size=4,    strides=2,    padding='same',
activation='tanh')
    ])
return model
# Instantiate the generator
latent_dim = 100
img_shape = (64, 64, 3)
generator = build_driving_gan_generator(latent_dim, img_shape)

# Generate random latent vectors
num_images = 10
latent_vectors = np.random.normal(0, 1, (num_images, latent_dim))

# Generate synthetic driving scenes using the generator
synthetic_images = generator.predict(latent_vectors)
# Plot the synthetic images
fig, axs = plt.subplots(1, num_images, figsize=(20, 2))
for i, img in enumerate(synthetic_images):
axs[i].imshow(img.astype(np.uint8))
axs[i].axis('off')
plt.show()
```

La primera parte del script involucra la importación de varios paquetes: TensorFlow, numpy y matplotlib. TensorFlow es la biblioteca principal utilizada para construir y entrenar el modelo GAN, numpy se utiliza para operaciones numéricas como generar los vectores latentes aleatorios, y matplotlib se usa para visualizar las imágenes generadas.

La función build_driving_gan_generator(latent_dim, img_shape) se define para construir el modelo generador para el GAN. El modelo generador está diseñado para generar imágenes sintéticas a partir de un espacio latente, que es una representación comprimida de los datos.

La función toma dos parámetros: latent_dim y img_shape. latent_dim es el tamaño del espacio latente, y img_shape es la forma de las imágenes a generar.

El modelo generador es un modelo secuencial, lo que significa que consiste en una pila lineal de capas. Comienza con una capa Dense, que es una capa completamente conectada donde cada neurona en la capa está conectada a cada neurona en la capa anterior. Luego, remodela la salida de la capa Dense en una forma que se puede alimentar a la siguiente capa Conv2DTranspose.

Se aplica normalización por lotes para normalizar las salidas de la capa Dense, lo que puede ayudar a mejorar la velocidad y estabilidad del modelo. El proceso de normalización implica escalar los valores de salida de la capa para tener una media de 0 y una desviación estándar de 1.

Las capas Conv2DTranspose funcionan de manera opuesta a las capas Conv2D, realizando una operación de convolución inversa que aumenta las dimensiones de la imagen. Esto también se conoce como 'upsampling' de la imagen. Estas capas son seguidas por capas BatchNormalization y LeakyReLU. LeakyReLU es un tipo de función de activación que permite un pequeño gradiente cuando la unidad no está activa, definido por el parámetro alpha. Esto ayuda a prevenir el problema de las neuronas muertas, que es cuando las neuronas se vuelven inactivas y solo producen una salida de 0.

La última capa Conv2DTranspose tiene 3 filtros y utiliza la función de activación 'tanh'. Esto produce una imagen de salida con valores de píxel en el rango de -1 a 1.

Después de definir el modelo generador, se crea una instancia del mismo utilizando una dimensión latente de 100 y una forma de imagen de (64, 64, 3). Esto significa que el generador creará imágenes de 64 píxeles de alto, 64 píxeles de ancho y tendrá 3 canales de color (RGB).

El script luego genera varios vectores latentes aleatorios. Estos son vectores de números aleatorios distribuidos normalmente que sirven como entrada para el generador. El generador utiliza estos vectores latentes para generar imágenes sintéticas.

Finalmente, las imágenes sintéticas se visualizan usando matplotlib. Las imágenes se muestran en una cuadrícula, con cada imagen mostrada en su propia subtrama.

Este script proporciona un ejemplo de cómo se pueden usar los GANs para generar datos sintéticos, en este caso, escenas de conducción sintéticas. Esto podría ser útil en situaciones donde los datos reales son difíciles de obtener, por ejemplo, en el desarrollo de vehículos autónomos donde se necesita una amplia variedad de escenas de conducción para fines de prueba.

3.6.3 Artes Creativas y Entretenimiento

Las Redes Generativas Adversariales han revolucionado las industrias de las artes creativas y el entretenimiento al proporcionar un método novedoso para la generación de contenido. Esto ha resultado en un amplio espectro de aplicaciones, incluyendo la creación de piezas musicales únicas, obras de arte innovadoras y animaciones cautivadoras.

Su capacidad para aprender e imitar varios estilos y luego generar contenido nuevo y original que se adhiera a estos estilos ha abierto fronteras previamente inimaginables en estos campos. Como resultado, han ofrecido nuevas oportunidades y desafíos para artistas y entretenedores por igual.

1. Generación de Arte:

   Los GANs tienen la extraordinaria capacidad de generar piezas de arte únicas. Lo hacen aprendiendo y asimilando varios estilos de arte existentes en su marco de inteligencia artificial. Una vez que estos estilos están integrados en el sistema, los GANs pueden utilizar este conocimiento adquirido para habilitar la creación de nuevas piezas de arte innovadoras.

Estas nuevas obras de arte son distintas en el sentido de que combinan diferentes elementos artísticos, a menudo de maneras que los humanos pueden no haber pensado. Esto abre posibilidades sin precedentes en el mundo del arte, empujando los límites de la creatividad y la innovación.

Ejemplo: Generación de Arte con GAN

```
import tensorflow as tf
import numpy as np
import matplotlib.pyplot as plt

# Define a simple GAN generator for art generation
def build_art_gan_generator(latent_dim, img_shape):
model = tf.keras.Sequential([
tf.keras.layers.Dense(256 * 8 * 8, activation="relu", input_dim=latent_dim),
tf.keras.layers.Reshape((8, 8, 256)),
tf.keras.layers.BatchNormalization(),
tf.keras.layers.Conv2DTranspose(128, kernel_size=4, strides=2, padding='same'),
tf.keras.layers.BatchNormalization(),
tf.keras.layers.LeakyReLU(alpha=0.2),
tf.keras.layers.Conv2DTranspose(64, kernel_size=4, strides=2, padding='same'),
tf.keras.layers.BatchNormalization(),
tf.keras.layers.LeakyReLU(alpha=0.2),
tf.keras.layers.Conv2DTranspose(3,    kernel_size=4,    strides=2,    padding='same',
activation='tanh')
    ])
return model
# Instantiate the generator
latent_dim = 100
img_shape = (128, 128, 3)
generator = build_art_gan_generator(latent_dim, img_shape)

# Generate random latent vectors
num_images = 10
latent_vectors = np.random.normal(0, 1, (num_images, latent_dim))

# Generate artworks using the generator
artworks = generator.predict(latent_vectors)

# Plot the generated artworks
fig, axs = plt.subplots(1, num_images, figsize=(20, 5))
for i, img in enumerate(artworks):
axs[i].imshow(img.astype(np.uint8))
axs[i].axis('off')
plt.show()
```

El ejemplo comienza importando las bibliotecas necesarias. TensorFlow se utiliza como la biblioteca principal para funcionalidades de aprendizaje automático, NumPy para cálculos numéricos y Matplotlib para visualizar las imágenes generadas.

Después de las importaciones, se define la función build_art_gan_generator. Esta función es responsable de configurar la arquitectura del modelo generador. El modelo generador es la parte del GAN que genera nuevos datos, en este caso, está generando arte digital.

La función toma dos parámetros: latent_dim y img_shape. latent_dim es el tamaño del espacio latente, que es una representación comprimida de los datos. img_shape es la forma de las imágenes a generar, que se establece en (128, 128, 3), representando una imagen de 128x128 píxeles con 3 canales de color (RGB).

El modelo generador se construye utilizando la API Secuencial de Keras, lo que permite apilar capas una sobre otra de manera secuencial. Comienza con una capa Dense de tamaño 256 * 8 * 8. La capa Dense es una capa completamente conectada y el tamaño de la capa se basa en el tamaño de salida deseado. La función de activación utilizada es ReLU (Unidad Lineal Rectificada), que introduce no linealidad en el modelo.

La salida de la capa Dense se remodela en una imagen de 8x8 con 256 canales utilizando la capa Reshape. Esto es seguido por una capa BatchNormalization, que normaliza las activaciones de la capa anterior, manteniendo la media de activación cerca de 0 y la desviación estándar de activación cerca de 1.

El modelo luego utiliza una secuencia de capas Conv2DTranspose (o deconvolucionales), que realizan una operación de convolución inversa que aumenta las dimensiones de la imagen, efectivamente 'upsampleando' la imagen. Estas capas Conv2DTranspose se alternan con capas BatchNormalization y capas de activación LeakyReLU. LeakyReLU es una variante de la función de activación ReLU que permite un pequeño gradiente cuando la unidad no está activa, lo cual ayuda a aliviar el problema de las neuronas muertas donde las neuronas se vuelven inactivas y solo producen una salida de 0.

La capa final del modelo es otra capa Conv2DTranspose, pero con 3 filtros y una función de activación 'tanh'. Esto produce una imagen de salida con valores de píxel en el rango de -1 a 1.

Una vez definido el modelo generador, se instancia con un latent_dim de 100 y la img_shape previamente definida de (128, 128, 3).

La siguiente parte del código genera diez vectores latentes aleatorios a partir de una distribución normal con una media de 0 y una desviación estándar de 1. Estos vectores latentes sirven como entrada para el generador.

La función predict del modelo generador se utiliza para crear las obras de arte digitales. Esta función acepta los vectores latentes como entrada y devuelve las imágenes generadas.

Finalmente, las obras de arte generadas se visualizan usando Matplotlib. Se crea una figura y ejes usando plt.subplots. Cada imagen generada se muestra en su propia subtrama. La función axis('off') se utiliza para desactivar los ejes en cada subtrama, proporcionando una visualización más limpia de las imágenes.

2. Generación de Música:

Los GANs tienen la notable capacidad de generar composiciones musicales nuevas y originales. Esto se logra gracias a su habilidad para aprender y comprender patrones a partir de conjuntos de datos de música existentes. Esta tecnología innovadora tiene el potencial de revolucionar la industria musical proporcionando una nueva plataforma para la creatividad. A través de los GANs, los compositores pueden explorar una gama más amplia de posibilidades musicales, añadiendo una nueva dimensión al potencial creativo de la industria.

Ejemplo: Generación de Música con GAN

Para la generación de música, normalmente se utilizan arquitecturas y conjuntos de datos especializados en GAN. Aquí hay un ejemplo usando un modelo de música GAN hipotético:

```
# This is a placeholder code as implementing a full music GAN requires specialized
architectures and datasets
import tensorflow as tf
import numpy as np

# Define a simple GAN generator for music generation (hypothetical)
def build_music_gan_generator(latent_dim):
model = tf.keras.Sequential([
tf.keras.layers.Dense(256, activation="relu", input_dim=latent_dim),
tf.keras.layers.BatchNormalization(),
tf.keras.layers.LeakyReLU(alpha=0.2),
tf.keras.layers.Dense(512, activation="relu"),
tf.keras.layers.BatchNormalization(),
tf.keras.layers.LeakyReLU(alpha=0.2),
tf.keras.layers.Dense(1024, activation="relu"),
tf.keras.layers.BatchNormalization(),
tf.keras.layers.LeakyReLU(alpha=0.2),
tf.keras.layers.Dense(2048, activation="relu"),
tf.keras.layers.BatchNormalization(),
tf.keras.layers.LeakyReLU(alpha=0.2),
tf.keras.layers.Dense(44100, activation="tanh")  # Assuming 1 second of audio at
44.1kHz
    ])
return model
# Instantiate the generator
latent_dim = 100
generator = build_music_gan_generator(latent_dim)

# Generate random latent vectors
num_samples = 5
latent_vectors = np.random.normal(0, 1, (num_samples, latent_dim))

# Generate music samples using the generator
music_samples = generator.predict(latent_vectors)

# Placeholder for playing generated music samples
# In practice, you'd save the generated samples to audio files and play them using an
audio library
```

```
print("Generated music samples:", music_samples)
```

El ejemplo comienza importando TensorFlow y NumPy, una biblioteca para el lenguaje de programación Python que proporciona soporte para arreglos y matrices grandes y multidimensionales, junto con una gran colección de funciones matemáticas de alto nivel para operar con estos arreglos.

Luego, se define la función build_music_gan_generator(). Esta función es responsable de crear la parte generadora del GAN. El generador es el componente del GAN encargado de generar nuevos datos. En este caso, los nuevos datos son música.

La función toma como argumento latent_dim, que se refiere al tamaño del espacio latente. El espacio latente es una representación comprimida y abstracta de los datos a partir de la cual se genera la data sintética (en este caso, música).

El modelo generador se construye utilizando la API Secuencial de Keras, que permite apilar capas linealmente en el modelo. El modelo comienza con una capa Dense que tiene 256 unidades y utiliza la función de activación rectificada lineal (ReLU). También toma latent_dim como la dimensión de entrada.

La capa Dense es seguida por una capa de BatchNormalization, que normaliza las activaciones de la capa anterior en cada lote (es decir, ajusta y escala las activaciones para que mantengan una media de activación de salida de 0 y una desviación estándar de 1).

La capa de BatchNormalization es seguida por otra capa de activación, LeakyReLU, con un alfa de 0.2. La función LeakyReLU permite un pequeño gradiente cuando la unidad no está activa, lo que puede ayudar a prevenir el problema de "neuronas muertas" en el que una neurona nunca se activa.

Esta secuencia (capa Dense, BatchNormalization, LeakyReLU) se repite un total de cuatro veces, pero con un número diferente de unidades en la capa Dense cada vez (256, 512, 1024, 2048).

La capa final del modelo es otra capa Dense. Esta capa tiene 44100 unidades y utiliza la función de activación tangente hiperbólica (tanh), que escala la salida para estar entre -1 y 1. Se asume que el número de unidades en esta capa corresponde a 1 segundo de audio a una frecuencia de muestreo de 44.1kHz.

Una vez definido el modelo generador, se instancia con un latent_dim de 100.

A continuación, el código genera vectores latentes aleatorios. Estos vectores se generan a partir de una distribución normal con una media de 0 y una desviación estándar de 1. El número de vectores generados es 5 (según lo especificado por num_samples), y el tamaño de cada vector es 100 (el mismo que latent_dim).

Estos vectores latentes sirven como entrada para el generador. Se pasan a la función predict del generador, que genera las muestras de música.

Las muestras de música generadas se imprimen en la consola. En una aplicación práctica, probablemente guardarías estas muestras en archivos de audio y las reproducirías utilizando una biblioteca de audio, en lugar de simplemente imprimirlas en la consola.

Cabe señalar que este código es un marcador de posición. Implementar un GAN completo para música requeriría arquitecturas y conjuntos de datos especializados que no se muestran en este ejemplo introductorio.

3. Animación y Generación de Videos:

   Las Redes Generativas Antagónicas tienen la capacidad de construir animaciones y videos realistas. Logran esto generando fotogramas individuales que no solo son coherentes, sino también estéticamente agradables a la vista. Esto resulta en una experiencia visual fluida y atractiva. Las aplicaciones potenciales de esta tecnología son vastas y variadas.
   Por ejemplo, en la industria cinematográfica, los GANs pueden utilizarse para crear efectos visuales de alta calidad o incluso escenas completas, reduciendo la necesidad de métodos tradicionales costosos y que requieren mucho tiempo. En el ámbito de los videojuegos, los GANs pueden contribuir al desarrollo de entornos y personajes más realistas, mejorando la experiencia general de juego.
   Además, en el campo de la realidad virtual, los GANs pueden aprovecharse para crear mundos virtuales más inmersivos y creíbles. Esto muestra el increíble potencial y la versatilidad de los GANs en varios dominios.
   Ejemplo: Generación de Videos con GAN
   Para la generación de videos, utilizamos modelos como VideoGAN que extienden el marco de los GAN al dominio temporal. Aquí hay un ejemplo simplificado:

```
# This is a placeholder code as implementing a full video GAN requires specialized architectures and datasets
import tensorflow as tf
import numpy as np

# Define a simple GAN generator for video generation (hypothetical)
def build_video_gan_generator(latent_dim, img_shape, num_frames):
model = tf.keras.Sequential([
tf.keras.layers.Dense(256 * 4 * 4 * num_frames, activation="relu", input_dim=latent_dim),
tf.keras.layers.Reshape((num_frames, 4, 4, 256)),
tf.keras.layers.BatchNormalization(),
tf.keras.layers.Conv2DTranspose(128, kernel_size=4, strides=2, padding='same'),
tf.keras.layers.BatchNormalization(),
tf.keras.layers.LeakyReLU(alpha=0.2),
tf.keras.layers.Conv2DTranspose(64, kernel_size=4, strides=2, padding='same'),
tf.keras.layers.BatchNormalization(),
tf.keras.layers.LeakyReLU(alpha=0.2),
tf.keras.layers.Conv2DTranspose(3, kernel_size=4, strides=2, padding='same', activation='tanh')
    ])
return model
```

```
# Instantiate the generator
latent_dim = 100
img_shape = (64, 64, 3)
num_frames = 16
generator = build_video_gan_generator(latent_dim, img_shape, num_frames)

# Generate random latent vectors
num_videos = 2
latent_vectors = np.random.normal(0, 1, (num_videos, latent_dim))

# Generate video samples using the generator
video_samples = generator.predict(latent_vectors)

# Placeholder for displaying generated video samples
# In practice, you'd save the generated samples to video files and play them using a video library
print("Generated video samples:", video_samples)
```

El ejemplo comienza definiendo la estructura del generador, un componente clave de un GAN. El papel del generador es crear nuevas muestras de datos sintéticos, en este caso, videos. Cada video está compuesto por múltiples fotogramas, y cada fotograma es una imagen.

El modelo del generador se construye utilizando la API Keras de TensorFlow. Utiliza múltiples capas, incluidas capas Dense, capas de normalización por lotes y capas Conv2DTranspose (también conocidas como capas de deconvolución).

Las capas Dense, que son capas completamente conectadas, transforman los datos de entrada (vectores latentes) en una representación diferente. Las capas de normalización por lotes luego normalizan estos valores de salida, ayudando a mejorar la velocidad y estabilidad del modelo.

Las capas Conv2DTranspose realizan una operación de convolución inversa, "aumentando" efectivamente la imagen y aumentando sus dimensiones. Están seguidas por capas LeakyReLU, un tipo de función de activación que permite un pequeño gradiente cuando la unidad no está activa, lo que puede ayudar a prevenir el problema de "neuronas muertas" donde las neuronas se vuelven inactivas y solo producen 0.

Las capas están estructuradas de tal manera que las dimensiones de los datos de salida aumentan con cada capa, comenzando desde una representación plana y terminando con una representación 3D (altura, ancho, canales de color) adecuada para un fotograma de imagen. La capa final utiliza la función de activación 'tanh', que escala la salida para estar entre -1 y 1, adecuada para una imagen.

El script luego procede a instanciar el modelo del generador. El generador se inicializa con un tamaño específico de los vectores latentes (latent_dim), la forma de la imagen (img_shape) y el número de fotogramas en cada video (num_frames). La dimensión latente se establece en 100, la forma de la imagen se establece en (64,64,3), lo que implica una imagen de 64x64 píxeles con 3 canales de color, y el número de fotogramas se establece en 16.

Posteriormente, el script genera un conjunto de vectores latentes aleatorios a partir de una distribución normal. El número de vectores generados está determinado por la variable num_videos, y el tamaño de cada vector es el mismo que la dimensión latente definida. Estos vectores sirven como entrada para el generador.

La función 'predict' del generador se utiliza luego para crear las muestras de video a partir de los vectores latentes. Esta función pasa los vectores latentes a través del modelo, transformándolos en datos de video sintéticos.

Finalmente, el script imprime las muestras de video generadas. En una aplicación práctica, estas muestras probablemente se guardarían en archivos de video y se reproducirían utilizando un reproductor de video o una biblioteca de procesamiento de video. Sin embargo, en este ejemplo simplificado, la salida del generador se imprime simplemente en la consola.

Es importante notar que este es un ejemplo simplificado e hipotético de un VideoGAN. Construir un VideoGAN completamente funcional requeriría arquitecturas y conjuntos de datos especializados que están fuera del alcance de este script.

3.7 Innovaciones Recientes en GANs

Las Redes Generativas Antagónicas (GANs) han experimentado rápidos avances desde su creación, lo que ha llevado a diversas innovaciones que amplían sus capacidades y aplicaciones. Estas innovaciones abordan desafíos específicos, mejoran el rendimiento y abren nuevas posibilidades para el uso de GANs en escenarios más complejos y diversos.

En esta sección, exploraremos algunas de las innovaciones más recientes en GANs, incluidas GANs para la generación de videos, GANs condicionales y otros desarrollos de vanguardia. Se proporcionarán explicaciones detalladas y ejemplos de código para ilustrar estas innovaciones.

3.7.1 GANs para la Generación de Videos

Como se discutió a fondo en la sección 3.6.3, la innovación de la generación de videos con Redes Generativas Antagónicas (GANs) marca un avance considerable desde la generación de imágenes estáticas hasta la creación de secuencias dinámicas de fotogramas. Este desarrollo revolucionario permite la aplicación de GANs en una variedad de áreas, como la síntesis de videos, la animación e incluso el mundo inmersivo de la realidad virtual, ampliando así el alcance y potencial de esta tecnología.

Un ejemplo destacado de un modelo fundamental para la generación de videos es el **VideoGAN**. Este modelo extiende ingeniosamente el marco de los GANs para manejar de manera eficiente la dimensión temporal intrínseca a los datos de video, lo que lo convierte en una herramienta poderosa en el mundo de la generación de videos.

Las Características Clave de VideoGAN que lo distinguen incluyen:

- **Coherencia Temporal:** Esta característica asegura que los fotogramas generados sean temporalmente consistentes, lo cual es crucial para producir videos fluidos y realistas. Es esta coherencia temporal la que otorga una transición fluida entre fotogramas, mejorando el realismo de los videos generados.
- **Capas Espacio-Temporales:** Estas capas son una combinación única de convoluciones espaciales y temporales. Esta unión permite a VideoGAN capturar tanto los intrincados detalles espaciales como las dinámicas temporales que son inherentes a los datos de video, creando así videos más completos y detallados.
- **Convoluciones 3D:** VideoGAN utiliza capas de convoluciones 3D para procesar datos de video. A diferencia de las convoluciones 2D tradicionales, las convoluciones 3D toman en cuenta la dimensión adicional del tiempo, tratando los datos de video como una secuencia de fotogramas. Esto permite una comprensión y procesamiento más matizados de los datos, resultando en una generación de video superior.

Ejemplo: Implementación de un VideoGAN Simple

```
import tensorflow as tf
import numpy as np
import matplotlib.pyplot as plt

# Define VideoGAN generator model
def build_videogan_generator(latent_dim, img_shape, num_frames):
model = tf.keras.Sequential([
tf.keras.layers.Dense(256 * 4 * 4 * num_frames, activation="relu", input_dim=latent_dim),
tf.keras.layers.Reshape((num_frames, 4, 4, 256)),
tf.keras.layers.BatchNormalization(),
tf.keras.layers.Conv3DTranspose(128, kernel_size=4, strides=(2, 2, 2), padding='same'),
tf.keras.layers.BatchNormalization(),
tf.keras.layers.LeakyReLU(alpha=0.2),
tf.keras.layers.Conv3DTranspose(64, kernel_size=4, strides=(2, 2, 2), padding='same'),
tf.keras.layers.BatchNormalization(),
tf.keras.layers.LeakyReLU(alpha=0.2),
tf.keras.layers.Conv3DTranspose(3, kernel_size=4, strides=(2, 2, 2), padding='same', activation='tanh')
    ])
return model
# Instantiate the generator
latent_dim = 100
img_shape = (64, 64, 3)
num_frames = 16
generator = build_videogan_generator(latent_dim, img_shape, num_frames)

# Generate random latent vectors
num_videos = 2
latent_vectors = np.random.normal(0, 1, (num_videos, latent_dim))
```

```
# Generate video samples using the generator
video_samples = generator.predict(latent_vectors)

# Placeholder for displaying generated video samples
# In practice, you'd save the generated samples to video files and play them using a video library
print("Generated video samples:", video_samples)
```

Aquí tienes una traducción completa del texto proporcionado:

El ejemplo comienza definiendo la estructura del generador, un componente clave de un GAN. El papel del generador es crear nuevas muestras de datos sintéticos, en este caso, videos. Cada video está compuesto por múltiples fotogramas, y cada fotograma es una imagen.

El modelo del generador se construye utilizando la API Keras de TensorFlow. Utiliza múltiples capas, incluidas capas Dense, capas de normalización por lotes y capas Conv2DTranspose (también conocidas como capas de deconvolución).

Las capas Dense, que son capas completamente conectadas, transforman los datos de entrada (vectores latentes) en una representación diferente. Las capas de normalización por lotes luego normalizan estos valores de salida, ayudando a mejorar la velocidad y estabilidad del modelo.

Las capas Conv2DTranspose realizan una operación de convolución inversa, "aumentando" efectivamente la imagen y aumentando sus dimensiones. Están seguidas por capas LeakyReLU, un tipo de función de activación que permite un pequeño gradiente cuando la unidad no está activa, lo que puede ayudar a prevenir el problema de "neuronas muertas" donde las neuronas se vuelven inactivas y solo producen 0.

Las capas están estructuradas de tal manera que las dimensiones de los datos de salida aumentan con cada capa, comenzando desde una representación plana y terminando con una representación 3D (altura, ancho, canales de color) adecuada para un fotograma de imagen. La capa final utiliza la función de activación 'tanh', que escala la salida para estar entre -1 y 1, adecuada para una imagen.

El script luego procede a instanciar el modelo del generador. El generador se inicializa con un tamaño específico de los vectores latentes (latent_dim), la forma de la imagen (img_shape) y el número de fotogramas en cada video (num_frames). La dimensión latente se establece en 100, la forma de la imagen se establece en (64,64,3) implicando una imagen de 64x64 píxeles con 3 canales de color, y el número de fotogramas se establece en 16.

Posteriormente, el script genera un conjunto de vectores latentes aleatorios a partir de una distribución normal. El número de vectores generados está determinado por la variable num_videos, y el tamaño de cada vector es el mismo que la dimensión latente definida. Estos vectores sirven como entrada para el generador.

La función 'predict' del generador se utiliza luego para crear las muestras de video a partir de los vectores latentes. Esta función pasa los vectores latentes a través del modelo, transformándolos en datos de video sintéticos.

Finalmente, el script imprime las muestras de video generadas. En una aplicación práctica, estas muestras probablemente se guardarían en archivos de video y se reproducirían utilizando un reproductor de video o una biblioteca de procesamiento de video. Sin embargo, en este ejemplo simplificado, la salida del generador se imprime simplemente en la consola.

Es importante notar que este es un ejemplo simplificado e hipotético de un VideoGAN. Construir un VideoGAN completamente funcional requeriría arquitecturas y conjuntos de datos especializados que están fuera del alcance de este script.

3.7.2 GANs Condicionales (cGANs)

Las Redes Generativas Antagónicas Condicionales (cGANs) representan un avance significativo en el mundo de los modelos generativos al incorporar información externa adicional en el marco tradicional de los GAN.

Esta información adicional puede tomar varias formas, como etiquetas de clase o incluso descripciones textuales. La principal ventaja de este enfoque es que permite la generación de datos de manera controlada, es decir, los datos de salida se condicionan directamente en la información proporcionada, lo que permite una generación de datos específica y dirigida.

Características Clave de los cGANs:

- **Entradas Condicionales:** Una de las características definitorias de los cGANs es el uso de entradas condicionales. En un cGAN típico, tanto el generador como el discriminador reciben estas piezas adicionales de información. Esto asegura que los datos generados por el generador no solo parezcan realistas sino que también coincidan estrechamente con las condiciones especificadas, de ahí el término 'condicional' en el nombre.
- **Mayor Control Sobre las Salidas:** Otra ventaja clave de los cGANs es que proporcionan un grado mucho mayor de control sobre las salidas generadas en comparación con los GANs tradicionales. Este control mejorado hace posible generar tipos específicos de datos, lo cual puede ser extremadamente útil en una variedad de aplicaciones prácticas.

Ejemplo: Implementación de un GAN Condicional

```
import tensorflow as tf
import numpy as np
import matplotlib.pyplot as plt

# Define Conditional GAN generator model
def build_cgan_generator(latent_dim, num_classes, img_shape):
noise = tf.keras.Input(shape=(latent_dim,))
label = tf.keras.Input(shape=(1,), dtype='int32')
label_embedding  =  tf.keras.layers.Flatten()(tf.keras.layers.Embedding(num_classes,
latent_dim)(label))
model_input = tf.keras.layers.multiply([noise, label_embedding])
x = tf.keras.layers.Dense(256 * 7 * 7, activation="relu")(model_input)
x = tf.keras.layers.Reshape((7, 7, 256))(x)
x = tf.keras.layers.BatchNormalization()(x)
x = tf.keras.layers.Conv2DTranspose(128, kernel_size=4, strides=2, padding='same')(x)
```

```
x = tf.keras.layers.BatchNormalization()(x)
x = tf.keras.layers.LeakyReLU(alpha=0.2)(x)
x = tf.keras.layers.Conv2DTranspose(64, kernel_size=4, strides=2, padding='same')(x)
x = tf.keras.layers.BatchNormalization()(x)
x = tf.keras.layers.LeakyReLU(alpha=0.2)(x)
output_img = tf.keras.layers.Conv2DTranspose(img_shape[-1], kernel_size=4, strides=1,
padding='same', activation='tanh')(x)
return tf.keras.Model([noise, label], output_img)
# Define Conditional GAN discriminator model
def build_cgan_discriminator(img_shape, num_classes):
img = tf.keras.Input(shape=img_shape)
label = tf.keras.Input(shape=(1,), dtype='int32')
label_embedding  =  tf.keras.layers.Flatten()(tf.keras.layers.Embedding(num_classes,
np.prod(img_shape))(label))
label_embedding = tf.keras.layers.Reshape(img_shape)(label_embedding)
model_input = tf.keras.layers.multiply([img, label_embedding])
x = tf.keras.layers.Conv2D(64, kernel_size=4, strides=2, padding='same')(model_input)
x = tf.keras.layers.LeakyReLU(alpha=0.2)(x)
x = tf.keras.layers.Conv2D(128, kernel_size=4, strides=2, padding='same')(x)
x = tf.keras.layers.LeakyReLU(alpha=0.2)(x)
x = tf.keras.layers.Flatten()(x)
validity = tf.keras.layers.Dense(1, activation='sigmoid')(x)

return tf.keras.Model([img, label], validity)
# Build and compile the Conditional GAN
latent_dim = 100
num_classes = 10
img_shape = (28, 28, 1)

generator = build_cgan_generator(latent_dim, num_classes, img_shape)
discriminator = build_cgan_discriminator(img_shape, num_classes)
discriminator.compile(optimizer='adam',                   loss='binary_crossentropy',
metrics=['accuracy'])
discriminator.trainable = False
noise = tf.keras.Input(shape=(latent_dim,))
label = tf.keras.Input(shape=(1,), dtype='int32')
generated_img = generator([noise, label])
validity = discriminator([generated_img, label])
cgan = tf.keras.Model([noise, label], validity)
cgan.compile(optimizer='adam', loss='binary_crossentropy')

# Summary of the models
generator.summary()
discriminator.summary()
cgan.summary()
```

En este ejemplo:

La primera parte del script define el modelo generador para el CGAN. Este modelo está diseñado para generar datos falsos. Toma como entrada un vector de ruido latente y una etiqueta. El vector de ruido generalmente se toma de una distribución normal y la etiqueta representa típicamente algún tipo de información categórica.

En este contexto, la etiqueta podría representar una clase específica de imagen que queremos que el generador cree. El modelo generador primero incrusta la etiqueta y luego la multiplica con el vector de ruido. Esta entrada combinada se procesa a través de una serie de capas, incluyendo capas densas, capas de reconfiguración, capas de normalización por lotes y capas de convolución transpuesta (también conocidas como capas de deconvolución) para producir una imagen de salida.

La segunda parte del script define el modelo discriminador. Este modelo toma como entrada una imagen y una etiqueta y produce una probabilidad que indica si la imagen de entrada es real o falsa. El modelo primero incrusta la etiqueta, la reconfigura para que coincida con la forma de la imagen y la multiplica con la imagen de entrada. Esta entrada combinada se procesa a través de una serie de capas, incluyendo capas de convolución, capas LeakyReLU y una capa de aplanamiento para producir un solo valor que representa la probabilidad de que la imagen sea real.

Después de definir ambos modelos, se construye el modelo CGAN encadenando efectivamente el generador y el discriminador. El generador toma un vector de ruido y una etiqueta, y produce una imagen. Esta imagen generada, junto con la etiqueta, se pasa luego al discriminador, que produce una probabilidad que indica si cree que la imagen generada es real o falsa.

El modelo discriminador se compila con el optimizador Adam y la función de pérdida de entropía cruzada binaria. Cabe destacar que al entrenar un GAN, primero se entrena el discriminador para distinguir datos reales de los falsos, y luego se entrena el generador para engañar al discriminador. Por lo tanto, cuando el modelo CGAN se está utilizando para entrenar el generador, el discriminador no debe ser entrenable, como se indica en la línea discriminator.trainable = False.

Finalmente, se imprime el resumen del generador, el discriminador y los modelos CGAN. Esto proporciona una instantánea de la arquitectura del modelo, mostrando los tipos de capas utilizadas, la forma de las salidas en cada capa y el número de parámetros en cada etapa.

3.7.3 Aprendizaje Auto-Supervisado con GANs

El proceso de aprendizaje auto-supervisado con Redes Generativas Antagónicas (GANs) implica la implementación de tareas auxiliares que ayudan en el aprendizaje de representaciones valiosas a partir de datos no etiquetados, un método que no depende de anotaciones manuales.

Este enfoque único mejora significativamente la capacidad del discriminador para diferenciar datos reales de datos simulados, mejorando así el rendimiento general y la efectividad del modelo GAN.

A continuación se describen las principales características de los GANs auto-supervisados:

- **Empleo de Tareas Auxiliares:** Con el fin de aprender representaciones más ricas y profundas, se asignan al discriminador problemas adicionales para resolver. Estos pueden ir desde predecir el ángulo de rotación de las imágenes hasta identificar la secuencia de fotogramas en un video. Esto no solo permite que el modelo aprenda más sobre los datos, sino que también lo alienta a enfocarse en la estructura inherente y los detalles dentro de los datos.
- **Mejora del Rendimiento del Discriminador:** La introducción de tareas auxiliares en el rol del discriminador conduce a un modelo más robusto y confiable. Las tareas adicionales proporcionan al discriminador más contexto sobre los datos, permitiéndole tomar mejores decisiones. Esto lleva a una mejora en la dinámica del entrenamiento y, a su vez, contribuye a la generación de datos sintetizados de mayor calidad.

Ejemplo: Implementación de un GAN Auto-Supervisado

```
import tensorflow as tf
import numpy as np
import matplotlib.pyplot as plt

# Define Self-Supervised GAN discriminator model with auxiliary tasks
def build_ssgan_discriminator(img_shape):
img = tf.keras.Input(shape=img_shape)
x = tf.keras.layers.Conv2D(64, kernel_size=4, strides=2, padding='same')(img)
x = tf.keras.layers.LeakyReLU(alpha=0.2)(x)
x = tf.keras.layers.Conv2D(128, kernel_size=4, strides=2, padding='same')(x)
x = tf.keras.layers.LeakyReLU(alpha=0.2)(x)
x = tf.keras.layers.Flatten()(x)
validity = tf.keras.layers.Dense(1, activation='sigmoid')(x)
rotation_pred = tf.keras.layers.Dense(4, activation='softmax')(x)  # Auxiliary task:
predicting rotation angle
return tf.keras.Model(img, [validity, rotation_pred])
# Define Self-Supervised GAN generator model
def build_ssgan_generator(latent_dim, img_shape):
model = tf.keras.Sequential([
tf.keras.layers.Dense(256 * 7 * 7, activation="relu", input_dim=latent_dim),
tf.keras.layers.Reshape((7, 7, 256)),
tf.keras.layers.BatchNormalization(),
tf.keras.layers.Conv2DTranspose(128, kernel_size=4, strides=2, padding='same'),
tf.keras.layers.BatchNormalization(),
tf.keras.layers.LeakyReLU(alpha=0.2),
tf.keras.layers.Conv2DTranspose(64, kernel_size=4, strides=2, padding='same'),
tf.keras.layers.BatchNormalization(),
tf.keras.layers.LeakyReLU(alpha=0.2),
tf.keras.layers.Conv2DTranspose(img_shape[-1], kernel_size

=4, strides=1, padding='same', activation='tanh')
    ])
return model
# Instantiate the Self-Supervised GAN
latent_dim = 100
img_shape = (28, 28, 1)
```

```
generator = build_ssgan_generator(latent_dim, img_shape)
discriminator = build_ssgan_discriminator(img_shape)
discriminator.compile(optimizer='adam', loss=['binary_crossentropy', 'sparse_categorical_crossentropy'], metrics=['accuracy'])
discriminator.trainable = False
noise = tf.keras.Input(shape=(latent_dim,))
generated_img = generator(noise)
validity, rotation_pred = discriminator(generated_img)
ssgan = tf.keras.Model(noise, [validity, rotation_pred])
ssgan.compile(optimizer='adam', loss=['binary_crossentropy', 'sparse_categorical_crossentropy'])
# Summary of the models
generator.summary()
discriminator.summary()
ssgan.summary()
```

En este ejemplo:

1. **Importación de las bibliotecas necesarias**: El script comienza importando las bibliotecas de Python necesarias: TensorFlow para construir y entrenar el modelo, NumPy para operaciones numéricas y Matplotlib para generar gráficos.
2. **Definición del modelo Discriminador**: El discriminador es una red neuronal que aprende a distinguir entre datos reales y sintetizados. La función build_ssgan_discriminator(img_shape) define la arquitectura de esta red. Utiliza capas Conv2D (capas de convolución 2D), funciones de activación LeakyReLU y una capa de aplanamiento. La salida del discriminador consiste en una puntuación de validez (indicando si la imagen es real o falsa) y una predicción de rotación (la tarea auxiliar, prediciendo el ángulo de rotación de la imagen de entrada).
3. **Definición del modelo Generador**: El generador es otra red neuronal que aprende a crear nuevos datos que se asemejan a los datos originales con los que fue entrenado. La función build_ssgan_generator(latent_dim, img_shape) define la arquitectura de esta red. Utiliza capas Dense, capas Reshape, capas BatchNormalization, capas Conv2DTranspose (que realizan la operación opuesta a una capa Conv2D) y funciones de activación LeakyReLU.
4. **Instanciación del SSGAN**: Una vez definidos los modelos de generador y discriminador, se crea una instancia de cada uno. El modelo discriminador se compila con el optimizador Adam y dos funciones de pérdida (entropía cruzada binaria para la puntuación de validez y entropía cruzada categórica dispersa para la predicción de rotación). Luego, se establece que el discriminador no sea entrenable, lo que significa que sus pesos no se actualizarán durante el entrenamiento del generador.
5. **Creación del modelo SSGAN**: El modelo SSGAN completo se crea conectando el generador y el discriminador. El generador toma un vector de ruido como entrada y genera una imagen. Esta imagen generada, junto con la etiqueta, se pasa luego al discriminador, que produce una puntuación de validez y una predicción de rotación. El

modelo SSGAN se compila con el optimizador Adam y las mismas dos funciones de pérdida que el discriminador.

6. **Impresión de los resúmenes del modelo**: Finalmente, el script imprime el resumen del generador, del discriminador y de los modelos SSGAN. Esto proporciona una visión detallada de las arquitecturas, mostrando el tipo y orden de las capas, la forma de las salidas en cada capa y el número de parámetros.

Todo el proceso descrito en este código representa un ejemplo de implementación de un GAN Auto-Supervisado. Es importante notar que este script solo define los modelos y no incluye el código para entrenar los modelos, lo que típicamente involucra alimentar los modelos con datos, ejecutar las pasadas hacia adelante y hacia atrás, y actualizar los pesos.

3.7.4 Inferencia Aprendida Adversarialmente (ALI)

La Inferencia Aprendida Adversarialmente (ALI) es un desarrollo intrigante en el mundo de las Redes Generativas Antagónicas (GANs). Mejora las capacidades de las GANs al incorporar un mecanismo de aprendizaje dual.

Este mecanismo permite que ALI no solo genere datos, sino también inferir la representación latente de datos reales. Esta fusión de capacidades combina la destreza generativa de las GANs con las habilidades de inferencia de una clase separada de modelos conocidos como autoencoders variacionales (VAEs), ampliando así las posibles aplicaciones de las GANs en diversos campos.

Características Distintivas de ALI:

- **Mapeo Bidireccional:** ALI se distingue de otros modelos GAN debido a su proceso de aprendizaje único. A diferencia de las GANs tradicionales que se centran en generar nuevos datos a partir de un espacio latente dado, ALI va un paso más allá al aprender un mapeo bidireccional. Esto significa que aprende a mapear desde el espacio latente al espacio de datos, que es el proceso de generación estándar, pero también aprende a mapear en la dirección opuesta: del espacio de datos de vuelta al espacio latente. Este mapeo inverso, conocido como el proceso de inferencia, permite al modelo inferir la representación latente de datos reales. Esta capacidad de aprender en ambas direcciones enriquece las habilidades de procesamiento y comprensión de datos de ALI, haciéndolo más versátil y efectivo en la gestión de tareas complejas.
- **Aprendizaje de Representación Mejorado:** Las capacidades de aprendizaje de ALI no se limitan solo a la generación e inferencia. Está diseñado para derivar representaciones latentes significativas a partir de los datos. Estas representaciones no son meros símbolos o conceptos abstractos; llevan información significativa sobre la estructura subyacente y las características de los datos. Pueden ser utilizadas eficazmente para varias tareas posteriores. Esto incluye tareas como el agrupamiento, donde los puntos de datos se agrupan en función de sus similitudes, y la clasificación, donde los puntos de datos se asignan a categorías predefinidas en función de sus características. La capacidad de proporcionar tales representaciones enriquecidas mejora el rendimiento

de estas tareas, llevando a resultados más precisos y perspicaces. Este nivel mejorado de aprendizaje de representación convierte a ALI en una herramienta poderosa en el campo del análisis de datos y el aprendizaje automático.

Mientras que el desarrollo de diferentes variantes de GANs ha contribuido significativamente al campo del modelado generativo, la llegada de modelos como ALI, que combinan las fortalezas de múltiples enfoques, abre nuevas e interesantes avenidas. Al comprender y aprovechar estos modelos avanzados, podemos desbloquear nuevas posibilidades y ampliar los límites de lo que se puede lograr con el modelado generativo.

Ejemplo: Implementación de Inferencia Aprendida Adversarialmente

```
import tensorflow as tf
import numpy as np
import matplotlib.pyplot as plt

# Define ALI encoder model
def build_ali_encoder(img_shape, latent_dim):
img = tf.keras.Input(shape=img_shape)
x = tf.keras.layers.Conv2D(64, kernel_size=4, strides=2, padding='same')(img)
x = tf.keras.layers.LeakyReLU(alpha=0.2)(x)
x = tf.keras.layers.Conv2D(128, kernel_size=4, strides=2, padding='same')(x)
x = tf.keras.layers.LeakyReLU(alpha=0.2)(x)
x = tf.keras.layers.Flatten()(x)
latent_repr = tf.keras.layers.Dense(latent_dim)(x)

return tf.keras.Model(img, latent_repr)
# Define ALI generator model
def build_ali_generator(latent_dim, img_shape):
latent = tf.keras.Input(shape=(latent_dim,))
x = tf.keras.layers.Dense(256 * 7 * 7, activation="relu")(latent)
x = tf.keras.layers.Reshape((7, 7, 256))(x)
x = tf.keras.layers.BatchNormalization()(x)
x = tf.keras.layers.Conv2DTranspose(128, kernel_size=4, strides=2, padding='same')(x)
x = tf.keras.layers.BatchNormalization()(x)
x = tf.keras.layers.LeakyReLU(alpha=0.2)(x)
x = tf.keras.layers.Conv2DTranspose(64, kernel_size=4, strides=2, padding='same')(x)
x = tf.keras.layers.BatchNormalization()(x)
x = tf.keras.layers.LeakyReLU(alpha=0.2)(x)
output_img = tf.keras.layers.Conv2DTranspose(img_shape[-1], kernel_size=4, strides=1,
padding='same', activation='tanh')(x)
return tf.keras.Model(latent, output_img)
# Define ALI discriminator model
def build_ali_discriminator(img_shape, latent_dim):
img = tf.keras.Input(shape=img_shape)
latent = tf.keras.Input(shape=(latent_dim,))
latent_repeated = tf.keras.layers.Reshape((1, 1, latent_dim))(latent)
latent_repeated          =          tf.keras.layers.UpSampling2D(size=(img_shape[0],
img_shape[1]))(latent_repeated)
combined_input = tf.keras.layers.Concatenate(axis=-1)([img, latent_repeated])
```

```
x = tf.keras.layers.Conv2D(64, kernel_size=4, strides=2, padding='same')(combined_input)
x = tf.keras.layers.LeakyReLU(alpha=0.2)(x)
x = tf.keras.layers.Conv2D(128, kernel_size=4, strides=2, padding='same')(x)
x = tf.keras.layers.LeakyReLU(alpha=0.2)(x)
x = tf.keras.layers.Flatten()(x)
validity = tf.keras.layers.Dense(1, activation='sigmoid')(x)

return tf.keras.Model([img, latent], validity)
# Instantiate the ALI
latent_dim = 100
img_shape = (28, 28, 1)

encoder = build_ali_encoder(img_shape, latent_dim)
generator = build_ali_generator(latent_dim, img_shape)
discriminator = build_ali_discriminator(img_shape, latent_dim)
discriminator.compile(optimizer='adam', loss='binary_crossentropy', metrics=['accuracy'])
discriminator.trainable = False
real_img = tf.keras.Input(shape=img_shape)
latent = tf.keras.Input(shape=(latent_dim,))
encoded_repr = encoder(real_img)
generated_img = generator(latent)
validity_real = discriminator([real_img, encoded_repr])
validity_fake = discriminator([generated_img, latent])
ali = tf.keras.Model([real_img, latent], [validity_real, validity_fake])
ali.compile(optimizer='adam', loss='binary_crossentropy')

# Summary of the models
encoder.summary()
generator.summary()
discriminator.summary()
ali.summary()
```

En este ejemplo:

El script comienza importando los módulos necesarios, que incluyen TensorFlow para construir los modelos, numpy para operaciones numéricas y matplotlib para la creación de gráficos.

Luego se definen tres modelos separados: un codificador, un generador y un discriminador.

El modelo del codificador está diseñado para mapear desde el espacio de datos al espacio latente. Este modelo toma una imagen como entrada y aplica una serie de capas Conv2D, seguidas de funciones de activación LeakyReLU. La salida de estas capas se aplana y pasa a través de una capa Dense para producir la representación latente de la imagen de entrada.

El modelo del generador es responsable de mapear desde el espacio latente al espacio de datos. Comienza con una capa Dense que reconfigura la entrada latente en una dimensión específica, seguida de capas BatchNormalization y Conv2DTranspose, con LeakyReLU actuando como la función de activación. La salida es una imagen generada que se asemeja a los datos reales.

El modelo del discriminador toma tanto una imagen como una representación latente como entrada. Luego concatena las dos entradas y las pasa a través de una serie de capas Conv2D y LeakyReLU. La capa Dense al final emite la validez de la entrada, indicando si cree que la imagen de entrada es real o falsa.

Una vez definidos estos modelos, el script instancia los modelos de codificador, generador y discriminador con las dimensiones latentes y de imagen especificadas. El modelo del discriminador se compila con el optimizador Adam y la entropía cruzada binaria como función de pérdida. Luego se configura el discriminador para que no sea entrenable, indicando que sus pesos no se actualizarán durante el entrenamiento del generador.

El modelo ALI general se define encadenando el codificador, el generador y el discriminador. Toma una imagen real y una representación latente como entrada y produce dos salidas: la validez de la imagen real y la validez de la imagen generada. El modelo se compila con el optimizador Adam y la entropía cruzada binaria como función de pérdida.

Finalmente, el script imprime un resumen del codificador, generador, discriminador y del modelo ALI general, proporcionando una visión general de las arquitecturas, tipos de capas, formas de salida en cada capa y el número de parámetros en cada etapa.

Es importante notar que este script solo define los modelos y no incluye el código para entrenar los modelos, lo cual implicaría alimentar los modelos con datos, ejecutar las pasadas hacia adelante y hacia atrás y actualizar los pesos según la función de pérdida.

Ejercicios Prácticos para el Capítulo 3: Profundización en las Redes Generativas Antagónicas (GANs)

Estos ejercicios prácticos están diseñados para reforzar los conceptos cubiertos en este capítulo. Al trabajar en estos ejercicios, obtendrás experiencia práctica con GANs, incluyendo su arquitectura, entrenamiento, evaluación e innovaciones recientes.

Ejercicio 1: Construir y Entrenar un GAN Básico

Tarea: Construir y entrenar un GAN básico para generar imágenes en escala de grises de 28x28 similares al conjunto de datos MNIST.

Solución:

```
import tensorflow as tf
import numpy as np
import matplotlib.pyplot as plt

# Define the generator model
def build_generator(latent_dim):
model = tf.keras.Sequential([
tf.keras.layers.Dense(256 * 7 * 7, activation="relu", input_dim=latent_dim),
tf.keras.layers.Reshape((7, 7, 256)),
```

```
tf.keras.layers.BatchNormalization(),
tf.keras.layers.Conv2DTranspose(128, kernel_size=4, strides=2, padding='same'),
tf.keras.layers.BatchNormalization(),
tf.keras.layers.LeakyReLU(alpha=0.2),
tf.keras.layers.Conv2DTranspose(64, kernel_size=4, strides=2, padding='same'),
tf.keras.layers.BatchNormalization(),
tf.keras.layers.LeakyReLU(alpha=0.2),
tf.keras.layers.Conv2DTranspose(1,    kernel_size=4,    strides=1,    padding='same',
activation='tanh')
    ])
return model
# Define the discriminator model
def build_discriminator(img_shape):
model = tf.keras.Sequential([
tf.keras.layers.Conv2D(64,       kernel_size=4,       strides=2,       padding='same',
input_shape=img_shape),
tf.keras.layers.LeakyReLU(alpha=0.2),
tf.keras.layers.Conv2D(128, kernel_size=4, strides=2, padding='same'),
tf.keras.layers.LeakyReLU(alpha=0.2),
tf.keras.layers.Flatten(),
tf.keras.layers.Dense(1, activation='sigmoid')
    ])
return model
# Instantiate the GAN
latent_dim = 100
img_shape = (28, 28, 1)

generator = build_generator(latent_dim)
discriminator = build_discriminator(img_shape)
discriminator.compile(optimizer='adam',                  loss='binary_crossentropy',
metrics=['accuracy'])
discriminator.trainable = False
gan_input = tf.keras.Input(shape=(latent_dim,))
generated_img = generator(gan_input)
validity = discriminator(generated_img)
gan = tf.keras.Model(gan_input, validity)
gan.compile(optimizer='adam', loss='binary_crossentropy')

# Load and preprocess the MNIST dataset
(x_train, ), (, _) = tf.keras.datasets.mnist.load_data()
x_train = (x_train.astype(np.float32) - 127.5) / 127.5  # Normalize to [-1, 1]
x_train = np.expand_dims(x_train, axis=-1)
# Training parameters
epochs = 10000
batch_size = 64
sample_interval = 1000

for epoch in range(epochs):
# Train the discriminator
idx = np.random.randint(0, x_train.shape[0], batch_size)
real_images = x_train[idx]
noise = np.random.normal(0, 1, (batch_size, latent_dim))
```

```
fake_images = generator.predict(noise)
d_loss_real = discriminator.train_on_batch(real_images, np.ones((batch_size, 1)))
d_loss_fake = discriminator.train_on_batch(fake_images, np.zeros((batch_size, 1)))
d_loss = 0.5 * np.add(d_loss_real, d_loss_fake)
# Train the generator
noise = np.random.normal(0, 1, (batch_size, latent_dim))
g_loss = gan.train_on_batch(noise, np.ones((batch_size, 1)))
# Print progress
if epoch % sample_interval == 0:
print(f"{epoch} [D loss: {d_loss[0]}, acc.: {d_loss[1] * 100}%] [G loss: {g_loss}]")
# Generate and save images
noise = np.random.normal(0, 1, (10, latent_dim))
generated_images = generator.predict(noise)
fig, axs = plt.subplots(1, 10, figsize=(20, 2))
for i, img in enumerate(generated_images):
axs[i].imshow(img.squeeze(), cmap='gray')
axs[i].axis('off')
plt.show()
```

Ejercicio 2: Implementar y Evaluar un DCGAN

Tarea: Implementar un Deep Convolutional GAN (DCGAN) para generar imágenes RGB de 64x64. Evaluar el modelo usando la puntuación de Inception (IS) y la distancia de Fréchet Inception (FID).

Solución:

```
import tensorflow as tf
import numpy as np
import matplotlib.pyplot as plt
from tensorflow.keras.applications.inception_v3 import InceptionV3, preprocess_input
from scipy.linalg import sqrtm

# Define DCGAN generator model
def build_dcgan_generator(latent_dim):
model = tf.keras.Sequential([
tf.keras.layers.Dense(256 * 8 * 8, activation="relu", input_dim=latent_dim),
tf.keras.layers.Reshape((8, 8, 256)),
tf.keras.layers.BatchNormalization(),
tf.keras.layers.Conv2DTranspose(128, kernel_size=4, strides=2, padding='same'),
tf.keras.layers.BatchNormalization(),
tf.keras.layers.LeakyReLU(alpha=0.2),
tf.keras.layers.Conv2DTranspose(64, kernel_size=4, strides=2, padding='same'),
tf.keras.layers.BatchNormalization(),
tf.keras.layers.LeakyReLU(alpha=0.2),
tf.keras.layers.Conv2DTranspose(3,    kernel_size=4,    strides=2,    padding='same',
activation='tanh')
    ])
return model
# Define DCGAN discriminator model
def build_dcgan_discriminator(img_shape):
model = tf.keras.Sequential([
```

```
tf.keras.layers.Conv2D(64,        kernel_size=4,        strides=2,        padding='same',
input_shape=img_shape),
tf.keras.layers.LeakyReLU(alpha=0.2),
tf.keras.layers.Conv2D(128, kernel_size=4, strides=2, padding='same'),
tf.keras.layers.BatchNormalization(),
tf.keras.layers.LeakyReLU(alpha=0.2),
tf.keras.layers.Conv2D(256, kernel_size=4, strides=2, padding='same'),
tf.keras.layers.BatchNormalization(),
tf.keras.layers.LeakyReLU(alpha=0.2),
tf.keras.layers.Flatten(),
tf.keras.layers.Dense(1, activation='sigmoid')
    ])
return model
# Training parameters
latent_dim = 100
img_shape = (64, 64, 3)
epochs = 10000
batch_size = 64
sample_interval = 1000

# Instantiate the DCGAN
generator = build_dcgan_generator(latent_dim)
discriminator = build_dcgan_discriminator(img_shape)
discriminator.compile(optimizer='adam',                loss='binary_crossentropy',
metrics=['accuracy'])
discriminator.trainable = False
gan_input = tf.keras.Input(shape=(latent_dim,))
generated_img = generator(gan_input)
validity = discriminator(generated_img)
dcgan = tf.keras.Model(gan_input, validity)
dcgan.compile(optimizer='adam', loss='binary_crossentropy')

# Load and preprocess the dataset (e.g., CIFAR-10)
(x_train, ), (, _) = tf.keras.datasets.cifar10.load_data()
x_train = (x_train.astype(np.float32) - 127.5) / 127.5  # Normalize to [-1, 1]
# Training loop
for epoch in range(epochs):
# Train the discriminator
idx = np.random.randint(0, x_train.shape[0], batch_size)
real_images = x_train[idx]
noise = np.random.normal(0, 1, (batch_size, latent_dim))
fake_images = generator.predict(noise)
d_loss_real = discriminator.train_on_batch(real_images, np.ones((batch_size, 1)))
d_loss_fake = discriminator.train_on_batch(fake_images, np.zeros((batch_size, 1)))
d_loss = 0.5 * np.add(d_loss_real, d_loss_fake)
# Train the generator
noise = np.random.normal(0, 1, (batch_size, latent_dim))
g_loss = dcgan.train_on_batch(noise, np.ones((batch_size, 1)))
# Print progress
if epoch % sample_interval == 0:
print(f"{epoch} [D loss: {d_loss[0]}, acc.: {d_loss[1] * 100}%] [G loss: {g_loss}]")
# Generate and save images
```

```
noise = np.random.normal(0, 1, (10, latent_dim))
generated_images = generator.predict(noise)
fig, axs = plt.subplots(1, 10, figsize=(20, 2))
for i, img in enumerate(generated_images):
axs[i].imshow((img * 127.5 + 127.5).astype(np.uint8))
axs[i].axis('off')
plt.show()
# Function to calculate Inception Score
def calculate_inception_score(images, num_splits=10):
model = InceptionV3(include_top=False, pooling='avg', input_shape=(299, 299, 3))
images = tf.image.resize(images, (299, 299))
images = preprocess_input(images)
preds = model.predict(images)
scores = []
for i in range(num_splits):
part = preds[i * len(preds) // num_splits: (i + 1) * len(preds) // num_splits]
py = np.mean(part, axis=0)
scores.append(np.exp(np.mean([np.sum(p * np.log(p / py)) for p in part])))
return np.mean(scores), np.std(scores)
# Function to calculate FID score
def calculate_fid(real_images, generated_images):
model = InceptionV3(include_top=False, pooling='avg', input_shape=(299, 299, 3))
real_images = tf.image.resize(real_images, (299, 299))
real_images = preprocess_input(real_images)
gen_images = tf.image.resize(generated_images, (299, 299))
gen_images = preprocess_input(gen_images)
act1 = model.predict(real_images)
act2 = model.predict(gen_images)

mu1, sigma1 = act1.mean(axis=0), np.cov(act1, rowvar=False)
mu2, sigma2 = act2.mean(axis=0), np.cov(act2, rowvar=False)
ssdiff = np.sum((mu1 - mu2) ** 2.0)
covmean = sqrtm(sigma1.dot(sigma2))

if np.iscomplexobj(covmean):
covmean = covmean.real
fid = ssdiff + np.trace(sigma1 + sigma2 - 2.0 * covmean)
return fid
# Generate some fake images using the trained GAN generator
noise = np.random.normal(0, 1, (1000, latent_dim))
generated_images = generator.predict(noise)

# Calculate Inception Score
is_mean, is_std = calculate_inception_score(generated_images)
print(f"Inception Score: {is_mean} ± {is_std}")
# Calculate FID Score
real_images = x_train[np.random.choice(x_train.shape[0], 1000, replace=False)]
fid_score = calculate_fid(real_images, generated_images)
print(f"FID Score: {fid_score}")
```

Ejercicio 3: Implementar y Entrenar un CycleGAN

Tarea: Implementar y entrenar un CycleGAN para realizar la traducción de imágenes entre dos dominios, como traducir fotos a pinturas.

Solución:

```
import tensorflow as tf
import numpy as np
import matplotlib.pyplot as plt

# Define CycleGAN generator model
def build_cyclegan_generator(img_shape):
input_img = tf.keras.Input(shape=img_shape)
x = tf.keras.layers.Conv2D(64, kernel_size=4, strides=2, padding='same')(input_img)
x = tf.keras.layers.LeakyReLU(alpha=0.2)(x)
x = tf.keras.layers.BatchNormalization()(x)
x = tf.keras.layers.Conv2D(128, kernel_size=4, strides=2, padding='same')(x)
x = tf.keras.layers.LeakyReLU(alpha=0.2)(x)
x = tf.keras.layers.BatchNormalization()(x)
x = tf.keras.layers.Conv2DTranspose(64, kernel_size=4, strides=2, padding='same')(x)
x = tf.keras.layers.LeakyReLU(alpha=0.2)(x)
x = tf.keras.layers.BatchNormalization()(x)
output_img = tf.keras.layers.Conv2DTranspose(3, kernel_size=4, strides=2,
padding='same', activation='tanh')(x)
return tf.keras.Model(input_img, output_img)
# Define CycleGAN discriminator model
def build_cyclegan_discriminator(img_shape):
input_img = tf.keras.Input(shape=img_shape)
x = tf.keras.layers.Conv2D(64, kernel_size=4, strides=2, padding='same')(input_img)
x = tf.keras.layers.LeakyReLU(alpha=0.2)(x)
x = tf.keras.layers.Conv2D(128, kernel_size=4, strides=2, padding='same')(x)
x = tf.keras.layers.LeakyReLU(alpha=0.2)(x)
x = tf.keras.layers.Flatten()(x)
validity = tf.keras.layers.Dense(1, activation='sigmoid')(x)
return tf.keras.Model(input_img, validity)

# Build CycleGAN models
img_shape = (128, 128, 3)
G_AB = build_cyclegan_generator(img_shape)
G_BA = build_cyclegan_generator(img_shape)
D_A = build_cyclegan_discriminator(img_shape)
D_B = build_cyclegan_discriminator(img_shape)

D_A.compile(optimizer='adam', loss='binary_crossentropy', metrics=['accuracy'])
D_B.compile(optimizer='adam', loss='binary_crossentropy', metrics=['accuracy'])
# CycleGAN loss
def cycle_loss(y_true, y_pred):
return tf.reduce_mean(tf.abs(y_true - y_pred))
# Full CycleGAN model
img_A = tf.keras.Input(shape=img_shape)
img_B = tf.keras.Input(shape=img_shape)
```

```
fake_B = G_AB(img_A)
reconstr_A = G_BA(fake_B)
fake_A = G_BA(img_B)
reconstr_B = G_AB(fake_A)

D_A.trainable = False
D_B.trainable = False

valid_A = D_A(fake_A)
valid_B = D_B(fake_B)

cycle_gan   =   tf.keras.Model(inputs=[img_A,   img_B],   outputs=[valid_A,   valid_B,
reconstr_A, reconstr_B])
cycle_gan.compile(optimizer='adam',                          loss=['binary_crossentropy',
'binary_crossentropy', cycle_loss, cycle_loss])
# Summary of the models
G_AB.summary()
G_BA.summary()
D_A.summary()
D_B.summary()
cycle_gan.summary()

# Training parameters
epochs = 10000
batch_size = 64
sample_interval = 1000

# Load and preprocess the dataset (e.g., two image domains such as photos and paintings)
# Placeholder code for dataset loading
domain_A = ...  # Load your domain A images
domain_B = ...  # Load your domain B images

# Training loop
for epoch in range(epochs):
# Train the discriminators
idx_A = np.random.randint(0, domain_A.shape[0], batch_size)
idx_B = np.random.randint(0, domain_B.shape[0], batch_size)
real_A = domain_A[idx_A]
real_B = domain_B[idx_B]

fake_B = G_AB.predict(real_A)
fake_A = G_BA.predict(real_B)

dA_loss_real = D_A.train_on_batch(real_A, np.ones((batch_size, 1)))
dA_loss_fake = D_A.train_on_batch(fake_A, np.zeros((batch_size, 1)))
dA_loss = 0.5 * np.add(dA_loss_real, dA_loss_fake)
dB_loss_real = D_B.train_on_batch(real_B, np.ones((batch_size, 1)))
dB_loss_fake = D_B.train_on_batch(fake_B, np.zeros((batch_size, 1)))
dB_loss = 0.5 * np.add(dB_loss_real, dB_loss_fake)
# Train the generators
```

```
g_loss = cycle_gan.train_on_batch([real_A, real_B], [np.ones((batch_size, 1)), np.ones((batch_size, 1)), real_A, real_B])
# Print progress
if epoch % sample_interval == 0:
print(f"{epoch} [D_A loss: {dA_loss[0]}, acc.: {dA_loss[1] * 100}%] [D_B loss: {dB_loss[0]}, acc.: {dB_loss[1] * 100}%] [G loss: {g_loss}]")
# Generate and save translated images
fake_B = G_AB.predict(real_A)
fake_A = G_BA.predict(real_B)
fig, axs = plt.subplots(2, 10, figsize=(20, 4))
for i in range(10):
axs[0, i].imshow(fake_B[i])
axs[0, i].axis('off')
axs[1, i].imshow(fake_A[i])
axs[1, i].axis('off')
plt.show()
```

Ejercicio 4: Implementar un Conditional GAN (cGAN)

Tarea: Implementar un Conditional GAN (cGAN) para generar imágenes condicionadas por etiquetas de clase del conjunto de datos MNIST.

Solución:

```
import tensorflow as tf
import numpy as np
import matplotlib.pyplot as plt

# Define Conditional GAN generator model
def build_cgan_generator(latent_dim, num_classes, img_shape):
noise = tf.keras.Input(shape=(latent_dim,))
label = tf.keras.Input(shape=(1,), dtype='int32')
label_embedding = tf.keras.layers.Flatten()(tf.keras.layers.Embedding(num_classes, latent_dim)(label))
model_input = tf.keras.layers.multiply([noise, label_embedding])
x = tf.keras.layers.Dense(256 * 7 * 7, activation="relu")(model_input)
x = tf.keras.layers.Reshape((7, 7, 256))(x)
x = tf.keras.layers.BatchNormalization()(x)
x = tf.keras.layers.Conv2DTranspose(128, kernel_size=4, strides=2, padding='same')(x)
x = tf.keras.layers.BatchNormalization()(x)
x = tf.keras.layers.LeakyReLU(alpha=0.2

)(x)
x = tf.keras.layers.Conv2DTranspose(64, kernel_size=4, strides=2, padding='same')(x)
x = tf.keras.layers.BatchNormalization()(x)
x = tf.keras.layers.LeakyReLU(alpha=0.2)(x)
output_img = tf.keras.layers.Conv2DTranspose(img_shape[-1], kernel_size=4, strides=1, padding='same', activation='tanh')(x)
return tf.keras.Model([noise, label], output_img)
# Define Conditional GAN discriminator model
def build_cgan_discriminator(img_shape, num_classes):
img = tf.keras.Input(shape=img_shape)
```

```
label = tf.keras.Input(shape=(1,), dtype='int32')
label_embedding  =  tf.keras.layers.Flatten()(tf.keras.layers.Embedding(num_classes,
np.prod(img_shape))(label))
label_embedding = tf.keras.layers.Reshape(img_shape)(label_embedding)
model_input = tf.keras.layers.multiply([img, label_embedding])
x = tf.keras.layers.Conv2D(64, kernel_size=4, strides=2, padding='same')(model_input)
x = tf.keras.layers.LeakyReLU(alpha=0.2)(x)
x = tf.keras.layers.Conv2D(128, kernel_size=4, strides=2, padding='same')(x)
x = tf.keras.layers.LeakyReLU(alpha=0.2)(x)
x = tf.keras.layers.Flatten()(x)
validity = tf.keras.layers.Dense(1, activation='sigmoid')(x)

return tf.keras.Model([img, label], validity)
# Build and compile the Conditional GAN
latent_dim = 100
num_classes = 10
img_shape = (28, 28, 1)

generator = build_cgan_generator(latent_dim, num_classes, img_shape)
discriminator = build_cgan_discriminator(img_shape, num_classes)
discriminator.compile(optimizer='adam',                    loss='binary_crossentropy',
metrics=['accuracy'])
discriminator.trainable = False
noise = tf.keras.Input(shape=(latent_dim,))
label = tf.keras.Input(shape=(1,), dtype='int32')
generated_img = generator([noise, label])
validity = discriminator([generated_img, label])
cgan = tf.keras.Model([noise, label], validity)
cgan.compile(optimizer='adam', loss='binary_crossentropy')

# Load and preprocess the MNIST dataset
(x_train, y_train), (_, _) = tf.keras.datasets.mnist.load_data()
x_train = (x_train.astype(np.float32) - 127.5) / 127.5  # Normalize to [-1, 1]
x_train = np.expand_dims(x_train, axis=-1)
# Training parameters
epochs = 10000
batch_size = 64
sample_interval = 1000

# Training loop
for epoch in range(epochs):
# Train the discriminator
idx = np.random.randint(0, x_train.shape[0], batch_size)
real_images = x_train[idx]
real_labels = y_train[idx]
noise = np.random.normal(0, 1, (batch_size, latent_dim))
fake_labels = np.random.randint(0, num_classes, batch_size)
fake_images = generator.predict([noise, fake_labels])
d_loss_real     =     discriminator.train_on_batch([real_images,      real_labels],
np.ones((batch_size, 1)))
d_loss_fake     =     discriminator.train_on_batch([fake_images,      fake_labels],
np.zeros((batch_size, 1)))
```

```
d_loss = 0.5 * np.add(d_loss_real, d_loss_fake)
# Train the generator
noise = np.random.normal(0, 1, (batch_size, latent_dim))
sampled_labels = np.random.randint(0, num_classes, batch_size)
g_loss = cgan.train_on_batch([noise, sampled_labels], np.ones((batch_size, 1)))
# Print progress
if epoch % sample_interval == 0:
print(f"{epoch} [D loss: {d_loss[0]}, acc.: {d_loss[1] * 100}%] [G loss: {g_loss}]")
# Generate and save images
noise = np.random.normal(0, 1, (10, latent_dim))
sampled_labels = np.arange(0, 10).reshape(-1, 1)
generated_images = generator.predict([noise, sampled_labels])
fig, axs = plt.subplots(1, 10, figsize=(20, 2))
for i, img in enumerate(generated_images):
axs[i].imshow(img.squeeze(), cmap='gray')
axs[i].axis('off')
plt.show()
```

Ejercicio 5: Evaluar un GAN Usando Inception Score y FID

Tarea: Evaluar el rendimiento de un GAN entrenado utilizando Inception Score (IS) y Fréchet Inception Distance (FID) en imágenes generadas.

Solución:

```
import tensorflow as tf
import numpy as np
from tensorflow.keras.applications.inception_v3 import InceptionV3, preprocess_input
from scipy.linalg import sqrtm

# Function to calculate Inception Score
def calculate_inception_score(images, num_splits=10):
model = InceptionV3(include_top=False, pooling='avg', input_shape=(299, 299, 3))
images = tf.image.resize(images, (299, 299))
images = preprocess_input(images)
preds = model.predict(images)

scores = []
for i in range(num_splits):
part = preds[i * len(preds) // num_splits: (i + 1) * len(preds) // num_splits]
py = np.mean(part, axis=0)
scores.append(np.exp(np.mean([np.sum(p * np.log(p / py)) for p in part])))
return np.mean(scores), np.std(scores)
# Function to calculate FID score
def calculate_fid(real_images, generated_images):
model = InceptionV3(include_top=False, pooling='avg', input_shape=(299, 299, 3))
real_images = tf.image.resize(real_images, (299, 299))
real_images = preprocess_input(real_images)
gen_images = tf.image.resize(generated_images, (299, 299))
gen_images = preprocess_input(gen_images)
act1 = model.predict(real_images)
act2 = model.predict(gen_images)
```

```
mu1, sigma1 = act1.mean(axis=0), np.cov(act1, rowvar=False)
mu2, sigma2 = act2.mean(axis=0), np.cov(act2, rowvar=False)
ssdiff = np.sum((mu1 - mu2) ** 2.0)
covmean = sqrtm(sigma1.dot(sigma2))

if np.iscomplexobj(covmean):
covmean = covmean.real
fid = ssdiff + np.trace(sigma1 + sigma2 - 2.0 * covmean)
return fid
# Example: Evaluate a trained GAN on CIFAR-10 dataset
latent_dim = 100
img_shape = (32, 32, 3)

# Load CIFAR-10 dataset
(x_train, ), (, _) = tf.keras.datasets.cifar10.load_data()
x_train = (x_train.astype(np.float32) - 127.5) / 127.5  # Normalize to [-1, 1]
# Assume generator is the trained GAN generator
# Generate some fake images using the trained GAN generator
noise = np.random.normal(0, 1, (1000, latent_dim))
generated_images = generator.predict(noise)

# Calculate Inception Score
is_mean, is_std = calculate_inception_score(generated_images)
print(f"Inception Score: {is_mean} ± {is_std}")
# Calculate FID Score
real_images = x_train[np.random.choice(x_train.shape[0], 1000, replace=False)]
fid_score = calculate_fid(real_images, generated_images)
print(f"FID Score: {fid_score}")
```

Estos ejercicios brindan experiencia práctica en la construcción, el entrenamiento y la evaluación de varios tipos de GANs. Al trabajar a través de estos ejercicios, profundizarás tu comprensión de los GANs y sus aplicaciones prácticas en diferentes dominios.

Resumen del Capítulo

En este capítulo, profundizamos en las Redes Generativas Adversariales (GANs), explorando sus conceptos fundamentales, arquitecturas, procesos de entrenamiento, métodos de evaluación, variaciones, casos de uso e innovaciones recientes. Las GANs han emergido como un marco poderoso en el modelado generativo, permitiendo la generación de datos altamente realistas en diversos dominios.

Comprendiendo los GANs

Comenzamos entendiendo el concepto básico de los GANs, que involucra dos redes neuronales: el generador y el discriminador, comprometidas en un proceso de aprendizaje competitivo. El generador tiene como objetivo producir datos que imiten los datos reales, mientras que el discriminador se esfuerza por distinguir entre datos reales y generados. Esta dinámica adversarial impulsa a ambas redes a mejorar, resultando en la generación de datos realistas.

Arquitectura de los GANs

La arquitectura de los GANs incluye el diseño de las redes del generador y del discriminador. El generador transforma ruido aleatorio en muestras de datos, generalmente usando capas como capas densas, capas de reestructuración y capas de convolución transpuesta. El discriminador, por otro lado, clasifica las muestras de datos como reales o falsas, utilizando capas de convolución, capas de aplanamiento y capas densas. Comprender la interacción entre estas redes y sus respectivas funciones de pérdida es crucial para un entrenamiento efectivo de los GANs.

Entrenamiento de los GANs

El entrenamiento de los GANs implica la actualización iterativa de las redes del generador y del discriminador. El discriminador se entrena para maximizar su precisión en distinguir datos reales de falsos, mientras que el generador se entrena para engañar al discriminador. Este proceso requiere un equilibrio cuidadoso para prevenir problemas como el colapso de modo y la inestabilidad del entrenamiento. Técnicas como Wasserstein GAN (WGAN), normalización espectral y crecimiento progresivo se han desarrollado para abordar estos desafíos y mejorar el entrenamiento de los GANs.

Evaluación de los GANs

La evaluación de los GANs es un proceso multifacético que incluye métodos tanto cuantitativos como cualitativos. Las métricas cuantitativas como el Inception Score (IS) y la Fréchet Inception Distance (FID) proporcionan medidas objetivas de la calidad y diversidad de los datos generados. La evaluación cualitativa implica inspeccionar visualmente las muestras generadas para evaluar su realismo. Los estudios de usuarios y los criterios específicos de la aplicación también contribuyen a una evaluación integral de los GANs.

Variaciones de los GANs

Exploramos varias variaciones de los GANs, cada una diseñada para abordar desafíos específicos o aplicaciones particulares. Los GANs de Convolución Profunda (DCGANs) mejoran la estabilidad del entrenamiento y la calidad de la imagen utilizando capas de convolución. Los CycleGANs permiten la traducción de imágenes sin datos pareados al introducir la pérdida de consistencia cíclica. Los StyleGANs proporcionan un control detallado sobre las imágenes generadas mediante arquitecturas basadas en estilos. Otras variaciones como WGAN, BigGAN, SRGAN y GANs condicionales (cGANs) amplían las capacidades de los GANs para diversas tareas.

Casos de Uso y Aplicaciones

Los GANs tienen numerosas aplicaciones en diferentes campos. Se utilizan para la generación de imágenes, superresolución, traducción de imágenes, aumento de datos, generación de arte y música, y generación de videos. Estas aplicaciones demuestran la versatilidad y el potencial de los GANs para abordar desafíos del mundo real y crear nuevas oportunidades para la innovación.

Innovaciones Recientes

Las innovaciones recientes en los GANs incluyen avances en la generación de videos, GANs condicionales, aprendizaje auto-supervisado y Adversarially Learned Inference (ALI). Estas innovaciones amplían el alcance de los GANs, permitiéndoles manejar tareas más complejas y mejorar su rendimiento en diversas aplicaciones.

En conclusión, los GANs representan una tecnología transformadora en el modelado generativo, ofreciendo herramientas poderosas para crear datos realistas y desbloquear nuevas posibilidades en diversos dominios. Al comprender los principios, arquitecturas y avances en los GANs, puedes aprovechar efectivamente esta tecnología para tus propios proyectos de modelado generativo.

Capítulo 4: Proyecto de Generación de Caras con GANs

En este capítulo, nos embarcaremos en un proyecto integral enfocado en generar caras humanas realistas utilizando Redes Generativas Adversariales (GANs). Este proyecto te guiará a través de cada paso del proceso, desde la recolección y preprocesamiento de datos hasta la creación del modelo, el entrenamiento y la evaluación. Al final de este capítulo, tendrás experiencia práctica en la implementación de una GAN que pueda generar imágenes faciales de alta calidad.

La generación de caras es una aplicación fascinante de las GANs, que demuestra el poder del modelado generativo para producir salidas realistas y diversas. Este proyecto no solo refuerza los conceptos teóricos cubiertos en capítulos anteriores, sino que también proporciona conocimientos prácticos para abordar tareas de modelado generativo en el mundo real.

4.1 Recolección y Preprocesamiento de Datos

El primer paso en nuestro proyecto de generación de caras implica la recolección y el preprocesamiento de los datos. Los conjuntos de datos de alta calidad y diversidad son cruciales para el entrenamiento de las GANs, ya que impactan directamente en la calidad y el realismo de las imágenes generadas. Para este proyecto, utilizaremos el conjunto de datos CelebA, un conjunto de datos de caras a gran escala ampliamente utilizado en la comunidad de investigación.

4.1.1 Descargando el Conjunto de Datos CelebA

El conjunto de datos CelebA contiene más de 200,000 imágenes de celebridades con una amplia gama de atributos faciales. Está disponible para su descarga desde varias fuentes, incluyendo el sitio web oficial y repositorios académicos. Aquí te mostramos cómo puedes descargar y preparar el conjunto de datos para nuestro proyecto:

1. Descargar el Conjunto de Datos:

Visita la página del conjunto de datos CelebA y descarga la versión alineada y recortada del conjunto de datos.

2. Extraer las Imágenes:

Una vez descargadas, extrae las imágenes en un directorio en tu máquina local.

3. Estructura del Directorio:

Asegúrate de que las imágenes estén organizadas en una estructura de directorio que pueda ser fácilmente accesible para su carga y preprocesamiento.

4.1.2 Preprocesamiento de las Imágenes

El preprocesamiento es un paso crítico en la preparación de los datos para el entrenamiento. Involucra redimensionar, normalizar y aumentar las imágenes para asegurar que sean adecuadas para ser ingresadas en la GAN. Vamos a recorrer los pasos de preprocesamiento:

1. Redimensionar:

Redimensiona las imágenes a un tamaño consistente (por ejemplo, 64x64 píxeles) para estandarizar las dimensiones de entrada para la GAN.

2. Normalización:

Normaliza los valores de los píxeles al rango [-1, 1], lo cual es una práctica común para el entrenamiento de GANs.

3. Aumento de Datos (Opcional):

Aplica técnicas de aumento de datos como volteo horizontal, rotación y recorte para incrementar la diversidad de los datos de entrenamiento.

Ejemplo: Código de Preprocesamiento

Aquí hay un fragmento de código de ejemplo para preprocesar el conjunto de datos CelebA usando TensorFlow:

```
import tensorflow as tf
import numpy as np
import os
from tensorflow.keras.preprocessing.image import img_to_array, load_img

# Define the path to the dataset directory
dataset_dir = 'path/to/celeba/dataset'

# Define image dimensions
img_height, img_width = 64, 64

# Function to load and preprocess images
def preprocess_image(img_path):
img = load_img(img_path, target_size=(img_height, img_width))
img_array = img_to_array(img)
img_array = (img_array - 127.5) / 127.5  # Normalize to [-1, 1]
return img_array
# Load and preprocess the dataset
def load_dataset(dataset_dir):
```

```
img_paths = [os.path.join(dataset_dir, fname) for fname in os.listdir(dataset_dir)]
dataset = np.array([preprocess_image(img_path) for img_path in img_paths])
return dataset
# Load the dataset
celeba_dataset = load_dataset(dataset_dir)

# Verify the shape and range of the dataset
print(f'Dataset shape: {celeba_dataset.shape}')
print(f'Min pixel value: {celeba_dataset.min()}, Max pixel value: {celeba_dataset.max()}')
```

Este script de ejemplo utiliza las bibliotecas TensorFlow y NumPy para cargar y preprocesar un conjunto de datos de imágenes. Primero, define la ruta al conjunto de datos y las dimensiones de las imágenes. Luego, define una función para preprocesar cada imagen: redimensiona la imagen a las dimensiones establecidas, la convierte en un array y normaliza sus valores de píxeles para que estén entre -1 y 1.

Otra función se define para cargar el conjunto de datos. Esta función obtiene las rutas de todas las imágenes en el directorio del conjunto de datos, preprocesa cada imagen utilizando la función definida anteriormente y almacena todas las imágenes preprocesadas en un array de NumPy.

Finalmente, el script carga el conjunto de datos utilizando la función de carga y imprime la forma del conjunto de datos (es decir, sus dimensiones) y los valores mínimos y máximos de los píxeles en el conjunto de datos. Este paso final verifica si las imágenes se han cargado y preprocesado correctamente.

4.1.3 División del Conjunto de Datos

Para un entrenamiento y evaluación efectivos, es importante dividir el conjunto de datos en conjuntos de entrenamiento y validación. Esto nos permite monitorear el rendimiento del modelo en datos no vistos y prevenir el sobreajuste.

Ejemplo: Código para Dividir el Conjunto de Datos

Aquí te mostramos cómo puedes dividir el conjunto de datos CelebA:

```
from sklearn.model_selection import train_test_split
# Split the dataset into training and validation sets
train_images, val_images = train_test_split(celeba_dataset, test_size=0.1, random_state=42)
# Verify the shapes of the splits
print(f'Training set shape: {train_images.shape}')
print(f'Validation set shape: {val_images.shape}')
```

Este código de ejemplo está utilizando la función 'train_test_split' de la biblioteca 'sklearn.model_selection' para dividir un conjunto de datos llamado 'celeba_dataset' en dos partes: un conjunto de entrenamiento más grande y un conjunto de validación más pequeño.

La división se realiza de manera que el 90% de los datos se destinan al conjunto de entrenamiento y el 10% al conjunto de validación ('test_size=0.1'). El 'random_state=42' asegura que las divisiones generadas sean reproducibles. Después de dividir los datos, el código imprime la forma (número de muestras y características) de ambos conjuntos de entrenamiento y validación.

4.1.4 Carga y Agrupamiento de Datos

La carga y el agrupamiento eficientes de datos son esenciales para entrenar GANs, especialmente cuando se trata de grandes conjuntos de datos. La API de datos de TensorFlow proporciona utilidades convenientes para crear tuberías de datos que cargan y agrupan datos de manera eficiente durante el entrenamiento.

Ejemplo: Código de Carga y Agrupamiento de Datos

Aquí te mostramos cómo puedes crear una tubería de datos utilizando la API de datos de TensorFlow:

```
# Create a TensorFlow dataset from the training images
train_dataset = tf.data.Dataset.from_tensor_slices(train_images)
# Define data augmentation function (optional)
def augment_image(image):
image = tf.image.random_flip_left_right(image)
return image

# Apply data augmentation and batch the dataset
batch_size = 64
train_dataset = train_dataset.map(augment_image, num_parallel_calls=tf.data.AUTOTUNE)
train_dataset = train_dataset.batch(batch_size)
train_dataset = train_dataset.prefetch(tf.data.AUTOTUNE)
# Verify the shape of a batch
for batch in train_dataset.take(1):
print(f'Batch shape: {batch.shape}')
```

Este código de ejemplo utiliza TensorFlow para preparar un conjunto de datos para el entrenamiento de un modelo de aprendizaje automático. Primero, crea un conjunto de datos de TensorFlow a partir de imágenes de entrenamiento. Luego, define una función para aumentar las imágenes volteándolas aleatoriamente hacia la izquierda o la derecha. Esta técnica se utiliza para aumentar artificialmente el tamaño y la diversidad del conjunto de datos de entrenamiento.

El código luego aplica esta función al conjunto de datos, agrupa las imágenes en grupos de 64 para un entrenamiento más eficiente y prefetches los lotes para reducir el tiempo de entrenamiento. Finalmente, imprime la forma de un lote para verificar la transformación.

Siguiendo estos pasos, tendrás un conjunto de datos bien preparado para entrenar una GAN para generar caras humanas realistas. En las siguientes secciones, pasaremos a crear y entrenar el modelo GAN, evaluar su rendimiento y generar nuevas caras.

4.2 Creación del Modelo

Crear un modelo GAN implica diseñar tanto el generador como el discriminador. El rol del generador es producir imágenes realistas a partir de ruido aleatorio, mientras que el rol del discriminador es distinguir entre imágenes reales del conjunto de datos e imágenes falsas generadas por el generador. Al entrenar estas dos redes de manera adversarial, buscamos producir un generador capaz de crear imágenes faciales altamente realistas.

4.2.1 Construcción del Generador

El generador es una red neuronal que toma ruido aleatorio como entrada y lo transforma en una imagen realista. Para nuestro proyecto de generación de caras, utilizaremos un generador de convolución profunda. La arquitectura incluirá varias capas de convoluciones transpuestas, normalización por lotes y funciones de activación para aumentar progresivamente la entrada de ruido hasta una imagen de tamaño completo.

Componentes Clave:

- **Capa Densa:** La primera capa será una capa densa que toma el ruido de entrada y lo proyecta en un espacio de mayor dimensión.
- **Capa de Redimensionamiento:** Esta capa redimensiona la salida de la capa densa en un tensor 3D adecuado para operaciones de convolución.
- **Capas de Convolución Transpuesta:** Estas capas (también conocidas como capas de deconvolución) aumentarán el tamaño del tensor hasta el tamaño de imagen deseado.
- **Normalización por Lotes:** La normalización por lotes se aplicará después de cada convolución transpuesta para estabilizar y acelerar el proceso de entrenamiento.
- **Funciones de Activación:** Usaremos activaciones LeakyReLU en capas ocultas y activación Tanh en la capa de salida para asegurar que los valores de los píxeles estén en el rango [-1, 1].

Ejemplo: Código del Generador

```
import tensorflow as tf
from tensorflow.keras.layers import Dense, Reshape, BatchNormalization, LeakyReLU,
Conv2DTranspose
from tensorflow.keras.models import Sequential
def build_generator(latent_dim):
model = Sequential()
# Dense layer
model.add(Dense(256 * 8 * 8, activation="relu", input_dim=latent_dim))
model.add(Reshape((8, 8, 256)))
# Transposed convolutional layers
model.add(Conv2DTranspose(128, kernel_size=4, strides=2, padding='same'))
model.add(BatchNormalization())
model.add(LeakyReLU(alpha=0.2))
```

```
model.add(Conv2DTranspose(64, kernel_size=4, strides=2, padding='same'))
model.add(BatchNormalization())
model.add(LeakyReLU(alpha=0.2))

model.add(Conv2DTranspose(32, kernel_size=4, strides=2, padding='same'))
model.add(BatchNormalization())
model.add(LeakyReLU(alpha=0.2))

# Output layer
model.add(Conv2DTranspose(3,     kernel_size=4,     strides=2,     padding='same',
activation='tanh'))
return model
# Define the latent dimension (size of the random noise vector)
latent_dim = 100
generator = build_generator(latent_dim)
generator.summary()
```

El modelo se construye utilizando la API Sequential, comenzando con una capa densa que toma el latent_dim (tamaño del vector de ruido aleatorio) como entrada. La salida se remodela en un tensor de 8x8x256.

Luego aplica múltiples capas de convolución transpuesta (Conv2DTranspose), cada una seguida de normalización por lotes y una activación LeakyReLU. Estas capas aumentan progresivamente el tamaño espacial del tensor.

La última capa Conv2DTranspose produce un tensor con forma correspondiente a una imagen, con 3 canales de color (RGB) y activación tanh.

Al final, la estructura del generador se imprime utilizando el método summary().

4.2.2 Construcción del Discriminador

El discriminador es una red neuronal que toma una imagen como entrada y produce una probabilidad que indica si la imagen es real (del conjunto de datos) o falsa (generada por el generador). Para nuestro proyecto, utilizaremos un discriminador de convolución profunda con varias capas de convolución, normalización por lotes y funciones de activación.

Componentes Clave:

- **Capas de Convolución:** Estas capas reducirán la muestra de la imagen de entrada, extrayendo características jerárquicas a diferentes niveles de abstracción.
- **Normalización por Lotes:** Aplicada después de cada capa de convolución para estabilizar y acelerar el entrenamiento.
- **Funciones de Activación:** Utilizaremos activaciones LeakyReLU en capas ocultas para permitir pequeños gradientes negativos y una activación sigmoide en la capa de salida para producir una probabilidad.

Ejemplo: Código del Discriminador

```
import tensorflow as tf
from tensorflow.keras.layers import Conv2D, Flatten, Dense, LeakyReLU,
BatchNormalization
from tensorflow.keras.models import Sequential

def build_discriminator(img_shape):
model = Sequential()
# Convolutional layers
model.add(Conv2D(64, kernel_size=4, strides=2, padding='same',
input_shape=img_shape))
model.add(LeakyReLU(alpha=0.2))
model.add(Conv2D(128, kernel_size=4, strides=2, padding='same'))
model.add(BatchNormalization())
model.add(LeakyReLU(alpha=0.2))

model.add(Conv2D(256, kernel_size=4, strides=2, padding='same'))
model.add(BatchNormalization())
model.add(LeakyReLU(alpha=0.2))

model.add(Conv2D(512, kernel_size=4, strides=2, padding='same'))
model.add(BatchNormalization())
model.add(LeakyReLU(alpha=0.2))

# Output layer
model.add(Flatten())
model.add(Dense(1, activation='sigmoid'))

return model
# Define the image shape (e.g., 64x64 RGB images)
img_shape = (64, 64, 3)
discriminator = build_discriminator(img_shape)
discriminator.summary()
```

Este código de ejemplo define una función que construye un modelo de discriminador para una Red Generativa Adversaria (GAN) utilizando las bibliotecas TensorFlow y Keras. El modelo tiene una serie de capas de convolución, cada una seguida por una función de activación LeakyReLU y algunas incluyen Normalización por Lotes.

Estas capas se utilizan para extraer características de las imágenes de entrada. La capa de salida es una capa densa con una sola unidad y una función de activación sigmoide, que emitirá la probabilidad de que la imagen de entrada sea real. Luego, se construye el modelo con una forma de imagen especificada y se muestra la estructura del modelo.

4.2.3 Compilación de los Modelos

Antes de entrenar la GAN, necesitamos compilar el discriminador y el modelo combinado de GAN. El discriminador se compilará por separado con una función de pérdida de entropía cruzada binaria y un optimizador. El modelo combinado de GAN, que incluye el generador y el discriminador, también se compilará con una función de pérdida de entropía cruzada binaria y un optimizador.

Compilación del Discriminador:

```
# Compile the discriminator
discriminator.compile(optimizer='adam',                    loss='binary_crossentropy',
metrics=['accuracy'])
```

El modelo se entrenará para minimizar una función llamada 'entropía cruzada binaria' (comúnmente utilizada en problemas de clasificación binaria) y se rastreará la precisión del modelo como una métrica durante el proceso de entrenamiento.

Compilación del Modelo GAN Combinado:

Para el modelo combinado de GAN, primero necesitamos congelar los pesos del discriminador para asegurar que solo el generador se entrene durante la fase de entrenamiento del modelo combinado. El modelo combinado toma ruido como entrada, genera una imagen y luego evalúa la imagen generada usando el discriminador.

```
from tensorflow.keras.models import Model
from tensorflow.keras.layers import Input

# Freeze the discriminator's weights during the combined model training
discriminator.trainable = False
# Create the combined GAN model
gan_input = Input(shape=(latent_dim,))
generated_img = generator(gan_input)
gan_output = discriminator(generated_img)

gan = Model(gan_input, gan_output)
gan.compile(optimizer='adam', loss='binary_crossentropy')
# Summary of the combined GAN model
gan.summary()
```

Aquí, los pesos del Discriminador se congelan para evitar que se entrene durante la fase de entrenamiento del modelo combinado. El Generador toma una entrada (la dimensión latente) y genera una imagen. Esta imagen generada se pasa al Discriminador, que la clasifica como real o falsa.

El modelo combinado de GAN se compila con el optimizador 'adam' y la función de pérdida 'binary_crossentropy', que es adecuada para un problema de clasificación binaria.

Finalmente, se muestra un resumen del modelo combinado de GAN, ofreciendo una visión general de la arquitectura y los parámetros del modelo.

4.2.4 Visualización de las Arquitecturas del Modelo

Visualizar las arquitecturas tanto del generador como del discriminador puede proporcionar información sobre sus estructuras y ayudar a identificar posibles problemas.

Visualización del Generador:

```
from tensorflow.keras.utils import plot_model
plot_model(generator,          to_file='generator_model.png',          show_shapes=True,
show_layer_names=True)
```

La función plot_model se utiliza para crear esta visualización, que se guardará como 'generator_model.png'. El parámetro 'show_shapes' se establece en 'True' para mostrar las dimensiones de las capas del modelo, y 'show_layer_names' se establece en 'True' para mostrar los nombres de cada capa en el modelo.

Visualización del Discriminador:

```
plot_model(discriminator,      to_file='discriminator_model.png',      show_shapes=True,
show_layer_names=True)
```

Esta línea de código utiliza la función plot_model de la biblioteca Keras para crear una visualización de la estructura del modelo 'discriminator'. Guarda esta visualización como un archivo .png llamado 'discriminator_model.png'. Los parámetros 'show_shapes=True' y 'show_layer_names=True' indican que la visualización debe incluir las formas de las capas del modelo y los nombres de cada capa.

Al crear y compilar con éxito el generador, el discriminador y el modelo GAN combinado, hemos sentado las bases para entrenar nuestra GAN. Los siguientes pasos involucran entrenar la GAN en el conjunto de datos CelebA, monitorear su rendimiento y evaluar la calidad de las imágenes generadas.

4.3 Entrenamiento de la GAN

Entrenar una Red Generativa Adversaria (GAN) es un proceso matizado que implica actualizar iterativamente las redes del generador y el discriminador para mejorar la calidad de las imágenes generadas. Esta sección te guiará a través de los pasos para entrenar una GAN para generar caras humanas realistas, incluyendo los bucles de entrenamiento necesarios, funciones de pérdida y técnicas de monitoreo.

4.3.1 Resumen del Proceso de Entrenamiento

El proceso de entrenamiento de una GAN implica dos pasos principales en cada iteración:

1. **Entrenamiento del Discriminador:** El discriminador se entrena para diferenciar entre imágenes reales del conjunto de datos e imágenes falsas generadas por el generador.

2. **Entrenamiento del Generador:** El generador se entrena para producir imágenes que puedan engañar al discriminador haciéndole clasificar las imágenes falsas como reales.

Para lograr esto, el bucle de entrenamiento consiste en:

- Generar un lote de imágenes falsas a partir de ruido aleatorio.
- Obtener un lote de imágenes reales del conjunto de datos.
- Entrenar el discriminador con imágenes reales y falsas.
- Entrenar el generador a través del modelo GAN combinado, donde los pesos del discriminador están congelados.

4.3.2 Entrenamiento del Discriminador

El discriminador se entrena para maximizar la probabilidad de clasificar correctamente las imágenes reales y falsas. La función de pérdida utilizada es la entropía cruzada binaria.

$$LD = -m1 \sum i = 1m[yilog(D(xi)) + (1 - yi)log(1 - D(G(zi)))]$$

donde yiy_iyi es la etiqueta (1 para real, 0 para falso), D(xi)D(x_i)D(xi) es la predicción del discriminador para imágenes reales, y D(G(zi))D(G(z_i))D(G(zi)) es la predicción del discriminador para imágenes falsas.

Ejemplo: Código de Entrenamiento del Discriminador

```
import numpy as np
# Training parameters
epochs = 10000
batch_size = 64
sample_interval = 1000

# Adversarial ground truths
real = np.ones((batch_size, 1))
fake = np.zeros((batch_size, 1))

# Training loop for discriminator
for epoch in range(epochs):
# Train the discriminator
# Select a random batch of real images
idx = np.random.randint(0, train_images.shape[0], batch_size)
real_images = train_images[idx]
# Generate a batch of fake images
noise = np.random.normal(0, 1, (batch_size, latent_dim))
fake_images = generator.predict(noise)
# Train the discriminator on real and fake images
d_loss_real = discriminator.train_on_batch(real_images, real)
d_loss_fake = discriminator.train_on_batch(fake_images, fake)
d_loss = 0.5 * np.add(d_loss_real, d_loss_fake)
# Print progress
if epoch % sample_interval == 0:
print(f"{epoch} [D loss: {d_loss[0]}, acc.: {d_loss[1] * 100}%]")
```

Los parámetros de entrenamiento indican que el proceso de entrenamiento continuará durante 10,000 épocas, con un tamaño de lote de 64 y un intervalo de muestreo de 1000.

Las variables 'real' y 'fake' representan las etiquetas para las imágenes reales y falsas respectivamente, que se utilizan durante el entrenamiento del discriminador.

Dentro del bucle de entrenamiento, para cada época, el discriminador se entrena con un lote de imágenes reales y un lote de imágenes falsas. En cada iteración, se selecciona aleatoriamente un lote de imágenes reales de los datos de entrenamiento, y el generador genera un lote de imágenes falsas.

Se calcula la pérdida del discriminador tanto para imágenes reales como falsas, y se toma el promedio. Si la época actual es un múltiplo del intervalo de muestreo, el programa imprime el número de época, la pérdida del discriminador y la precisión.

4.3.3 Entrenamiento del Generador

El generador se entrena para maximizar la probabilidad de que el discriminador clasifique sus salidas como reales. Esto se logra entrenando el generador a través del modelo GAN combinado, donde los pesos del discriminador están congelados.

Pérdida del Generador:

$$LG = -m1 \sum i = 1mlog(D(G(zi)))$$

Ejemplo: Código de Entrenamiento del Generador

```
# Training loop for generator
for epoch in range(epochs):
# Train the discriminator
idx = np.random.randint(0, train_images.shape[0], batch_size)
real_images = train_images[idx]
noise = np.random.normal(0, 1, (batch_size, latent_dim))
fake_images = generator.predict(noise)
d_loss_real = discriminator.train_on_batch(real_images, real)
d_loss_fake = discriminator.train_on_batch(fake_images, fake)
d_loss = 0.5 * np.add(d_loss_real, d_loss_fake)
# Train the generator
noise = np.random.normal(0, 1, (batch_size, latent_dim))
g_loss = gan.train_on_batch(noise, real)
# Print progress
if epoch % sample_interval == 0:
print(f"{epoch} [D loss: {d_loss[0]}, acc.: {d_loss[1] * 100}%] [G loss: {g_loss}]")
# Generate and save images
noise = np.random.normal(0, 1, (10, latent_dim))
generated_images = generator.predict(noise)
fig, axs = plt.subplots(1, 10, figsize=(20, 2))
for i, img in enumerate(generated_images):
```

```
axs[i].imshow((img * 127.5 + 127.5).astype(np.uint8))
axs[i].axis('off')
plt.show()
```

Primero, se selecciona un conjunto de imágenes reales y se genera un conjunto de imágenes falsas mediante el generador. El discriminador se entrena con ambos conjuntos. Luego, se calcula la pérdida promedio del discriminador.

A continuación, el generador se entrena utilizando el mismo ruido como entrada pero con las etiquetas de las imágenes reales. El objetivo aquí es engañar al discriminador para que piense que las imágenes generadas son reales.

El script luego imprime el progreso del entrenamiento, incluida la pérdida del discriminador y del generador. Si se alcanza un cierto número de épocas (determinado por el sample_interval), el generador producirá y guardará algunas imágenes de muestra para inspección. Las imágenes se normalizan y se muestran utilizando matplotlib.

4.3.4 Monitoreo del Proceso de Entrenamiento

Para asegurarse de que la GAN se está entrenando de manera efectiva, es esencial monitorear el proceso de entrenamiento. Esto incluye:

- **Monitoreo de la Pérdida:** Rastrear los valores de pérdida tanto del discriminador como del generador a lo largo del tiempo.
- **Muestras Generadas:** Generar y visualizar periódicamente imágenes para evaluar cualitativamente el rendimiento del generador.
- **Guardado de Modelos:** Guardar los pesos del modelo a intervalos regulares para protegerse contra posibles interrupciones del entrenamiento y facilitar la evaluación futura o un entrenamiento adicional.

Ejemplo: Código de Monitoreo

```
import matplotlib.pyplot as plt
# Function to plot generated images
def plot_generated_images(epoch, generator, examples=10, dim=(1, 10), figsize=(20,
2)):
noise = np.random.normal(0, 1, (examples, latent_dim))
generated_images = generator.predict(noise)
generated_images = (generated_images * 127.5 + 127.5).astype(np.uint8)
plt.figure(figsize=figsize)
for i in range(examples):
plt.subplot(dim[0], dim[1], i + 1)
plt.imshow(generated_images[i])
plt.axis('off')
plt.tight_layout()
plt.savefig(f"gan_generated_image_epoch_{epoch}.png")
plt.close()

# Training loop with monitoring
for epoch in range(epochs):
```

```
idx = np.random.randint(0, train_images.shape[0], batch_size)
real_images = train_images[idx]
noise = np.random.normal(0, 1, (batch_size, latent_dim))
fake_images = generator.predict(noise)
d_loss_real = discriminator.train_on_batch(real_images, real)
d_loss_fake = discriminator.train_on_batch(fake_images, fake)
d_loss = 0.5 * np.add(d_loss_real, d_loss_fake)
noise = np.random.normal(0, 1, (batch_size, latent_dim))
g_loss = gan.train_on_batch(noise, real)
if epoch % sample_interval == 0:
print(f"{epoch} [D loss: {d_loss[0]}, acc.: {d_loss[1] * 100}%] [G loss: {g_loss}]")
plot_generated_images(epoch, generator)
if epoch % 1000 == 0:
generator.save(f'generator_epoch_{epoch}.h5')
discriminator.save(f'discriminator_epoch_{epoch}.h5')
```

Las GANs consisten en dos partes: un generador y un discriminador. El generador crea nuevas instancias de datos, mientras que el discriminador las evalúa para determinar su autenticidad.

Se define la función "plot_generated_images" para visualizar las imágenes generadas por la GAN después de épocas específicas.

A continuación, se configura un bucle de entrenamiento donde se alimentan imágenes reales al discriminador junto con imágenes falsas generadas por el generador. El discriminador se entrena para diferenciar entre imágenes reales y falsas.

El generador también se entrena para engañar al discriminador, haciéndole creer que las imágenes del generador son reales. Se registran las pérdidas del discriminador y del generador para su inspección.

Si la época actual es un múltiplo del "sample_interval", el código imprime las pérdidas y grafica las imágenes generadas. Si la época actual es un múltiplo de 1000, se guardan los modelos del generador y del discriminador.

Resumen

Entrenar una GAN para generar caras humanas realistas implica un delicado equilibrio entre entrenar el discriminador y el generador. Al actualizar iterativamente ambas redes, monitorear su rendimiento y guardar modelos a intervalos regulares, podemos crear una potente GAN capaz de producir imágenes de alta calidad. Este proceso requiere una atención cuidadosa a los detalles, ya que la inestabilidad en el entrenamiento puede llevar a problemas como el colapso de modos.

Con el proceso de entrenamiento configurado y en funcionamiento, los siguientes pasos se centrarán en evaluar la GAN entrenada, ajustar su rendimiento y aprovechar las imágenes generadas para diversas aplicaciones.

4.4 Generación de Nuevas Caras

Después de entrenar nuestro modelo GAN, el siguiente paso emocionante es generar nuevas caras. Esta sección te guiará a través del proceso de generar nuevas imágenes utilizando el modelo generador entrenado. Cubriremos cómo generar imágenes a partir de ruido aleatorio, cómo guardar estas imágenes y cómo ajustar el generador para mejorar la calidad de las caras generadas.

4.4.1 Generación de Imágenes a partir de Ruido Aleatorio

El modelo generador, una vez entrenado, puede tomar un vector de ruido aleatorio como entrada y transformarlo en una imagen facial realista. Este vector de ruido, a menudo llamado vector latente, se toma de una distribución normal estándar. El proceso de generar nuevas caras implica muestrear múltiples vectores latentes y pasarlos a través del generador.

Ejemplo: Código para Generar Imágenes

Aquí te mostramos cómo puedes generar y visualizar nuevas imágenes faciales utilizando el modelo generador entrenado:

```
import numpy as np
import matplotlib.pyplot as plt

# Function to generate and plot new faces
def generate_and_plot_faces(generator, latent_dim, n_samples=10):
noise = np.random.normal(0, 1, (n_samples, latent_dim))
generated_images = generator.predict(noise)
generated_images = (generated_images * 127.5 + 127.5).astype(np.uint8)  # Rescale to
[0, 255]
plt.figure(figsize=(20, 2))
for i in range(n_samples):
plt.subplot(1, n_samples, i + 1)
plt.imshow(generated_images[i])
plt.axis('off')
plt.show()

# Generate and plot new faces
latent_dim = 100
generate_and_plot_faces(generator, latent_dim, n_samples=10)
```

La función 'generate_and_plot_faces' toma un generador (presumiblemente un modelo entrenado, como una Red Generativa Adversaria), una dimensión latente dada y un número específico de muestras.

La función genera 'ruido' siguiendo una distribución normal, que luego se introduce en el modelo generador para crear las 'imágenes generadas'. Estas imágenes se reescalan de un rango [-1, 1] a [0, 255] para que coincidan con la escala RGB estándar.

Luego, las imágenes se trazan en una cuadrícula utilizando matplotlib. Cada imagen se muestra como un subgráfico en una sola fila. La variable 'latent_dim' se establece en 100 y se llama a la función para generar y trazar 10 nuevas caras.

4.4.2 Guardar Imágenes Generadas

Para guardar las imágenes generadas para su uso posterior o compartirlas, podemos utilizar bibliotecas de procesamiento de imágenes como PIL (Python Imaging Library). Esto nos permite guardar las imágenes generadas en varios formatos, como PNG o JPEG.

Ejemplo: Código para Guardar Imágenes

Aquí te mostramos cómo puedes guardar las imágenes generadas en disco:

```
from PIL import Image
# Function to generate and save new faces
def generate_and_save_faces(generator, latent_dim, n_samples=10, save_dir='generated_faces'):
noise = np.random.normal(0, 1, (n_samples, latent_dim))
generated_images = generator.predict(noise)
generated_images = (generated_images * 127.5 + 127.5).astype(np.uint8) # Rescale to [0, 255]
for i in range(n_samples):
img = Image.fromarray(generated_images[i])
img.save(f'{save_dir}/face_{i}.png')

# Generate and save new faces
generate_and_save_faces(generator, latent_dim, n_samples=10)
```

La función generate_and_save_faces toma un modelo generador, un tamaño de dimensión latente, un número de muestras y un directorio para guardar las imágenes. Genera vectores de ruido aleatorios, los usa como entrada para el generador para crear nuevas imágenes, escala los valores de los píxeles de las imágenes generadas para que estén entre 0 y 255, y luego guarda las imágenes como archivos .png en el directorio especificado.

4.4.3 Ajuste Fino del Generador

Aunque nuestro generador ya puede producir resultados impresionantes, siempre hay formas de ajustar y mejorar la calidad de las imágenes generadas. El ajuste fino puede implicar la modificación de la arquitectura del modelo, los hiperparámetros o el proceso de entrenamiento. Aquí hay algunas estrategias:

1. Ajuste de Hiperparámetros:
    - Experimenta con diferentes tasas de aprendizaje, tamaños de lote y configuraciones de optimizadores para encontrar la mejor combinación para tu conjunto de datos.
2. Aumento de Datos:

   - Aumenta la diversidad de los datos de entrenamiento aplicando diversas técnicas de aumento como rotación, zoom y cambios de color.
3. Mejoras Arquitectónicas:
   - Experimenta con diferentes arquitecturas de generadores y discriminadores, como agregar más capas, usar diferentes tipos de capas o ajustar los tamaños de las capas.
4. Entrenamiento Prolongado:
   - Entrena el modelo durante más épocas o usa parada temprana con puntos de control para asegurar que se guarde el mejor modelo.
5. Crecimiento Progresivo:
   - Comienza con una resolución más baja y aumenta gradualmente la resolución de las imágenes durante el entrenamiento. Esta técnica puede ayudar al modelo a aprender más eficazmente a cada escala.

Ejemplo: Código para Ajuste Fino

Aquí te mostramos cómo puedes ajustar la tasa de aprendizaje y volver a entrenar el modelo por épocas adicionales:

```
# Adjust the learning rate and recompile the models
learning_rate = 0.0002
generator_optimizer = tf.keras.optimizers.Adam(learning_rate, beta_1=0.5)
discriminator_optimizer = tf.keras.optimizers.Adam(learning_rate, beta_1=0.5)

discriminator.compile(optimizer=discriminator_optimizer,  loss='binary_crossentropy',
metrics=['accuracy'])
discriminator.trainable = False
gan_input = tf.keras.Input(shape=(latent_dim,))
generated_img = generator(gan_input)
gan_output = discriminator(generated_img)
gan = tf.keras.Model(gan_input, gan_output)
gan.compile(optimizer=generator_optimizer, loss='binary_crossentropy')

# Continue training with the adjusted learning rate
for epoch in range(epochs, epochs + 5000):
idx = np.random.randint(0, train_images.shape[0], batch_size)
real_images = train_images[idx]
noise = np.random.normal(0, 1, (batch_size, latent_dim))
fake_images = generator.predict(noise)
d_loss_real = discriminator.train_on_batch(real_images, real)
d_loss_fake = discriminator.train_on_batch(fake_images, fake)
d_loss = 0.5 * np.add(d_loss_real, d_loss_fake)
noise = np.random.normal(0, 1, (batch_size, latent_dim))
g_loss = gan.train_on_batch(noise, real)
if epoch % sample_interval == 0:
print(f"{epoch} [D loss: {d_loss[0]}, acc.: {d_loss[1] * 100}%] [G loss: {g_loss}]")
```

```
plot_generated_images(epoch, generator)
if epoch % 1000 == 0:
generator.save(f'generator_epoch_{epoch}.h5')
discriminator.save(f'discriminator_epoch_{epoch}.h5')
```

Comienza ajustando la tasa de aprendizaje a 0.0002 y recompilando los modelos con esta nueva tasa de aprendizaje. Luego, se establece la capacidad de entrenamiento del discriminador en False para congelar sus pesos cuando se entrene la GAN.

En el bucle de entrenamiento, se seleccionan imágenes reales del conjunto de entrenamiento y se generan imágenes falsas mediante el generador. El discriminador se entrena con estas imágenes reales y falsas. Luego, el generador se entrena para engañar al discriminador utilizando el modelo GAN.

Cada pocas épocas (definidas por 'sample_interval'), se imprimen las pérdidas del discriminador y del generador, y la precisión del discriminador. También se trazan las imágenes generadas por el generador.

Cada 1000 épocas, se guardan los modelos actuales del generador y del discriminador. Esto permite continuar el proceso de entrenamiento más tarde a partir de estos modelos o utilizar estos modelos para generar nuevos datos.

4.4.4 Evaluación de las Caras Generadas

Una vez que hayas generado caras, es importante evaluar su calidad tanto cuantitativamente como cualitativamente. La evaluación cuantitativa se puede realizar utilizando métricas como la Inception Score (IS) y la Fréchet Inception Distance (FID), como se cubrió en secciones anteriores. La evaluación cualitativa implica inspeccionar visualmente las imágenes para evaluar su realismo y diversidad.

Ejemplo: Código de Evaluación

Aquí tienes un breve resumen de cómo evaluar utilizando Inception Score y FID:

```
# Calculate Inception Score
is_mean, is_std = calculate_inception_score(generated_images)
print(f"Inception Score: {is_mean} ± {is_std}")
# Calculate FID Score
real_images = x_train[np.random.choice(x_train.shape[0], 1000, replace=False)]
fid_score = calculate_fid(real_images, generated_images)
print(f"FID Score: {fid_score}")
```

La primera parte calcula el Inception Score de las imágenes generadas, que mide tanto la calidad como la diversidad de las imágenes. La puntuación y su desviación estándar se imprimen en la consola.

La segunda parte calcula la puntuación FID entre las imágenes generadas y un conjunto de imágenes reales seleccionadas aleatoriamente del conjunto de entrenamiento. La puntuación FID mide la similitud entre los dos conjuntos de imágenes; una FID más baja indica que las distribuciones de las imágenes generadas y reales están más cerca una de la otra. La puntuación FID calculada se imprime en la consola.

Siguiendo estos pasos, podrás generar caras realistas y de alta calidad utilizando tu modelo GAN entrenado. El ajuste fino del modelo y la evaluación de las caras generadas son cruciales para lograr los mejores resultados posibles.

4.5 Evaluación del Modelo

Evaluar el rendimiento de una Red Generativa Adversaria (GAN) es crucial para comprender qué tan bien el modelo está generando imágenes realistas e identificar áreas de mejora. Esta sección cubrirá métodos tanto cualitativos como cuantitativos para evaluar el modelo GAN entrenado en la generación de caras. Discutiremos métricas como Inception Score (IS) y Fréchet Inception Distance (FID), y proporcionaremos códigos de ejemplo para calcular estas métricas.

4.5.1 Evaluación Cualitativa

La evaluación cualitativa implica inspeccionar visualmente las imágenes generadas para evaluar su realismo y diversidad. Este método es subjetivo pero esencial para obtener una comprensión inicial del rendimiento del modelo. Aquí hay algunos aspectos a considerar durante la evaluación cualitativa:

- **Realismo:** ¿Las imágenes generadas parecen caras reales?
- **Diversidad:** ¿Las imágenes generadas son diversas, cubriendo una amplia gama de características y expresiones faciales?
- **Artefactos:** ¿Hay artefactos o inconsistencias notables en las imágenes generadas?

Ejemplo: Visualización de Imágenes Generadas

Puedes visualizar las imágenes generadas utilizando matplotlib para realizar una evaluación cualitativa:

```
import matplotlib.pyplot as plt
import numpy as np

def plot_generated_images(generator, latent_dim, n_samples=10):
noise = np.random.normal(0, 1, (n_samples, latent_dim))
generated_images = generator.predict(noise)
generated_images = (generated_images * 127.5 + 127.5).astype(np.uint8)  # Rescale to
[0, 255]
plt.figure(figsize=(20, 2))
for i in range(n_samples):
plt.subplot(1, n_samples, i + 1)
plt.imshow(generated_images[i])
plt.axis('off')
plt.show()

# Generate and plot new faces for qualitative evaluation
```

```
latent_dim = 100
plot_generated_images(generator, latent_dim, n_samples=10)
```

La función plot_generated_images genera un número especificado de imágenes (por defecto, 10) utilizando el generador. Crea ruido aleatorio con una distribución normal, lo alimenta al modelo generador y luego vuelve a escalar las imágenes resultantes para que tengan valores de píxeles en el rango de [0, 255]. Las imágenes se muestran en una trama con el tamaño de figura especificado.

Las dos últimas líneas de código llaman a esta función usando un modelo generador y una dimensión latente de 100, generando y mostrando 10 imágenes.

4.5.2 Evaluación Cuantitativa

La evaluación cuantitativa proporciona medidas objetivas de la calidad y diversidad de las imágenes generadas. Dos métricas ampliamente utilizadas para evaluar los GAN son el Inception Score (IS) y el Fréchet Inception Distance (FID).

Inception Score (IS)

El Inception Score mide la calidad y diversidad de las imágenes generadas evaluando qué tan bien coinciden con las etiquetas de clase predichas por una red Inception preentrenada. Puntuaciones más altas indican mejor calidad y diversidad.

Formula:

$FID = || \mu r - \mu g || 2 + Tr(\Sigma r + \Sigma g - 2(\Sigma r \Sigma g)1/2)$ donde $\mu r, \Sigma r$ y $\mu g, \Sigma g$ son las medias y covarianzas de las distribuciones de imágenes reales y generadas, respectivamente.

Ejemplo: Cálculo del Inception Score

```
from tensorflow.keras.applications.inception_v3 import InceptionV3, preprocess_input
from scipy.stats import entropy
import numpy as np

def calculate_inception_score(images, n_split=10, eps=1E-16):
# Load InceptionV3 model
model = InceptionV3(include_top=False, pooling='avg', input_shape=(299, 299, 3))
images_resized = tf.image.resize(images, (299, 299))
images_preprocessed = preprocess_input(images_resized)
# Predict the probability distribution
preds = model.predict(images_preprocessed)
# Calculate the mean KL divergence
split_scores = []
for i in range(n_split):
part = preds[i * preds.shape[0] // n_split: (i + 1) * preds.shape[0] // n_split]
py = np.mean(part, axis=0)
scores = []
for p in part:
scores.append(entropy(p, py))
```

```
split_scores.append(np.exp(np.mean(scores)))
return np.mean(split_scores), np.std(split_scores)
# Generate images
n_samples = 1000
noise = np.random.normal(0, 1, (n_samples, latent_dim))
generated_images = generator.predict(noise)

# Calculate Inception Score
is_mean, is_std = calculate_inception_score(generated_images)
print(f"Inception Score: {is_mean} ± {is_std}")
```

El código primero importa los módulos necesarios y define una función llamada 'calculate_inception_score'. Esta función utiliza el modelo InceptionV3 de TensorFlow para predecir la distribución de probabilidad de las clases para cada imagen. Luego, calcula la divergencia de Kullback-Leibler (KL) entre las distribuciones predichas y la distribución media, que se utiliza para calcular el Inception Score.

Un Inception Score alto indica que el modelo genera imágenes diversas y realistas. La función devuelve la media y la desviación estándar de los Inception Scores para un conjunto dado de imágenes.

La última parte del código genera imágenes a partir de ruido aleatorio utilizando un modelo 'generator' y luego calcula e imprime el Inception Score para estas imágenes.

Fréchet Inception Distance (FID)

El Fréchet Inception Distance mide la distancia entre las distribuciones de imágenes reales y generadas. Puntajes FID más bajos indican mejor calidad y diversidad de las imágenes generadas.

Formula:

$FID = || \mu r - \mu g || 2 + Tr(\Sigma r + \Sigma g - 2(\Sigma r \Sigma g)1/2)$ donde $\mu r, \Sigma r$ y $\mu g, \Sigma g$ son las medias y covarianzas de las distribuciones de imágenes reales y generadas, respectivamente.

Ejemplo: Cálculo del FID

```
from numpy import cov, trace, iscomplexobj
from scipy.linalg import sqrtm

def calculate_fid(real_images, generated_images):
# Load InceptionV3 model
model = InceptionV3(include_top=False, pooling='avg', input_shape=(299, 299, 3))
# Resize and preprocess images
real_images_resized = tf.image.resize(real_images, (299, 299))
generated_images_resized = tf.image.resize(generated_images, (299, 299))
real_images_preprocessed = preprocess_input(real_images_resized)
generated_images_preprocessed = preprocess_input(generated_images_resized)
```

```
# Calculate activations
act1 = model.predict(real_images_preprocessed)
act2 = model.predict(generated_images_preprocessed)
# Calculate mean and covariance
mu1, sigma1 = act1.mean(axis=0), cov(act1, rowvar=False)
mu2, sigma2 = act2.mean(axis=0), cov(act2, rowvar=False)
# Calculate FID
ssdiff = np.sum((mu1 - mu2)**2.0)
covmean = sqrtm(sigma1.dot(sigma2))
if iscomplexobj(covmean):
covmean = covmean.real
fid = ssdiff + trace(sigma1 + sigma2 - 2.0*covmean)
return fid
# Generate images
n_samples = 1000
noise = np.random.normal(0, 1, (n_samples, latent_dim))
generated_images = generator.predict(noise)

# Sample real images
real_images = x_train[np.random.choice(x_train.shape[0], n_samples, replace=False)]
# Calculate FID
fid_score = calculate_fid(real_images, generated_images)
print(f"FID Score: {fid_score}")
```

El script incluye una función calculate_fid(real_images, generated_images) que calcula el puntaje FID. Utiliza el modelo InceptionV3 de Keras para calcular las activaciones de imágenes reales y generadas. Estas activaciones se usan luego para calcular la media y la covarianza de los conjuntos de imágenes.

El puntaje FID se calcula como la suma de la diferencia al cuadrado entre las medias y la traza de la suma de las covarianzas menos dos veces la raíz cuadrada del producto de las covarianzas.

Luego, la función se utiliza con un conjunto de imágenes reales y un conjunto de imágenes generadas para calcular el puntaje FID. Las imágenes generadas son creadas por una red generadora a partir de ruido aleatorio, y las imágenes reales se toman de un conjunto de entrenamiento x_train. Finalmente, se imprime el puntaje FID.

4.5.3 Comparación con Modelos de Referencia

Para comprender el rendimiento de tu modelo GAN, es útil comparar los resultados con modelos de referencia. Esto podría implicar:

- Comparar con un GAN entrenado con una arquitectura diferente.
- Comparar con un GAN entrenado con diferentes hiperparámetros.
- Comparar con otros modelos generativos como los VAEs (Autoencoders Variacionales).

4.5.4 Abordar Problemas Comunes

Durante la evaluación, podrías encontrar problemas comunes como:

- **Colapso de Modo:** El generador produce una diversidad limitada en las imágenes de salida. Esto se puede abordar con técnicas como la discriminación por minibatch, GANs desenrollados o usando diferentes funciones de pérdida.
- **Inestabilidad en el Entrenamiento:** Las pérdidas del generador y del discriminador oscilan significativamente. Esto se puede mitigar usando técnicas como Wasserstein GANs (WGANs) o normalización espectral.

Resumen

Evaluar un GAN implica métodos tanto cualitativos como cuantitativos para asegurar que las imágenes generadas sean realistas y diversas. La evaluación cualitativa mediante la inspección visual ayuda a identificar problemas inmediatos, mientras que métricas cuantitativas como el Inception Score y el Fréchet Inception Distance proporcionan medidas objetivas del rendimiento. Al evaluar y comparar sistemáticamente las salidas del modelo, puedes identificar áreas de mejora y refinar tu GAN para producir imágenes de alta calidad.

4.6 Mejorando la Generación de Rostros con StyleGAN

StyleGAN representa un avance significativo en el campo de las Redes Generativas Antagónicas (GANs), proporcionando una arquitectura novedosa que permite un control detallado sobre las imágenes generadas. Esta sección profundizará en las complejidades de StyleGAN, explicando su arquitectura, el generador basado en estilos y cómo usarlo para generar imágenes de rostros de alta calidad. También incluiremos ejemplos de código para ayudarte a implementar y experimentar con StyleGAN.

4.6.1 Introducción a StyleGAN

StyleGAN, introducido por investigadores de NVIDIA, mejora las GANs tradicionales incorporando una arquitectura de generador basada en estilos. Esta arquitectura permite la separación de atributos de alto nivel (estilos) de los detalles de bajo nivel, permitiendo un control más preciso sobre el proceso de generación. StyleGAN utiliza la normalización adaptativa de instancias (AdaIN) para inyectar estilos en diferentes capas del generador, resultando en imágenes con una amplia gama de variaciones y características detalladas.

Características Clave de StyleGAN:

- **Generador basado en estilos:** Modula estilos en varias capas del generador para controlar aspectos específicos de la imagen.
- **Crecimiento progresivo:** Entrena el modelo incrementando progresivamente la resolución de las imágenes generadas, mejorando la estabilidad y calidad.
- **Inyección de ruido:** Añade variación estocástica a las imágenes inyectando ruido en múltiples capas, mejorando la diversidad de muestras generadas.

4.6.2 Arquitectura del Generador basado en Estilos

El generador en StyleGAN consiste en una red de mapeo y una red de síntesis. La red de mapeo transforma el vector latente de entrada en un espacio latente intermedio, que luego es utilizado por la red de síntesis para generar imágenes.

Red de Mapeo:

- Consiste en varias capas totalmente conectadas.
- Mapea el vector latente de entrada z a un espacio latente intermedio w.

Red de Síntesis:

- Utiliza el vector latente intermedio w para controlar los estilos en cada capa.
- Emplea la normalización adaptativa de instancias (AdaIN) para modular los mapas de características basados en los estilos.
- Añade ruido a los mapas de características en varias capas para introducir variación estocástica.

Ejemplo: Código del Generador basado en Estilos

```
import tensorflow as tf
from tensorflow.keras.layers import Dense, Reshape, Conv2D, Conv2DTranspose, Input,
LeakyReLU, Layer
from tensorflow.keras.models import Model, Sequential
from tensorflow.keras.initializers import RandomNormal
# Custom layer for Adaptive Instance Normalization (AdaIN)
class AdaIN(Layer):
def __init__(self):
super(AdaIN, self).__init__()
def call(self, inputs):
content, style = inputs
mean, variance = tf.nn.moments(content, axes=[1, 2], keepdims=True)
std_dev = tf.sqrt(variance + 1e-8)
norm_content = (content - mean) / std_dev

style_mean, style_std_dev = tf.nn.moments(style, axes=[1, 2], keepdims=True)
return norm_content * style_std_dev + style_mean
# Mapping network to map latent vector z to intermediate latent space w
def build_mapping_network(latent_dim):
model = Sequential()
for _ in range(8):
model.add(Dense(latent_dim, activation='relu'))
return model
# Synthesis network to generate images
def build_synthesis_network(img_shape, latent_dim):
init = RandomNormal(mean=0.0, stddev=1.0)
inputs = Input(shape=(latent_dim,))
x = Dense(4 * 4 * 512, activation='relu', kernel_initializer=init)(inputs)
x = Reshape((4, 4, 512))(x)
for filters in [512, 256, 128, 64]:
```

```
x = Conv2DTranspose(filters, kernel_size=4, strides=2, padding='same', kernel_initializer=init)(x)
style_input = Input(shape=(latent_dim,))
x = AdaIN()([x, style_input])
x = LeakyReLU(alpha=0.2)(x)
x = Conv2D(filters, kernel_size=3, padding='same', kernel_initializer=init)(x)
x = AdaIN()([x, style_input])
x = LeakyReLU(alpha=0.2)(x)

outputs = Conv2D(3, kernel_size=3, padding='same', activation='tanh')(x)
return Model(inputs=[inputs, style_input], outputs=outputs)
# Build StyleGAN generator
latent_dim = 100
mapping_network = build_mapping_network(latent_dim)
synthesis_network = build_synthesis_network((64, 64, 3), latent_dim)
mapping_network.summary()
synthesis_network.summary()
```

En este ejemplo:

1. Importar las bibliotecas y módulos necesarios.
2. Definir una capa personalizada de TensorFlow (AdaIN o Normalización Adaptativa de Instancias) que normaliza las características de contenido según las características de estilo.
3. Definir una red de mapeo. Esta es una parte de la arquitectura de StyleGAN que transforma el vector latente de entrada en un espacio latente intermedio.
4. Definir una red de síntesis. Esta toma la salida de la red de mapeo y genera la imagen final. La red de síntesis utiliza capas Conv2DTranspose para escalar hacia arriba, con la capa AdaIN utilizada para aplicar características de estilo en cada escala.
5. Construir el generador de StyleGAN creando instancias de las redes de mapeo y síntesis y resumiendo sus arquitecturas.

4.6.3 Entrenamiento de StyleGAN

Entrenar StyleGAN implica dos fases: preentrenar la red de mapeo y luego entrenar todo el modelo StyleGAN utilizando el crecimiento progresivo. El crecimiento progresivo comienza con imágenes de baja resolución y aumenta gradualmente la resolución, estabilizando el proceso de entrenamiento y mejorando la calidad de las imágenes generadas.

Ejemplo: Bucle de Entrenamiento con Crecimiento Progresivo

Así es como puedes implementar el bucle de entrenamiento con crecimiento progresivo:

```
# Define progressive growing parameters
initial_resolution = 4
final_resolution = 64
num_steps_per_resolution = 10000
batch_size = 64
```

```
# Function to train at a given resolution
def train_at_resolution(generator, discriminator, gan, resolution, steps):
for step in range(steps):
# Generate real and fake images
idx = np.random.randint(0, train_images.shape[0], batch_size)
real_images = train_images[idx]
noise = np.random.normal(0, 1, (batch_size, latent_dim))
fake_images = generator.predict([noise, noise])
# Train discriminator
d_loss_real = discriminator.train_on_batch(real_images, np.ones((batch_size, 1)))
d_loss_fake = discriminator.train_on_batch(fake_images, np.zeros((batch_size, 1)))
d_loss = 0.5 * np.add(d_loss_real, d_loss_fake)
# Train generator
noise = np.random.normal(0, 1, (batch_size, latent_dim))
g_loss = gan.train_on_batch([noise, noise], np.ones((batch_size, 1)))
# Print progress
if step % 100 == 0:
print(f"Resolution {resolution}x{resolution}, Step {step}/{steps}, D loss:
{d_loss[0]}, G loss: {g_loss}")
# Save models periodically
if step % 1000 == 0:
generator.save(f'generator_res_{resolution}_step_{step}.h5')
discriminator.save(f'discriminator_res_{resolution}_step_{step}.h5')
# Initialize and compile models
generator = build_synthesis_network((initial_resolution, initial_resolution, 3),
latent_dim)
discriminator = build_discriminator((initial_resolution, initial_resolution, 3))
gan_input = Input(shape=(latent_dim,))
gan_output = discriminator(generator([gan_input, gan_input]))
gan = Model(gan_input, gan_output)
generator.compile(optimizer='adam', loss='binary_crossentropy')
discriminator.compile(optimizer='adam', loss='binary_crossentropy')
gan.compile(optimizer='adam', loss='binary_crossentropy')
# Train progressively
for resolution in [4, 8, 16, 32, 64]:
train_at_resolution(generator, discriminator, gan, resolution,
num_steps_per_resolution)
```

El código define parámetros para el crecimiento progresivo del GAN, como las resoluciones inicial y final y el número de pasos de entrenamiento por resolución. También define una función para entrenar el GAN a una resolución dada.

Esta función itera sobre un número especificado de pasos, generando lotes de imágenes reales y falsas, entrenando al discriminador con estas imágenes y luego entrenando al generador. Periódicamente se imprimen métricas de rendimiento y se guardan los modelos en ciertos intervalos.

Los modelos GAN se inicializan y compilan, y la función de entrenamiento se llama para cada resolución en un rango especificado, permitiendo que la red crezca progresivamente a medida que se entrena.

4.6.4 Ajuste Fino y Evaluación de StyleGAN

Después de entrenar StyleGAN, es esencial ajustar y evaluar el modelo para asegurar la generación de imágenes de alta calidad. Esto implica:

- **Ajuste Fino:** Ajustar hiperparámetros, agregar pasos de entrenamiento adicionales y usar técnicas como el enfriamiento del aprendizaje para refinar el modelo.
- **Evaluación:** Usar métodos cualitativos y cuantitativos como la inspección visual, el Inception Score (IS) y la Fréchet Inception Distance (FID) para evaluar la calidad de las imágenes generadas.

Ejemplo: Código de Ajuste Fino

```
# Adjust learning rate and recompile models for fine-tuning
fine_tune_learning_rate = 0.0001
generator.compile(optimizer=tf.keras.optimizers.Adam(fine_tune_learning_rate),
loss='binary_crossentropy')
discriminator.compile(optimizer=tf.keras.optimizers.Adam(fine_tune_learning_rate),
loss='binary_crossentropy')
gan.compile(optimizer=tf.keras.optimizers.Adam(fine_tune_learning_rate),
loss='binary_crossentropy')
# Fine-tuning loop
fine_tune_steps = 5000
train_at_resolution(generator, discriminator, gan, final_resolution, fine_tune_steps)
```

Primero, se define una nueva tasa de aprendizaje para el ajuste fino, y los modelos del generador, el discriminador y el GAN se vuelven a compilar con esta tasa de aprendizaje utilizando el optimizador Adam y la función de pérdida de entropía cruzada binaria.

Luego, se define un número específico de pasos de ajuste fino, y el modelo GAN se entrena a una resolución especificada durante este número de pasos.

4.6.5 Generación y Evaluación de Imágenes Finales

Una vez que el modelo se ha ajustado, genera imágenes finales y evalúa su calidad.

Ejemplo: Generación de Imágenes Finales

```
# Generate final images using the fine-tuned model
def generate_final_images(generator, latent_dim, n_samples=10):
noise = np.random.normal(0, 1, (n_samples, latent_dim))
generated_images = generator.predict([noise, noise])
generated_images = (generated_images * 127.5 + 127.5).astype(np.uint8)  # Rescale to
[0, 255]
plt.figure(figsize=(20, 2))
for i in range(n_samples):
plt.subplot(1, n_samples, i + 1)
plt.imshow(generated_images[i])
plt.axis('off')
plt.show()
```

```
# Generate and plot final images
generate_final_images(generator, latent_dim, n_samples=10)
```

Esta función se utiliza para generar y trazar imágenes finales utilizando un modelo generador que ha sido afinado. La función toma tres argumentos: el modelo generador, el tamaño de la dimensión latente y el número de muestras a generar (que por defecto es 10 si no se especifica).

Primero, genera una entrada de ruido aleatorio para el modelo generador utilizando una distribución normal. Luego, el modelo generador predice las imágenes generadas. Estas imágenes generadas se reescalan para que caigan dentro del rango de [0, 255] para coincidir con el rango típico de valores de píxeles en una imagen.

Se crea una trama con un subtrama para cada imagen generada. Las imágenes se trazan sin ejes. Finalmente, se muestra la trama.

Mejorar la generación de rostros con StyleGAN proporciona mejoras significativas en la calidad y el control de las imágenes generadas. Al aprovechar la arquitectura del generador basada en estilos, el entrenamiento con crecimiento progresivo y las técnicas de afinamiento, puedes lograr imágenes de rostros de alta calidad, diversas y realistas. Evaluar el modelo utilizando métodos cualitativos y cuantitativos asegura que las imágenes generadas cumplan con los estándares deseados.

A medida que continúas explorando las capacidades de StyleGAN, puedes experimentar con diferentes estilos, resoluciones y estrategias de afinamiento para mejorar aún más tus proyectos de modelado generativo. Esta poderosa técnica abre nuevas posibilidades para aplicaciones creativas, investigación e implementaciones prácticas en diversos dominios.

Resumen del Capítulo

En este capítulo, emprendimos un emocionante viaje hacia la generación de rostros usando Redes Generativas Antagónicas (GANs). Comenzamos con los pasos fundamentales de recopilación y preprocesamiento de datos, seguidos de la construcción y entrenamiento de nuestro modelo GAN. Finalmente, exploramos las capacidades avanzadas de StyleGAN, que representa un salto significativo en el campo del modelado generativo.

Recopilación y Preprocesamiento de Datos

La base de cualquier proyecto exitoso de GAN es un conjunto de datos de alta calidad. Elegimos el conjunto de datos CelebA, una gran colección de rostros de celebridades, para entrenar nuestro modelo. Los pasos de preprocesamiento involucraron cambiar el tamaño de las imágenes a un tamaño consistente, normalizar los valores de los píxeles y aplicar técnicas opcionales de aumento de datos. Esto aseguró que nuestro conjunto de datos estuviera bien preparado para el proceso de entrenamiento, mejorando la capacidad del modelo para aprender eficazmente a partir de los datos.

Construcción del Modelo GAN

La construcción del modelo GAN implicó crear tanto el generador como el discriminador. El papel del generador es producir imágenes realistas a partir de ruido aleatorio, mientras que la tarea del discriminador es distinguir entre imágenes reales y falsas. Diseñamos cuidadosamente estas redes utilizando capas convolucionales, normalización por lotes y funciones de activación. Al configurar las arquitecturas del modelo y compilarlas con funciones de pérdida y optimizadores apropiados, sentamos las bases para entrenar nuestro GAN.

Entrenamiento del GAN

El entrenamiento del GAN fue un proceso matizado que requirió equilibrar la dinámica de aprendizaje del generador y el discriminador. Implementamos un bucle de entrenamiento que alternaba el entrenamiento del discriminador y del generador, monitoreando cuidadosamente su rendimiento para asegurar la estabilidad. Este proceso iterativo, combinado con la monitorización regular y el guardado de los pesos del modelo, nos permitió mejorar progresivamente la calidad de las imágenes generadas.

Generación de Nuevos Rostros

Una vez entrenado, el modelo generador fue capaz de producir imágenes de rostros de alta calidad y realistas a partir de ruido aleatorio. Exploramos métodos para generar y guardar estas imágenes, permitiéndonos visualizar y compartir los resultados de nuestro proceso de entrenamiento. Este paso fue particularmente gratificante, ya que demostró los resultados tangibles de nuestros esfuerzos en el entrenamiento del GAN.

Evaluación del Modelo

La evaluación del GAN involucró métodos tanto cualitativos como cuantitativos. La evaluación cualitativa a través de la inspección visual nos ayudó a identificar problemas inmediatos, mientras que métricas cuantitativas como el Inception Score (IS) y la Fréchet Inception Distance (FID) proporcionaron medidas objetivas del rendimiento del modelo. Al evaluar sistemáticamente las imágenes generadas, pudimos afinar el modelo y mejorar sus resultados.

Mejorando con StyleGAN

Nos adentramos en las capacidades avanzadas de StyleGAN, que ofrece un control detallado sobre las imágenes generadas a través de su innovadora arquitectura de generador basada en estilos. El uso de normalización adaptativa de instancias (AdaIN) y el crecimiento progresivo de StyleGAN mejora significativamente la calidad y diversidad de las imágenes generadas. Al implementar y entrenar StyleGAN, logramos una generación de rostros aún más realista y de alta calidad.

Conclusión

Este capítulo proporcionó una guía completa para generar rostros usando GANs, desde la recopilación de datos hasta técnicas avanzadas con StyleGAN. Al seguir estos pasos, ahora tienes una comprensión sólida de cómo construir, entrenar, evaluar y mejorar modelos GAN para la generación de imágenes de alta calidad.

Las habilidades y conocimientos adquiridos aquí pueden aplicarse a varios proyectos de modelado generativo, abriendo nuevas posibilidades para la creatividad y la innovación en el campo del Deep Learning y la inteligencia artificial. A medida que continúas explorando y experimentando con GANs, estarás bien equipado para expandir los límites de lo que es posible con los modelos generativos.

Cuestionario: Redes Generativas Antagónicas (GANs)

Pon a prueba tu comprensión de los conceptos y técnicas cubiertos en la Parte II de "La Nueva Era del Deep Learning Generativo con Python: Desbloquea el Poder Creativo de los Modelos de IA" con este cuestionario. Cada pregunta está diseñada para reforzar los puntos clave de cada capítulo, asegurando que tengas un sólido entendimiento de las GANs y sus aplicaciones.

Capítulo 3: Profundizando en las Redes Generativas Antagónicas (GANs)

Pregunta 1: Comprensión Básica de las GANs

¿Cuáles son los dos componentes principales de una GAN?

A) Generador y Transformador

B) Codificador y Decodificador

C) Generador y Discriminador

D) Discriminador y Codificador

Pregunta 2: Entrenamiento de GANs

¿Qué función de pérdida se usa comúnmente para entrenar el generador en una GAN?

A) Error Cuadrático Medio

B) Entropía Cruzada Binaria

C) Entropía Cruzada Categórica

D) Pérdida Hinge

Pregunta 3: Arquitectura de DCGAN

En el contexto de DCGAN, ¿qué significa "DC"?

A) Convolucional Dual

B) Convolucional Profundo

C) Convolucional Diferenciable

D) Convolucional Dinámico

Pregunta 4: Evaluación de GANs

¿Qué mide la Distancia Fréchet de Incepción (FID)?

A) La calidad y diversidad de las imágenes generadas en comparación con las imágenes reales

B) La eficiencia computacional de la GAN

C) La velocidad de convergencia del proceso de entrenamiento de la GAN

D) La estabilidad de la GAN durante el entrenamiento

Pregunta 5: Variaciones de GANs

¿Qué variante de GAN está específicamente diseñada para tareas de traducción de imágenes a imágenes?

A) CycleGAN

B) DCGAN

C) StyleGAN

D) BigGAN

Pregunta 6: Problemas Comunes en GANs

¿Qué es el colapso de modos en las GANs?

A) Cuando el discriminador supera al generador

B) Cuando el generador produce solo una variedad limitada de salidas

C) Cuando el proceso de entrenamiento se vuelve inestable

D) Cuando la GAN no logra converger

Pregunta 7: Innovaciones en GANs

¿Qué técnica utiliza StyleGAN para controlar aspectos específicos de la imagen generada en diferentes capas?

A) Crecimiento Progresivo

B) Entradas Condicionales

C) Normalización Adaptativa de Instancias (AdaIN)

D) Pérdida Wasserstein

Capítulo 4: Proyecto: Generación de Rostros con GANs

Pregunta 8: Preprocesamiento de Datos

¿Por qué es importante la normalización en el preprocesamiento de imágenes para el entrenamiento de GANs?

A) Para aumentar el tamaño del conjunto de datos

B) Para asegurar que las imágenes tengan el mismo tamaño

C) Para estandarizar el rango de entrada y mejorar la estabilidad del entrenamiento

D) Para reducir el costo computacional del entrenamiento

Pregunta 9: Bucle de Entrenamiento

En un bucle de entrenamiento típico de una GAN, ¿cuál es el objetivo principal del discriminador?

A) Generar imágenes realistas

B) Minimizar la pérdida del generador

C) Distinguir entre imágenes reales y falsas

D) Optimizar el espacio latente

Pregunta 10: Afinación de GANs

¿Cuál de las siguientes es una técnica común para afinar una GAN?

A) Reducir el tamaño del lote

B) Agregar más capas convolucionales al generador

C) Usar una disminución de la tasa de aprendizaje

D) Eliminar el ruido de la entrada

Pregunta 11: StyleGAN

¿Cómo introduce StyleGAN variación estocástica en las imágenes generadas?

A) Usando un vector de ruido separado para cada capa

B) Aumentando el tamaño del vector latente

C) Aplicando transformaciones aleatorias a las imágenes de entrada

D) Ajustando la tasa de aprendizaje durante el entrenamiento

Pregunta 12: Evaluación de GANs

¿Qué método cualitativo se usa comúnmente para evaluar el rendimiento de una GAN?

A) Error Cuadrático Medio

B) Inspección visual de las imágenes generadas

C) Cálculo del F1 Score

D) Medición del tiempo de entrenamiento

Respuestas

1. C) Generador y Discriminador
2. B) Entropía Cruzada Binaria
3. B) Convolucional Profundo
4. A) La calidad y diversidad de las imágenes generadas en comparación con las imágenes reales
5. A) CycleGAN
6. B) Cuando el generador produce solo una variedad limitada de salidas
7. C) Normalización Adaptativa de Instancias (AdaIN)
8. C) Para estandarizar el rango de entrada y mejorar la estabilidad del entrenamiento
9. C) Distinguir entre imágenes reales y falsas
10. C) Usar una disminución de la tasa de aprendizaje
11. A) Usando un vector de ruido separado para cada capa
12. B) Inspección visual de las imágenes generadas

Este cuestionario cubre los conceptos esenciales introducidos en la Parte II del libro, ayudándote a reforzar tu comprensión de las GANs y sus aplicaciones en el modelado generativo.

Parte III: Autoencoders Variacionales (VAEs)

Capítulo 5: Explorando Autoencoders Variacionales (VAEs)

En este capítulo integral, nos embarcaremos en un viaje esclarecedor para descubrir el fascinante mundo de los Autoencoders Variacionales (VAEs). Los VAEs son una clase potente de modelos generativos que combinan hábilmente los principios de las redes neuronales y el modelado probabilístico, dando lugar a una herramienta computacional única con capacidades poderosas.

Lo que distingue a los VAEs es su capacidad inigualable para aprender representaciones latentes significativas y de alta calidad de los datos. Estas representaciones pueden ser aprovechadas para una multitud de propósitos, incluidos, pero no limitados a, generar nuevas muestras que imiten los datos de entrenamiento, comprimir los datos para un almacenamiento eficiente y diversas otras aplicaciones emocionantes que abarcan numerosos campos e industrias.

Nuestra inmersión profunda nos llevará a través de los fundamentos teóricos de los VAEs. Nos esforzaremos por comprender completamente su arquitectura compleja pero elegante, y cómo contribuye a su impresionante funcionalidad. Como una demostración práctica de la teoría, nos arremangaremos y gradualmente implementaremos un VAE desde cero. Esta experiencia práctica está diseñada para proporcionar una comprensión intuitiva de cómo interactúan los diferentes componentes para generar datos.

Para cuando termines este capítulo, no solo tendrás una comprensión sólida del funcionamiento interno de los VAEs, sino que también estarás equipado con el conocimiento práctico de cómo aplicarlos para abordar problemas del mundo real. Estarás listo para aprovechar el poder de los VAEs en tus propios proyectos de ciencia de datos, empujando los límites de lo que es posible con el modelado generativo.

5.1 Entendiendo los VAEs

Los Autoencoders Variacionales, también conocidos como VAEs, son un tipo único de modelo generativo. Estos modelos están diseñados con el objetivo específico de aprender a representar datos de manera efectiva y eficiente en un espacio latente de menor dimensión.

El espacio latente aquí es simplemente un constructo matemático que tiene la intención de condensar y capturar las características clave de los datos. Al representar los datos en esta forma más concentrada, se vuelve factible generar nuevas muestras de datos que tengan una notable similitud con los datos originales, esencialmente imitando las características clave de los datos originales.

Los VAEs se construyen a partir de dos componentes esenciales: el codificador y el decodificador. El codificador, como su nombre sugiere, es responsable de codificar, o mapear, los datos de entrada a una distribución latente específica. Esta distribución latente encapsula las características críticas de los datos en una forma compacta.

Por otro lado, el componente decodificador de los VAEs funciona en la dirección inversa. Mapea o traduce las muestras que se extraen de esta distribución latente de vuelta al espacio de datos. Este proceso implica esencialmente la generación de nuevas muestras de datos que son análogas a los datos originales, basándose en la representación condensada en el espacio latente. Así, a través de una combinación de procesos de codificación y decodificación, los VAEs pueden generar nuevas muestras de datos que son similares a los datos originales.

5.1.1 Fundamentos Teóricos

Los fundamentos teóricos de los Autoencoders Variacionales (VAEs) están enraizados en el concepto de inferencia variacional. Esta técnica se utiliza para aproximar distribuciones de probabilidad complejas.

A diferencia de los autoencoders tradicionales, que mapean los datos de entrada a un espacio latente determinista, los VAEs introducen un enfoque probabilístico a este proceso. En lugar de mapear cada entrada a un solo punto en el espacio latente, los VAEs mapean las entradas a una distribución sobre el espacio latente. Esta diferencia sutil permite a los VAEs capturar la incertidumbre y variabilidad inherentes en los datos, haciéndolos una herramienta potente para tareas como generar nuevas muestras que se asemejan a los datos de entrenamiento o comprimir datos para un almacenamiento eficiente.

El objetivo principal de un VAE es maximizar la probabilidad de los datos bajo el modelo. Esto esencialmente significa que el modelo busca encontrar la configuración más probable de parámetros que podría haber generado los datos observados. Simultáneamente, también asegura que el espacio latente se adhiera a una distribución conocida, típicamente una Gaussiana. Esta distribución conocida, referida como la prior, generalmente se elige por su conveniencia matemática y la creencia de que encapsula nuestras suposiciones sobre la naturaleza del espacio latente incluso antes de observar cualquier dato.

Lograr este objetivo dual es posible mediante la optimización del Límite Inferior de la Evidencia (ELBO, por sus siglas en inglés), una cantidad derivada de los principios de la inferencia variacional. El ELBO consiste en dos términos: la Pérdida de Reconstrucción y la Divergencia KL.

La Pérdida de Reconstrucción es una medida de qué tan bien la parte decodificadora del VAE puede reconstruir los datos de entrada a partir de la representación latente. En esencia, cuantifica la discrepancia entre los datos originales y los datos regenerados desde el espacio latente, con una menor pérdida de reconstrucción indicando un mejor desempeño del VAE.

La Divergencia KL, por otro lado, actúa como un regularizador en el proceso de optimización. Asegura que la distribución latente aprendida esté cerca de la distribución prior (por ejemplo, una Gaussiana estándar). Al minimizar la Divergencia KL, el VAE se ve incentivado a no desviarse drásticamente de nuestras suposiciones previas sobre el espacio latente.

Al optimizar estos dos componentes del ELBO, los VAEs pueden aprender a generar representaciones latentes de alta calidad de los datos que pueden ser utilizadas para una variedad de aplicaciones. Este equilibrio entre la fidelidad de los datos (a través de la pérdida de reconstrucción) y la adherencia a creencias previas (a través de la divergencia KL) es lo que hace a los VAEs una herramienta única y poderosa en el mundo del modelado generativo.

Matemáticamente:

$$ELBO = Eq(z \mid x)[logp(x \mid z)] - KL(q(z \mid x) \| p(z))$$

Donde:

- (q(z|x)) es la aproximación del codificador de la distribución posterior.
- (p(x|z)) es la verosimilitud del decodificador de los datos dados el variable latente.
- (p(z)) es la distribución previa sobre los variables latentes, típicamente una distribución normal estándar.

5.1.2 Una Introducción a la Arquitectura de VAE

La arquitectura de un Autoencoder Variacional (VAE) consta de dos redes neuronales principales: el codificador y el decodificador. La función de la red del codificador es comprimir los datos de entrada, típicamente de alta dimensión, en una representación compacta en el espacio latente.

Este espacio latente, a menudo de menor dimensión, sirve como un cuello de botella que codifica las características esenciales de los datos de entrada. Posteriormente, entra en juego la red del decodificador. El decodificador toma la representación comprimida en el espacio latente y reconstruye los datos originales a partir de ella.

Esta reconstrucción es un intento de reflejar los datos de entrada originales lo más fielmente posible, permitiendo así que el VAE genere nuevos datos que compartan características similares con el conjunto de datos original.

Codificador:

El codificador juega un papel crucial en el proceso de entrenamiento del modelo. Su función principal es aceptar los datos de entrada, procesarlos y luego producir los parámetros que definen la distribución latente. Estos parámetros típicamente consisten en la media y la varianza.

Durante la fase de entrenamiento, las variables latentes, que son cruciales para los procesos de aprendizaje y predicción del modelo, se muestrean a partir de esta distribución. Este proceso de muestreo permite que el modelo genere un conjunto diverso de salidas y le ayuda a aprender la estructura subyacente de los datos de manera más efectiva.

Decodificador:

La función principal del decodificador es tomar las variables latentes muestreadas, que fueron extraídas y transformadas por el codificador, y procesarlas para generar los datos reconstruidos. Estos datos reconstruidos son una aproximación cercana a la entrada original.

El objetivo principal de este proceso es garantizar que se conserven las características clave de los datos de entrada, lo que permite al modelo lograr su objetivo de compresión de datos y reducción de ruido.

El codificador y el decodificador se entrenan simultáneamente para minimizar la pérdida de reconstrucción y la divergencia KL.

Ejemplo: Código de Arquitectura de VAE

Empecemos implementando la arquitectura de VAE usando TensorFlow y Keras:

```
import tensorflow as tf
from tensorflow.keras.layers import Input, Dense, Lambda, Layer
from tensorflow.keras.models import Model
from tensorflow.keras.losses import mse
from tensorflow.keras import backend as K

# Define the sampling layer
class Sampling(Layer):
    def call(self, inputs):
        z_mean, z_log_var = inputs
        batch = tf.shape(z_mean)[0]
        dim = tf.shape(z_mean)[1]
        epsilon = tf.keras.backend.random_normal(shape=(batch, dim))
        return z_mean + tf.exp(0.5 * z_log_var) * epsilon

# Encoder architecture
def build_encoder(input_shape, latent_dim):
    inputs = Input(shape=input_shape)
    x = Dense(512, activation='relu')(inputs)
    x = Dense(256, activation='relu')(x)
    z_mean = Dense(latent_dim, name='z_mean')(x)
    z_log_var = Dense(latent_dim, name='z_log_var')(x)
    z = Sampling()([z_mean, z_log_var])
    return Model(inputs, [z_mean, z_log_var, z], name='encoder')

# Decoder architecture
```

```
def build_decoder(latent_dim, output_shape):
    latent_inputs = Input(shape=(latent_dim,))
    x = Dense(256, activation='relu')(latent_inputs)
    x = Dense(512, activation='relu')(x)
    outputs = Dense(output_shape, activation='sigmoid')(x)
    return Model(latent_inputs, outputs, name='decoder')

# VAE architecture
input_shape = (784,)
latent_dim = 2

encoder = build_encoder(input_shape, latent_dim)
decoder = build_decoder(latent_dim, input_shape[0])

# Instantiate VAE
inputs = Input(shape=input_shape)
z_mean, z_log_var, z = encoder(inputs)
outputs = decoder(z)
vae = Model(inputs, outputs, name='vae')
```

El script se divide en las siguientes partes:

1. Importar las bibliotecas necesarias: TensorFlow y Keras (una biblioteca de redes neuronales fácil de usar que se ejecuta sobre TensorFlow).
2. Definir una capa de Muestreo (Sampling): Esta es una capa personalizada utilizada en el codificador del VAE para muestrear de la distribución aprendida. Utiliza el truco de reparametrización para permitir que los gradientes pasen a través de la capa.
3. Definir una función de codificador: El modelo de codificador toma una entrada, la pasa a través de dos capas densas (cada una seguida por una función de activación ReLU) y produce dos vectores: un vector de medias (z_mean) y un vector de log varianza (z_log_var). La capa de Muestreo luego muestrea un punto de la distribución definida por estos vectores.
4. Definir una función de decodificador: El modelo de decodificador toma un vector generado por el codificador, lo pasa a través de dos capas densas (cada una seguida por una función de activación ReLU) y produce un vector del mismo tamaño que los datos de entrada originales.
5. Crear el modelo VAE: El modelo VAE se crea vinculando los modelos de codificador y decodificador.

El VAE puede usarse para generar nuevos datos similares a los datos de entrenamiento, lo que lo hace útil para tareas como eliminación de ruido, detección de anomalías y generación de datos.

5.1.3 Una Introducción al Entrenamiento del VAE

Entrenar el VAE implica minimizar la función de pérdida, que es una combinación de la pérdida de reconstrucción y la divergencia KL. La pérdida de reconstrucción puede medirse utilizando el error cuadrático medio (MSE) o la entropía cruzada binaria (BCE), dependiendo de los datos.

La pérdida de reconstrucción mide qué tan bien el modelo puede recrear los datos originales a partir de la representación latente. Si la reconstrucción es precisa, los datos reconstruidos coincidirán estrechamente con los datos originales, lo que lleva a una menor pérdida de reconstrucción. Por otro lado, si la reconstrucción es inexacta, los datos reconstruidos diferirán significativamente de los datos originales, lo que resultará en una mayor pérdida de reconstrucción. La pérdida de reconstrucción puede calcularse usando el error cuadrático medio (MSE) o la entropía cruzada binaria (BCE), dependiendo del tipo de datos.

La divergencia KL, por otro lado, actúa como un regularizador en el proceso de optimización. Asegura que la distribución latente aprendida esté cerca de la distribución previa (típicamente una Gaussiana estándar). Al minimizar la divergencia KL, se fomenta que el VAE no se desvíe drásticamente de nuestras suposiciones previas sobre el espacio latente.

El equilibrio entre reducir la pérdida de reconstrucción y minimizar la divergencia KL es lo que hace que entrenar un VAE sea una tarea compleja pero gratificante. Al optimizar estos dos componentes, los VAEs pueden aprender a generar representaciones latentes de alta calidad de los datos que pueden utilizarse para diversas aplicaciones, empujando los límites de lo que es posible con el modelado generativo.

Función de Pérdida: VAE Loss=Reconstruction Loss+KL Divergence

Ejemplo: Código de Entrenamiento

```
# Define the VAE loss
def vae_loss(inputs, outputs, z_mean, z_log_var):
    reconstruction_loss = mse(inputs, outputs)
    reconstruction_loss *= input_shape[0]
    kl_loss = 1 + z_log_var - K.square(z_mean) - K.exp(z_log_var)
    kl_loss = K.sum(kl_loss, axis=-1)
    kl_loss *= -0.5
    return K.mean(reconstruction_loss + kl_loss)

# Compile the VAE
vae.compile(optimizer='adam', loss=lambda x, y: vae_loss(x, y, z_mean, z_log_var))

# Load and preprocess the dataset (e.g., MNIST)
(x_train, _), (x_test, _) = tf.keras.datasets.mnist.load_data()
x_train = x_train.astype('float32') / 255.
x_test = x_test.astype('float32') / 255.
x_train = x_train.reshape((x_train.shape[0], np.prod(x_train.shape[1:])))
x_test = x_test.reshape((x_test.shape[0], np.prod(x_test.shape[1:])))

# Train the VAE
```

```
vae.fit(x_train, x_train, epochs=50, batch_size=128, validation_data=(x_test, x_test))
```

En este ejemplo:

La primera parte del código define la función de pérdida para el VAE. Esta función de pérdida es una combinación de dos componentes: la pérdida de reconstrucción y la divergencia de Kullback-Leibler (KL). La pérdida de reconstrucción se calcula utilizando el error cuadrático medio (mse) entre las entradas originales y las salidas reconstruidas. Esta pérdida mide qué tan bien el modelo puede recrear los datos originales a partir de la representación latente. Una pérdida de reconstrucción más baja indica que el modelo puede reconstruir eficazmente los datos de entrada, lo cual es una propiedad deseada en un buen autoencoder.

La divergencia KL, por otro lado, actúa como un término de regularización en la función de pérdida. Mide cuánto se desvía la distribución de las variables latentes aprendidas de una distribución normal estándar. La distribución normal estándar se usa a menudo como la distribución previa para las variables latentes en los VAEs debido a su simplicidad matemática y la creencia de que encapsula nuestras suposiciones sobre la naturaleza del espacio latente antes de observar cualquier dato. Al minimizar la divergencia KL, se anima al VAE a mantener la distribución latente aprendida cercana a la distribución previa.

Después de definir la función de pérdida, se compila el modelo VAE. Durante este paso, se utiliza el optimizador Adam, que es una elección popular para entrenar modelos de Deep Learning porque combina las ventajas de dos otras extensiones del descenso de gradiente estocástico: AdaGrad y RMSProp. La función de pérdida utilizada para la compilación es la definida anteriormente, que toma como entradas las entradas originales, las salidas reconstruidas y los parámetros de la distribución latente aprendida.

La siguiente parte del código trata sobre la carga y el preprocesamiento del conjunto de datos. En este caso, se utiliza el conjunto de datos MNIST, que es una gran base de datos de dígitos escritos a mano que se usa comúnmente para entrenar varios sistemas de procesamiento de imágenes. Las imágenes se cargan, se normalizan para tener valores de píxeles entre 0 y 1, y se remodelan de matrices 2D a matrices 1D (o vectores), que es la forma de entrada requerida para el VAE.

Finalmente, el modelo VAE se entrena utilizando el conjunto de datos MNIST preprocesado. El modelo se entrena durante 50 épocas con un tamaño de lote de 128. Los mismos datos se utilizan tanto para la entrada como para el objetivo porque los VAEs son modelos de aprendizaje no supervisado que intentan recrear su entrada. Los datos de validación utilizados durante el entrenamiento son los datos de prueba del conjunto de datos MNIST.

Al ejecutar este código, puedes entrenar un VAE desde cero y comprender su funcionamiento interno. Sin embargo, ten en cuenta que el proceso de entrenamiento podría llevar un tiempo en completarse, especialmente si no estás utilizando una máquina potente o una GPU.

5.1.4 Muestreo del Espacio Latente

Una vez que el VAE está entrenado, podemos muestrear del espacio latente para generar nuevos datos. Esto implica muestrear variables latentes de la distribución previa (una distribución gaussiana estándar) y pasarlas a través del decodificador para generar nuevas muestras.

El proceso de generación de nuevos datos implica el muestreo del espacio latente. Esto se hace extrayendo variables latentes de la distribución previa, que suele ser una distribución gaussiana estándar. Esta distribución previa se elige debido a su conveniencia matemática y porque encapsula nuestras suposiciones sobre la naturaleza del espacio latente antes de observar cualquier dato.

Estas variables latentes muestreadas se pasan luego a través del componente decodificador del VAE. El decodificador es responsable de traducir las muestras extraídas de la distribución latente de vuelta al espacio de datos. Es durante este proceso que se generan nuevas muestras de datos. Estas nuevas muestras, en esencia, son una recreación basada en la representación condensada en el espacio latente.

Así, el proceso de generación de nuevos datos a partir del VAE implica una combinación de codificación de los datos de entrada en una distribución latente específica y luego la decodificación o traducción de muestras de esta distribución para generar nuevas muestras que sean similares a los datos originales.

Al aprovechar el poder de los Autoencoders Variacionales de esta manera, podemos crear una variedad de nuevas muestras de datos que imitan de cerca los datos de entrenamiento originales, y esto puede ser útil en una variedad de aplicaciones de ciencia de datos y aprendizaje automático.

Ejemplo: Código de Muestreo

```
import matplotlib.pyplot as plt
import numpy as np

# Generate new samples
def generate_samples(decoder, latent_dim, n_samples=10):
    random_latent_vectors = np.random.normal(size=(n_samples, latent_dim))
    generated_images = decoder.predict(random_latent_vectors)
    generated_images = generated_images.reshape((n_samples, 28, 28))
    return generated_images

# Plot generated samples
generated_images = generate_samples(decoder, latent_dim)
plt.figure(figsize=(10, 2))
for i in range(generated_images.shape[0]):
    plt.subplot(1, generated_images.shape[0], i + 1)
    plt.imshow(generated_images[i], cmap='gray')
    plt.axis('off')
plt.show()
```

En este ejemplo:

La función generate_samples(decoder, latent_dim, n_samples=10) genera una cantidad especificada de muestras (por defecto, 10) utilizando el modelo decodificador. El decodificador es uno de los dos componentes principales de un VAE (el otro es el codificador) y es responsable de generar nuevas muestras de datos a partir del espacio latente. El espacio latente es una representación de menor dimensión de los datos y es donde el VAE codifica las características clave de los datos.

La función comienza generando vectores latentes aleatorios a partir de una distribución normal. El tamaño de estos vectores está determinado por los parámetros n_samples y latent_dim. n_samples es el número de muestras a generar y latent_dim es la dimensionalidad del espacio latente.

La línea decoder.predict(random_latent_vectors) utiliza el modelo decodificador para generar nuevas muestras de datos a partir de estos vectores latentes aleatorios. Estas muestras generadas se remodelan en imágenes con un formato de 28x28 píxeles, que es un tamaño común para las imágenes en conjuntos de datos como MNIST. Las imágenes remodeladas son devueltas por la función.

El siguiente bloque de código visualiza estas imágenes generadas en una sola fila utilizando Matplotlib. Crea una nueva figura, recorre las imágenes generadas y añade cada una a la figura como un subplot. Las imágenes se muestran en escala de grises, según lo especificado por cmap='gray', y las etiquetas de los ejes se desactivan con plt.axis('off'). Finalmente, se llama a plt.show() para mostrar la figura.

Este proceso de generar y visualizar nuevas muestras es una parte crucial del trabajo con VAEs y otros modelos generativos. Al visualizar las muestras generadas, podemos tener una idea de qué tan bien ha aprendido el modelo a imitar los datos de entrenamiento y si el espacio latente está estructurado de una manera útil.

Resumen

En la primera sección de este capítulo, profundizamos en los conceptos fundamentales y cruciales que subyacen a los Autoencoders Variacionales (VAEs), un tipo innovador y potente de modelo generativo. Nuestra exploración nos llevó a comprender la forma única en que los VAEs utilizan la inferencia variacional como un medio para aprender e internalizar una representación latente probabilística de los datos. Esto se logra combinando hábilmente las fortalezas de dos redes cruciales: un codificador y un decodificador.

Llevamos nuestra comprensión un paso más allá implementando prácticamente la arquitectura de los VAEs. Esto nos permitió comprender la mecánica y las sutilezas del modelo de una manera práctica. El conjunto de datos MNIST sirvió como la plataforma perfecta para este ejercicio, siendo un estándar en el campo para evaluar el rendimiento.

Además de implementar la arquitectura, también entrenamos el modelo en el conjunto de datos MNIST. Este proceso ilustró las capacidades de aprendizaje de los VAEs, ampliando nuestra comprensión de su potencial y limitaciones. Después del entrenamiento, demostramos el poder de los VAEs muestreando del espacio latente para generar nuevas imágenes no vistas. Esta aplicación práctica mostró la utilidad real de los VAEs y su potencial para crear nuevos datos realistas.

En conclusión, los VAEs son una herramienta increíblemente poderosa para la modelización generativa. Tienen la capacidad única de permitir la generación de una amplia gama de datos realistas y diversos. Al mismo tiempo, proporcionan representaciones latentes significativas, añadiendo otra capa de utilidad a su función. Con su combinación de utilidad práctica e intriga teórica, los VAEs ofrecen una vía prometedora para la exploración y el desarrollo futuro en el campo de la modelización generativa.

5.2 Arquitectura de los VAEs

Como presentamos en la sección 5.1, los Autoencoders Variacionales (VAEs) poseen una arquitectura brillantemente diseñada para aprender de manera eficiente las representaciones latentes de los datos de entrada, y luego generar nuevas muestras de datos utilizando estas representaciones.

Este diseño les permite realizar tareas como la eliminación de ruido o la detección de anomalías, entre otras. En esta sección, profundizaremos en la arquitectura intrincada de los VAEs, explorando los múltiples componentes que conforman esta estructura y observando cómo interactúan entre sí.

Notablemente, un VAE está compuesto por dos componentes principales: el codificador y el decodificador. El codificador toma los datos de entrada y los comprime en un espacio latente de menor dimensión. El decodificador, por otro lado, toma estas representaciones comprimidas y reconstruye los datos originales a partir de ellas. Entender estos componentes y sus interacciones es crucial para comprender cómo funcionan los VAEs.

Para facilitar una comprensión más integral, también proporcionaremos ejemplos prácticos y códigos para ilustrar estos conceptos. Estos ejemplos te brindarán una experiencia práctica sobre cómo implementar y usar los VAEs, permitiéndote así comprender los conceptos de manera más efectiva. Entonces, emprendamos este viaje de aprendizaje para explorar y comprender la fascinante arquitectura de los Autoencoders Variacionales.

5.2.1 Visión General de la Arquitectura de VAE

Como sabemos, la arquitectura del VAE incluye dos redes neuronales principales conocidas como el codificador y el decodificador. Estas redes funcionan conjuntamente para aprender un mapeo probabilístico desde el espacio de datos al espacio latente y viceversa. Este mapeo permite que un VAE genere nuevas muestras de datos que son similares a los datos originales basándose en representaciones aprendidas.

Codificador:

El papel del codificador en un VAE es mapear los datos de entrada a un espacio latente específico. El resultado de este proceso de mapeo son dos vectores: el vector de media, denotado como (\mu), y el logaritmo del vector de varianza, denotado como (\log \sigma^2).

Estos dos vectores definen los parámetros de la distribución de la variable latente, que se asume gaussiana en los VAEs estándar. Es importante notar que estos vectores representan las tendencias centrales y la dispersión de la distribución respectivamente, encapsulando así la estructura inherente de los datos de entrada.

Decodificador:

En el otro lado de la arquitectura del VAE, tenemos el decodificador. La función del decodificador es tomar muestras de la distribución latente, que está definida por el codificador, y reconstruir los datos originales a partir de estas muestras.

Este proceso permite que el VAE genere nuevas muestras de datos que son estadísticamente similares a los datos originales. El decodificador actúa esencialmente como un modelo generativo, creando nuevas instancias de datos basadas en las representaciones aprendidas en el espacio latente.

5.2.2 Red del Codificador

La red del codificador, un componente integral del proceso, esencialmente funciona como un sofisticado compresor de datos. Toma los datos de entrada en bruto, que a menudo pueden ser bastante complejos y de alta dimensión, y trabaja para condensarlos en un espacio latente de dimensiones mucho más manejables.

Este espacio latente, aunque de menor dimensión, está diseñado para retener las características y patrones esenciales de los datos originales. La tarea principal del codificador, y su función más importante, es producir los parámetros que definen esta distribución latente.

En la mayoría de los casos, estos parámetros están representados por dos medidas estadísticas clave: la media y el logaritmo de la varianza. Estas dos medidas proporcionan un resumen poderoso de la distribución latente, capturando su tendencia central y el grado de dispersión o variabilidad alrededor de este valor central.

Componentes Clave de la Red del Codificador:

- **Capa de Entrada:** Este es el punto de contacto inicial para los datos originales. Recibe esta información en bruto y comienza el proceso de alimentarla a través de la red.
- **Capas Densas:** Después de la capa de entrada, los datos se pasan a través de una serie de capas completamente conectadas. Estas capas densas juegan un papel crítico en el

procesamiento de los datos de entrada, ayudando a destilar la información a una forma más manejable.

- **Variables Latentes:** El paso final en la red del codificador, esta capa produce la media (\mu) y el logaritmo de la varianza (\log \sigma^2) de la distribución latente. Estos valores representan la forma comprimida de los datos originales de entrada, listos para ser decodificados o utilizados para un procesamiento adicional.

Representación Matemática:

$$z = \mu + \sigma \cdot \epsilon$$

donde(ϵ) es muestreado de una distribución normal estándar.

Ejemplo: Código de la Red del Codificador

```
import tensorflow as tf
from tensorflow.keras.layers import Input, Dense, Lambda, Layer
from tensorflow.keras.models import Model
from tensorflow.keras import backend as K

# Sampling layer
class Sampling(Layer):
    def call(self, inputs):
        z_mean, z_log_var = inputs
        batch = tf.shape(z_mean)[0]
        dim = tf.shape(z_mean)[1]
        epsilon = K.random_normal(shape=(batch, dim))
        return z_mean + K.exp(0.5 * z_log_var) * epsilon

# Encoder network
def build_encoder(input_shape, latent_dim):
    inputs = Input(shape=input_shape)
    x = Dense(512, activation='relu')(inputs)
    x = Dense(256, activation='relu')(x)
    z_mean = Dense(latent_dim, name='z_mean')(x)
    z_log_var = Dense(latent_dim, name='z_log_var')(x)
    z = Sampling()([z_mean, z_log_var])
    return Model(inputs, [z_mean, z_log_var, z], name='encoder')

input_shape = (784,)
latent_dim = 2
encoder = build_encoder(input_shape, latent_dim)
encoder.summary()
```

En este ejemplo:

Las primeras líneas de código importan las bibliotecas necesarias. TensorFlow se utiliza para construir y entrenar la red neuronal, mientras que Keras, una API de alto nivel construida sobre TensorFlow, se usa para definir las capas de la red.

La red del codificador comienza con dos capas completamente conectadas (también conocidas como capas Dense), cada una con 512 y 256 neuronas respectivamente. Estas capas utilizan la función de activación ReLU (Rectified Linear Unit), que introduce no linealidad en el modelo, permitiéndole aprender patrones más complejos.

La red del codificador produce dos vectores: un vector de media (z_mean) y un vector de log varianza (z_log_var). Ambos vectores tienen el mismo tamaño que el espacio latente deseado (latent_dim). El espacio latente es un espacio de menor dimensión donde el VAE codifica las características clave de los datos.

Se define una capa personalizada, Sampling, para muestrear un punto de la distribución normal definida por los vectores de media y varianza. La capa de muestreo genera un tensor normal aleatorio (epsilon) y lo escala por el exponente de la mitad de la log varianza y luego se añade la media. Este procedimiento también se conoce como el "truco de reparametrización", y permite que el modelo retropropague gradientes a través del proceso de muestreo aleatorio.

Finalmente, el modelo del codificador se instancia utilizando la red del codificador definida. El modelo toma los datos originales como entrada y produce la media, la log varianza y un punto muestreado en el espacio latente. Luego se imprime el resumen del modelo, detallando la arquitectura de la red del codificador.

Este modelo del codificador es un componente crucial del VAE, ya que es responsable de aprender una representación compacta y significativa de los datos de entrada en el espacio latente. Esta representación aprendida puede ser utilizada por la parte del decodificador del VAE para reconstruir los datos originales o generar nuevas muestras de datos.

5.2.3 Red del Decodificador

La red del decodificador, dentro del marco del proceso de reconstrucción de datos, opera mediante la utilización de variables latentes, o variables que no se observan directamente sino que se infieren a través de un modelo matemático a partir de otras variables que se observan.

Esta red en particular es fundamentalmente responsable de mapear el espacio latente, un espacio abstracto en el que se representan los puntos de datos, de vuelta al espacio de datos original. La importancia de este paso no puede subestimarse, ya que es a través de este mapeo que la red puede recrear con precisión los datos de entrada.

Además, la capacidad de la red del decodificador para mapear de vuelta al espacio de datos es lo que facilita la generación de nuevas muestras, mejorando así la capacidad de la red para predecir y modelar datos futuros.

Componentes Clave:

- **Entrada Latente:** Este componente recibe las variables latentes que han sido muestreadas. Estas variables latentes son cruciales para el funcionamiento de la red del decodificador, ya que proporcionan los datos necesarios que se reconstruirán en los siguientes pasos.
- **Capas Densas:** Estas capas son series de capas completamente conectadas. Su función principal es transformar las variables latentes en los datos de salida. Este proceso de transformación es crítico para la funcionalidad de la red del decodificador, ya que permite la conversión de las variables latentes en un formato que se puede utilizar en la salida final.
- **Capa de Salida:** La capa de salida es responsable de producir los datos reconstruidos. Típicamente, utiliza una activación sigmoide para los valores de los píxeles para asegurarse de que estén dentro del rango [0, 1]. Esto es crucial ya que asegura que los datos de salida mantengan un formato estándar, haciéndolos adecuados para un análisis o uso posterior.

Ejemplo: Código de la Red del Decodificador

```
# Decoder network
def build_decoder(latent_dim, output_shape):
    latent_inputs = Input(shape=(latent_dim,))
    x = Dense(256, activation='relu')(latent_inputs)
    x = Dense(512, activation='relu')(x)
    outputs = Dense(output_shape, activation='sigmoid')(x)
    return Model(latent_inputs, outputs, name='decoder')

output_shape = 784
decoder = build_decoder(latent_dim, output_shape)
decoder.summary()
```

En este ejemplo:

La red del decodificador es responsable de la segunda mitad de la función del VAE: tomar los datos comprimidos en el espacio latente y generar nuevos datos que se asemejen estrechamente a los datos de entrada originales. El decodificador actúa esencialmente como un generador, creando nuevas instancias de datos basadas en las representaciones aprendidas en el espacio latente.

El código de ejemplo comienza definiendo una función build_decoder que toma dos argumentos: latent_dim y output_shape. latent_dim se refiere a las dimensiones del espacio latente, la representación condensada de los datos originales. output_shape, por otro lado, son las dimensiones de los datos de salida, que están destinadas a coincidir con la forma de los datos de entrada originales.

Dentro de la función build_decoder, se define una capa de entrada para aceptar datos con la forma latent_dim. Este es el punto desde el cual el decodificador comienza a extrapolar y generar nuevos datos. Después de la capa de entrada, se crean dos capas Dense. Estas son capas de red neuronal completamente conectadas donde cada nodo de entrada está conectado a cada nodo de salida. La primera capa Dense contiene 256 neuronas y la segunda contiene 512 neuronas, ambas utilizando la función de activación 'relu' (Rectified Linear Unit). La función 'relu' introduce no linealidad en el modelo, permitiéndole aprender patrones más complejos en los datos.

La capa final en la red del decodificador es la capa de salida. Esta capa utiliza la función de activación 'sigmoid' y tiene un tamaño igual a output_shape. La función 'sigmoid' asegura que los valores de salida caigan dentro de un rango entre 0 y 1, lo cual es útil en este contexto ya que el modelo está manejando valores de píxeles normalizados.

La función luego devuelve un Modelo construido a partir de las entradas latentes y las salidas especificadas, nombrándolo 'decoder'. Este modelo devuelto representa toda la red del decodificador.

Después de la definición de la función, se invoca build_decoder con latent_dim y output_shape como argumentos para construir la red del decodificador. La estructura de la red del decodificador creada se imprime usando decoder.summary(). Esto proporciona un resumen de las capas en el modelo, la forma de salida de cada capa y el número de parámetros (pesos y sesgos) que el modelo necesita aprender durante el entrenamiento.

5.2.4 Inferencia Variacional y el Truco de Reparametrización

El Autoencoder Variacional (VAE) emplea la técnica de la inferencia variacional para aprender el espacio latente de manera efectiva, aproximando así la verdadera distribución posterior. Este es un aspecto crucial de su diseño, facilitando la capacidad del modelo para generar nuevos datos que sean similares a los datos de entrada con los que fue entrenado.

Una de las técnicas clave utilizadas en la arquitectura del VAE es conocida como el truco de reparametrización. Este método innovador permite que el VAE retropropague gradientes a través del proceso de muestreo estocástico, que tradicionalmente es desafiante.

Esto es esencial para el entrenamiento del VAE, ya que asegura la actualización efectiva de los parámetros del modelo en respuesta a los datos observados. Como tal, el truco de reparametrización mejora significativamente la capacidad del VAE para aprender representaciones significativas de datos complejos.

Truco de Reparametrización:

Permite que el gradiente fluya a través del proceso de muestreo al expresar la variable latente z como:

$z = \mu + \sigma \cdot \epsilon$

donde $\epsilon \sim \mathcal{N}(0, 1)$.

Este truco asegura que el paso de muestreo sea diferenciable, lo que permite que la red se entrene utilizando técnicas de optimización basadas en gradientes estándar.

Ejemplo: Código de Reparametrización

La capa Sampling implementada anteriormente es un ejemplo del truco de reparametrización. Aquí hay un breve resumen:

```
class Sampling(Layer):
    def call(self, inputs):
        z_mean, z_log_var = inputs
        batch = tf.shape(z_mean)[0]
        dim = tf.shape(z_mean)[1]
        epsilon = K.random_normal(shape=(batch, dim))
        return z_mean + K.exp(0.5 * z_log_var) * epsilon
```

En este ejemplo:

El código define una clase llamada Sampling, que hereda de la clase Layer proporcionada por la biblioteca Keras. Una capa en Keras es un componente fundamental de un modelo de Deep Learning. Es un módulo de procesamiento de datos que toma uno o más tensores como entrada y produce uno o más tensores como salida.

La clase Sampling tiene un método call, que es uno de los métodos principales en las capas de Keras. Aquí es donde reside la lógica de la capa.

En el método call, tenemos z_mean y z_log_var como argumentos de entrada. Estos son la media y la varianza logarítmica del espacio latente que ha producido la parte del codificador del VAE.

El método luego recupera la forma del tensor z_mean para obtener el tamaño del lote y la dimensión del tensor. Esto se hace utilizando la función shape de TensorFlow.

A continuación, se crea un tensor normal aleatorio llamado epsilon utilizando la función random_normal de Keras. Este tensor tiene la misma forma que el tensor z_mean. Esta es una parte clave de la aleatoriedad del VAE, introduciendo aleatoriedad que ayuda al VAE a generar salidas diversas.

Finalmente, el método devuelve una muestra de la distribución del espacio latente. Esto se hace utilizando la fórmula del truco de reparametrización, que es z_mean + exp(0.5 * z_log_var) * epsilon. El truco de reparametrización es un método que permite a los VAEs retropropagar gradientes a través del proceso de muestreo aleatorio, lo cual es esencial para el entrenamiento del VAE.

5.2.5 Función de Pérdida del VAE

La función de pérdida para los Autoencoders Variacionales es una combinación de la pérdida de reconstrucción y la divergencia de Kullback-Leibler (KL). La pérdida de reconstrucción, que es un componente esencial de la función de pérdida, mide la efectividad del decodificador en la reconstrucción de los datos de entrada. Esencialmente, sirve como una métrica de comparación entre los datos originales y los datos regenerados por el decodificador.

Por otro lado, la divergencia KL, otro componente vital de la función de pérdida, mide qué tan cerca está la distribución latente aprendida de la distribución a priori, que generalmente es una distribución normal estándar en muchos casos. Estos dos elementos juntos forman la base para la función de pérdida general en los Autoencoders Variacionales, proporcionando una medida integral del rendimiento del modelo.

Pérdida del VAE: VAE Loss=Reconstruction Loss+KL Divergence

Pérdida de Reconstrucción:

- A menudo medida utilizando el Error Cuadrático Medio (MSE) o la Entropía Cruzada Binaria (BCE).

Divergencia KL:

- Mide la diferencia entre la distribución aprendida y la distribución a priori.

Ejemplo: Código de la Función de Pérdida del VAE

```
# Define the VAE loss
def vae_loss(inputs, outputs, z_mean, z_log_var):
    reconstruction_loss = tf.keras.losses.binary_crossentropy(inputs, outputs)
    reconstruction_loss *= input_shape[0]
    kl_loss = 1 + z_log_var - K.square(z_mean) - K.exp(z_log_var)
    kl_loss = K.sum(kl_loss, axis=-1)
    kl_loss *= -0.5
    return K.mean(reconstruction_loss + kl_loss)

# Compile the VAE model
vae.compile(optimizer='adam', loss=lambda x, y: vae_loss(x, y, z_mean, z_log_var))
```

En este ejemplo:

La función de pérdida definida en este fragmento de código, vae_loss, consta de dos partes principales: la reconstruction_loss y la kl_loss.

La reconstruction_loss evalúa qué tan bien el decodificador del VAE recrea los datos de entrada originales. Utiliza la entropía cruzada binaria como métrica de comparación entre las entradas originales y las salidas reproducidas por el decodificador. La entropía cruzada binaria es una función de pérdida popular para tareas que involucran clasificación binaria, y en este contexto, mide la diferencia entre la entrada original y la reconstrucción. La pérdida de reconstrucción se escala luego por el tamaño de la forma de entrada.

La kl_loss, por otro lado, es la divergencia de Kullback-Leibler, una medida de cuánto una distribución de probabilidad se desvía de una segunda distribución esperada. En el contexto de los VAE, la divergencia KL mide la diferencia entre la distribución latente aprendida y la distribución a priori, que típicamente es una distribución normal estándar. La divergencia KL se calcula utilizando la media y la varianza logarítmica de la distribución latente y luego se escala por -0.5.

La pérdida total del VAE se calcula luego como la suma de la pérdida de reconstrucción y la divergencia KL. Esta función de pérdida combinada asegura que el VAE aprenda a codificar los datos de entrada de tal manera que el decodificador pueda reconstruir con precisión los datos originales, mientras también garantiza que la distribución latente aprendida coincida estrechamente con la distribución a priori.

Finalmente, el modelo VAE se compila utilizando el optimizador Adam y la función de pérdida VAE personalizada. El optimizador Adam es una opción popular para entrenar modelos de Deep Learning, conocido por su eficiencia y bajos requerimientos de memoria. El uso de una función lambda en el argumento de pérdida permite que el modelo utilice la función de pérdida VAE personalizada que requiere parámetros adicionales más allá de los predeterminados (y_true, y_pred) que Keras generalmente usa para sus funciones de pérdida.

5.3 Entrenando VAEs

Como mencionamos anteriormente en la sección 5.1, el proceso de entrenamiento de un Autoencoder Variacional (VAE), un tipo de modelo generativo, implica varios pasos esenciales y cuidadosamente secuenciados. Estos pasos son la preparación del conjunto de datos, la definición de la arquitectura del modelo, la implementación de la función de pérdida y la optimización del modelo.

En esta sección, planeamos explorar cada uno de estos pasos con mayor profundidad, con el objetivo de proporcionarles una comprensión más completa del proceso de entrenamiento. Primero, veremos cómo preparar el conjunto de datos, asegurándonos de que esté en el formato correcto y dividido en subconjuntos apropiados para el entrenamiento y la validación.

Luego, pasaremos a la tarea de definir la arquitectura del modelo. Este paso consiste en diseñar la estructura de la red neuronal, que incluye decidir el número de capas, los tipos de capas (convolucionales, completamente conectadas, etc.) y las conexiones entre ellas.

Después de esto, nos centraremos en la implementación de la función de pérdida. Este paso implica decidir sobre la función de pérdida adecuada que pueda medir con precisión la discrepancia entre las predicciones del modelo y los datos reales.

Finalmente, profundizaremos en las complejidades de la optimización del modelo. Esto implica ajustar los parámetros del modelo para minimizar la función de pérdida, una tarea que a menudo se logra mediante métodos como el descenso de gradiente estocástico o la optimización Adam.

Al final de esta sección, nuestro objetivo es que no solo comprendan cada paso involucrado en el entrenamiento de un VAE, sino que también tengan el conocimiento y los fragmentos de código necesarios para entrenar efectivamente un VAE en cualquier conjunto de datos adecuado de su elección.

5.3.1 Preparando el Conjunto de Datos

La primera y más crítica fase en el complejo proceso de entrenamiento de un Autoencoder Variacional (VAE), gira en torno a la meticulosa preparación del conjunto de datos. El conjunto de datos, en esencia, forma la columna vertebral del proceso de entrenamiento. Es la materia prima de la que el modelo aprende y desarrolla su capacidad para realizar tareas. Con el propósito de ilustrar este proceso en un contexto práctico, utilizaremos el altamente respetado y ampliamente reconocido conjunto de datos MNIST.

El conjunto de datos MNIST es una biblioteca completa y extensa de dígitos escritos a mano. Con el tiempo, ha ganado un reconocimiento y popularidad sustancial dentro de la comunidad de aprendizaje automático, particularmente por su aplicación en sistemas de entrenamiento orientados al procesamiento de imágenes.

El conjunto de datos MNIST se destaca debido a su fiabilidad, efectividad y la gran cantidad de datos que abarca. Estas cualidades lo convierten en un recurso invaluable no solo en el ámbito del aprendizaje automático, sino también en el campo más amplio del reconocimiento de imágenes, la inteligencia artificial y la visión por computadora.

Pasos detallados:

- Comience cargando el conjunto de datos en su entorno. Este es el primer paso que le permitirá interactuar con los datos.
- Proceda a normalizar los valores de los píxeles contenidos en el conjunto de datos. Este paso implica convertir los valores de los píxeles para que todos caigan dentro de un rango específico, en este caso, entre 0 y 1. La normalización es un paso crucial ya que ayuda a estandarizar los datos, facilitando su procesamiento por el modelo.
- Finalmente, reestructure los datos para asegurarse de que se alineen con los requisitos de entrada del VAE. Este paso implica alterar la estructura del conjunto de datos para garantizar que pueda ser ingerido efectivamente por el VAE durante el proceso de entrenamiento.

Ejemplo: Preparando el Conjunto de Datos MNIST

```
import numpy as np
import tensorflow as tf
```

```
# Load the MNIST dataset
(x_train, _), (x_test, _) = tf.keras.datasets.mnist.load_data()

# Normalize the pixel values to the range [0, 1]
x_train = x_train.astype('float32') / 255.
x_test = x_test.astype('float32') / 255.

# Reshape the data to (num_samples, num_features)
x_train = x_train.reshape((x_train.shape[0], np.prod(x_train.shape[1:])))
x_test = x_test.reshape((x_test.shape[0], np.prod(x_test.shape[1:])))

print(f"Training data shape: {x_train.shape}")
print(f"Test data shape: {x_test.shape}")
```

En este ejemplo:

Primero, se importan las bibliotecas necesarias. Numpy, un paquete fundamental para la computación científica con Python, se importa para operaciones numéricas. También se importa TensorFlow, una potente biblioteca de código abierto para el aprendizaje automático y la computación numérica.

El siguiente paso es cargar el conjunto de datos MNIST. La base de datos MNIST (Modified National Institute of Standards and Technology database) es una gran colección de dígitos escritos a mano que se utiliza ampliamente para el entrenamiento y pruebas en el campo del aprendizaje automático. El conjunto de datos se carga utilizando la función tf.keras.datasets.mnist.load_data(). Esta función devuelve dos tuplas: una para el conjunto de datos de entrenamiento y otra para el conjunto de datos de prueba. Cada tupla contiene un conjunto de imágenes y sus etiquetas correspondientes. Sin embargo, dado que solo nos interesan las imágenes (ya que los VAE son modelos de aprendizaje no supervisado), las etiquetas (denotadas por guiones bajos '_') se ignoran.

Una vez cargado el conjunto de datos MNIST, los valores de los píxeles de las imágenes deben ser normalizados. Los modelos de aprendizaje automático a menudo funcionan mejor con datos normalizados. La normalización es una técnica de escalado donde los valores se desplazan y reescalan para que terminen en un rango entre 0 y 1. Para normalizar los valores de los píxeles al rango [0, 1], el código primero convierte el tipo de dato de los arreglos de imágenes a 'float32'. Esto es necesario ya que las imágenes originales se almacenan como enteros de 8 bits para ahorrar espacio, lo que permite valores de píxel entre 0 y 255. Al convertir el tipo de dato a 'float32', se pueden acomodar valores fraccionarios. Luego, los valores de los píxeles se dividen por 255 (el valor máximo posible para un entero de 8 bits), llevando todos los valores al rango [0, 1].

Los datos luego se remodelan. Las imágenes originales de MNIST son de 28x28 píxeles. Sin embargo, el VAE espera la entrada en forma de un arreglo unidimensional. Por lo tanto, las imágenes bidimensionales deben remodelarse (o "aplanarse") en un arreglo unidimensional. Así, las imágenes de 28x28 se remodelan en arreglos de longitud 784.

Finalmente, las formas de los conjuntos de datos de entrenamiento y prueba se imprimen usando la función print de Python. Este es un paso útil para verificar que los datos se han cargado y preprocesado correctamente. Muestra la cantidad de muestras y la cantidad de características para cada conjunto de datos, lo cual es información importante a tener en cuenta antes de entrenar el modelo.

5.3.2 Definición de la Arquitectura del Modelo VAE

En el siguiente paso, procedemos a definir la estructura del Autoencoder Variacional (VAE), que está compuesto predominantemente por dos partes esenciales: las redes del codificador y el decodificador. Estas dos redes juegan roles cruciales en el funcionamiento del VAE.

La red del codificador toma los datos de entrada y los transforma en un conjunto de parámetros en un espacio latente. Este espacio latente es único en el sentido de que representa los datos no como puntos discretos, sino como una distribución de probabilidad.

Después de esto, la red del decodificador actúa sobre estos parámetros, reconstruyendo los datos de entrada originales a partir de la forma codificada. Todo el proceso permite una representación compacta y eficiente de datos complejos.

Codificador: Comprime los datos de entrada en un espacio latente, produciendo la media y la varianza logarítmica de las variables latentes.

Decodificador: Reconstruye los datos de entrada a partir de las variables latentes, generando muestras de datos que se asemejan a los datos de entrada originales.

Ejemplo: Definición del Codificador y el Decodificador

```
from tensorflow.keras.layers import Input, Dense, Lambda, Layer
from tensorflow.keras.models import Model
from tensorflow.keras import backend as K

# Sampling layer using the reparameterization trick
class Sampling(Layer):
    def call(self, inputs):
        z_mean, z_log_var = inputs
        batch = tf.shape(z_mean)[0]
        dim = tf.shape(z_mean)[1]
        epsilon = K.random_normal(shape=(batch, dim))
        return z_mean + K.exp(0.5 * z_log_var) * epsilon

# Encoder network
def build_encoder(input_shape, latent_dim):
    inputs = Input(shape=input_shape)
    x = Dense(512, activation='relu')(inputs)
    x = Dense(256, activation='relu')(x)
    z_mean = Dense(latent_dim, name='z_mean')(x)
    z_log_var = Dense(latent_dim, name='z_log_var')(x)
    z = Sampling()([z_mean, z_log_var])
    return Model(inputs, [z_mean, z_log_var, z], name='encoder')
```

```
# Decoder network
def build_decoder(latent_dim, output_shape):
    latent_inputs = Input(shape=(latent_dim,))
    x = Dense(256, activation='relu')(latent_inputs)
    x = Dense(512, activation='relu')(x)
    outputs = Dense(output_shape, activation='sigmoid')(x)
    return Model(latent_inputs, outputs, name='decoder')

# Define the input shape and latent dimension
input_shape = (784,)
latent_dim = 2

# Build the encoder and decoder
encoder = build_encoder(input_shape, latent_dim)
decoder = build_decoder(latent_dim, input_shape[0])

# Define the VAE model
inputs = Input(shape=input_shape)
z_mean, z_log_var, z = encoder(inputs)
outputs = decoder(z)
vae = Model(inputs, outputs, name='vae')
vae.summary()
```

En este ejemplo:

El código comienza importando los módulos necesarios de TensorFlow, Keras y Keras backend.

La siguiente sección del código define una clase personalizada de Keras llamada Sampling. El propósito de esta clase es generar una muestra del espacio latente utilizando el truco de reparametrización, una técnica utilizada para permitir que la retropropagación pase a través del proceso de muestreo aleatorio en los VAEs.

La clase Sampling define un método call, que es un método central en las clases de capas de Keras. Este método toma como entrada la media y la varianza logarítmica del espacio latente (representadas como z_mean y z_log_var), genera un tensor aleatorio epsilon con la misma forma que z_mean usando la función random_normal de Keras, y devuelve una muestra de la distribución del espacio latente utilizando la fórmula del truco de reparametrización: z_mean + exp(0.5 * z_log_var) * epsilon.

Tras la definición de la clase Sampling, el código define dos funciones: build_encoder y build_decoder.

La función build_encoder construye la parte del codificador del VAE. El codificador toma un tensor de entrada de una forma dada y lo mapea a un espacio latente. Consta de dos capas totalmente conectadas (Dense) con activación ReLU, seguidas de dos capas Dense sin activación para generar z_mean y z_log_var. Estas dos salidas se pasan a una capa de Sampling para generar una muestra del espacio latente.

De manera similar, la función build_decoder construye la parte del decodificador del VAE. El decodificador toma una muestra del espacio latente y la mapea de nuevo al espacio de entrada original. Consta de dos capas totalmente conectadas (Dense) con activación ReLU, seguidas de una capa Dense con activación sigmoidea para generar la entrada reconstruida.

Una vez que se definen la clase Sampling y las funciones build_encoder y build_decoder, el código establece la forma de entrada y la dimensión latente, construye el codificador y el decodificador utilizando estos parámetros, y luego los combina para formar el VAE completo.

El modelo VAE toma un tensor de entrada, lo pasa a través del codificador para obtener z_mean, z_log_var y una muestra del espacio latente (representada como z). Esta muestra z se pasa luego a través del decodificador para obtener la entrada reconstruida. Todo el modelo VAE se encapsula como un Modelo de Keras y su estructura se imprime usando el método summary().

5.3.3 Implementación de la Función de Pérdida del VAE

La función de pérdida para los Autoencoders Variacionales (VAEs), es una combinación de dos componentes distintos: la pérdida de reconstrucción y la divergencia de Kullback-Leibler (KL). Cada uno de estos componentes desempeña un papel crucial en el funcionamiento del VAE.

La pérdida de reconstrucción es responsable de medir la capacidad del decodificador para reconstruir los datos de entrada originales a partir de la representación del espacio latente codificado. Esencialmente, cuantifica la calidad de los datos reconstruidos en comparación con la entrada original.

Por otro lado, la divergencia KL sirve como una medida de la diferencia entre la distribución latente aprendida, que se deriva de los datos de entrada, y la distribución previa. La distribución previa es típicamente una distribución normal estándar, que es una elección común debido a su manejabilidad matemática y simetría.

Esta parte de la función de pérdida fomenta que la distribución latente aprendida se asemeje a la distribución previa, lo que ayuda a asegurar un espacio latente bien estructurado y continuo.

Ejemplo: Función de Pérdida del VAE

```
# Define the VAE loss function
def vae_loss(inputs, outputs, z_mean, z_log_var):
    # Reconstruction loss
    reconstruction_loss = tf.keras.losses.binary_crossentropy(inputs, outputs)
    reconstruction_loss *= input_shape[0]

    # KL divergence
    kl_loss = 1 + z_log_var - K.square(z_mean) - K.exp(z_log_var)
    kl_loss = K.sum(kl_loss, axis=-1)
    kl_loss *= -0.5

    # Combine the reconstruction loss and the KL divergence
    return K.mean(reconstruction_loss + kl_loss)
```

```
# Compile the VAE model
vae.compile(optimizer='adam', loss=lambda x, y: vae_loss(x, y, z_mean, z_log_var))
```

En este ejemplo:

La función de pérdida del VAE definida aquí, vae_loss, consta de dos partes principales: la reconstruction_loss y la kl_loss.

La reconstruction_loss está diseñada para evaluar cuán bien el decodificador del VAE puede recrear los datos de entrada originales. Esta parte de la función de pérdida utiliza la entropía cruzada binaria como métrica para comparar los datos de entrada originales con las salidas producidas por el decodificador. La entropía cruzada binaria es una función de pérdida popular para tareas que implican clasificación binaria, y en este contexto, mide la diferencia entre la entrada original y la reconstrucción. Luego, la pérdida de reconstrucción se escala por el tamaño de la forma de entrada, que está representada por input_shape[0].

Por otro lado, la kl_loss representa la divergencia de Kullback-Leibler, una medida de cómo una distribución de probabilidad se aleja de una segunda distribución de probabilidad esperada. En el contexto de los VAEs, la divergencia KL mide la diferencia entre la distribución latente aprendida y la distribución previa, que típicamente es una distribución normal estándar. La divergencia KL se calcula utilizando la media (z_mean) y el logaritmo de la varianza (z_log_var) de la distribución latente y luego se escala por -0.5.

La pérdida global del VAE se calcula como la suma de la pérdida de reconstrucción y la divergencia KL. Esta función de pérdida combinada asegura que el VAE aprenda a codificar los datos de entrada de manera que el decodificador pueda reconstruir con precisión los datos originales, al mismo tiempo que garantiza que la distribución latente aprendida se asemeje estrechamente a la distribución previa.

Después de definir la función de pérdida, el modelo VAE se compila utilizando el optimizador Adam y la función de pérdida VAE personalizada. El optimizador Adam es una opción popular para entrenar modelos de Deep Learning, conocido por su eficiencia y bajos requisitos de memoria. El uso de una función lambda en el argumento de pérdida permite que el modelo utilice la función de pérdida VAE personalizada que requiere parámetros adicionales más allá de los predeterminados (y_true, y_pred) que Keras típicamente usa para sus funciones de pérdida.

5.3.4 Entrenando el Modelo VAE

Después de haber preparado diligentemente nuestro conjunto de datos, definido nuestro modelo con precisión e implementado meticulosamente nuestra función de pérdida, estamos al borde de entrenar nuestro Autoencoder Variacional (VAE). Este paso significativo en nuestro proceso será realizado con el máximo cuidado.

Nuestros datos de entrenamiento cuidadosamente seleccionados se utilizarán para optimizar los parámetros tanto del codificador como del decodificador. Esta optimización es un paso crucial, ya que influye directamente en el rendimiento de nuestro modelo.

Al minimizar la función de pérdida combinada, que implementamos anteriormente, podemos asegurar la representación más precisa posible de nuestros datos. Este es el objetivo final de nuestro proceso de entrenamiento, y ahora estamos listos para embarcarnos en este viaje.

Ejemplo: Entrenando el VAE

```
# Train the VAE model
vae.fit(x_train,   x_train,   epochs=50,   batch_size=128,   validation_data=(x_test,
x_test))
```

En este ejemplo:

El método 'fit' se utiliza para entrenar el modelo durante un número específico de épocas (iteraciones sobre todo el conjunto de datos), que en este caso son 50. El modelo se entrena utilizando 'x_train' tanto como los datos de entrada como los de salida objetivo, lo cual es típico para autoencoders, que intentan reconstruir sus datos de entrada. El tamaño del lote se establece en 128, lo que significa que los pesos del modelo se actualizarán después de procesar 128 muestras. Los datos de validación, utilizados para evaluar el rendimiento del modelo al final de cada época, son 'x_test'.

5.3.5 Monitoreo del Progreso del Entrenamiento

Mantener un seguimiento cercano del progreso del entrenamiento es un paso esencial en el desarrollo de un modelo de aprendizaje automático. Al monitorearlo, podemos comprender claramente qué tan efectivamente el modelo está aprendiendo de los datos y asimilando los patrones que se supone que debe aprender.

No solo nos brinda información sobre el rendimiento actual del modelo, sino que también nos proporciona la información necesaria para realizar ajustes que podrían ser necesarios para mejorar su proceso de aprendizaje. Entre las herramientas que podemos utilizar para hacer un seguimiento del progreso del entrenamiento se encuentran TensorBoard y otras herramientas de visualización.

Estas herramientas ofrecen una representación visual de las pérdidas de entrenamiento y validación a lo largo del tiempo, proporcionando así una visión más tangible y fácil de entender del progreso de aprendizaje del modelo. Es a través de este proceso cuidadoso de monitoreo y ajuste que podemos asegurarnos de que nuestro modelo alcance el mejor rendimiento posible.

Ejemplo: Uso de TensorBoard para Monitoreo

```
import tensorflow as tf

# Define TensorBoard callback
```

```
tensorboard_callback = tf.keras.callbacks.TensorBoard(log_dir='./logs')

# Train the VAE model with TensorBoard callback
vae.fit(x_train, x_train, epochs=50, batch_size=128, validation_data=(x_test,
x_test), callbacks=[tensorboard_callback])
```

En este ejemplo:

El script comienza importando TensorFlow, una poderosa biblioteca para computación numérica especialmente adecuada para tareas de aprendizaje automático y Deep Learning.

A continuación, el script define un callback de TensorBoard. TensorBoard es una herramienta proporcionada con TensorFlow que permite a los usuarios visualizar el proceso de entrenamiento de sus modelos. Puede mostrar métricas como pérdida y precisión, así como visualizaciones más complejas como gráficos del modelo o histogramas de pesos y sesgos. El callback se define con un directorio de registro './logs', lo que significa que TensorBoard escribirá métricas y otros datos en este directorio durante el entrenamiento.

La llamada a la función vae.fit es donde ocurre el entrenamiento real del modelo VAE. Los argumentos de esta función especifican los detalles del proceso de entrenamiento:

- x_train: Estos son los datos de entrenamiento a partir de los cuales el modelo aprenderá. En un VAE, los mismos datos se utilizan como entradas y objetivos porque el modelo intenta aprender a reconstruir sus datos de entrada.
- epochs=50: Esto especifica que el proceso de entrenamiento consistirá en 50 épocas. Una época es un pase completo a través de todo el conjunto de datos de entrenamiento.
- batch_size=128: Esto establece el número de ejemplos de entrenamiento utilizados en una iteración de actualización de pesos del modelo. Después de que el modelo haya visto 128 ejemplos, actualizará sus pesos.
- validation_data=(x_test, x_test): Estos son los datos en los que se evaluará el modelo después de cada época. Se utilizan para monitorear el rendimiento del modelo en datos en los que no ha sido entrenado.
- callbacks=[tensorboard_callback]: Esto añade el callback de TensorBoard al proceso de entrenamiento. Con este callback, TensorBoard registrará métricas y otros datos durante el entrenamiento, que se pueden visualizar en la interfaz de TensorBoard.

La salida de este script será un modelo VAE entrenado que ha sido monitoreado utilizando TensorBoard. Al usar TensorBoard, el usuario puede visualizar cómo cambió la pérdida del modelo (y potencialmente otras métricas) a lo largo del entrenamiento, lo que puede ser útil para entender el proceso de aprendizaje del modelo y diagnosticar posibles problemas.

5.3.6 Generación de Nuevas Muestras

Una vez que el Variational Autoencoder (VAE) ha sido entrenado con éxito, se vuelve posible utilizar el componente decodificador del VAE para generar muestras completamente nuevas. Esto se logra realizando una operación de muestreo desde el espacio latente, que es un componente clave de la estructura del VAE.

Estas muestras, que se obtienen del espacio latente, luego se pasan a través del decodificador. El decodificador actúa sobre estas muestras para producir salidas nuevas y únicas. Este proceso abre así una amplia gama de posibilidades para generar nuevos datos basados en la entrada original.

Ejemplo: Generación de Nuevas Muestras

```
import matplotlib.pyplot as plt
import numpy as np

# Function to generate new samples from the latent space
def generate_samples(decoder, latent_dim, n_samples=10):
    random_latent_vectors = np.random.normal(size=(n_samples, latent_dim))
    generated_images = decoder.predict(random_latent_vectors)
    generated_images = generated_images.reshape((n_samples, 28, 28))
    return generated_images

# Generate and plot new samples
generated_images = generate_samples(decoder, latent_dim)
plt.figure(figsize=(10, 2))
for i in range(generated_images.shape[0]):
    plt.subplot(1, generated_images.shape[0], i + 1)
    plt.imshow(generated_images[i], cmap='gray')
    plt.axis('off')
plt.show()
```

En este ejemplo:

La función 'generate_samples' en el código toma tres parámetros: un decodificador, un tamaño de dimensión latente y un número opcional de muestras a generar (que por defecto es 10 si no se especifica). La dimensión latente se refiere al espacio abstracto en el cual el VAE representa los datos de entrada, y es un componente crucial en el funcionamiento de los VAEs.

La función comienza generando un conjunto de vectores latentes aleatorios. Esto se realiza extrayendo de una distribución normal (Gaussiana), utilizando la función 'np.random.normal' de NumPy. El tamaño del arreglo generado se determina según el número de muestras y el tamaño de la dimensión latente.

Estos vectores latentes aleatorios luego se pasan a través del decodificador, el cual ha sido entrenado para transformar puntos en el espacio latente de vuelta en imágenes. Esto se realiza utilizando la función 'predict' del decodificador. La salida del decodificador es un arreglo de valores de píxeles, que representan las imágenes generadas.

Sin embargo, las imágenes generadas necesitan ser remodeladas a un formato 2D para ser mostradas correctamente como imágenes. Esto se logra utilizando la función 'reshape' de NumPy, transformando el arreglo 1D de valores de píxeles en un arreglo 2D con dimensiones 28x28 (el tamaño estándar para las imágenes del conjunto de datos MNIST).

Finalmente, las imágenes generadas se muestran utilizando Matplotlib. Se crea una figura y para cada imagen generada se añade un nuevo subplot a la figura. La imagen se muestra en escala de grises (indicado por el parámetro 'cmap' establecido en 'gray'), y se desactivan los ejes para una visualización más limpia de la imagen.

Este código proporciona un claro ejemplo de cómo los VAEs pueden ser utilizados para generar nuevos datos que se asemejen a los datos en los que fueron entrenados. Demuestra el proceso de muestreo desde el espacio latente y cómo el decodificador transforma estas muestras de vuelta en datos interpretables. Como tal, ofrece una aplicación práctica de los VAEs en el campo del modelado generativo.

Resumen

El entrenamiento de Autoencoders Variacionales (VAEs) implica una serie de pasos, incluyendo la preparación del conjunto de datos, la definición de la arquitectura del modelo, la implementación de la función de pérdida y la optimización del modelo. Siguiendo cuidadosamente estos pasos, puedes entrenar un VAE para aprender representaciones latentes significativas de los datos y generar nuevas muestras.

El proceso incluye equilibrar la pérdida de reconstrucción y la divergencia KL para asegurar que el espacio latente aprendido sea útil y esté alineado con la distribución previa. Monitorear el progreso del entrenamiento y ajustar el modelo según sea necesario ayuda a lograr los mejores resultados posibles.

Con el conocimiento y las habilidades adquiridas en esta sección, estás bien equipado para entrenar VAEs en diversos conjuntos de datos, desbloqueando el potencial del modelado generativo en tus proyectos.

5.4 Evaluación de VAEs

El proceso de evaluación de VAEs es crucial para asegurar que el modelo haya aprendido representaciones latentes significativas de los datos y pueda generar muestras de alta calidad. Esta evaluación se realiza mediante una combinación de métodos cuantitativos y cualitativos.

En el lado cuantitativo, se utilizan métricas de evaluación como la Pérdida de Reconstrucción, la Divergencia KL, el Puntaje de Inception (IS) y la Distancia de Inception de Fréchet (FID). La Pérdida de Reconstrucción mide qué tan bien el decodificador del VAE puede recrear los datos de entrada originales. La Divergencia KL mide la diferencia entre la distribución latente aprendida por el modelo y una distribución previa, generalmente una distribución normal estándar. El Puntaje de Inception (IS) evalúa la calidad y diversidad de las imágenes generadas, mientras que la Distancia de Inception de Fréchet (FID) compara la distribución de las muestras generadas con las muestras reales.

En el lado cualitativo, se utilizan métodos como la inspección visual y el recorrido del espacio latente. La inspección visual implica generar un conjunto de imágenes y examinarlas en términos de realismo y diversidad. El recorrido del espacio latente implica interpolar entre puntos en el espacio latente y generar imágenes en cada paso. Esto puede revelar la estructura del espacio latente y mostrar cómo el VAE transita suavemente entre diferentes puntos de datos.

El proceso de evaluación es crucial para ajustar finamente el modelo e identificar áreas de mejora, lo que en última instancia conduce a un mejor rendimiento generativo. Al evaluar exhaustivamente el VAE utilizando estos métodos, puedes asegurarte de que el modelo haya aprendido representaciones latentes significativas y pueda generar muestras de alta calidad.

Esta sección abarca enfoques tanto cuantitativos como cualitativos. Al finalizar esta sección, tendrás una comprensión integral de cómo evaluar el rendimiento de los VAEs e interpretar los resultados.

5.4.1 Métricas de Evaluación Cuantitativa

Las métricas de evaluación cuantitativa son herramientas esenciales que proporcionan medidas objetivas para evaluar el rendimiento de los Autoencoders Variacionales (VAEs), un tipo particular de modelos de aprendizaje automático. Estas métricas ofrecen una forma robusta de cuantificar qué tan bien los modelos están desempeñándose en sus tareas.

Entre las métricas más comúnmente utilizadas en este campo se encuentran la Pérdida de Reconstrucción, la Divergencia KL, el Puntaje de Inception (IS) y la Distancia de Inception de Fréchet (FID). Cada una de estas desempeña un papel diferente en la evaluación del modelo.

La Pérdida de Reconstrucción mide qué tan bien el modelo puede reconstruir los datos de entrada, la Divergencia KL cuantifica la diferencia entre la distribución aprendida por el modelo y la verdadera distribución de los datos, el Puntaje de Inception (IS) evalúa la calidad y diversidad de las muestras generadas, y la Distancia de Inception de Fréchet (FID) compara la distribución de las muestras generadas con las muestras reales.

Comprensión de la Pérdida de Reconstrucción

La pérdida de reconstrucción es un componente crítico en la evaluación de los Autoencoders Variacionales (VAEs). Básicamente, mide la efectividad del decodificador en reconstruir los datos de entrada originales a partir de las variables latentes. Estas variables latentes son un conjunto de representaciones que capturan información útil y simplificada sobre los datos originales.

En el contexto de un VAE, la pérdida de reconstrucción sirve como un medio para cuantificar la calidad de los datos generados por el decodificador. Se calcula comparando los datos generados con los datos de entrada originales. La idea aquí es que un VAE que funcione bien debería poder recrear datos que sean muy similares a los datos de entrada originales.

Por lo tanto, una pérdida de reconstrucción más baja es un indicador positivo de rendimiento. Sugiere que el VAE puede generar datos que son muy similares a los datos de entrada originales. Cuanto más cercanos sean los datos generados a los originales, menor será la pérdida de reconstrucción. Es una medida clave para entender la eficacia del VAE y su capacidad para generar resultados creíbles y precisos.

Formula:

$$Reconstruction\ Loss = Eq(z \mid x)[-logp(x \mid z)]$$

Divergencia Kullback-Leibler (KL)

La divergencia Kullback-Leibler (KL), también conocida como entropía relativa, es una medida que cuantifica la diferencia entre dos distribuciones de probabilidad. En el contexto del aprendizaje automático, la divergencia KL se utiliza frecuentemente para evaluar la disparidad entre la distribución latente aprendida y la distribución previa.

La distribución latente se aprende a partir de los datos durante el proceso de entrenamiento, mientras que la distribución previa es una distribución predefinida que deseamos que la distribución latente se asemeje. La divergencia KL proporciona una medida numérica de cuánto se desvía la distribución latente aprendida de la distribución previa.

Un valor más bajo de la divergencia KL indica que la distribución latente aprendida está más cerca de la distribución previa deseada. En esencia, cuanto menor sea la divergencia KL, mejor será el modelo aprendido para aproximar la distribución deseada. Por lo tanto, minimizar la divergencia KL suele ser un objetivo en las tareas de aprendizaje automático.

Formula:

$$KL\ Divergence = DKL(q(z \mid x) || p(z))$$

Ejemplo: Calculando la Pérdida de Reconstrucción y la Divergencia Kullback-Leibler

```
import numpy as np

# Calculate Reconstruction Loss and KL Divergence
def calculate_losses(vae, x_test):
    z_mean, z_log_var, z = vae.get_layer('encoder').predict(x_test)
    x_decoded = vae.predict(x_test)

    # Reconstruction Loss
    reconstruction_loss = tf.keras.losses.binary_crossentropy(x_test, x_decoded)
    reconstruction_loss = np.mean(reconstruction_loss * x_test.shape[1])
```

```
    # KL Divergence
    kl_loss = 1 + z_log_var - np.square(z_mean) - np.exp(z_log_var)
    kl_loss = np.mean(-0.5 * np.sum(kl_loss, axis=-1))

    return reconstruction_loss, kl_loss

# Calculate losses on test data
reconstruction_loss, kl_loss = calculate_losses(vae, x_test)
print(f"Reconstruction Loss: {reconstruction_loss}")
print(f"KL Divergence: {kl_loss}")
```

Este código de ejemplo define una función para calcular dos tipos de pérdidas, la Pérdida de Reconstrucción y la Divergencia Kullback-Leibler, en un autoencoder variacional (VAE).

La función 'calculate_losses' toma como entrada el modelo VAE y los datos de prueba. Primero utiliza la parte del codificador del VAE para predecir el vector latente 'z' a partir de los datos de prueba, y luego utiliza el VAE completo para generar los datos reconstruidos.

La Pérdida de Reconstrucción es la pérdida promedio de entropía cruzada binaria entre los datos de prueba originales y los datos reconstruidos, escalada por el número de características en los datos.

La pérdida de Divergencia Kullback-Leibler (KL) se calcula a partir de la media y la varianza logarítmica del vector latente 'z'. Mide la divergencia de la distribución aprendida de 'z' respecto a la distribución normal estándar.

Finalmente, la función devuelve ambas pérdidas. En la última parte del código, se utiliza esta función para calcular las pérdidas en los datos de prueba e imprimir los resultados.

Inception Score (IS)

El Inception Score es una métrica popular utilizada para evaluar la calidad y la diversidad de las imágenes generadas por modelos generativos, principalmente Redes Generativas Adversariales (GANs). Actúa como una medida cuantitativa que refleja qué tan buenas son las imágenes generadas.

El Inception Score utiliza una red Inception preentrenada, un tipo de red neuronal convolucional profunda diseñada para la clasificación de imágenes. Esta red preentrenada se utiliza para predecir las etiquetas de clase de las imágenes generadas. Las etiquetas de clase, en este caso, podrían ser cualquier categoría predefinida en la que podrían caer las imágenes.

Una vez que se predicen estas etiquetas de clase, el Inception Score calcula la divergencia Kullback-Leibler (KL) entre la distribución de clase predicha y la distribución marginal de clase. La divergencia KL mide básicamente cómo una distribución de probabilidad diverge de una segunda distribución de probabilidad esperada. En este contexto, una divergencia KL más alta significa que las imágenes generadas cubren un rango más amplio de categorías, lo que indica tanto buena calidad como diversidad en las imágenes producidas por el modelo generativo.

Formula:

$$IS = exp(Ex[DKL(p(y \mid x) \| p(y))])$$

Donde:

- p(y|x) es la probabilidad condicional de la etiqueta y dado la imagen x, como predicho por la red Inception.
- p(y) es la distribución marginal de las etiquetas, calculada como la media de p(y|x) sobre las imágenes generadas.

Esta fórmula calcula la divergencia KL entre la distribución condicional de etiquetas para cada imagen y la distribución marginal de etiquetas, promediada sobre todas las imágenes generadas, y luego exponenciada. El Inception Score mide así tanto la calidad (predicciones de alta confianza) como la diversidad (distribución similar a las imágenes reales) de las imágenes generadas.

Ejemplo: Cálculo del Inception Score

```
from tensorflow.keras.applications.inception_v3 import InceptionV3, preprocess_input
from scipy.stats import entropy

# Function to calculate Inception Score
def calculate_inception_score(images, n_split=10, eps=1E-16):
    model = InceptionV3(include_top=False, pooling='avg', input_shape=(299, 299, 3))
    images_resized = tf.image.resize(images, (299, 299))
    images_preprocessed = preprocess_input(images_resized)
    preds = model.predict(images_preprocessed)

    split_scores = []
    for i in range(n_split):
        part = preds[i * preds.shape[0] // n_split: (i + 1) * preds.shape[0] //
n_split]
        py = np.mean(part, axis=0)
        scores = []
        for p in part:
            scores.append(entropy(p, py))
        split_scores.append(np.exp(np.mean(scores)))
    return np.mean(split_scores), np.std(split_scores)

# Generate images for evaluation
n_samples = 1000
random_latent_vectors = np.random.normal(size=(n_samples, latent_dim))
generated_images = decoder.predict(random_latent_vectors)
generated_images = generated_images.reshape((n_samples, 28, 28, 1))

# Calculate Inception Score
is_mean, is_std = calculate_inception_score(generated_images)
print(f"Inception Score: {is_mean} ± {is_std}")
```

En este ejemplo:

La función calculate_inception_score en el código toma tres parámetros: un conjunto de imágenes, el número de partes en las que dividir estas imágenes (n_split), y una pequeña constante (eps) para prevenir errores de división por cero o tomar el logaritmo de cero. La función comienza cargando un modelo pre-entrenado InceptionV3 del módulo de aplicaciones de Keras. Este modelo es una red neuronal convolucional profunda que ha sido entrenada con más de un millón de imágenes de la base de datos ImageNet, y es capaz de clasificar imágenes en 1000 categorías de objetos.

Luego, la función redimensiona las imágenes para que coincidan con la forma de entrada esperada por el modelo InceptionV3 (299x299 píxeles), y aplica los pasos de preprocesamiento necesarios. Luego utiliza el modelo InceptionV3 para predecir las etiquetas de clase para las imágenes preprocesadas. Las predicciones resultantes son probabilidades para cada una de las 1000 categorías de objetos, para cada imagen.

Después, la función calcula el Inception Score para cada parte de las imágenes divididas. Lo hace dividiendo las predicciones en partes, y para cada parte, calcula el promedio de las predicciones (que sirve como estimación de la distribución marginal de clases). Luego, para cada imagen en la parte, calcula la entropía entre la distribución de clases predicha de la imagen y la distribución de clases promedio. La entropía mide la similitud entre estas dos distribuciones, siendo valores más pequeños indicativos de distribuciones más similares. La función luego calcula el exponencial de la media de estas entropías, para obtener el Inception Score de la parte.

Este proceso se repite para todas las partes, y la función finalmente devuelve la media y la desviación estándar de todos los Inception Scores. Estos dos valores dan una medida general de la calidad y diversidad de las imágenes generadas, con valores medios más altos indicando mejor calidad y diversidad, y valores de desviación estándar más bajos indicando resultados más consistentes entre diferentes partes.

Finalmente, el código genera varias imágenes utilizando un decodificador. Este decodificador es una parte de un modelo generativo (como un GAN o VAE) que transforma puntos en un espacio latente en imágenes. El espacio latente es un espacio de menor dimensión que el modelo ha aprendido a representar los datos de entrada.

El código genera puntos aleatorios en este espacio latente, utilizando una distribución normal estándar, y aplica el decodificador a estos puntos para generar imágenes. Luego, redimensiona las imágenes al formato deseado y calcula su Inception Score utilizando la función definida anteriormente. El Inception Score resultante proporciona una medida cuantitativa de la calidad y diversidad de las imágenes que el modelo generativo es capaz de producir.

Distancia Fréchet Inception (FID)

La Distancia Fréchet Inception, abreviada como FID, es una métrica que cuantifica la diferencia entre la distribución de imágenes generadas por un modelo y la distribución de imágenes reales. Esta medida se basa en el concepto de la distancia Fréchet, que puede entenderse como una medida de similitud entre dos distribuciones estadísticas.

En el contexto de FID, estas dos distribuciones se derivan de características extraídas de una capa intermedia de la red Inception. Una distribución se obtiene a partir de imágenes reales genuinas, mientras que la otra se deriva de imágenes generadas por un modelo.

El principio central que subyace al puntaje FID es que si las imágenes generadas tienen alta calidad, las dos distribuciones deberían ser similares, lo que resultaría en un puntaje FID más bajo. Por el contrario, si las imágenes generadas son menos parecidas a las imágenes reales, el puntaje FID será más alto. Por lo tanto, un puntaje FID más bajo indica un mejor rendimiento, ya que significa que las imágenes generadas por el modelo son más similares a la distribución de imágenes reales.

Formula:

$$FID = || \mu r - \mu g || 2 + Tr(\Sigma r + \Sigma g - 2(\Sigma r \Sigma g)1/2)$$

Donde $\mu r, \Sigma r$ and $\mu g, \Sigma g$ son las medias y covarianzas de las distribuciones de imágenes reales y generadas, respectivamente.

Ejemplo: Calculando FID

```
from numpy import cov, trace, iscomplexobj
from scipy.linalg import sqrtm

# Function to calculate FID
def calculate_fid(real_images, generated_images):
    model = InceptionV3(include_top=False, pooling='avg', input_shape=(299, 299, 3))
    real_images_resized = tf.image.resize(real_images, (299, 299))
    generated_images_resized = tf.image.resize(generated_images, (299, 299))
    real_images_preprocessed = preprocess_input(real_images_resized)
    generated_images_preprocessed = preprocess_input(generated_images_resized)
    act1 = model.predict(real_images_preprocessed)
    act2 = model.predict(generated_images_preprocessed)

    mu1, sigma1 = act1.mean(axis=0), cov(act1, rowvar=False)
    mu2, sigma2 = act2.mean(axis=0), cov(act2, rowvar=False)
    ssdiff = np.sum((mu1 - mu2) ** 2.0)
    covmean = sqrtm(sigma1.dot(sigma2))
    if iscomplexobj(covmean):
        covmean = covmean.real
    fid = ssdiff + trace(sigma1 + sigma2 - 2.0 * covmean)
    return fid

# Sample real images
```

```
real_images = x_test[:n_samples].reshape((n_samples, 28, 28, 1))

# Calculate FID
fid_score = calculate_fid(real_images, generated_images)
print(f"FID Score: {fid_score}")
```

En este ejemplo:

El código comienza importando las bibliotecas necesarias y define una función, calculate_fid(), que toma como entrada los dos conjuntos de imágenes que se van a comparar.

A continuación, el script carga el modelo InceptionV3. Este modelo es una red neuronal convolucional preentrenada que ha sido entrenada en un gran conjunto de datos de imágenes y puede clasificar imágenes en mil categorías diferentes. Es altamente efectivo para extraer características útiles de las imágenes y se utiliza frecuentemente en tareas que requieren comprender el contenido de las imágenes.

Luego, el código redimensiona las imágenes de entrada para que se ajusten al tamaño de entrada esperado por el modelo InceptionV3 de 299x299 píxeles. Las imágenes también se preprocesan para que coincidan con el formato esperado por el modelo.

Las imágenes preprocesadas y redimensionadas se pasan luego por el modelo InceptionV3 para extraer las activaciones. Estas activaciones sirven como un tipo de 'resumen' del contenido de la imagen, capturando características importantes pero descartando información redundante.

Después de esto, el script calcula la media y la covarianza de las activaciones tanto para las imágenes reales como para las imágenes generadas. Estas propiedades estadísticas capturan características importantes de las distribuciones de las imágenes en el espacio latente (de características).

El puntaje FID se calcula luego utilizando una fórmula que tiene en cuenta tanto la diferencia en medias como en covarianzas de las imágenes reales y generadas. La raíz cuadrada del producto de las covarianzas se calcula utilizando la función sqrtm() de la biblioteca scipy.linalg. Si el resultado es un número complejo, se conserva solo la parte real.

El puntaje FID final se calcula sumando la suma de las diferencias al cuadrado entre las medias de las imágenes reales y generadas y la traza de la suma de las covarianzas de las imágenes reales y generadas menos dos veces la raíz cuadrada del producto de las covarianzas.

La función calculate_fid() devuelve este puntaje FID calculado. Cuanto menor sea el puntaje FID, más similares son los dos conjuntos de imágenes en términos de sus distribuciones en el espacio latente. Por lo tanto, este puntaje sirve como una medida efectiva de la calidad de las imágenes generadas por GAN u otros modelos similares.

Luego, se selecciona una muestra de imágenes reales del conjunto de prueba y se redimensionan para cumplir con los requisitos del modelo.

Finalmente, se calcula el puntaje FID para las imágenes reales y generadas, y el resultado se imprime en la consola. Este puntaje proporciona una medida cuantificable de qué tan bien el modelo está generando nuevas imágenes que se asemejan a las reales.

5.4.2 Evaluación Cualitativa

La evaluación cualitativa es un paso crítico en el proceso de evaluar la salida de cualquier modelo generativo. Este método no numérico implica una inspección visual detallada de las imágenes que produce el modelo. El propósito principal de esta inspección visual es evaluar la calidad y la diversidad de las imágenes generadas.

Aunque este método puede parecer subjetivo debido a su dependencia de la evaluación visual, en realidad ofrece información valiosa sobre el rendimiento del modelo que los métodos cuantitativos podrían no capturar.

Al evaluar las imágenes visualmente, podemos tener una idea de la capacidad del modelo para producir salidas diversas y capturar las características esenciales de los datos de entrada. Esto, a su vez, nos ayuda a comprender las fortalezas y debilidades del modelo y a tomar decisiones informadas sobre posibles mejoras o ajustes.

Proceso de Inspección Visual

El proceso de inspección visual implica la creación de un conjunto diverso de imágenes que luego se examinan cuidadosamente para evaluar su nivel de realismo y la variedad que exhiben. Este enfoque práctico es crucial para identificar cualquier problema evidente que pueda estar presente.

Algunos de estos problemas potenciales podrían incluir falta de nitidez que resulta en borrosidad, elementos no deseados o irregularidades conocidas como artefactos, o un fenómeno conocido como colapso de modo. Este último es una situación donde el modelo, en lugar de generar una amplia variedad de salidas, produce repetidamente las mismas o muy similares imágenes.

A través de esta inspección visual detallada, podemos asegurar que las imágenes generadas no solo parezcan realistas, sino que también muestren una amplia gama de características diferentes, mejorando así el rendimiento general y la aplicación práctica del modelo.

Ejemplo: Visualización de Imágenes Generadas

```
import matplotlib.pyplot as plt

# Function to visualize generated images
def visualize_generated_images(decoder, latent_dim, n_samples=10):
    random_latent_vectors = np.random.normal(size=(n_samples, latent_dim))
    generated_images = decoder.predict(random_latent_vectors)
    generated_images = generated_images.reshape((n_samples, 28, 28))

    plt.figure(figsize=(10, 2))
    for i in range(n_samples):
```

```
        plt.subplot(1, n_samples, i + 1)
        plt.imshow(generated_images[i], cmap='gray')
        plt.axis('off')
    plt.show()

# Visualize generated images
visualize_generated_images(decoder, latent_dim)
```

In this example:

El código Python proporcionado se utiliza para visualizar imágenes generadas por un decodificador, un componente del VAE. La función visualize_generated_images toma tres parámetros: decoder, latent_dim y n_samples. El decoder es un modelo entrenado que puede generar imágenes a partir de puntos en el espacio latente. latent_dim es la dimensión del espacio latente, y n_samples es el número de imágenes que se generarán.

La función comienza generando vectores latentes aleatorios. Estos vectores son puntos en el espacio latente desde los cuales se generarán las imágenes. Los vectores latentes se generan a partir de una distribución normal estándar con un tamaño de (n_samples, latent_dim).

Estos vectores latentes aleatorios se pasan entonces al decoder utilizando la función predict. El decoder genera las imágenes a partir de estos vectores latentes. Las imágenes generadas se redimensionan a un formato 2D adecuado para su trazado.

Luego, la función crea una figura utilizando matplotlib.pyplot y traza cada imagen generada en un subplot. Las imágenes se muestran en escala de grises. La función axis('off') se utiliza para desactivar los ejes para cada subplot.

Finalmente, la función muestra el gráfico utilizando plt.show().

La última línea de código en el fragmento llama a esta función, pasando el decoder y latent_dim como argumentos, para visualizar las imágenes generadas por el decoder desde el espacio latente. Esta visualización es útil en evaluaciones cualitativas del modelo VAE, donde se evalúa la calidad y diversidad de las imágenes generadas por el modelo.

Travesía del Espacio Latente

La travesía del espacio latente es una técnica poderosa que se preocupa principalmente por la interpolación entre puntos distintos dentro del espacio latente, que es una representación comprimida de nuestros datos. En cada paso de este proceso, se generan imágenes que proporcionan una representación visual de estos puntos dentro del espacio latente.

Este método sirve como una herramienta importante para la visualización de las transiciones suaves que el Autoencoder Variacional (VAE) realiza entre diferentes puntos de datos. Observando estas transiciones, podemos obtener ideas valiosas sobre cómo el VAE procesa e interpreta los datos.

Además, la travesía del espacio latente se puede utilizar para revelar la estructura inherente del espacio latente. Al entender esta estructura, podemos comprender mejor cómo el VAE aprende a codificar y decodificar datos, y cómo identifica y aprovecha las características clave de los datos para crear una representación robusta y eficiente.

```
# Function to perform latent space traversal
def latent_space_traversal(decoder, latent_dim, n_steps=10):
    start_point = np.random.normal(size=(1, latent_dim))
    end_point = np.random.normal(size=(1, latent_dim))
    interpolation = np.linspace(start_point, end_point, n_steps)

    generated_images = decoder.predict(interpolation)
    generated_images = generated_images.reshape((n_steps, 28, 28))

    plt.figure(figsize=(15, 2))
    for i in range(n_steps):
        plt.subplot(1, n_steps, i + 1)
        plt.imshow(generated_images[i], cmap='gray')
        plt.axis('off')
    plt.show()

# Perform latent space traversal
latent_space_traversal(decoder, latent_dim)
```

Este ejemplo de código define y ejecuta una función llamada latent_space_traversal. Esta función se utiliza para explorar el espacio latente en modelos generativos, como autoencoders o GANs.

En esta función, se seleccionan aleatoriamente un punto inicial y un punto final en el espacio latente. Luego, se crea una interpolación lineal entre estos dos puntos. El decodificador se utiliza para generar imágenes a partir de estos puntos interpolados.

Las imágenes generadas se redimensionan y se muestran en una fila, proporcionando una representación visual del recorrido a través del espacio latente desde el punto inicial hasta el punto final.

Resumen

La evaluación de los Autoencoders Variacionales (VAEs) involucra una combinación de métodos cuantitativos y cualitativos. Métricas cuantitativas como la Pérdida de Reconstrucción, la Divergencia KL, el Puntaje de Inception (IS) y la Distancia Fréchet Inception (FID) proporcionan medidas objetivas del rendimiento del modelo.

La evaluación cualitativa a través de la inspección visual y la travesía del espacio latente ofrece ideas sobre la calidad y diversidad de las imágenes generadas. Al evaluar exhaustivamente el VAE utilizando estos métodos, se puede asegurar que el modelo ha aprendido representaciones latentes significativas y puede generar muestras de alta calidad. Este proceso de evaluación integral ayuda a ajustar el modelo e identificar áreas para mejorar, lo que finalmente conduce a un mejor rendimiento generativo.

5.5 Variaciones de los VAEs (Beta-VAE, VAE Condicional)

Los Autoencoders Variacionales, o VAEs, han surgido como un marco fundamental y revolucionario en el mundo del aprendizaje automático. Se han desarrollado numerosas extensiones y modificaciones a partir de este modelo base, cada una con el objetivo de abordar desafíos específicos o mejorar aspectos particulares del modelo VAE original.

Este continuo desarrollo y avance en el campo ha hecho que estos modelos sean cada vez más completos y robustos. En esta sección, profundizaremos en los detalles de dos variaciones populares: el Beta-VAE y el VAE Condicional.

Estas adaptaciones del modelo VAE principal introducen un impresionante grado de flexibilidad adicional y control. Este mayor nivel de adaptabilidad amplía aún más el rango de aplicaciones para las cuales se pueden utilizar los modelos VAE, convirtiéndolos en una herramienta aún más poderosa en el campo del aprendizaje automático y el análisis de datos.

5.5.1 Beta-VAE

El Beta-VAE es un modelo innovador que introduce un nuevo hiperparámetro, denotado como (β), en la función objetivo de un Autoencoder Variacional tradicional (VAE). Este elemento adicional proporciona un mayor control sobre el delicado equilibrio entre dos componentes clave de la función: la pérdida de reconstrucción y la divergencia KL (Kullback-Leibler).

La pérdida de reconstrucción se refiere a la capacidad del modelo para recrear los datos de entrada, mientras que la divergencia KL mide la diferencia entre la distribución de probabilidad aprendida por el modelo y la verdadera distribución.

Ajustando cuidadosamente el valor de (β), el modelo Beta-VAE puede fomentar de manera más efectiva el aprendizaje de representaciones disentangled (desenredadas) dentro del espacio latente. Las representaciones desenredadas pueden conducir a una mejor interpretabilidad y robustez en el modelo, haciendo que el Beta-VAE sea un avance significativo en el campo.

Función Objetivo:

$$Beta - VAE\ Loss = Reconstruction\ Loss + \beta \times KL\ Divergence$$

Un valor más alto de (β) coloca más énfasis en el término de divergencia KL, promoviendo el desenredamiento a expensas de la calidad de la reconstrucción. Por el contrario, un valor más bajo de (β) prioriza la precisión de la reconstrucción.

Ejemplo: Implementación de Beta-VAE

```
import tensorflow as tf
```

```
from tensorflow.keras.layers import Input, Dense, Lambda, Layer
from tensorflow.keras.models import Model
from tensorflow.keras import backend as K

# Sampling layer using the reparameterization trick
class Sampling(Layer):
    def call(self, inputs):
        z_mean, z_log_var = inputs
        batch = tf.shape(z_mean)[0]
        dim = tf.shape(z_mean)[1]
        epsilon = K.random_normal(shape=(batch, dim))
        return z_mean + K.exp(0.5 * z_log_var) * epsilon

# Encoder network
def build_encoder(input_shape, latent_dim):
    inputs = Input(shape=input_shape)
    x = Dense(512, activation='relu')(inputs)
    x = Dense(256, activation='relu')(x)
    z_mean = Dense(latent_dim, name='z_mean')(x)
    z_log_var = Dense(latent_dim, name='z_log_var')(x)
    z = Sampling()([z_mean, z_log_var])
    return Model(inputs, [z_mean, z_log_var, z], name='encoder')

# Decoder network
def build_decoder(latent_dim, output_shape):
    latent_inputs = Input(shape=(latent_dim,))
    x = Dense(256, activation='relu')(latent_inputs)
    x = Dense(512, activation='relu')(x)
    outputs = Dense(output_shape, activation='sigmoid')(x)
    return Model(latent_inputs, outputs, name='decoder')

# Define the input shape and latent dimension
input_shape = (784,)
latent_dim = 2

# Build the encoder and decoder
encoder = build_encoder(input_shape, latent_dim)
decoder = build_decoder(latent_dim, input_shape[0])

# Define the Beta-VAE model
inputs = Input(shape=input_shape)
z_mean, z_log_var, z = encoder(inputs)
outputs = decoder(z)
beta_vae = Model(inputs, outputs, name='beta_vae')

# Define the Beta-VAE loss function
def beta_vae_loss(inputs, outputs, z_mean, z_log_var, beta=1.0):
    reconstruction_loss = tf.keras.losses.binary_crossentropy(inputs, outputs)
    reconstruction_loss *= input_shape[0]
    kl_loss = 1 + z_log_var - K.square(z_mean) - K.exp(z_log_var)
    kl_loss = K.sum(kl_loss, axis=-1)
    kl_loss *= -0.5
```

```
    return K.mean(reconstruction_loss + beta * kl_loss)

# Compile the Beta-VAE model
beta_vae.compile(optimizer='adam', loss=lambda x, y: beta_vae_loss(x, y, z_mean,
z_log_var, beta=4.0))

# Train the Beta-VAE model
beta_vae.fit(x_train, x_train, epochs=50, batch_size=128, validation_data=(x_test,
x_test))
```

En este ejemplo:

El script primero importa las bibliotecas necesarias y define una capa de Muestreo, que se utiliza para extraer muestras aleatorias del espacio latente usando el truco de reparametrización.

Luego, define funciones para construir las partes del codificador y decodificador del VAE, cada una de las cuales es una red neuronal profunda. El codificador transforma la entrada en una representación latente, y el decodificador reconstruye la entrada original a partir de la representación latente.

A continuación, se definen la forma de entrada y la dimensión latente, y se construyen el codificador y el decodificador utilizando estos parámetros.

Luego se define el modelo Beta-VAE, conectando las redes del codificador y decodificador.

A continuación, se define una función de pérdida personalizada para el Beta-VAE, que incluye tanto la pérdida de reconstrucción como la divergencia Kullback-Leibler (KL). La divergencia KL mide cuánto se desvía la distribución latente aprendida de la distribución prior. El factor 'beta' controla el equilibrio entre la pérdida de reconstrucción y la divergencia KL.

Finalmente, se compila y entrena el modelo Beta-VAE utilizando la función de pérdida definida, un optimizador 'adam', y datos de entrenamiento y prueba.

5.5.2 Variational Autoencoder Condicional (CVAE)

El Autoencoder Variacional Condicional (CVAE) es una extensión del Autoencoder Variacional estándar (VAE), un modelo generativo popular. El CVAE mejora la funcionalidad del VAE al condicionar tanto el codificador, que se encarga de comprimir los datos de entrada en una representación latente, como el decodificador, que reconstruye los datos originales a partir de esta representación latente, con información adicional como etiquetas de clase.

Esta condición adicional permite al modelo generar datos que se adhieren a atributos específicos. Por lo tanto, si desea generar datos que sigan cierto criterio o desea tener más control sobre las características de los datos generados, el CVAE es particularmente útil.

Esto lo convierte en una excelente opción para tareas que requieren generación controlada, donde se necesita tener cierto grado de influencia sobre la salida.

Función Objetivo:

$$CVAE\ Loss = Eq(z \mid x, y)[-logp(x \mid z, y)] + DKL(q(z \mid x, y) \| p(z \mid y))$$

En esta formulación, (y) representa la información de condicionamiento adicional (por ejemplo, etiquetas de clase).

Ejemplo: Implementación de Autoencoder Variacional Condicional (CVAE)

```
# Encoder network for CVAE
def build_cvae_encoder(input_shape, num_classes, latent_dim):
    inputs = Input(shape=input_shape)
    labels = Input(shape=(num_classes,))
    x = Dense(512, activation='relu')(inputs)
    x = tf.keras.layers.concatenate([x, labels])
    x = Dense(256, activation='relu')(x)
    z_mean = Dense(latent_dim, name='z_mean')(x)
    z_log_var = Dense(latent_dim, name='z_log_var')(x)
    z = Sampling()([z_mean, z_log_var])
    return Model([inputs, labels], [z_mean, z_log_var, z], name='cvae_encoder')

# Decoder network for CVAE
def build_cvae_decoder(latent_dim, num_classes, output_shape):
    latent_inputs = Input(shape=(latent_dim,))
    labels = Input(shape=(num_classes,))
    x = Dense(256, activation='relu')(latent_inputs)
    x = tf.keras.layers.concatenate([x, labels])
    x = Dense(512, activation='relu')(x)
    outputs = Dense(output_shape, activation='sigmoid')(x)
    return Model([latent_inputs, labels], outputs, name='cvae_decoder')

# Define the input shape, number of classes, and latent dimension
input_shape = (784,)
num_classes = 10
latent_dim = 2

# Build the encoder and decoder for CVAE
cvae_encoder = build_cvae_encoder(input_shape, num_classes, latent_dim)
cvae_decoder = build_cvae_decoder(latent_dim, num_classes, input_shape[0])

# Define the Conditional VAE model
inputs = Input(shape=input_shape)
labels = Input(shape=(num_classes,))
z_mean, z_log_var, z = cvae_encoder([inputs, labels])
outputs = cvae_decoder([z, labels])
cvae = Model([inputs, labels], outputs, name='cvae')

# Define the CVAE loss function
def cvae_loss(inputs, outputs, z_mean, z_log_var):
```

```
    reconstruction_loss = tf.keras.losses.binary_crossentropy(inputs, outputs)
    reconstruction_loss *= input_shape[0]
    kl_loss = 1 + z_log_var - K.square(z_mean) - K.exp(z_log_var)
    kl_loss = K.sum(kl_loss, axis=-1)
    kl_loss *= -0.5
    return K.mean(reconstruction_loss + kl_loss)

# Compile the CVAE model
cvae.compile(optimizer='adam', loss=lambda x, y: cvae_loss(x, y, z_mean, z_log_var))

# Prepare the labels for training
y_train = tf.keras.utils.to_categorical(y_train, num_classes)
y_test = tf.keras.utils.to_categorical(y_test, num_classes)

# Train the CVAE model
cvae.fit([x_train,      y_train],      x_train,      epochs=50,      batch_size=128,
validation_data=([x_test, y_test], x_test))
```

En este ejemplo:

El script comienza definiendo una función para construir la parte del codificador del CVAE. El papel del codificador en un CVAE es tomar los datos de entrada y codificarlos en un espacio latente de menor dimensión. Esto se realiza utilizando capas densas (totalmente conectadas) y la función de activación 'relu'. La función del codificador recibe como argumentos la forma de entrada, el número de clases y la dimensión latente, y devuelve un modelo que realiza esta codificación.

Luego, el script define una función para construir la parte del decodificador del CVAE. El rol del decodificador es tomar un punto en el espacio latente y decodificarlo de vuelta al espacio de datos original. Al igual que el codificador, el decodificador se construye utilizando capas densas y la función de activación 'relu'. Recibe como argumentos la dimensión latente, el número de clases y la forma de salida, y devuelve un modelo que realiza esta decodificación.

Después de definir las funciones para construir el codificador y el decodificador, el script luego define los parámetros específicos para este CVAE, incluyendo la forma de entrada, el número de clases y la dimensión latente. Luego utiliza estos parámetros y las funciones definidas previamente para construir el codificador y el decodificador.

La siguiente parte del script define el modelo global del CVAE. Esto se hace primero definiendo capas de entrada para los datos de entrada y las etiquetas. Estos datos de entrada y etiquetas luego se pasan a través del codificador para obtener la media y la varianza logarítmica del espacio latente y un punto muestreado en el espacio latente. Este punto muestreado y las etiquetas luego se pasan a través del decodificador para obtener las salidas. El modelo CVAE se define entonces como tomando las entradas y etiquetas y produciendo estas salidas.

Luego, el script define una función de pérdida personalizada para el CVAE. Esta función de pérdida incluye tanto una pérdida de reconstrucción (que mide qué tan bien el decodificador puede reconstruir la entrada original desde el espacio latente) como una divergencia KL (que mide cuánto se desvía la distribución latente aprendida de la distribución prior). Esta función de pérdida luego se utiliza para compilar el modelo CVAE con el optimizador Adam.

La parte final del script prepara las etiquetas para el entrenamiento convirtiéndolas al formato categórico, y luego entrena el modelo CVAE utilizando los datos de entrenamiento, las etiquetas preparadas y la función de pérdida definida previamente. El modelo se entrena durante 50 épocas con un tamaño de lote de 128, y también se proporcionan datos de validación para que el modelo evalúe su rendimiento en datos invisibles.

Resumen

Las variaciones de los Autoencoders Variacionales (VAE), como Beta-VAE y el VAE Condicional (CVAE), amplían las capacidades de los VAE estándar introduciendo flexibilidad y control adicionales. Beta-VAE incorpora un hiperparámetro (β) para equilibrar la compensación entre la pérdida de reconstrucción y la divergencia KL, fomentando representaciones disentanglement. El VAE Condicional (CVAE) permite la generación controlada de datos condicionando el modelo a información adicional, como etiquetas de clase.

Al implementar y experimentar con estas variaciones, puedes adaptar los VAE para que se ajusten mejor a tareas y aplicaciones específicas, mejorando la capacidad del modelo para aprender representaciones latentes significativas y generar datos de alta calidad. Esta comprensión integral de las variaciones de los VAE abre nuevas posibilidades para la investigación y aplicaciones prácticas en modelado generativo.

5.6 Casos de Uso y Aplicaciones de los VAE

Los Autoencoders Variacionales (VAE) son modelos generativos poderosos que han ganado atención significativa en el campo del aprendizaje automático debido a su amplia gama de aplicaciones potenciales. Estos modelos innovadores son conocidos por su capacidad para aprender representaciones latentes significativas de los datos, lo que les permite capturar la estructura subyacente y la variabilidad presente en conjuntos de datos complejos. Esta característica única les permite generar datos de alta calidad, haciéndolos muy adecuados para una variedad de tareas en diferentes dominios.

En esta sección, profundizaremos en el mundo de los VAE, explorando una multitud de casos de uso y aplicaciones que subrayan su versatilidad y utilidad práctica. Analizaremos cómo estos modelos pueden ser aprovechados en diferentes escenarios, desde la generación de imágenes hasta la detección de anomalías, así como sus posibles contribuciones al campo del aprendizaje no supervisado.

Además de detallar estas aplicaciones, también proporcionaremos códigos de ejemplo paso a paso. Estas demostraciones prácticas ilustrarán cómo los VAE pueden aplicarse eficazmente a estas tareas, ofreciendo un enfoque práctico para comprender el funcionamiento y la implementación de estos poderosos modelos generativos.

5.6.1 Generación y Reconstrucción de Imágenes

Los VAEs tienen una multitud de aplicaciones, pero una de las principales y más comunes es en el campo de la generación y reconstrucción de imágenes. Al utilizar las potentes capacidades de los VAEs, es posible aprender y entender la distribución subyacente de los datos de imágenes. Este proceso de aprendizaje luego permite la generación de nuevas imágenes que se asemejan estrechamente a los datos utilizados en el proceso de entrenamiento.

Esta capacidad única de los VAEs resulta ser muy útil en una variedad de tareas. En el ámbito de la aumentación de datos, por ejemplo, los VAEs pueden generar datos de entrenamiento adicionales, lo que puede ser fundamental para mejorar el rendimiento de los modelos de aprendizaje automático. Además, los VAEs también encuentran aplicación en el denoising de imágenes, un proceso en el que el objetivo es mejorar la calidad de las imágenes eliminando el ruido.

Otra aplicación significativa de los VAEs es en el inpainting de imágenes, que implica rellenar partes faltantes o corruptas de imágenes con contenido plausible. Esto se logra aprendiendo de los datos de imagen existentes y utilizando esa información para predecir los elementos faltantes, resultando en una imagen completa y coherente.

Ejemplo: Generación de Imágenes

```
import numpy as np
import matplotlib.pyplot as plt

# Function to generate new images from the latent space
def generate_images(decoder, latent_dim, n_samples=10):
    random_latent_vectors = np.random.normal(size=(n_samples, latent_dim))
    generated_images = decoder.predict(random_latent_vectors)
    generated_images = generated_images.reshape((n_samples, 28, 28))

    plt.figure(figsize=(10, 2))
    for i in range(n_samples):
        plt.subplot(1, n_samples, i + 1)
        plt.imshow(generated_images[i], cmap='gray')
        plt.axis('off')
    plt.show()

# Generate and visualize new images
generate_images(decoder, latent_dim)
```

Este ejemplo de script utiliza las bibliotecas numpy y matplotlib para crear y mostrar nuevas imágenes.

La función 'generate_images' genera nuevas imágenes desde el espacio latente (oculto) de un decodificador dado. El espacio latente es una representación comprimida y abstracta de los datos dentro de un modelo de aprendizaje automático.

Primero, la función crea vectores latentes aleatorios de un tamaño especificado a partir de una distribución normal. Luego, utiliza el decodificador para generar imágenes a partir de estos vectores latentes. Las imágenes generadas se remodelan para tener un formato de 28x28 píxeles.

La biblioteca matplotlib se utiliza para visualizar las imágenes generadas. Se crea una figura con un tamaño de 10x2, y cada una de las imágenes generadas se muestra como un subplot en escala de grises.

Después de definir la función, el script la llama para generar y visualizar nuevas imágenes.

Ejemplo: Reconstrucción de Imágenes

```
# Function to reconstruct images using the VAE
def reconstruct_images(vae, x_test, n_samples=10):
    reconstructed_images = vae.predict(x_test[:n_samples])
    original_images = x_test[:n_samples].reshape((n_samples, 28, 28))
    reconstructed_images = reconstructed_images.reshape((n_samples, 28, 28))

    plt.figure(figsize=(10, 4))
    for i in range(n_samples):
        plt.subplot(2, n_samples, i + 1)
        plt.imshow(original_images[i], cmap='gray')
        plt.axis('off')
        plt.subplot(2, n_samples, n_samples + i + 1)
        plt.imshow(reconstructed_images[i], cmap='gray')
        plt.axis('off')
    plt.show()

# Reconstruct and visualize images
reconstruct_images(vae, x_test)
```

La segunda parte del ejemplo define la función 'reconstruct_images()'. Esta función se utiliza para recrear imágenes utilizando un Autoencoder Variacional (VAE). Acepta como parámetros un VAE, un conjunto de imágenes de prueba 'x_test' y un parámetro opcional 'n_samples' con un valor predeterminado de 10.

Dentro de la función, primero selecciona una cantidad de muestras del conjunto de prueba y predice sus salidas utilizando el VAE. Luego, remodela estas salidas y las imágenes originales para que sean adecuadas para su visualización.

Se crea un gráfico con dos filas: la primera fila muestra las imágenes originales y la segunda fila muestra las imágenes reconstruidas. Tanto las imágenes originales como las reconstruidas se muestran en escala de grises y sin ejes.

Finalmente, se llama a la función 'reconstruct_images()' con el VAE y las imágenes de prueba como parámetros.

5.6.2 Aumento de Datos

Los VAE tienen la potente capacidad de aumentar conjuntos de datos de entrenamiento generando muestras completamente nuevas. Esta capacidad resulta especialmente beneficiosa al enfrentarse a escenarios donde los datos disponibles son limitados. Al crear datos adicionales mediante el uso de VAE, podemos aumentar sustancialmente la cantidad de información disponible para el entrenamiento.

Esto, a su vez, ayuda a mejorar el rendimiento de los modelos de aprendizaje automático al proporcionarles datos más diversos para el aprendizaje. Además, también contribuye a fortalecer la robustez de estos modelos, preparándolos mejor para manejar nuevos datos no vistos en el futuro.

Ejemplo: Aumento de Datos con VAEs

```
# Function to augment the dataset with generated images
def augment_dataset(decoder, x_train, y_train, latent_dim, n_augment=10000):
    random_latent_vectors = np.random.normal(size=(n_augment, latent_dim))
    generated_images = decoder.predict(random_latent_vectors)
    generated_images = generated_images.reshape((n_augment, 28, 28, 1))

    augmented_x_train = np.concatenate((x_train, generated_images), axis=0)
    augmented_y_train = np.concatenate((y_train, np.zeros((n_augment,))), axis=0)  #
Assuming class label 0 for generated images
    return augmented_x_train, augmented_y_train

# Augment the training dataset
augmented_x_train, augmented_y_train = augment_dataset(decoder, x_train, y_train,
latent_dim)
print(f"Original training data shape: {x_train.shape}")
print(f"Augmented training data shape: {augmented_x_train.shape}")
```

Este ejemplo de código define una función llamada "augment_dataset" que genera nuevos datos para entrenar un modelo de aprendizaje automático. Utiliza un modelo decodificador para producir nuevas imágenes a partir de vectores latentes aleatorios, que son arreglos de números que el decodificador puede convertir en imágenes.

La función luego combina estas nuevas imágenes con los datos de entrenamiento originales (x_train e y_train) para crear un conjunto de datos de entrenamiento "aumentado". El objetivo usualmente es mejorar el rendimiento del modelo proporcionándole datos de entrenamiento más diversos. La función asume que la etiqueta de clase para estas imágenes generadas es 0.

Después de definir la función, el código la utiliza para realmente aumentar el conjunto de datos de entrenamiento y muestra las formas (shapes) de los conjuntos de datos originales y aumentados para demostrar cuántos nuevos datos se agregaron.

5.6.3 Detección de Anomalías

Los Autoencoders Variacionales tienen la capacidad de ser utilizados para la detección de anomalías. Logran esto al aprender y familiarizarse con la distribución normal de los datos. Una vez que esta distribución está bien establecida y comprendida, los VAE tienen la capacidad de identificar muestras que muestran desviaciones significativas de esta distribución aprendida.

Este proceso y aplicación de los VAE puede ser increíblemente beneficioso en una variedad de campos y aplicaciones. Por ejemplo, en el ámbito de la detección de fraudes, los VAE pueden ayudar a identificar actividades fraudulentas al reconocer datos que no coinciden con los patrones típicos.

De manera similar, en el campo de la seguridad de redes, pueden ayudar a identificar posibles amenazas de seguridad que se desvíen del flujo normal de datos de red. Además, en el monitoreo industrial, los VAE pueden ser fundamentales para identificar lecturas anormales o puntos de datos que puedan indicar problemas o mal funcionamientos potenciales.

Por lo tanto, el uso de los VAE en estas aplicaciones puede ayudar en la detección temprana y prevención de problemas potenciales.

Ejemplo: Detección de Anomalías con VAEs

```
# Function to detect anomalies using the VAE
def detect_anomalies(vae, x_test, threshold=0.01):
    reconstructed_images = vae.predict(x_test)
    reconstruction_errors = np.mean(np.abs(x_test - reconstructed_images), axis=1)
    anomalies = reconstruction_errors > threshold
    return anomalies, reconstruction_errors

# Detect anomalies in the test dataset
anomalies, reconstruction_errors = detect_anomalies(vae, x_test)
print(f"Number of anomalies detected: {np.sum(anomalies)}")
```

Este ejemplo define una función detect_anomalies que utiliza un Autoencoder Variacional (VAE) para detectar anomalías en un conjunto de datos. La función toma como entrada un modelo VAE, un conjunto de datos de prueba y un valor umbral opcional. Reconstruye los datos de prueba utilizando el VAE y calcula los errores de reconstrucción.

Si el error es mayor que el umbral, se considera una anomalía. La función devuelve una lista de valores booleanos que indican si cada punto de datos es una anomalía y los errores de reconstrucción correspondientes.

Luego, el código utiliza esta función para detectar anomalías en un conjunto de datos x_test utilizando un modelo VAE vae, e imprime el número de anomalías detectadas.

5.6.4 Reducción de Dimensionalidad y Visualización

Los Autoencoders Variacionales tienen una aplicación muy poderosa en el campo de la reducción de dimensionalidad. El proceso de reducción de dimensionalidad implica transformar datos de alta dimensionalidad en un espacio de menor dimensionalidad sin perder la esencia o características clave de los datos originales. Los VAE pueden proporcionar una representación compacta y de baja dimensionalidad de estos datos de alta dimensionalidad.

Las ventajas de reducir la dimensionalidad se hacen evidentes en tareas como la visualización de datos, donde representar datos en dos o tres dimensiones hace que los patrones sean más discernibles, y en el agrupamiento, donde simplifica el proceso de agrupar puntos de datos similares.

Por lo tanto, el uso de VAEs puede mejorar significativamente la eficiencia y efectividad de estas tareas.

Ejemplo: Reducción de Dimensionalidad con VAEs

```
from sklearn.manifold import TSNE

# Function to perform dimensionality reduction and visualization
def visualize_latent_space(encoder, x_test, y_test, latent_dim):
    z_mean, _, _ = encoder.predict(x_test)
    tsne = TSNE(n_components=2)
    z_tsne = tsne.fit_transform(z_mean)

    plt.figure(figsize=(10, 10))
    scatter = plt.scatter(z_tsne[:, 0], z_tsne[:, 1], c=y_test, cmap='viridis')
    plt.colorbar(scatter)
    plt.xlabel('t-SNE dimension 1')
    plt.ylabel('t-SNE dimension 2')
    plt.title('2D Visualization of the Latent Space')
    plt.show()

# Visualize the latent space of the test dataset
visualize_latent_space(encoder, x_test, y_test, latent_dim)
```

Este ejemplo define una función detect_anomalies que utiliza un Autoencoder Variacional (VAE) para detectar anomalías en un conjunto de datos. La función toma como entrada un modelo VAE, un conjunto de datos de prueba y un valor umbral opcional. Reconstruye los datos de prueba utilizando el VAE y calcula los errores de reconstrucción.

Si el error es mayor que el umbral, se considera una anomalía. La función devuelve una lista de valores booleanos que indican si cada punto de datos es una anomalía y los errores de reconstrucción correspondientes.

Luego, el código utiliza esta función para detectar anomalías en un conjunto de datos x_test utilizando un modelo VAE vae, e imprime el número de anomalías detectadas.

5.6.4 Reducción de Dimensionalidad y Visualización

Los Autoencoders Variacionales tienen una aplicación muy poderosa en el campo de la reducción de dimensionalidad. El proceso de reducción de dimensionalidad implica transformar datos de alta dimensionalidad en un espacio de menor dimensionalidad sin perder la esencia o características clave de los datos originales. Los VAE pueden proporcionar una representación compacta y de baja dimensionalidad de estos datos de alta dimensionalidad.

Las ventajas de reducir la dimensionalidad se hacen evidentes en tareas como la visualización de datos, donde representar datos en dos o tres dimensiones hace que los patrones sean más discernibles, y en el agrupamiento, donde simplifica el proceso de agrupar puntos de datos similares.

Por lo tanto, el uso de VAEs puede mejorar significativamente la eficiencia y efectividad de estas tareas.

Ejemplo: Reducción de Dimensionalidad con VAEs

```
# This example requires additional preprocessing and model setup for text data

from tensorflow.keras.preprocessing.text import Tokenizer
from tensorflow.keras.preprocessing.sequence import pad_sequences

# Load and preprocess text data (example with simple sentences)
texts = ["this is a sentence", "another example sentence", "more text data for VAE"]
tokenizer = Tokenizer()
tokenizer.fit_on_texts(texts)
sequences = tokenizer.texts_to_sequences(texts)
x_train_text = pad_sequences(sequences, padding='post')

# Define text VAE (similar architecture but with embedding and LSTM layers)
# Training and evaluation would follow similar steps as with image data

print("Text data preprocessing completed. Training text VAE would follow similar steps
as image VAE.")
```

Este script es un ejemplo básico de preprocesamiento de datos para un Autoencoder Variacional (VAE) de texto, utilizando el módulo Keras de TensorFlow.

Comienza importando los módulos necesarios. Luego carga y preprocesa algunos datos de texto de ejemplo. Esto incluye tokenizar las oraciones y convertirlas en secuencias numéricas que luego se rellenan para asegurar que todas tengan la misma longitud.

Se menciona que definir el VAE de texto requerirá una arquitectura similar a la de un VAE de imágenes pero con capas de embedding y LSTM. El proceso de entrenamiento y evaluación seguiría pasos similares al trabajar con datos de imágenes. El script finaliza imprimiendo un mensaje que indica que el preprocesamiento de los datos de texto está completo y que el entrenamiento del VAE de texto procedería de manera similar al de un VAE de imágenes.

5.7 Avances Recientes en VAEs

Desde los inicios de los Autoencoders Variacionales (VAEs), ha habido una evolución y avance significativos en el campo. El objetivo de estos avances ha sido consistentemente superar las limitaciones inherentes de los VAEs tradicionales y amplificar su rendimiento en una amplia gama de aplicaciones.

En esta sección, exploraremos en profundidad algunos de los desarrollos más recientes que han surgido en el mundo de los VAEs. Esto incluirá un vistazo a arquitecturas avanzadas que han sido diseñadas para mejorar la funcionalidad y eficiencia de estos sistemas. También discutiremos técnicas de entrenamiento mejoradas que se han desarrollado para optimizar el proceso de aprendizaje de estos autoencoders. Además, mencionaremos aplicaciones novedosas donde estos avances se han implementado con éxito y han mostrado resultados prometedores.

Con el objetivo de proporcionar una comprensión exhaustiva de estos temas, proporcionaremos explicaciones detalladas que desglosen los conceptos complejos en información digerible. Además, compartiremos códigos de ejemplo para brindarte una comprensión práctica y permitirte implementar estos avances en tus propios proyectos. Esta exploración detallada tiene como objetivo equiparte con el conocimiento y las habilidades necesarias para navegar por el paisaje en evolución de los Autoencoders Variacionales.

5.7.1 Arquitecturas Mejoradas de VAEs

Los avances recientes en la investigación han llevado a la introducción de varias mejoras arquitectónicas significativas diseñadas específicamente para impulsar el rendimiento de los Autoencoders Variacionales (VAEs). Estas mejoras incluyen los VAEs Jerárquicos, los VAEs Discretos y los VQ-VAEs, también conocidos como VAEs cuantificados vectorialmente.

Autoencoders Variacionales Jerárquicos (VAEs)

El mundo del aprendizaje automático e inteligencia artificial está en constante evolución, y uno de los enfoques más innovadores que ha surgido es el uso de Autoencoders Variacionales Jerárquicos (VAEs). Esta técnica es un avance significativo en el campo y destaca por su estructura única.

Los VAEs Jerárquicos introducen múltiples capas de variables latentes en el proceso de modelado. Cada una de estas capas cumple un propósito específico: capturan las dependencias jerárquicas que existen dentro de los datos. Esto significa que pueden representar diferentes niveles de abstracción dentro de la estructura de datos, lo que permite entender y modelar las complejidades de los datos de manera más matizada.

Este enfoque de modelado de datos es particularmente efectivo cuando se trata de distribuciones de datos complejas. En comparación con los VAEs estándar, los VAEs jerárquicos ofrecen un método más refinado para comprender e interpretar datos. Permiten un análisis más profundo de los datos al capturar la estructura jerárquica inherente en ellos.

Es especialmente beneficioso en casos donde los datos exhiben una estructura jerárquica, ya que permite comprender de manera más matizada los patrones y relaciones subyacentes. Estos patrones y relaciones podrían pasar desapercibidos en enfoques de modelado más tradicionales, lo que convierte a los VAEs jerárquicos en una herramienta valiosa en el kit de herramientas de cualquier científico de datos.

Conceptos Clave a Recordar:

- Los VAEs Jerárquicos incorporan múltiples capas de variables latentes en el proceso de modelado.
- Cada capa en la estructura captura diferentes niveles de abstracción dentro de los datos.
- Los VAEs Jerárquicos ofrecen un modelado mejorado de distribuciones de datos complejas, proporcionando una comprensión más matizada de los datos.

Ejemplo: Implementación de VAEs Jerárquicos

```
import tensorflow as tf
from tensorflow.keras.layers import Input, Dense, Lambda, Layer
from tensorflow.keras.models import Model
from tensorflow.keras import backend as K

# Sampling layer using the reparameterization trick
class Sampling(Layer):
    def call(self, inputs):
        z_mean, z_log_var = inputs
        batch = tf.shape(z_mean)[0]
        dim = tf.shape(z_mean)[1]
        epsilon = K.random_normal(shape=(batch, dim))
        return z_mean + K.exp(0.5 * z_log_var) * epsilon

# Hierarchical Encoder network
def build_hierarchical_encoder(input_shape, latent_dim1, latent_dim2):
    inputs = Input(shape=input_shape)
    x = Dense(512, activation='relu')(inputs)
    z_mean1 = Dense(latent_dim1, name='z_mean1')(x)
    z_log_var1 = Dense(latent_dim1, name='z_log_var1')(x)
    z1 = Sampling()([z_mean1, z_log_var1])

    x = Dense(256, activation='relu')(z1)
    z_mean2 = Dense(latent_dim2, name='z_mean2')(x)
    z_log_var2 = Dense(latent_dim2, name='z_log_var2')(x)
    z2 = Sampling()([z_mean2, z_log_var2])

    return Model(inputs, [z_mean1, z_log_var1, z1, z_mean2, z_log_var2, z2], 
name='hierarchical_encoder')

# Hierarchical Decoder network
def build_hierarchical_decoder(latent_dim2, latent_dim1, output_shape):
```

```
    latent_inputs2 = Input(shape=(latent_dim2,))
    x = Dense(256, activation='relu')(latent_inputs2)

    z_mean1 = Dense(latent_dim1, name='z_mean1')(x)
    z_log_var1 = Dense(latent_dim1, name='z_log_var1')(x)
    z1 = Sampling()([z_mean1, z_log_var1])

    x = Dense(512, activation='relu')(z1)
    outputs = Dense(output_shape, activation='sigmoid')(x)
    return Model(latent_inputs2, outputs, name='hierarchical_decoder')

# Define the input shape and latent dimensions
input_shape = (784,)
latent_dim1 = 8
latent_dim2 = 2

# Build the hierarchical encoder and decoder
hierarchical_encoder = build_hierarchical_encoder(input_shape, latent_dim1,
latent_dim2)
hierarchical_decoder = build_hierarchical_decoder(latent_dim2, latent_dim1,
input_shape[0])

# Define the Hierarchical VAE model
inputs = Input(shape=input_shape)
z_mean1, z_log_var1, z1, z_mean2, z_log_var2, z2 = hierarchical_encoder(inputs)
outputs = hierarchical_decoder(z2)
hierarchical_vae = Model(inputs, outputs, name='hierarchical_vae')

# Define the Hierarchical VAE loss function
def hierarchical_vae_loss(inputs, outputs, z_mean1, z_log_var1, z_mean2, z_log_var2):
    reconstruction_loss = tf.keras.losses.binary_crossentropy(inputs, outputs)
    reconstruction_loss *= input_shape[0]

    kl_loss1 = 1 + z_log_var1 - K.square(z_mean1) - K.exp(z_log_var1)
    kl_loss1 = K.sum(kl_loss1, axis=-1)
    kl_loss1 *= -0.5

    kl_loss2 = 1 + z_log_var2 - K.square(z_mean2) - K.exp(z_log_var2)
    kl_loss2 = K.sum(kl_loss2, axis=-1)
    kl_loss2 *= -0.5

    return K.mean(reconstruction_loss + kl_loss1 + kl_loss2)

# Compile the Hierarchical VAE model
hierarchical_vae.compile(optimizer='adam', loss=lambda x, y: hierarchical_vae_loss(x,
y, z_mean1, z_log_var1, z_mean2, z_log_var2))

# Train the Hierarchical VAE model
hierarchical_vae.fit(x_train, x_train, epochs=50, batch_size=128,
validation_data=(x_test, x_test))
```

En este ejemplo:

El script comienza importando las bibliotecas necesarias y definiendo una capa de Muestreo (Sampling layer), que implementa el truco de reparametrización para permitir la retropropagación a través del paso de muestreo aleatorio del VAE.

Se definen dos funciones para construir las redes codificadoras y decodificadoras jerárquicas. Estas redes están compuestas por capas Densas con funciones de activación ReLU. El codificador produce las medias y los log-varianzas de dos espacios latentes separados, y el decodificador toma el segundo espacio latente como entrada para reconstruir la entrada original.

Luego, el script define la forma de entrada y las dimensiones de los dos espacios latentes, construye el codificador y decodificador, y crea el modelo completo de VAE.

Después de esto, se define una función de pérdida personalizada, que incluye la pérdida de reconstrucción (medida como entropía cruzada binaria entre la entrada y la salida) y dos términos de divergencia KL separados para los dos espacios latentes, aplicando el principio variacional.

Luego, se compila el modelo VAE con el optimizador Adam y la función de pérdida personalizada, y finalmente se entrena con datos de entrenamiento durante un número especificado de épocas.

Autoencoders Variacionales con Cuantificación Vectorial (VQ-VAEs)

Los VQ-VAEs son un avance notable en el campo del Deep Learning y los autoencoders, ya que introducen el concepto de variables latentes discretas. Esta combinación de las capacidades de los Autoencoders Variacionales (VAEs) con las ventajas de las representaciones discretas representa un avance significativo para el campo.

En un VAE convencional, las variables latentes son continuas, lo que a veces puede limitar su efectividad. Sin embargo, al hacer que estas variables latentes sean discretas, los VQ-VAEs pueden superar estas limitaciones. Este enfoque puede llevar a una mejora del rendimiento en ciertas tareas, especialmente aquellas que pueden beneficiarse de representaciones discretas, como la generación y compresión de imágenes.

Conceptos Clave:

- Introducción de variables latentes discretas: Este es un cambio significativo respecto a las variables latentes continuas típicamente utilizadas en los VAEs, expandiendo los límites de lo que es posible con estos modelos.
- Mejora del rendimiento en tareas que requieren representaciones discretas: Al utilizar variables latentes discretas, los VQ-VAEs pueden mejorar el rendimiento en tareas donde las representaciones discretas pueden proporcionar un beneficio, como en la generación y compresión de imágenes.

Ejemplo: Implementación de VQ-VAEs

```
import tensorflow as tf
from tensorflow.keras.layers import Input, Dense, Conv2D, Conv2DTranspose, Embedding
from tensorflow.keras.models import Model
from tensorflow.keras import backend as K

# Vector Quantization layer
class VectorQuantizer(Layer):
    def __init__(self, num_embeddings, embedding_dim):
        super(VectorQuantizer, self).__init__()
        self.num_embeddings = num_embeddings
        self.embedding_dim = embedding_dim
        self.embeddings          =          self.add_weight(shape=(self.num_embeddings,
self.embedding_dim),
                                          initializer='uniform', trainable=True)

    def call(self, inputs):
        flat_inputs = tf.reshape(inputs, [-1, self.embedding_dim])
        distances = (tf.reduce_sum(flat_inputs**2, axis=1, keepdims=True)
                     + tf.reduce_sum(self.embeddings**2, axis=1)
                     - 2 * tf.matmul(flat_inputs, self.embeddings, transpose_b=True))
        encoding_indices = tf.argmax(-distances, axis=1)
        encodings = tf.one_hot(encoding_indices, self.num_embeddings)
        quantized = tf.matmul(encodings, self.embeddings)
        quantized = tf.reshape(quantized, tf.shape(inputs))
        return quantized, encodings

# Encoder network for VQ-VAE
def build_vqvae_encoder(input_shape, latent_dim):
    inputs = Input(shape=input_shape)
    x = Conv2D(32, 4, activation='relu', strides=2, padding='same')(inputs)
    x = Conv2D(64, 4, activation='relu', strides=2, padding='same')(x)
    x = Conv2D(128, 4, activation='relu', strides=2, padding='same')(x)
    x = Conv2D(latent_dim, 1, activation=None)(x)
    return Model(inputs, x, name='vqvae_encoder')

# Decoder network for VQ-VAE
def build_vqvae_decoder(latent_dim, output_shape):
    latent_inputs = Input(shape=(output_shape[0]//8, output_shape[1]//8, latent_dim))
    x     =     Conv2DTranspose(128,     4,     activation='relu',     strides=2,
padding='same')(latent_inputs)
    x = Conv2DTranspose(64, 4, activation='relu', strides=2, padding='same')(x)
    x = Conv2DTranspose(32, 4, activation='relu', strides=2, padding='same')(x)
    outputs = Conv2DTranspose(output_shape[-1], 1, activation='sigmoid')(x)
    return Model(latent_inputs, outputs, name='vqvae_decoder')

# Define the input shape and latent dimension
input_shape = (28, 28, 1)
latent_dim = 64
num_embeddings = 512
```

```
# Build the VQ-VAE encoder and decoder
vqvae_encoder = build_vqvae_encoder(input_shape, latent_dim)
vqvae_decoder = build_vqvae_decoder(latent_dim, input_shape)

# Define the VQ-VAE model
inputs = Input(shape=input_shape)
encoder_output = vqvae_encoder(inputs)
quantized, encodings = VectorQuantizer(num_embeddings, latent_dim)(encoder_output)
outputs = vqvae_decoder(quantized)
vqvae = Model(inputs, outputs, name='vqvae')

# Define the VQ-VAE loss function
def vqvae_loss(inputs, outputs, quantized, encoder_output):
    reconstruction_loss = tf.keras.losses.binary_crossentropy(inputs, outputs)
    reconstruction_loss = tf.reduce_mean(reconstruction_loss)

    commitment_loss        =        tf.reduce_mean((tf.stop_gradient(quantized)        -
encoder_output)**2)
    quantization_loss        =        tf.reduce_mean((quantized        -
tf.stop_gradient(encoder_output))**2)

    return reconstruction_loss + commitment_loss + quantization_loss

# Compile the VQ-VAE model
vqvae.compile(optimizer='adam', loss=lambda x, y

: vqvae_loss(x, y, quantized, encoder_output))

# Train the VQ-VAE model
vqvae.fit(x_train,  x_train,  epochs=50,  batch_size=128,  validation_data=(x_test,
x_test))
```

En este ejemplo:

El código comienza importando los módulos necesarios de TensorFlow. Luego procede a definir una capa personalizada, VectorQuantizer, que se utilizará para cuantificar la salida de la red codificadora. Esta capa se define como una clase que hereda de la clase Layer en Keras, la API de alto nivel de TensorFlow para construir y entrenar modelos de Deep Learning. La clase VectorQuantizer incluye un método inicializador que configura los parámetros necesarios y un método integrado, call, que define la lógica de la capa.

Tras la definición de la capa VectorQuantizer, el código define dos funciones para construir las redes codificadoras y decodificadoras del modelo VQ-VAE. La red codificadora se construye utilizando capas Conv2D, adecuadas para procesar datos en forma de rejilla como imágenes. La red decodificadora, por otro lado, se construye utilizando capas Conv2DTranspose, que se utilizan para realizar un muestreo ascendente de los mapas de características de la red codificadora.

Una vez que se definen las redes codificadora y decodificadora, se define el modelo VQ-VAE. Esto implica definir la capa de entrada, pasarla a través de la red codificadora, cuantificar la salida utilizando la capa VectorQuantizer y finalmente pasar la salida cuantificada a través de la red decodificadora. El modelo es así un compuesto de las redes codificadora, VectorQuantizer y decodificadora.

A continuación, se define la función de pérdida del modelo VQ-VAE. Esta función de pérdida es una composición de la pérdida de reconstrucción, que mide qué tan bien el VQ-VAE puede reconstruir sus datos de entrada a partir de las representaciones codificadas y cuantificadas, y la pérdida de compromiso, que fomenta que la salida del codificador esté cerca de la salida del VectorQuantizer.

Con el modelo VQ-VAE y su función de pérdida definidos, el modelo puede compilarse. El paso de compilación implica especificar el optimizador a utilizar para entrenar el modelo (en este caso, se utiliza el optimizador Adam) y la función de pérdida. En este caso, se utiliza una función lambda para envolver la función de pérdida personalizada de manera que pueda recibir los argumentos necesarios.

Finalmente, el modelo VQ-VAE se entrena utilizando los datos de entrenamiento con la función de pérdida y el optimizador definidos. Los datos de entrenamiento se pasan al método fit del modelo, que entrena el modelo durante un número especificado de épocas.

Este código representa un pipeline completo para construir, compilar y entrenar un modelo VQ-VAE utilizando TensorFlow. Destaca la flexibilidad y potencia de TensorFlow para construir modelos complejos de Deep Learning.

5.7.2 Técnicas de Entrenamiento Mejoradas

En los últimos años, ha habido varios avances significativos en las técnicas de entrenamiento utilizadas para Autoencoders Variacionales (VAEs). Estos avances han tenido un efecto transformador en el rendimiento general de los VAEs, mejorando sus capacidades y haciéndolos más efectivos y eficientes.

Entre las técnicas más impactantes se encuentran el pesaje de importancia, el entrenamiento adversarial y la implementación de algoritmos avanzados de optimización. El pesaje de importancia es un método que asigna pesos variables a diferentes partes de los datos, enfatizando efectivamente las áreas más críticas durante el entrenamiento.

El entrenamiento adversarial, por otro lado, implica el uso de dos redes neuronales competidoras para mejorar el rendimiento y la robustez de los VAEs. Por último, el uso de algoritmos avanzados de optimización ha permitido a los investigadores ajustar los VAEs de maneras que antes no eran posibles, lo que ha conducido a resultados más precisos y confiables.

Autoencoders con Pesaje de Importancia (IWAE)

Los Autoencoders con Pesaje de Importancia, más comúnmente conocidos como IWAE, es una técnica innovadora que utiliza el concepto de muestreo de importancia para proporcionar un límite más preciso y ajustado en la log-verosimilitud. Esta metodología mejora significativamente el proceso de entrenamiento y el rendimiento general de los Autoencoders Variacionales (VAEs), un tipo popular de autoencoder utilizado para modelos generativos.

Conceptos Clave Explicados:

- Muestreo de Importancia: Esta es una técnica estadística que se utiliza para estimar propiedades de una población particular, en este caso, la distribución del modelo. En el contexto de IWAE, permite una estimación más efectiva de la log-verosimilitud.
- Límite más Ajustado en la Log-Verosimilitud: La log-verosimilitud es una medida de qué tan probable es el dato observado, dados los parámetros del modelo. Un límite más ajustado en esta medida implica un modelo más preciso y, en el caso de IWAE, se logra mediante el uso de muestreo de importancia.

Ejemplo: Implementación de IWAE

```
# Define the IWAE loss function
def iwae_loss(inputs, outputs, z_mean, z_log_var, k=5):
    reconstruction_loss = tf.keras.losses.binary_crossentropy(inputs, outputs)
    reconstruction_loss *= input_shape[0]

    kl_loss = 1 + z_log_var - K.square(z_mean) - K.exp(z_log_var)
    kl_loss = K.sum(kl_loss, axis=-1)
    kl_loss *= -0.5

    log_w = -reconstruction_loss - kl_loss
    log_w = tf.reshape(log_w, (-1, k))
    w = tf.nn.softmax(log_w, axis=-1)
    return -tf.reduce_mean(tf.reduce_sum(w * log_w, axis=-1))

# Compile the IWAE model
vae.compile(optimizer='adam', loss=lambda x, y: iwae_loss(x, y, z_mean, z_log_var,
k=5))

# Train the IWAE model
vae.fit(x_train, x_train, epochs=50, batch_size=128, validation_data=(x_test,
x_test))
```

Este ejemplo utiliza las bibliotecas TensorFlow y Keras para implementar el entrenamiento de un modelo de Autoencoder Variacional (VAE) con una función de pérdida específica conocida como pérdida de Autoencoder Ponderado por Importancia (IWAE).

Se define la función 'iwae_loss' para calcular el valor de pérdida del modelo VAE. Esta función calcula la pérdida de reconstrucción (que mide qué tan bien el VAE puede reconstruir los datos de entrada) y la pérdida de divergencia Kullback-Leibler (KL) (que mide cuánto se desvía la distribución de variables latentes de una distribución normal estándar).

Un aspecto importante del IWAE es el uso de múltiples muestras 'k' del espacio latente y el peso de estas muestras en el cálculo final de la pérdida. Esto se logra aplicando la función softmax a los pesos logarítmicos y luego usando estos pesos para calcular la pérdida final.

Luego, el modelo VAE se compila utilizando el optimizador 'adam' y 'iwae_loss' como función de pérdida. Finalmente, el modelo VAE se entrena con los datos 'x_train' durante 50 épocas con un tamaño de lote de 128, y se valida con los datos 'x_test'.

5.7.3 Aplicaciones Nuevas

Los Autoencoders Variacionales, o VAEs, han sido empleados de manera innovadora en una variedad de aplicaciones que van más allá de los límites de las tareas tradicionales de modelado generativo. Estas aplicaciones únicas abarcan áreas como el aprendizaje semi-supervisado, el aprendizaje por refuerzo e incluso el descubrimiento de medicamentos.

Aprendizaje Semi-Supervisado

En el ámbito del aprendizaje semi-supervisado, los VAEs pueden ser utilizados de una manera que aprovecha tanto datos etiquetados como no etiquetados. Esta metodología mejora el rendimiento en tareas donde la disponibilidad de datos etiquetados puede ser limitada.

Al combinar el uso de datos etiquetados y no etiquetados, los VAEs pueden ayudar a construir modelos más robustos y precisos, proporcionando una ventaja en escenarios donde adquirir datos etiquetados en cantidad suficiente es difícil o costoso.

Resumen

Los avances recientes en los Autoencoders Variacionales (VAEs) han mejorado significativamente su rendimiento y ampliado sus aplicaciones. Arquitecturas mejoradas, como los VAEs jerárquicos y VQ-VAEs, ofrecen mejores capacidades de modelado para distribuciones de datos complejas. Técnicas avanzadas de entrenamiento, incluyendo el pesaje de importancia y el entrenamiento adversarial, conducen a un entrenamiento más efectivo y a un mejor rendimiento generativo.

Además, los VAEs han encontrado aplicaciones novedosas en el aprendizaje semi-supervisado, el aprendizaje por refuerzo y el descubrimiento de medicamentos, demostrando su versatilidad y potencial en varios campos. Al comprender e implementar estos avances recientes, puedes aprovechar todo el poder de los VAEs para una amplia gama de tareas y aplicaciones.

Ejercicios Prácticos

Esta sección proporciona ejercicios prácticos para reforzar tu comprensión de los Autoencoders Variacionales (VAEs) y sus variaciones. Cada ejercicio incluye un enunciado del problema y una solución con ejemplos de código cuando corresponda.

Ejercicio 1: Implementar un VAE Básico

Enunciado del Problema: Implementa un Autoencoder Variacional (VAE) básico usando TensorFlow y Keras. Entrena el VAE en el conjunto de datos MNIST y visualiza las imágenes reconstruidas.

Solución:

```
import tensorflow as tf
from tensorflow.keras.layers import Input, Dense, Lambda, Layer
from tensorflow.keras.models import Model
from tensorflow.keras import backend as K
import numpy as np
import matplotlib.pyplot as plt

# Load the MNIST dataset
(x_train, _), (x_test, _) = tf.keras.datasets.mnist.load_data()
x_train = x_train.astype('float32') / 255.
x_test = x_test.astype('float32') / 255.
x_train = x_train.reshape((x_train.shape[0], -1))
x_test = x_test.reshape((x_test.shape[0], -1))

# Sampling layer using the reparameterization trick
class Sampling(Layer):
    def call(self, inputs):
        z_mean, z_log_var = inputs
        batch = tf.shape(z_mean)[0]
        dim = tf.shape(z_mean)[1]
        epsilon = K.random_normal(shape=(batch, dim))
        return z_mean + K.exp(0.5 * z_log_var) * epsilon

# Encoder network
def build_encoder(input_shape, latent_dim):
    inputs = Input(shape=input_shape)
    x = Dense(512, activation='relu')(inputs)
    x = Dense(256, activation='relu')(x)
    z_mean = Dense(latent_dim, name='z_mean')(x)
    z_log_var = Dense(latent_dim, name='z_log_var')(x)
    z = Sampling()([z_mean, z_log_var])
    return Model(inputs, [z_mean, z_log_var, z], name='encoder')

# Decoder network
def build_decoder(latent_dim, output_shape):
    latent_inputs = Input

```python
(shape=(latent_dim,))
    x = Dense(256, activation='relu')(latent_inputs)
    x = Dense(512, activation='relu')(x)
    outputs = Dense(output_shape, activation='sigmoid')(x)
    return Model(latent_inputs, outputs, name='decoder')
```
```

```
# Define the input shape and latent dimension
input_shape = (784,)
latent_dim = 2

# Build the encoder and decoder
encoder = build_encoder(input_shape, latent_dim)
decoder = build_decoder(latent_dim, input_shape[0])

# Define the VAE model
inputs = Input(shape=input_shape)
z_mean, z_log_var, z = encoder(inputs)
outputs = decoder(z)
vae = Model(inputs, outputs, name='vae')

# Define the VAE loss function
def vae_loss(inputs, outputs, z_mean, z_log_var):
    reconstruction_loss = tf.keras.losses.binary_crossentropy(inputs, outputs)
    reconstruction_loss *= input_shape[0]

    kl_loss = 1 + z_log_var - K.square(z_mean) - K.exp(z_log_var)
    kl_loss = K.sum(kl_loss, axis=-1)
    kl_loss *= -0.5

    return K.mean(reconstruction_loss + kl_loss)

# Compile the VAE model
vae.compile(optimizer='adam', loss=lambda x, y: vae_loss(x, y, z_mean, z_log_var))

# Train the VAE model
vae.fit(x_train,   x_train,   epochs=50,   batch_size=128,   validation_data=(x_test,
x_test))

# Reconstruct images
def reconstruct_images(vae, x_test, n_samples=10):
    reconstructed_images = vae.predict(x_test[:n_samples])
    original_images = x_test[:n_samples].reshape((n_samples, 28, 28))
    reconstructed_images = reconstructed_images.reshape((n_samples, 28, 28))

    plt.figure(figsize=(10, 4))
    for i in range(n_samples):
        plt.subplot(2, n_samples, i + 1)
        plt.imshow(original_images[i], cmap='gray')
        plt.axis('off')
        plt.subplot(2, n_samples, n_samples + i + 1)
        plt.imshow(reconstructed_images[i], cmap='gray')
        plt.axis('off')
    plt.show()

# Visualize the reconstructed images
reconstruct_images(vae, x_test)
```

Ejercicio 2: Implementar un Beta-VAE

Enunciado del Problema: Implementa un Beta-VAE modificando el VAE básico para incluir un hiperparámetro beta. Entrena el Beta-VAE en el conjunto de datos MNIST y visualiza el espacio latente.

Solución:

```
# Define the Beta-VAE loss function
def beta_vae_loss(inputs, outputs, z_mean, z_log_var, beta=4.0):
    reconstruction_loss = tf.keras.losses.binary_crossentropy(inputs, outputs)
    reconstruction_loss *= input_shape[0]

    kl_loss = 1 + z_log_var - K.square(z_mean) - K.exp(z_log_var)
    kl_loss = K.sum(kl_loss, axis=-1)
    kl_loss *= -0.5

    return K.mean(reconstruction_loss + beta * kl_loss)

# Compile the Beta-VAE model
vae.compile(optimizer='adam', loss=lambda x, y: beta_vae_loss(x, y, z_mean, z_log_var,
beta=4.0))

# Train the Beta-VAE model
vae.fit(x_train, x_train, epochs=50, batch_size=128, validation_data=(x_test,
x_test))

# Visualize the latent space
def plot_latent_space(encoder, x_test, y_test, n_samples=10000):
    z_mean, _, _ = encoder.predict(x_test)
    plt.figure(figsize=(10, 10))
    scatter = plt.scatter(z_mean[:n_samples, 0], z_mean[:n_samples, 1],
c=y_test[:n_samples], cmap='viridis')
    plt.colorbar(scatter)
    plt.xlabel('z[0]')
    plt.ylabel('z[1]')
    plt.title('Latent Space')
    plt.show()

# Plot the latent space
plot_latent_space(encoder, x_test, _)
```

Ejercicio 3: Implementar un VAE Condicional (CVAE)

Enunciado del Problema: Implementa un Variational Autoencoder Condicional (CVAE) que se condicione en las etiquetas de dígitos del conjunto de datos MNIST. Entrena el CVAE y genera imágenes condicionadas a etiquetas específicas.

Solución:

```
from tensorflow.keras.layers import Concatenate
```

```
# Encoder network for CVAE
def build_cvae_encoder(input_shape, num_classes, latent_dim):
    inputs = Input(shape=input_shape)
    labels = Input(shape=(num_classes,))
    x = Dense(512, activation='relu')(inputs)
    x = Concatenate()([x, labels])
    x = Dense(256, activation='relu')(x)
    z_mean = Dense(latent_dim, name='z_mean')(x)
    z_log_var = Dense(latent_dim, name='z_log_var')(x)
    z = Sampling()([z_mean, z_log_var])
    return Model([inputs, labels], [z_mean, z_log_var, z], name='cvae_encoder')

# Decoder network for CVAE
def build_cvae_decoder(latent_dim, num_classes, output_shape):
    latent_inputs = Input(shape=(latent_dim,))
    labels = Input(shape=(num_classes,))
    x = Dense(256, activation='relu')(latent_inputs)
    x = Concatenate()([x, labels])
    x = Dense(512, activation='relu')(x)
    outputs = Dense(output_shape, activation='sigmoid')(x)
    return Model([latent_inputs, labels], outputs, name='cvae_decoder')

# Define the input shape, number of classes, and latent dimension
input_shape = (784,)
num_classes = 10
latent_dim = 2

# Build the encoder and decoder for CVAE
cvae_encoder = build_cvae_encoder(input_shape, num_classes, latent_dim)
cvae_decoder = build_cvae_decoder(latent_dim, num_classes, input_shape[0])

# Define the Conditional VAE model
inputs = Input(shape=input_shape)
labels = Input(shape=(num_classes,))
z_mean, z_log_var, z = cvae_encoder([inputs, labels])
outputs = cvae_decoder([z, labels])
cvae = Model([inputs, labels], outputs, name='cvae')

# Define the CVAE loss function
def cvae_loss(inputs, outputs, z_mean, z_log_var):
    reconstruction_loss = tf.keras.losses.binary_crossentropy(inputs, outputs)
    reconstruction_loss *= input_shape[0]

    kl_loss = 1 + z_log_var - K.square(z_mean) - K.exp(z_log_var)
    kl_loss = K.sum(kl_loss, axis=-1)
    kl_loss *= -0.5

    return K.mean(reconstruction_loss + kl_loss)

# Compile the CVAE model
cvae.compile(optimizer='adam', loss=lambda x, y: cvae_loss(x, y, z_mean, z_log_var))
```

```
# Prepare the labels for training
y_train = tf.keras.utils.to_categorical(_, num_classes)
y_test = tf.keras.utils.to_categorical(_, num_classes)

# Train the CVAE model
cvae.fit([x_train, y_train], x_train, epochs=50, batch_size=128, validation_data=([x_test, y_test], x_test))

# Generate images conditioned on specific labels
def generate_conditioned_images(cvae_decoder, label, latent_dim, num_classes, n_samples=10):
    label_vector = tf.keras.utils.to_categorical([label] * n_samples, num_classes)
    random_latent_vectors = np.random.normal(size=(n_samples, latent_dim))
    generated_images = cvae_decoder.predict([random_latent_vectors, label_vector])
    generated_images = generated_images.reshape((n_samples, 28, 28))

    plt.figure(figsize=(10, 2))
    for i in range(n_samples):
        plt.subplot(1, n_samples, i + 1)
        plt.imshow(generated_images[i], cmap='gray')
        plt.axis('off')
    plt.show()

# Generate and visualize images conditioned on the digit '5'
generate_conditioned_images(cvae_decoder, 5, latent_dim, num_classes)
```

Estos ejercicios prácticos proporcionan experiencia práctica con Autoencoders Variacionales (VAEs) y sus variaciones. Al implementar un VAE básico, Beta-VAE y VAE Condicional, podrás profundizar en tu comprensión de estos modelos y sus aplicaciones.

Estos ejercicios cubren aspectos esenciales de los VAEs, incluyendo generación de imágenes, reconstrucción, visualización de espacios latentes y generación condicional, lo que te ayudará a aplicar estas técnicas a diversas tareas en modelado generativo.

Resumen del Capítulo

En este capítulo, nos adentramos en el fascinante mundo de los Autoencoders Variacionales (VAEs), explorando sus fundamentos teóricos, diseños arquitectónicos, procesos de entrenamiento y variaciones avanzadas. Los VAEs son una poderosa clase de modelos generativos que combinan redes neuronales con modelado probabilístico para aprender representaciones latentes significativas y generar nuevas muestras de datos.

Comenzamos por comprender los conceptos centrales detrás de los VAEs. Los VAEs utilizan inferencia variacional para aproximar distribuciones de probabilidad complejas, permitiendo al modelo mapear datos de entrada a un espacio latente probabilístico y luego generar muestras de datos a partir de este espacio latente. Este enfoque implica dos componentes principales: el codificador, que comprime los datos de entrada en variables latentes, y el decodificador, que reconstruye los datos a partir de estas variables latentes. El truco de reparametrización, una técnica clave en los VAEs, asegura que el modelo pueda entrenarse utilizando métodos estándar de optimización basados en gradientes.

Luego, exploramos la arquitectura detallada de los VAEs, incluyendo el diseño de las redes de codificación y decodificación. Implementamos estos componentes utilizando TensorFlow y Keras, mostrando cómo construir y entrenar un modelo básico de VAE en el conjunto de datos MNIST. También examinamos la función de pérdida de los VAEs, que combina la pérdida de reconstrucción y la divergencia KL, asegurando que el espacio latente sea útil y esté alineado con una distribución prior.

El proceso de entrenamiento de los VAEs se cubrió en detalle, desde el preprocesamiento de datos hasta la optimización del modelo. Destacamos la importancia de monitorear el progreso del entrenamiento y evaluar el rendimiento del modelo. Discutimos métricas cuantitativas como la pérdida de reconstrucción, la divergencia KL, el Inception Score (IS) y la Distancia de Inception Fréchet (FID), proporcionando medidas objetivas para evaluar la calidad y diversidad de las muestras generadas. Además, enfatizamos la importancia de la evaluación cualitativa mediante inspección visual y exploración del espacio latente.

Además del VAE estándar, exploramos varias variaciones avanzadas, incluyendo Beta-VAE y Conditional VAE (CVAE). Beta-VAE introduce un hiperparámetro para equilibrar el compromiso entre la precisión de reconstrucción y la disentanglement del espacio latente, mientras que CVAE permite la generación controlada de datos condicionando el modelo a información adicional, como etiquetas de clase.

Discutimos el amplio rango de aplicaciones de los VAEs, desde generación y reconstrucción de imágenes hasta aumento de datos, detección de anomalías, reducción de dimensionalidad y generación de texto. Los VAEs han demostrado ser herramientas versátiles para el modelado generativo, con aplicaciones que abarcan múltiples dominios.

Finalmente, examinamos avances recientes en la investigación de VAEs, incluyendo VAEs jerárquicos, VAEs cuantizados vectorialmente (VQ-VAEs) y técnicas de entrenamiento mejoradas como Autoencoders Ponderados por Importancia (IWAE). Estos avances han mejorado significativamente el rendimiento y la aplicabilidad de los VAEs, abriendo nuevas posibilidades para investigaciones y aplicaciones prácticas.

A través de ejercicios prácticos, reforzamos los conceptos cubiertos en el capítulo, proporcionando experiencia práctica en la implementación y evaluación de VAEs y sus variaciones. Dominar estas técnicas te equipa para aprovechar los VAEs en una amplia gama de tareas de modelado generativo, aprovechando su potencial para abordar diversos desafíos en aprendizaje automático y ciencia de datos.

Esta exploración exhaustiva de los VAEs no solo proporciona una base sólida en modelado generativo, sino que también fomenta la experimentación e innovación, allanando el camino para futuros avances en el campo.

Capítulo 6: Proyecto: Generación de Dígitos Manuscritos con VAEs

En este capítulo, emprenderemos un proyecto práctico para generar dígitos manuscritos utilizando Autoencoders Variacionales (VAEs). Este proyecto proporcionará experiencia práctica con todo el flujo de trabajo de los VAEs, desde la recopilación y preprocesamiento de datos hasta la construcción, entrenamiento y evaluación del modelo. Al final de este capítulo, tendrás una comprensión completa de cómo aplicar VAEs a datos del mundo real y generar imágenes de alta calidad.

Nuestro proyecto se centrará en el conjunto de datos MNIST, un conjunto de datos de referencia de dígitos manuscritos comúnmente utilizado en aprendizaje automático. El conjunto de datos MNIST contiene 70,000 imágenes en escala de grises de dígitos (0-9), cada una de tamaño 28x28 píxeles. Aprovecharemos el poder de los VAEs para aprender la distribución subyacente de estos dígitos y generar nuevas muestras realistas.

Abordaremos los siguientes temas en este capítulo:

1. Recopilación y Preprocesamiento de Datos
2. Creación del Modelo
3. Entrenamiento del VAE
4. Generación de Nuevos Dígitos Manuscritos
5. Evaluación del Modelo

Comencemos con el primer paso de nuestro proyecto: la recopilación y preprocesamiento de datos.

6.1 Recopilación y Preprocesamiento de Datos

La recopilación y el preprocesamiento de datos son pasos críticos en cualquier proyecto de aprendizaje automático. Datos correctamente preparados aseguran que el modelo pueda aprender de manera efectiva y generalizar bien a nuevos datos. En esta sección, nos enfocaremos en recopilar el conjunto de datos MNIST y preprocesarlo para que sea adecuado para entrenar nuestro VAE.

6.1.1 Recopilación del Conjunto de Datos MNIST

El conjunto de datos MNIST está fácilmente disponible en muchas bibliotecas de aprendizaje automático, incluyendo TensorFlow y Keras. Utilizaremos TensorFlow para descargar y cargar el conjunto de datos. El conjunto de datos está dividido en un conjunto de entrenamiento de 60,000 imágenes y un conjunto de prueba de 10,000 imágenes.

Ejemplo: Carga del Conjunto de Datos MNIST

```
import tensorflow as tf

# Load the MNIST dataset
(x_train, y_train), (x_test, y_test) = tf.keras.datasets.mnist.load_data()

# Print the shape of the datasets
print(f"Training data shape: {x_train.shape}")
print(f"Test data shape: {x_test.shape}")
```

El código de ejemplo es para importar la biblioteca TensorFlow, cargar el conjunto de datos MNIST e imprimir las formas de los conjuntos de datos de entrenamiento y prueba. El conjunto de datos MNIST, comúnmente utilizado para tareas de aprendizaje automático y visión por computadora, es una gran base de datos de dígitos manuscritos. Las formas de los conjuntos de datos representan las dimensiones de los arreglos de datos, siendo el conjunto de entrenamiento usualmente más grande que el conjunto de prueba.

6.1.2 Preprocesamiento de los Datos

El preprocesamiento de los datos implica varios pasos:

1. Normalización de los valores de los píxeles.
2. Reestructuración de los datos para ajustarse a los requisitos de entrada del VAE.
3. (Opcional) Aplicación de técnicas de aumento de datos.

Normalización:

La normalización escala los valores de los píxeles al rango [0, 1], lo que ayuda al modelo a converger más rápido y a desempeñarse mejor.

Reestructuración:

El VAE espera que los datos de entrada tengan una forma específica. Para el conjunto de datos MNIST, cada imagen es de 28x28 píxeles. Necesitamos aplanar estas imágenes en vectores de longitud 784 (28 * 28).

Aumento de Datos:

El aumento de datos puede mejorar el conjunto de datos creando versiones modificadas de las imágenes existentes, como imágenes rotadas o desplazadas. Este paso es opcional, pero puede mejorar la robustez del modelo.

Ejemplo: Preprocesamiento de los Datos

```
import numpy as np

# Normalize the pixel values to the range [0, 1]
x_train = x_train.astype('float32') / 255.0
x_test = x_test.astype('float32') / 255.0

# Reshape the data to (num_samples, num_features)
x_train = x_train.reshape((x_train.shape[0], -1))
x_test = x_test.reshape((x_test.shape[0], -1))

# Print the shape of the reshaped datasets
print(f"Reshaped training data shape: {x_train.shape}")
print(f"Reshaped test data shape: {x_test.shape}")
```

Primero importa la biblioteca numpy, que se utiliza para operaciones numéricas. Luego normaliza los valores de los píxeles de los conjuntos de datos x_train y x_test convirtiendo el tipo de dato a 'float32' y dividiendo por 255. El proceso de normalización asegura que los valores de los píxeles estén dentro del rango [0, 1], lo cual es una práctica común para los datos de imagen antes de ser introducidos en un modelo de aprendizaje automático.

El siguiente paso es reestructurar los datos a dos dimensiones: (número de muestras, número de características). Esto se hace para preparar los datos para un modelo de aprendizaje automático que espera una entrada con esta forma. Finalmente, imprime la forma de los conjuntos de datos de entrenamiento y prueba reestructurados.

6.1.3 Aumento de Datos (Opcional)

El aumento de datos se puede realizar utilizando varias técnicas para crear nuevas muestras de entrenamiento. Este paso es opcional pero se recomienda para mejorar el rendimiento del modelo, especialmente cuando se trabaja con datos limitados. En este proyecto, nos centraremos en los pasos básicos de preprocesamiento y no realizaremos aumento de datos.

Ejemplo: Aumento de Datos (Opcional)

```
from tensorflow.keras.preprocessing.image import ImageDataGenerator

# Create an image data generator with augmentation options
datagen = ImageDataGenerator(
    rotation_range=10,
    width_shift_range=0.1,
    height_shift_range=0.1
```

```
)

# Apply data augmentation to the training data
datagen.fit(x_train.reshape(-1, 28, 28, 1))

# Example of using the data generator
for x_batch, y_batch in datagen.flow(x_train.reshape(-1, 28, 28, 1), y_train, batch_size=32):
    # Visualize the augmented images
    for i in range(9):
        plt.subplot(3, 3, i+1)
        plt.imshow(x_batch[i].reshape(28, 28), cmap='gray')
        plt.axis('off')
    plt.show()
    break
```

En este código, se crea un ImageDataGenerator con opciones para rotación y desplazamiento en ancho y alto. Estas opciones permiten aleatorizar las transformaciones que se aplicarán a cada imagen, ayudando al modelo a generalizar mejor.

La línea datagen.fit aplica el aumento de datos definido al conjunto de entrenamiento, 'x_train'.

La última parte del código es un ejemplo de cómo usar el generador de datos. Para cada lote de imágenes aumentadas y sus etiquetas correspondientes, se visualizan las primeras nueve imágenes. Después de mostrar el primer lote de imágenes aumentadas, se rompe el bucle.

Resumen

En esta sección, recolectamos y preprocesamos con éxito el conjunto de datos MNIST. Normalizamos los valores de los píxeles al rango [0, 1] y reestructuramos los datos para que se ajusten a los requisitos de entrada del VAE. También discutimos el paso opcional del aumento de datos, que puede ayudar a mejorar la robustez del modelo.

Con nuestros datos preparados, estamos listos para pasar al siguiente paso: crear el modelo VAE.

6.2 Creación del Modelo

En esta sección, nos enfocaremos en la creación del modelo de Autoencoder Variacional (VAE) para generar dígitos manuscritos. El modelo consta de dos componentes principales: el codificador y el decodificador. El codificador mapea las imágenes de entrada a un espacio latente, mientras que el decodificador reconstruye las imágenes desde el espacio latente. También implementaremos el truco de reparametrización para asegurar que el modelo se pueda entrenar de manera efectiva usando descenso de gradiente.

6.2.1 Definiendo el Codificador

El codificador comprime los datos de entrada en un espacio latente de menor dimensión. Produce los parámetros de la distribución latente, típicamente la media y la varianza logarítmica.

Componentes Clave:

- Capa de Entrada: Recibe los datos de imagen originales.
- Capas Densas: Procesan los datos de entrada.
- Variables Latentes: Producen la media y la varianza logarítmica de la distribución latente.

Ejemplo: Implementación del Codificador

```
import tensorflow as tf
from tensorflow.keras.layers import Input, Dense, Lambda, Layer
from tensorflow.keras.models import Model
from tensorflow.keras import backend as K

# Define the sampling layer using the reparameterization trick
class Sampling(Layer):
    def call(self, inputs):
        z_mean, z_log_var = inputs
        batch = tf.shape(z_mean)[0]
        dim = tf.shape(z_mean)[1]
        epsilon = K.random_normal(shape=(batch, dim))
        return z_mean + K.exp(0.5 * z_log_var) * epsilon

# Build the encoder network
def build_encoder(input_shape, latent_dim):
    inputs = Input(shape=input_shape)
    x = Dense(512, activation='relu')(inputs)
    x = Dense(256, activation='relu')(x)
    z_mean = Dense(latent_dim, name='z_mean')(x)
    z_log_var = Dense(latent_dim, name='z_log_var')(x)
    z = Sampling()([z_mean, z_log_var])
    return Model(inputs, [z_mean, z_log_var, z], name='encoder')

# Define the input shape and latent dimension
input_shape = (784,)
latent_dim = 2

# Build the encoder
encoder = build_encoder(input_shape, latent_dim)
encoder.summary()
```

Este código de ejemplo utiliza la biblioteca TensorFlow para crear la parte del codificador de un Autoencoder Variacional (VAE). Define una capa de muestreo (Sampling), que utiliza el truco de reparametrización para permitir la retropropagación a través de la operación de muestreo aleatorio.

La red del codificador se construye con capas densas y genera dos salidas, z_mean y z_log_var, que representan los parámetros de la distribución del espacio latente. La capa de muestreo (Sampling) luego utiliza estos parámetros para muestrear un punto en el espacio latente. El modelo del codificador se construye finalmente utilizando la forma de entrada definida y la dimensión latente.

6.2.2 Definiendo el Decodificador

El decodificador reconstruye los datos de entrada a partir de las variables latentes. Mapea el espacio latente de vuelta al espacio de datos, generando nuevas imágenes que se asemejan a la entrada original.

Componentes Clave:

- Entrada Latente: Recibe las variables latentes muestreadas.
- Capas Densas: Transforman las variables latentes en los datos de salida.
- Capa de Salida: Genera las imágenes reconstruidas, típicamente utilizando una activación sigmoide para los valores de píxeles en el rango [0, 1].

Ejemplo: Implementación del Decodificador

```
# Build the decoder network
def build_decoder(latent_dim, output_shape):
    latent_inputs = Input(shape=(latent_dim,))
    x = Dense(256, activation='relu')(latent_inputs)
    x = Dense(512, activation='relu')(x)
    outputs = Dense(output_shape, activation='sigmoid')(x)
    return Model(latent_inputs, outputs, name='decoder')

# Build the decoder
decoder = build_decoder(latent_dim, input_shape[0])
decoder.summary()
```

La red del decodificador se construye utilizando la API funcional de Keras. Comienza con una capa de entrada que recibe datos de forma latent_dim. Esto es seguido por dos capas densas (o completamente conectadas) con 256 y 512 neuronas respectivamente, cada una utilizando la función de activación ReLU (Unidad Lineal Rectificada). La capa final es otra capa densa con neuronas de output_shape y utiliza la función de activación sigmoide.

Después de definir esta estructura de red del decodificador en la función build_decoder, se construye una instancia del decodificador y se imprime su resumen (una visión concisa de las capas y parámetros de la red).

6.2.3 Combinando el Codificador y el Decodificador

A continuación, combinaremos el codificador y el decodificador para crear el modelo VAE. El VAE toma una imagen de entrada, la codifica en el espacio latente y luego la decodifica nuevamente en una imagen. El VAE se entrena para minimizar la pérdida de reconstrucción y la divergencia KL.

Arquitectura del VAE:

- Entradas: Datos de imagen originales.
- Codificador: Comprime los datos de entrada en variables latentes.
- Decodificador: Reconstruye los datos de entrada a partir de las variables latentes.
- Salidas: Imágenes reconstruidas.

Ejemplo: Implementación del Modelo VAE

```
# Define the VAE model
inputs = Input(shape=input_shape)
z_mean, z_log_var, z = encoder(inputs)
outputs = decoder(z)
vae = Model(inputs, outputs, name='vae')
vae.summary()
```

Este código comienza definiendo la forma de entrada, luego crea la parte del codificador del modelo que toma la entrada y produce la media, la varianza logarítmica y un vector latente 'z'. Luego, la parte del decodificador del modelo toma el vector latente 'z' y produce la salida. Estos componentes se combinan para formar el modelo VAE en su conjunto. La última línea del código muestra el resumen del modelo.

6.2.4 Definiendo la Función de Pérdida

La función de pérdida para los VAEs combina la pérdida de reconstrucción y la divergencia KL. La pérdida de reconstrucción mide qué tan bien el decodificador puede reconstruir los datos de entrada, mientras que la divergencia KL mide la diferencia entre la distribución latente aprendida y la distribución previa (usualmente una distribución normal estándar).

Función de Pérdida:

$$VAE\ Loss = Reconstruction\ Loss + KL\ Divergence$$

Pérdida de Reconstrucción: A menudo se mide usando la Entropía Cruzada Binaria (BCE) cuando los datos de entrada están normalizados en el rango [0, 1].

Divergencia KL: Mide la diferencia entre la distribución aprendida y la distribución previa.

Ejemplo: Implementación de la Función de Pérdida

```
# Define the VAE loss function
def vae_loss(inputs, outputs, z_mean, z_log_var):
    reconstruction_loss = tf.keras.losses.binary_crossentropy(inputs, outputs)
    reconstruction_loss *= input_shape[0]

    kl_loss = 1 + z_log_var - K.square(z_mean) - K.exp(z_log_var)
    kl_loss = K.sum(kl_loss, axis=-1)
    kl_loss *= -0.5

    return K.mean(reconstruction_loss + kl_loss)

# Compile the VAE model
vae.compile(optimizer='adam', loss=lambda x, y: vae_loss(x, y, z_mean, z_log_var))
```

La función 'vae_loss' calcula tanto la pérdida de reconstrucción como la pérdida de divergencia KL.

- La 'pérdida de reconstrucción' mide qué tan bien el VAE puede reproducir los datos de entrada después de codificarlos y decodificarlos. Utiliza la entropía cruzada binaria como la medida de diferencia entre las entradas originales y las reconstruidas.
- La 'pérdida de divergencia KL' mide cuánto se desvía la distribución de variables latentes aprendida de la distribución previa (que en este caso es una distribución normal estándar).

El modelo VAE se compila luego con el optimizador Adam y la función de pérdida definida.

6.2.5 Entrenando el VAE

Entrenar el VAE implica minimizar la función de pérdida combinada utilizando el descenso de gradiente. Usaremos el conjunto de datos MNIST para entrenar el VAE y monitorear el proceso de entrenamiento para asegurarnos de que el modelo aprenda de manera efectiva.

Ejemplo: Entrenando el VAE

```
# Train the VAE model
vae.fit(x_train, x_train, epochs=50, batch_size=128, validation_data=(x_test, x_test))
```

La función fit se está utilizando para entrenar el modelo durante 50 épocas (iteraciones sobre todo el conjunto de datos) con un tamaño de lote de 128 (el número de muestras por actualización de gradiente). Se está utilizando el mismo conjunto de datos tanto como entrada como objetivo, lo cual es típico para los autoencoders. El rendimiento del modelo se está validando usando un conjunto de datos de prueba separado.

Resumen

En esta sección, creamos exitosamente el modelo de Autoencoder Variacional (VAE) para generar dígitos escritos a mano. Definimos las redes del codificador y decodificador, las combinamos para formar el VAE, e implementamos el truco de reparametrización. También definimos la función de pérdida del VAE, que combina la pérdida de reconstrucción y la divergencia KL, y entrenamos el modelo utilizando el conjunto de datos MNIST.

Con el modelo VAE entrenado, estamos listos para pasar al siguiente paso: generar nuevos dígitos escritos a mano.

6.3 Generar Nuevos Dígitos Escritos a Mano

Con nuestro modelo de Autoencoder Variacional (VAE) entrenado, ahora podemos usarlo para generar nuevos dígitos escritos a mano. Esta sección te guiará a través del proceso de muestreo desde el espacio latente y el uso del decodificador para generar nuevas imágenes. También discutiremos cómo visualizar estos dígitos generados e interpretar los resultados.

6.3.1 Muestreo desde el Espacio Latente

El espacio latente es un espacio de menor dimensión donde el VAE codifica los datos de entrada. Para generar nuevas imágenes, necesitamos muestrear puntos desde este espacio latente y pasarlos a través del decodificador para producir imágenes.

Dado que las variables latentes se modelan como distribuciones gaussianas, podemos muestrear desde una distribución normal estándar para generar nuevas variables latentes.

Ejemplo: Muestreo y Generación de Imágenes

```
import numpy as np
import matplotlib.pyplot as plt

# Function to generate new images from the latent space
def generate_images(decoder, latent_dim, n_samples=10):
    # Sample random latent vectors from a standard normal distribution
    random_latent_vectors = np.random.normal(size=(n_samples, latent_dim))
    # Generate images by decoding the latent vectors
    generated_images = decoder.predict(random_latent_vectors)
    # Reshape the generated images for visualization
    generated_images = generated_images.reshape((n_samples, 28, 28))

    # Plot the generated images
    plt.figure(figsize=(10, 2))
    for i in range(n_samples):
        plt.subplot(1, n_samples, i + 1)
        plt.imshow(generated_images[i], cmap='gray')
        plt.axis('off')
    plt.show()
```

```
# Generate and visualize new images
generate_images(decoder, latent_dim)
```

La función 'generate_images' toma como entrada un decodificador, la dimensión del espacio latente y el número de muestras a generar. Primero, muestrea vectores latentes aleatorios de una distribución normal estándar. Estos vectores se pasan al decodificador para generar nuevas imágenes. Las imágenes generadas se remodelan para visualizarlas y luego se trazan usando matplotlib.

6.3.2 Visualización del Espacio Latente

Visualizar el espacio latente puede proporcionar información sobre cómo el VAE ha aprendido a representar los datos. Al interpolar entre puntos en el espacio latente, podemos observar cómo cambian suavemente las imágenes generadas, lo que indica que el VAE ha aprendido una representación significativa de los datos.

Ejemplo: Interpolación en el Espacio Latente

```
# Function to perform latent space interpolation
def interpolate_latent_space(decoder, latent_dim, n_interpolations=10):
    # Sample two random latent vectors from a standard normal distribution
    start_point = np.random.normal(size=(1, latent_dim))
    end_point = np.random.normal(size=(1, latent_dim))
    # Linearly interpolate between the two points
    interpolation = np.linspace(start_point, end_point, n_interpolations)

    # Generate images by decoding the interpolated latent vectors
    generated_images = decoder.predict(interpolation)
    generated_images = generated_images.reshape((n_interpolations, 28, 28))

    # Plot the interpolated images
    plt.figure(figsize=(15, 2))
    for i in range(n_interpolations):
        plt.subplot(1, n_interpolations, i + 1)
        plt.imshow(generated_images[i], cmap='gray')
        plt.axis('off')
    plt.show()

# Interpolate and visualize the latent space
interpolate_latent_space(decoder, latent_dim)
```

El código de ejemplo define una función llamada interpolate_latent_space, que realiza una interpolación en el espacio latente.

La función funciona de la siguiente manera:

1. Muestra dos vectores aleatorios de una distribución normal estándar. Estos vectores representan puntos en el espacio latente (el punto de inicio y el punto final).

2. Luego, genera una serie de puntos entre estos dos puntos utilizando interpolación lineal. El número de puntos está definido por n_interpolations.
3. La función usa un decoder (una parte del modelo que transforma puntos en el espacio latente en puntos de datos) para generar nuevas imágenes a partir de estos puntos interpolados.
4. Estas imágenes se remodelan y se trazan para su visualización. Las imágenes representan la transformación gradual desde la representación de datos del punto de inicio hasta la del punto final en el espacio latente.

Finalmente, se llama a la función interpolate_latent_space con decoder y latent_dim como argumentos para realizar y visualizar la interpolación en el espacio latente.

6.3.3 Generación de Dígitos con Características Específicas

Al explorar diferentes regiones del espacio latente, podemos generar dígitos con características específicas. Por ejemplo, podríamos descubrir que ciertas áreas del espacio latente corresponden a dígitos con formas o trazos específicos. Esto puede ser útil para aplicaciones donde se necesiten tipos específicos de dígitos.

Ejemplo: Exploración de Características Latentes Específicas

```
# Function to explore specific latent features
def explore_latent_features(decoder, latent_dim, feature_vector, variation_range=(-3, 3), n_variations=10):
    # Create a set of latent vectors varying one feature
    feature_variations = np.linspace(variation_range[0], variation_range[1], n_variations)
    latent_vectors = np.zeros((n_variations, latent_dim))
    for i, variation in enumerate(feature_variations):
        latent_vectors[i] = feature_vector
        latent_vectors[i, 0] = variation  # Vary the first feature for demonstration

    # Generate images by decoding the latent vectors
    generated_images = decoder.predict(latent_vectors)
    generated_images = generated_images.reshape((n_variations, 28, 28))

    # Plot the generated images
    plt.figure(figsize=(15, 2))
    for i in range(n_variations):
        plt.subplot(1, n_variations, i + 1)
        plt.imshow(generated_images[i], cmap='gray')
        plt.axis('off')
    plt.show()

# Example feature vector
example_feature_vector = np.random.normal(size=(latent_dim,))

# Explore specific latent features
```

explore_latent_features(decoder, latent_dim, example_feature_vector)

Este código define una función llamada explore_latent_features. Esta función está diseñada para examinar características latentes específicas en el decodificador de una red neuronal.

La función toma como parámetros un decodificador, la dimensión del espacio latente, un vector de características y dos parámetros opcionales que definen el rango de variación y el número de variaciones.

Funciona creando un conjunto de vectores latentes que varían una característica a lo largo de un rango especificado por el usuario. Estos vectores latentes se pasan a través del decodificador para generar imágenes.

Las imágenes generadas se remodelan y se trazan para visualizar cómo la variación de la característica latente específica afecta el resultado. Luego, se llama a la función con un vector de características de ejemplo para demostrar su uso.

6.3.4 Generación de Dígitos Diversos

Para generar un conjunto diverso de dígitos, podemos muestrear múltiples puntos del espacio latente. Al asegurarnos de que el espacio latente esté bien estructurado y sea diverso, podemos generar una amplia variedad de dígitos que se asemejen a los datos de entrenamiento.

Ejemplo: Generación de un Conjunto Diverso de Dígitos

```
# Function to generate a diverse set of digits
def generate_diverse_digits(decoder, latent_dim, n_samples=100):
    # Sample random latent vectors from a standard normal distribution
    random_latent_vectors = np.random.normal(size=(n_samples, latent_dim))
    # Generate images by decoding the latent vectors
    generated_images = decoder.predict(random_latent_vectors)
    generated_images = generated_images.reshape((n_samples, 28, 28))

    # Plot a subset of the generated images
    n_display = 10
    plt.figure(figsize=(10, 2))
    for i in range(n_display):
        plt.subplot(1, n_display, i + 1)
        plt.imshow(generated_images[i], cmap='gray')
        plt.axis('off')
    plt.show()

# Generate and visualize a diverse set of digits
generate_diverse_digits(decoder, latent_dim)
```

Este script define y llama a una función llamada "generate_diverse_digits". El propósito de esta función es generar un conjunto diverso de imágenes de dígitos utilizando un modelo decodificador y una dimensión latente.

La función trabaja de la siguiente manera:

1. Muestra vectores latentes aleatorios de una distribución normal estándar. El número de muestras está determinado por el parámetro n_samples, y la dimensionalidad de cada vector está determinada por latent_dim.
2. Utiliza el modelo decodificador para generar imágenes a partir de los vectores latentes aleatorios. Las imágenes generadas se remodelan en una cuadrícula 2D de imágenes de 28x28 píxeles.
3. Dibuja un subconjunto de las imágenes generadas. El número de imágenes a mostrar está determinado por n_display. Para cada imagen generada, crea una subtrama, muestra la imagen en escala de grises y elimina el eje.

Finalmente, la función se llama con el modelo decodificador y la dimensión latente para generar y visualizar un conjunto diverso de dígitos.

Resumen

En esta sección, exploramos el proceso de generar nuevos dígitos manuscritos utilizando un Autoencoder Variacional (VAE) entrenado. Discutimos cómo muestrear del espacio latente y usar el decodificador para generar imágenes. También demostramos cómo visualizar el espacio latente mediante interpolación y explorar características latentes específicas. Al generar conjuntos diversos de dígitos, destacamos la capacidad del VAE para producir una amplia variedad de imágenes realistas.

Estas técnicas proporcionan valiosos conocimientos sobre las capacidades de los VAEs y su potencial aplicación en modelos generativos.

6.4 Evaluación del Modelo

Evaluar el rendimiento de un Autoencoder Variacional (VAE) es crucial para asegurar que ha aprendido representaciones latentes significativas y puede generar imágenes de alta calidad. En esta sección, discutiremos varios métodos para evaluar nuestro VAE, incluyendo métricas cuantitativas y evaluaciones cualitativas. También proporcionaremos ejemplos de código para demostrar estas técnicas de evaluación.

6.4.1 Métricas Cuantitativas de Evaluación

Las métricas cuantitativas proporcionan medidas objetivas del rendimiento del modelo. Para los VAEs, algunas métricas comunes incluyen la pérdida de reconstrucción, la divergencia KL, la puntuación de Inception (IS) y la distancia de Inception de Fréchet (FID).

Pérdida de Reconstrucción

La pérdida de reconstrucción mide qué tan bien el decodificador puede reconstruir las imágenes de entrada a partir de las variables latentes. Una menor pérdida de reconstrucción indica que el modelo es capaz de generar imágenes que se asemejan mucho a la entrada original.

Ejemplo: Cálculo de la Pérdida de Reconstrucción

```
import numpy as np
from tensorflow.keras.losses import binary_crossentropy

# Calculate reconstruction loss for the test set
reconstructed_images = vae.predict(x_test)
reconstruction_loss = np.mean(binary_crossentropy(x_test, reconstructed_images))

print(f"Reconstruction Loss: {reconstruction_loss}")
```

El script primero carga las bibliotecas necesarias. Luego, utiliza el modelo VAE entrenado para crear imágenes reconstruidas a partir del conjunto de datos de prueba. La pérdida de reconstrucción, que mide la diferencia entre las imágenes originales y las reconstruidas, se calcula utilizando la función de pérdida de entropía cruzada binaria. Finalmente, se imprime la pérdida de reconstrucción.

Divergencia KL

La Divergencia KL mide la diferencia entre la distribución latente aprendida y la distribución previa (generalmente una distribución normal estándar). Una menor divergencia KL indica que la distribución latente está más cerca de la distribución previa deseada.

Ejemplo: Cálculo de la Divergencia KL

```
# Calculate KL Divergence for the test set
def calculate_kl_divergence(encoder, x_test):
    z_mean, z_log_var, _ = encoder.predict(x_test)
    kl_divergence = 1 + z_log_var - np.square(z_mean) - np.exp(z_log_var)
    kl_divergence = np.sum(kl_divergence, axis=-1)
    kl_divergence *= -0.5
    return np.mean(kl_divergence)

kl_divergence = calculate_kl_divergence(encoder, x_test)
print(f"KL Divergence: {kl_divergence}")
```

La función calculate_kl_divergence toma un encoder y x_test como entradas. El encoder predice la media y la varianza logarítmica (z_mean y z_log_var), y estos se utilizan para calcular la divergencia KL. La divergencia KL se calcula para cada punto de datos en el conjunto de prueba, y luego se devuelve la media de la divergencia KL a través de todo el conjunto.

Finalmente, la divergencia KL se calcula utilizando esta función y se imprime en la consola.

Inception Score (IS)

El Inception Score evalúa la calidad y la diversidad de las imágenes generadas. Utiliza una red Inception preentrenada para clasificar las imágenes generadas y calcula la divergencia KL entre la distribución de etiquetas condicional y la distribución de etiquetas marginal.

Ejemplo: Cálculo del Inception Score

```
from tensorflow.keras.applications.inception_v3 import InceptionV3, preprocess_input
from scipy.stats import entropy

# Function to calculate Inception Score
def calculate_inception_score(images, n_split=10, eps=1E-16):
    model = InceptionV3(include_top=False, pooling='avg', input_shape=(299, 299, 3))
    images_resized = tf.image.resize(images, (299, 299))
    images_preprocessed = preprocess_input(images_resized)
    preds = model.predict(images_preprocessed)

    split_scores = []
    for i in range(n_split):
        part = preds[i * preds.shape[0] // n_split: (i + 1) * preds.shape[0] //
n_split]
        py = np.mean(part, axis=0)
        scores = []
        for p in part:
            scores.append(entropy(p, py))
        split_scores.append(np.exp(np.mean(scores)))
    return np.mean(split_scores), np.std(split_scores)

# Generate images for evaluation
n_samples = 1000
random_latent_vectors = np.random.normal(size=(n_samples, latent_dim))
generated_images = decoder.predict(random_latent_vectors)
generated_images = generated_images.reshape((n_samples, 28, 28, 1))

# Calculate Inception Score
is_mean, is_std = calculate_inception_score(generated_images)
print(f"Inception Score: {is_mean} ± {is_std}")
```

La función calculate_inception_score toma un conjunto de imágenes como entrada, redimensiona las imágenes al tamaño adecuado para el modelo InceptionV3 y preprocesa las imágenes. Luego, utiliza el modelo InceptionV3 para hacer predicciones sobre las imágenes preprocesadas.

La función calcula el Inception Score dividiendo las predicciones en partes, calculando la entropía entre cada parte y la media de todas las partes, y luego promediando las puntuaciones de entropía exponenciadas a través de todas las partes.

Finalmente, genera un conjunto de imágenes a partir de vectores latentes aleatorios utilizando un decodificador (presumiblemente de un GAN), remodela las imágenes y calcula el Inception

Score para las imágenes generadas. La media y la desviación estándar del Inception Score se imprimen a continuación.

Fréchet Inception Distance (FID)

FID mide la distancia entre las distribuciones de imágenes reales y generadas. Los puntajes FID más bajos indican que las imágenes generadas son más similares a las imágenes reales.

Ejemplo: Cálculo del FID

```
from numpy import cov, trace, iscomplexobj
from scipy.linalg import sqrtm

# Function to calculate FID
def calculate_fid(real_images, generated_images):
    model = InceptionV3(include_top=False, pooling='avg', input_shape=(299, 299, 3))
    real_images_resized = tf.image.resize(real_images, (299, 299))
    generated_images_resized = tf.image.resize(generated_images, (299, 299))
    real_images_preprocessed = preprocess_input(real_images_resized)
    generated_images_preprocessed = preprocess_input(generated_images_resized)
    act1 = model.predict(real_images_preprocessed)
    act2 = model.predict(generated_images_preprocessed)

    mu1, sigma1 = act1.mean(axis=0), cov(act1, rowvar=False)
    mu2, sigma2 = act2.mean(axis=0), cov(act2, rowvar=False)
    ssdiff = np.sum((mu1 - mu2) ** 2.0)
    covmean = sqrtm(sigma1.dot(sigma2))
    if iscomplexobj(covmean):
        covmean = covmean.real
    fid = ssdiff + trace(sigma1 + sigma2 - 2.0 * covmean)
    return fid

# Sample real images
real_images = x_test[:n_samples].reshape((n_samples, 28, 28, 1))

# Calculate FID
fid_score = calculate_fid(real_images, generated_images)
print(f"FID Score: {fid_score}")
```

La función calculate_fid toma dos parámetros: real_images y generated_images. Primero, redimensiona las imágenes a las dimensiones esperadas por el modelo InceptionV3 (299x299 píxeles). Luego, las imágenes se preprocesan y se alimentan al modelo para obtener sus activaciones.

Se calculan la media y la covarianza de las activaciones, que luego se utilizan para calcular el puntaje FID. El puntaje FID es una medida de similitud entre los dos conjuntos de imágenes; los puntajes más bajos indican imágenes generadas de mejor calidad o más similares.

Finalmente, se calcula y se imprime el puntaje FID entre una muestra de imágenes reales y las imágenes generadas.

6.4.2 Evaluación Cualitativa

La evaluación cualitativa implica inspeccionar visualmente las imágenes generadas para evaluar su calidad y diversidad. Este método es subjetivo, pero proporciona información valiosa sobre el rendimiento del modelo.

Inspección Visual

La inspección visual implica generar un conjunto de imágenes y examinarlas para evaluar su realismo y diversidad. Esto ayuda a identificar cualquier problema obvio, como borrosidad, artefactos o colapso de modos.

Ejemplo: Visualización de Imágenes Generadas

```
# Function to visualize generated images
def visualize_generated_images(decoder, latent_dim, n_samples=10):
    random_latent_vectors = np.random.normal(size=(n_samples, latent_dim))
    generated_images = decoder.predict(random_latent_vectors)
    generated_images = generated_images.reshape((n_samples, 28, 28))

    plt.figure(figsize=(10, 2))
    for i in range(n_samples):
        plt.subplot(1, n_samples, i + 1)
        plt.imshow(generated_images[i], cmap='gray')
        plt.axis('off')
    plt.show()

# Visualize generated images
visualize_generated_images(decoder, latent_dim)
```

Este ejemplo define una función, visualize_generated_images, y la utiliza. Esta función genera imágenes a partir de vectores latentes aleatorios (un tipo de representación de datos) utilizando un modelo de decodificador dado. Luego, remodela las imágenes generadas y las visualiza en una cuadrícula de subplots de 1 por n_samples. Después de definir la función, el script la llama para visualizar algunas imágenes generadas por el modelo 'decoder' con una 'latent_dim' (dimensión latente) especificada.

Recorrido del Espacio Latente

El recorrido del espacio latente implica interpolar entre puntos en el espacio latente y generar imágenes en cada paso. Esta técnica ayuda a visualizar cómo el VAE transita suavemente entre diferentes puntos de datos y puede revelar la estructura del espacio latente.

Ejemplo: Recorrido del Espacio Latente

```
# Function to perform latent space traversal
def latent_space_traversal(decoder, latent_dim, n_steps=10):
    start_point = np.random.normal(size=(1, latent_dim))
    end_point = np.random.normal(size=(1, latent_dim))
```

```
    interpolation = np.linspace(start_point, end_point, n_steps)

    generated_images = decoder.predict(interpolation)
    generated_images = generated_images.reshape((n_steps, 28, 28))

    plt.figure(figsize=(15, 2))
    for i in range(n_steps):
        plt.subplot(1, n_steps, i + 1)
        plt.imshow(generated_images[i], cmap='gray')
        plt.axis('off')
    plt.show()

# Perform latent space traversal
latent_space_traversal(decoder, latent_dim)
```

Esta es una función llamada 'latent_space_traversal'. Toma tres parámetros: un decodificador, una dimensión latente y un número opcional de pasos, que por defecto está configurado en 10. La función genera dos puntos aleatorios en el espacio latente, que son los puntos de inicio y final. Luego, crea una interpolación lineal entre estos dos puntos.

Los puntos generados en el espacio latente se pasan a través del decodificador para generar imágenes. Estas imágenes se remodelan en un formato de 28x28 píxeles (común para las imágenes del conjunto de datos MNIST) y se muestran en una gráfica. La última línea de código llama y ejecuta la función.

6.4.3 Evaluación de Características Específicas

Al explorar diferentes regiones del espacio latente, podemos generar dígitos con características específicas y evaluar qué tan bien el VAE ha aprendido a representar estas características.

Ejemplo: Exploración de Características Latentes Específicas

```
# Function to explore specific latent features
def explore_latent_features(decoder, latent_dim, feature_vector, variation_range=(-3,
3), n_variations=10):
    feature_variations    =    np.linspace(variation_range[0],    variation_range[1],
n_variations)
    latent_vectors = np.zeros((n_variations, latent_dim))
    for i, variation in enumerate(feature_variations):
        latent_vectors[i] = feature_vector
        latent_vectors[i, 0] = variation  # Vary the first feature for demonstration

    generated_images = decoder.predict(latent_vectors)
    generated_images = generated_images.reshape((n_variations, 28, 28))

    plt.figure(figsize=(15, 2))
    for i in range(n_variations):
        plt.subplot(1, n_variations, i + 1)
        plt.imshow(generated_images[i], cmap='gray')
        plt.axis('off')
```

```
    plt.show()

# Example feature vector
example_feature_vector = np.random.normal(size=(latent_dim,))

# Explore specific latent features
explore_latent_features(decoder, latent_dim, example_feature_vector)
```

.Este código de ejemplo es para una función llamada explore_latent_features. Esta función se utiliza para explorar y visualizar los efectos de variar características latentes específicas en un modelo generativo, como un Autoencoder Variacional (VAE). La función toma un modelo de decodificador, la dimensionalidad del espacio latente (latent_dim), un vector de características (feature_vector) y parámetros para el rango y el número de variaciones a aplicar al vector de características.

Primero, la función genera un conjunto de nuevos vectores latentes aplicando un rango de variaciones al vector de características de entrada. Luego, utiliza el modelo de decodificador para generar imágenes a partir de estos vectores latentes y remodela las imágenes para su visualización.

A continuación, traza las imágenes generadas en una fila, mostrando los efectos de variar la característica latente específica en las imágenes generadas. Utiliza un vector de características de ejemplo generado aleatoriamente a partir de una distribución normal para la demostración.

En el ejemplo, se varía la primera característica para la demostración. Sin embargo, puede modificar el índice para explorar otras características latentes.

6.5 Mejora de la Generación de Dígitos con Beta-VAE

Beta-VAE es una extensión del VAE estándar que introduce un hiperparámetro β para controlar el equilibrio entre la pérdida de reconstrucción y la divergencia KL en la función de pérdida. Esta modificación puede alentar al modelo a aprender representaciones más disentrelazadas en el espacio latente, lo cual puede ser particularmente útil para generar imágenes de alta calidad y diversidad. En esta sección, mejoraremos nuestro proyecto de generación de dígitos implementando un Beta-VAE y explorando sus beneficios.

6.5.1 Entendiendo el Beta-VAE

La idea clave detrás del Beta-VAE es introducir un hiperparámetro (β) en la función de pérdida para ponderar el término de la divergencia KL. Al ajustar (β), podemos controlar la compensación entre la fidelidad de las reconstrucciones y la regularidad del espacio latente.

Función de Pérdida del Beta-VAE:

$$Beta - VAE\ Loss = Reconstruction\ Loss + \beta \times KL\ Divergence$$

Cuando (β> 1), el modelo pone más énfasis en la divergencia KL, promoviendo representaciones disentrelazadas. Por el contrario, cuando (β< 1), el modelo se enfoca más en reconstrucciones precisas.

6.5.2 Implementación del Beta-VAE

Modificaremos nuestra implementación existente del VAE para incorporar el hiperparámetro (β). Esto implica actualizar la función de pérdida y recompilar el modelo.

Ejemplo: Implementación del Beta-VAE

```
import tensorflow as tf
from tensorflow.keras.layers import Input, Dense, Lambda, Layer
from tensorflow.keras.models import Model
from tensorflow.keras import backend as K

# Define the sampling layer using the reparameterization trick
class Sampling(Layer):
    def call(self, inputs):
        z_mean, z_log_var = inputs
        batch = tf.shape(z_mean)[0]
        dim = tf.shape(z_mean)[1]
        epsilon = K.random_normal(shape=(batch, dim))
        return z_mean + K.exp(0.5 * z_log_var) * epsilon

# Build the encoder network
def build_encoder(input_shape, latent_dim):
    inputs = Input(shape=input_shape)
    x = Dense(512, activation='relu')(inputs)
    x = Dense(256, activation='relu')(x)
    z_mean = Dense(latent_dim, name='z_mean')(x)
    z_log_var = Dense(latent_dim, name='z_log_var')(x)
    z = Sampling()([z_mean, z_log_var])
    return Model(inputs, [z_mean, z_log_var, z], name='encoder')

# Build the decoder network
def build_decoder(latent_dim, output_shape):
    latent_inputs = Input(shape=(latent_dim,))
    x = Dense(256, activation='relu')(latent_inputs)
    x = Dense(512, activation='relu')(x)
    outputs = Dense(output_shape, activation='sigmoid')(x)
    return Model(latent_inputs, outputs, name='decoder')

# Define the input shape and latent dimension
input_shape = (784,)
```

```
latent_dim = 2

# Build the encoder and decoder
encoder = build_encoder(input_shape, latent_dim)
decoder = build_decoder(latent_dim, input_shape[0])

# Define the Beta-VAE model
inputs = Input(shape=input_shape)
z_mean, z_log_var, z = encoder(inputs)
outputs = decoder(z)
beta_vae = Model(inputs, outputs, name='beta_vae')

# Define the Beta-VAE loss function
def beta_vae_loss(inputs, outputs, z_mean, z_log_var, beta=4.0):
    reconstruction_loss = tf.keras.losses.binary_crossentropy(inputs, outputs)
    reconstruction_loss *= input_shape[0]

    kl_loss = 1 + z_log_var - K.square(z_mean) - K.exp(z_log_var)
    kl_loss = K.sum(kl_loss, axis=-1)
    kl_loss *= -0.5

    return K.mean(reconstruction_loss + beta * kl_loss)

# Compile the Beta-VAE model
beta_vae.compile(optimizer='adam', loss=lambda x, y: beta_vae_loss(x, y, z_mean,
z_log_var, beta=4.0))

# Train the Beta-VAE model
beta_vae.fit(x_train, x_train, epochs=50, batch_size=128, validation_data=(x_test,
x_test))
```

Este código contiene los siguientes pasos principales:

1. Importar las bibliotecas y módulos necesarios de TensorFlow.
2. Definir una capa personalizada Sampling que utiliza el truco de reparametrización para muestrear desde el espacio latente.
3. Definir funciones para construir las partes del codificador y decodificador del VAE. El codificador toma datos de entrada y genera parámetros de la distribución del espacio latente (media y varianza logarítmica), así como un vector latente muestreado. El decodificador toma un vector latente y genera un punto de datos reconstruido.
4. Definir la forma de entrada y la dimensión latente, y construir el codificador y el decodificador.
5. Definir el modelo Beta-VAE, que toma datos de entrada, los pasa por el codificador para obtener un vector latente muestreado, y luego pasa el vector latente por el decodificador para obtener los datos reconstruidos.

6. Definir una función de pérdida personalizada para el Beta-VAE, que es una combinación de la pérdida de reconstrucción (qué tan bien el VAE puede reconstruir los datos de entrada) y la pérdida de divergencia KL (qué tan bien coincide la distribución del espacio latente con una distribución objetivo).
7. Compilar el modelo Beta-VAE con el optimizador Adam y la función de pérdida personalizada.
8. Entrenar el modelo Beta-VAE con algunos datos de entrenamiento 'x_train' y validarlo con algunos datos de prueba 'x_test'.

6.5.3 Evaluación del Beta-VAE

Después de entrenar el Beta-VAE, evaluaremos su rendimiento utilizando las mismas métricas y técnicas que utilizamos para el VAE estándar. Esto nos ayudará a entender el impacto del parámetro (β) en la capacidad del modelo para generar imágenes de alta calidad y diversidad.

Ejemplo: Evaluación del Beta-VAE

```
# Calculate reconstruction loss for the Beta-VAE
reconstructed_images = beta_vae.predict(x_test)
beta_reconstruction_loss = np.mean(binary_crossentropy(x_test, reconstructed_images))

print(f"Beta-VAE Reconstruction Loss: {beta_reconstruction_loss}")

# Calculate KL Divergence for the Beta-VAE
beta_kl_divergence = calculate_kl_divergence(encoder, x_test)
print(f"Beta-VAE KL Divergence: {beta_kl_divergence}")

# Generate images for evaluation
n_samples = 1000
random_latent_vectors = np.random.normal(size=(n_samples, latent_dim))
beta_generated_images = decoder.predict(random_latent_vectors)
beta_generated_images = beta_generated_images.reshape((n_samples, 28, 28, 1))

# Calculate Inception Score for Beta-VAE
beta_is_mean, beta_is_std = calculate_inception_score(beta_generated_images)
print(f"Beta-VAE Inception Score: {beta_is_mean} ± {beta_is_std}")

# Calculate FID for Beta-VAE
beta_fid_score = calculate_fid(real_images, beta_generated_images)
print(f"Beta-VAE FID Score: {beta_fid_score}")
```

Este fragmento de código Python es para evaluar el rendimiento de un Beta-VAE:

1. Primero, calcula la pérdida de reconstrucción comparando las imágenes de prueba originales con las imágenes reconstruidas por el Beta-VAE.

2. Luego, calcula la divergencia de Kullback-Leibler (KL) como una medida de cuán diferente es una distribución de probabilidad en comparación con una segunda distribución de probabilidad de referencia.
3. Genera imágenes desde el Beta-VAE utilizando vectores latentes aleatorios.
4. Calcula el Inception Score (IS), una métrica utilizada para evaluar la calidad de las imágenes generadas en modelos generativos.
5. Finalmente, calcula el Fréchet Inception Distance (FID), otra métrica para evaluar la calidad de las imágenes generadas por el modelo, comparándolas con imágenes reales.

6.5.4 Visualización de Resultados del Beta-VAE

Inspeccionaremos visualmente las imágenes generadas por el Beta-VAE para evaluar su calidad y diversidad. Esta evaluación cualitativa nos ayudará a entender cómo el Beta-VAE mejora con respecto al VAE estándar.

Ejemplo: Visualización de Imágenes Generadas por el Beta-VAE

```
# Visualize generated images from Beta-VAE
visualize_generated_images(decoder, latent_dim)

# Perform latent space traversal for Beta-VAE
latent_space_traversal(decoder, latent_dim)

# Explore specific latent features for Beta-VAE
explore_latent_features(decoder, latent_dim, example_feature_vector)
```

1. visualize_generated_images(decoder, latent_dim): Esta función se utiliza para visualizar imágenes generadas por el modelo Beta-VAE. Los parámetros "decoder" y "latent_dim" probablemente se refieren a la parte decodificadora del modelo y la dimensionalidad del espacio latente, respectivamente.
2. latent_space_traversal(decoder, latent_dim): Esta función probablemente realiza una exploración del espacio latente del Beta-VAE. Esta es una técnica utilizada para explorar y entender las representaciones aprendidas en el espacio latente.
3. explore_latent_features(decoder, latent_dim, example_feature_vector): Esta función se utiliza para explorar características específicas en el espacio latente del Beta-VAE. El parámetro "example_feature_vector" es probablemente un vector específico en el espacio latente para el cual la función generará y mostrará una imagen.

Resumen

En esta sección, mejoramos nuestro proyecto de generación de dígitos implementando un Beta-VAE. Introdujimos el hiperparámetro (β) para controlar el equilibrio entre la pérdida de reconstrucción y la divergencia KL, promoviendo representaciones más disentrelazadas en el espacio latente. Actualizamos nuestra función de pérdida, entrenamos el Beta-VAE y evaluamos su rendimiento utilizando métodos tanto cuantitativos como cualitativos.

El Beta-VAE demostró un rendimiento mejorado en la generación de imágenes de alta calidad y diversidad, destacando los beneficios de usar el parámetro (β) para controlar el equilibrio entre la precisión de la reconstrucción y la regularidad del espacio latente. Al comprender y aprovechar estas técnicas, puedes mejorar tus proyectos de modelado generativo y lograr mejores resultados en diversas aplicaciones.

Quiz: Variational Autoencoders (VAEs)

Prueba tus conocimientos sobre los conceptos y técnicas cubiertos en la Parte III. Este cuestionario te ayudará a reforzar tu comprensión de los Autoencoders Variacionales (VAEs), sus aplicaciones y el proyecto específico que completamos.

Pregunta 1: Conceptos básicos de los VAEs

¿Cuál es el propósito principal del término de Divergencia KL en la función de pérdida del VAE?

A) Medir el error de reconstrucción del decodificador.

B) Asegurar que el espacio latente siga una distribución previa.

C) Aumentar la complejidad del modelo.

D) Reducir el número de parámetros en el codificador.

Pregunta 2: Preprocesamiento de datos

¿Por qué es importante normalizar los valores de los píxeles del conjunto de datos MNIST al rango [0, 1] antes de entrenar el VAE?

A) Para hacer que los datos sean más legibles.

B) Para mejorar la eficiencia y el rendimiento del entrenamiento.

C) Para reducir el tamaño del conjunto de datos.

D) Para simplificar la arquitectura de la red.

Pregunta 3: Arquitectura del modelo

En el contexto de los VAEs, ¿cuál es el propósito del truco de reparametrización?

A) Reducir la dimensionalidad de los datos de entrada.

B) Permitir la retropropagación a través del proceso de muestreo estocástico.

C) Mejorar la capacidad del decodificador para reconstruir imágenes.

D) Normalizar el espacio latente.

Pregunta 4: Beta-VAE

¿Qué efecto tiene aumentar el parámetro β en un Beta-VAE sobre el modelo?

A) Reduce la precisión de reconstrucción mientras promueve el desentrelazamiento en el espacio latente.

B) Aumenta la precisión de reconstrucción y reduce la divergencia KL.

C) Simplifica la arquitectura de la red.

D) Elimina la necesidad de una red de decodificación.

Pregunta 5: Espacio Latente

¿Cuál de las siguientes técnicas se puede usar para visualizar la estructura del espacio latente aprendido por un VAE?

A) Matriz de confusión

B) Análisis de Componentes Principales (PCA)

C) Exploración del Espacio Latente

D) Curva ROC

Pregunta 6: Modelos Generativos

¿Cuál de las siguientes afirmaciones sobre el decodificador en un VAE es correcta?

A) Codifica los datos de entrada en variables latentes.

B) Reconstruye los datos de entrada a partir de las variables latentes.

C) Calcula la divergencia KL.

D) Normaliza los datos de entrada.

Pregunta 7: Métricas de Evaluación

¿Qué métrica se usa para evaluar la diversidad y calidad de las imágenes generadas por un VAE?

A) Error Cuadrático Medio (MSE)

B) Inception Score (IS)

C) Curva de Precisión-Recall

D) Matriz de Confusión

Pregunta 8: Implementación del Proyecto

En nuestro proyecto, ¿qué conjunto de datos utilizamos para entrenar el VAE para generar dígitos escritos a mano?

A) CIFAR-10

B) ImageNet

C) MNIST

D) Fashion MNIST

Pregunta 9: Aplicación Práctica

¿Cómo puede el Beta-VAE ser beneficioso sobre el VAE estándar en aplicaciones prácticas?

A) Reduciendo la complejidad computacional.

B) Mejorando la precisión de las tareas de clasificación de imágenes.

C) Aprendiendo representaciones más desentrelazadas en el espacio latente.

D) Aumentando la velocidad de entrenamiento.

Pregunta 10: Pérdida de Reconstrucción

¿Qué indica una pérdida de reconstrucción más baja en el contexto de los VAEs?

A) El modelo tiene un espacio latente más regular.

B) El modelo genera imágenes con mayor diversidad.

C) El decodificador puede reconstruir de cerca las imágenes de entrada originales.

D) El modelo requiere menos épocas de entrenamiento.

Respuestas

1. B) Asegurar que el espacio latente siga una distribución previa.
2. B) Para mejorar la eficiencia y el rendimiento del entrenamiento.
3. B) Permitir la retropropagación a través del proceso de muestreo estocástico.
4. A) Reduce la precisión de reconstrucción mientras promueve el desentrelazamiento en el espacio latente.
5. C) Exploración del Espacio Latente.
6. B) Reconstruye los datos de entrada a partir de las variables latentes.
7. B) Inception Score (IS).
8. C) MNIST.
9. C) Aprendiendo representaciones más desentrelazadas en el espacio latente.
10. C) El decodificador puede reconstruir de cerca las imágenes de entrada originales.

Este cuestionario cubre los conceptos esenciales y las técnicas introducidas en la Parte III del libro y ayuda a reforzar tu comprensión de los Autoencoders Variacionales (VAEs) y sus aplicaciones.

Parte IV: Modelos Autoregresivos

Capítulo 7: Comprendiendo los Modelos Autoregresivos

Los modelos autoregresivos han sido el foco de considerable interés en el amplio campo del Deep Learning. Este interés se debe en gran parte a su impresionante capacidad para modelar distribuciones de datos complejas con gran precisión y generar muestras de alta calidad. Estos modelos operan prediciendo cada punto de datos basado en los anteriores. Esta característica única los hace particularmente efectivos para tareas que involucran datos secuenciales y generación de imágenes, donde el orden y la secuencia de los puntos de datos son cruciales.

En este capítulo, profundizaremos en los intrincados detalles de los modelos autoregresivos. Exploraremos los conceptos fundamentales que rigen su operación, profundizaremos en las estructuras de sus arquitecturas y obtendremos una comprensión sólida de cómo se pueden aplicar a varias tareas en diferentes dominios. La discusión iluminará la versatilidad y el poder de estos modelos, y proporcionará ideas sobre sus mecanismos.

Comenzaremos nuestra discusión examinando dos modelos autoregresivos pioneros en detalle: PixelRNN y PixelCNN. Estos modelos innovadores han sentado las bases para numerosos avances posteriores en el campo. Son conocidos por su notable capacidad para generar imágenes de alta fidelidad, un testimonio de la sofisticación de su diseño y la efectividad del enfoque autoregresivo. A través de estos modelos, obtendremos una visión del potencial de los modelos autoregresivos y los avances que han hecho posibles en el campo del Deep Learning.

7.1 PixelRNN y PixelCNN

PixelRNN y PixelCNN son modelos innovadores en el campo del Deep Learning, específicamente diseñados para generar imágenes de alta calidad. Ambos son modelos autoregresivos, lo que significa que generan imágenes prediciendo cada píxel en función de los anteriores.

PixelRNN utiliza redes neuronales recurrentes (RNN) para capturar las dependencias entre píxeles en una imagen. Opera de manera secuencial, procesando imágenes en un orden de escaneo de trama. Esto significa que predice cada píxel en función de los anteriores, recorriendo la imagen fila por fila, de izquierda a derecha y de arriba a abajo. Utiliza componentes como Unidades Recurrentes Gated (GRU) o Unidades de Memoria a Largo Plazo

(LSTM) para capturar dependencias a largo plazo en las imágenes, lo que da como resultado salidas altamente detalladas.

Por otro lado, PixelCNN mejora PixelRNN al utilizar redes neuronales convolucionales (CNN) en lugar de RNN. Este cambio arquitectónico significativo permite que PixelCNN paralelice los cálculos, lo que acelera los procesos de entrenamiento e inferencia. Para garantizar que cada píxel solo esté influenciado por los píxeles arriba y a la izquierda (preservando la propiedad autoregresiva), PixelCNN introduce un concepto llamado convoluciones enmascaradas. Además, a menudo emplea conexiones residuales para estabilizar el entrenamiento y mejorar el rendimiento general del modelo.

Tanto PixelRNN como PixelCNN han sido influyentes en el campo de la modelización generativa, ya que son capaces de crear imágenes altamente realistas y coherentes a partir de distribuciones de datos complejas. Si bien tienen enfoques y estructuras diferentes, ambos han contribuido significativamente a los avances en las tareas de generación de imágenes.

7.1.1 PixelRNN

PixelRNN es un tipo influyente de red neuronal artificial específicamente diseñada para generar imágenes de alta calidad. Es un tipo de modelo autoregresivo, lo que significa que genera imágenes prediciendo cada píxel en función de los anteriores.

PixelRNN utiliza un tipo de arquitectura de red conocida como redes neuronales recurrentes (RNN) para capturar las dependencias entre los píxeles en una imagen. Este modelo opera de manera secuencial, procesando imágenes en un orden de escaneo de trama. Esto significa que predice cada píxel en función de los anteriores, recorriendo la imagen fila por fila, de izquierda a derecha y de arriba a abajo.

El modelo PixelRNN a menudo utiliza componentes como Unidades Recurrentes Gated (GRU) o Unidades de Memoria a Largo Plazo (LSTM) para capturar dependencias a largo plazo en las imágenes, lo que da como resultado salidas altamente detalladas. Estos componentes avanzados ayudan al modelo a recordar información durante largos períodos, lo cual es particularmente útil cuando hay una cantidad significativa de tiempo o puntos de datos entre la información relevante en los datos.

El diseño y la efectividad de PixelRNN han hecho posible generar imágenes de alta fidelidad, un testimonio de la sofisticación del enfoque autoregresivo. Esto ha resultado en avances significativos en el campo del Deep Learning, haciendo de PixelRNN una herramienta fundamental en tareas de modelización generativa.

Componentes Clave de PixelRNN:

- **Redes Neuronales Recurrentes (RNN):** Son los bloques de construcción fundamentales de PixelRNN. Las RNN se utilizan para capturar las dependencias entre los píxeles, permitiendo que el modelo entienda y aprenda las relaciones entre diferentes partes de la imagen. Esto es crucial para generar imágenes coherentes y visualmente agradables.

- **Orden de Escaneo de Trama:** Este es el método por el cual PixelRNN procesa la imagen. Escanea los píxeles fila por fila, moviéndose de izquierda a derecha y de arriba a abajo, como si estuviera leyendo un libro. Este enfoque sistemático garantiza que todos los píxeles se procesen de manera consistente y organizada.
- **Unidades Recurrentes Gated (GRU) o Unidades de Memoria a Largo Plazo (LSTM):** Son tipos especializados de RNN que se utilizan a menudo en PixelRNN para mejorar la capacidad del modelo para capturar dependencias a largo plazo. Están diseñadas para recordar información durante largos períodos de tiempo y pueden aprender de experiencias pasadas o futuras, lo que las hace particularmente efectivas para tareas como la generación de imágenes, donde la comprensión contextual es clave.

Ejemplo: Implementación de PixelRNN

```
import tensorflow as tf
from tensorflow.keras.layers import Input, Conv2D, ConvLSTM2D, Conv2DTranspose
from tensorflow.keras.models import Model

# Define the PixelRNN model
def build_pixelrnn(input_shape):
    inputs = Input(shape=input_shape)
    x = Conv2D(64, (7, 7), padding='same', activation='relu')(inputs)
    x = ConvLSTM2D(64, (3, 3), padding='same', activation='relu',
return_sequences=True)(x)
    x = ConvLSTM2D(64, (3, 3), padding='same', activation='relu',
return_sequences=True)(x)
    outputs = Conv2D(1, (1, 1), activation='sigmoid')(x)
    return Model(inputs, outputs, name='pixelrnn')

# Define the input shape
input_shape = (28, 28, 1)

# Build the PixelRNN model
pixelrnn = build_pixelrnn(input_shape)
pixelrnn.summary()
```

En este ejemplo:

El script de Python comienza importando los módulos necesarios de TensorFlow. El módulo tensorflow.keras.layers contiene las clases de capas necesarias para el modelo, mientras que el módulo tensorflow.keras.models proporciona la clase Model necesaria para crear el modelo.

La función build_pixelrnn define el modelo PixelRNN. La capa Input se utiliza para instanciar un tensor de Keras, que es un objeto simbólico similar a un tensor, y aquí se define la forma de los datos de entrada. La capa Conv2D crea una capa de convolución con un número especificado de filtros y tamaño de kernel. La capa ConvLSTM2D es un tipo de capa recurrente donde las conexiones recurrentes tienen pesos de convolución. Está diseñada para aprender de secuencias de datos espaciales. La capa Conv2DTranspose realiza la inversa de una operación de convolución 2D, que puede usarse para aumentar las dimensiones espaciales de la salida.

En esta implementación, el modelo consiste en una capa de entrada, dos capas ConvLSTM2D y una capa final Conv2D. Las capas ConvLSTM2D tienen 64 filtros cada una, y ambas usan kernels de 3x3. La capa Conv2D tiene 1 filtro y usa un kernel de 1x1. La función de activación 'relu' se usa en las capas Conv2D y ConvLSTM2D, mientras que la función de activación 'sigmoid' se usa en la capa de salida.

Después de definir el modelo, se especifica la forma de entrada para las imágenes como (28, 28, 1), que representa una imagen en escala de grises de 28x28 píxeles. El modelo PixelRNN se construye utilizando la forma de entrada definida, y el resumen del modelo se imprime utilizando el método summary. Esto proporciona una visión rápida de la arquitectura del modelo, mostrando los tipos y el número de capas, las formas de salida de cada capa y el número total de parámetros.

7.1.2 PixelCNN

PixelCNN mejora PixelRNN utilizando redes neuronales convolucionales (CNN) en lugar de RNN. Este cambio arquitectónico permite que PixelCNN paralelice los cálculos, acelerando significativamente los procesos de entrenamiento e inferencia. PixelCNN también introduce convoluciones enmascaradas para asegurar que cada píxel solo esté influenciado por los píxeles arriba y a la izquierda de él, manteniendo la propiedad autoregresiva.

La idea fundamental detrás de PixelCNN es descomponer la distribución conjunta de la imagen como un producto de condicionales, donde cada píxel se modela como una distribución condicional sobre los valores de píxel dados todos los píxeles generados anteriormente.

PixelCNN es una extensión del modelo PixelRNN, y lo mejora empleando Redes Neuronales Convolucionales (CNN) en lugar de Redes Neuronales Recurrentes (RNN). Este cambio arquitectónico permite que PixelCNN paralelice los cálculos, resultando en una aceleración significativa de los procesos de entrenamiento e inferencia.

Una característica importante de PixelCNN es su uso de convoluciones enmascaradas. Esto asegura que la predicción de cada píxel solo dependa de los píxeles 'arriba' y 'a la izquierda' de él, manteniendo la propiedad autoregresiva.

PixelCNN ha sido influyente en el campo de la modelización generativa, demostrando la capacidad de generar imágenes altamente realistas y detalladas a partir de distribuciones de datos complejas. Es una herramienta esencial en el dominio de las tareas de generación de imágenes y ofrece una técnica poderosa para generar imágenes realistas y coherentes a partir de distribuciones de datos complejas.

Examen Detallado de Componentes Clave en PixelCNN:

- **Redes Neuronales Convolucionales (CNN):** Estas son una parte fundamental del modelo PixelCNN. Las CNN son algoritmos innovadores utilizados en el campo del Deep Learning, especialmente para el procesamiento de imágenes. En este contexto, las CNN se utilizan para capturar eficazmente las dependencias espaciales entre píxeles. Esto significa que pueden identificar y aprender de las relaciones y patrones entre los píxeles de una imagen, lo cual es crítico para las tareas de generación y reconocimiento de imágenes.
- **Convoluciones Enmascaradas:** Las convoluciones enmascaradas son una característica única de PixelCNN que le permiten mantener la propiedad autoregresiva. En esencia, durante la operación de convolución, los píxeles futuros están "enmascarados" u ocultos del modelo. Este es un paso clave que asegura que el modelo solo use información de píxeles que ya se han visto en el proceso de generación, manteniendo así la naturaleza crucialmente autoregresiva del modelo.
- **Conexiones Residuales:** Las conexiones residuales, también conocidas como conexiones de atajo, son otro componente crucial del modelo PixelCNN. A menudo se emplean para estabilizar el proceso de entrenamiento y mejorar el rendimiento general del modelo de Deep Learning. Al crear atajos o "bypass" para que los gradientes fluyan a través de ellos, ayudan a combatir el problema de los gradientes que desaparecen, lo que hace posible entrenar redes más profundas. En el contexto de PixelCNN, esto se traduce en un modelo más robusto y eficiente.

Ejemplo: Implementación de PixelCNN

```
import tensorflow as tf
from tensorflow.keras.layers import Input, Conv2D, ReLU, Add
from tensorflow.keras.models import Model

# Define the masked convolution layer
class MaskedConv2D(tf.keras.layers.Conv2D):
    def __init__(self, *args, mask_type=None, **kwargs):
        super(MaskedConv2D, self).__init__(*args, **kwargs)
        self.mask_type = mask_type

    def build(self, input_shape):
        super(MaskedConv2D, self).build(input_shape)
        self.kernel_mask = self.add_weight(
            shape=self.kernel.shape,
            initializer=tf.constant_initializer(1),
            trainable=False,
            name='kernel_mask'
        )
        if self.mask_type is not None:
            self.kernel_mask = self.kernel_mask.numpy()
            center_h, center_w = self.kernel.shape[0] // 2, self.kernel.shape[1] // 2
```

```
            if self.mask_type == 'A':
                self.kernel_mask[center_h, center_w + 1:, :] = 0
                self.kernel_mask[center_h + 1:, :, :] = 0
            elif self.mask_type == 'B':
                self.kernel_mask[center_h, center_w + 1:, :] = 0
                self.kernel_mask[center_h + 1:, :, :] = 0
            self.kernel_mask          =           tf.convert_to_tensor(self.kernel_mask,
dtype=self.kernel.dtype)

    def call(self, inputs):
        self.kernel.assign(self.kernel * self.kernel_mask)
        return super(MaskedConv2D, self).call(inputs)

# Define the PixelCNN model
def build_pixelcnn(input_shape):
    inputs = Input(shape=input_shape)
    x    =    MaskedConv2D(64,     (7,     7),     padding='same',     activation='relu',
mask_type='A')(inputs)
    for _ in range(5):
        x   =   MaskedConv2D(64,    (3,    3),    padding='same',    activation='relu',
mask_type='B')(x)
        x = ReLU()(x)
    outputs = Conv2D(1, (1, 1), activation='sigmoid')(x)
    return Model(inputs, outputs, name='pixelcnn')

# Define the input shape
input_shape = (28, 28, 1)

# Build the PixelCNN model
pixelcnn = build_pixelcnn(input_shape)
pixelcnn.summary()
```

En este ejemplo:

El script comienza definiendo una clase personalizada para la capa MaskedConv2D. Esta es una capa de convolución con una propiedad adicional de una máscara que se aplica a los kernels de la capa. Esta máscara asegura que al predecir cada píxel, el modelo solo considere los píxeles que están por encima y a la izquierda del píxel actual. Esto se alinea con la propiedad autoregresiva, donde cada punto de datos se predice en función de los anteriores. El tipo de máscara se define durante la creación de la capa, con el tipo 'A' para la primera capa y el tipo 'B' para todas las capas posteriores. La máscara se implementa en el método build de la clase.

A continuación, se define el modelo PixelCNN. El modelo comienza con una capa de entrada, que define la forma de los datos de entrada. Luego, se aplica una capa MaskedConv2D con el tipo de máscara 'A'. Esto es seguido por varias capas MaskedConv2D con el tipo de máscara 'B', cada una seguida de una función de activación ReLU (Rectified Linear Unit). La función ReLU es una función de activación ampliamente utilizada en modelos de Deep Learning que ayuda a introducir no linealidad en el modelo. Finalmente, se aplica una capa Conv2D con una función de activación sigmoide para asegurar que los valores de salida estén entre 0 y 1, lo cual es ideal para los valores de los píxeles de las imágenes.

La función build_pixelcnn envuelve el proceso de definición del modelo. Toma la forma de entrada como un parámetro y devuelve un objeto Model de Keras. La ventaja de definir el modelo en una función como esta es que permite la reutilización fácil de la definición del modelo.

En la última parte del script, se define la forma de entrada como (28, 28, 1). Esto corresponde a imágenes en escala de grises de tamaño 28x28 píxeles. Luego, se construye el modelo PixelCNN utilizando la forma de entrada definida, y se imprime el resumen del modelo. El resumen proporciona una visión rápida de la arquitectura del modelo, mostrando los tipos y el número de capas, las formas de salida de cada capa y el número total de parámetros.

7.2 Modelos Basados en Transformadores (GPT, GPT-3, GPT-4)

En los últimos años, los modelos basados en transformadores han transformado y revolucionado drásticamente el campo del procesamiento del lenguaje natural (NLP). Han provocado un cambio significativo en la forma en que abordamos el procesamiento del lenguaje, gracias a su capacidad sin precedentes para manejar dependencias de largo alcance y generar texto coherente y significativo.

Estos modelos, incluyendo la influyente serie Generative Pre-trained Transformer (GPT), han demostrado un rendimiento excepcional en una amplia gama de tareas y aplicaciones. Esto abarca desde la modelización del lenguaje hasta la generación de texto, demostrando la versatilidad y el potencial de estos modelos.

En esta sección, profundizaremos en la arquitectura sofisticada y los conceptos clave que sustentan los modelos basados en transformadores. Haremos hincapié en la serie GPT, incluyendo GPT, GPT-3 y el último modelo GPT-4. Esta exploración proporcionará una comprensión completa de estos modelos innovadores de NLP, arrojando luz sobre sus mecanismos, fortalezas y posibles desarrollos futuros.

7.2.1 La Arquitectura del Transformador

La arquitectura del transformador, que fue presentada por primera vez en un artículo innovador titulado "Attention is All You Need" por Vaswani et al., forma la estructura subyacente de muchos modelos modernos de lenguaje, incluida la altamente influyente serie de modelos GPT.

La principal innovación que aporta la arquitectura del transformador es la introducción de lo que se conoce como el mecanismo de autoatención. Este mecanismo es un componente clave del modelo que le permite asignar diferentes pesos a cada palabra dentro de una oración en función de su importancia a la hora de hacer predicciones.

Esto significa que cuando el modelo está procesando una oración, no trata todas las palabras por igual. En cambio, reconoce que algunas palabras juegan un papel más importante en el significado general de la oración que otras. En consecuencia, el modelo presta más atención a estas palabras cuando está haciendo sus predicciones.

Al proporcionar al modelo la capacidad de centrarse en las partes más importantes de la entrada, el mecanismo de autoatención aumenta la precisión y efectividad de la arquitectura del transformador, convirtiéndola en una herramienta poderosa para las tareas que involucran procesamiento del lenguaje natural.

Descripción Detallada de los Componentes Clave del Transformador:

- **Mecanismo de Autoatención:** Este es un elemento crucial del modelo de transformador. Calcula una suma ponderada de las representaciones de entrada, lo que permite al modelo centrarse en las partes más relevantes de la entrada para una tarea dada. Este mecanismo está diseñado para optimizar la capacidad del modelo para manejar dependencias complejas entre palabras y frases dentro del texto.
- **Codificación Posicional:** El modelo de transformador no captura inherentemente el orden de las secuencias. Por lo tanto, se agrega una codificación posicional para proporcionar información sobre la ubicación de cada palabra dentro de la secuencia. Esta característica asegura que el modelo pueda entender efectivamente el contexto y la relación entre las palabras, independientemente de su posición.
- **Redes Neuronales Feed-Forward:** Estas redes se aplican de manera independiente a cada posición en la secuencia. Ayudan a procesar aún más la información recibida de las capas anteriores. Después de la aplicación de estas redes, se realiza una normalización de capas para asegurar la estabilidad y efectividad del proceso de aprendizaje del modelo.
- **Atención Multi-Cabezal:** Esta característica permite al modelo centrarse en diferentes partes de la entrada simultáneamente. Mejora la capacidad del modelo para entender e interpretar varios aspectos de la entrada, mejorando así su rendimiento y precisión general.
- **Estructura Codificador-Descodificador:** Aunque no se utiliza en los modelos GPT, esta estructura es vital para tareas como la traducción automática. El codificador procesa los datos de entrada y los pasa al descodificador, que luego genera una salida en el idioma de destino. Esta estructura asegura que el modelo pueda traducir efectivamente el texto mientras mantiene el significado y contexto original.

Ejemplo: Mecanismo de Autoatención

```
import tensorflow as tf

# Define the scaled dot-product attention mechanism
def scaled_dot_product_attention(q, k, v, mask):
```

```
    matmul_qk = tf.matmul(q, k, transpose_b=True)
    dk = tf.cast(tf.shape(k)[-1], tf.float32)
    scaled_attention_logits = matmul_qk / tf.math.sqrt(dk)

    if mask is not None:
        scaled_attention_logits += (mask * -1e9)

    attention_weights = tf.nn.softmax(scaled_attention_logits, axis=-1)
    output = tf.matmul(attention_weights, v)
    return output, attention_weights

# Example usage of self-attention mechanism
q = tf.random.normal((1, 60, 512))  # Query
k = tf.random.normal((1, 60, 512))  # Key
v = tf.random.normal((1, 60, 512))  # Value
output, attention_weights = scaled_dot_product_attention(q, k, v, mask=None)
print(output.shape)
print(attention_weights.shape)
```

En este ejemplo:

La función de atención de producto escalar, scaled_dot_product_attention, acepta cuatro parámetros: q (query), k (key), v (value) y mask. Estos representan las entradas al mecanismo de atención en un modelo Transformer:

- q (query): Representa la entrada transformada que estamos usando para sondear la secuencia.
- k (key): Representa la entrada transformada contra la que estamos comparando la query.
- v (value): Representa los valores de entrada originales, que se ponderan en función de los puntajes de atención.
- mask: Un parámetro opcional que permite ignorar ciertas partes de la entrada por el mecanismo de atención.

La función funciona primero calculando la multiplicación de matrices de la query y la key (con la key transpuesta). El resultado de esta multiplicación de matrices nos da los puntajes de atención en bruto para cada par de elementos en la secuencia de entrada.

Luego, escala los puntajes de atención dividiéndolos por la raíz cuadrada de la dimensión de la key. Esta escala se realiza para evitar que los resultados del producto escalar crezcan demasiado en magnitud, lo que puede llevar a que los gradientes se vuelvan demasiado pequeños durante la retropropagación.

Si se proporciona una máscara, la función la aplica a los puntajes de atención escalados. Esto se hace añadiendo la máscara multiplicada por -1e9 (un número negativo grande cercano a menos infinito) a los puntajes. Esto efectivamente establece las posiciones enmascaradas a menos infinito, asegurando que generen valores cercanos a cero después de aplicar la función softmax.

La función luego aplica la función softmax a los logits de atención escalados, convirtiéndolos en pesos de atención. Estos pesos representan la probabilidad de que cada elemento en la secuencia contribuya a la salida final.

Finalmente, la función calcula la salida realizando la multiplicación de matrices de los pesos de atención y el value. Esto resulta en una suma ponderada de los valores de entrada, donde los pesos están determinados por el mecanismo de atención. La función luego devuelve la salida y los pesos de atención.

En el ejemplo de uso del mecanismo, se generan valores aleatorios para la query, key y value. Estos luego se pasan a la función scaled_dot_product_attention sin máscara. La salida resultante y los pesos de atención se imprimen, con sus formas impresas para verificar que la función se haya implementado correctamente.

7.2.2 GPT: Generative Pre-trained Transformer

El Generative Pre-trained Transformer, comúnmente conocido como GPT, es un tipo específico de modelo Transformer que se usa principalmente para tareas de modelado de lenguaje. La característica principal de este modelo es su capacidad generativa, lo que significa que puede generar texto que sea contextualmente relevante y coherente.

La primera iteración de este modelo, GPT-1, fue presentada por el influyente laboratorio de investigación en inteligencia artificial, OpenAI. El modelo GPT-1 de OpenAI demostró el inmenso poder de pre-entrenar un modelo en un gran corpus de texto, y luego ajustarlo para tareas específicas.

La fase de pre-entrenamiento implica entrenar el modelo en un conjunto de datos masivo, permitiéndole aprender los matices e intrincaciones del lenguaje. Una vez que el modelo ha sido pre-entrenado, luego se ajusta en un conjunto de datos más pequeño y específico para la tarea. Este método de pre-entrenamiento y ajuste permite que el modelo tenga un rendimiento excepcional en las tareas específicas para las que se ajusta, mientras retiene el conocimiento amplio que obtuvo de la fase de pre-entrenamiento.

Características Principales del Generative Pretrained Transformer (GPT):

- **Modelo Autoregresivo:** Funcionando como un modelo autoregresivo, GPT está diseñado para predecir la próxima palabra en una secuencia usando el contexto de todas las palabras anteriores. Esto le permite generar texto similar al humano al entender la relación semántica entre palabras en una oración.
- **Pre-entrenamiento y Ajuste Fino:** Otra característica fundamental de GPT es su capacidad de pre-entrenamiento y ajuste fino. Inicialmente, el modelo se pre-entrena en un vasto corpus de texto, lo que le permite aprender una amplia variedad de patrones del lenguaje. Posteriormente, se ajusta en tareas específicas, como

traducción o respuesta a preguntas, para mejorar su rendimiento y adaptarse a las particularidades de la tarea.

- **Atención Unidireccional:** GPT emplea una forma de atención unidireccional. En este mecanismo, cada token (palabra o sub-palabra) en la entrada solo puede atender (o ser influenciado por) los tokens que lo preceden. Esta característica es crucial para asegurar la naturaleza autoregresiva del modelo y mantener el orden de la secuencia al generar nuevo texto.

Ejemplo: Implementación Simple de GPT

```
from transformers import GPT2Tokenizer, TFGPT2LMHeadModel

# Load pre-trained GPT-2 tokenizer and model
tokenizer = GPT2Tokenizer.from_pretrained("gpt2")
model = TFGPT2LMHeadModel.from_pretrained("gpt2")

# Encode input text
input_text = "Once upon a time"
input_ids = tokenizer.encode(input_text, return_tensors='tf')

# Generate text
output = model.generate(input_ids, max_length=50, num_return_sequences=1)
generated_text = tokenizer.decode(output[0], skip_special_tokens=True)
print(generated_text)
```

En este ejemplo:

El script comienza importando las clases necesarias de la biblioteca transformers, a saber, GPT2Tokenizer y TFGPT2LMHeadModel.

El GPT2Tokenizer se utiliza para convertir el texto de entrada en un formato que el modelo pueda entender. Esto implica transformar cada palabra o carácter en un valor numérico o token correspondiente. El método from_pretrained("gpt2") se utiliza para cargar el tokenizador preentrenado GPT-2.

El TFGPT2LMHeadModel es la clase para el modelo GPT-2. Al igual que el tokenizador, el método from_pretrained("gpt2") se utiliza para cargar el modelo GPT-2 preentrenado.

Una vez que se han cargado el tokenizador y el modelo, el texto de entrada ("Once upon a time") se codifica en tokens utilizando el método encode del tokenizador. El argumento return_tensors='tf' se utiliza para devolver tensores de TensorFlow.

El texto de entrada codificado, ahora en forma de tokens, se utiliza como entrada para el método generate del modelo. Este método genera nuevo texto basado en la entrada. El argumento max_length especifica la longitud máxima del texto generado a 50 tokens, mientras que num_return_sequences=1 especifica que solo se debe devolver una secuencia.

Después de generar el nuevo texto, el script lo decodifica de nuevo a una forma legible utilizando el método decode del tokenizador. El argumento skip_special_tokens=True se utiliza para eliminar cualquier token especial que se haya añadido durante el proceso de codificación.

Finalmente, el script imprime el texto generado, que debería ser una continuación coherente del texto de entrada "Once upon a time".

7.2.3 GPT-3: La Tercera Generación

GPT-3, la tercera iteración en la serie GPT, marca un salto significativo en el desarrollo de modelos de lenguaje. Con la asombrosa cantidad de 175 mil millones de parámetros, es uno de los modelos de lenguaje más grandes y avanzados jamás creados. Este inmenso número de parámetros permite a GPT-3 comprender y generar texto que es increíblemente coherente y contextualmente relevante.

Las capacidades de esta versión van más allá de la simple generación de texto. Ha demostrado una notable habilidad para responder a indicaciones complejas y matizadas de una manera que antes era impensable. El texto que genera no solo es coherente; refleja con precisión las complejidades y sutilezas de las indicaciones que se le dan. Esta capacidad muestra los avances significativos que se han logrado en el campo de los modelos de lenguaje y la inteligencia artificial.

Con GPT-3, estamos presenciando una nueva era en el desarrollo y aplicación de modelos de lenguaje. Los posibles usos de esta tecnología son vastos y emocionantes, prometiendo revolucionar muchas áreas de nuestras vidas digitales.

Descripción Detallada de las Características Clave de GPT-3:

- **Escala Sin Precedentes:** Con la asombrosa cantidad de 175 mil millones de parámetros, GPT-3 se destaca de sus predecesores. Esta escala masiva le permite comprender y generar texto de una manera más matizada, mejorando significativamente sus capacidades en comparación con los modelos anteriores.
- **Innovador Aprendizaje de Pocos Ejemplos:** GPT-3 aporta el poder del aprendizaje de pocos ejemplos, un método en el que el modelo es capaz de realizar tareas con datos específicos mínimos para la tarea. A diferencia de otros modelos, GPT-3 no requiere un extenso entrenamiento en un gran conjunto de datos para cada tarea específica. En su lugar, aprovecha ejemplos proporcionados en la indicación de entrada, adaptándose rápidamente a la tarea con solo unos pocos ejemplos.
- **Versatilidad Notable:** Una de las características clave de GPT-3 es su versatilidad. Puede aplicarse a una amplia gama de tareas, desde la traducción de idiomas hasta la respuesta a preguntas. Esta flexibilidad significa que no necesita un ajuste fino específico para la tarea; en cambio, puede comprender el contexto y completar tareas en diferentes dominios, convirtiéndolo en una herramienta increíblemente versátil.

Ejemplo: Usando GPT-3 con la API de OpenAI

```
import openai

# Set up OpenAI API key
openai.api_key = 'your-api-key-here'

# Define the prompt
prompt = "Once upon a time, in a land far, far away,"

# Generate text using GPT-3
response = openai.Completion.create(
    engine="davinci",
    prompt=prompt,
    max_tokens=50
)

# Print the generated text
print(response.choices[0].text.strip())
```

Aquí tienes una descripción detallada del script:

1. import openai: Esta línea importa el módulo openai, que es un cliente de Python para la API de OpenAI. Este módulo proporciona funciones y clases para interactuar con la API.
2. openai.api_key = 'your-api-key-here': Esta línea establece la clave API, que es necesaria para autenticar tus solicitudes a la API de OpenAI. Debes reemplazar 'your-api-key-here' con tu clave API real.
3. prompt = "Once upon a time, in a land far, far away,": Esta línea define una variable de cadena llamada prompt. El valor de esta variable es el texto inicial que deseas que el modelo continúe.
4. response = openai.Completion.create(engine="davinci", prompt=prompt, max_tokens=50): Esta línea genera texto basado en el prompt. La función openai.Completion.create se usa para crear una continuación, es decir, para generar texto. El parámetro engine se establece en "davinci", que es el nombre del modelo GPT-3. El parámetro prompt se establece en la variable prompt definida anteriormente. El parámetro max_tokens se establece en 50, que es el número máximo de tokens (aproximadamente palabras) que debe contener el texto generado.
5. print(response.choices[0].text.strip()): Esta línea imprime el texto generado. El objeto response devuelto por openai.Completion.create contiene el texto generado entre otra información. response.choices[0].text.strip() extrae el texto generado y elimina los espacios en blanco al inicio y al final.

En resumen, este script inicializa una conexión con la API de OpenAI, establece un prompt, utiliza el modelo GPT-3 para generar un texto basado en el prompt, y finalmente imprime el texto generado.

7.2.4 GPT-4: La Próxima Frontera en Modelado de Lenguaje

Arquitectura y Entrenamiento

GPT-4, también conocido como "Generative Pre-trained Transformer 4", es un modelo de vanguardia en el campo de la inteligencia artificial. A pesar de que OpenAI ha mantenido en secreto los detalles exactos de su diseño arquitectónico, se pueden inferir ciertos atributos basados en su fenomenal rendimiento, así como en la base sentada por sus predecesores:

1. Es probable que emplee una versión más sofisticada de la arquitectura transformer. Esta arquitectura ha sido la base para la mayoría de los modelos de lenguaje a gran escala desde su creación en 2017, debido a su capacidad para manejar tareas complejas de lenguaje con notable eficiencia.
2. Se especula que el modelo posee un número astronómico de parámetros, potencialmente en los cientos de miles de millones o incluso más de un billón. Esta vasta magnitud de parámetros es instrumental para permitir que el modelo maneje una amplia gama de tareas y logre resultados impresionantes. Sin embargo, OpenAI no ha revelado públicamente la cifra exacta.
3. GPT-4 fue entrenado en un corpus de texto increíblemente expansivo, derivado de una variedad de fuentes, incluyendo internet, libros y numerosos otros recursos. Estos datos de entrenamiento extensivos se acumularon hasta una fecha límite de conocimiento en 2022, lo que permite que el modelo esté actualizado con el uso actual del lenguaje y el conocimiento.
4. Una característica notable de GPT-4 es su utilización de una técnica conocida como "inteligencia artificial constitucional". Este enfoque innovador está diseñado para mejorar la alineación del modelo con los valores humanos y minimizar la probabilidad de generar resultados que puedan considerarse dañinos o inapropiados. Esto refleja un esfuerzo consciente de OpenAI para alinear sus modelos de IA con consideraciones éticas y normas sociales.

Capacidades

GPT-4, la última iteración de los modelos Generative Pre-trained Transformer, muestra mejoras sustanciales sobre sus predecesores en varias áreas clave:

1. **Comprensión del Lenguaje:** GPT-4 demuestra una comprensión profunda del lenguaje. Puede comprender el contexto, discernir matices e inferir información implícita en el texto de manera mucho más efectiva que las versiones anteriores. Esto lleva a respuestas más precisas y apropiadas contextualmente.

2. **Razonamiento:** Mostrando sus avances en IA, GPT-4 puede realizar eficazmente tareas de razonamiento complejo. Esto incluye capacidades en la resolución de problemas matemáticos y deducciones lógicas, lo que lo convierte en una herramienta poderosa para una amplia gama de aplicaciones.
3. **Creatividad:** Las habilidades creativas de GPT-4 son particularmente notables. Exhibe una aptitud mejorada en escritura, ideación y resolución de problemas. Esto se puede aprovechar para tareas que van desde la creación de contenido hasta la generación de soluciones innovadoras.
4. **Procesamiento Multimodal:** En un avance significativo respecto a GPT-3, GPT-4 posee la capacidad de procesar y analizar imágenes además de texto. Esta capacidad de procesamiento multimodal abre un nuevo mundo de posibles aplicaciones y usos.
5. **Consistencia:** Una de las mejoras clave en GPT-4 es su capacidad para mantener la coherencia y el contexto en conversaciones y documentos más largos. Esto lo convierte en una herramienta ideal para tareas que requieren mantener un hilo continuo de pensamiento o narrativa.
6. **Proficiencia Multilingüe:** Demostrando la verdadera aplicabilidad global de este modelo de IA, GPT-4 exhibe una alta competencia en una multitud de idiomas, lo que lo convierte en una herramienta versátil para la comunicación y traducción internacional.

Aplicaciones

GPT-4, con sus capacidades avanzadas, abre puertas a una amplia gama de aplicaciones prácticas que podrían revolucionar diversos sectores:

1. **Creación de Contenido:** Se puede utilizar para escribir artículos atractivos, historias creativas, guiones para obras de teatro o películas y copias de marketing convincentes que pueden cautivar al público y comunicar eficazmente el mensaje deseado.
2. **Generación y Depuración de Código:** Puede servir como una herramienta vital para los programadores al ayudarlos a codificar en diversos lenguajes de programación, así como en la depuración, haciendo que el proceso sea más eficiente y menos tedioso.
3. **Educación:** GPT-4 puede revolucionar el sector educativo a través de la tutoría personalizada, ofreciendo materiales de estudio adaptados a las necesidades individuales de los estudiantes. Además, puede articular conceptos complejos de una manera más comprensible, mejorando la experiencia de aprendizaje.
4. **Investigación y Análisis:** En el ámbito académico e industrial, se puede utilizar para resumir artículos de investigación, realizar revisiones exhaustivas de la literatura e incluso para recopilar información de vastas cantidades de datos, haciendo que la investigación sea más accesible y eficiente.

5. **Servicio al Cliente:** El modelo avanzado puede impulsar chatbots sofisticados y asistentes virtuales que pueden proporcionar respuestas rápidas y precisas, mejorando significativamente las experiencias de servicio al cliente.
6. **Traducción de Idiomas:** A diferencia de las herramientas de traducción tradicionales, GPT-4 puede proporcionar traducciones más matizadas y conscientes del contexto, asegurando que el mensaje original se transmita con precisión en diferentes idiomas.
7. **Colaboración Creativa:** Puede ser un colaborador valioso en sesiones de lluvia de ideas y generación de ideas para diversos proyectos creativos, potencialmente mejorando el proceso creativo al proporcionar nuevas perspectivas e ideas novedosas.

Limitaciones y Consideraciones Éticas de GPT-4

A pesar de sus avanzadas capacidades y su impresionante rendimiento, GPT-4, como todos los modelos de inteligencia artificial, tiene varias limitaciones y consideraciones éticas que deben ser reconocidas:

1. Alucinaciones: Una de las principales limitaciones de GPT-4 es su propensión a las "alucinaciones". En términos de IA, la alucinación se refiere a la capacidad del modelo para generar información que parece plausible pero que, de hecho, es incorrecta o engañosa. Aunque los datos pueden parecer coherentes, no tienen una base real o fundamentación en información factual.
2. Sesgo: Otra limitación importante es el potencial de sesgo. Al igual que todos los modelos de IA, GPT-4 puede reflejar inadvertidamente los sesgos presentes en los datos con los que fue entrenado. Esto significa que cualquier prejuicio, concepto erróneo o perspectiva sesgada presente en los datos de entrenamiento podría reflejarse en la salida generada por el modelo.
3. Falta de Comprensión Verdadera: Aunque GPT-4 puede procesar y generar texto que es similar al humano en su complejidad y coherencia, no entiende verdaderamente los conceptos con los que trabaja de la misma manera que los humanos. Esta falta de comprensión genuina es una limitación fundamental del modelo.
4. Limitaciones Temporales: El conocimiento de GPT-4 también está limitado por la fecha de corte de sus datos de entrenamiento. Esto significa que no puede generar o procesar información que haya sido publicada después de la fecha en que fue entrenado por última vez. Esta limitación temporal puede restringir su utilidad en ciertas situaciones.
5. Preocupaciones Éticas: Finalmente, como con todas las tecnologías poderosas, existen importantes consideraciones éticas asociadas con el uso de GPT-4. Hay discusiones en curso sobre el posible mal uso de modelos de IA tan poderosos. Las preocupaciones incluyen la posibilidad de que el modelo sea utilizado para generar desinformación, hacerse pasar por individuos u otras actividades maliciosas. Estas cuestiones éticas

deben ser cuidadosamente consideradas en el desarrollo y despliegue de GPT-4 y modelos de IA similares.

Impacto y Desarrollos Futuros

GPT-4 ha sido aclamado como un paso significativo hacia la consecución de la inteligencia artificial general (AGI). Ya ha comenzado a tener un impacto sustancial en una multitud de industrias, incluyendo pero no limitándose a la tecnología, la educación y la salud, revolucionando la manera en que operamos e interactuamos con estos sectores.

Mirando hacia el futuro, los desarrollos futuros de GPT-4 y las iteraciones subsiguientes pueden abarcar una variedad de mejoras y nuevas capacidades:

1. Podríamos observar más mejoras en el procesamiento multimodal, que incluye no solo texto, sino también video y audio. Esto permitiría a la IA entender e interpretar una gama más amplia de datos, ampliando así su aplicabilidad.
2. Existe el potencial para capacidades mejoradas de aprendizaje y adaptación en tiempo real. Esto permitiría a la IA responder de manera más efectiva a nueva información o circunstancias cambiantes, aumentando así su utilidad en situaciones dinámicas del mundo real.
3. Las versiones futuras podrían incorporar técnicas de alineación más sofisticadas, que buscarían alinear los objetivos y acciones de la IA más estrechamente con los valores humanos. Esto podría hacer que los sistemas de IA sean aún más confiables y beneficiosos para la humanidad, minimizando los posibles riesgos y maximizando los resultados positivos.
4. La integración con otros sistemas de IA, como la robótica, también es una posibilidad. Esto podría llevar a aplicaciones más completas en el mundo real, permitiendo a la IA interactuar más directamente con el mundo físico y realizar una gama más amplia de tareas.

A medida que seguimos presenciando rápidos avances en la tecnología de IA, GPT-4 se erige como un hito notable en nuestro continuo viaje hacia la creación de sistemas de inteligencia artificial más capaces, efectivos y beneficiosos.

Ejemplo:

```
from openai import OpenAI

# Initialize the OpenAI client with your API key
client = OpenAI(api_key='your_api_key_here')

# Function to generate text using GPT-4
def generate_text(prompt):
    response = client.chat.completions.create(
        model="gpt-4",  # Specify the GPT-4 model
        messages=[
```

```
            {"role": "system", "content": "You are a helpful assistant."},
            {"role": "user", "content": prompt}
        ],
        max_tokens=150,
        temperature=0.7,
        top_p=1.0,
        frequency_penalty=0.0,
        presence_penalty=0.0
    )
    return response.choices[0].message.content

# Example usage
user_prompt = "Explain the concept of machine learning in simple terms."
generated_text = generate_text(user_prompt)
print(generated_text)
```

Aquí tienes un desglose del código:

1. Importamos la biblioteca de OpenAI e inicializamos el cliente con tu clave API.
2. La función **generate_text** toma un prompt como entrada y envía una solicitud al modelo GPT-4.
3. Especificamos varios parámetros en la llamada a la API:
    - **model**: Establecido en "gpt-4" para usar el modelo GPT-4.
    - **messages**: Una lista de objetos de mensaje que incluye un mensaje del sistema y el prompt del usuario.
    - **max_tokens**: Limita la longitud de la respuesta generada.
    - **temperature**: Controla la aleatoriedad de la salida (0.7 es un valor equilibrado).
    - **top_p**, **frequency_penalty**, y **presence_penalty**: Parámetros adicionales para afinar la salida.
4. La función devuelve el texto generado de la respuesta del modelo.
5. En el ejemplo de uso, proporcionamos un prompt de muestra e imprimimos el texto generado.

Para usar este código, necesitarás:

1. Instalar la biblioteca de OpenAI: **pip install openai**
2. Reemplazar 'your_api_key_here' con tu clave API de OpenAI.
3. Asegurarte de tener acceso a la API de GPT-4, ya que puede requerir permisos específicos o una aprobación en lista de espera.

Recuerda que usar la API de GPT-4 incurre en costos basados en el número de tokens procesados, por lo que monitorea tu uso cuidadosamente.

7.2.5 GPT-4o

GPT-4o, que significa Generative Pre-trained Transformer 4 Omni, es el modelo de lenguaje grande más reciente y avanzado desarrollado y anunciado por OpenAI. Este anuncio revolucionario se realizó el 13 de mayo de 2024. La letra 'o' en GPT-4o representa el término 'omni'.

Esto se ha elegido deliberadamente para reflejar las impresionantes e innovadoras capacidades multimodales del modelo. Al incorporar capacidades multimodales, GPT-4o ha sido diseñado para entender y generar no solo texto, sino también otras formas de datos, como imágenes y sonido, lo que lo convierte en un modelo extremadamente versátil y completo.

Aquí tienes una explicación detallada de GPT-4o:

Explorando la Arquitectura y Capacidades de GPT-4o

El modelo GPT-4o presenta avances impresionantes sobre sus predecesores. En particular, tiene la capacidad de procesar múltiples modos de entrada y generar salidas correspondientes. Esto representa un avance significativo respecto a los modelos anteriores, que requerían modelos distintos para cada modalidad.

1. **Procesamiento Multimodal:** GPT-4o no es solo un modelo basado en texto. Está equipado con la capacidad de manejar una variedad de entradas, incluyendo texto, imágenes, audio y video. Además, no solo procesa estas entradas, sino que también genera salidas en forma de texto, imágenes y audio. Esta capacidad para manejar y generar múltiples modalidades es un progreso notable respecto a los modelos anteriores.

2. **Modelo Unificado:** El modelo GPT-4o se destaca de sus predecesores debido a su naturaleza unificada. No es una combinación de modelos separados; en su lugar, es un único modelo cohesivo que ha sido entrenado de extremo a extremo en texto, visión y audio. Esta integración es particularmente beneficiosa, ya que garantiza respuestas más coherentes y con mayor conciencia del contexto a través de diferentes modalidades.

3. **Rendimiento Mejorado:** En términos de rendimiento, GPT-4o supera a los modelos anteriores por un margen considerable. Ha sido probado en varios benchmarks y ha demostrado ser superior en numerosas áreas. Estas incluyen su comprensión de idiomas no ingleses, reconocimiento visual y comprensión de audio. El rendimiento mejorado del modelo es un testimonio de los avances logrados en el aprendizaje automático y la inteligencia artificial.

Características Clave

1. Conversación en Tiempo Real: GPT-4o está diseñado para proporcionar interacciones instantáneas y fluidas en tiempo real a través de múltiples modalidades. Garantiza que las conversaciones se desarrollen de manera fluida y natural, imitando el intercambio humano.
2. Soporte Multilingüe Mejorado: Este modelo lleva el soporte multilingüe a un nuevo nivel. No solo puede entender, sino también generar contenido en más de 50 idiomas, haciéndolo con mayor precisión y eficacia.
3. Generación Multimodal: GPT-4o se destaca por su capacidad para crear salidas que combinan múltiples formatos de manera fluida. Puede generar una mezcla de texto, imágenes y audio, proporcionando una experiencia de usuario rica e inmersiva.
4. Conciencia Contextual: Con su comprensión mejorada del contexto, GPT-4o ofrece respuestas que no solo son relevantes, sino también coherentes. Toma en cuenta la intención del usuario, el conocimiento previo y el historial de la conversación para elaborar respuestas.
5. Mejoras en Seguridad y Guardarraíles Éticos: Una característica clave de GPT-4o es su fuerte énfasis en la seguridad y la ética. El modelo está diseñado con varios guardarraíles para garantizar que las salidas sean responsables, imparciales y factualmente precisas, manteniendo así un alto nivel de confiabilidad.

Capacidades Específicas

1. Procesamiento de Texto: GPT-4o es una IA avanzada equipada para participar en conversaciones naturales y humanas. Tiene la capacidad de responder preguntas complejas con gran precisión y puede generar contenido de alta calidad de manera fluida en una amplia gama de dominios, lo que lo convierte en una herramienta versátil para diversas aplicaciones.
2. Capacidades Visuales: GPT-4o no solo es competente en el manejo de texto. También extiende sus capacidades a los datos visuales. Puede analizar e interpretar imágenes, gráficos y diagramas con un alto nivel de precisión. Más allá de la interpretación, GPT-4o también tiene la capacidad de generar nuevas imágenes basadas en prompts textuales, lo que marca un avance significativo en el campo de la IA.
3. Procesamiento de Audio: Las capacidades de GPT-4o también se extienden a los datos de audio. Puede manejar eficientemente tareas relacionadas con el reconocimiento de voz, la conversión de texto a voz y el análisis detallado de audio. Notablemente, muestra un control impresionante sobre la voz que genera, incluyendo factores como la velocidad, el tono e incluso el canto, proporcionando una experiencia más dinámica e inmersiva para los usuarios.

4. Comprensión de Video: Aunque los detalles específicos son limitados en esta etapa, se informa que GPT-4o posee la capacidad de procesar entradas de video. Esto sugiere un potencial para una amplia gama de aplicaciones, incluyendo el análisis y la interpretación de contenido de video, lo que revolucionará la forma en que interactuamos y entendemos el contenido de video.

Rendimiento y Eficiencia Mejorados

1. Optimización de Velocidad: GPT-4o ha sido diseñado para trabajar al doble de la velocidad de su predecesor, GPT-4 Turbo. Este aumento significativo en la velocidad permite un procesamiento de datos más eficiente.
2. Rentabilidad: En términos de rentabilidad, GPT-4o destaca por ser un 50% más barato que GPT-4 Turbo. El costo por tokens de entrada se ha reducido a 5 por millón, mientras que los tokens de salida ahora tienen un precio de 15 por millón, haciéndolo más asequible.
3. Límite de Tasa Aumentado: Una de las principales mejoras es el aumento del límite de tasa. GPT-4o puede manejar cinco veces el límite de tasa de GPT-4 Turbo, pudiendo procesar hasta 10 millones de tokens por minuto. Este aumento significativo en la capacidad permite manejar mayores volúmenes de datos más rápidamente.
4. Ventana de Contexto: A pesar de estas mejoras, GPT-4o mantiene una generosa ventana de contexto de 128K. Esto es equivalente a poder analizar alrededor de 300 páginas de texto en un solo prompt. Esto significa que puede manejar datos de texto extensos, proporcionando un análisis exhaustivo y detallado.

Disponibilidad y Acceso: Información Detallada

1. Implementación Gradual: A partir del 13 de mayo de 2024, el muy esperado GPT-4o se está desvelando y poniendo gradualmente a disposición de los usuarios. Este proceso nos permite garantizar una transición suave y resolver cualquier problema potencial que pueda surgir durante las etapas iniciales de su lanzamiento.
2. Disponibilidad en Plataformas: GPT-4o es accesible a través de una variedad de plataformas para la conveniencia de nuestra diversa base de usuarios. Esto incluye ChatGPT, disponible en niveles tanto gratuitos como Plus, y la robusta API de OpenAI. Además, los usuarios empresariales pueden utilizar la tecnología a través de Microsoft Azure, que proporciona un proceso de integración sin problemas.
3. Aplicaciones Móviles y de Escritorio: En un esfuerzo por hacer que GPT-4o sea aún más accesible, lo estamos integrando en aplicaciones móviles tanto para dispositivos iOS como Android. Esto significa que los usuarios pueden disfrutar de los beneficios de GPT-4o en movimiento. Además, estamos desarrollando su presencia en aplicaciones de escritorio para Mac, expandiendo aún más el alcance de su uso. Para nuestros usuarios de Windows, queremos asegurarles que una versión para su plataforma está en proceso y planeada para su lanzamiento más adelante en el año.

Impacto e Implicaciones Futuras

El desarrollo de GPT-4o representa un avance importante en el campo de la inteligencia artificial. Tiene el potencial de transformar por completo una amplia gama de industrias y aplicaciones. Esta forma robusta de IA, con su enfoque multimodal unificado, ofrece una oportunidad sin precedentes para fomentar interacciones más naturales e intuitivas entre humanos y máquinas.

Las capacidades de GPT-4o se extienden a múltiples dominios, incluyendo, pero no limitándose a, asistencia virtual, creación de contenido, análisis de datos y resolución de problemas complejos. Su potencial para mejorar los asistentes virtuales significa que los usuarios pueden esperar una experiencia más personalizada y eficiente. En la creación de contenido, escritores, mercadólogos y comunicadores podrían aprovechar la IA para generar salidas creativas o redactar versiones iniciales de su trabajo. Además, su uso en el análisis de datos puede agilizar el proceso de extracción de información útil de grandes conjuntos de datos, y su capacidad para resolver problemas puede ser aprovechada para abordar desafíos complejos en diversos campos.

Sin embargo, el lanzamiento de una IA tan avanzada como GPT-4o también desencadena importantes discusiones sobre consideraciones éticas y uso responsable. Las implicaciones de GPT-4o podrían ser vastas y variadas, impactando una multitud de campos y profesiones. A medida que abrazamos los beneficios de tal avance tecnológico, también debemos considerar los riesgos potenciales y desarrollar estrategias para mitigarlos. Debe haber un diálogo continuo sobre el despliegue ético de GPT-4o, asegurando que su uso sirva para aumentar la capacidad humana, en lugar de reemplazarla o disminuirla.

Ejemplo:

Instala la biblioteca de OpenAI para Python:

```
pip install openai
Obtén tu clave API de OpenAI desde el sitio web de OpenAI.
import openai

# Set your OpenAI API key
openai.api_key = 'your_api_key_here'

# Function to generate text using GPT-4o
def generate_text(prompt):
    response = openai.ChatCompletion.create(
        model="gpt-4o",  # Specify the GPT-4o model
        messages=[
            {"role": "system", "content": "You are a helpful assistant."},
            {"role": "user", "content": prompt}
        ],
        max_tokens=150,
        temperature=0.7,
        top_p=1.0,
```

```
        frequency_penalty=0.0,
        presence_penalty=0.0
    )
    return response.choices[0].message['content']

# Function to analyze an image using GPT-4o
def analyze_image(image_path):
    with open(image_path, "rb") as image_file:
        image_data = image_file.read()

    response = openai.Image.create(
        model="gpt-4o",  # Specify the GPT-4o model
        image=image_data,
        task="analyze"
    )
    return response['data']['text']

# Example usage for text generation
user_prompt = "Explain the concept of machine learning in simple terms."
generated_text = generate_text(user_prompt)
print("Generated Text:", generated_text)

# Example usage for image analysis
image_path = "path_to_your_image.jpg"
image_analysis = analyze_image(image_path)
print("Image Analysis:", image_analysis)
```

En este ejemplo:

1. Importar la biblioteca de OpenAI: Esto es necesario para interactuar con la API de OpenAI.
2. Configurar la clave API: Reemplaza 'your_api_key_here' con tu clave API de OpenAI real.
3. Función de Generación de Texto:
    - generate_text(prompt): Esta función toma un prompt de texto como entrada y genera una respuesta utilizando el modelo GPT-4o.
    - El método ChatCompletion.create se usa para interactuar con el modelo, especificando parámetros como model, messages, max_tokens, temperature, top_p, frequency_penalty y presence_penalty.
4. Función de Análisis de Imágenes:
    - analyze_image(image_path): Esta función toma la ruta a un archivo de imagen, lee los datos de la imagen y los envía al modelo GPT-4o para su análisis.
    - El método Image.create se usa para interactuar con el modelo, especificando los parámetros model, image y task.

5. Uso de Ejemplo:
    - Para la generación de texto, se proporciona un prompt de muestra y se imprime el texto generado.
    - Para el análisis de imágenes, se proporciona una ruta de imagen de muestra y se imprime el resultado del análisis.

Notas

- Asegúrate de tener los permisos y el acceso necesarios para usar el modelo GPT-4o.
- La funcionalidad de análisis de imágenes es hipotética y se basa en las capacidades multimodales de GPT-4o. Ajusta el código según sea necesario en función de la documentación y capacidades reales de la API proporcionada por OpenAI.

Este ejemplo demuestra cómo aprovechar las poderosas capacidades multimodales de GPT-4o para tareas de procesamiento de texto e imágenes.

7.3 Casos de Uso y Aplicaciones de los Modelos Autoregresivos

Los modelos autoregresivos, especialmente aquellos que aprovechan el poder de la arquitectura Transformer, han traído una revolución significativa en numerosas aplicaciones dentro del ámbito del procesamiento del lenguaje natural (NLP) y más allá.

Estos modelos son conocidos por su excepcional capacidad para modelar y comprender interacciones y dependencias complejas dentro de datos secuenciales. Esta característica única hace que los modelos autoregresivos sean altamente versátiles y adecuados para una amplia variedad de tareas. Estas tareas van desde la generación de texto hasta la traducción de idiomas, y desde la generación de imágenes hasta muchas otras.

En esta sección, nuestro objetivo es profundizar en una exploración detallada de varios casos de uso y aplicaciones clave donde los modelos autoregresivos brillan. Cada una de estas aplicaciones se discutirá en detalle, acompañada de explicaciones exhaustivas que aclaren el funcionamiento de estos modelos. Además, proporcionaremos códigos de ejemplo para ilustrar sus capacidades y mostrar cómo pueden implementarse efectivamente en la práctica.

Esta exploración servirá para subrayar la potencia y la amplia aplicabilidad de los modelos autoregresivos en el manejo de datos secuenciales complejos en diversos dominios.

7.3.1 Generación de Texto

La generación de texto es, sin duda, una de las aplicaciones más emocionantes y populares de los modelos autoregresivos. Estos modelos, como el reconocido GPT-3, son capaces de generar texto que no solo es coherente sino también contextualmente relevante. Esto se realiza en base a un prompt dado, que actúa como una especie de principio rector o punto de partida para el texto generado.

Los modelos, a través de sus sofisticados algoritmos y extenso entrenamiento, pueden producir texto que parece haber sido escrito por un humano, manteniendo un tono natural y consistente a lo largo. Este nivel de realismo y relevancia los convierte en una herramienta invaluable para una variedad de tareas.

Por ejemplo, pueden usarse en la escritura creativa para generar ideas de historias o desarrollar conceptos existentes. También pueden emplearse en la creación de contenido, donde pueden redactar artículos, crear publicaciones atractivas para redes sociales o escribir descripciones de productos.

Además, en el sector de servicio al cliente, estos modelos pueden utilizarse para automatizar respuestas a consultas de clientes, asegurando que las respuestas sean rápidas, consistentes y aborden con precisión las preocupaciones del cliente. Esto podría llevar a una mejora en la satisfacción del cliente y en la eficiencia del proceso de servicio al cliente.

En conclusión, la aplicación de modelos autoregresivos, particularmente en la generación de texto, tiene un vasto potencial y ya está demostrando su valor en una variedad de industrias.

Ejemplo: Generación de Texto con GPT-3

```
import openai

# Set up OpenAI API key
openai.api_key = 'your-api-key-here'

# Define the prompt
prompt = "Once upon a time, in a land far, far away, there lived a wise old wizard named Gandalf."

# Generate text using GPT-3
response = openai.Completion.create(
    engine="davinci",
    prompt=prompt,
    max_tokens=150,
    n=1,
    stop=None,
    temperature=0.7
)

# Print the generated text
print(response.choices[0].text.strip())
```

El código configura la clave API, define un prompt ("Érase una vez, en una tierra muy, muy lejana, vivía un sabio y viejo mago llamado Gandalf."), y luego llama al motor GPT-3 para generar una continuación del prompt. El texto generado se imprime a continuación.

Ejemplo de Generación de Texto con GPT-4o

```
from openai import OpenAI
import base64

# Initialize the OpenAI client
client = OpenAI(api_key='your_api_key_here')

# Function to encode image to base64
def encode_image(image_path):
    with open(image_path, "rb") as image_file:
        return base64.b64encode(image_file.read()).decode('utf-8')

# Path to your image
image_path = "path/to/your/image.jpg"

# Encode the image
base64_image = encode_image(image_path)

# Prepare the messages
messages = [
    {
        "role": "system",
        "content": "You are a helpful assistant capable of analyzing images and
generating text."
    },
    {
        "role": "user",
        "content": [
            {
                "type": "text",
                "text": "Describe this image and then write a short story inspired by
it."
            },
            {
                "type": "image_url",
                "image_url": {
                    "url": f"data:image/jpeg;base64,{base64_image}"
                }
            }
        ]
    }
]

# Generate text using GPT-4o
response = client.chat.completions.create(
    model="gpt-4o",
    messages=messages,
    max_tokens=300,
    temperature=0.7
)
```

```
# Print the generated text
print(response.choices[0].message.content)
```

Este código hace lo siguiente:

1. Importa las bibliotecas necesarias e inicializa el cliente de OpenAI con tu clave API.
2. Se define la función **encode_image** para convertir un archivo de imagen a una cadena codificada en base64, que es el formato requerido por la API para entradas de imagen.
3. Preparamos los mensajes para la llamada a la API. Esto incluye un mensaje del sistema que define el rol del asistente y un mensaje del usuario que contiene tanto contenido de texto como de imagen.
4. Se llama al método **chat.completions.create** con el modelo GPT-4o, nuestros mensajes preparados y algunos parámetros de generación.
5. Finalmente, imprimimos el texto generado de la respuesta del modelo.

Para usar este código:

1. Reemplaza **'your_api_key_here'** con tu clave API de OpenAI real.
2. Actualiza **"path/to/your/image.jpg"** con la ruta a la imagen que deseas analizar.
3. Asegúrate de tener la biblioteca **openai** instalada (**pip install openai**).

Este ejemplo muestra la capacidad de GPT-4o para procesar tanto entradas de texto como de imagen para generar una respuesta creativa. El modelo describirá la imagen proporcionada y luego creará una breve historia inspirada en ella, demostrando sus capacidades multimodales.

7.3.2 Traducción de Idiomas

En el campo de la traducción de idiomas, ha habido una transformación significativa debido a la aplicación de modelos autoregresivos. Estos modelos, que han traído una mejora notable en la calidad de la traducción automática, son principalmente capaces de capturar dependencias a largo plazo en un texto de entrada dado. Esta característica esencial es el resultado de aprovechar un mecanismo conocido como autoatención, que contribuye a generar traducciones más precisas y fluidas.

Cuando profundizamos en los tipos de modelos que se utilizan en el dominio de la traducción de idiomas, encontramos modelos basados en transformadores. Ejemplos notables de estos modelos incluyen BERT y GPT, que son conocidos por su efectividad y fiabilidad.

Estos modelos pueden ser ajustados específicamente para tareas de traducción, un proceso que les permite ofrecer un nivel de rendimiento sin igual, a menudo descrito como el estado del arte. El uso generalizado de estos modelos en la traducción de idiomas subraya su importancia en este campo.

Ejemplo: Traducción de Idiomas con Hugging Face Transformers

```
from transformers import MarianMTModel, MarianTokenizer

# Load pre-trained MarianMT model and tokenizer
model_name = 'Helsinki-NLP/opus-mt-en-de'
tokenizer = MarianTokenizer.from_pretrained(model_name)
model = MarianMTModel.from_pretrained(model_name)

# Define the input text
text = "Hello, how are you?"

# Tokenize the input text
inputs = tokenizer(text, return_tensors="pt")

# Perform translation
translated = model.generate(**inputs)

# Decode the translated text
translated_text = tokenizer.decode(translated[0], skip_special_tokens=True)
print(translated_text)
```

Este ejemplo utiliza el modelo MarianMT de la biblioteca transformers para traducir texto del inglés al alemán. El modelo y el tokenizador se cargan desde el modelo preentrenado 'Helsinki-NLP/opus-mt-en-de'. Se define y tokeniza un texto de entrada "Hello, how are you?".

La entrada tokenizada se pasa al modelo de traducción, que devuelve una secuencia de tokens que representan el texto traducido. Estos tokens luego se decodifican de nuevo en texto, omitiendo cualquier token especial, y se imprime el texto traducido.

7.3.3 Resumen de Texto

El resumen de texto es una técnica muy útil cuyo objetivo principal es generar un resumen conciso y significativo de un texto más largo y complejo. Esto es particularmente útil en casos donde el usuario no tiene suficiente tiempo para leer el texto completo o en casos donde solo se requieren los puntos principales del texto para un análisis posterior.

Modelos como GPT-3 y GPT-4o, que son bastante avanzados y capaces de comprender y generar texto similar al humano, pueden ser específicamente ajustados o preparados para producir estos resúmenes. Con la aplicación de un entrenamiento adecuado y la ingeniería de prompts, se puede hacer que estos modelos generen resúmenes que capturen la esencia del texto original, manteniendo el resumen conciso y coherente.

Esto hace que los modelos autoregresivos como GPT-3 y GPT-4o sean herramientas extremadamente valiosas en los campos de recuperación de información y consumo de contenido. Pueden usarse para resumir artículos de noticias, trabajos de investigación o cualquier forma de texto largo, permitiendo así a los usuarios entender rápidamente los puntos principales sin tener que leer todo el texto. Esto puede mejorar significativamente la eficiencia en la adquisición y consumo de información en una variedad de contextos profesionales y personales.

Ejemplo: Resumen de Texto con GPT-3

```
import openai

# Set up OpenAI API key
openai.api_key = 'your-api-key-here'

# Define the prompt for summarization
prompt = ("Summarize the following text:\\\\n\\\\n"
          "Artificial intelligence (AI) is intelligence demonstrated by machines, in contrast to the natural intelligence displayed by humans and animals. "
          "Leading AI textbooks define the field as the study of 'intelligent agents': any device that perceives its environment and takes actions that maximize its chance of successfully achieving its goals. "
          "Colloquially, the term 'artificial intelligence' is often used to describe machines (or computers) that mimic 'cognitive' functions that humans associate with the human mind, "
          "such as 'learning' and 'problem solving'.")

# Generate summary using GPT-3
response = openai.Completion.create(
    engine="davinci",
    prompt=prompt,
    max_tokens=60,
    n=1,
    stop=None,
    temperature=0.7
)

# Print the generated summary
print(response.choices[0].text.strip())
```

En este ejemplo:

Primero configura la clave API de OpenAI, luego define un prompt (el texto a resumir). Después, utiliza el modelo GPT-3 (referido como 'davinci' en el script) para generar un resumen del texto. Limita la respuesta a 60 tokens y el parámetro 'temperature' se establece en 0.7, lo que significa que la salida será un equilibrio entre aleatoriedad y determinismo. Finalmente, imprime el resumen generado.

Ejemplo: Resumen de Texto con GPT-4o

Aquí tienes un ejemplo de cómo usar GPT-4o para el resumen de texto. Este script tomará un texto largo como entrada y generará un resumen conciso utilizando las avanzadas capacidades de comprensión del lenguaje de GPT-4o.

```
from openai import OpenAI
```

```
*# Initialize the OpenAI client*
client = OpenAI(api_key='your_api_key_here')

def summarize_text(text, max_summary_length=150):
    *# Prepare the messages*
    messages = [
        {
            "role": "system",
            "content": "You are a highly skilled AI assistant specialized in summarizing text. Your task is to provide concise, accurate summaries while retaining the key points of the original text."
        },
        {
            "role": "user",
            "content": f"Please summarize the following text in about {max_summary_length} words:\\n\\n{text}"}
    ]

    *# Generate summary using GPT-4o*
    response = client.chat.completions.create(
        model="gpt-4o",
        messages=messages,
        max_tokens=max_summary_length,
        temperature=0.5,
        top_p=1.0,
        frequency_penalty=0.0,
        presence_penalty=0.0
    )

    *# Extract and return the summary*return response.choices[0].message.content.strip()

*# Example usage*
long_text = """
The Internet of Things (IoT) is a system of interrelated computing devices, mechanical and digital machines, objects, animals or people that are provided with unique identifiers and the ability to transfer data over a network without requiring human-to-human or human-to-computer interaction. The IoT has evolved from the convergence of wireless technologies, micro-electromechanical systems (MEMS), microservices and the internet. The convergence has helped tear down the silos between operational technology (OT) and information technology (IT), allowing unstructured machine-generated data to be analyzed for insights that will drive improvements. A thing in the internet of things can be a person with a heart monitor implant, a farm animal with a biochip transponder, an automobile that has built-in sensors to alert the driver when tire pressure is low or any other natural or man-made object that can be assigned an Internet Protocol (IP) address and is able to transfer data over a network. Increasingly, organizations in a variety of industries are using IoT to operate more efficiently, better understand customers to deliver enhanced customer service, improve decision-making and increase the value of the business.
"""
```

```
summary = summarize_text(long_text)
print("Summary:")
print(summary)
```

Aquí tienes un desglose del código:

1. Importamos la biblioteca de OpenAI e inicializamos el cliente con tu clave API.
2. Se define la función **summarize_text**, que toma el texto largo como entrada y un parámetro opcional para la longitud máxima del resumen.
3. Dentro de la función, preparamos los mensajes para la llamada a la API:
    - Un mensaje del sistema que define el rol de la IA como especialista en resúmenes de texto.
    - Un mensaje del usuario que incluye la instrucción de resumir y el texto a resumir.
4. Llamamos al método **chat.completions.create** con el modelo GPT-4o, nuestros mensajes preparados y algunos parámetros de generación:
    - **max_tokens** se establece en la longitud deseada del resumen.
    - **temperature** se establece en 0.5 para un equilibrio entre creatividad y consistencia.
    - Otros parámetros como **top_p**, **frequency_penalty** y **presence_penalty** se establecen en valores predeterminados, pero se pueden ajustar según sea necesario.
5. El resumen generado se extrae de la respuesta y se devuelve.
6. En el uso de ejemplo, proporcionamos un texto largo de muestra sobre el Internet de las Cosas (IoT) y llamamos a la función **summarize_text** con él.
7. Finalmente, imprimimos el resumen generado.

Para usar este código:

1. Reemplaza **'your_api_key_here'** con tu clave API de OpenAI real.
2. Asegúrate de tener la biblioteca **openai** instalada (**pip install openai**).
3. Puedes reemplazar la variable **long_text** con cualquier texto que desees resumir.

Este ejemplo demuestra la capacidad de GPT-4o para entender y condensar información compleja, mostrando sus avanzadas capacidades de procesamiento del lenguaje en el contexto de la generación de resúmenes de texto.

7.3.4 Generación de Imágenes

Los modelos autoregresivos, aunque comúnmente asociados con datos textuales, no están confinados a este medio. De hecho, pueden ser notablemente efectivos cuando se aplican a la tarea de generación de imágenes. Este es un proceso complejo que implica producir contenido visual, píxel por píxel, y los modelos autoregresivos como PixelRNN y PixelCNN han sido desarrollados para realizar esta tarea.

Estos modelos funcionan capturando las intrincadas dependencias que existen entre los píxeles individuales dentro de una imagen. Al hacerlo, pueden generar nuevas imágenes que mantienen un alto nivel de calidad y detalle. Este es un logro notable dado la complejidad y el matiz involucrado en crear imágenes visualmente atractivas y coherentes desde cero, píxel a píxel.

Ejemplo: Generación de Imágenes con PixelCNN

```
import numpy as np
import matplotlib.pyplot as plt
from tensorflow.keras.layers import Input, Conv2D
from tensorflow.keras.models import Model

# Define the PixelCNN model (simplified version)
def build_pixelcnn(input_shape):
    inputs = Input(shape=input_shape)
    x = Conv2D(64, (7, 7), padding='same', activation='relu')(inputs)
    x = Conv2D(64, (7, 7), padding='same', activation='relu')(x)
    outputs = Conv2D(1, (1, 1), activation='sigmoid')(x)
    return Model(inputs, outputs, name='pixelcnn')

# Generate random noise as input
input_shape = (28, 28, 1)
noise = np.random.rand(1, *input_shape)

# Build the PixelCNN model
pixelcnn = build_pixelcnn(input_shape)
pixelcnn.compile(optimizer='adam', loss='binary_crossentropy')

# Generate an image (for demonstration purposes, normally you would train the model first)
generated_image = pixelcnn.predict(noise).reshape(28, 28)

# Display the generated image
plt.imshow(generated_image, cmap='gray')
plt.axis('off')
plt.show()
```

En este ejemplo:

Primero, se importan las bibliotecas necesarias: numpy para operaciones numéricas, matplotlib para gráficos y módulos específicos de TensorFlow para crear y gestionar el modelo de red neuronal.

La función build_pixelcnn define la arquitectura del modelo PixelCNN, que consiste en dos capas convolucionales con 64 filtros cada una, seguidas de una capa convolucional que genera la imagen final.

Se genera ruido aleatorio como entrada para el modelo utilizando numpy. Luego, el modelo PixelCNN se construye usando la función definida anteriormente y se compila con el optimizador Adam y la pérdida de entropía cruzada binaria.

En este caso, el modelo se usa para generar una imagen directamente del ruido aleatorio sin ningún entrenamiento, lo cual es inusual y solo para demostración. La imagen generada se remodela a una imagen en escala de grises de 28x28 y se muestra usando la función imshow de matplotlib.

7.3.5 Generación y Reconocimiento de Voz

En el dominio de la generación y reconocimiento de voz, los modelos autoregresivos han encontrado una aplicación y éxito significativos. Estos modelos, como WaveNet, son capaces de generar audio de alta calidad. Esto se logra gracias a la capacidad del modelo para predecir formas de onda de audio muestra por muestra, lo que conduce a una salida de audio más precisa y ajustada.

Por otro lado, existen modelos que se han construido sobre la arquitectura Transformer, un modelo que ha revolucionado muchas áreas del aprendizaje automático. Estos modelos basados en Transformers sobresalen en la tarea de transcribir voz en texto.

Su rendimiento es asombroso, ya que pueden convertir el lenguaje hablado en texto escrito con un nivel de precisión realmente notable. Esto tiene amplias implicaciones y usos, desde servicios de transcripción hasta asistentes de voz y más.

Ejemplo: Generación de Voz con WaveNet (conceptual)

```
# Note: This is a conceptual example. Implementing WaveNet from scratch requires significant computational resources.

import tensorflow as tf
from tensorflow.keras.layers import Input, Conv1D, Add, Activation
from tensorflow.keras.models import Model

# Define the WaveNet model (simplified version)
def build_wavenet(input_shape):
    inputs = Input(shape=input_shape)
    x = Conv1D(64, kernel_size=2, dilation_rate=1, padding='causal', activation='relu')(inputs)
    for dilation_rate in [2, 4, 8, 16]:
```

```
        x = Conv1D(64, kernel_size=2, dilation_rate=dilation_rate, padding='causal', activation='relu')(x)
        x = Add()([inputs, x])
    outputs = Conv1D(1, kernel_size=1, activation='tanh')(x)
    return Model(inputs, outputs, name='wavenet')

# Build the WaveNet model
input_shape = (None, 1)  # Variable length input
wavenet = build_wavenet(input_shape)
wavenet.summary()

# Generate a waveform (for demonstration purposes, normally you would train the model first)
input_waveform = np.random.rand(1, 16000, 1)  # 1-second random noise at 16kHz
generated_waveform = wavenet.predict(input_waveform).reshape(-1)

# Display the generated waveform
plt.plot(generated_waveform[:1000])  # Display the first 1000 samples
plt.show()
```

En este ejemplo:

El script comienza con la importación de las bibliotecas necesarias, que incluyen TensorFlow y módulos específicos de la API Keras de TensorFlow. TensorFlow es un poderoso marco de aprendizaje automático de código abierto, mientras que Keras es una API de alto nivel fácil de usar para construir y entrenar modelos de Deep Learning.

A continuación, se define una función llamada build_wavenet. Esta función es responsable de construir la arquitectura del modelo WaveNet. La arquitectura incluye una capa de entrada, seguida de múltiples capas Conv1D y una capa Add que suma la entrada a la salida de las convoluciones. Esta es una versión muy simplificada de WaveNet, que en realidad involucra componentes más complejos como activaciones con compuertas y conexiones residuales.

Las capas Conv1D con diferentes tasas de dilatación permiten que el modelo aprenda patrones en diferentes escalas de tiempo. El padding 'causal' asegura que las convoluciones solo consideren datos pasados y actuales, lo cual es crucial para los modelos autoregresivos que generan secuencias un paso a la vez.

El modelo se construye con una entrada de longitud variable, lo que significa que puede tomar secuencias de cualquier longitud. Esto es práctico para tareas como la síntesis de voz, donde las longitudes de las entradas (texto) y las salidas (audio) pueden variar ampliamente.

El modelo construido no se entrena en este script. En su lugar, para fines de demostración, el script genera una forma de onda alimentando una señal de ruido aleatorio de 1 segundo a una tasa de muestreo de 16kHz en el modelo y recogiendo su salida. En un escenario más realista, el modelo primero se entrenaría en un gran conjunto de datos de muestras de audio antes de que pueda generar formas de onda significativas.

Finalmente, el script grafica las primeras 1000 muestras de la forma de onda generada usando matplotlib, una popular biblioteca de visualización de datos en Python. Aunque el modelo no está entrenado y la salida probablemente sea solo ruido aleatorio, esta parte del script ilustra cómo se podría visualizar el audio generado por WaveNet.

Ejemplo: Usar GPT-4o para Generación y Reconocimiento de Voz

Aquí tienes un ejemplo de cómo usar GPT-4o tanto para la generación de voz (texto a voz) como para el reconocimiento de voz (voz a texto) usando Python. Este ejemplo demuestra cómo convertir texto en voz y reconocer voz a partir de un archivo de audio.

```
pip install openai
import openai
import base64

# Set your OpenAI API key
openai.api_key = 'your_api_key_here'

# Function to generate speech from text using GPT-4o
def text_to_speech(text, language='en'):
    response = openai.Audio.create(
        model="gpt-4o",
        input=text,
        input_type="text",
        output_type="audio",
        language=language
    )
    audio_content = response['data']['audio']
    audio_bytes = base64.b64decode(audio_content)
    with open("output_speech.wav", "wb") as audio_file:
        audio_file.write(audio_bytes)
    print("Speech generated and saved as output_speech.wav")

# Function to recognize speech from an audio file using GPT-4o
def speech_to_text(audio_path, language='en'):
    with open(audio_path, "rb") as audio_file:
        audio_data = audio_file.read()

    response = openai.Audio.create(
        model="gpt-4o",
        input=base64.b64encode(audio_data).decode('utf-8'),
        input_type="audio",
        output_type="text",
        language=language
    )
    return response['data']['text']

# Example usage for text-to-speech
text = "Hello, this is a demonstration of GPT-4o's text-to-speech capabilities."
text_to_speech(text)
```

```
# Example usage for speech-to-text
audio_path = "path/to/your/audio_file.wav"
recognized_text = speech_to_text(audio_path)
print("Recognized Text:", recognized_text)
```

Explicación

1. Importar la biblioteca de OpenAI: Esto es necesario para interactuar con la API de OpenAI.
2. Configurar la clave API: Reemplaza 'your_api_key_here' con tu clave API de OpenAI real.
3. Función de Texto a Voz:
    - **text_to_speech(text, language='en')**: Esta función toma una cadena de texto y un parámetro opcional de idioma, envía una solicitud al modelo GPT-4o para generar voz, y guarda el audio resultante en un archivo.
    - El método **Audio.create** se usa para interactuar con el modelo, especificando parámetros como **model**, **input**, **input_type**, **output_type** y **language**.
    - El contenido de audio generado está codificado en base64, por lo que se decodifica y guarda como un archivo **.wav**.
4. Función de Voz a Texto:
    - **speech_to_text(audio_path, language='en')**: Esta función toma la ruta de un archivo de audio y un parámetro opcional de idioma, envía una solicitud al modelo GPT-4o para reconocer la voz y devuelve el texto transcrito.
    - El archivo de audio se lee y se codifica en base64 antes de enviarse a la API.
    - El método **Audio.create** se usa de manera similar a la función de texto a voz, pero con **input_type** establecido en "audio" y **output_type** establecido en "text".
5. Uso de Ejemplo:
    - Para texto a voz, se proporciona un texto de muestra y el habla generada se guarda como **output_speech.wav**.
    - Para voz a texto, se proporciona una ruta de archivo de audio de muestra y se imprime el texto reconocido.

Notas

- Asegúrate de tener los permisos y el acceso necesarios para usar el modelo GPT-4o.
- El archivo de audio para voz a texto debe estar en un formato compatible (por ejemplo, **.wav**).

- Ajusta el parámetro language según sea necesario para que coincida con el idioma del texto o audio de entrada.

Este ejemplo demuestra las capacidades avanzadas de GPT-4o tanto en la generación de voz natural a partir de texto como en el reconocimiento de voz a partir de audio, mostrando su funcionalidad multimodal.

Ejercicios Prácticos

Esta sección proporciona ejercicios prácticos para reforzar tu comprensión de los modelos autoregresivos y sus aplicaciones. Cada ejercicio incluye una declaración del problema y una solución con ejemplos de código cuando corresponda.

Ejercicio 1: Implementar un Modelo Simple de Generación de Texto

Declaración del Problema: Implementa un modelo simple de generación de texto usando la arquitectura GPT-2. Ajusta el modelo en un pequeño conjunto de datos personalizado y genera texto basado en un prompt dado.

Solución:

```
from transformers import GPT2Tokenizer, TFGPT2LMHeadModel, TextDataset, DataCollatorForLanguageModeling
from transformers import Trainer, TrainingArguments

# Load pre-trained GPT-2 tokenizer and model
tokenizer = GPT2Tokenizer.from_pretrained("gpt2")
model = TFGPT2LMHeadModel.from_pretrained("gpt2")

# Prepare a small custom dataset
text = "Your custom dataset text goes here. Make sure to have a substantial amount of text for fine-tuning."
with open("custom_dataset.txt", "w") as f:
    f.write(text)

# Load the dataset and prepare for training
dataset = TextDataset(
    tokenizer=tokenizer,
    file_path="custom_dataset.txt",
    block_size=128
)

data_collator = DataCollatorForLanguageModeling(
    tokenizer=tokenizer,
    mlm=False
)

# Define training arguments
training_args = TrainingArguments(
```

```
    output_dir="./results",
    overwrite_output_dir=True,
    num_train_epochs=3,
    per_device_train_batch_size=2,
    save_steps=10_000,
    save_total_limit=2,
)

# Fine-tune the model
trainer = Trainer(
    model=model,
    args=training_args,
    data_collator=data_collator,
    train_dataset=dataset,
)

trainer.train()

# Generate text using the fine-tuned model
input_text = "Once upon a time"
input_ids = tokenizer.encode(input_text, return_tensors='tf')

# Generate text
output = model.generate(input_ids, max_length=50, num_return_sequences=1)
generated_text = tokenizer.decode(output[0], skip_special_tokens=True)
print(generated_text)
```

Ejercicio 2: Traducir Texto Usando un Modelo Transformer

Declaración del Problema: Usa un modelo preentrenado MarianMT para traducir una frase en inglés al alemán.

Solución:

```
from transformers import MarianMTModel, MarianTokenizer

# Load pre-trained MarianMT model and tokenizer
model_name = 'Helsinki-NLP/opus-mt-en-de'
tokenizer = MarianTokenizer.from_pretrained(model_name)
model = MarianMTModel.from_pretrained(model_name)

# Define the input text
text = "Hello, how are you?"

# Tokenize the input text
inputs = tokenizer(text, return_tensors="pt")

# Perform translation
translated = model.generate(**inputs)

# Decode the translated text
```

```
translated_text = tokenizer.decode(translated[0], skip_special_tokens=True)
print(translated_text)
```

Ejercicio 3: Resumir un Texto Largo

Declaración del Problema: Implementa un modelo de resumen de texto usando GPT-3. Proporciona un texto largo y genera un resumen conciso.

Solución:

```
import openai

# Set up OpenAI API key
openai.api_key = 'your-api-key-here'

# Define the prompt for summarization
prompt = ("Summarize the following text:\\\\n\\\\n"
          "Artificial intelligence (AI) is intelligence demonstrated by machines, in contrast to the natural intelligence displayed by humans and animals. "
          "Leading AI textbooks define the field as the study of 'intelligent agents': any device that perceives its environment and takes actions that maximize its chance of successfully achieving its goals. "
          "Colloquially, the term 'artificial intelligence' is often used to describe machines (or computers) that mimic 'cognitive' functions that humans associate with the human mind, "
          "such as 'learning' and 'problem solving'.")

# Generate summary using GPT-3
response = openai.Completion.create(
    engine="davinci",
    prompt=prompt,
    max_tokens=60,
    n=1,
    stop=None,
    temperature=0.7
)

# Print the generated summary
print(response.choices[0].text.strip())
```

Ejercicio 4: Generar una Imagen Usando PixelCNN

Declaración del Problema: Implementa un modelo simple de PixelCNN para generar una imagen basada en una entrada de ruido aleatorio.

Solución:

```
import numpy as np
import matplotlib.pyplot as plt
from tensorflow.keras.layers import Input, Conv2D
from tensorflow.keras.models import Model
```

```
# Define the PixelCNN model (simplified version)
def build_pixelcnn(input_shape):
    inputs = Input(shape=input_shape)
    x = Conv2D(64, (7, 7), padding='same', activation='relu')(inputs)
    x = Conv2D(64, (7, 7), padding='same', activation='relu')(x)
    outputs = Conv2D(1, (1, 1), activation='sigmoid')(x)
    return Model(inputs, outputs, name='pixelcnn')

# Generate random noise as input
input_shape = (28, 28, 1)
noise = np.random.rand(1, *input_shape)

# Build the PixelCNN model
pixelcnn = build_pixelcnn(input_shape)
pixelcnn.compile(optimizer='adam', loss='binary_crossentropy')

# Generate an image (for demonstration purposes, normally you would train the model
first)
generated_image = pixelcnn.predict(noise).reshape(28, 28)

# Display the generated image
plt.imshow(generated_image, cmap='gray')
plt.axis('off')
plt.show()
```

Ejercicio 5: Generar Voz con WaveNet (Conceptual)

Declaración del Problema: Implementa un modelo conceptual de WaveNet para la generación de voz.

Solución:

```
# Note: This is a conceptual example. Implementing WaveNet from scratch requires
significant computational resources.

import tensorflow as tf
from tensorflow.keras.layers import Input, Conv1D, Add, Activation
from tensorflow.keras.models import Model

# Define the WaveNet model (simplified version)
def build_wavenet(input_shape):
    inputs = Input(shape=input_shape)
    x = Conv1D(64, kernel_size=2, dilation_rate=1, padding='causal',
activation='relu')(inputs)
    for dilation_rate in [2, 4, 8, 16]:
        x = Conv1D(64, kernel_size=2, dilation_rate=dilation_rate, padding='causal',
activation='relu')(x)
        x = Add()([inputs, x])
    outputs = Conv1D(1, kernel_size=1, activation='tanh')(x)
    return Model(inputs, outputs, name='wavenet')
```

```
# Build the WaveNet model
input_shape = (None, 1)  # Variable length input
wavenet = build_wavenet(input_shape)
wavenet.summary()

# Generate a waveform (for demonstration purposes, normally you would train the model first)
input_waveform = np.random.rand(1, 16000, 1)  # 1-second random noise at 16kHz
generated_waveform = wavenet.predict(input_waveform).reshape(-1)

# Display the generated waveform
plt.plot(generated_waveform[:1000])  # Display the first 1000 samples
plt.show()
```

Estos ejercicios prácticos proporcionan experiencia práctica con modelos autoregresivos y sus aplicaciones. Al implementar modelos de generación de texto, traducción, resumen, generación de imágenes y generación de voz, puedes profundizar en tu comprensión de cómo funcionan estos potentes modelos y cómo pueden aplicarse a tareas del mundo real. Cada ejercicio está diseñado para reforzar conceptos y técnicas clave, ayudándote a aprovechar eficazmente los modelos autoregresivos en tus proyectos.

Resumen del Capítulo

En este capítulo, exploramos el fascinante mundo de los modelos autoregresivos, enfocándonos en su arquitectura, componentes clave y diversas aplicaciones. Los modelos autoregresivos se han convertido en una piedra angular en el campo del Deep Learning debido a su capacidad para modelar dependencias complejas en datos secuenciales, lo que los hace altamente efectivos para tareas que van desde la generación de texto hasta la síntesis de imágenes y voz.

Comenzamos comprendiendo los principios básicos de los modelos autoregresivos, destacando su capacidad para predecir cada punto de datos basado en los anteriores. Esta característica los hace particularmente adecuados para tareas secuenciales, donde el orden y el contexto de los puntos de datos son cruciales. Luego profundizamos en dos modelos autoregresivos influyentes diseñados específicamente para la generación de imágenes: PixelRNN y PixelCNN.

PixelRNN emplea redes neuronales recurrentes (RNN) para modelar dependencias entre píxeles, procesando imágenes en un orden de exploración de ráster. Esto le permite capturar dependencias a largo plazo y generar imágenes altamente coherentes y detalladas. En contraste, PixelCNN utiliza redes neuronales convolucionales (CNN) con convoluciones enmascaradas para mantener la propiedad autoregresiva. Este cambio arquitectónico permite que PixelCNN paralelice los cálculos, acelerando significativamente los procesos de entrenamiento e inferencia mientras produce imágenes de alta calidad.

A continuación, exploramos modelos basados en Transformers, incluyendo la serie Generative Pre-trained Transformer (GPT). La arquitectura Transformer, con su mecanismo de autoatención, revolucionó la forma en que los modelos manejan dependencias a largo plazo en el texto. GPT-3, GPT-4 y GPT-4o han demostrado capacidades impresionantes en generación de texto, traducción de idiomas y varias otras tareas de procesamiento de lenguaje natural (NLP). Examinamos la arquitectura y las características clave de estos modelos, destacando su capacidad para generar texto coherente y contextualmente relevante, realizar aprendizaje con pocos ejemplos y manejar una amplia gama de tareas sin ajuste específico de tareas.

Las aplicaciones prácticas de los modelos autoregresivos son vastas y variadas. Discutimos varios casos de uso clave, incluyendo generación de texto, traducción de idiomas, resumen de texto, generación de imágenes y síntesis de voz. A través de ejercicios prácticos, implementamos modelos para cada una de estas tareas, proporcionando experiencia práctica con su aplicación y reforzando los conceptos teóricos cubiertos en el capítulo.

Los modelos de generación de texto, como los basados en GPT-3, GPT-4 y GPT-4o, pueden generar texto creativo y apropiado para tareas como la creación de contenido y el servicio al cliente automatizado. Los modelos de traducción de idiomas aprovechan el mecanismo de autoatención de Transformers para producir traducciones precisas y fluidas. Los modelos de resumen de texto condensan textos largos en resúmenes concisos, ayudando en la recuperación de información y el consumo de contenido. Los modelos de generación de imágenes, como PixelCNN, crean imágenes de alta calidad capturando dependencias entre píxeles, mientras que los modelos de síntesis de voz, como WaveNet, generan formas de onda de audio realistas.

En conclusión, los modelos autoregresivos son herramientas poderosas en el arsenal del aprendizaje automático, capaces de manejar una amplia gama de tareas de datos secuenciales. Al comprender su arquitectura, componentes clave y aplicaciones prácticas, estás bien equipado para aprovechar estos modelos en diversos proyectos, impulsando la innovación y logrando resultados notables en el campo de la IA y el Deep Learning. La evolución continua de estos modelos promete avances aún mayores, abriendo nuevas posibilidades y empujando los límites de lo que se puede lograr con el aprendizaje automático.

Capítulo 8: Proyecto: Generación de Texto con Modelos Autoregresivos

En este capítulo, realizaremos un proyecto emocionante para generar texto utilizando modelos autoregresivos. Este proyecto proporcionará una experiencia práctica con todo el flujo de trabajo de construcción, entrenamiento y evaluación de un modelo autoregresivo para la generación de texto. Al final de este capítulo, tendrás una comprensión completa de cómo aplicar estos modelos para crear texto coherente y contextualmente relevante.

Nuestro proyecto se centrará en utilizar el modelo GPT-2, un modelo autoregresivo basado en Transformers muy popular, para generar texto basado en un prompt dado. Cubriremos los siguientes temas en este capítulo:

1. Recolección y Preprocesamiento de Datos
2. Creación del Modelo
3. Entrenamiento del Modelo
4. Generación de Texto
5. Evaluación del Modelo

Comencemos con el primer paso de nuestro proyecto: la recolección y el preprocesamiento de datos.

8.1 Recolección y Preprocesamiento de Datos

La recolección y el preprocesamiento de datos son pasos críticos en cualquier proyecto de aprendizaje automático. Los datos correctamente preparados aseguran que el modelo pueda aprender de manera efectiva y generalizar bien a nuevos datos. En esta sección, nos centraremos en la recolección y el preprocesamiento de los datos de texto necesarios para entrenar nuestro modelo autoregresivo.

8.1.1 Recolección de Datos de Texto

Para nuestro proyecto de generación de texto, necesitamos una cantidad sustancial de datos de texto. Hay varias fuentes de las cuales podemos recolectar datos de texto, como libros, artículos y contenido en línea. Para simplificar, usaremos un conjunto de datos de textos disponibles públicamente.

Usaremos la biblioteca Hugging Face Datasets para descargar y cargar el conjunto de datos. La biblioteca Hugging Face Datasets proporciona acceso a una amplia gama de conjuntos de datos de texto que se utilizan comúnmente para tareas de procesamiento de lenguaje natural.

Ejemplo: Cargando un Conjunto de Datos de Texto

```
from datasets import load_dataset

# Load the WikiText-2 dataset
dataset = load_dataset("wikitext", "wikitext-2-raw-v1")

# Print the first example from the training set
print(dataset["train"][0])
```

8.1.2 Preprocesamiento de los Datos de Texto

El preprocesamiento de los datos de texto implica varios pasos:

1. **Tokenización**: Convertir el texto en una secuencia de tokens (palabras o subpalabras).
2. **Normalización**: Convertir a minúsculas, eliminar puntuación y manejar caracteres especiales.
3. **Creación de Secuencias**: Dividir el texto en secuencias de una longitud fija que puedan ser alimentadas al modelo.

Usaremos el tokenizador de GPT-2 proporcionado por la biblioteca Hugging Face Transformers para la tokenización. Este tokenizador está diseñado para funcionar sin problemas con el modelo GPT-2 y manejará los pasos de preprocesamiento necesarios.

Ejemplo: Preprocesamiento de los Datos de Texto

```
from transformers import GPT2Tokenizer

# Load the GPT-2 tokenizer
tokenizer = GPT2Tokenizer.from_pretrained("gpt2")

# Define a function to preprocess the text data
def preprocess_text(examples):
    return tokenizer(examples["text"], truncation=True, padding="max_length",
max_length=512)

# Apply the preprocessing function to the dataset
tokenized_dataset = dataset.map(preprocess_text, batched=True)

# Print the first tokenized example from the training set
print(tokenized_dataset["train"][0])
```

Este código utiliza la biblioteca transformers para cargar un tokenizador de GPT-2. El tokenizador se usa para preprocesar datos de texto de un conjunto de datos. La función de preprocesamiento trunca o rellena el texto a una longitud máxima de 512 tokens. El conjunto de datos tokenizado se crea aplicando la función de preprocesamiento al conjunto de datos original. La última línea del código imprime el primer ejemplo tokenizado del conjunto de entrenamiento.

8.1.3 Creación de Secuencias de Entrenamiento

Después de la tokenización, necesitamos crear secuencias de entrenamiento que puedan ser alimentadas al modelo. Cada secuencia debe tener una longitud fija y las secuencias consecutivas deben superponerse para garantizar que el modelo pueda aprender las dependencias entre palabras a través de los límites de las secuencias.

Dividiremos el texto tokenizado en secuencias de una longitud fija, con una superposición entre secuencias consecutivas.

Ejemplo: Creación de Secuencias de Entrenamiento

```
import numpy as np

# Define the sequence length and the overlap size
sequence_length = 128
overlap_size = 64

# Function to create training sequences
def create_sequences(tokenized_text, seq_length, overlap):
    total_length = len(tokenized_text)
    sequences = []
    for i in range(0, total_length - seq_length, seq_length - overlap):
        seq = tokenized_text[i:i + seq_length]
        sequences.append(seq)
    return sequences

# Extract the tokenized text from the dataset
tokenized_text = tokenized_dataset["train"]["input_ids"]

# Create training sequences
training_sequences = create_sequences(tokenized_text, sequence_length, overlap_size)

# Print the first training sequence
print(training_sequences[0])
```

Este código importa la biblioteca numpy, define la longitud de la secuencia y el tamaño de la superposición, y luego define una función para crear secuencias. Aplica esta función a un texto tokenizado del conjunto de datos, creando secuencias superpuestas de una longitud especificada. Luego se imprime la primera secuencia de entrenamiento.

8.2 Creación del Modelo

En esta sección, nos centraremos en crear el modelo autoregresivo para nuestro proyecto de generación de texto. Usaremos el modelo GPT-2, un modelo bien conocido basado en Transformers, que ha demostrado ser altamente efectivo para tareas de generación de texto. Aprovecharemos la biblioteca Hugging Face Transformers para cargar y configurar el modelo GPT-2 según nuestras necesidades específicas.

8.2.1 Cargando el Modelo GPT-2 Preentrenado

El primer paso en la creación del modelo es cargar un modelo GPT-2 preentrenado. Usar un modelo preentrenado nos permite beneficiarnos de las vastas cantidades de datos con las que el modelo ya ha sido entrenado, facilitando su ajuste fino para nuestra tarea específica.

Ejemplo: Cargando el Modelo GPT-2 Preentrenado

```
from transformers import GPT2LMHeadModel, GPT2Tokenizer

# Load the GPT-2 tokenizer and model
tokenizer = GPT2Tokenizer.from_pretrained("gpt2")
model = GPT2LMHeadModel.from_pretrained("gpt2")

# Print the model architecture
model.summary()
```

8.2.2 Configuración del Modelo para el Ajuste Fino

Para adaptar el modelo GPT-2 a nuestra tarea de generación de texto, necesitamos configurarlo para el ajuste fino. Esto implica configurar los parámetros de entrenamiento y asegurarnos de que la arquitectura del modelo se alinee con nuestros datos.

Configuraciones Clave:

- **Tasa de Aprendizaje**: Determina qué tan rápido el modelo ajusta sus pesos durante el entrenamiento.
- **Tamaño del Lote**: Número de muestras de entrenamiento utilizadas en una iteración.
- **Número de Épocas**: Número de veces que el modelo recorrerá todo el conjunto de datos de entrenamiento.

Ejemplo: Configuración del Modelo para el Ajuste Fino

```
from transformers import Trainer, TrainingArguments

# Define training arguments
training_args = TrainingArguments(
    output_dir='./results',
    overwrite_output_dir=True,
```

```
    num_train_epochs=3,
    per_device_train_batch_size=2,
    save_steps=10_000,
    save_total_limit=2,
    logging_dir='./logs',
)

# Print training arguments to verify configuration
print(training_args)
```

El código utiliza la clase TrainingArguments de la biblioteca 'transformers' para definir varios parámetros de entrenamiento importantes:

- output_dir especifica el directorio donde se almacenarán las salidas del entrenamiento (como el modelo entrenado).
- overwrite_output_dir es un parámetro booleano que, cuando se establece en 'True', permite que el script sobrescriba los archivos existentes en el directorio de salida.
- num_train_epochs determina el número de pasadas (épocas) sobre todos los datos de entrenamiento.
- per_device_train_batch_size define el número de ejemplos por lote de datos para el entrenamiento. Esto puede afectar tanto la velocidad del entrenamiento como la calidad del modelo.
- save_steps determina después de cuántos pasos se guardará el punto de control del modelo.
- save_total_limit limita la cantidad total de puntos de control que se pueden mantener en el disco.
- logging_dir es el directorio para almacenar los registros generados durante el entrenamiento.

Después de definir estos argumentos, el script los imprime para verificar sus valores antes de proceder con el entrenamiento. Esto ayuda a asegurar que los parámetros estén configurados como se pretende y puede ser particularmente útil al solucionar problemas u optimizar el proceso de entrenamiento.

8.2.3 Creación de un Conjunto de Datos Personalizado para el Ajuste Fino

Para ajustar finamente el modelo, necesitamos crear un conjunto de datos personalizado que se pueda alimentar en la API Trainer proporcionada por la biblioteca Hugging Face Transformers. Este conjunto de datos utilizará los datos de texto preprocesados que preparamos anteriormente.

Ejemplo: Creación de un Conjunto de Datos Personalizado

```
import torch
from torch.utils.data import Dataset

class TextDataset(Dataset):
    def __init__(self, sequences):
        self.sequences = sequences

    def __len__(self):
        return len(self.sequences)

    def __getitem__(self, idx):
        item = torch.tensor(self.sequences[idx])
        return {"input_ids": item, "labels": item}

# Create an instance of the custom dataset
train_dataset = TextDataset(training_sequences)

# Print the first example from the dataset
print(train_dataset[0])
```

Este ejemplo importa las bibliotecas necesarias y define una clase de conjunto de datos de texto personalizada utilizando PyTorch. La clase, TextDataset, recibe una lista de secuencias como entrada. Tiene tres métodos principales: __init__, __len__ y __getitem__.

__init__ inicializa la clase con la entrada de secuencias. __len__ devuelve el número total de secuencias en el conjunto de datos. __getitem__ permite que la clase sea indexada, devolviendo un diccionario con las claves 'input_ids' y 'labels', ambas con el mismo tensor de secuencia como valor.

Después de la definición de la clase, se crea una instancia del conjunto de datos usando 'training_sequences' y se imprime el primer elemento del conjunto de datos.

8.2.4 Inicialización del Entrenador

La API Trainer simplifica el proceso de entrenamiento al manejar muchos de los detalles involucrados en el entrenamiento y la evaluación del modelo. Inicializaremos el Trainer con nuestro modelo, argumentos de entrenamiento y conjunto de datos personalizado.

Ejemplo: Inicialización del Entrenador

```
# Initialize the Trainer
trainer = Trainer(
    model=model,
    args=training_args,
    train_dataset=train_dataset,
)

# Print the Trainer configuration to verify initialization
```

```
print(trainer)
```

8.2.5 Ajuste Fino del Modelo

Con el Trainer inicializado, ahora podemos ajustar finamente el modelo GPT-2 en nuestro conjunto de datos personalizado. El ajuste fino implica entrenar el modelo con los nuevos datos mientras se aprovechan los pesos preentrenados para mejorar el rendimiento en la tarea específica.

Ejemplo: Ajuste Fino del Modelo

```
# Fine-tune the GPT-2 model
trainer.train()
```

8.3 Generación de Texto con el Modelo Ajustado

En esta sección, nos enfocaremos en generar texto utilizando el modelo GPT-2 ajustado. La generación de texto implica usar el modelo entrenado para predecir las siguientes palabras en una secuencia, creando texto coherente y contextualmente relevante basado en un prompt dado. Exploraremos cómo generar texto con varios parámetros y evaluaremos la calidad del texto generado.

8.3.1 Generación de Texto con un Prompt

El uso principal de nuestro modelo GPT-2 ajustado es generar texto basado en un prompt inicial. Esto implica proporcionar al modelo una secuencia inicial de palabras y dejar que prediga las palabras subsecuentes para completar el texto.

Ejemplo: Generación de Texto con un Prompt

```
# Define the prompt
prompt = "In the heart of the city, there was a secret garden where"

# Tokenize the prompt
input_ids = tokenizer.encode(prompt, return_tensors='pt')

# Generate text
output = model.generate(input_ids, max_length=100, num_return_sequences=1)

# Decode the generated text
generated_text = tokenizer.decode(output[0], skip_special_tokens=True)
print(generated_text)
```

Este código de ejemplo es un script simple que utiliza un modelo de lenguaje preentrenado para generar texto basado en un prompt dado. El prompt, "En el corazón de la ciudad, había un jardín secreto donde", se tokeniza (se convierte en un formato que el modelo puede entender) y luego se pasa al modelo. El modelo luego genera una secuencia de palabras que continúa el prompt, hasta una longitud máxima de 100 palabras. El texto generado se decodifica nuevamente a un formato legible para los humanos y se imprime en la consola.

8.3.2 Ajuste de los Parámetros de Generación

La generación de texto puede ser influenciada por varios parámetros que controlan la calidad, diversidad y longitud del texto generado. Los parámetros clave incluyen:

- **Max Length**: El número máximo de tokens a generar.
- **Temperature**: Controla la aleatoriedad de las predicciones al escalar los logits antes de aplicar softmax. Valores más bajos (por ejemplo, 0.7) hacen que la salida sea más determinista, mientras que valores más altos (por ejemplo, 1.0) aumentan la diversidad.
- **Top-k Sampling**: Limita el grupo de muestreo a los k tokens siguientes más probables.
- **Top-p (Nucleus) Sampling**: Limita el grupo de muestreo al conjunto más pequeño de tokens con una probabilidad acumulada por encima de un umbral (por ejemplo, 0.9).

Ejemplo: Ajuste de los Parámetros de Generación

```
# Generate text with different parameters
output = model.generate(
    input_ids,
    max_length=150,
    num_return_sequences=1,
    temperature=0.7,
    top_k=50,
    top_p=0.9
)

# Decode and print the generated text
generated_text = tokenizer.decode(output[0], skip_special_tokens=True)
print(generated_text)
```

La función 'model.generate' se llama con varios parámetros que influyen en la salida: 'input_ids' son la entrada para el modelo, 'max_length' es la longitud máxima del texto generado, 'num_return_sequences' es el número de secuencias generadas a devolver, 'temperature' afecta la aleatoriedad en la salida (valores más bajos significan más determinista), 'top_k' limita el número de opciones con la probabilidad más alta que el modelo puede elegir, y 'top_p' implementa el muestreo nucleus, donde el modelo solo selecciona el conjunto más pequeño posible de palabras cuya probabilidad acumulada excede el valor especificado. La salida generada se decodifica y se imprime.

8.3.3 Generación de Múltiples Variaciones

Una de las ventajas de usar un modelo generativo como GPT-2 es la capacidad de generar múltiples variaciones de texto basadas en el mismo prompt. Esto puede ser útil para tareas que requieren salidas creativas, como la escritura de historias, la generación de diálogos y la creación de contenido.

Ejemplo: Generación de Múltiples Variaciones

```
# Define the prompt
prompt = "The mysterious cave was hidden behind the waterfall,"

# Tokenize the prompt
input_ids = tokenizer.encode(prompt, return_tensors='pt')

# Generate multiple variations of text
outputs    =    model.generate(input_ids,    max_length=100,    num_return_sequences=3,
temperature=0.7)

# Decode and print each generated variation
for i, output in enumerate(outputs):
    generated_text = tokenizer.decode(output, skip_special_tokens=True)
    print(f"Variation {i+1}:\\\\n{generated_text}\\\\n")
```

Este código en Python utiliza un modelo y un tokenizador preentrenados para generar texto. La entrada para el modelo es un prompt, "La cueva misteriosa estaba escondida detrás de la cascada,". El modelo luego genera tres continuaciones diferentes de este prompt, cada una con una longitud máxima de 100 tokens. El parámetro 'temperature' controla la aleatoriedad de la salida; un valor más bajo hace que la salida sea más determinista, mientras que un valor más alto la hace más aleatoria. El texto generado se decodifica (se convierte de IDs de tokens a palabras) y se imprime.

8.3.4 Manejo de la Generación de Texto de Larga Duración

Para tareas que requieren generar textos más largos, como artículos o informes, es importante gestionar la capacidad del modelo para mantener la coherencia y el contexto en secuencias más largas. Esto se puede lograr generando texto en fragmentos y alimentando el texto generado de nuevo en el modelo como un nuevo prompt.

Ejemplo: Generación de Texto de Larga Duración

```
# Define the initial prompt
prompt = "In the beginning, the universe was a vast expanse of nothingness, until"

# Tokenize the prompt
input_ids = tokenizer.encode(prompt, return_tensors='pt')

# Initialize the generated text
generated_text = prompt
```

```
# Generate text in chunks
for _ in range(5):  # Generate 5 chunks of text
    output = model.generate(input_ids, max_length=100, num_return_sequences=1,
temperature=0.7)
    chunk = tokenizer.decode(output[0], skip_special_tokens=True)
    generated_text += chunk
    input_ids = tokenizer.encode(chunk, return_tensors='pt')

print(generated_text)
```

El prompt inicial ("Al principio, el universo...") es codificado en tokens por el tokenizador, y luego estos tokens se pasan al modelo. El modelo genera nuevos tokens que representan un fragmento de texto. Este fragmento de texto se decodifica de nuevo en texto legible para humanos y se agrega al texto generado.

Este proceso se repite cinco veces en un bucle. Cada iteración usa el último fragmento de texto generado como entrada para el siguiente fragmento de texto a generar. El parámetro 'temperature' en la función 'model.generate' controla la aleatoriedad de la salida. Valores más bajos hacen que la salida sea más determinista, mientras que valores más altos añaden más variabilidad.

Finalmente, se imprime todo el texto generado.

8.4 Evaluación del Modelo

Evaluar el rendimiento de un modelo de generación de texto es crucial para asegurar que genere texto de alta calidad, coherente y contextualmente apropiado. En esta sección, discutiremos varios métodos para evaluar nuestro modelo GPT-2 ajustado, incluyendo tanto métricas cuantitativas como evaluaciones cualitativas. También proporcionaremos códigos de ejemplo para demostrar estas técnicas de evaluación.

8.4.1 Métricas de Evaluación Cuantitativa

Las métricas cuantitativas proporcionan medidas objetivas del rendimiento del modelo. Para la generación de texto, las métricas comunes incluyen Perplejidad, puntuación BLEU y puntuación ROUGE. Estas métricas ayudan a evaluar la fluidez, coherencia y relevancia del texto generado.

Perplejidad

La perplejidad mide qué tan bien una distribución de probabilidad o un modelo de probabilidad predice una muestra. Una perplejidad más baja indica un mejor rendimiento, ya que significa que el modelo asigna mayores probabilidades a los datos reales.

Ejemplo: Cálculo de la Perplejidad

```
import torch
```

```
from transformers import GPT2LMHeadModel, GPT2Tokenizer

# Load the pre-trained GPT-2 model and tokenizer
tokenizer = GPT2Tokenizer.from_pretrained("gpt2")
model = GPT2LMHeadModel.from_pretrained("gpt2")

# Define a function to calculate perplexity
def calculate_perplexity(text):
    input_ids = tokenizer.encode(text, return_tensors='pt')
    with torch.no_grad():
        outputs = model(input_ids, labels=input_ids)
        loss = outputs.loss
        perplexity = torch.exp(loss)
    return perplexity.item()

# Example text for perplexity calculation
text = "The quick brown fox jumps over the lazy dog."
perplexity = calculate_perplexity(text)
print(f"Perplexity: {perplexity}")
```

Primero, se cargan el modelo GPT-2 preentrenado y su correspondiente tokenizador. El tokenizador se utiliza para convertir el texto de entrada en un formato que el modelo pueda entender, mientras que el propio modelo se utiliza para generar predicciones.

A continuación, se define una función llamada calculate_perplexity, que toma un fragmento de texto como entrada. Dentro de esta función, el texto de entrada se tokeniza y se convierte en tensores de PyTorch utilizando el tokenizador cargado. Estos tensores se alimentan al modelo, que genera predicciones en forma de logits.

La función model se llama con los ids de entrada y las etiquetas (que en este caso también son los ids de entrada), y devuelve la pérdida del modelo. La pérdida es una medida de qué tan bien las predicciones del modelo coinciden con los resultados reales. En el contexto del modelado de lenguaje, una pérdida más baja significa que las probabilidades predichas por el modelo para la secuencia de palabras están más cerca de la secuencia real.

Luego, la pérdida se utiliza para calcular la perplejidad, que es una medida de incertidumbre. Se calcula tomando el exponencial de la pérdida. En el contexto de los modelos de lenguaje, una perplejidad más baja es mejor, ya que significa que el modelo está más seguro de sus predicciones.

Finalmente, se proporciona un texto de ejemplo ("The quick brown fox jumps over the lazy dog.") para demostrar cómo usar la función calculate_perplexity. Luego se imprime la perplejidad calculada. Esto permite a los usuarios ver qué tan bien el modelo predice el texto de ejemplo y da una idea del rendimiento general del modelo.

Puntuación BLEU

La puntuación BLEU (Bilingual Evaluation Understudy) evalúa la calidad del texto que ha sido traducido automáticamente de un idioma a otro. También se utiliza para evaluar modelos de generación de texto comparando el texto generado con textos de referencia.

Ejemplo: Cálculo de la Puntuación BLEU

```
from nltk.translate.bleu_score import sentence_bleu

# Reference and candidate texts
reference = "The quick brown fox jumps over the lazy dog."
candidate = "The quick brown fox jumps over the lazy dog."

# Calculate BLEU score
bleu_score = sentence_bleu([reference.split()], candidate.split())
print(f"BLEU Score: {bleu_score}")
```

En este ejemplo, la línea from nltk.translate.bleu_score import sentence_bleu importa la función requerida sentence_bleu de NLTK.

Luego, se definen dos oraciones: la oración 'referencia' y la oración 'candidata'. La oración de referencia es el texto que consideramos la versión correcta, mientras que la oración candidata es el texto generado por máquina que queremos evaluar. En este caso, las oraciones de referencia y candidata son idénticas.

La función sentence_bleu se llama con la oración de referencia y la oración candidata como sus argumentos. La oración de referencia se divide en palabras individuales usando el método split() porque el cálculo de la puntuación BLEU requiere que las oraciones estén tokenizadas (es decir, divididas en palabras individuales).

El resultado de la función, bleu_score, es la puntuación BLEU de la oración candidata en relación con la oración de referencia. La puntuación BLEU es un número entre 0 y 1: una puntuación de 1 significa que la oración candidata coincide perfectamente con la oración de referencia, mientras que una puntuación de 0 significa que no hay coincidencia en absoluto.

En este caso, dado que la oración de referencia y la oración candidata son idénticas, la puntuación BLEU debería ser 1, indicando una coincidencia perfecta.

Finalmente, la puntuación BLEU se imprime con una cadena formateada.

Puntuación ROUGE

ROUGE (Recall-Oriented Understudy for Gisting Evaluation) mide la superposición entre el texto generado y los textos de referencia, centrándose en el recall. Se usa comúnmente para tareas de resumen.

Ejemplo: Cálculo de la Puntuación ROUGE

```
from rouge_score import rouge_scorer

# Reference and candidate texts
reference = "The quick brown fox jumps over the lazy dog."
candidate = "The quick brown fox leaps over the lazy dog."

# Calculate ROUGE score
scorer = rouge_scorer.RougeScorer(['rouge1', 'rougeL'], use_stemmer=True)
scores = scorer.score(reference, candidate)
print(f"ROUGE-1 Score: {scores['rouge1'].fmeasure}")
print(f"ROUGE-L Score: {scores['rougeL'].fmeasure}")
```

El primer paso en el código es importar el rouge_scorer del módulo rouge_score. Este scorer es una herramienta para calcular las puntuaciones ROUGE.

A continuación, el código define dos oraciones: la oración 'referencia' y la oración 'candidata'. La oración de referencia es el texto que consideramos la versión correcta, mientras que la oración candidata es el texto generado por máquina que queremos evaluar. Aquí, la referencia es "The quick brown fox jumps over the lazy dog." y la candidata es "The quick brown fox leaps over the lazy dog."

Para calcular la puntuación ROUGE, el código crea una instancia de RougeScorer, que se inicializa con los tipos de puntuaciones ROUGE que queremos calcular. En este caso, se utilizan 'rouge1' y 'rougeL'. 'rouge1' se refiere a la superposición de unigrams (palabras individuales) entre los textos de referencia y candidatos. 'rougeL' utiliza las estadísticas basadas en la subsecuencia común más larga (LCS). LCS se refiere a la secuencia más larga de palabras que son iguales entre los textos de referencia y candidatos, en el mismo orden.

El argumento use_stemmer=True significa que el scorer aplicará stemming a las palabras antes de calcular las puntuaciones. El stemming es un proceso de reducción de palabras a su forma raíz, lo que puede ayudar a emparejar palabras similares.

La línea scorer.score(reference, candidate) es la que realmente calcula las puntuaciones ROUGE. La variable scores resultante es un diccionario que contiene las puntuaciones calculadas para 'rouge1' y 'rougeL'.

Las dos últimas líneas del código imprimen la medida F para 'rouge1' y 'rougeL'. La medida F, o puntuación F1, es la media armónica de la precisión y el recall, proporcionando un equilibrio entre estas dos medidas.

8.4.2 Evaluación Cualitativa

La evaluación cualitativa implica inspeccionar manualmente el texto generado para evaluar su fluidez, coherencia y relevancia. Este método es subjetivo pero proporciona información valiosa sobre el rendimiento del modelo.

Inspección Visual

La inspección visual implica generar un conjunto de textos y examinarlos en busca de corrección gramatical, coherencia y relevancia con respecto al prompt. Esto puede ayudar a identificar problemas evidentes como frases repetitivas, falta de coherencia o contenido inapropiado.

Ejemplo: Inspección Visual

```
# Define a prompt
prompt = "In the quiet village of Rivendell,"

# Generate text using the fine-tuned GPT-2 model
input_ids = tokenizer.encode(prompt, return_tensors='pt')
output = model.generate(input_ids, max_length=100, num_return_sequences=1,
temperature=0.7)
generated_text = tokenizer.decode(output[0], skip_special_tokens=True)

# Print the generated text
print(generated_text)
```

Este ejemplo comienza con un prompt predefinido: "En el tranquilo pueblo de Rivendel,". El prompt se codifica en tokens adecuados para el modelo, y luego el modelo genera texto hasta una longitud máxima de 100 tokens basado en esta entrada. El texto generado se decodifica de nuevo en texto legible para humanos y se imprime.

Evaluación Humana

La evaluación humana implica pedir a un grupo de personas que califiquen los textos generados en base a criterios como coherencia, fluidez y relevancia. Este método proporciona una evaluación más robusta del rendimiento del modelo, pero puede ser lento y requerir muchos recursos.

Ejemplo: Criterios de Evaluación Humana

- **Coherencia**: ¿El texto tiene sentido lógico y fluye naturalmente?
- **Fluidez**: ¿El texto es gramaticalmente correcto y fácil de leer?
- **Relevancia**: ¿El texto se mantiene en el tema y responde adecuadamente al prompt?

8.4.3 Evaluación de la Diversidad y Creatividad

Para evaluar la diversidad y creatividad del texto generado, podemos analizar la variación en las salidas dadas diferentes prompts o ligeras variaciones del mismo prompt. Esto ayuda a asegurar que el modelo no produzca textos repetitivos o excesivamente similares.

Ejemplo: Evaluación de la Diversidad

```
# Define a set of similar prompts
prompts = [
```

```
    "Once upon a time in a faraway land,",
    "Long ago in a distant kingdom,",
    "In a realm beyond the mountains,",
]

# Generate and print text for each prompt
for i, prompt in enumerate(prompts):
    input_ids = tokenizer.encode(prompt, return_tensors='pt')
    output = model.generate(input_ids, max_length=100, num_return_sequences=1, 
temperature=0.7)
    generated_text = tokenizer.decode(output[0], skip_special_tokens=True)
    print(f"Prompt {i+1}:\\\\n{generated_text}\\\\n")
```

Este código de ejemplo primero define una lista de prompts, cada uno siendo la oración inicial de una posible historia. Luego utiliza un tokenizador y un modelo preexistentes para generar e imprimir una historia para cada prompt.

La función tokenizer.encode se usa para convertir el prompt en un formato que el modelo pueda entender (es decir, un tensor de IDs enteros). La función model.generate se usa luego para generar una continuación del prompt hasta una longitud de 100 tokens. El parámetro temperature se usa para controlar la aleatoriedad de la salida (con valores más altos que conducen a una salida más aleatoria).

Finalmente, la función tokenizer.decode se usa para convertir la salida del modelo de nuevo en texto legible para humanos, y este texto se imprime en la consola.

Cuestionario: Modelos Autoregresivos

Pon a prueba tu comprensión de los conceptos y técnicas cubiertos en la Parte IV. Este cuestionario te ayudará a reforzar tu conocimiento sobre los modelos autoregresivos y sus aplicaciones, así como el proyecto específico que completamos.

Pregunta 1: Conceptos Básicos de los Modelos Autoregresivos

¿Cuál es la característica principal de los modelos autoregresivos?

A) Predicen cada punto de datos basado en todo el conjunto de datos.

B) Predicen cada punto de datos basado en los anteriores.

C) No usan ningún punto de datos previo para las predicciones.

D) Solo funcionan con datos no secuenciales.

Pregunta 2: PixelRNN

¿Cuál de las siguientes afirmaciones es verdadera sobre PixelRNN?

A) Utiliza capas convolucionales para modelar dependencias entre píxeles.

B) Procesa píxeles en un orden aleatorio.

C) Utiliza redes neuronales recurrentes para modelar dependencias entre píxeles.

D) Solo puede usarse para generación de texto.

Pregunta 3: Arquitectura Transformer

¿Cuál es la innovación clave introducida por la arquitectura Transformer?

A) Capas recurrentes

B) Capas convolucionales

C) Mecanismo de autoatención

D) Capas de abandono (Dropout)

Pregunta 4: Modelos GPT

¿Cuál de las siguientes afirmaciones sobre GPT-3 es correcta?

A) GPT-3 tiene 1.5 mil millones de parámetros.

B) GPT-3 utiliza mecanismos de atención bidireccional.

C) GPT-3 puede realizar aprendizaje con pocos ejemplos.

D) GPT-3 solo se utiliza para la traducción de idiomas.

Pregunta 5: Parámetros de Generación de Texto

¿Qué parámetro en la generación de texto controla la aleatoriedad de las predicciones?

A) Longitud máxima

B) Temperatura

C) Muestreo Top-k

D) Muestreo Top-p

Pregunta 6: Perplejidad

¿Qué indica una puntuación de perplejidad más baja?

A) Mejor rendimiento del modelo

B) Peor rendimiento del modelo

C) Generación de texto más diversa

D) Generación de texto menos diversa

Pregunta 7: Puntuación BLEU

¿Para qué se utiliza la puntuación BLEU en la evaluación de generación de texto?

A) Medir la fluidez del texto generado

B) Medir la coherencia del texto generado

C) Medir la similitud entre el texto generado y el texto de referencia

D) Medir la diversidad del texto generado

Pregunta 8: Puntuación ROUGE

¿Qué aspecto de la generación de texto mide principalmente la puntuación ROUGE?

A) Fluidez

B) Coherencia

C) Recall

D) Precisión

Pregunta 9: Inspección Visual

¿Cuál de los siguientes NO es un criterio para la evaluación humana del texto generado?

A) Coherencia

B) Fluidez

C) Relevancia

D) Latencia

Pregunta 10: Diversidad en la Generación de Texto

¿Cómo se puede evaluar la diversidad del texto generado?

A) Calculando la perplejidad

B) Usando un solo prompt fijo para todas las generaciones

C) Analizando variaciones en las salidas dadas diferentes prompts

D) Midiendo la velocidad de generación de texto

Respuestas

1. B) Predicen cada punto de datos basado en los anteriores.
2. C) Utiliza redes neuronales recurrentes para modelar dependencias entre píxeles.
3. C) Mecanismo de autoatención
4. C) GPT-3 puede realizar aprendizaje con pocos ejemplos.
5. B) Temperatura
6. A) Mejor rendimiento del modelo
7. C) Medir la similitud entre el texto generado y el texto de referencia
8. C) Recall
9. D) Latencia
10. C) Analizando variaciones en las salidas dadas diferentes prompts

Este cuestionario cubre los conceptos y técnicas esenciales introducidos en la Parte IV del libro y ayuda a reforzar tu comprensión de los modelos autoregresivos y sus aplicaciones.

Parte V: Modelos de Difusión

Capítulo 9: Explorando los Modelos de Difusión

Los modelos de difusión, una clase poderosa y robusta de modelos generativos, han emergido recientemente en el centro de atención debido a su impresionante capacidad para generar imágenes de alta calidad junto con otras formas de datos complejos. Estos modelos de vanguardia, que se inspiran en el proceso físico de difusión, utilizan una serie de pasos secuenciados cuidadosamente para transformar gradualmente el ruido básico en datos estructurados y significativos.

En este capítulo en profundidad, emprenderemos un viaje intelectual para desentrañar los conceptos y mecanismos intrincados que forman la columna vertebral de los modelos de difusión. Nuestra exploración abarcará su arquitectura única, las complejidades involucradas en el proceso de entrenamiento y la amplia gama de aplicaciones que son capaces de mejorar.

Nuestro viaje comenzará con una inmersión profunda en los principios fundamentales que sustentan los modelos de difusión. Esto será seguido por explicaciones detalladas enriquecidas con códigos de ejemplo prácticos para ilustrar estos conceptos abstractos de manera clara y comprensible.

El objetivo principal de este capítulo integral es proporcionar una base sólida para aquellos interesados en trabajar con modelos de difusión. Esperamos que este conocimiento te capacite para aplicar estas técnicas avanzadas a una multitud de tareas generativas, desbloqueando nuevas avenidas de exploración e innovación.

9.1 Entendiendo los Modelos de Difusión

Este concepto de difusión se toma prestado del campo de la física, donde describe adecuadamente el proceso espontáneo de las partículas de dispersarse o moverse desde un área de alta concentración a un área de baja concentración.

Sin embargo, en el contexto único de los modelos generativos, este concepto de difusión se invierte de manera ingeniosa. En lugar de comenzar desde un punto de alta concentración, comenzamos con algo parecido al ruido aleatorio: un punto de partida no estructurado y sin refinar.

Desde este punto, procedemos a refinar y estructurar iterativamente este ruido, paso a paso, bit a bit, hasta llegar a nuestro objetivo final: una pieza de datos estructurados y significativos. Esto podría tomar la forma de una multitud de cosas, pero un ejemplo común son las imágenes.

A través de este proceso, el ruido aleatorio se transforma y da forma a algo comprensible y estructurado, exhibiendo el verdadero poder y potencial de los modelos de difusión.

9.1.1 El Proceso de Difusión Hacia Adelante

El proceso de difusión hacia adelante es una técnica desplegada en el análisis de datos caracterizada por la introducción progresiva de ruido en el conjunto de datos a lo largo de una serie de pasos temporales. Este proceso paso a paso asegura elegantemente que los datos se transformen y alineen gradualmente con una distribución de ruido. La estructura original de los datos se pierde de manera incremental a medida que se agrega ruido, y al final del proceso, los datos son prácticamente indistinguibles del ruido aleatorio.

Desde una perspectiva matemática, este proceso puede representarse como una secuencia de transformaciones, cada una de las cuales agrega un pequeño incremento de ruido gaussiano a los datos. El ruido gaussiano, también conocido como ruido blanco, es un tipo de ruido estadístico que tiene su amplitud en cada punto en el espacio o tiempo definida por una función gaussiana. Este ruido se agrega a los datos en cada paso de la secuencia, difuminando aún más la estructura original y empujando los datos hacia la distribución de ruido objetivo.

En esencia, el proceso de difusión hacia adelante sirve para transformar los datos introduciendo ruido de manera controlada y gradual, convirtiéndolo en una herramienta poderosa en el ámbito del análisis de datos.

Ejemplo: Proceso de Difusión Hacia Adelante

```
import numpy as np
import matplotlib.pyplot as plt

def forward_diffusion(data, num_steps, noise_scale=0.1):
    """
    Applies forward diffusion process to the data.

    Parameters:
    - data: The original data (e.g., an image represented as a NumPy array).
    - num_steps: The number of diffusion steps.
    - noise_scale: The scale of the Gaussian noise to be added at each step.

    Returns:
    - A list of noisy data at each diffusion step.
    """
    noisy_data = [data]
    for step in range(num_steps):
        noise = np.random.normal(scale=noise_scale, size=data.shape)
        noisy_data.append(noisy_data[-1] + noise)
    return noisy_data
```

```
# Example usage with a simple 1D signal
data = np.sin(np.linspace(0, 2 * np.pi, 100))
noisy_data = forward_diffusion(data, num_steps=10, noise_scale=0.1)

# Plot the noisy data
plt.figure(figsize=(10, 6))
for i, noisy in enumerate(noisy_data):
    plt.plot(noisy, label=f"Step {i}")
plt.legend()
plt.title("Forward Diffusion Process")
plt.show()
```

En este ejemplo:

La función forward_diffusion definida en el script aplica el proceso de difusión hacia adelante a los datos de entrada. Esta función toma tres parámetros: los datos originales (que a menudo son una imagen representada como un array de NumPy), el número de pasos de difusión y la escala del ruido gaussiano que se agregará en cada paso, que se establece en 0.1 por defecto.

Esta función comienza inicializando una lista de datos ruidosos con los datos originales. Luego, para cada paso en el rango especificado, genera ruido gaussiano con la escala y forma de los datos de entrada utilizando la función np.random.normal. Este ruido se agrega al último elemento en la lista de datos ruidosos. El resultado se agrega a la lista de datos ruidosos, creando efectivamente una nueva versión de los datos con ruido añadido en cada paso. Después de que se completan todos los pasos, la función devuelve la lista de datos ruidosos.

Después de la declaración de la función, el script demuestra un ejemplo de uso de esta función. Crea una señal 1D simple generando una onda sinusoidal con 100 puntos entre 0 y 2π. Esta señal se pasa a la función forward_diffusion junto con el número de pasos y la escala de ruido. El resultado es una lista de versiones ruidosas de la señal original, con cada versión más corrompida por el ruido que la anterior.

Finalmente, el script grafica los datos ruidosos usando funciones de la biblioteca Matplotlib. Crea una nueva figura, luego recorre la lista de datos ruidosos, graficando cada versión de la señal con una etiqueta que indica el número de paso. Después de que todas las versiones han sido graficadas, agrega una leyenda al gráfico, establece el título en "Proceso de Difusión Hacia Adelante" y muestra el gráfico usando plt.show().

El gráfico resultante demuestra visualmente cómo el proceso de difusión hacia adelante afecta los datos, agregando progresivamente ruido hasta que es indistinguible del ruido aleatorio.

9.1.2 El Proceso de Difusión Inversa

El proceso de difusión inversa es una técnica sofisticada que está diseñada para contrarrestar el proceso de difusión hacia adelante. El objetivo principal de este método es eliminar meticulosamente el ruido de los datos, y esto se hace de manera sistemática, paso a paso.

En el contexto del proceso de difusión inversa, un modelo se entrena estratégicamente no solo para predecir el ruido que se ha añadido en cada paso individual, sino también para restarlo. Este enfoque resulta en la eliminación efectiva del ruido de los datos, lo cual es un aspecto crucial de este proceso.

Una de las características definitorias del proceso de difusión inversa es que fomenta que el modelo aprenda y se adapte. A través de este proceso, el modelo es capaz de aproximar la verdadera distribución de los datos. Lo hace utilizando los datos ruidosos como una herramienta de aprendizaje y guía. Esto le permite acercarse a la representación precisa de los datos, que es el objetivo final de este proceso.

Ejemplo: Proceso de Difusión Inversa

```
import tensorflow as tf
from tensorflow.keras.layers import Input, Dense, Flatten, Reshape
from tensorflow.keras.models import Model

def build_denoising_model(input_shape):
    """
    Builds a simple denoising model.

    Parameters:
    - input_shape: Shape of the input data.

    Returns:
    - A Keras model for denoising.
    """
    inputs = Input(shape=input_shape)
    x = Flatten()(inputs)
    x = Dense(128, activation='relu')(x)
    x = Dense(np.prod(input_shape), activation='linear')(x)
    outputs = Reshape(input_shape)(x)
    return Model(inputs, outputs)

# Example usage with 1D data
input_shape = (100,)
denoising_model = build_denoising_model(input_shape)
denoising_model.summary()
```

En este ejemplo:

Este modelo es una red neuronal diseñada para eliminar el ruido de los datos, lo cual es un aspecto crítico del proceso de difusión inversa en los modelos de difusión.

El script define una función build_denoising_model(input_shape) que toma un argumento:

- input_shape: Esta es la forma de los datos de entrada que el modelo procesará.

Veamos la función en más detalle:

1. inputs = Input(shape=input_shape): Esta línea crea una capa de entrada para el modelo. La forma de esta capa coincide con la forma de los datos de entrada.
2. x = Flatten()(inputs): Los datos de entrada se aplanan. Aplanar un array multidimensional significa convertirlo en un array unidimensional. Esto se hace porque ciertas capas en nuestro modelo, como Dense, trabajan con datos 1D.
3. x = Dense(128, activation='relu')(x): Los datos de entrada aplanados se pasan a través de una capa densa, que es un tipo de capa que realiza un producto punto de las entradas y los pesos y agrega un sesgo. Esta capa densa tiene 128 unidades (neuronas) y utiliza la función de activación ReLU (Rectified Linear Unit). ReLU es una función de activación comúnmente utilizada en redes neuronales que emite la entrada directamente si es positiva; de lo contrario, emite cero.
4. x = Dense(np.prod(input_shape), activation='linear')(x): Los datos se pasan a través de otra capa densa. Esta capa densa utiliza una función de activación lineal, lo que implica efectivamente que esta capa solo realizará una transformación proporcional a la entrada (es decir, una transformación lineal). El número de neuronas en esta capa está determinado por el producto de las dimensiones de la forma de entrada.
5. outputs = Reshape(input_shape)(x): Finalmente, la salida de la capa densa anterior se reestructura nuevamente a la forma de entrada original. Esto se hace para asegurar que la salida de nuestro modelo tenga la misma forma que los datos de entrada.
6. return Model(inputs, outputs): Esta línea crea un modelo usando nuestras entradas y salidas definidas. Este modelo es un modelo completo de red neuronal, lo que significa que incluye tanto las capas de entrada como las de salida, así como todo lo que hay entre ellas.

El script luego proporciona un ejemplo de cómo usar esta función con datos 1D. Establece input_shape en (100,), lo que significa que los datos de entrada tienen 100 elementos, y crea un modelo de eliminación de ruido llamando a build_denoising_model(input_shape). Luego imprime un resumen de la arquitectura del modelo usando denoising_model.summary().

En resumen, este modelo simple de eliminación de ruido toma datos ruidosos como entrada, los transforma a través de una serie de capas para extraer características útiles y suprimir el ruido, y finalmente los reestructura de nuevo a la forma de entrada original, proporcionando una versión más limpia y sin ruido de los datos de entrada.

9.1.3 Introducción al Entrenamiento de un Modelo de Difusión

El proceso de entrenamiento de un modelo de difusión es crítico y gira en torno al concepto de minimizar la discrepancia entre el ruido predicho por el modelo y el ruido real que se añade en cada paso del proceso de difusión. Este es un paso esencial ya que permite que el modelo capture con precisión la distribución subyacente de los datos.

El enfoque estándar para lograr esto es utilizar un tipo específico de función de pérdida, más precisamente, la función de pérdida de error cuadrático medio (MSE). La elección de esta función está motivada por sus propiedades que la hacen particularmente adecuada para problemas de regresión, que es esencialmente el tipo de problema que estamos abordando al entrenar un modelo de difusión.

A medida que avanza el entrenamiento, el modelo emprende un viaje de aprendizaje donde adquiere la capacidad de eliminar el ruido de los datos, un proceso que se lleva a cabo de manera iterativa. Este proceso de eliminación de ruido no es aleatorio; más bien, sigue un camino específico que comienza desde el estado final ruidoso obtenido después del proceso de difusión. Desde allí, el modelo trabaja hacia atrás, paso a paso, con el objetivo de restaurar progresivamente los datos a su forma original, libre de ruido.

A través de este proceso iterativo, el modelo no solo aprende a eliminar el ruido, sino que también entiende la estructura de los datos, lo que en última instancia le permite generar nuevos datos que se alinean con la misma distribución.

Ejemplo: Entrenamiento del Modelo de Difusión

```
# Generate synthetic training data
def generate_synthetic_data(num_samples, length):
    data = np.array([np.sin(np.linspace(0, 2 * np.pi, length)) for _ in range(num_samples)])
    return data

# Create synthetic training data
num_samples = 1000
data_length = 100
training_data = generate_synthetic_data(num_samples, data_length)

# Apply forward diffusion to the training data
num_steps = 10
noise_scale = 0.1
noisy_training_data = [forward_diffusion(data, num_steps, noise_scale) for data in training_data]

# Prepare data for training
X_train = np.array([noisy[-1] for noisy in noisy_training_data])  # Final noisy state
y_train = np.array([data for data in training_data])  # Original data

# Compile the denoising model
denoising_model.compile(optimizer='adam', loss='mse')

# Train the denoising model
denoising_model.fit(X_train, y_train, epochs=20, batch_size=32)
```

En este ejemplo:

La primera sección del script se refiere a la generación de datos sintéticos para el entrenamiento. La función generate_synthetic_data(num_samples, length) se define para generar una cantidad específica de muestras de formas de onda sinusoidales de una longitud dada. El número de muestras y la longitud de cada muestra se especifican mediante las variables num_samples y data_length. Las formas de onda se generan utilizando las funciones np.sin y np.linspace de la biblioteca numpy, que crean valores espaciados uniformemente en un rango especificado y calculan el seno de cada valor, respectivamente.

Una vez generados los datos sintéticos para el entrenamiento, se les aplica un proceso de difusión hacia adelante. Este proceso introduce ruido en los datos a lo largo de un número especificado de pasos, resultando en una lista de versiones progresivamente más ruidosas de los datos originales. El número de pasos y la escala del ruido introducido en cada paso están determinados por las variables num_steps y noise_scale.

El siguiente paso es preparar los datos para el entrenamiento. Los datos de entrada (X_train) para el modelo son el estado final (el más ruidoso) de los datos de entrenamiento ruidosos. Los datos de salida objetivo (y_train) son los datos sintéticos originales (sin ruido). El objetivo del modelo será aprender a transformar los datos de entrada ruidosos de nuevo en los datos originales sin ruido.

El modelo de eliminación de ruido se compila utilizando el optimizador 'adam' y la función de pérdida 'mean squared error'. El optimizador 'adam' es una elección popular para entrenar modelos de Deep Learning debido a su eficiencia y bajos requisitos de memoria, mientras que la función de pérdida 'mean squared error' se usa comúnmente en problemas de regresión, que es esencialmente el tipo de problema que estamos abordando en esta tarea de eliminación de ruido.

Finalmente, el modelo se entrena utilizando el método fit. Se proporcionan los datos de entrada y los datos de salida objetivo, junto con el número de épocas de entrenamiento (pasadas completas a través de todo el conjunto de datos de entrenamiento) y el tamaño del lote (número de muestras que se utilizan para calcular el gradiente en cada paso de entrenamiento). La elección de estos parámetros puede afectar significativamente la velocidad y eficiencia del proceso de entrenamiento, así como la calidad del modelo final entrenado.

9.2 Arquitectura de los Modelos de Difusión

La arquitectura de los modelos de difusión se refiere a la estructura y diseño de estos modelos computacionales, que se utilizan para simular el proceso de difusión. La difusión, en este contexto, se refiere a la propagación de algo dentro de una área o grupo particular. Ese "algo" puede referirse a una amplia variedad de elementos, desde partículas en un fluido que se dispersan desde una zona de alta concentración a una zona de baja concentración, hasta tendencias que se propagan a través de una población.

En el ámbito del aprendizaje automático y el análisis de datos, los modelos de difusión tienen una arquitectura única e intrincada que les permite realizar una tarea notable. Pueden transformar el ruido aleatorio y no estructurado en datos coherentes y estructurados. Este proceso, también conocido como eliminación de ruido, es crucial en muchos campos, incluyendo el procesamiento de imágenes y señales, donde es importante extraer información útil de los datos ruidosos.

Al entender la arquitectura de los modelos de difusión, puedes implementar y optimizar efectivamente estos modelos para una variedad de tareas, como eliminar el ruido de imágenes, mejorar la calidad de las señales de audio, o incluso generar nuevos datos que se alineen con la misma distribución que los datos originales. Este conocimiento es crucial para cualquiera que busque aprovechar el poder de los modelos de difusión, ya sea en la investigación académica, aplicaciones industriales o proyectos personales.

9.2.1 Componentes Clave de los Modelos de Difusión

La arquitectura de los modelos de difusión, un sistema complejo e intrincado, se construye en torno a varios componentes fundamentales que operan sinérgicamente para facilitar el proceso de transformación del ruido a los datos. Estos componentes clave, cada uno desempeñando un papel integral en garantizar la funcionalidad del modelo, son los siguientes:

1. **Capa de Adición de Ruido**: Este es el primer componente en el modelo de difusión y su función principal es introducir deliberadamente ruido gaussiano en los datos de entrada en cada paso individual del proceso de difusión. Esta es una parte crucial del proceso general ya que el ruido sirve como catalizador para las operaciones subsecuentes.
2. **Red de Eliminación de Ruido**: El segundo componente es una red neuronal sofisticada, cuya función es predecir el ruido gaussiano añadido y eliminarlo efectivamente. Esta red funciona como el corazón del modelo, haciendo predicciones calculadas y ejecutando la eliminación del ruido.
3. **Codificación de Pasos**: Este componente juega un papel vital en la codificación del paso temporal específico del proceso de difusión. Su propósito principal es suministrar a la red de eliminación de ruido con información temporal, esencialmente ayudando a la red a entender la progresión del proceso a lo largo del tiempo.
4. **Función de Pérdida**: Por último, la función de pérdida es lo que mide la diferencia entre el ruido predicho y el ruido real. Esta es una parte esencial del modelo ya que guía el proceso de entrenamiento, sirviendo esencialmente como una brújula que dirige el modelo hacia un rendimiento óptimo.

9.2.2 Capa de Adición de Ruido

La capa de adición de ruido, un componente crítico del sistema, tiene la responsabilidad de incorporar ruido gaussiano en los datos de entrada en cada paso del proceso de difusión. Esta capa esencialmente refleja el proceso de difusión hacia adelante, convirtiendo incrementalmente los datos originales en una distribución caracterizada principalmente por el ruido.

Propósito

La función principal de una Capa de Adición de Ruido es **introducir ruido artificialmente** durante el proceso de entrenamiento de una red neuronal. Esto puede parecer contradictorio, pero la adición de ruido controlado puede actuar como un regularizador, llevando a varios beneficios:

Reduce el Sobreajuste: Al introducir ruido en los datos de entrenamiento, la red se ve obligada a aprender características más robustas que generalizan mejor a datos no vistos. El sobreajuste ocurre cuando la red memoriza demasiado bien los datos de entrenamiento y tiene un rendimiento pobre en nuevos ejemplos. La adición de ruido ayuda a prevenir esto haciendo que los datos de entrenamiento sean ligeramente diferentes en cada iteración.

Mejora la Generalización del Modelo: Con el ruido introducido, la red no puede depender únicamente de detalles o patrones específicos en los datos de entrenamiento. Necesita aprender relaciones subyacentes que sean consistentes incluso con las variaciones causadas por el ruido. Esto puede llevar a modelos que tengan un mejor rendimiento en datos no vistos con ruido inherente.

Fomenta la Estabilidad de los Pesos: La adición de ruido puede ayudar a evitar que la red se quede atascada en mínimos locales durante el entrenamiento. Las fluctuaciones aleatorias causadas por el ruido animan a los pesos a explorar una gama más amplia de soluciones, lo que puede llevar a un mejor rendimiento general.

Implementación

El concepto de la Capa de Adición de Ruido (NAL) puede no ser un componente incorporado, pero su implementación se puede ejecutar de diversas maneras. Estas maneras se pueden adaptar para satisfacer las necesidades específicas y matices de la investigación que se esté llevando a cabo o del marco que se esté utilizando. Vamos a profundizar en dos de los enfoques más universalmente adoptados:

Inyección de Ruido en los Datos de Entrada: Este enfoque es el más prevalente en el campo. Involucra la adición de ruido directamente a los datos de entrada antes de ser alimentados a la red durante el proceso de entrenamiento. El ruido añadido puede adoptar varias formas, pero el ruido gaussiano es a menudo la elección preferida. El ruido gaussiano consiste en valores aleatorios que se adhieren a una distribución normal. Sin embargo, el tipo de ruido no está limitado al ruido gaussiano y puede variar dependiendo de los requisitos específicos del problema que se esté abordando.

Adición de Ruido a las Activaciones: Este método es otra avenida popular explorada por los investigadores. Incorpora la adición de ruido a las activaciones que ocurren entre las capas ocultas dentro de la red. La adición de ruido se puede ejecutar después de la función de activación en cada capa correspondiente. El tipo de ruido introducido y la cantidad en la que se añade se puede controlar y ajustar meticulosamente mediante un hiperparámetro, proporcionando así flexibilidad y control en el proceso.

Consideraciones Clave:

Las Capas de Adición de Ruido (NAL) son un concepto importante para entender y aplicar correctamente. Aquí hay algunas consideraciones críticas a tener en cuenta al usar estas capas:

Encontrar el Nivel Correcto de Ruido: Uno de los componentes clave en el uso efectivo de NAL es determinar la cantidad correcta de ruido para añadir. Esto es crucial porque si se añade demasiado ruido, puede realmente impedir el proceso de aprendizaje confundiendo al modelo. Por otro lado, si el nivel de ruido es demasiado bajo, puede que no proporcione un efecto de regularización significativo para hacer una diferencia notable. Ajustar este equilibrio a menudo implica una gran cantidad de experimentación y ajustes basados en los datos específicos y las tareas en cuestión.

Selección del Tipo de Ruido: Otro factor importante es la selección del tipo de ruido que se añadirá. Esto se puede adaptar para ajustarse a la tarea específica que el modelo está diseñado para realizar. Por ejemplo, en tareas que involucran datos de imagen con variaciones aleatorias, el ruido gaussiano podría ser una elección adecuada. Alternativamente, para imágenes que tienen ruido impulsivo, un tipo diferente de ruido llamado ruido sal y pimienta podría ser más apropiado.

Posibles Desventajas: Aunque los beneficios de las Capas de Adición de Ruido son sustanciales, también tienen algunos posibles inconvenientes. Uno de estos inconvenientes es que pueden introducir un costo computacional adicional durante el proceso de entrenamiento. Esto puede ralentizar el entrenamiento y requerir recursos adicionales. Además, si las Capas de Adición de Ruido no se implementan con cuidado y reflexión, pueden llevar a un rendimiento degradado del modelo. Esto subraya la importancia de entender y aplicar correctamente esta técnica.

En general, las Capas de Adición de Ruido representan un enfoque interesante para regularizar redes neuronales. Al introducir cuidadosamente ruido controlado durante el entrenamiento, pueden ayudar a abordar el sobreajuste y mejorar la generalización del modelo.

Ejemplo: Capa de Adición de Ruido

```
import numpy as np

def add_noise(data, noise_scale=0.1):
    """
    Adds Gaussian noise to the data.

    Parameters:
    - data: The original data (e.g., an image represented as a NumPy array).
    - noise_scale: The scale of the Gaussian noise to be added.
```

```
    Returns:
    - Noisy data.
    """
    noise = np.random.normal(scale=noise_scale, size=data.shape)
    return data + noise

# Example usage with a simple 1D signal
data = np.sin(np.linspace(0, 2 * np.pi, 100))
noisy_data = add_noise(data, noise_scale=0.1)

# Plot the original and noisy data
import matplotlib.pyplot as plt
plt.plot(data, label="Original Data")
plt.plot(noisy_data, label="Noisy Data")
plt.legend()
plt.title("Noise Addition")
plt.show()
```

En este ejemplo:

Este código de ejemplo define una función llamada add_noise que agrega ruido gaussiano a un array de datos dado. Aquí está el desglose del código:

1. Importar NumPy: Importa la biblioteca numpy como np para operaciones numéricas.
2. Función add_noise:
    - Definición: def add_noise(data, noise_scale=0.1): define una función llamada add_noise que toma dos argumentos:
        - data: Representa los datos originales a los que deseas agregar ruido. Se espera que sea un array de NumPy.
        - noise_scale (opcional): Este argumento controla la escala del ruido. Por defecto, está establecido en 0.1, lo que determina la desviación estándar de la distribución de ruido gaussiano. Valores más altos conducen a un ruido más significativo.
    - Docstring: La docstring explica el propósito de la función y los parámetros que toma.
    - Generación de Ruido: noise = np.random.normal(scale=noise_scale, size=data.shape): Esta línea genera ruido gaussiano usando np.random.normal.
        - scale=noise_scale: Establece la desviación estándar de la distribución del ruido al valor proporcionado de noise_scale.

    - size=data.shape: Asegura que el array de ruido generado tenga la misma forma que los datos de entrada para la adición elemento a elemento.
  - Adición de Ruido: return data + noise: Esta línea añade el ruido generado a los datos originales elemento a elemento y devuelve los datos con ruido.

3. Uso de Ejemplo:
   - Creación de Datos: data = np.sin(np.linspace(0, 2 * np.pi, 100)): Crea una señal 1D simple representada por una onda sinusoidal con 100 puntos de datos.
   - Adición de Ruido: noisy_data = add_noise(data, noise_scale=0.1): Llama a la función add_noise con los datos originales y una escala de ruido de 0.1, almacenando el resultado en noisy_data.
   - Trazado: (Esta sección usa matplotlib.pyplot)
     - Importa matplotlib.pyplot como plt para trazado.
     - Traza los datos originales y los datos con ruido usando líneas separadas con etiquetas.
     - Añade un título y una leyenda para mayor claridad.
     - Muestra el gráfico usando plt.show().

En resumen, este ejemplo demuestra cómo agregar ruido gaussiano a los datos usando una función y visualiza el impacto del ruido en una señal 1D simple.

9.2.3 Red de Eliminación de Ruido

Una Red de Eliminación de Ruido es un tipo de red neuronal específicamente diseñada para eliminar el ruido de imágenes o señales. El ruido puede introducirse durante la adquisición de la imagen, la transmisión o el procesamiento, y puede reducir significativamente la calidad de la imagen y dificultar el análisis posterior. Las redes de eliminación de ruido buscan aprender un mapeo de imágenes ruidosas a sus contrapartes limpias.

Aquí hay una explicación más profunda del concepto:

Arquitectura

Las redes de eliminación de ruido suelen construirse utilizando una arquitectura de codificador-decodificador, que desempeña un papel crucial en el procesamiento y limpieza de imágenes.

Codificador: El codificador, que sirve como etapa inicial, acepta la imagen ruidosa como entrada y la procesa a través de una serie de capas convolucionales. Estas capas extraen características de la imagen, que comprenden tanto la señal subyacente como el ruido. La extracción de estas características es un paso fundamental en las redes de eliminación de ruido, ya que sienta las bases para las etapas posteriores.

Representación Latente: Desde el codificador, pasamos a la representación latente, que es la salida del codificador. Esta representación latente encapsula la información esencial de la imagen en un formato más comprimido. Idealmente, esta representación debería contener predominantemente la señal limpia con mínimo ruido, ya que esto mejora la eficiencia del proceso de eliminación de ruido.

Decodificador: Finalmente, el decodificador, que es la última etapa, toma la representación latente y reconstruye una imagen limpia a través de varias capas de aumento de resolución o deconvolucionales. Estas capas aumentan progresivamente la resolución de la representación y eliminan cualquier artefacto de ruido residual. Este paso es crucial ya que no solo mejora la calidad de la imagen al aumentar la resolución, sino que también asegura la eliminación completa de cualquier elemento de ruido residual.

Proceso de Entrenamiento

Las redes neuronales de eliminación de ruido se entrenan específicamente para realizar la tarea de eliminación de ruido en imágenes. Este proceso suele llevarse a cabo utilizando un método conocido como aprendizaje supervisado. Los elementos clave de este proceso se pueden desglosar de la siguiente manera:

Datos de Entrenamiento: Para aprender efectivamente cómo eliminar el ruido de las imágenes, la red debe ser proporcionada con un conjunto de datos sustancial de imágenes emparejadas. Cada par dentro de este conjunto de datos consiste en una imagen ruidosa, que es la imagen que contiene algún nivel de ruido o distorsión, y su correspondiente imagen limpia de verdad. La imagen de verdad sirve como el resultado ideal que la red debería intentar replicar a través de sus esfuerzos de eliminación de ruido.

Función de Pérdida: Una vez que los datos de entrenamiento han sido establecidos, la red de eliminación de ruido entra en la fase de entrenamiento. Durante esta fase, la red toma cada imagen de entrada ruidosa e intenta predecir cómo debería ser la imagen limpia. Para medir la precisión de estas predicciones, se utiliza una función de pérdida. Esta función de pérdida, que podría ser un método como el error cuadrático medio (MSE) o la pérdida de similitud estructural (SSIM), compara la imagen limpia predicha con la imagen limpia de verdad. El resultado de esta comparación es una medida cuantificable de qué tan lejos estuvo la predicción de la red de la verdad real.

Optimizador: Con los datos de entrenamiento y la función de pérdida en su lugar, la pieza final del rompecabezas es el optimizador. Un optimizador, como Adam o SGD, se utiliza para ajustar los pesos de la red en respuesta a la pérdida calculada. Al ajustar estos pesos, la red puede minimizar iterativamente la función de pérdida. Este proceso permite que la red aprenda gradualmente la relación entre imágenes ruidosas y limpias, mejorando su capacidad para eliminar el ruido de las imágenes con el tiempo.

En resumen, el proceso de entrenamiento de una red neuronal de eliminación de ruido involucra el uso de imágenes emparejadas como datos de entrenamiento, una función de pérdida para medir la precisión de las predicciones y un optimizador para ajustar los parámetros de la red en base a esta retroalimentación. A través de este proceso, la red es capaz de aprender efectivamente la relación entre imágenes ruidosas y limpias, lo que luego puede usar para eliminar el ruido de las imágenes.

Tipos de Ruido

Las redes de eliminación de ruido son sistemas sofisticados que están específicamente diseñados para manejar varios tipos de ruido que pueden afectar negativamente la calidad de una imagen.

Ruido Gaussiano: Este tipo de ruido es de naturaleza aleatoria y sigue un patrón de distribución normal. Aparece como una textura granulada en la imagen, a menudo enturbiando la claridad y nitidez de la imagen.

Ruido de Disparo: Este tipo de ruido surge debido a la sincronización aleatoria de la llegada de fotones durante el proceso de adquisición de la imagen. Se manifiesta como lo que a menudo se conoce como ruido de sal y pimienta en la imagen, creando una perturbación visual que puede degradar significativamente la imagen.

Artefactos de Compresión: Estos son artefactos no deseados y a menudo no bienvenidos que se introducen durante el proceso de compresión de la imagen. Estos artefactos pueden manifestarse de varias maneras, como patrones en bloques o efectos de anillos, que pueden restar valor a la estética general y la claridad de la imagen.

En esencia, el papel de las redes de eliminación de ruido es combatir estos tipos de ruido, asegurando que la integridad y calidad de la imagen permanezcan intactas.

Ventajas

Las redes de eliminación de ruido, un desarrollo reciente en el campo del procesamiento de imágenes, ofrecen varias ventajas sobre los métodos tradicionales de eliminación de ruido, lo que las hace cada vez más populares:

Enfoque Basado en el Aprendizaje: Una de las ventajas clave de las redes de eliminación de ruido es que se basan en el aprendizaje. A diferencia de los métodos tradicionales que dependen de filtros diseñados a mano, que pueden no siempre capturar con precisión los patrones de ruido complejos, las redes de eliminación de ruido tienen la capacidad de aprender estos patrones de ruido intrincados a partir de los datos de entrenamiento que se les proporcionan. Esto les permite reducir el ruido de manera más precisa y efectiva en las imágenes.

Capacidades Adaptativas: Otra ventaja significativa de las redes de eliminación de ruido es su capacidad de adaptación. Pueden ajustarse a diferentes tipos de ruido aprendiendo de conjuntos de datos de entrenamiento apropiados. Esta adaptabilidad las hace versátiles y aplicables a una variedad de condiciones de ruido, mejorando su utilidad en diversos escenarios de procesamiento de imágenes.

Eliminación Efectiva del Ruido: Quizás el beneficio más notable de las redes de eliminación de ruido es su efectividad en la eliminación del ruido. Se ha demostrado que logran un rendimiento de vanguardia en la reducción de ruido, al mismo tiempo que preservan los detalles de la imagen. Esto representa una mejora significativa sobre los métodos tradicionales, que a menudo luchan por mantener los detalles de la imagen mientras intentan eliminar el ruido.

Desventajas

Si bien las redes de eliminación de ruido ofrecen un potencial considerable, también es importante reconocer algunas de las limitaciones que pueden surgir en su aplicación:

Datos de Entrenamiento: Uno de los aspectos cruciales del rendimiento de una red es la calidad y diversidad de los datos de entrenamiento utilizados. Cuanto más diversos y de alta calidad sean los datos de entrenamiento, mejor será la capacidad de la red para generalizar y manejar una amplia gama de tipos de ruido. Sin embargo, si los datos disponibles carecen de representación de ciertos tipos de ruido, la capacidad de la red para procesar y eliminar efectivamente estos tipos puede estar significativamente limitada.

Costo Computacional: Otra consideración importante es el costo computacional involucrado tanto en el entrenamiento como en el uso de las redes de eliminación de ruido. Las arquitecturas grandes y complejas pueden ser particularmente intensivas en recursos, requiriendo una potencia computacional sustancial. Esto puede ser una limitación significativa, especialmente en escenarios donde los recursos son limitados o cuando el procesamiento debe realizarse en tiempo real o casi en tiempo real.

Potencial de Artefactos: Por último, vale la pena señalar que, dependiendo de la arquitectura específica de la red y el proceso de entrenamiento utilizado, las redes de eliminación de ruido pueden a veces introducir nuevos artefactos en la imagen durante el proceso de reconstrucción. Esta es una desventaja potencial ya que estos artefactos pueden afectar la calidad general de la imagen resultante, haciéndola menos clara o introduciendo distorsiones que no estaban presentes en la imagen original con ruido.

En general, las Redes de Eliminación de Ruido son una herramienta poderosa para la restauración de imágenes y el procesamiento de señales. Ofrecen avances significativos sobre los métodos tradicionales, pero es importante considerar sus limitaciones y requisitos de entrenamiento para un rendimiento óptimo.

Ejemplo: Red de Eliminación de Ruido Simple

```
import tensorflow as tf
from tensorflow.keras.layers import Input, Dense, Flatten, Reshape
from tensorflow.keras.models import Model

def build_denoising_network(input_shape):
    """
    Builds a simple denoising network.
```

```
    Parameters:
    - input_shape: Shape of the input data.

    Returns:
    - A Keras model for denoising.
    """
    inputs = Input(shape=input_shape)
    x = Flatten()(inputs)
    x = Dense(128, activation='relu')(x)
    x = Dense(np.prod(input_shape), activation='linear')(x)
    outputs = Reshape(input_shape)(x)
    return Model(inputs, outputs)

# Example usage with 1D data
input_shape = (100,)
denoising_network = build_denoising_network(input_shape)
denoising_network.summary()
```

En este ejemplo:

El script define principalmente una función llamada build_denoising_network(input_shape). Esta función construye y devuelve un modelo Keras, un tipo de modelo proporcionado por TensorFlow para implementar y entrenar redes de Deep Learning. El argumento input_shape se utiliza para especificar la forma de los datos de entrada que el modelo procesará.

La función comienza definiendo la capa de entrada del modelo con la línea inputs = Input(shape=input_shape). Esta capa recibe los datos de entrada para el modelo y su forma coincide con la forma de los datos de entrada.

A continuación, los datos de entrada se aplanan usando x = Flatten()(inputs). Aplanar es un proceso en el cual un array multidimensional se convierte en un array unidimensional. Esto se hace porque ciertos tipos de capas en una red neuronal, como las capas Dense, requieren datos unidimensionales.

Los datos aplanados se pasan luego a través de una capa Dense con x = Dense(128, activation='relu')(x). Las capas Dense en una red neuronal realizan un producto punto de las entradas y los pesos, añaden un sesgo y luego aplican una función de activación. La capa Dense aquí tiene 128 unidades (también conocidas como neuronas) y usa la función de activación ReLU (Rectified Linear Unit). La función ReLU es una elección popular para la activación debido a su simplicidad y eficiencia. Simplemente emite la entrada directamente si es positiva; de lo contrario, emite cero.

La salida de la primera capa Dense se pasa luego a través de otra capa Dense, definida por x = Dense(np.prod(input_shape), activation='linear')(x). Esta capa Dense usa una función de activación lineal, lo que implica esencialmente que esta capa solo realizará una transformación que es proporcional a la entrada (es decir, una transformación lineal). El número de neuronas en esta capa está determinado por el producto de las dimensiones de la forma de entrada.

Finalmente, la salida de la capa Dense anterior se reestructura nuevamente a la forma de entrada original con outputs = Reshape(input_shape)(x). Esto se hace para asegurar que la salida del modelo tenga la misma forma que los datos de entrada, lo cual es importante para comparar la salida del modelo con la salida objetivo durante el entrenamiento.

La función concluye devolviendo un objeto Model con return Model(inputs, outputs). El objeto Model representa el modelo completo de red neuronal, que incluye las capas de entrada y salida, así como todas las capas intermedias.

El script también proporciona un ejemplo de cómo usar la función build_denoising_network(input_shape). Crea una input_shape de (100,), lo que significa que los datos de entrada son unidimensionales con 100 elementos. Luego se llama a la función para crear una red de eliminación de ruido, que se almacena en la variable denoising_network. Finalmente, el script imprime un resumen de la arquitectura de la red usando denoising_network.summary(). Este resumen incluye información sobre cada capa de la red, como el tipo de capa, la forma de la salida de la capa y el número de parámetros entrenables en la capa.

9.2.4 Codificación de Pasos

La codificación de pasos es una técnica utilizada para proporcionar a la red de eliminación de ruido información sobre el paso actual del proceso de difusión. Esta información es crucial para que la red entienda el nivel de ruido en los datos de entrada y haga predicciones precisas. La codificación de pasos se puede implementar utilizando técnicas simples como codificaciones sinusoidales o embeddings aprendidos.

La codificación de pasos funciona añadiendo gradualmente ruido a una imagen limpia en una serie de pasos, transformándola finalmente en ruido aleatorio. Para revertir este proceso y generar nuevas imágenes, el modelo aprende a eliminar el ruido añadido paso a paso. La codificación de pasos juega un papel vital en guiar al modelo durante este proceso de "eliminación de ruido".

Aquí hay un desglose de la codificación de pasos:

Proceso de Difusión:

Imagina una imagen limpia, X_0. El proceso de difusión toma esta imagen e inyecta ruido progresivamente a lo largo de un número predefinido de pasos (T). En cada paso, t (de 1 a T), se obtiene una nueva versión ruidosa de la imagen, Xt, usando la siguiente ecuación:

$$Xt = \epsilon(t) * X_(t-1) + z_t$$

- ϵ(t) es una programación de ruido que controla la cantidad de ruido añadido en cada paso. Típicamente es una función del paso actual (t) y disminuye a medida que el número de pasos aumenta.
- z_t representa el ruido aleatorio, generalmente muestreado de una distribución gaussiana.

Las Complejidades y Desafíos en la Eliminación de Ruido:

En el campo del procesamiento de imágenes, el objetivo principal de un modelo de difusión es comprender y dominar el procedimiento inverso: comienza con una imagen ruidosa o distorsionada, denominada (Xt), y el objetivo es predecir o recrear la imagen limpia original, referida como (X_0). Sin embargo, la tarea de predecir directamente la imagen limpia a partir de versiones altamente ruidosas, particularmente aquellas de los pasos posteriores en la secuencia, es un desafío extremadamente difícil que requiere un modelo preciso y eficiente.

El Papel de la Codificación de Pasos en el Proceso:

Para abordar este desafío persistente, se emplea una técnica conocida como codificación de pasos. La codificación de pasos sirve la función vital de proporcionar al modelo información adicional o suplementaria sobre el paso actual (t) durante la operación de eliminación de ruido. Estos datos adicionales ayudan al modelo a hacer predicciones más precisas. Aquí hay una breve descripción de dos enfoques comúnmente usados para la codificación de pasos:

- **Codificación Sinusoidal:** Este método innovador aprovecha el poder de las funciones matemáticas seno y coseno para codificar la información del paso. El tamaño del embedding, que se refiere al número de dimensiones, es un hiperparámetro. A lo largo del proceso de entrenamiento, el modelo adquiere la capacidad de extraer y utilizar la información relevante de estos embeddings, mejorando así su precisión de predicción.
- **Embeddings Aprendidos:** Un enfoque más flexible permite que el modelo aprenda sus propios embeddings únicos para cada paso en el proceso. En lugar de usar funciones predefinidas, este enfoque ayuda al modelo a desarrollar un conjunto distintivo de embeddings. Aunque este método ofrece una mayor flexibilidad, también requiere un mayor volumen de datos de entrenamiento. Esto se debe a que el modelo necesita una cantidad sustancial de datos para aprender representaciones efectivas y eficientes.

Beneficios de la Codificación de Pasos

La codificación de pasos es un componente crucial del funcionamiento del modelo, ya que proporciona al modelo información sobre el paso que ayuda en diversas funciones. Estas incluyen:

- **Entender el Nivel de Ruido:** Un aspecto fundamental de la codificación de pasos es que permite al modelo medir la magnitud del ruido presente en la imagen actual (Xt). Esta característica es particularmente beneficiosa ya que empodera al modelo para concentrar sus esfuerzos en eliminar un nivel adecuado de ruido en cada paso. Lo hace utilizando la codificación de pasos para hacer una estimación precisa del nivel de ruido.

- **Eliminación de Ruido Gradual:** Otro beneficio significativo de proporcionar información sobre el paso es la capacidad de realizar un proceso de eliminación de ruido más controlado y gradual. Esto significa que el modelo puede proceder sistemáticamente para eliminar el ruido, iniciando desde las características gruesas en los primeros pasos. Posteriormente, puede refinar progresivamente los detalles a medida que avanza hacia la obtención de una imagen limpia. Este enfoque paso a paso asegura un proceso de eliminación de ruido exhaustivo y completo.
- **Mejora de la Eficiencia del Entrenamiento:** Por último, la inclusión de la codificación de pasos mejora significativamente la eficiencia del entrenamiento del modelo. Esto se debe a que proporciona una guía adicional, permitiendo al modelo converger más rápido durante el entrenamiento. Con el conocimiento del paso actual proporcionado por la codificación de pasos, el modelo puede aprender e implementar estrategias de eliminación de ruido más efectivas. Esto resulta en un proceso de entrenamiento más eficiente y productivo, asegurando un rendimiento superior del modelo.

La codificación de pasos es un componente esencial de los modelos de difusión. Al proporcionar información sobre los pasos, permite que el modelo entienda el nivel de ruido, realice una eliminación de ruido controlada y, en última instancia, genere imágenes de alta calidad. La implementación específica de la codificación de pasos puede variar, pero desempeña un papel significativo en el éxito de los modelos de difusión.

Ejemplo: Codificación de Pasos

```
def sinusoidal_step_encoding(t, d_model):
    """
    Computes sinusoidal step encoding.

    Parameters:
    - t: Current time step.
    - d_model: Dimensionality of the model.

    Returns:
    - Sinusoidal step encoding vector.
    """
    angle_rates = 1 / np.power(10000, (2 * (np.arange(d_model) // 2)) / np.float32(d_model))
    angle_rads = t * angle_rates
    angle_rads[:, 0::2] = np.sin(angle_rads[:, 0::2])
    angle_rads[:, 1::2] = np.cos(angle_rads[:, 1::2])
    return angle_rads

# Example usage with a specific time step and model dimensionality
t = np.arange(10).reshape(-1, 1)
d_model = 128
```

```
step_encoding = sinusoidal_step_encoding(t, d_model)

# Print the step encoding
print(step_encoding)
```

El código de ejemplo es para una función llamada sinusoidal_step_encoding, que calcula codificaciones sinusoidales para un paso de tiempo dado y una dimensionalidad del modelo. Esta es una técnica comúnmente utilizada en los modelos de arquitectura de transformadores, especialmente en el campo del Procesamiento de Lenguaje Natural (NLP). Proporciona al modelo información sobre la posición relativa o absoluta de los elementos en una secuencia.

Analicemos los detalles de cómo funciona la función:

- La función toma dos parámetros: t (el paso de tiempo actual) y d_model (la dimensionalidad del modelo). Aquí, el paso de tiempo puede referirse a un paso específico dentro de una secuencia, y la dimensionalidad típicamente se refiere al tamaño del espacio de incrustación en el modelo.
- La primera línea dentro de la función calcula angle_rates. Los angle_rates determinan qué tan rápidamente cambian los valores de las funciones seno y coseno. Utiliza la función de potencia de numpy para calcular el inverso de 10000 elevado a la potencia de (2 * (np.arange(d_model) // 2)) / np.float32(d_model).
- Los angle_rates se multiplican luego con el paso de tiempo t para crear el array angle_rads. Este array contiene los valores en radianes para las funciones sinusoidales.
- Las siguientes dos líneas aplican las transformaciones seno y coseno al array angle_rads. Aplica la función seno de numpy a los elementos en índices pares y la función coseno de numpy a los elementos en índices impares. Esto crea un patrón de valores alternantes de seno y coseno.
- Finalmente, la función devuelve el array angle_rads, que ahora representa el vector de codificación sinusoidal del paso.

El código también proporciona un ejemplo de cómo se puede usar esta función. Crea un array numpy t de 10 pasos de tiempo (de 0 a 9), lo remodela en un array de 10x1 y establece d_model en 128. Luego llama a la función sinusoidal_step_encoding con t y d_model como argumentos, y almacena el vector de codificación devuelto en la variable step_encoding. El vector de codificación se imprime luego en la consola.

En conclusión, la función sinusoidal_step_encoding es una parte clave de muchos modelos basados en transformadores, proporcionando información posicional valiosa. Esto permite que los modelos comprendan y procesen mejor los datos secuenciales, mejorando su rendimiento en tareas como traducción de idiomas, resumen de texto y muchas otras.

9.2.5 Función de Pérdida

La función de pérdida guía el proceso de entrenamiento del modelo de difusión midiendo la diferencia entre el ruido predicho y el ruido real añadido en cada paso. El error cuadrático medio (MSE) se usa comúnmente como la función de pérdida para los modelos de difusión.

En los modelos de difusión, la función de pérdida juega un papel crítico en la guía del proceso de entrenamiento del modelo. A diferencia de los modelos generativos estándar que aprenden directamente a mapear desde un espacio latente a la distribución de datos, los modelos de difusión implican un enfoque de entrenamiento en dos etapas:

1. **Difusión Hacia Adelante:** Esta es la etapa inicial que introduce perturbaciones de manera incremental a una imagen originalmente limpia. El proceso se realiza en varios pasos, transformando gradualmente la imagen en una que aparece como ruido aleatorio. Es una fase transformadora que altera la imagen desde su estado original a una forma completamente nueva.
2. **Difusión Inversa (Eliminación de Ruido):** Como su nombre indica, esta fase toma un enfoque diferente de la etapa anterior. Su objetivo es aprender y comprender el proceso inverso de la difusión hacia adelante. En lugar de agregar ruido, se enfoca en la tarea de tomar una imagen ruidosa y eliminar el ruido sistemáticamente con el tiempo. El objetivo es restaurar la imagen a su estado original, antes de ser perturbada, recuperando así la imagen limpia y sin ruido.

La función de pérdida se utiliza para evaluar el rendimiento del modelo durante la etapa de difusión inversa (eliminación de ruido). Aquí hay un desglose detallado de la función de pérdida en los modelos de difusión:

Explorando el Propósito de la Función de Pérdida

El objetivo principal de esta herramienta matemática es cuantificar la discrepancia o diferencia que existe entre la imagen eliminada del ruido, según lo predicho por el modelo (designada como X̂_t), y la imagen limpia real (referida como X_0). Esta comparación se realiza en una etapa o paso específico (t) en la operación general de eliminación de ruido.

La importancia de esta función radica en su papel en el entrenamiento del modelo. Al esforzarse por minimizar esta discrepancia durante la fase de entrenamiento, el modelo se guía para aprender y adaptarse de manera efectiva. Este proceso de aprendizaje permite que el modelo desarrolle la capacidad de eliminar el ruido extra que está oscureciendo la imagen, recuperando así la imagen limpia e impecable.

Es esta capacidad para medir y luego reducir la diferencia entre la imagen eliminada del ruido y la imagen limpia lo que hace que la función de pérdida sea un aspecto tan fundamental del proceso de eliminación de ruido.

Funciones de Pérdida Comunes:

Existen principalmente dos enfoques que suelen emplearse cuando se trata de definir la función de pérdida:

Error Cuadrático Medio (MSE): Este es un método frecuentemente elegido. El Error Cuadrático Medio mide el promedio de los cuadrados de las diferencias entre la imagen eliminada del ruido predicha (a menudo denotada como X̂_t) y la imagen limpia original (denotada como X_0). Esta medición se realiza píxel por píxel, capturando así el nivel de precisión con el que el modelo ha podido predecir la imagen limpia a partir de la eliminada del ruido.

$$Loss(t) = 1/(N * W * H) * ||\hat{X}_t - X_0||^2$$

- N: Número de imágenes en el lote
- W: Ancho de la imagen
- H: Altura de la imagen

Pérdida Perceptual: Este enfoque emplea redes neuronales convolucionales (CNN) preentrenadas como VGG o Inception, entrenadas para tareas de clasificación de imágenes. La idea es aprovechar las características aprendidas de estas redes preentrenadas para guiar el proceso de eliminación de ruido más allá de la mera similitud a nivel de píxeles. La pérdida se calcula en función de las activaciones de características entre la imagen sin ruido y la imagen limpia en estas redes preentrenadas.

La pérdida perceptual incentiva al modelo no solo a recuperar los valores de los píxeles con precisión, sino también a preservar las características de nivel superior y la calidad visual de la imagen limpia.

Elegir la Función de Pérdida Adecuada

La decisión de utilizar el Error Cuadrático Medio (MSE) o la pérdida perceptual en el aprendizaje automático depende de varios factores críticos:

Especificidad de la Tarea: La naturaleza de la tarea en cuestión juega un papel significativo en esta decisión. Si la tarea requiere una reconstrucción precisa a nivel de píxeles donde cada detalle es vital, MSE podría ser la opción más adecuada. Esto se debe a que MSE se centra en minimizar la diferencia cuadrática media entre los píxeles de dos imágenes. Sin embargo, para tareas donde la preservación de la calidad visual y la similitud perceptual es más prioritaria que la precisión a nivel de píxeles, la pérdida perceptual podría ser la mejor opción. La pérdida perceptual se centra en cómo los humanos perciben las imágenes en lugar de en la precisión matemática.

Costo Computacional: También es necesario considerar el costo computacional de estos métodos. Los cálculos de pérdida perceptual, que a menudo implican el uso de redes preentrenadas, pueden ser sustancialmente más costosos en términos computacionales en comparación con MSE. Esto significa que si los recursos computacionales o el tiempo de procesamiento son una limitación, MSE podría ser una opción más práctica.

Calidad de los Datos de Entrenamiento: La calidad de los datos de entrenamiento disponibles es otro factor significativo. Si se tiene acceso a datos de entrenamiento de alta calidad que reflejan con precisión las propiedades de la imagen deseada, la pérdida perceptual puede ser más efectiva. Esto se debe a que la pérdida perceptual aprovecha las complejidades de la percepción humana capturadas en los datos de entrenamiento para ofrecer resultados visualmente más atractivos.

Consideraciones

Aquí hay algunos puntos adicionales, más matizados, que deben tenerse en cuenta al considerar la función de pérdida:

Normalización: Dependiendo de los detalles de la implementación, la función de pérdida puede estar normalizada por el número de píxeles o características. Este es un detalle que a menudo se pasa por alto, pero que puede tener un impacto significativo en los resultados del modelo. Es crucial asegurarse de que la función de pérdida esté adecuadamente normalizada para garantizar comparaciones justas y precisas entre diferentes modelos o enfoques.

Pérdidas Ponderadas: En algunos escenarios, se puede emplear un enfoque mixto, utilizando una combinación de Error Cuadrático Medio (MSE) y pérdida perceptual. Estas se ponderan para lograr un equilibrio entre la precisión a nivel de píxeles, que es fundamental para mantener la integridad de la imagen, y la calidad perceptual, que es crucial para el atractivo estético y visual de la imagen resultante.

Técnicas Avanzadas: La investigación actual está explorando funciones de pérdida más sofisticadas que incorporan una multitud de factores adicionales. Estos podrían incluir mecanismos de atención, que buscan imitar la atención visual humana al enfocarse en áreas específicas de la imagen, o el entrenamiento adversarial, que puede utilizarse como una forma de regularización para mejorar aún más las capacidades de eliminación de ruido de los modelos de difusión. Estas técnicas avanzadas, aunque más complejas, pueden potencialmente ofrecer mejoras significativas en el rendimiento del modelo.

En general, la función de pérdida juega un papel vital en el entrenamiento de los modelos de difusión. Al elegir y aplicar cuidadosamente una función de pérdida adecuada, se puede guiar al modelo para que elimine efectivamente el ruido y genere imágenes de alta calidad.

Ejemplo: Función de Pérdida

```
import tensorflow as tf
from tensorflow.keras.losses import MeanSquaredError

# Define the loss function
mse_loss = MeanSquaredError()
```

```
# Example usage with predicted and actual noise
predicted_noise = np.random.normal(size=(100,))
actual_noise = np.random.normal(size=(100,))
loss = mse_loss(actual_noise, predicted_noise)

# Print the loss
print(f"Loss: {loss.numpy()}")
```

Este código de ejemplo demuestra cómo calcular la pérdida de Error Cuadrático Medio (MSE) entre dos arrays de NumPy que representan valores de ruido predichos y reales utilizando la función MeanSquaredError de TensorFlow. Aquí tienes un desglose:

1. Importar Librerías:
   - tensorflow as tf: Importa la biblioteca TensorFlow como tf para usar sus funcionalidades.
   - from tensorflow.keras.losses import MeanSquaredError: Importa la clase MeanSquaredError del módulo de pérdidas de Keras de TensorFlow.
2. Definir la Función de Pérdida:
   - mse_loss = MeanSquaredError(): Crea una instancia de la clase MeanSquaredError, definiendo esencialmente el objeto de la función de pérdida llamado mse_loss. Este objeto encapsula la lógica del cálculo del MSE.
3. Ejemplo de Uso:
   - predicted_noise = np.random.normal(size=(100,)): Genera un array de NumPy llamado predicted_noise con 100 valores aleatorios siguiendo una distribución normal (representando el ruido predicho).
   - actual_noise = np.random.normal(size=(100,)): Genera otro array de NumPy llamado actual_noise con 100 valores aleatorios siguiendo una distribución normal (representando el ruido real).
   - loss = mse_loss(actual_noise, predicted_noise): Calcula la pérdida de MSE entre los arrays actual_noise y predicted_noise utilizando el objeto mse_loss. El resultado se almacena en la variable loss.
   - print(f"Loss: {loss.numpy()}"): Imprime el valor de la pérdida de MSE calculada después de convertirla a un valor de NumPy usando .numpy().

Explicación de la Pérdida MSE:

La función de pérdida MSE mide la diferencia cuadrática media entre los elementos correspondientes en dos arrays. En este caso, calcula la diferencia cuadrática media entre los valores de ruido predichos y los valores de ruido reales. Un valor de MSE más bajo indica un mejor ajuste entre el ruido predicho y el ruido real, lo que significa que las predicciones de ruido del modelo están más cerca de la distribución real del ruido.

Nota:

Este es un ejemplo básico que utiliza arrays de NumPy. En un entorno típico de aprendizaje automático con TensorFlow, probablemente utilizarías tensores de TensorFlow para el ruido predicho y el ruido real, y la función mse_loss operaría directamente sobre esos tensores dentro del grafo computacional.

9.2.6 Arquitectura Completa del Modelo de Difusión

Combinando los componentes descritos anteriormente, podemos construir la arquitectura completa de un modelo de difusión. Este modelo eliminará iterativamente el ruido de los datos de entrada, guiado por la codificación de pasos y la función de pérdida.

Ejemplo: Modelo Completo de Difusión

```
import tensorflow as tf
from tensorflow.keras.layers import Input, Dense, Flatten, Reshape, Concatenate
from tensorflow.keras.models import Model

def build_full_diffusion_model(input_shape, d_model):
    """
    Builds the full diffusion model.

    Parameters:
    - input_shape: Shape of the input data.
    - d_model: Dimensionality of the model.

    Returns:
    - A Keras model for the full diffusion process.
    """
    # Input layers for data and step encoding
    data_input = Input(shape=input_shape)
    step_input = Input(shape=(d_model,))

    # Flatten and concatenate inputs
    x = Flatten()(data_input)
    x = Concatenate()([x, step_input])

    # Denoising network layers
    x = Dense(128, activation='relu')(x)
    x = Dense(np.prod(input_shape), activation='linear')(x)
    outputs = Reshape(input_shape)(x)

    return Model([data_input, step_input], outputs)

# Example usage with 1D data
input_shape = (100,)
d_model = 128
```

```
diffusion_model = build_full_diffusion_model(input_shape, d_model)
diffusion_model.summary()
```

En este ejemplo:

La función central en este script, build_full_diffusion_model, construye un modelo de difusión utilizando la API funcional de Keras. Acepta dos parámetros:

- input_shape: Este parámetro especifica la forma de los datos de entrada. Es una tupla que representa las dimensiones de los datos de entrada. Por ejemplo, para un array de datos 1D de longitud 100, input_shape sería (100,).
- d_model: Este parámetro representa la dimensionalidad del modelo o el tamaño de la codificación del paso. Es un valor entero que define el número de características en el vector de codificación del paso.

Dentro de la función, se definen dos entradas utilizando la capa Input de Keras:

- data_input: Esta es la entrada principal que recibirá los datos a los que se les quitará el ruido. Su forma está especificada por el parámetro input_shape.
- step_input: Esta es la entrada auxiliar que recibirá la codificación del paso. Su forma está determinada por el parámetro d_model.

Estas dos entradas se procesan luego a través de varias capas para realizar la operación de eliminación de ruido:

1. La capa Flatten transforma el data_input en un array 1D.
2. La capa Concatenate combina el data_input aplanado y el step_input en un solo array. Esto permitirá que el modelo utilice información tanto de los datos como de la codificación del paso en las capas subsecuentes.
3. La primera capa Dense con 128 unidades y la función de activación ReLU procesa el array concatenado. Esta capa es parte de la red de eliminación de ruido que aprende a eliminar el ruido de los datos.
4. La segunda capa Dense con un número de unidades igual al número total de elementos en el input_shape y una función de activación lineal procesa aún más los datos. También mapea la salida al tamaño correcto.
5. La capa Reshape transforma la salida de la segunda capa Dense de nuevo a la input_shape original.

Finalmente, la clase Model de Keras se utiliza para construir el modelo, especificando las dos entradas (data_input y step_input) y la salida final.

También se proporciona un ejemplo de uso de la función build_full_diffusion_model. Aquí, la función se usa para crear un modelo que toma datos 1D de longitud 100 y una codificación de paso de tamaño 128. El modelo creado se resume utilizando el método summary, que imprime una descripción detallada de la arquitectura del modelo.

Este modelo de difusión sirve para eliminar iterativamente el ruido de los datos de entrada, guiado por la codificación del paso y el proceso de entrenamiento definido por funciones de pérdida específicas. Es un modelo versátil que puede usarse en varias tareas generativas, desde la síntesis de imágenes hasta la generación de texto, lo que lo convierte en una herramienta poderosa en el conjunto de herramientas de aprendizaje automático.

9.3 Entrenamiento de Modelos de Difusión

El entrenamiento de modelos de difusión implica refinar iterativamente el modelo para predecir y eliminar el ruido de los datos, transformándolos de ruido aleatorio a salidas estructuradas. Este proceso requiere atención cuidadosa a la arquitectura del modelo, la elección de la función de pérdida y la estrategia de optimización. En esta sección, discutiremos el proceso de entrenamiento en detalle, proporcionando códigos de ejemplo para ilustrar cada paso.

9.3.1 Preparación de los Datos de Entrenamiento

Antes de entrenar el modelo de difusión, necesitamos preparar los datos de entrenamiento. Esto implica aplicar el proceso de difusión hacia adelante a los datos originales para crear versiones ruidosas de los datos en varios pasos de difusión. Estas muestras de datos ruidosos se utilizarán como entradas para entrenar el modelo para predecir y eliminar el ruido.

Difusión Hacia Adelante

En esta etapa del proceso, el enfoque está en la introducción gradual de ruido controlado a una imagen inicialmente limpia, transformándola sistemáticamente en ruido aleatorio durante un número establecido de pasos. Esta transformación se realiza de manera meticulosa, paso a paso, que explicaré a continuación:

Conjunto de Datos de Imágenes Limpias: En primer lugar, el modelo se entrena en un conjunto de datos compuesto completamente por imágenes limpias. Estas imágenes, libres de cualquier distorsión o ruido, representan la distribución de datos ideal que el modelo busca comprender. El objetivo final es que el modelo aprenda de estas imágenes limpias y eventualmente genere nuevas imágenes similares por sí mismo.

Programa de Ruido: A continuación, se define una función de programa de ruido, representada como $\varepsilon(t)$. Esta función es crucial ya que determina la cantidad exacta de ruido que se añadirá en cada paso discreto (t) durante el proceso de difusión hacia adelante. Esta función generalmente comienza con un valor alto, lo que implica la adición de una cantidad sustancial de ruido, y se reduce gradualmente hacia 0 a medida que aumenta el número de pasos, añadiendo así cada vez menos ruido a medida que avanzamos.

Paso de Difusión Hacia Adelante: Durante el proceso de entrenamiento real, se selecciona aleatoriamente una imagen limpia (X_0) del conjunto de datos. Para cada paso (t) en la secuencia predefinida (desde 1 hasta el número total de pasos, T):

- Se muestrea ruido (z_t) de una distribución predefinida. Este es más comúnmente ruido Gaussiano, conocido por sus propiedades estadísticas.
- La imagen ruidosa (Xt) en el paso actual se deriva usando una ecuación específica. Esta ecuación toma en consideración la imagen limpia y el ruido muestreado en el paso actual para producir la imagen cada vez más ruidosa.

Formula: $Xt = \epsilon(t) * X_(t - 1) + z_t$

Ejemplo: Preparación de Datos de Entrenamiento

```
import numpy as np

def forward_diffusion(data, num_steps, noise_scale=0.1):
    """
    Applies forward diffusion process to the data.

    Parameters:
    - data: The original data (e.g., an image represented as a NumPy array).
    - num_steps: The number of diffusion steps.
    - noise_scale: The scale of the Gaussian noise to be added at each step.

    Returns:
    - A list of noisy data at each diffusion step.
    """
    noisy_data = [data]
    for step in range(num_steps):
        noise = np.random.normal(scale=noise_scale, size=data.shape)
        noisy_data.append(noisy_data[-1] + noise)
    return noisy_data

# Generate synthetic training data
def generate_synthetic_data(num_samples, length):
    data = np.array([np.sin(np.linspace(0, 2 * np.pi, length)) for _ in
range(num_samples)])
    return data

# Create synthetic training data
num_samples = 1000
data_length = 100
training_data = generate_synthetic_data(num_samples, data_length)

# Apply forward diffusion to the training data
num_steps = 10
```

```
noise_scale = 0.1
noisy_training_data = [forward_diffusion(data, num_steps, noise_scale) for data in training_data]

# Prepare data for training
X_train = np.array([noisy[-1] for noisy in noisy_training_data])  # Final noisy state
y_train = np.array([data for data in training_data])  # Original data

# Verify shapes
print(f"X_train shape: {X_train.shape}")
print(f"y_train shape: {y_train.shape}")
```

En este ejemplo:

1. Se define una función llamada forward_diffusion que aplica un proceso de difusión hacia adelante a los datos dados. Este proceso implica agregar ruido gaussiano a los datos durante un número especificado de pasos. Esta función devuelve una lista de los datos ruidosos en cada paso de difusión.
2. Se crea una función llamada generate_synthetic_data para generar datos de entrenamiento sintéticos. Esta función crea una onda sinusoidal de una longitud dada y la replica para el número especificado de muestras.
3. Se generan datos de entrenamiento sintéticos para un número especificado de muestras y una longitud de datos dada.
4. Se aplica el proceso de difusión hacia adelante a los datos de entrenamiento sintéticos. El resultado es una lista de datos ruidosos para cada muestra.
5. Se preparan los datos para el entrenamiento seleccionando el estado final ruidoso (X_train) y los datos originales (y_train).
6. Finalmente, se imprimen las formas de X_train y y_train para verificar las dimensiones de los datos.

9.3.2 Compilación del Modelo

A continuación, compilamos el modelo de difusión con un optimizador y una función de pérdida adecuados. La función de pérdida de error cuadrático medio (MSE) se usa comúnmente para entrenar modelos de difusión, ya que mide la diferencia entre el ruido predicho y el ruido real.

Difusión Inversa (Eliminación de Ruido):

Esta es la etapa central del entrenamiento donde el modelo aprende a recuperar la imagen limpia a partir de una versión ruidosa. Esto es lo que sucede:

- **Entrada de Imagen Ruidosa:** Durante el entrenamiento, una imagen ruidosa (Xt) obtenida de un paso aleatorio (t) en el proceso de difusión hacia adelante se alimenta como entrada al modelo.

- **Arquitectura de la Red de Eliminación de Ruido:** La arquitectura del modelo típicamente consiste en una estructura de codificador-decodificador. El codificador toma la imagen ruidosa como entrada y la procesa a través de capas convolucionales para extraer características. El decodificador toma la representación codificada y elimina progresivamente el ruido mediante capas de aumento de muestreo o deconvolución, con el objetivo de reconstruir la imagen limpia (X_t).

- **Función de Pérdida:** Se utiliza una función de pérdida, como el Error Cuadrático Medio (MSE) o la pérdida perceptual, para evaluar la discrepancia entre la imagen limpia predicha (X_t) y la imagen limpia real (X_0) utilizada durante el paso de difusión hacia adelante que creó la entrada ruidosa (Xt).

Ejemplo: Compilación del Modelo

```
import tensorflow as tf
from tensorflow.keras.losses import MeanSquaredError
from tensorflow.keras.optimizers import Adam

# Build the full diffusion model
input_shape = (100,)
d_model = 128
diffusion_model = build_full_diffusion_model(input_shape, d_model)

# Compile the model
diffusion_model.compile(optimizer=Adam(learning_rate=1e-4), loss=MeanSquaredError())

# Print the model summary
diffusion_model.summary()
```

En este ejemplo:

El código comienza importando los módulos necesarios de TensorFlow:

1. tensorflow es el módulo principal de TensorFlow que proporciona acceso a todas las clases, métodos y símbolos de TensorFlow. Se importa bajo el alias tf por conveniencia.

2. MeanSquaredError es una clase de función de pérdida del módulo tensorflow.keras.losses. El Error Cuadrático Medio (MSE) se usa comúnmente en problemas de regresión y es una medida del promedio de los cuadrados de las diferencias entre los valores predichos y los valores reales.

3. Adam es una clase de optimizador del módulo tensorflow.keras.optimizers. Adam (Estimación de Momentos Adaptativos) es un algoritmo de optimización popular en modelos de Deep Learning debido a su uso eficiente de la memoria y su robustez frente a cambios en los hiperparámetros.

La siguiente parte del código define la forma de los datos de entrada y la dimensionalidad del modelo. La forma de entrada está determinada por el tamaño de los datos con los que estás trabajando. En este caso, la forma de entrada se define como una tupla (100,), lo que significa que el modelo espera matrices de datos de entrada de longitud 100. La dimensionalidad del modelo (d_model) se establece en 128, lo que podría representar el tamaño del vector de 'codificación del paso' en el contexto del modelo de difusión.

La función build_full_diffusion_model(input_shape, d_model) se usa para construir el modelo de difusión. Esta función no se muestra en el texto seleccionado, pero presumiblemente, construye un modelo que toma como entrada datos de forma input_shape y una codificación de paso de tamaño d_model.

Una vez construido el modelo, se compila con el método compile de la clase Model. El optimizador se establece en Adam con una tasa de aprendizaje de 0.0001 y la función de pérdida se establece en MeanSquaredError. La tasa de aprendizaje es un hiperparámetro que controla cuánto cambiarán los pesos de la red en respuesta al gradiente en cada paso de actualización durante el entrenamiento. Una tasa de aprendizaje más baja significa que el modelo aprenderá más lentamente, pero también puede llevar a pesos más precisos (y por lo tanto, a un mejor rendimiento del modelo).

Finalmente, el código imprime un resumen del modelo compilado utilizando el método summary. Esto proporciona una visión general rápida de la arquitectura del modelo, incluyendo el número de capas, las formas de salida de cada capa y el número de parámetros (pesos) en cada capa.

9.3.3 Entrenamiento del Modelo

Habiendo compilado exitosamente nuestro modelo, ahora estamos en posición de comenzar el proceso de entrenamiento utilizando los datos de entrenamiento cuidadosamente preparados. El propósito principal de esta fase de entrenamiento es enseñar al modelo cómo predecir y eliminar el ruido de las muestras de datos que están llenas de él.

A medida que el proceso de entrenamiento se desarrolla, el modelo experimenta una mejora gradual en sus capacidades. Progresivamente aprende a generar datos de mayor y mayor calidad a partir del ruido aleatorio inicial. Esta mejora no ocurre de inmediato, sino a lo largo del tiempo, con iteración tras iteración del proceso de entrenamiento.

Así es como el modelo se entrena para traer claridad del caos, para generar datos significativos y utilizables a partir de lo que inicialmente parecía ruido aleatorio y desorganizado.

Consideraciones Clave de Entrenamiento

Número de Pasos: El número de pasos, comúnmente denotado como (T), en el proceso de difusión juega un papel significativo como hiperparámetro que puede ajustarse para optimizar el rendimiento del modelo. Más pasos permiten una aplicación y eliminación de ruido más detallada, lo que puede llevar a resultados más refinados. Sin embargo, es importante tener en cuenta que aumentar el número de pasos también aumenta proporcionalmente el tiempo de entrenamiento, requiriendo más recursos computacionales.

Distribución del Ruido: La selección de la distribución del ruido, como gaussiana u otra, utilizada para la adición de ruido, es otro aspecto crucial que puede afectar significativamente el proceso de entrenamiento. El tipo de distribución de ruido elegida puede influir directamente en la calidad de las imágenes generadas por el modelo, por lo que requiere una consideración cuidadosa.

Selección del Optimizador: La selección de un optimizador apropiado, como Adam, SGD u otro algoritmo eficiente, es fundamental para actualizar los pesos del modelo. Esto se realiza en función de la pérdida calculada durante la fase de retropropagación del proceso de entrenamiento. La elección del optimizador puede impactar significativamente tanto en la velocidad como en la calidad del entrenamiento.

Batching: El proceso de entrenamiento típicamente implica procesar múltiples imágenes simultáneamente, lo que se conoce como un batch. Procesar en batches es una técnica comúnmente empleada que ayuda a mejorar la eficiencia computacional. Permite un procesamiento más rápido y eficiente utilizando las capacidades de computación paralela del hardware moderno. Sin embargo, el tamaño del batch puede influir en el rendimiento del modelo y necesita ser elegido adecuadamente.

Ejemplo: Entrenamiento del Modelo

```
# Train the diffusion model
history = diffusion_model.fit(X_train, y_train, epochs=50, batch_size=32,
validation_split=0.2)

# Plot the training and validation loss
import matplotlib.pyplot as plt

plt.plot(history.history['loss'], label='Training Loss')
plt.plot(history.history['val_loss'], label='Validation Loss')
plt.xlabel('Epoch')
plt.ylabel('Loss')
plt.legend()
plt.title('Training and Validation Loss')
plt.show()
```

En este ejemplo, el modelo de difusión ya compilado se entrena utilizando el método fit. Este método es un enfoque estándar en el entrenamiento de modelos de aprendizaje automático utilizando TensorFlow. El método fit requiere los datos de entrenamiento y las etiquetas correspondientes como sus argumentos principales.

Los datos de entrenamiento, representados aquí como X_train, son la entrada para el modelo. Normalmente, es un arreglo multidimensional donde cada elemento representa una muestra específica de datos en un formato adecuado para el modelo. En el contexto del modelo de difusión, estos datos son las versiones ruidosas de los datos originales.

Las etiquetas, representadas aquí como y_train, son los valores reales o la 'verdad terreno' que el modelo busca predecir. Para el modelo de difusión, estas etiquetas son los datos originales antes de la adición de ruido.

El modelo se entrena durante un número especificado de iteraciones, denominadas 'epochs'. Cada epoch es una iteración sobre todos los datos de entrada. Aquí, el modelo se entrena durante 50 epochs, lo que significa que el algoritmo de aprendizaje trabajará a través de todo el conjunto de datos 50 veces.

El argumento batch_size, configurado en 32, representa el número de muestras por actualización de gradiente, que es una medida del número de muestras que el modelo debería "ver" antes de actualizar sus parámetros internos.

El argumento validation_split, configurado en 0.2, especifica la fracción de los datos de entrenamiento que se utilizará como datos de validación. Los datos de validación se utilizan para prevenir el sobreajuste, que es un error de modelado que ocurre cuando una función se ajusta demasiado a un conjunto limitado de puntos de datos. Aquí, significa que el 20% de los datos de entrenamiento se reservan y se utilizan para validar los resultados después de cada epoch.

Después del proceso de entrenamiento, es útil visualizar la progresión de la pérdida de entrenamiento y validación para cada epoch. Esto se hace utilizando la biblioteca matplotlib para generar un gráfico de líneas. El eje x representa los epochs y el eje y representa la pérdida. Se trazan dos líneas: una para la pérdida de entrenamiento (qué tan bien el modelo se ajusta a los datos de entrenamiento) y otra para la pérdida de validación (qué tan bien el modelo se generaliza a datos no vistos).

Las dos líneas se etiquetan como 'Training Loss' (pérdida de entrenamiento) y 'Validation Loss' (pérdida de validación) respectivamente, y se añade una leyenda al gráfico para su identificación. Finalmente, se muestra el gráfico con un título adecuado 'Training and Validation Loss' (Pérdida de Entrenamiento y Validación).

9.3.4 Evaluación del Modelo

Una vez que el modelo ha sido entrenado suficientemente, se vuelve crucial evaluar su rendimiento para confirmar que efectivamente ha aprendido a realizar la tarea de eliminar el ruido de manera efectiva. Para lograr esto, se realiza un análisis comparativo entre las salidas denoised (sin ruido) producidas por el modelo y los datos originales, no distorsionados.

Esta comparación puede ser cuantitativa, utilizando métricas de evaluación como el Error Cuadrático Medio (MSE), que proporciona una medida numérica de la precisión de aproximación del modelo. Además de esto, una inspección visual de los datos generados también es beneficiosa.

Esto permite una evaluación más cualitativa y puede ayudar a identificar cualquier patrón o anomalía que el modelo pueda haber introducido, asegurando así que los datos denoised mantengan su integridad original y contenido de información a pesar del proceso de eliminación de ruido.

Ejemplo: Evaluación del Modelo

```
# Generate test data
test_data = generate_synthetic_data(100, data_length)
noisy_test_data = [forward_diffusion(data, num_steps, noise_scale) for data in test_data]
X_test = np.array([noisy[-1] for noisy in noisy_test_data])
y_test = np.array([data for data in test_data])

# Predict denoised data
denoised_data = diffusion_model.predict(X_test)

# Calculate MSE on test data
test_mse = np.mean((denoised_data - y_test) ** 2)
print(f"Test MSE: {test_mse}")

# Plot original, noisy, and denoised data for a sample
sample_idx = 0
plt.figure(figsize=(12, 4))
plt.subplot(1, 3, 1)
plt.plot(y_test[sample_idx], label='Original Data')
plt.title('Original Data')
plt.subplot(1, 3, 2)
plt.plot(X_test[sample_idx], label='Noisy Data')
plt.title('Noisy Data')
plt.subplot(1, 3, 3)
plt.plot(denoised_data[sample_idx], label='Denoised Data')
plt.title('Denoised Data')
plt.show()
```

En este ejemplo:

En la primera parte del código, se generan datos de prueba. Se utiliza una función llamada generate_synthetic_data que crea un número especificado de muestras de datos sintéticos. Luego, se aplica la función forward_diffusion a estos datos sintéticos para crear versiones ruidosas de los datos durante un número especificado de pasos. Estas muestras de datos ruidosos sirven como datos de prueba (X_test) para el modelo de difusión. Los datos originales, sin ruido, se preservan como y_test para fines de comparación más adelante.

Una vez que los datos de prueba están preparados, se utiliza el modelo de difusión entrenado para predecir versiones sin ruido de los datos de prueba ruidosos. Esto se realiza utilizando el método predict del modelo de difusión. La salida, denoised_data, es el intento del modelo de eliminar el ruido de X_test.

Después de la fase de predicción, se evalúa el rendimiento del modelo calculando el Error Cuadrático Medio (MSE) en los datos de prueba. El MSE es una medida del promedio de los cuadrados de las diferencias entre los valores predichos (sin ruido) y los valores reales (originales). Proporciona una medida cuantitativa de la precisión de aproximación del modelo. Cuanto menor sea el MSE, más cerca estarán los datos sin ruido de los datos originales, lo que indica un mejor rendimiento del modelo.

Finalmente, para proporcionar una representación visual del proceso de eliminación de ruido y su efectividad, se trazan en un gráfico los datos originales, ruidosos y sin ruido para una sola muestra. Esta visualización permite una evaluación cualitativa del rendimiento del modelo.

Al comparar el gráfico de 'Original Data' (Datos Originales) con los gráficos de 'Noisy Data' (Datos Ruidosos) y 'Denoised Data' (Datos Sin Ruido), se puede evaluar visualmente cuánto ruido ha eliminado el modelo y qué tan bien los datos sin ruido se parecen a los datos originales.

9.4 Evaluación de Modelos de Difusión

Evaluar los modelos de difusión es un paso crítico para asegurar que produzcan salidas de alta calidad, coherentes y contextualmente apropiadas. Esta sección cubrirá varios métodos para evaluar el rendimiento de los modelos de difusión, incluyendo métricas cuantitativas y evaluaciones cualitativas. Proporcionaremos explicaciones detalladas y ejemplos de código para cada método de evaluación.

9.4.1 Métricas de Evaluación Cuantitativa

Las métricas cuantitativas, que se basan en datos concretos y medibles, ofrecen una forma objetiva de evaluar el rendimiento de un modelo. Estas métricas son sumamente importantes ya que proporcionan una medida clara y numérica de cuán bien está funcionando el modelo.

Las métricas comúnmente utilizadas para la evaluación de modelos de difusión incluyen el Error Cuadrático Medio (MSE), la Distancia de Incepción de Fréchet (FID) y el Puntuación de Incepción (IS).

El Error Cuadrático Medio (MSE) mide el promedio de los cuadrados de los errores o desviaciones. En otras palabras, cuantifica la diferencia entre el estimador y lo estimado.

La Distancia de Incepción de Fréchet (FID) es una medida de similitud entre dos conjuntos de datos. A menudo se utiliza en el campo del aprendizaje automático para evaluar la calidad de las imágenes generadas.

La Puntuación de Incepción (IS) mide qué tan variada es la data generada, así como qué tan bien el modelo identifica la etiqueta correcta para cada pieza de data generada.

Estas métricas en conjunto ayudan a evaluar la calidad, diversidad y realismo de los datos generados por el modelo, proporcionando así una comprensión integral de su rendimiento.

Error Cuadrático Medio (MSE)

El Error Cuadrático Medio (MSE) es un método estadístico comúnmente utilizado para medir el rendimiento de un modelo. Específicamente, en el contexto de los modelos de difusión utilizados para eliminar el ruido de los datos, el MSE proporciona una evaluación cuantitativa de cuán efectivamente el modelo ha podido predecir o recrear los datos originales a partir de la entrada ruidosa.

El MSE calcula el promedio de las diferencias al cuadrado entre los datos predichos (o sin ruido) y los datos reales (u originales). En otras palabras, para cada pieza de datos, calcula la diferencia entre el original y la versión sin ruido, eleva al cuadrado esta diferencia (para asegurar que sea un valor positivo) y luego promedia estas diferencias al cuadrado a través de todo el conjunto de datos.

La razón de elevar al cuadrado la diferencia es dar más peso a las diferencias mayores. Esto significa que las predicciones que están muy alejadas de los valores reales contribuirán más al MSE total, reflejando su mayor impacto en el rendimiento del modelo.

En la evaluación de los modelos de eliminación de ruido, se desea un valor de MSE más bajo. Esto se debe a que un MSE más bajo indica que los datos sin ruido se asemejan estrechamente a los datos originales y, por lo tanto, el modelo ha hecho un buen trabajo al eliminar el ruido mientras preserva la información esencial de los datos originales.

En contraste, un valor alto de MSE indicaría que hay grandes diferencias entre los datos sin ruido y los datos originales, lo que sugiere que el rendimiento del modelo en la eliminación del ruido es inferior.

También es importante notar que, aunque el MSE es una herramienta valiosa para evaluar cuantitativamente el rendimiento de un modelo, idealmente debería usarse junto con otros métodos de evaluación, tanto cuantitativos (por ejemplo, otras métricas estadísticas) como cualitativos (por ejemplo, inspección visual), para una evaluación más completa y precisa.

Ejemplo: Calculando MSE

```
import numpy as np
from sklearn.metrics import mean_squared_error

# Generate synthetic test data
test_data = generate_synthetic_data(100, data_length)
noisy_test_data = [forward_diffusion(data, num_steps, noise_scale) for data in test_data]
X_test = np.array([noisy[-1] for noisy in noisy_test_data])
y_test = np.array([data for data in test_data])

# Predict denoised data
denoised_data = diffusion_model.predict(X_test)

# Calculate MSE
mse = mean_squared_error(y_test.flatten(), denoised_data.flatten())
print(f"MSE: {mse}")
```

En este ejemplo:

El proceso comienza con la importación de bibliotecas y funciones necesarias. En este caso, estamos usando numpy, una biblioteca para el lenguaje de programación Python, que agrega soporte para matrices y matrices multidimensionales grandes, junto con una gran colección de funciones matemáticas de alto nivel para operar en estas matrices. También se importa mean_squared_error de sklearn.metrics. Esta función calcula el error cuadrático medio, una métrica de riesgo que corresponde al valor esperado del error o pérdida cuadrática.

Después de importar estas bibliotecas, el código genera datos sintéticos para probar el modelo. La función generate_synthetic_data(100, data_length) genera 100 instancias de datos sintéticos de una cierta longitud (data_length). Estos datos sintéticos están destinados a actuar como una muestra representativa del tipo de datos con los que trabajará el modelo.

El código luego introduce ruido en estos datos sintéticos utilizando la función forward_diffusion(data, num_steps, noise_scale). Esta función aplica un proceso de difusión directa a los datos, que agrega ruido a los mismos. Estos datos ruidosos sirven como entrada para el modelo de eliminación de ruido, ya que simulan el tipo de datos 'sucios' y ruidosos que se espera que el modelo limpie.

Los datos de entrada (X_test) para el modelo se construyen entonces como una matriz de las versiones finales ruidosas de los datos sintéticos. Los valores reales o 'verdaderos' (y_test) que el modelo intenta predecir también se preservan como una matriz de los datos sintéticos originales.

Luego se utiliza el modelo de eliminación de ruido para predecir las versiones sin ruido de los datos de prueba ruidosos utilizando el método predict. La salida de esta predicción (denoised_data) es una matriz de datos sin ruido, o las predicciones del modelo de cómo deberían ser los datos originales, sin ruido.

Después de la fase de predicción, el rendimiento del modelo se evalúa calculando el Error Cuadrático Medio (MSE) en los datos de prueba. El MSE es una medida del promedio de los cuadrados de las diferencias entre los valores predichos (sin ruido) y los valores reales (originales). Proporciona una medida cuantitativa de la precisión de aproximación del modelo. Cuanto menor sea el MSE, más cerca estarán los datos sin ruido de los datos originales, lo que indica un mejor rendimiento del modelo.

Finalmente, el código imprime el MSE calculado. Esto da una indicación cuantitativa de cuán bien funcionó el modelo en los datos de prueba. Un MSE más bajo indica que las predicciones del modelo estaban cerca de los valores reales, y por lo tanto, fue capaz de eliminar efectivamente el ruido de los datos. Por otro lado, un MSE más alto indicaría que las predicciones del modelo estaban lejos de los valores reales, sugiriendo un rendimiento deficiente en la eliminación del ruido.

Puntuación de Incepción (IS)

La Puntuación de Incepción (IS) es una métrica comúnmente utilizada para determinar la calidad y diversidad de las imágenes generadas, basándose en las predicciones hechas por una red de Incepción preentrenada. Con valores más altos de Puntuación de Incepción, se considera que el rendimiento de las imágenes generadas es superior.

El cálculo de la Puntuación de Incepción toma en cuenta dos factores específicos:

El primero de estos es la Probabilidad promedio de clase (p(y)). Este factor evalúa qué tan bien están distribuidas las imágenes generadas en diferentes clases dentro de la red de Incepción. Una probabilidad promedio más alta sugiere que hay una distribución amplia en varias clases, indicando una generación de imágenes diversa y única.

El segundo factor considerado es la divergencia de KL entre la distribución marginal de probabilidades de clase (KL(p(y)||p(y^g))). Esto mide la discrepancia entre las probabilidades de clase de las imágenes reales y las que han sido generadas. Una divergencia de KL más baja significa que las imágenes generadas tienen probabilidades de clase que se acercan a las imágenes reales, sugiriendo que las imágenes generadas imitan de cerca a las imágenes del mundo real.

Interpretar la Puntuación de Incepción es relativamente sencillo. Una Puntuación de Incepción más alta generalmente indica que el modelo ha generado una gama diversa de imágenes realistas que la red preentrenada puede clasificar con confianza. Esto sugiere que el modelo está desempeñándose bien en términos de producir imágenes variadas, realistas y de alta calidad.

Ejemplo: Calculando la Puntuación de Incepción

```
import tensorflow as tf
from tensorflow.keras.applications.inception_v3 import InceptionV3, preprocess_input

# Load the pre-trained InceptionV3 model
inception_model = InceptionV3(include_top=False, pooling='avg', input_shape=(299,
299, 3))

def calculate_inception_score(images, n_split=10, eps=1E-16):
    # Resize and preprocess images for InceptionV3 model
    images_resized = tf.image.resize(images, (299, 299))
    images_preprocessed = preprocess_input(images_resized)

    # Predict using the InceptionV3 model
    preds = inception_model.predict(images_preprocessed)

    # Calculate Inception Score
    split_scores = []
    for i in range(n_split):
        part = preds[i * preds.shape[0] // n_split: (i + 1) * preds.shape[0] //
n_split]
        py = np.mean(part, axis=0)
        scores = []
```

```
        for p in part:
            scores.append(entropy(p, py))
        split_scores.append(np.exp(np.mean(scores)))
    return np.mean(split_scores), np.std(split_scores)

# Assume denoised_data are the generated images
is_mean, is_std = calculate_inception_score(denoised_data)
print(f"Inception Score: {is_mean} ± {is_std}")
```

En este ejemplo:

El código comienza importando las bibliotecas necesarias. Importa TensorFlow y dos componentes específicos de la API Keras de TensorFlow: el modelo InceptionV3 y una función para preprocesar las entradas a este modelo.

El modelo InceptionV3 es una red neuronal convolucional entrenada con más de un millón de imágenes de la base de datos ImageNet. Este modelo está preentrenado para reconocer una variedad de características en las imágenes y se usa a menudo como extractor de características en tareas de aprendizaje automático relacionadas con imágenes.

El código procede a cargar el modelo InceptionV3 con parámetros específicos. El argumento 'include_top' está configurado en False, lo que significa que la capa totalmente conectada final del modelo, responsable de emitir las predicciones, no se carga. Esto nos permite usar el modelo como extractor de características ignorando su capa de salida original. El argumento 'pooling' está configurado en 'avg', lo que indica que se aplicará un agrupamiento global promedio a la salida de la última capa de convolución, y 'input_shape' está configurado en (299, 299, 3), que es el tamaño de entrada predeterminado para InceptionV3.

A continuación, se define una función llamada 'calculate_inception_score'. Esta función toma tres argumentos: las imágenes para las cuales se calculará la Puntuación de Incepción, el número de divisiones para el puntaje (predeterminado en 10) y una pequeña constante para la estabilidad numérica (predeterminada en 1E-16).

Dentro de esta función, las imágenes se redimensionan primero para coincidir con el tamaño de entrada esperado por el modelo InceptionV3 (299x299 píxeles) y luego se preprocesan utilizando la función preprocess_input de Keras. Esta etapa de preprocesamiento incluye escalar los valores de los píxeles apropiadamente.

Las imágenes preprocesadas se alimentan luego al modelo InceptionV3 para obtener las predicciones. Estas predicciones son las salidas de la última capa de agrupamiento del modelo y representan características de alto nivel extraídas de las imágenes.

La Puntuación de Incepción se calcula en los siguientes pasos:

1. Las predicciones se dividen en un número de lotes según lo especificado por el argumento 'n_split'.

2. Para cada lote, se calcula la distribución marginal de las predicciones tomando el promedio de todas las predicciones en el lote.
3. Se calcula la entropía de cada predicción en el lote y la predicción media. La función de entropía mide la incertidumbre asociada con una variable aleatoria. En este contexto, mide la incertidumbre de las predicciones del modelo para cada imagen.
4. Se calcula la entropía promedio para el lote y se exponencia para obtener el puntaje del lote.
5. Se repiten los pasos 2 a 4 para cada lote y se promedian los puntajes de todos los lotes para obtener la Puntuación de Incepción final.

Finalmente, la función devuelve la Puntuación de Incepción calculada y su desviación estándar.

El código concluye invocando la función 'calculate_inception_score' en 'denoised_data' (que se supone es el conjunto de imágenes generadas) e imprime la Puntuación de Incepción calculada y su desviación estándar.

Distancia de Incepción de Fréchet (FID)

FID, o Distancia de Incepción de Fréchet, es un método utilizado para medir la distancia entre las distribuciones de los datos originales y los generados. Esta medida se usa para capturar tanto la calidad como la diversidad presentes en los datos generados. Cuando hablamos de puntajes FID, un puntaje más bajo es indicativo de un mejor rendimiento, lo que implica que los datos generados tienen una mayor semejanza con los datos originales.

Al igual que la Puntuación de Incepción (IS), FID también hace uso de la red Inception v3. Sin embargo, donde IS y FID difieren es en su enfoque. En lugar de concentrarse únicamente en las probabilidades de clase como IS, FID presta atención a la distancia entre las distribuciones de características que se han extraído tanto de imágenes reales como generadas en las capas ocultas de la red Inception.

En cuanto al cálculo de FID, emplea la distancia de Fréchet. La distancia de Fréchet es una medida utilizada para indicar el nivel de similitud entre dos distribuciones multivariadas. En este contexto particular, el FID compara la distribución de características extraídas de conjuntos de datos de imágenes reales y generadas utilizando la red Inception.

La interpretación del puntaje FID también es bastante sencilla. Un puntaje FID más bajo indica una coincidencia más cercana entre las distribuciones de características de imágenes reales y generadas. Esto significa que las imágenes generadas son estadísticamente similares a los datos reales, lo que sugiere un alto nivel de rendimiento en la tarea de generación de imágenes.

Ejemplo: Calculando FID

```
from scipy.linalg import sqrtm
from numpy import cov, trace, iscomplexobj

def calculate_fid(real_images, generated_images):
```

```
    # Calculate the mean and covariance of real and generated images
    mu1, sigma1 = real_images.mean(axis=0), cov(real_images, rowvar=False)
    mu2, sigma2 = generated_images.mean(axis=0), cov(generated_images, rowvar=False)

    # Calculate the sum of squared differences between means
    ssdiff = np.sum((mu1 - mu2) ** 2.0)

    # Calculate the square root of the product of covariances
    covmean = sqrtm(sigma1.dot(sigma2))
    if iscomplexobj(covmean):
        covmean = covmean.real

    # Calculate the FID score
    fid = ssdiff + trace(sigma1 + sigma2 - 2.0 * covmean)
    return fid

# Assume denoised_data and y_test are the denoised and original data, respectively
fid_score = calculate_fid(y_test.reshape(100, -1), denoised_data.reshape(100, -1))
print(f"FID Score: {fid_score}")
```

Desglosemos este código:

- El script comienza importando las bibliotecas necesarias. La función sqrtm de scipy.linalg se usa para calcular la raíz cuadrada de una matriz, y varias funciones de numpy se utilizan para cálculos matriciales.
- Luego se define la función calculate_fid. Esta función toma dos argumentos, real_images y generated_images, que se suponen matrices multidimensionales donde cada elemento representa una imagen.
- Dentro de esta función, se calculan la media y la covarianza de las imágenes reales y generadas. La media representa la imagen promedio, y la covarianza representa cuánto varía cada píxel de las imágenes respecto a esta media.
- Luego se calcula la suma de las diferencias al cuadrado entre la media de las imágenes reales y la media de las imágenes generadas. Este valor, ssdiff, representa la distancia estadística al cuadrado entre las medias de los dos conjuntos de imágenes.
- A continuación, la función calcula la raíz cuadrada del producto de las covarianzas de las imágenes reales y generadas. En caso de que esto resulte en un número complejo, se extrae la parte real de ese número.
- Finalmente, el puntaje FID se calcula como la suma de ssdiff y la traza de la suma de las covarianzas de las imágenes reales y generadas menos dos veces el producto de sus covarianzas. La traza de una matriz es la suma de los elementos en su diagonal principal.
- La función luego devuelve el puntaje FID calculado.

- El script termina asumiendo que denoised_data y y_test son los datos denoised y originales, respectivamente. Calcula el puntaje FID entre estos dos conjuntos de datos después de darles una nueva forma y luego imprime este puntaje.

9.4.2 Evaluación Cualitativa

Aunque las métricas cuantitativas como la precisión, el recall y el puntaje F1 ofrecen valiosos conocimientos sobre el rendimiento de los modelos de difusión, es importante no pasar por alto el papel crítico que juega la evaluación cualitativa en la valoración de la calidad de las imágenes generadas.

La evaluación cualitativa, que implica una inspección visual detallada de los datos generados por el modelo, se utiliza para evaluar varios parámetros como la calidad, coherencia y realismo. Aunque este método puede parecer subjetivo debido a las diferencias individuales en la percepción, aún proporciona valiosas ideas que no pueden capturarse a través de métodos cuantitativos por sí solos.

Esto se debe a que la evaluación cualitativa puede captar los matices y detalles sutiles en las imágenes generadas que podrían pasarse por alto en las evaluaciones numéricas. Por lo tanto, una combinación de métodos tanto cualitativos como cuantitativos suele ser el mejor enfoque cuando se trata de evaluar el rendimiento de los modelos de difusión.

Inspección Visual

La inspección visual es un proceso crucial que implica producir un conjunto de salidas de muestra y luego examinar meticulosamente cada una de ellas para garantizar su calidad y coherencia. Este análisis exhaustivo es esencial ya que permite identificar cualquier problema notable que pueda afectar negativamente el resultado general.

Estos problemas pueden incluir, pero no se limitan a, artefactos, falta de nitidez que resulta en imágenes borrosas, o características que parecen poco realistas en comparación con sus contrapartes del mundo real. Por lo tanto, el proceso de inspección visual sirve como un paso significativo hacia la producción de salidas de alta calidad.

Ejemplo: Inspección Visual

```
import matplotlib.pyplot as plt

# Generate a sample for visual inspection
sample_idx = 0
plt.figure(figsize=(12, 4))
plt.subplot(1, 3, 1)
plt.plot(y_test[sample_idx], label='Original Data')
plt.title('Original Data')
plt.subplot(1, 3, 2)
plt.plot(X_test[sample_idx], label='Noisy Data')
plt.title('Noisy Data')
plt.subplot(1, 3, 3)
plt.plot(denoised_data[sample_idx], label='Denoised Data')
```

```
plt.title('Denoised Data')
plt.show()
```

En este ejemplo:

En el primer subplot, se grafica la data original o real. Estos datos sirven como la verdad fundamental contra la cual se evalúa el rendimiento del proceso de eliminación de ruido.

El segundo subplot muestra los mismos datos después de que se les haya introducido ruido. Esto se conoce típicamente como 'Datos Ruidosos'. Estos datos ruidosos imitan escenarios del mundo real donde los datos recopilados a menudo vienen con algún grado de ruido o información no deseada. El proceso de eliminación de ruido tiene como objetivo limpiar estos datos reduciendo el ruido y preservando la información esencial.

El tercer y último subplot muestra los datos después de que se haya aplicado el proceso de eliminación de ruido. Esto se conoce como 'Datos Desenruidecidos'. El propósito del proceso de eliminación de ruido es recrear lo más fielmente posible los datos originales a partir de la entrada ruidosa.

El comando 'plt.show()' al final se utiliza para mostrar las gráficas. Esta visualización proporciona una evaluación cualitativa del proceso de eliminación de ruido. Al comparar visualmente los 'Datos Originales', 'Datos Ruidosos' y 'Datos Desenruidecidos', se puede obtener una idea de cuán bien el proceso de eliminación de ruido pudo recuperar los datos originales a partir de la entrada ruidosa.

Este tipo de visualización, aunque simple, puede ser muy efectiva para comparar diferentes métodos de eliminación de ruido o ajustar los parámetros de un modelo de eliminación de ruido. Proporciona una forma directa e intuitiva de comprender el rendimiento del proceso de eliminación de ruido.

Evaluación Humana

El proceso de evaluación humana implica solicitar a un grupo diverso de individuos que evalúen y califiquen la calidad de los datos que se han generado. Esta evaluación se basa en una variedad de criterios, que incluyen, entre otros, el realismo de los datos, su coherencia y la calidad general. Este método de evaluación es extremadamente exhaustivo y permite un análisis completo del rendimiento del modelo. Sin embargo, cabe señalar que puede ser bastante lento y puede requerir una cantidad significativa de recursos.

Para dar una comprensión más clara de los criterios utilizados en la evaluación humana, aquí hay algunos ejemplos:

- **Realismo**: Este criterio se centra en la autenticidad de los datos generados. La pregunta a considerar aquí es, ¿parecen los datos generados ser realistas y genuinos?
- **Coherencia**: Este criterio examina si los datos generados mantienen un flujo consistente y están libres de anomalías o artefactos. Una pregunta clave que se puede

hacer en este contexto es, ¿son los datos generados consistentes y están libres de discrepancias notables?

- **Calidad General**: Este es un criterio más general que observa los datos generados en su totalidad. La pregunta a considerar aquí es, ¿cómo se comparan los datos generados con los datos originales?

9.4.3 Evaluación de Diversidad y Creatividad

Evaluar la diversidad y creatividad de los datos generados por un modelo es un paso crucial en el proceso de evaluación. Para evaluar eficazmente estos dos atributos vitales, la diversidad y la creatividad, hay varios enfoques que se pueden tomar.

Un método común y efectivo es analizar la variación en las salidas producidas cuando se someten a diferentes entradas o ligeras variaciones de la misma entrada. Este enfoque analítico nos proporciona conocimientos significativos sobre la capacidad del modelo para generar resultados diversos y únicos.

Esta forma de evaluación es esencial, ya que ayuda a garantizar que el modelo no se limite a regurgitar las mismas salidas repetidamente, sino que sea capaz de producir una variedad de resultados diversos e interesantes.

Esta variedad es particularmente importante en campos donde la creatividad y la novedad son altamente valoradas. Por lo tanto, un análisis exhaustivo de la diversidad y creatividad en los datos generados es una parte integral del proceso de evaluación del modelo.

Ejemplo: Evaluación de Diversidad

```
# Define a set of inputs with slight variations
inputs = [
    X_test[0],
    X_test[1],
    X_test[2],
]

# Generate and plot outputs for each input
plt.figure(figsize=(12, 4))
for i, input_data in enumerate(inputs):
    output = diffusion_model.predict(np.expand_dims(input_data, axis=0))[0]
    plt.subplot(1, 3, i+1)
    plt.plot(output, label=f'Denoised Data {i+1}')
    plt.title(f'Denoised Data {i+1}')
plt.show()
```

En este ejemplo:

Este ejemplo particular está diseñado para evaluar la diversidad y creatividad de las salidas del modelo. Lo hace utilizando un conjunto de entradas ligeramente variadas y luego generando y graficando las salidas para cada una de estas entradas.

Las entradas se derivan de un conjunto de datos de prueba (X_test), y se utilizan los primeros tres puntos de datos de prueba en este ejemplo. Estos podrían ser cualquier punto de datos, pero la idea aquí es usar entradas que sean similares pero no idénticas para evaluar cómo maneja el modelo pequeñas variaciones en la entrada.

Para cada entrada, el modelo predice la salida usando su método predict. Se espera que esta salida sea la versión 'desenruidecida' de los datos de entrada, es decir, los datos de entrada pero con el ruido eliminado.

La salida para cada entrada se grafica en una gráfica utilizando la biblioteca matplotlib, una popular biblioteca de visualización de datos en Python. Las gráficas se muestran en una sola fila con tres columnas, una para cada par entrada-salida. Cada gráfica está etiquetada como 'Datos Desenruidecidos' seguida del número de índice del dato de prueba (1, 2 o 3), lo que facilita asociar cada salida con su entrada correspondiente.

El propósito de este fragmento de código es inspeccionar visualmente las salidas del modelo para una gama de entradas ligeramente variadas. Al comparar las gráficas, se puede tener una idea de cuán bien el modelo maneja pequeñas variaciones en la entrada y si produce salidas diversas e interesantes. Esto es importante porque un buen modelo generativo no solo debe ser capaz de reproducir los patrones generales en los datos, sino también capturar las variaciones y matices más pequeños.

Ejercicios Prácticos

Esta sección proporciona ejercicios prácticos para reforzar tu comprensión de los modelos de difusión y su evaluación. Cada ejercicio incluye una declaración del problema y una solución con ejemplos de código donde sea aplicable.

Ejercicio 1: Implementar el Proceso de Difusión Directa

Declaración del Problema: Implementar el proceso de difusión directa para agregar ruido Gaussiano a un conjunto de datos de entrada durante una serie de pasos temporales. Visualizar la transformación de los datos en cada paso.

Solución:

```
import numpy as np
import matplotlib.pyplot as plt

def forward_diffusion(data, num_steps, noise_scale=0.1):
    """
    Applies forward diffusion process to the data.

    Parameters:
    - data: The original data (e.g., an image represented as a NumPy array).
    - num_steps: The number of diffusion steps.
    - noise_scale: The scale of the Gaussian noise to be added at each step.
```

```
    Returns:
    - A list of noisy data at each diffusion step.
    """
    noisy_data = [data]
    for step in range(num_steps):
        noise = np.random.normal(scale=noise_scale, size=data.shape)
        noisy_data.append(noisy_data[-1] + noise)
    return noisy_data

# Generate a simple 1D signal
data = np.sin(np.linspace(0, 2 * np.pi, 100))
noisy_data = forward_diffusion(data, num_steps=10, noise_scale=0.1)

# Plot the noisy data
plt.figure(figsize=(10, 6))
for i, noisy in enumerate(noisy_data):
    plt.plot(noisy, label=f"Step {i}")
plt.legend()
plt.title("Forward Diffusion Process")
plt.show()
```

Ejercicio 2: Construir y Entrenar un Modelo de Desenruidecimiento Simple

Declaración del Problema: Construir un modelo de desenruidecimiento simple utilizando una red neuronal y entrenarlo para eliminar el ruido de los datos ruidosos generados en el Ejercicio 1.

Solución:

```
import tensorflow as tf
from tensorflow.keras.layers import Input, Dense, Flatten, Reshape
from tensorflow.keras.models import Model

def build_denoising_network(input_shape):
    """
    Builds a simple denoising network.

    Parameters:
    - input_shape: Shape of the input data.

    Returns:
    - A Keras model for denoising.
    """
    inputs = Input(shape=input_shape)
    x = Flatten()(inputs)
    x = Dense(128, activation='relu')(x)
    x = Dense(np.prod(input_shape), activation='linear')(x)
    outputs = Reshape(input_shape)(x)
    return Model(inputs, outputs)
```

```
# Example usage with 1D data
input_shape = (100,)
denoising_network = build_denoising_network(input_shape)
denoising_network.compile(optimizer='adam', loss='mse')

# Generate synthetic training data
num_samples = 1000
data_length = 100
training_data = generate_synthetic_data(num_samples, data_length)

# Apply forward diffusion to the training data
num_steps = 10
noise_scale = 0.1
noisy_training_data = [forward_diffusion(data, num_steps, noise_scale) for data in
training_data]

# Prepare data for training
X_train = np.array([noisy[-1] for noisy in noisy_training_data])  # Final noisy state
y_train = np.array([data for data in training_data])  # Original data

# Train the denoising model
history = denoising_network.fit(X_train, y_train, epochs=20, batch_size=32,
validation_split=0.2)

# Plot the training and validation loss
plt.plot(history.history['loss'], label='Training Loss')
plt.plot(history.history['val_loss'], label='Validation Loss')
plt.xlabel('Epoch')
plt.ylabel('Loss')
plt.legend()
plt.title('Training and Validation Loss')
plt.show()
```

Ejercicio 3: Evaluar el Modelo Usando MSE

Declaración del Problema: Evaluar el modelo de desenruidecimiento entrenado utilizando la métrica de Error Cuadrático Medio (MSE) en un conjunto de datos de prueba separado.

Solución:

```
import numpy as np
from sklearn.metrics import mean_squared_error

# Generate synthetic test data
test_data = generate_synthetic_data(100, data_length)
noisy_test_data = [forward_diffusion(data, num_steps, noise_scale) for data in
test_data]
X_test = np.array([noisy[-1] for noisy in noisy_test_data])
y_test = np.array([data for data in test_data])

# Predict denoised data
```

```
denoised_data = denoising_network.predict(X_test)

# Calculate MSE
mse = mean_squared_error(y_test.flatten(), denoised_data.flatten())
print(f"MSE: {mse}")
```

Ejercicio 4: Calcular la Distancia de Incepción de Fréchet (FID)

Declaración del Problema: Calcular la Distancia de Incepción de Fréchet (FID) para evaluar la calidad y diversidad de los datos desenruidecidos generados por el modelo.

Solución:

```
from scipy.linalg import sqrtm
from numpy import cov, trace, iscomplexobj

def calculate_fid(real_images, generated_images):
    # Calculate the mean and covariance of real and generated images
    mu1, sigma1 = real_images.mean(axis=0), cov(real_images, rowvar=False)
    mu2, sigma2 = generated_images.mean(axis=0), cov(generated_images, rowvar=False)

    # Calculate the sum of squared differences between means
    ssdiff = np.sum((mu1 - mu2) ** 2.0)

    # Calculate the square root of the product of covariances
    covmean = sqrtm(sigma1.dot(sigma2))
    if iscomplexobj(covmean):
        covmean = covmean.real

    # Calculate the FID score
    fid = ssdiff + trace(sigma1 + sigma2 - 2.0 * covmean)
    return fid

# Assume denoised_data and y_test are the denoised and original data, respectively
fid_score = calculate_fid(y_test.reshape(100, -1), denoised_data.reshape(100, -1))
print(f"FID Score: {fid_score}")
```

Ejercicio 5: Inspección Visual de Datos Desenmascarados

Declaración del Problema: Inspeccionar visualmente los datos desenmascarados generados por el modelo para evaluar su calidad y coherencia en comparación con los datos originales y ruidosos.

Solución:

```
import matplotlib.pyplot as plt

# Generate a sample for visual inspection
sample_idx = 0
plt.figure(figsize=(12, 4))
```

```
plt.subplot(1, 3, 1)
plt.plot(y_test[sample_idx], label='Original Data')
plt.title('Original Data')
plt.subplot(1, 3, 2)
plt.plot(X_test[sample_idx], label='Noisy Data')
plt.title('Noisy Data')
plt.subplot(1, 3, 3)
plt.plot(denoised_data[sample_idx], label='Denoised Data')
plt.title('Denoised Data')
plt.show()
```

Estos ejercicios prácticos proporcionan una experiencia práctica con modelos de difusión y su evaluación. Al implementar el proceso de difusión hacia adelante, construir y entrenar un modelo de desenmascaramiento, y evaluar el modelo utilizando métodos cuantitativos y cualitativos, puedes profundizar tu comprensión de cómo funcionan los modelos de difusión y cómo evaluar su desempeño.

Cada ejercicio está diseñado para reforzar conceptos y técnicas clave, ayudándote a aplicar modelos de difusión de manera efectiva en varias tareas generativas.

Resumen del Capítulo

En este capítulo, exploramos el fascinante mundo de los modelos de difusión, profundizando en sus principios subyacentes, arquitectura, proceso de entrenamiento y métodos de evaluación. Los modelos de difusión, inspirados en el proceso físico de difusión, proporcionan un marco poderoso para generar datos de alta calidad a partir de ruido aleatorio. Comprender estos modelos es crucial para aplicarlos de manera efectiva en diversas tareas generativas, como la síntesis de imágenes y la ampliación de datos.

Comenzamos entendiendo los conceptos fundamentales de los modelos de difusión. El proceso de difusión hacia adelante implica agregar ruido gaussiano a los datos durante una serie de pasos, transformando gradualmente los datos en ruido. El proceso de difusión inversa, por otro lado, busca invertir esta transformación eliminando el ruido paso a paso, desenmascarando efectivamente los datos y reconstruyendo la estructura original a partir de las entradas ruidosas.

La arquitectura de los modelos de difusión consta de varios componentes clave: la capa de adición de ruido, la red de desenmascaramiento, la codificación de pasos y la función de pérdida. La capa de adición de ruido simula el proceso de difusión hacia adelante al agregar ruido a los datos de entrada en cada paso. La red de desenmascaramiento, típicamente implementada mediante redes neuronales como CNN o RNN, predice y elimina el ruido. La codificación de pasos proporciona información temporal a la red de desenmascaramiento, ayudándola a comprender el nivel de ruido en los datos de entrada. La función de pérdida, a menudo el error cuadrático medio (MSE), guía el proceso de entrenamiento al medir la diferencia entre el ruido predicho y el ruido real.

Proporcionamos explicaciones detalladas y códigos de ejemplo para ilustrar la construcción y el funcionamiento de estos componentes. Al combinar estos componentes, construimos la arquitectura completa de un modelo de difusión, capaz de desenmascarar iterativamente los datos de entrada.

El proceso de entrenamiento implica preparar los datos de entrenamiento aplicando el proceso de difusión hacia adelante, compilar el modelo con un optimizador y una función de pérdida adecuados, y entrenar el modelo usando los datos preparados. Discutimos la importancia de prestar atención cuidadosa al proceso de entrenamiento para asegurar que el modelo aprenda a desenmascarar de manera efectiva. El proceso de entrenamiento se ilustró con códigos de ejemplo prácticos, destacando cada paso desde la preparación de los datos hasta el entrenamiento del modelo y la visualización de la pérdida.

Evaluar los modelos de difusión es esencial para asegurar que generen salidas de alta calidad. Cubrimos varios métodos para evaluar los modelos de difusión, incluidos métricas cuantitativas como el Error Cuadrático Medio (MSE), la Distancia de Incepción de Fréchet (FID) y la Puntuación de Incepción (IS). Estas métricas proporcionan medidas objetivas del rendimiento del modelo, evaluando la calidad, diversidad y realismo de los datos generados. Además, discutimos métodos de evaluación cualitativa como la inspección visual y la evaluación humana, que ofrecen valiosas perspectivas sobre el rendimiento del modelo desde una perspectiva subjetiva.

Al comprender e implementar estas técnicas de evaluación, puedes obtener una comprensión integral de las fortalezas del modelo y áreas de mejora. Evaluar la diversidad y creatividad de los datos generados asegura que el modelo produzca salidas variadas e interesantes, mejorando su aplicabilidad a una amplia gama de tareas generativas.

En conclusión, este capítulo proporcionó una comprensión completa de los modelos de difusión, desde sus principios básicos y arquitectura hasta su entrenamiento y evaluación. Al dominar estos conceptos, puedes aprovechar efectivamente los modelos de difusión para generar datos de alta calidad, expandiendo los límites de lo que es posible en el modelado generativo. El conocimiento adquirido en este capítulo establece la base para una mayor exploración y aplicación de modelos de difusión en escenarios del mundo real.

Capítulo 10: Proyecto: Generación de Imágenes con Modelos de Difusión

En este capítulo, emprenderemos un emocionante proyecto para generar imágenes utilizando modelos de difusión. Este proyecto proporcionará una experiencia práctica con todo el flujo de trabajo de construir, entrenar y evaluar un modelo de difusión para la generación de imágenes. Al final de este capítulo, tendrás una comprensión completa de cómo aplicar modelos de difusión para crear imágenes de alta calidad a partir de ruido aleatorio.

Cubrirá los siguientes temas en este capítulo:

1. Recopilación y Preprocesamiento de Datos
2. Creación del Modelo
3. Entrenamiento del Modelo
4. Generación de Imágenes
5. Evaluación del Modelo

Comencemos con el primer paso de nuestro proyecto: la recopilación y el preprocesamiento de datos.

10.1 Recopilación y Preprocesamiento de Datos

El inicio de cualquier proyecto de aprendizaje automático invariablemente comienza con la recopilación y el preprocesamiento de los datos relevantes. En el contexto de nuestro proyecto actual, que se centra en la generación de imágenes, esto se traduce en la necesidad de un conjunto de datos completo de imágenes.

Esto es crucial ya que el modelo de difusión que estamos empleando aprende de este conjunto de datos para generar imágenes. Para obtener este conjunto de datos, utilizaremos un conjunto de datos de acceso público que abarca una amplia gama de imágenes. Sin embargo, el conjunto de datos sin procesar no se puede alimentar directamente en el modelo de difusión para fines de entrenamiento.

Requerirá una etapa de preprocesamiento, un proceso que implica limpiar, normalizar y posiblemente aumentar los datos para asegurar que estén en un formato óptimo para entrenar el modelo de difusión. Este paso es esencial ya que no solo mejora la eficiencia del proceso de entrenamiento del modelo, sino que también influye significativamente en la calidad de las imágenes generadas.

10.1.1 Recopilación de Datos de Imagen

Utilizaremos el conjunto de datos CIFAR-10, que es un conjunto de datos bien conocido que consiste en 60,000 imágenes en color de 32x32 en 10 clases diferentes. El conjunto de datos CIFAR-10 es ampliamente utilizado para entrenar y evaluar modelos de generación de imágenes.

Ejemplo: Cargando el Conjunto de Datos CIFAR-10

```
import tensorflow as tf
from tensorflow.keras.datasets import cifar10

# Load the CIFAR-10 dataset
(train_images, _), (test_images, _) = cifar10.load_data()

# Combine training and test images
images = np.concatenate([train_images, test_images], axis=0)

# Print the shape of the dataset
print(f"Dataset shape: {images.shape}")
```

Este código de ejemplo utiliza la biblioteca TensorFlow para cargar el conjunto de datos CIFAR-10, que es una colección de 60,000 imágenes en color de 32x32 en 10 clases, con 6,000 imágenes por clase. Hay 50,000 imágenes de entrenamiento y 10,000 imágenes de prueba.

El código combina las imágenes de entrenamiento y prueba en un solo conjunto de datos, y luego imprime la forma de este conjunto de datos combinado.

10.1.2 Normalización y Reescalado de Imágenes

Para asegurar que las imágenes estén en un formato adecuado para entrenar el modelo de difusión, necesitamos normalizarlas y reescalarlas. Normalizar las imágenes implica escalar los valores de los píxeles a un rango de [0, 1]. Además, reescalaremos las imágenes para asegurar que estén centradas alrededor de cero.

Ejemplo: Normalización y Reescalado de las Imágenes

```
# Normalize and rescale the images
images = images.astype('float32') / 255.0
images = (images - 0.5) / 0.5

# Print the range of pixel values
print(f"Pixel value range: [{images.min()}, {images.max()}]")
```

El código está normalizando y reescalando los valores de los píxeles de un arreglo de imágenes. Inicialmente, convierte los valores de los píxeles de enteros a flotantes y los escala entre 0 y 1 dividiendo por 255. Luego, normaliza estos valores para que estén en el rango de -1 a 1 restando 0.5 y dividiendo por 0.5. Finalmente, el código imprime los valores mínimos y máximos de los píxeles de las imágenes normalizadas y reescaladas.

10.1.3 Creación de Conjuntos de Entrenamiento y Validación

Para entrenar el modelo de difusión de manera efectiva, necesitamos dividir el conjunto de datos en conjuntos de entrenamiento y validación. El conjunto de entrenamiento se utilizará para entrenar el modelo, mientras que el conjunto de validación se utilizará para evaluar el rendimiento del modelo durante el entrenamiento.

Ejemplo: Creación de Conjuntos de Entrenamiento y Validación

```
from sklearn.model_selection import train_test_split

# Split the dataset into training and validation sets
train_images, val_images = train_test_split(images, test_size=0.2, random_state=42)

# Print the shape of the training and validation sets
print(f"Training set shape: {train_images.shape}")
print(f"Validation set shape: {val_images.shape}")
```

Este código utiliza la biblioteca Scikit-learn para dividir un conjunto de datos de imágenes en un conjunto de entrenamiento y un conjunto de validación. Reserva el 20% de las imágenes para validación (test_size=0.2) y el resto para entrenamiento. El parámetro 'random_state' se establece en 42, asegurando que la división sea la misma cada vez que se ejecute el código para reproducibilidad. Después de la división, imprime la forma (el número de imágenes y sus dimensiones) de los conjuntos de entrenamiento y validación.

10.1.4 Aumento de Datos

Para mejorar la capacidad de generalización del modelo de difusión, podemos aplicar técnicas de aumento de datos. El aumento de datos implica crear nuevas muestras de entrenamiento aplicando transformaciones aleatorias a las imágenes existentes, como rotaciones, volteos y desplazamientos. Esto ayuda al modelo a aprender a generar imágenes más diversas y robustas.

Ejemplo: Aumento de Datos

```
from tensorflow.keras.preprocessing.image import ImageDataGenerator

# Define the data augmentation pipeline
datagen = ImageDataGenerator(
    rotation_range=20,
```

```
    width_shift_range=0.2,
    height_shift_range=0.2,
    horizontal_flip=True,
)

# Fit the data augmentation pipeline on the training data
datagen.fit(train_images)

# Example of applying data augmentation to a batch of images
for batch in datagen.flow(train_images, batch_size=9):
    for i in range(9):
        plt.subplot(330 + 1 + i)
        plt.imshow((batch[i] * 0.5) + 0.5)
    plt.show()
    break
```

El código está utilizando la clase ImageDataGenerator de la biblioteca TensorFlow Keras para aumentar los datos de imagen. Inicialmente, configura una tubería con un conjunto específico de transformaciones: rotación de hasta 20 grados, desplazamientos horizontales y verticales de hasta un 20%, y volteo horizontal. Luego, ajusta esta tubería a las imágenes de entrenamiento.

Después de configurar el aumento de datos, aplica estas transformaciones a un lote de imágenes de muestra del conjunto de entrenamiento y visualiza las imágenes aumentadas. El aumento de datos ayuda a aumentar la diversidad de los datos de entrenamiento y a reducir el sobreajuste.

10.2 Creación del Modelo

Crear un modelo de difusión para la generación de imágenes implica diseñar e implementar una arquitectura de red neuronal capaz de aprender el proceso de eliminación de ruido. En esta sección, construiremos un modelo de difusión paso a paso, incluyendo la capa de adición de ruido, la red de eliminación de ruido y la codificación de pasos. También compilaremos el modelo con un optimizador y una función de pérdida adecuados.

10.2.1 Capa de Adición de Ruido

La capa de adición de ruido simula el proceso de difusión hacia adelante al agregar ruido gaussiano a las imágenes de entrada en cada paso. Esta capa se utilizará tanto durante el entrenamiento como en la inferencia para transformar progresivamente las imágenes en una distribución de ruido.

Ejemplo: Capa de Adición de Ruido

```
import tensorflow as tf
from tensorflow.keras.layers import Layer

class NoiseAddition(Layer):
```

```
    def __init__(self, noise_scale=0.1, **kwargs):
        super(NoiseAddition, self).__init__(**kwargs)
        self.noise_scale = noise_scale

    def call(self, inputs, training=None):
        if training:
            noise        =        tf.random.normal(shape=tf.shape(inputs),        mean=0.0,
stddev=self.noise_scale, dtype=tf.float32)
            return inputs + noise
        return inputs

# Example usage with a batch of images
noise_layer = NoiseAddition(noise_scale=0.1)
noisy_images = noise_layer(train_images[:10], training=True)

# Plot original and noisy images for comparison
import matplotlib.pyplot as plt

plt.figure(figsize=(12, 4))
for i in range(10):
    plt.subplot(2, 10, i + 1)
    plt.imshow((train_images[i] * 0.5) + 0.5)
    plt.axis('off')
    plt.subplot(2, 10, i + 11)
    plt.imshow((noisy_images[i] * 0.5) + 0.5)
    plt.axis('off')
plt.show()
```

Este código utiliza la biblioteca TensorFlow para definir una clase de capa personalizada llamada NoiseAddition. Esta clase añade ruido aleatorio a sus datos de entrada, pero solo cuando está en modo de entrenamiento. El ruido tiene una distribución normal con una media de 0 y una desviación estándar especificada por noise_scale. El método call verifica si la capa está en modo de entrenamiento y, si es así, añade el ruido a los datos de entrada.

El código luego demuestra cómo usar la capa NoiseAddition creando una instancia de ella, aplicándola a un lote de imágenes de entrenamiento y almacenando las imágenes ruidosas. Luego, traza las imágenes originales y ruidosas para compararlas utilizando la biblioteca matplotlib.

10.2.2 Red de Eliminación de Ruido

La red de eliminación de ruido es el componente central del modelo de difusión. Predice y elimina el ruido añadido a las imágenes en cada paso. Utilizaremos una Red Neuronal Convolucional (CNN) para este propósito, ya que las CNN son muy adecuadas para tareas de procesamiento de imágenes.

Ejemplo: Red de Eliminación de Ruido

```
from tensorflow.keras.layers import Conv2D, BatchNormalization, LeakyReLU,
UpSampling2D

def build_denoising_network(input_shape):
    """
    Builds a denoising network using a Convolutional Neural Network (CNN).

    Parameters:
    - input_shape: Shape of the input images.

    Returns:
    - A Keras model for denoising.
    """
    inputs = Input(shape=input_shape)

    # Encoder
    x = Conv2D(64, (3, 3), padding='same')(inputs)
    x = BatchNormalization()(x)
    x = LeakyReLU()(x)
    x = Conv2D(128, (3, 3), padding='same', strides=2)(x)
    x = BatchNormalization()(x)
    x = LeakyReLU()(x)

    # Bottleneck
    x = Conv2D(256, (3, 3), padding='same')(x)
    x = BatchNormalization()(x)
    x = LeakyReLU()(x)

    # Decoder
    x = UpSampling2D()(x)
    x = Conv2D(128, (3, 3), padding='same')(x)
    x = BatchNormalization()(x)
    x = LeakyReLU()(x)
    x = Conv2D(64, (3, 3), padding='same')(x)
    x = BatchNormalization()(x)
    x = LeakyReLU()(x)

    outputs = Conv2D(3, (3, 3), padding='same', activation='tanh')(x)
    return Model(inputs, outputs)

# Example usage with CIFAR-10 image shape
input_shape = (32, 32, 3)
denoising_network = build_denoising_network(input_shape)
denoising_network.summary()
```

Este código define una función que construye una Red Neuronal Convolucional (CNN) para eliminar el ruido de las imágenes. Utiliza Keras, una biblioteca de aprendizaje automático en Python.

La red se divide en tres partes: codificador, cuello de botella y decodificador.

El codificador reduce las dimensiones espaciales de la entrada mientras aumenta la profundidad. El cuello de botella es la capa más profunda, donde la imagen se comprime. El decodificador luego reconstruye la imagen a partir de la representación comprimida, con el objetivo de eliminar el ruido mientras se conserva la información original.

Luego, la función se usa para construir una red de eliminación de ruido para imágenes con forma (32, 32, 3), que es la forma de las imágenes en el conjunto de datos CIFAR-10, y se imprime la estructura de la red construida.

10.2.3 Codificación de Pasos

La codificación de pasos se utiliza para proporcionar a la red de eliminación de ruido información sobre el paso temporal actual del proceso de difusión. Esto ayuda a la red a entender el nivel de ruido en las imágenes de entrada y hacer predicciones precisas. Utilizaremos la codificación sinusoidal para este propósito.

Ejemplo: Codificación de Pasos

```
def sinusoidal_step_encoding(t, d_model):
    """
    Computes sinusoidal step encoding.

    Parameters:
    - t: Current time step.
    - d_model: Dimensionality of the model.

    Returns:
    - Sinusoidal step encoding vector.
    """
    angle_rates = 1 / np.power(10000, (2 * (np.arange(d_model) // 2)) / np.float32(d_model))
    angle_rads = t * angle_rates
    angle_rads[:, 0::2] = np.sin(angle_rads[:, 0::2])
    angle_rads[:, 1::2] = np.cos(angle_rads[:, 1::2])
    return angle_rads

# Example usage with a specific time step and model dimensionality
t = np.arange(10).reshape(-1, 1)
d_model = 128
step_encoding = sinusoidal_step_encoding(t, d_model)

# Print the step encoding
print(step_encoding)
```

Este código define una función llamada sinusoidal_step_encoding, que calcula una codificación de paso sinusoidal. Esta es una técnica utilizada a menudo en el procesamiento del lenguaje natural para codificar la posición de las palabras en una oración.

La función toma dos parámetros:

- t (el paso temporal actual),
- d_model (la dimensionalidad del modelo).

Luego calcula angle_rates y angle_rads, aplicando seno a los índices pares y coseno a los índices impares en el array angle_rads. Esto crea un patrón de ondas sinusoidales y cosenoidales que proporciona codificaciones únicas para diferentes posiciones en una secuencia.

La parte inferior del código proporciona un ejemplo de cómo usar esta función. Crea un array de numpy t con un rango de 0 a 9 (reformado en un vector columna), establece d_model en 128, usa estos valores para calcular la codificación de paso y luego imprime el resultado.

10.2.4 Modelo Completo de Difusión

Combinando la capa de adición de ruido, la red de eliminación de ruido y la codificación de pasos, podemos construir el modelo completo de difusión. Este modelo eliminará iterativamente el ruido de las imágenes de entrada, guiado por la codificación de pasos y la función de pérdida.

Ejemplo: Modelo Completo de Difusión

```
from tensorflow.keras.layers import Input, Concatenate

def build_full_diffusion_model(input_shape, d_model):
    """
    Builds the full diffusion model.

    Parameters:
    - input_shape: Shape of the input images.
    - d_model: Dimensionality of the model.

    Returns:
    - A Keras model for the full diffusion process.
    """
    # Input layers for images and step encoding
    image_input = Input(shape=input_shape)
    step_input = Input(shape=(d_model,))

    # Apply noise addition layer
    noisy_images = NoiseAddition()(image_input)

    # Flatten and concatenate inputs
    x = Conv2D(64, (3, 3), padding='same')(noisy_images)
    x = BatchNormalization()(x)
    x = LeakyReLU()(x)
    step_embedding = Dense(np.prod(input_shape))(step_input)
    step_embedding = Reshape(input_shape)(step_embedding)
    x = Concatenate()([x, step_embedding])
```

```
    # Apply denoising network
    denoised_images = build_denoising_network(input_shape)(x)

    return Model([image_input, step_input], denoised_images)

# Example usage with CIFAR-10 image shape
input_shape = (32, 32, 3)
d_model = 128
diffusion_model = build_full_diffusion_model(input_shape, d_model)
diffusion_model.summary()
```

Este fragmento de código define una función para construir el modelo completo de difusión utilizando Keras. Este modelo se usa en el aprendizaje automático para tareas como la eliminación de ruido en imágenes. La función toma la forma de las imágenes de entrada y la dimensionalidad del modelo como argumentos. Primero crea capas de entrada para las imágenes y la codificación de pasos.

Luego, añade ruido a las imágenes, las aplana y concatena las entradas. La red de eliminación de ruido se aplica a las imágenes ruidosas. La función devuelve el modelo construido.

10.2.5 Compilación del Modelo

Para compilar el modelo de difusión, necesitamos especificar un optimizador y una función de pérdida. La función de pérdida de error cuadrático medio (MSE) se usa comúnmente para entrenar modelos de difusión, ya que mide la diferencia entre el ruido predicho y el ruido real.

Ejemplo: Compilación del Modelo

```
from tensorflow.keras.optimizers import Adam
from tensorflow.keras.losses import MeanSquaredError

# Compile the diffusion model
diffusion_model.compile(optimizer=Adam(learning_rate=1e-4), loss=MeanSquaredError())

# Print the model summary
diffusion_model.summary()
```

El código utiliza las bibliotecas Tensorflow y Keras. Se usa para compilar un modelo de aprendizaje automático llamado diffusion_model con configuraciones específicas. Se selecciona el algoritmo de optimización Adam con una tasa de aprendizaje de 0.0001. La función de pérdida, que mide el rendimiento del modelo, se establece en el error cuadrático medio (MSE). Después de establecer estas configuraciones, se compila el modelo y se imprime el resumen de la arquitectura del modelo.

Resumen

En esta sección, creamos con éxito el modelo de difusión para nuestro proyecto de generación de imágenes. Comenzamos implementando la capa de adición de ruido, que simula el proceso de difusión hacia adelante. A continuación, construimos una red de eliminación de ruido utilizando una red neuronal convolucional (CNN) para predecir y eliminar el ruido de las imágenes. También implementamos la codificación de pasos para proporcionar información temporal a la red de eliminación de ruido.

Combinando estos componentes, construimos el modelo de difusión completo, que elimina iterativamente el ruido de las imágenes de entrada. Finalmente, compilamos el modelo con un optimizador y una función de pérdida apropiados, preparándolo para el entrenamiento.

Con nuestro modelo listo, podemos pasar al siguiente paso: entrenar el modelo de difusión con los datos preparados. En las siguientes secciones, entrenaremos el modelo, generaremos imágenes y evaluaremos su rendimiento, proporcionando una comprensión completa de cómo aplicar modelos de difusión a tareas de generación de imágenes en el mundo real.

10.3 Entrenamiento del Modelo de Difusión

Entrenar el modelo de difusión es un paso crucial en nuestro proyecto de generación de imágenes. Este proceso implica optimizar el modelo para predecir y eliminar el ruido de las imágenes, permitiéndole transformar el ruido aleatorio en imágenes coherentes y estructuradas. En esta sección, cubriremos el proceso detallado de entrenamiento del modelo de difusión, incluida la preparación de datos, el bucle de entrenamiento y el monitoreo del progreso del entrenamiento.

10.3.1 Preparación de los Datos

Antes de comenzar el entrenamiento, necesitamos asegurarnos de que nuestros datos estén preparados y listos para el proceso de entrenamiento. Esto implica crear lotes de imágenes ruidosas y sus objetivos de denoising correspondientes para que el modelo aprenda.

Ejemplo: Preparación de los Datos

```
from tensorflow.keras.preprocessing.image import ImageDataGenerator

# Define the data augmentation pipeline
datagen = ImageDataGenerator(
    rotation_range=20,
    width_shift_range=0.2,
    height_shift_range=0.2,
    horizontal_flip=True,
)

# Fit the data augmentation pipeline on the training data
datagen.fit(train_images)

# Example of creating a data generator
train_generator = datagen.flow(train_images, train_images, batch_size=32)
val_generator = datagen.flow(val_images, val_images, batch_size=32)
```

```
# Check the shape of a batch of training data
for batch_images, batch_labels in train_generator:
    print(f"Batch image shape: {batch_images.shape}")
    print(f"Batch label shape: {batch_labels.shape}")
    break
```

Este código utiliza la biblioteca TensorFlow Keras para configurar el ImageDataGenerator. Este generador aplica técnicas de aumento de datos a las imágenes, incluyendo rotación, desplazamientos en anchura y altura, y giros horizontales. Luego, el generador se ajusta con las imágenes de entrenamiento. Se crea un generador de entrenamiento y validación a partir de los datos de imágenes de entrenamiento y validación con un tamaño de lote de 32. Finalmente, el código imprime la forma de un lote de datos y etiquetas de entrenamiento para verificar las dimensiones.

10.3.2 Definición del Bucle de Entrenamiento

El bucle de entrenamiento implica iterar sobre el conjunto de datos durante un número específico de épocas, aplicando el proceso de difusión hacia adelante para agregar ruido a las imágenes y luego usar el modelo para predecir y eliminar este ruido. Durante cada iteración, se actualizan los parámetros del modelo para minimizar la pérdida, que es la diferencia entre el ruido predicho y el ruido real.

Ejemplo: Bucle de Entrenamiento

```
import numpy as np

# Define the number of training steps and epochs
num_steps = 10
epochs = 50

# Define a function to create step encodings
def create_step_encodings(num_samples, d_model):
    t = np.arange(num_samples).reshape(-1, 1)
    return sinusoidal_step_encoding(t, d_model)

# Training loop
for epoch in range(epochs):
    print(f"Epoch {epoch + 1}/{epochs}")
    for batch_images, _ in train_generator:
        # Apply forward diffusion to the batch images
        noisy_images = noise_layer(batch_images, training=True)

        # Create step encodings
        step_encodings = create_step_encodings(batch_images.shape[0], d_model)

        # Train the model
        loss    =    diffusion_model.train_on_batch([batch_images,    step_encodings],
batch_images)
```

```
        print(f"Loss: {loss}")

    # Validate the model on the validation set
    val_loss = 0
    for val_batch_images, _ in val_generator:
        noisy_val_images = noise_layer(val_batch_images, training=False)
        step_encodings = create_step_encodings(val_batch_images.shape[0], d_model)
        val_loss += diffusion_model.test_on_batch([val_batch_images, step_encodings],
val_batch_images)
    val_loss /= len(val_generator)
    print(f"Validation Loss: {val_loss}")
```

Este código describe el bucle de entrenamiento para el modelo de difusión. El modelo se entrena durante un número específico de épocas, con cada época consistiendo en un número de pasos.

En cada época, el modelo se entrena utilizando el método train_on_batch en lotes de imágenes y sus correspondientes codificaciones de pasos. La codificación de pasos es una función sinusoidal del paso temporal, y se crea utilizando la función create_step_encodings.

El script también introduce ruido a las imágenes a través de la función noise_layer y calcula la pérdida del modelo después de cada lote.

Después de cada época, el modelo se valida en un conjunto de validación, y la pérdida promedio de validación se calcula y se imprime.

10.3.3 Monitoreo del Progreso del Entrenamiento

Para monitorear el progreso del entrenamiento, podemos graficar la pérdida de entrenamiento y validación a lo largo de las épocas. Esto nos ayuda a entender qué tan bien está aprendiendo el modelo y si está sobreajustando o subajustando los datos.

Ejemplo: Monitoreo del Progreso del Entrenamiento

```
import matplotlib.pyplot as plt

# Lists to store the training and validation loss
train_losses = []
val_losses = []

# Modified training loop to store the loss values
for epoch in range(epochs):
    print(f"Epoch {epoch + 1}/{epochs}")
    epoch_train_loss = 0
    for batch_images, _ in train_generator:
        noisy_images = noise_layer(batch_images, training=True)
        step_encodings = create_step_encodings(batch_images.shape[0], d_model)
        loss    =    diffusion_model.train_on_batch([batch_images,    step_encodings],
batch_images)
        epoch_train_loss += loss
```

```
    epoch_train_loss /= len(train_generator)
    train_losses.append(epoch_train_loss)

    val_loss = 0
    for val_batch_images, _ in val_generator:
        noisy_val_images = noise_layer(val_batch_images, training=False)
        step_encodings = create_step_encodings(val_batch_images.shape[0], d_model)
        val_loss += diffusion_model.test_on_batch([val_batch_images, step_encodings],
val_batch_images)
    val_loss /= len(val_generator)
    val_losses.append(val_loss)

    print(f"Training Loss: {epoch_train_loss}")
    print(f"Validation Loss: {val_loss}")

# Plot the training and validation loss
plt.plot(train_losses, label='Training Loss')
plt.plot(val_losses, label='Validation Loss')
plt.xlabel('Epoch')
plt.ylabel('Loss')
plt.legend()
plt.title('Training and Validation Loss')
plt.show()
```

Este código se utiliza para entrenar el modelo de difusión con un generador de datos de entrenamiento y validación. El modelo se entrena durante un número determinado de épocas. Para cada época, el código introduce ruido a las imágenes, crea codificaciones de pasos y luego entrena el modelo con las imágenes ruidosas. Calcula la pérdida promedio de entrenamiento para cada época y la almacena en una lista.

El mismo proceso también se realiza para los datos de validación, pero en lugar de entrenar, el modelo se prueba en los datos de validación y la pérdida promedio de validación para cada época se registra. Finalmente, se grafican las pérdidas de entrenamiento y validación a lo largo de las épocas, permitiendo al usuario evaluar visualmente el rendimiento del modelo con el tiempo.

10.3.4 Guardar el Modelo Entrenado

Después de entrenar el modelo, es importante guardarlo para su uso futuro. Esto nos permite reutilizar el modelo sin tener que volver a entrenarlo desde cero.

Ejemplo: Guardar el Modelo

```
# Save the trained diffusion model
diffusion_model.save('diffusion_model.h5')

# Load the model later if needed
loaded_model = tf.keras.models.load_model('diffusion_model.h5')
```

El código está guardando el modelo de difusión entrenado en un archivo llamado 'diffusion_model.h5' y luego demuestra cómo cargar ese modelo guardado nuevamente en el programa para su uso posterior.

Resumen

En esta sección, cubrimos el proceso detallado de entrenamiento del modelo de difusión para la generación de imágenes. Comenzamos preparando los datos, incluyendo la creación de lotes de imágenes ruidosas y sus correspondientes objetivos denoizados. Luego definimos el bucle de entrenamiento, donde aplicamos el proceso de difusión hacia adelante y utilizamos el modelo para predecir y eliminar el ruido. También enfatizamos la importancia de monitorear el progreso del entrenamiento mediante la visualización de la pérdida de entrenamiento y validación.

Finalmente, discutimos cómo guardar el modelo entrenado para su uso futuro. Siguiendo estos pasos, puedes entrenar eficazmente un modelo de difusión para generar imágenes de alta calidad a partir de ruido aleatorio. En las próximas secciones, generaremos imágenes utilizando el modelo entrenado y evaluaremos su rendimiento, proporcionando una comprensión integral de cómo aplicar modelos de difusión a tareas de generación de imágenes en el mundo real.

10.4 Generación de Nuevas Imágenes

Una vez que el modelo de difusión está entrenado, podemos usarlo para generar nuevas imágenes a partir de ruido aleatorio. Este proceso implica comenzar con un vector de ruido y aplicar iterativamente el modelo para eliminar el ruido, transformando el ruido aleatorio en imágenes coherentes y estructuradas. En esta sección, detallaremos los pasos para generar nuevas imágenes utilizando el modelo de difusión entrenado, proporcionando códigos de ejemplo para ilustrar cada paso.

10.4.1 Inicialización del Ruido Aleatorio

El primer paso para generar nuevas imágenes es inicializar un lote de vectores de ruido aleatorio. Estos vectores de ruido servirán como punto de partida para que el modelo de difusión los transforme en imágenes.

Ejemplo: Inicialización del Ruido Aleatorio

```
import numpy as np

# Define the shape of the noise vectors
noise_shape = (32, 32, 3)
batch_size = 10

# Generate a batch of random noise vectors
random_noise = np.random.normal(size=(batch_size, *noise_shape))

# Print the shape of the noise vectors
```

```
print(f"Random noise shape: {random_noise.shape}")
```

El código está creando el lote de vectores de ruido aleatorio. Primero importa la biblioteca numpy. Luego, define la forma de los vectores de ruido como una tupla (32, 32, 3) y el tamaño del lote como 10.

Después de eso, usa la función random.normal de numpy para generar un lote de vectores de ruido aleatorio, donde el tamaño del array generado es (batch_size, *noise_shape). El asterisco antes de noise_shape se usa para desempaquetar los valores en la tupla noise_shape. Finalmente, imprime la forma del lote de ruido aleatorio generado.

10.4.2 Proceso Iterativo de Desruido

El núcleo del proceso de generación de imágenes implica aplicar iterativamente el modelo de difusión entrenado a los vectores de ruido. En cada paso, el modelo predice y elimina una porción del ruido, transformando gradualmente el ruido aleatorio en imágenes estructuradas. También usamos codificaciones de pasos para guiar al modelo a través de los pasos de difusión.

Ejemplo: Proceso Iterativo de Desruido

```
def generate_images(model, noise_vectors, num_steps, d_model):
    """
    Generates images by iteratively applying the diffusion model.

    Parameters:
    - model: The trained diffusion model.
    - noise_vectors: Batch of random noise vectors.
    - num_steps: Number of diffusion steps.
    - d_model: Dimensionality of the step encoding.

    Returns:
    - Generated images.
    """
    generated_images = noise_vectors.copy()
    for step in range(num_steps):
        step_encodings = sinusoidal_step_encoding(np.full((batch_size, 1), step),
d_model)
        generated_images = model.predict([generated_images, step_encodings])
    return generated_images

# Example usage
num_steps = 10
generated_images = generate_images(diffusion_model, random_noise, num_steps, d_model)

# Plot the generated images
import matplotlib.pyplot as plt

plt.figure(figsize=(12, 4))
for i in range(batch_size):
    plt.subplot(2, 5, i + 1)
```

```
    plt.imshow((generated_images[i] * 0.5) + 0.5)
    plt.axis('off')
plt.suptitle('Generated Images')
plt.show()
```

La función generate_images aplica el modelo de difusión a vectores de ruido durante un número específico de pasos. También utiliza codificación sinusoidal de pasos durante cada paso.

La función toma cuatro parámetros: el modelo de difusión entrenado, los vectores de ruido, el número de pasos de difusión y la dimensionalidad de la codificación de pasos. Devuelve las imágenes generadas.

Se proporciona un ejemplo de cómo usar la función. Demuestra la generación de imágenes con el modelo de difusión usando ruido aleatorio y trazando las imágenes generadas usando matplotlib.

10.4.3 Mejora de la Calidad de la Imagen

Para mejorar aún más la calidad de las imágenes generadas, podemos aplicar técnicas de postprocesamiento como el filtrado de imágenes y el afilado. Estas técnicas pueden ayudar a mejorar el atractivo visual de las imágenes y eliminar cualquier artefacto restante.

Ejemplo: Mejora de la Calidad de la Imagen

```
from skimage.filters import unsharp_mask

def enhance_images(images):
    """
    Enhances the quality of generated images using image filtering.

    Parameters:
    - images: Batch of generated images.

    Returns:
    - Enhanced images.
    """
    enhanced_images = []
    for img in images:
        enhanced_img = unsharp_mask((img * 0.5) + 0.5, radius=1.0, amount=1.0)
        enhanced_images.append(enhanced_img)
    return np.array(enhanced_images)

# Example usage
enhanced_images = enhance_images(generated_images)

# Plot the enhanced images
plt.figure(figsize=(12, 4))
for i in range(batch_size):
    plt.subplot(2, 5, i + 1)
```

```
    plt.imshow(enhanced_images[i])
    plt.axis('off')
plt.suptitle('Enhanced Images')
plt.show()
```

Este código mejora la calidad de las imágenes utilizando una técnica llamada enmascaramiento de desenfoque (unsharp masking). La función 'enhance_images' toma un lote de imágenes como entrada, aplica enmascaramiento de desenfoque a cada imagen utilizando la función 'unsharp_mask' de la biblioteca 'skimage.filters', y devuelve las imágenes mejoradas.

Después de que las imágenes se mejoran, el código también incluye un ejemplo de cómo usar esta función y cómo trazar estas imágenes utilizando la biblioteca pyplot de matplotlib. La sección de trazado del código muestra cada imagen mejorada en un subtrama separado sin ejes y le da al gráfico general el título de 'Enhanced Images'.

10.4.4 Guardando las Imágenes Generadas

Después de generar y mejorar las imágenes, es importante guardarlas para su uso o evaluación futura. Podemos guardar las imágenes en un formato como PNG o JPEG.

Ejemplo: Guardando las Imágenes Generadas

```
import os
from skimage.io import imsave

def save_images(images, directory, prefix="generated_image"):
    """
    Saves generated images to the specified directory.

    Parameters:
    - images: Batch of generated images.
    - directory: Directory to save the images.
    - prefix: Prefix for the image filenames.
    """
    if not os.path.exists(directory):
        os.makedirs(directory)
    for i, img in enumerate(images):
        filename = os.path.join(directory, f"{prefix}_{i + 1}.png")
        imsave(filename, (img * 255).astype(np.uint8))

# Example usage
save_images(enhanced_images, "generated_images")
```

Este script es una función para guardar el lote de imágenes en un directorio especificado. La función toma como argumentos las imágenes (el lote de imágenes a guardar), el directorio (la ubicación donde se guardarán las imágenes) y un prefijo opcional (la parte inicial del nombre del archivo guardado). Si el directorio especificado no existe, se creará. Las imágenes se guardan en formato PNG con el nombre de archivo que es una combinación del prefijo y su posición en el lote.

Resumen

En esta sección, cubrimos el proceso detallado de generación de nuevas imágenes utilizando el modelo de difusión entrenado. Comenzamos inicializando vectores de ruido aleatorio, que sirven como punto de partida para la generación de imágenes. Luego, aplicamos el proceso iterativo de eliminación de ruido, donde el modelo predice y elimina el ruido de las imágenes paso a paso, transformando el ruido en imágenes coherentes y estructuradas.

Para mejorar aún más la calidad de las imágenes generadas, aplicamos técnicas de postprocesamiento como el filtrado de imágenes y el enfoque. Finalmente, guardamos las imágenes generadas y mejoradas para su uso o evaluación futura.

Siguiendo estos pasos, puede utilizar efectivamente un modelo de difusión entrenado para generar imágenes de alta calidad a partir de ruido aleatorio. En las siguientes secciones, evaluaremos el rendimiento de las imágenes generadas y exploraremos mejoras adicionales y aplicaciones de los modelos de difusión en tareas de generación de imágenes.

10.5 Evaluación del Modelo

Evaluar el rendimiento del modelo de difusión es esencial para garantizar que las imágenes generadas sean de alta calidad, coherentes y contextualmente apropiadas. Esta sección cubrirá varios métodos para evaluar el modelo, incluyendo métricas cuantitativas y evaluaciones cualitativas. Proporcionaremos explicaciones detalladas y ejemplos de código para cada método de evaluación.

10.5.1 Métricas de Evaluación Cuantitativa

Las métricas cuantitativas proporcionan medidas objetivas del rendimiento del modelo. Las métricas comunes para evaluar modelos de generación de imágenes incluyen el Error Cuadrático Medio (MSE), la Distancia de Fréchet Inception (FID) y el Inception Score (IS). Estas métricas ayudan a evaluar la calidad, diversidad y realismo de las imágenes generadas.

Error Cuadrático Medio (MSE)

El MSE mide la diferencia cuadrática promedio entre las imágenes originales y las generadas. Valores más bajos de MSE indican un mejor rendimiento, ya que implican que las imágenes generadas se asemejan estrechamente a las imágenes originales.

Ejemplo: Cálculo del MSE

```
import numpy as np
from sklearn.metrics import mean_squared_error

# Generate synthetic test data
```

```
test_data = generate_synthetic_data(100, noise_shape[0], noise_shape[1], noise_shape[2])
noisy_test_data = [noise_layer(data, training=True) for data in test_data]
X_test = np.array([noisy[-1] for noisy in noisy_test_data])
y_test = np.array([data for data in test_data])

# Predict denoised data
denoised_data = diffusion_model.predict(X_test)

# Calculate MSE
mse = mean_squared_error(y_test.flatten(), denoised_data.flatten())
print(f"MSE: {mse}")
```

Este script utiliza las bibliotecas NumPy y sklearn para crear datos de prueba sintéticos, agregar ruido a estos datos y luego intentar eliminarlos utilizando un modelo llamado 'diffusion_model'. Después, calcula el Error Cuadrático Medio (MSE) entre los datos originales y los datos sin ruido, que es una métrica común para evaluar el rendimiento de un modelo de regresión. Cuanto más bajo sea el MSE, mejor será el rendimiento del modelo.

Distancia de Fréchet Inception (FID)

El FID mide la distancia entre las distribuciones de las imágenes originales y las generadas, capturando tanto la calidad como la diversidad de las imágenes generadas. Puntajes FID más bajos indican un mejor rendimiento.

Ejemplo: Cálculo del FID

```
from scipy.linalg import sqrtm
from numpy import cov, trace, iscomplexobj

def calculate_fid(real_images, generated_images):
    # Calculate the mean and covariance of real and generated images
    mu1, sigma1 = real_images.mean(axis=0), cov(real_images, rowvar=False)
    mu2, sigma2 = generated_images.mean(axis=0), cov(generated_images, rowvar=False)

    # Calculate the sum of squared differences between means
    ssdiff = np.sum((mu1 - mu2) ** 2.0)

    # Calculate the square root of the product of covariances
    covmean = sqrtm(sigma1.dot(sigma2))
    if iscomplexobj(covmean):
        covmean = covmean.real

    # Calculate the FID score
    fid = ssdiff + trace(sigma1 + sigma2 - 2.0 * covmean)
    return fid

# Assume denoised_data and y_test are the denoised and original data, respectively
fid_score = calculate_fid(y_test.reshape(100, -1), denoised_data.reshape(100, -1))
print(f"FID Score: {fid_score}")
```

El código define una función, calculate_fid, para calcular la Distancia de Fréchet Inception (FID) entre imágenes reales y generadas. El FID es una medida de similitud entre dos conjuntos de imágenes, utilizada comúnmente para evaluar la calidad de las imágenes generadas por Redes Generativas Antagónicas (GANs).

La función calcula la media y la covarianza de ambas imágenes, reales y generadas. Luego, computa la suma de las diferencias cuadráticas entre las medias y la raíz cuadrada del producto de las covarianzas. Si el resultado es complejo, solo toma la parte real. La puntuación FID se calcula como la suma de la diferencia cuadrada de las medias y la traza de la suma de las covarianzas menos dos veces el producto de las covarianzas.

La última parte del código utiliza la función definida para calcular la puntuación FID entre y_test y denoised_data (presumiblemente los datos originales y los datos sin ruido), reestructurándolos antes de pasarlos a la función. Luego, se imprime la puntuación FID.

Puntuación Inception (IS)

IS evalúa la calidad y la diversidad de las imágenes generadas basándose en las predicciones de una red Inception preentrenada. Valores más altos de IS indican un mejor rendimiento.

Ejemplo: Cálculo de la Puntuación Inception

```
import tensorflow as tf
from tensorflow.keras.applications.inception_v3 import InceptionV3, preprocess_input
from scipy.stats import entropy

# Load the pre-trained InceptionV3 model
inception_model = InceptionV3(include_top=False, pooling='avg', input_shape=(299,
299, 3))

def calculate_inception_score(images, n_split=10, eps=1E-16):
    # Resize and preprocess images for InceptionV3 model
    images_resized = tf.image.resize(images, (299, 299))
    images_preprocessed = preprocess_input(images_resized)

    # Predict using the InceptionV3 model
    preds = inception_model.predict(images_preprocessed)

    # Calculate Inception Score
    split_scores = []
    for i in range(n_split):
        part = preds[i * preds.shape[0] // n_split: (i + 1) * preds.shape[0] //
n_split]
        py = np.mean(part, axis=0)
        scores = []
        for p in part:
            scores.append(entropy(p, py))
        split_scores.append(np.exp(np.mean(scores)))
```

```
    return np.mean(split_scores), np.std(split_scores)

# Assume denoised_data are the generated images
is_mean, is_std = calculate_inception_score(denoised_data)
print(f"Inception Score: {is_mean} ± {is_std}")
```

Este código utiliza la biblioteca TensorFlow y su modelo InceptionV3, una red neuronal preentrenada para la clasificación de imágenes, para calcular la Puntuación Inception de un conjunto de imágenes.

La Puntuación Inception es una medida utilizada para evaluar la calidad de las imágenes generadas por Redes Generativas Antagónicas (GANs). Evalúa tanto la variedad de imágenes producidas (utilizando la entropía) como lo realistas que son (qué tan bien son clasificadas por el modelo Inception).

El script primero carga el modelo InceptionV3. Luego, define una función para calcular la Puntuación Inception. Las imágenes son redimensionadas y preprocesadas para cumplir con los requisitos de entrada del modelo InceptionV3. El modelo se utiliza para hacer predicciones sobre las imágenes preprocesadas. Estas predicciones se usan para calcular la Puntuación Inception. La función devuelve la media y la desviación estándar de las puntuaciones.

Finalmente, asume que denoised_data son las imágenes generadas, y calcula su Puntuación Inception, imprimiendo la media y la desviación estándar.

10.5.2 Evaluación Cualitativa

La evaluación cualitativa implica inspeccionar visualmente las imágenes generadas para evaluar su calidad, coherencia y realismo. Este método es subjetivo, pero proporciona información valiosa sobre el rendimiento del modelo.

Inspección Visual

La inspección visual implica generar un conjunto de imágenes y examinarlas para verificar su calidad y coherencia. Esto ayuda a identificar problemas obvios como artefactos, borrosidad o características poco realistas.

Ejemplo: Inspección Visual

```
import matplotlib.pyplot as plt

# Generate a sample for visual inspection
plt.figure(figsize=(12, 4))
for i in range(batch_size):
    plt.subplot(2, 5, i + 1)
    plt.imshow((generated_images[i] * 0.5) + 0.5)
    plt.axis('off')
plt.suptitle('Generated Images')
plt.show()
```

Este script utiliza la biblioteca matplotlib para generar y mostrar un conjunto de imágenes. Después de importar la biblioteca, abre una nueva figura con un tamaño especificado. Luego, genera una cantidad de imágenes igual a 'batch_size' (que no está definido en el texto seleccionado).

Para cada imagen, crea un subgráfico, genera la imagen (aparentemente a partir de algún tipo de datos de imagen, tampoco definidos en el texto seleccionado), ajusta el rango de color de la imagen y elimina el eje. Una vez que todas las imágenes han sido generadas, añade un título ('Generated Images') a la figura y la muestra.

Evaluación Humana

La evaluación humana implica pedir a un grupo de personas que califiquen la calidad de las imágenes generadas en base a criterios como realismo, coherencia y calidad general. Este método proporciona una evaluación robusta del rendimiento del modelo, pero puede ser lento y requerir muchos recursos.

Ejemplo: Criterios de Evaluación Humana

- **Realismo**: ¿La imagen generada parece realista?
- **Coherencia**: ¿La imagen generada es coherente y está libre de artefactos?
- **Calidad General**: ¿Cómo se compara la imagen generada con las imágenes reales?

10.5.3 Evaluación de la Diversidad y Creatividad

Para evaluar la diversidad y creatividad de las imágenes generadas, podemos analizar la variación en las salidas dadas diferentes entradas o ligeras variaciones de la misma entrada. Esto ayuda a asegurar que el modelo produce salidas diversas e interesantes.

Ejemplo: Evaluación de la Diversidad

```
# Define a set of inputs with slight variations
inputs = [
    random_noise[0],
    random_noise[1],
    random_noise[2],
]

# Generate and plot outputs for each input
plt.figure(figsize=(12, 4))
for i, input_data in enumerate(inputs):
    step_encodings = create_step_encodings(1, d_model)
    output     =     diffusion_model.predict([np.expand_dims(input_data,     axis=0),
step_encodings])[0]
    plt.subplot(1, 3, i + 1)
    plt.imshow((output * 0.5) + 0.5)
    plt.axis('off')
    plt.title(f'Generated Image {i+1}')
plt.show()
```

Este script genera y grafica las imágenes usando un modelo predictivo. Comienza definiendo un conjunto de entradas que son variantes de 'random_noise'. Luego, para cada entrada, crea codificaciones de pasos, predice la salida usando el 'diffusion_model', y grafica la imagen generada. Las imágenes se grafican en una cuadrícula de 1 fila por 3 columnas y se etiquetan como 'Generated Image 1', 'Generated Image 2' y 'Generated Image 3'. La última línea de código muestra las imágenes graficadas.

Resumen

En esta sección, discutimos varios métodos para evaluar el rendimiento del modelo de difusión, incluyendo tanto métricas cuantitativas como evaluaciones cualitativas. Las métricas cuantitativas como el Error Cuadrático Medio (MSE), la Distancia de Incepción de Fréchet (FID) y el Puntaje de Incepción (IS) proporcionan medidas objetivas del rendimiento del modelo, evaluando la calidad, diversidad y realismo de las imágenes generadas.

También exploramos métodos de evaluación cualitativa, incluyendo la inspección visual y la evaluación humana, que ofrecen valiosos conocimientos sobre el rendimiento del modelo desde una perspectiva subjetiva. Evaluar la diversidad y creatividad de las imágenes generadas asegura que el modelo produzca salidas variadas e interesantes.

Al combinar estas técnicas de evaluación, puedes obtener una comprensión integral de las fortalezas del modelo y las áreas de mejora, mejorando en última instancia su capacidad para generar imágenes de alta calidad.

Cuestionario: Modelos de Difusión del libro que incluye

Prueba tu comprensión de los conceptos y técnicas cubiertos en la Parte V de "La Nueva Era del Deep Learning Generativo con Python: Desbloquea el Poder Creativo de los Modelos de IA". Este cuestionario te ayudará a reforzar tu conocimiento sobre los modelos de difusión y sus aplicaciones, así como el proyecto específico que completamos.

Pregunta 1: Fundamentos de los Modelos de Difusión

¿Cuál es el objetivo principal de un modelo de difusión en el contexto de la generación de imágenes?

A) Clasificar imágenes

B) Eliminar el ruido de las imágenes

C) Generar imágenes a partir de ruido aleatorio

D) Segmentar imágenes

Pregunta 2: Proceso de Difusión Directa

En el proceso de difusión directa, ¿qué se añade a los datos en cada paso?

A) Ruido aleatorio

B) Píxeles aleatorios

C) Rotaciones aleatorias

D) Recortes aleatorios

Pregunta 3: Proceso de Difusión Inversa

¿Cuál es la función principal del proceso de difusión inversa?

A) Clasificar los datos

B) Añadir ruido a los datos

C) Eliminar el ruido de los datos

D) Reducir la resolución de los datos

Pregunta 4: Capa de Adición de Ruido

¿Cuál de las siguientes afirmaciones es verdadera sobre la capa de adición de ruido?

A) Elimina el ruido de los datos de entrada.

B) Añade ruido Gaussiano a los datos de entrada.

C) Normaliza los datos de entrada.

D) Cambia el tamaño de los datos de entrada.

Pregunta 5: Red de Eliminación de Ruido

¿Qué tipo de red neuronal se utiliza típicamente como red de eliminación de ruido en modelos de difusión para datos de imágenes?

A) Red Neuronal Recurrente (RNN)

B) Red Neuronal Convolucional (CNN)

C) Red Generativa Adversarial (GAN)

D) Red Transformer

Pregunta 6: Codificación de Pasos

¿Por qué es importante la codificación de pasos en los modelos de difusión?

A) Normaliza los datos.

B) Proporciona información temporal sobre los pasos de difusión.

C) Cambia el tamaño de los datos.

D) Añade ruido a los datos.

Pregunta 7: Métricas de Evaluación Cuantitativa

¿Cuál de las siguientes métricas se utiliza comúnmente para evaluar la calidad y diversidad de las imágenes generadas?

A) Precisión

B) Recall

C) Distancia de Incepción de Fréchet (FID)

D) Error Absoluto Medio (MAE)

Pregunta 8: Inspección Visual

Verdadero o Falso: La inspección visual es un método cualitativo para evaluar las imágenes generadas a partir de un modelo de difusión.

A) Verdadero

B) Falso

Pregunta 9: Mejorando la Calidad de la Imagen

¿Cuál es una técnica que se puede utilizar para mejorar la calidad de las imágenes generadas?

A) Añadir más ruido

B) Usar filtrado y mejora de la imagen

C) Reducir el tamaño de los datos de entrenamiento

D) Usar imágenes de menor resolución

Pregunta 10: Entrenamiento del Modelo

Durante el entrenamiento, ¿qué mide típicamente la función de pérdida en un modelo de difusión?

A) La diferencia entre la clase predicha y la clase verdadera

B) La diferencia entre el ruido predicho y el ruido real

C) La diferencia entre las imágenes de entrada y salida

D) La diferencia entre el ruido de entrada y la imagen generada

Respuestas

1. C) Generar imágenes a partir de ruido aleatorio
2. A) Ruido aleatorio
3. C) Eliminar el ruido de los datos
4. B) Añade ruido Gaussiano a los datos de entrada.
5. B) Red Neuronal Convolucional (CNN)
6. B) Proporciona información temporal sobre los pasos de difusión.
7. C) Distancia de Incepción de Fréchet (FID)
8. A) Verdadero
9. B) Usar filtrado y mejora de la imagen

10. B) La diferencia entre el ruido predicho y el ruido real

Este cuestionario cubre los conceptos y técnicas esenciales introducidos en la Parte V del libro y te ayuda a reforzar tu comprensión de los modelos de difusión y sus aplicaciones.

Conclusión

El viaje a través de "Generative Deep Learning Updated Edition: Unlocking the Creative Power of AI and Python" ha sido una exploración de las fronteras de la inteligencia artificial y el aprendizaje automático, centrándose en el poder transformador de los modelos generativos. Este libro ha cubierto una amplia gama de temas, desde principios fundamentales hasta técnicas avanzadas, proporcionando una comprensión completa de cómo estos modelos pueden ser aprovechados para generar resultados creativos y de alta calidad. Al concluir, reflexionemos sobre los conceptos clave que hemos cubierto, las aplicaciones prácticas de estos modelos y las futuras direcciones del Deep Learning generativo.

Conceptos y Técnicas Clave

A lo largo de este libro, hemos profundizado en varios modelos generativos, incluyendo Redes Generativas Adversariales (GANs), Autoencoders Variacionales (VAEs), modelos autorregresivos y modelos de difusión. Cada tipo de modelo tiene sus fortalezas y aplicaciones únicas, contribuyendo a la diversa caja de herramientas disponible para los practicantes de IA.

1. **Redes Generativas Adversariales (GANs)**: Las GANs han revolucionado el campo de la modelización generativa al introducir un marco donde dos redes neuronales, un generador y un discriminador, compiten entre sí. Este proceso adversarial ha demostrado ser muy efectivo en la generación de imágenes, videos y otros tipos de datos realistas. Exploramos la arquitectura de las GANs, el proceso de entrenamiento y diversas aplicaciones, incluyendo la generación de rostros y la traducción de imágenes a imágenes.
2. **Autoencoders Variacionales (VAEs)**: Los VAEs ofrecen un enfoque probabilístico para la modelización generativa, centrándose en aprender una representación latente de los datos. Este modelo equilibra la precisión de la reconstrucción con la regularización, permitiendo la generación de nuevos puntos de datos a partir del espacio latente aprendido. Discutimos la arquitectura de los VAEs, técnicas de entrenamiento y aplicaciones prácticas, como la generación de dígitos escritos a mano y la creación de nuevas variaciones de datos existentes.
3. **Modelos Autorregresivos**: Los modelos autorregresivos generan datos prediciendo cada punto de datos en función de los anteriores. Este enfoque secuencial es particularmente efectivo para tareas que involucran datos temporales o secuenciales,

como la generación de texto y la previsión de series temporales. Examinamos modelos como PixelRNN, PixelCNN y modelos basados en Transformer (GPT-3, GPT-4), destacando su uso en la generación coherente y contextual de texto e imágenes.

4. **Modelos de Difusión**: La última incorporación a la caja de herramientas de modelización generativa, los modelos de difusión, se basan en el concepto de revertir un proceso de difusión. Al agregar gradualmente ruido a los datos y luego aprender a eliminarlo, estos modelos pueden generar datos de alta calidad a partir de ruido aleatorio. Cubrimos la arquitectura, el entrenamiento y la evaluación de los modelos de difusión, culminando en un proyecto que demostró su aplicación en la generación de imágenes realistas.

Aplicaciones Prácticas

Las aplicaciones prácticas de los modelos generativos son vastas y variadas, abarcando numerosos dominios e industrias. Algunas aplicaciones notables incluyen:

- **Generación y Mejora de Imágenes**: Los modelos generativos pueden crear imágenes realistas desde cero, mejorar la calidad de las imágenes existentes e incluso generar imágenes de alta resolución a partir de entradas de baja resolución. Estas capacidades son valiosas en campos como el entretenimiento, la publicidad y la realidad virtual.
- **Generación de Texto y Procesamiento del Lenguaje Natural**: Los modelos autorregresivos como GPT-3 y GPT-4 han demostrado habilidades impresionantes en la generación de texto coherente y contextualmente relevante. Estos modelos se utilizan en chatbots, creación de contenido, traducción de idiomas y más.
- **Aumento de Datos**: Los modelos generativos pueden crear datos de entrenamiento adicionales para tareas de aprendizaje automático, mejorando el rendimiento de los modelos al proporcionar conjuntos de datos más diversos y representativos. Esto es particularmente útil en campos con disponibilidad limitada de datos.
- **Salud e Imágenes Médicas**: Los modelos generativos pueden ayudar a generar imágenes médicas realistas para fines de entrenamiento y diagnóstico, mejorando la precisión y la fiabilidad de los sistemas de imágenes médicas.
- **Arte y Creatividad**: Artistas y diseñadores utilizan modelos generativos para crear nuevas obras de arte, música y diseños, ampliando los límites de la creatividad y explorando nuevas posibilidades artísticas.

Futuras Direcciones

El campo del Deep Learning generativo está evolucionando rápidamente, con avances continuos en arquitecturas de modelos, técnicas de entrenamiento y aplicaciones. Algunas direcciones prometedoras para el futuro incluyen:

- **Mejora de Técnicas de Entrenamiento**: Los avances en técnicas de entrenamiento, como mejores algoritmos de optimización y métodos de regularización, seguirán mejorando el rendimiento y la estabilidad de los modelos generativos.
- **Integración con Otras Tecnologías de IA**: La combinación de modelos generativos con otras tecnologías de IA, como el aprendizaje por refuerzo y el aprendizaje no supervisado, desbloqueará nuevas capacidades y aplicaciones.
- **Consideraciones Éticas**: A medida que los modelos generativos se vuelven más poderosos, es crucial abordar consideraciones éticas, incluyendo temas relacionados con la privacidad de los datos, el potencial de uso indebido y el impacto en trabajos e industrias.
- **Accesibilidad y Democratización**: Los esfuerzos para hacer que los modelos generativos sean más accesibles a un público más amplio, incluidos los no expertos, permitirán que más personas aprovechen estas poderosas herramientas para la creatividad y la resolución de problemas.
- **Aplicaciones Interdisciplinarias**: La integración de modelos generativos en diversos campos interdisciplinarios, como la bioinformática, la ciencia ambiental y las ciencias sociales, abrirá nuevas vías para la investigación y la innovación.

Reflexiones Finales

El Deep Learning generativo representa un avance significativo en las capacidades de la inteligencia artificial, ofreciendo oportunidades sin precedentes para la creatividad, la resolución de problemas y la innovación. A medida que avanzamos, el desarrollo continuo y la aplicación de estos modelos indudablemente moldearán el futuro de la tecnología y la sociedad.

Gracias por embarcarte en este viaje a través del mundo del Deep Learning generativo. Esperamos que este libro te haya proporcionado conocimientos valiosos, habilidades prácticas e inspiración para explorar las posibilidades ilimitadas de la IA. Ya seas un investigador, practicante o entusiasta, el conocimiento adquirido aquí te permitirá aprovechar el poder creativo de los modelos generativos y contribuir al campo en constante evolución de la inteligencia artificial.

¿Dónde continuar?

Si has completado este libro y tienes hambre de más conocimientos en programación, nos gustaría recomendarte otros libros de nuestra empresa de software que podrían resultarte útiles. Estos libros cubren una amplia gama de temas y están diseñados para ayudarte a seguir ampliando tus habilidades en programación.

1. **"ChatGPT API Bible: Mastering Python Programming for Conversational AI"**: Proporciona una guía práctica y paso a paso para utilizar ChatGPT, cubriendo desde la integración de API hasta la afinación del modelo para tareas o industrias específicas.
2. **"Natural Language Processing with Python: Building your Own Customer Service ChatBot"**: Este libro ofrece una exploración profunda del procesamiento del lenguaje natural (NLP). Simplifica con éxito conceptos complejos mediante explicaciones atractivas y ejemplos intuitivos.
3. **"Data Analysis with Python"**: Python es un lenguaje poderoso para el análisis de datos, y este libro te ayudará a desbloquear todo su potencial. Cubre temas como limpieza de datos, manipulación de datos y visualización de datos, y te ofrece ejercicios prácticos para que apliques lo que has aprendido.
4. **"Machine Learning with Python"**: El aprendizaje automático es uno de los campos más emocionantes de la informática, y este libro te ayudará a comenzar a construir tus propios modelos de aprendizaje automático utilizando Python. Cubre temas como regresión lineal, regresión logística y árboles de decisión.
5. **"Mastering ChatGPT and Prompt Engineering"**: En este libro, te llevaremos en un viaje completo a través del mundo de la ingeniería de prompts, cubriendo desde los fundamentos de los modelos de lenguaje de IA hasta estrategias avanzadas y aplicaciones del mundo real.

Todos estos libros están diseñados para ayudarte a seguir ampliando tus habilidades en programación y profundizar tu comprensión del lenguaje Python. Creemos que la programación es una habilidad que se puede aprender y desarrollar con el tiempo, y estamos comprometidos a proporcionar recursos para ayudarte a alcanzar tus metas.

También nos gustaría aprovechar esta oportunidad para agradecerte por elegir nuestra empresa de software como tu guía en tu viaje de programación. Esperamos que hayas encontrado este libro de Python para principiantes como un recurso valioso, y esperamos seguir proporcionándote recursos de programación de alta calidad en el futuro. Si tienes algún comentario o sugerencia para futuros libros o recursos, no dudes en ponerte en contacto con nosotros. ¡Nos encantaría saber de ti!

Conoce más sobre nosotros

En Cuantum Technologies, nos especializamos en construir aplicaciones web que ofrecen experiencias creativas y resuelven problemas del mundo real. Nuestros desarrolladores tienen experiencia en una amplia gama de lenguajes de programación y frameworks, incluyendo Python, Django, React, Three.js, y Vue.js, entre otros. Estamos constantemente explorando nuevas tecnologías y técnicas para mantenernos a la vanguardia de la industria, y nos enorgullecemos de nuestra capacidad para crear soluciones que satisfacen las necesidades de nuestros clientes.

Si estás interesado en aprender más sobre Cuantum Technologies y los servicios que ofrecemos, por favor visita nuestro sitio web en books.cuantum.tech. Estaremos encantados de responder cualquier pregunta que puedas tener y de discutir cómo podemos ayudarte con tus necesidades de desarrollo de software.

www.cuantum.tech

www.ingramcontent.com/pod-product-compliance
Lightning Source LLC
LaVergne TN
LVHW061217100826
845148LV00004B/781

* 9 7 9 8 8 9 4 9 6 9 0 4 6 *